Direktzusagen im Steuerrecht der Personengesellschaften

Europäische Hochschulschriften
Publications Universitaires Européennes
European University Studies

Reihe II
Rechtswissenschaft

Série II Series II
Droit
Law

Bd./Vol. 3526

PETER LANG
Frankfurt am Main · Berlin · Bern · Bruxelles · New York · Oxford · Wien

Jörg Luckey

Direktzusagen im Steuerrecht der Personengesellschaften

PETER LANG
Europäischer Verlag der Wissenschaften

Die Deutsche Bibliothek - CIP-Einheitsaufnahme

Luckey, Jörg:

Direktzusagen im Steuerrecht der Personengesellschaften / Jörg Luckey. - Frankfurt am Main ; Berlin ; Bern ; Bruxelles ; New York ; Oxford ; Wien : Lang, 2002
(Europäische Hochschulschriften : Reihe 2, Rechtswissenschaft ; Bd. 3526)
Zugl.: Bamberg, Univ., Diss., 2002
ISBN 3-631-39936-7

D 473
ISSN 0531-7312
ISBN 3-631-39936-7

www.peterlang.de

Meinen Eltern

Vorwort

Die vorliegende Untersuchung wurde im Wintersemester 2001/2002 von der Sozial- und Wirtschaftswissenschaftlichen Fakultät der Otto-Friedrich-Universität Bamberg als Dissertation angenommen.

Durch die Dissertation fühle ich mich Herrn Professor Dr. Georg Crezelius verbunden. Ihm verdanke ich, durch seine besondere Fähigkeit das Interesse am Steuerrecht zu wecken, meine Zuneigung zu dieser wissenschaftlichen Disziplin sowie die Anregung und Betreuung der Dissertation. Herrn Professor Dr. Peter Kupsch danke ich für das Zweitgutachten im Promotionsverfahren.

Mein besonderer Dank gilt meinen Eltern, deren Unterstützung mir die Promotion erst ermöglichte. Daneben bin ich all denjenigen, die mir während der Erstellung der Abhandlung mit Rat und Tat zur Seite gestanden haben, ebenfalls zu Dank verpflichtet, insbesondere meiner Frau Franziska Neuner.

Vielen herzlichen Dank!

Eschborn, im Juli 2002 Dipl.-Kfm. Jörg Luckey

Inhaltsverzeichnis

Abkürzungsverzeichnis

Soweit die verwendeten Abkürzungen hier nicht aufgeführt sind, entsprechen sie dem „Abkürzungsverzeichnis der Rechtssprache“ von Hildebert Kirchner, 4. Aufl., Berlin 1993.

ABA	Arbeitsgemeinschaft für betriebliche Altersversorgung
AcP	Archiv für die civilistische Praxis (Zs.)
AG	Aktiengesellschaft/Die Aktiengesellschaft (Zs.)
AO	Abgabenordnung
BB	Betriebsberater (Zs.)
BetrVG	Gesetz zur Verbesserung der betrieblichen Altersversorgung
BetrAV	Betriebliche Altersversorgung (Zs.)
BewG	Bewertungsgesetz
BFH	Bundesfinanzhof
BFH/NV	Sammlung amtlich nicht veröffentlichter Entscheidungen des Bundesfinanzhofs (Zs.)
BFuP	Betriebswirtschaftliche Forschung und Praxis (Zs.)
BGB	Bürgerliches Gesetzbuch
BGBl.	Bundesgesetzblatt
BGH	Bundesgerichtshof
BGHZ	Entscheidungen des Bundesgerichtshofs in Zivilsachen
BMF	Bundesfinanzministerium
BStBl.	Bundessteuerblatt
Bt.	Bundestag
BVerfG	Bundesverfassungsgericht
BVerfGE	Entscheidungen des Bundesverfassungsgerichts
bzw.	beziehungsweise
DB	Der Betrieb (Zs.)
ders.	derselbe
dies.	dieselbe
Drs.	Drucksache
DStJG	Deutsche Steuerjuristische Gesellschaft
DStR	Deutsches Steuerrecht (Zs.)
DStZ	Deutsche Steuerzeitung (Zs.)
EFG	Entscheidungen der Finanzgerichte (Zs.)
EK	Eigenkapital
ErbStG	Erbschaftsteuergesetz
EStDV	Einkommensteuer-Durchführungsverordnung

EStG	Einkommensteuergesetz
FR	Finanz-Rundschau (Zs.)
FS	Festschrift
GewStG	Gewerbesteuergesetz
GmbH	Gesellschaft mit beschränkter Haftung
GmbHG	Gesetz betreffend die Gesellschaften mit beschränkter Haftung
GmbHR	GmbH-Rundschau (Zs.)
GrS	Großer Senat
HFA	Hauptfachausschuß
HFR	Höchstrichterliche Finanzrechtsprechung
HGB	Handelsgesetzbuch
IdW	Institut der Wirtschaftsprüfer
i.H.v.	in Höhe von
INF	Die Information über Steuer und Wirtschaft (Zs.)
JbFAStR	Jahrbuch der Fachanwälte für Steuerrecht
JR	Juristische Rundschau (Zs.)
JW	Juristische Wochenschrift (Zs.)
KG	Kommanditgesellschaft
KGaA	Kommanditgesellschaft auf Aktien
KÖSDI	Kölner-Steuer-Dialog (Zs.)
KStG	Körperschaftsteuergesetz
NJW	Neue Juristische Wochenschrift
NWB	Neue Wirtschafts-Briefe (Zs.)
OFD	Oberfinanzdirektion
OHG	Offene Handelsgesellschaft
OLG	Oberlandesgericht
RdA	Recht der Arbeit (Zs.)
Rdnr.	Randnummer
RFH	Reichsfinanzhof
RG	Reichsgericht
RGZ	Entscheidungen des Reichsgerichts in Zivilsachen
RStBl.	Reichssteuerblatt
sog.	sogenannte(r)

StbJb	Steuerberater-Jahrbuch
StbKongrRep.	Steuerberater-Kongress-Report
StBp	Die steuerliche Betriebsprüfung (Zs.)
StuW	Steuer und Wirtschaft (Zs.)
StVj	Steuerliche Vierteljahresschrift (Zs.)
u.a.	unter anderem
UmwG	Umwandlungsgesetz
UmwStG	Umwandlungssteuergesetz
v.	von/vom
Vorb.	Vorbemerkung
WM	Wertpapiermitteilungen (Zs.)
WP	Wirtschaftsprüfung
WPg	Die Wirtschaftsprüfung (Zs.)
z.B.	zum Beispiel
ZGR	Zeitschrift für Unternehmens- und Gesellschaftsrecht
ZHR	Zeitschrift für das gesamte Handelsrecht und Wirtschaftsrecht
ZIP	Zeitschrift für Wirtschaftsrecht und Insolvenzpraxis
ZPO	Zivilprozeßordnung
Zs.	Zeitschrift

Einleitung

Das heutige Verständnis der in Deutschland vorzufindenden betrieblichen Altersversorgung reicht in seinen Anfängen in die Mitte des 19. Jahrhunderts zurück und ist damit älter als die durch Kaiserliche Botschaft vom 17.11.1881 angeordnete Errichtung einer gesetzlichen Rentenversicherung.[1] Damalige Großunternehmen wie Siemens, BASF, Farbwerke Hoechst, Krupp, Henschel u.v.m., die sich für die Alterssicherung ihrer Arbeitnehmer in der Verantwortung sahen, hatten auf privatrechtlicher Grundlage begonnen, Versorgungsformen für ihre aus Altersgründen ausscheidenden Arbeitnehmer zu schaffen. Aus heutiger Sicht bildet die betriebliche Altersversorgung einen der Eckpfeiler im System der Alterssicherung in der Bundesrepublik Deutschland, dessen Bedeutung vor dem Hintergrund eines steigenden Sicherungsbedürfnisses der Menschen und der Erkenntnis, daß die staatliche Sozialpolitik an ihre finanzierbare Grenze stößt, stetig wächst. Nach der bislang letzten vom Statistischen Bundesamt zum Stichtag 31.12.1990 im früheren Bundesgebiet im Bereich der privatrechtlich organisierten Unternehmen vorgenommenen Erhebung belief sich der Anteil derjenigen tätigen Arbeitnehmer, die aufgrund individual- oder kollektivrechtlicher Vereinbarung Ansprüche auf betriebliche Versorgungsleistungen besaßen oder denen solche verbindlich in Aussicht gestellt worden waren, auf mehr als 71% der 16,6 Mill. Arbeitnehmer, die in den in die Erhebung einbezogenen Unternehmungen beschäftigt waren.[2] Dazu wurde das für die betriebliche Altersversorgung gebundene Deckungskapital auf insgesamt 301.167,4 Mill. DM beziffert.[3] Als der weitest verbreiteste Durchführungsweg im System der betrieblichen Alterssicherung nimmt die Direktzusage auf Altersversorgung an Arbeitnehmer privatrechtlich organisierter Personenverbände eine herausragende Stellung ein (Anteil 54,2% mit einem Rückstellungsansatz nach § 6a EStG von DM 205.920,8 Mill.).[4] Es darf angenommen werden, daß die Anteile und Werte in den vergangenen zehn Jahren weiter angestiegen sind.

Vor dem Hintergrund der wirtschaftlichen Bedeutung der Personenunternehmen in Deutschland – ca. 85% aller in Deutschland geführten Unternehmen - befaßt sich die hier vorliegende Arbeit mit der Behandlung der betrieblichen Direktzusage auf Altersversorgung einer Personenhandelsgesellschaft an ihren Gesellschafter-Angestellten aus ertrag- und umwandlungssteuerrechtlicher Sicht. Be-

---

1 Vgl. Ahrend/Förster/Rößler, BAV, Einführung Rdnr. 1.

2 Statistisches Bundesamt, Löhne und Gehälter, S. 20.

3 Statistisches Bundesamt, Löhne und Gehälter, S. 26.

4 Statistisches Bundesamt, Löhne und Gehälter, S. 50.

troffen ist insbesondere der sog. Gesellschafter-Geschäftsführer. Von der Betrachtung ausgenommen sind Pensionszusagen an „normale" Arbeitnehmer wie auch die arbeitsrechtlichen Rahmenbedingungen und Regelungen.

Die betriebliche Direktzusage einer Personengesellschaft an ihren Gesellschafter auf Leistungen der Alters-, Invaliditäts- und Hinterbliebenenversorgung aus Anlaß der Tätigkeit des Gesellschafters für das Unternehmen kann auf gesellschaftsrechtlicher oder unabhängiger allgemein-schuldrechtlicher Grundlage erfolgen. Die durch eine derartige zivilrechtliche Vereinbarung geschaffene Vorgabe ist im Handelsbilanzrecht zu beachten, welches seinerseits wiederum über den kodifizierten, einkommensteuerrechtlichen Maßgeblichkeitsgrundsatz (§ 5 Abs. 1 S. 1 EStG) das Steuerrecht bindet. Dazu wird zunächst ein Überblick zu den steuergesetzlichen Regelungen der betrieblichen Direktzusage an einen Gesellschafter-Angestellten, deren einkommensteuersystematische Einordnung und bilanzsteuerrechtliche Behandlung beim pensionsverpflichteten Rechtsträger gegeben.

Darüber hinaus besteht insoweit eine Verbindung zwischen zivilrechtlicher Vorgabe und Steuerrecht, als das Steuerrecht mit seinen Eingriffstatbeständen an die wirtschaftlichen Ergebnisse des zivilrechtlich organisierten Wirtschaftsverkehrs anknüpft. Obgleich auf die sich hieraus ergebende klassische Problematik des Verhältnisses des Steuerrechts zum Zivilrecht nicht näher eingegangen werden soll[5], spiegelt sich in den methodologischen Ansätzen zur steuerlichen Gewinnermittlung mitunternehmerischer Einkünfte jene Grundproblematik wider. Seit der Aufnahme des Mitunternehmerbegriffes in § 7 Nr. 3 des Einkommensteuergesetzes vom 29.3.1920[6], der Vorgängervorschrift des heute gültigen § 15 Abs. 1 S. 1 Nr. 2 EStG, ist für das Steuerrecht die Frage diskutiert worden, ob aus der fehlenden Steuerrechtssubjekteigenschaft der Personengesellschaft zu schließen ist, daß die zivilrechtliche Existenz selbiger, mithin die zivilrechtlich bestehenden Rechtsverhältnisse zwischen ihr und ihrem Gesellschafter - einbezogen die Pensionsvereinbarung - einkommensteuerrechtlich zu negieren sind, oder ob jene zivilrechtlichen Strukturen bei der Besteuerung des betreffenden Gesellschafters zu berücksichtigen sind. Nach der Abkehr der höchstrichterlichen Finanzrechtsprechung von der sog. Bilanzbündeltheorie, die auf dem dogmatischen Grundgedanken der Gleichstellungsthese beruhte, wurde in Anlehnung an § 124 HGB die rechtliche Einheit der Personengesellschaft im

5 Vgl. hierzu Crezelius, Steuerrechtliche Rechtsanwendung und allgemeine Rechtsordnung, S. 178ff.

6 RGBl. I 1920, 359.

Außenverhältnis zur Kenntnis genommen, woraus sich Folgerungen für die Frage der Gewinnverwirklichung im Verhältnis der Gesellschaft zum Gesellschafter ergeben. Diese sind mit entscheidend für die zu erörternde Problematik der Bestimmung des Zeitpunktes der Besteuerung des (aufschiebend bedingten) Pensionsanspruches des Gesellschafters; ob bereits im Zeitpunkt des Erwerbes, des Eintritts des Versorgungsfalles oder erst im Zeitpunkt der tatsächlichen Realisation. Des weiteren wird der Frage nachgegangen, welche Pensionsvereinbarungen dem Tatbestand des § 15 Abs. 1 S. 1 Nr. 2 Hs. 2, S. 2 EStG zu subsumieren sind und bejahendenfalls, ob bereits die Anwartschaft aus einer Pensionszusage an den Gesellschafter-Angestellten auf Alters-, Invaliditäts- und Hinterbliebenenversorgung zu besteuernde Sondervergütung im Sinne dieser Vorschrift ist.

Im Beschluß vom 25.6.1984[7] hat der Große Senat des Bundesfinanzhofs der zivilrechtlichen Verselbständigung der Personengesellschaft gegenüber ihren Gesellschaftern Rechnung getragen und der Personengesellschaft eine partielle Steuersubjektivität zuerkannt. Im Ergebnis versteht der BFH die Vorschrift des § 15 Abs. 1 S. 1 Nr. 2 EStG heute als zweistufigen Tatbestand, weshalb die gewerblichen Einkünfte des personengesellschaftsrechtlich/mitunternehmerisch beteiligten Gesellschafters in mehreren Stufen ermittelt werden. Streitig ist die Methodik der notwendigen Zusammenfassung der beiden Komponenten der dem einzelnen Gesellschafter zuzurechnenden Einkünfte aus Gewerbebetrieb. Ist der Besteuerung des Gesellschafters bzw. ehemaligen Gesellschafters oder dessen Rechtsnachfolger ein aus den beiden Bestandteilen zusammengesetzter „Gesamtgewinn der Mitunternehmerschaft" zugrunde zu legen, der in einer „Gesamtbilanz der Mitunternehmerschaft" zu ermitteln ist? Ist für die Erstellung einer solchen Gesamtbilanz eine Konsolidierung der Gesellschaftsbilanz mit den Sonderbilanzen der Gesellschafter nach Art der Konzernrechnungslegung vorzunehmen oder ist eine sog. strukturierte Gesamtbilanz zu erstellen, in der die Rechtsbeziehungen zwischen Gesellschaft und Gesellschafter strukturiert nach Gesellschaftern auszuweisen sind? Oder sind die einkommensteuerpflichtigen gewerblichen Einkünfte des Gesellschafters aus der Personengesellschaft durch schlichte Addition des anteiligen Ergebnisses der Steuerbilanz der Gesellschaft und das der Ergänzungs- und Sonderbilanz des Gesellschafters zu ermitteln? Sind im Rahmen der additiven Gewinnermittlung die allgemeinen handelsrechtlichen Bilanzierungsgrundsätze, insbesondere das Realisations- und Imparitätsprinzip, zu beachten?

7 BFH v. 25.6.1984 - GrS 4/82, BFHE 141, 405 = BStBl. II 1984, 751, 761f.

Die Pensionszusage an den Gesellschafter-Angestellten ist nach dem Wandel im steuerlichen Verständnis der Personengesellschaft für diese Fragen zum entscheidenden Problemfall geworden. Der BFH hat sich in seinem jüngsten Urteil vom 2.12.1997[8] zu dieser Problematik für die additive Gewinnermittlung unter Beachtung eines Grundsatzes der korrespondierenden Bilanzierung ausgesprochen und entschieden, daß die in der Steuerbilanz der Gesellschaft passivierte Pensionsverpflichtung durch einen korrespondierenden Aktivposten in der Sonderbilanz auszugleichen ist. Dabei hat er es allerdings ausdrücklich offengelassen, ob der neutralisierende Aktivposten anteilig in den Sonderbilanzen aller Gesellschafter oder nur in der Sonderbilanz des aus der Pensionszusage begünstigten Gesellschafters anzusetzen ist. De facto hält der BFH damit für die Gewinnermittlung der dem Gesellschafter zuzurechnenden gewerblichen Einkünfte aus der Personengesellschaft im Kern an der Gleichstellungsthese fest. Es wird deshalb im ersten Teil dieser Arbeit untersucht, ob diese Gleichstellungsthese eine dogmatisch überzeugende Grundlage für die Besteuerung des Personengesellschafters ist.

Der zweite Teil der vorliegenden Untersuchung gilt den auf dem Grundfall aufsetzenden Sonderkonstellationen. Dabei ist dem Umwandlungssteuerrecht besondere Aufmerksamkeit gewidmet. Mit der Reform des Umwandlungs-[9] und des Umwandlungssteuerrechts[10] sind die Möglichkeiten der Umstrukturierung von Unternehmen erheblich erweitert worden. Von den umwandlungssteuerrechtlichen Änderungen betroffen ist insbesondere die Umwandlung einer Kapitalgesellschaft in eine Personengesellschaft, die für die Praxis erheblich an Bedeutung gewonnen hat. Das Umwandlungssteuerrecht ermöglicht es weitgehend unter bestimmten Voraussetzungen eine Kapitalgesellschaft steuerneutral in eine Personengesellschaft und umgekehrt umzuwandeln. In den hierzu bislang ergangenen Veröffentlichungen des steuerwissenschaftlichen Schrifttums konzentrierte sich die Aufmerksamkeit vornehmlich auf die sich hieraus ergebenden Gestaltungsmöglichkeiten. Vernachlässigt worden sind dagegen die umwandlungssteuerrechtlich spezifischen Fragen mit Bezug auf die steuerliche Behandlung der Pensionszusage einer betroffenen Kapitalgesellschaft an ihren Gesellschafter-Angestellten. Auf der Grundlage der neueren Rechtsprechung des BFH werden nicht abschließend geklärte Fragen zum Problemfeld der steuerlichen Behandlung solcher Pensionszusagen im Rahmen der Umwandlung einer Kapitalgesellschaft in eine Personengesellschaft oder ein Einzelunterneh-

8 BFH v. 2.12.1997 - VIII R 15/96, DB 1998, 753.

9 BGBl. I 1994, 3210.

men sowie der Umwandlung einer Personengesellschaft in eine Kapitalgesellschaft erörtert. Werden diese Umwandlungsvorgänge nach den Normen des Umwandlungsgesetzes vollzogen, geht das Vermögen des übertragenden Rechtsträgers, einschließlich einer etwaig bestehenden Pensionsverpflichtung im Wege der Gesamtrechtsnachfolge auf den übernehmenden Rechtsträger über. Der mit der Umwandlung verbundene Wechsel des Rechtsträgers führt aufgrund der rechtsformbedingten Besteuerungsunterschiede der Personengesellschaften und ihrer Gesellschafter einerseits und der Körperschaften und ihrer Anteilseigner andererseits, zu einer Änderung der steuersystematischen Einordnung des Pensionsanspruches des begünstigten Gesellschafters. Den sich hieraus ergebenden, steuerrechtlichen Problematiken soll im Rahmen dieser Arbeit nachgegangen werden.

Einen Schwerpunkt der Betrachtung bildet hierbei die Thematik der verdeckten Gewinnausschüttung an den Gesellschafter einer GmbH. Wird eine Kapitalgesellschaft in ein Einzelunternehmen umgewandelt, drohen dem aus einer Pensionszusage der Gesellschaft pensionsberechtigten Alleingesellschafter steuerliche Nachteile, die im Einzelfall die aus wirtschaftlichen oder rechtlichen Gründen gewünschte Umwandlung verhindern können. Hierzu wird der Fall der vertraglichen Ablösung der Pensionsanwartschaft des begünstigten Kapitalgesellschafters durch eine Kapitalabfindung vor dem steuerlichen Übertragungsstichtag auf seine körperschaftsteuerliche Einordnung als verdeckte Gewinnausschüttung hin untersucht. Des weiteren geht es insbesondere um die sog. nicht vollzogene bzw. steckengebliebene verdeckte Gewinnausschüttung, die vor dem steuerlichen Übertragungsstichtag vorgenommen, aber erst in der Zeit der steuerlichen Rückwirkung (§ 2 UmwStG) oder danach abfließt. Da zwischen der als verdeckte Gewinnausschüttung anzusehenden Pensionszusage und der Auszahlung der Pensionsleistungen unter Umständen Jahrzehnte liegen, ist die unangemessene Pensionszusage an den GmbH-Gesellschafter hiervon regelmäßig betroffen.

10 BGBl. I 1994, 3267.

Erster Teil:

Betriebliche Direktzusagen an Gesellschafter-Arbeitnehmer

A. Gesetzliche Regelungen und steuersystematische Einordnung

I. Direktzusagen im System der betrieblichen Altersversorgung

Neben der gesetzlichen Rentenversicherung und der individuellen Eigenvorsorge bildet die betriebliche Altersversorgung die dritte Säule des „Drei-Säulen-Konzepts" der Alterssicherung in der Bundesrepublik Deutschland.[1] Der Begriff „betriebliche Altersversorgung" wird allgemein definiert als alle betrieblichen Maßnahmen die dazu dienen den Arbeitnehmer eines Betriebs oder ihren Angehörigen eine mehr oder weniger umfassende Sicherung des Einkommens im Falle des dauernden Verlustes ihrer Arbeitsfähigkeit und des damit verbundenen Arbeitsentgeltes zu gewähren.[2] Hierunter werden insbesondere Leistungen der Alters-, Invaliditäts- (Berufs-, Erwerbsunfähigkeit) oder der Hinterbliebenenversorgung verstanden, die unmittelbar oder durch rechtlich selbständige Versorgungsträger zugesagt werden. Eine engere Legaldefinition findet sich in der Vorschrift des § 1 Abs. 1 BetrAVG, durch die betriebliche Altersversorgung definiert ist als „Leistungen der Alters-, Invaliditäts- oder Hinterbliebenenversorgung, die einem Arbeitnehmer aus Anlaß eines Arbeitsverhältnisses zugesagt worden sind".

Die betriebliche Altersversorgung ist in aller Regel Ergänzung zu den Leistungen der gesetzlichen Rentenversicherung und der individuellen Eigenvorsorge und nimmt die Funktion einer Zusatzversicherung ein.[3] Dagegen kann der betrieblichen Altersversorgung die primäre oder gar alleinige Sicherungsfunktion zukommen, wenn Arbeitnehmer in der gesetzlichen Rentenversicherung nicht pflichtversichert sind oder waren oder wenn das Einkommen der Arbeitnehmer während der überwiegenden Versicherungszeit immer erheblich über der Beitragsbemessungsgrenze in der gesetzlichen Rentenversicherung gelegen hat. Dies betrifft in besonderem Maße die in mittelständischen Personenverbänden mitarbeitenden Personengesellschafter. Dabei beruht die volkswirtschaftliche

---

1 Ausführlich Heubeck, ZVersWiss., 1970, 317ff.

2 ABA-Handbuch-Höhne, Bd. 1 S. 1 m.w.N.; Ahrend/Förster/Rößler, BAV, 1. Teil Rdnr. 3; Griebeling, Betriebliche Altersversorgung, A Rdnr. 1.

3 Vgl. dazu Ahrend/Förster/Rößler, BAV, 1. Teil Rdnr. 123; Griebeling, Betriebliche Altersversorgung, A Rdnr. 1.

Bedeutung der betrieblichen Altersversorgung nicht nur auf ihrer sozialpolitischen Funktion, sondern auch auf ihrer Bedeutung für die gesamtwirtschaftliche Kapitalbindung mit entsprechenden Konsequenzen für das Volkseinkommen und das Beschäftigungsniveau. Aus betriebswirtschaftlicher Sicht kommt hinzu, daß die betriebliche Altersversorgung je nach Gestaltungsform Möglichkeiten eröffnet, die Liquiditätssituation sowie die internen und externen Finanzierungsmöglichkeiten der Unternehmen zu verbessern.

Im System der betrieblichen Altersversorgung werden fünf Formen unterschieden, die auch als Durchführungswege bezeichnet werden. Der Arbeitgeber kann sich bedienen:[4]

- der freiwilligen Versicherung innerhalb der Sozialversicherung, insbesondere in Form der Höher- und Weiterversicherung, bei Übernahme der Prämienleistung durch das Unternehmen,
- der Direktversicherung zugunsten des Arbeitnehmers, die durch das Unternehmen bedient wird,
- der Einschaltung einer Unterstützungskasse,
- der Pensionskasse zur Gewährung von Ruhegeld, denen er die für die Versorgungsansprüche benötigten Mittel zuführt und schließlich,
- der unmittelbar durch das Unternehmen selbst getragenen Versorgung der Arbeitnehmer durch Einstellung der für die Pensionszahlungen benötigten Mittel in Rückstellungen (Direktzusage).

Die letztgenannte Form ist die vorherrschende Variante der betrieblichen Pensionszusage (auch unmittelbare Versorgungszusage oder unmittelbare Pensionszusage genannt). Ihr kommt im Rahmen der betrieblichen Altersversorgung unter der Vielfalt der vorzufindenden Formen die wesentlichste Bedeutung zu.[5] Das gilt namentlich für den hier interessierenden Bereich der Personengesellschaften, die vorwiegend im mittelständischen Bereich anzusiedeln sind. Auf diese Konstellation beschränkt sich die vorliegende Untersuchung.

Ohne besonderen Rechtsgrund ist der Arbeitgeber nicht verpflichtet, Beiträge zu einer Versicherung des Arbeitnehmers oder durch eine betriebliche oder

---

4 Schaub/Schusinski/Ströer, Altersvorsorge, S. 118; Ahrend/Förster/Rößler, BAV, 1. Teil Rdnr. 81ff.; Schaub, Arbeitsrecht-Handbuch, § 81; Griebeling, Betriebliche Altersversorgung, G Rdnr. 565ff.

5 Statistisches Bundesamt, Löhne und Gehälter, S. 50; dazu Meier, in Festschrift Heubeck, S. 43, 51f.

überbetriebliche Unterstützungseinrichtung oder aus eigenen Mitteln Ruhegelder zu erbringen.[6] Pensionszusagen an Arbeitnehmer beruhen nicht auf einer einheitlichen Rechtsgrundlage. Unterschieden wird zwischen individualrechtlichen und kollektivrechtlichen Regelungen.[7] Für die Individualrechtlichen kommen eine ausdrückliche oder konkludente einzelvertragliche Regelung, die Gesamtzusage (Einheitsregelung) oder ein allgemeiner Rechtsgrundsatz des Arbeitsrechts (betriebliche Übung, Gleichbehandlungsgrundsatz) in Betracht. Kollektivrechtliche Regelungen beruhen entweder auf einer Betriebsvereinbarung oder einem Tarifvertrag.

Eine Legaldefinition der betrieblichen Pensionsverpflichtung, die zum Teil auch als Ruhegeld- oder Versorgungsverpflichtung bezeichnet wird, existiert nicht. Es handelt sich dabei nach allgemeinem Verständnis um eine auf zivilrechtlicher Vereinbarung beruhenden Verpflichtung eines Unternehmensträgers zur Altersversorgung. In der Regel werden diese Verpflichtungen gegenüber Arbeitnehmern in Folge eines bestehenden Arbeitsverhältnisses eingegangen. In der Literatur wird sie daher nahezu übereinstimmend definiert als die anläßlich eines Arbeitsverhältnisses von einem Arbeitgeber gegenüber seinem Arbeitnehmer oder dessen Angehörigen eingegangene Verpflichtung zur Gewährung von einmaligen oder wiederkehrenden Geld- oder Sachleistungen für den Fall der Beendigung der Erwerbstätigkeit des in den Diensten des Arbeitgebers stehenden oder ehemals befindlichen Arbeitnehmers infolge Invalidität, Erreichen eines bestimmten Alters, Tod oder durch Eintritt anderer vereinbarter Bedingungen zum Zwecke der Versorgung.[8] Pensionszusagen sind jedoch nicht auf Arbeitnehmer beschränkt. Sie werden auch, wie hier zu behandeln, gegenüber den mitarbeitenden Gesellschaftern einer Personengesellschaft übernommen. Die Pensionszusage steht dabei nicht zwingend im Zusammenhang mit einem Arbeitsverhältnis, sondern kann auch - wie im folgenden noch eingehend erörtert wird - in Verbindung mit der gesellschaftsvertraglichen Beitragspflicht ei-

6 BAG, AP 6 zu § 242 BGB „Ruhegehalt"; Schaub, Arbeitsrechts-Handbuch, § 81 II 1; Staudinger/ Richardi, BGB, § 611 Rdnr. 634; Ahrend/Förster/Rößler, BAV, 1. Teil Rdnr. 38; Griebeling, Betriebliche Altersversorgung, D Rdnr. 77.

7 Vgl. Ahrend/Förster/Rößler, BAV, 1. Teil Rdnr. 38; Nikisch, Arbeitsrecht, Bd. 1, S. 574ff.; Schaub, Arbeitsrechts-Handbuch, § 81 II; Griebeling, Betriebliche Altersversorgung, D Rdnr. 109ff.

8 Bt-Drs., 7/1281, S. 37; Ahrend/Förster/Rößler, BAV, 2. Teil Rdnr. 1ff.; Blümich/Ahrend/Förster/ Rößler, EStG/KStG/GewStG, § 6a EStG Rdnr. 51ff.; BeckBil-Komm-Ellrott/Rhiel, § 249 Rdnr. 152ff.; Herrmann/ Heuer/Raupach/Pflüger, EStG KStG, § 19 EStG Rdnr. 386; Heubeck, ABA-Handbuch, Die Pensionsrückstellung, S. 4; L.Schmidt/Seeger, EStG, § 6a Rdnr. 7.

nes Personengesellschafters stehen. Pensionsverpflichtungen sind nicht auf eine einheitliche Leistung ausgerichtet. Ein allgemeingültiger Inhalt der Pensionszusage ist nicht vorgegeben. Für deren inhaltliche Ausgestaltung durch die beteiligten Parteien besteht grundsätzlich Vertragsfreiheit innerhalb der durch Grundrechte und Gesetz gesetzten Schranken, so daß sie den vertragschließenden Parteien überlassen ist.[9] In der Praxis setzen sich Pensionszusagen aus verschiedenen Teilleistungen zusammen, die sich entsprechend ihrer Art unterscheiden lassen in[10]:

- die Altersversorgung des aus der Zusage berechtigten Arbeitnehmers,
- die Invaliditätsrente bei vorzeitiger Invalidität des berechtigten Arbeitnehmers,
- die Witwen- und Witwerrente im Falle des Todes des berechtigen Arbeitnehmers,
- und die Waisenrente.

Üblicherweise werden wiederkehrende und lebenslänglich bis zum Tode des Versorgungsberechtigten oder dessen Hinterbliebenen zu zahlende Pensionsleistungen zugesagt. Daneben kommen einmalig zu leistende Kapitalleistungen (Abfindungen) oder auch befristete Zusagen vor, eine Regelung die insbesondere bei Waisenpensionen oder den Witwenpensionen bei Wiederverheiratung praktiziert wird.[11] Die Pensionsleistungen müssen nicht notwendigerweise in Geld, sondern können auch in Sachwerten (Deputate) bestehen.[12] Die Bemessung erfolgt regelmäßig entweder nach festen Beträgen, Prozentsätzen des letzten Gehalts oder durch Anbindung an die aktuellen Sozialversicherungsrenten. Der Absicherung gegen Änderungen im Preisniveau oder Lohn- und Gehaltsgefüge dienen Wertsicherungs- und Spannungsklauseln.[13]

---

9 Schaub/Schusinski/Ströer, Altersvorsorge, § 8 I; Ahrend/Förster/Rößler, BAV, 1. Teil Rdnr. 120ff.; Griebeling, Betriebliche Altersversorgung, C Rdnr. 32ff.

10 Vgl. dazu Ahrend/Förster/Rössler, Die betriebliche Altersversorgung, S. 51ff. mit Hinweisen zur optimalen Gestaltung; dies., BAV, 1. Teil Rdnr. 133ff.; Griebeling, Betriebliche Altersversorgung, C Rdnr. 40ff.

11 Ahrend/Förster/Rößler, BAV, 1. Teil Rdnr. 138ff.; Griebeling, Betriebliche Altersversorgung, C Rdnr. 57.

12 Schaub, Arbeitsrechts-Handbuch, § 81 I 1b; Ahrend/Förster/Rößler, BAV, 1. Teil Rdnr. 5ff.; Griebeling, Betriebliche Altersversorgung, C Rdnr. 38; Griebeling, Betriebliche Altersversorgung, D Rdnr. 77.

13 Vgl. dazu Ahrend/Förster/Rössler, Die betriebliche Altersversorgung, S. 35ff.; dies, BAV, 1 Teil 679ff.; Schaub/Schusinski/Ströer, Altersvorsorge, § 15 III; Griebeling, Betriebliche Altersversorgung, F Rdnr. 523f.

Die Direktzusage wird in aller Regel darauf gerichtet sein, erst nach Ablauf eines längeren Zeitraumes und mit dem Eintritt vereinbarter Bedingungen die Aufnahme der Pensionsleistungen beginnen zu lassen. Innerhalb des Zeitraumes zwischen der Erteilung der Pensionszusage und dem Eintritt des Versorgungsfalles besitzt der Pensionsberechtigte eine Pensionsanwartschaft auf Alters-, Invaliditäts- oder Hinterbliebenenversorgung, die auch als Versorgungs- oder Ruhegeldanwartschaft bezeichnet wird. Es handelt sich dabei um den (mehrfach) aufschiebend bedingten Anspruch (§ 158 BGB) auf einmalige oder laufende Versorgungsleistungen, der erst mit dem Eintritt der Bedingung/-en zum fälligen Voll-Anspruch erstarkt.[14] Vor Eintritt der Bedingungen schuldet der Arbeitgeber keine Zahlungen. Übliche Bedingungen sind[15]:

- die Versetzung des Arbeitnehmers in den Ruhestand
- der Ablauf einer vereinbarten Wartezeit
- der Eintritt eines Versorgungsfalles bestimmt durch:
  Erwerbs- oder Berufsunfähigkeit
  Erreichen der vorgesehenen Altersgrenzen
  Tod des Versorgungsberechtigten, bei Zusage auf Hinterbliebenenversorgung
- das Bestehen des Arbeitsverhältnisses im Zeitpunkt des Versorgungsfalles

Während das Reichsgericht und das Reichsarbeitsgericht für die Bestimmung des Rechtscharakters der betrieblichen Pensionsleistungen auf die sog. Entgelttheorie abstellte,[16] wird heute in der Literatur,[17] wie auch in der heutigen Recht-

14 BAG AP Nr. 9 zu § 61 KO; BFH v. 3.5.1967 - I 263/63, BFHE 88, 425, 426, BStBl. III 1967, 421; vgl. auch Gaul, Arbeitsrecht, F VI Rdnr. 62; Griebeling, Betriebliche Altersversorgung, E Rdnr. 345; Heuer, DB 1956, 96; Knobbe-Keuk, Bilanzsteuerrecht, § 11 IV 6a; Nikisch, Arbeitsrecht, Bd. 1, S. 582; L.Schmidt, EStG, § 5 Rdnr. 270 „Pensionsanwartschaften"; Palandt/Heinrichs, BGB, Einf. v. § 158 Rdnr. 8f.; Schaub, Arbeitsrechts-Handbuch, § 81 V 1a; Soergel/Kraft, BGB § 611 Rdnr. 200, 204; Staudinger/ Richardi, BGB, § 611 Rdnr. 635; a.A. Meilicke/Heidel, FR 1994, 693, Fn. 18: auflösend bedingter Anspruch.

15 Vgl. dazu Ahrend/Förster/Rößler, BAV, 1 Teil Rdnr. 134ff.; Griebeling, Betriebliche Altersversorgung, D Rdnr. 293ff.

16 RGZ 75, 325, 327; RGZ 80, 208, 210; RGZ 94, 157, 158; ARS 16, 281, 283; ARS 29, 380, 382.

17 Blomeyer/Otto, BetrAVG, Einl. Rdnr. 114ff.; Griebeling, Betriebliche Altersversorgung, B Rdnr. 18ff.; Höfer/Ahrend, DB 1972, 1824f.; Hanau, BB 1976, 91; Höfer/Abt, BetrAVG-AR, Arb.Gr. Rdnr. 41ff.; Schaub, Arbeitsrechts-Handbuch, § 81 I 1b ff.; Schaub/Schusinski/Ströer, Altersvorsorge, § 6 II.

sprechung des Bundesarbeitsgerichts,[18] den betrieblichen Pensionsleistungen sowohl Entgelt- als auch Versorgungscharakter zugesprochen. Dieser Auffassung hat sich ebenfalls der Bundesgerichtshof angeschlossen.[19] Nach der Entgelttheorie steht in der Betrachtung der Pensionsleistungen das Austauschverhältnis zwischen Arbeitgeber und Arbeitnehmer im Vordergrund. Die Pensionen werden als eine ‚echte' nachträgliche Vergütung für die in der Vergangenheit durch den Arbeitnehmer erbrachten Leistungen im Dienste des Arbeitgebers sowie dessen Betriebstreue verstanden.[20] Folglich stellen die späteren Pensionszahlungen zivilrechtlich gesehen keine sog. belohnende Schenkung, sondern Lohn- und Gehaltszahlungen dar, die während der Tätigkeit des Arbeitnehmers im Dienste des Arbeitgebers einbehalten und erst nach der Beendigung des Dienstverhältnisses in Form einer Rente oder einmaligen Kapitalleistung ausgezahlt werden.[21] Hervorgerufen durch einen Wandel in der Auffassung über das Arbeitsverhältnis als personenrechtliches Gemeinschaftsverhältnis, welches von Treue- und Fürsorgeleistungen bestimmt werde, sah das RAG[22] in den vom Arbeitgeber gezahlten Pensionen eine besondere Fürsorgeleistung (sog. Fürsorgetheorie). Motiv für die Pensionsleistungen sei die Versorgung des Arbeitnehmers und seiner Hinterbliebenen im Ruhestand des Arbeitnehmers oder bei dessen Berufs- oder Erwerbsunfähigkeit. Nachdem das BAG[23] zunächst offen ließ, welcher der beiden Richtungen es folgen werde, hat es sich in seiner Rechtsprechung sowohl für den Versorgungscharakter als auch den nachträglichen Entgeltcharakter des Ruhegeldes ausgesprochen, indem es beide Theorien verknüpfte und damit den Doppelcharakter des Ruhegeldes, bestehend aus Vergütungs- und Fürsorgeelementen, hervorhob (sog. Mischtheorie). In den neueren Entscheidungen betont das BAG in zunehmendem Maße

18 BAG, AP Nr. 3 zu § 242 BGB „Ruhegehalt-Unterstützungskassen"; AP Nr. 154 zu § 242 BGB „Ruhegehalt"; AP Nr. 156 zu § 242 BGB „Ruhegehalt"; AP Nr. 1 zu § 87 BetrAVG „Altersversorgung"

19 BGHZ 55, 274, 277; 61, 31, 34.

20 ARS 16, 281, 283; Griebeling, Betriebliche Altersversorgung, B II; Heubeck, BFuP 1987, 332f.; Nikisch, Arbeitsrecht, Bd. 1, S. 572; Staudinger/Richardi, BGB, § 611 Rdnr. 631; Woltmann, DB 1975, 797, 800.

21 RGZ 94, 322, 323 m.w.N.; BAG, AP Nr. 2 zu § 518 BGB; Heubeck, BFuP 1987, 332f.; Höfer/Abt, BetrAVG-AR, Arb.Gr. Rdnr. 154; Schaub, Arbeitsrechts-Handbuch, § 81 I 2d.

22 ARS 33, 172, 173ff.

23 BAG, AP 8 zu § 242 BGB „Ruhegehalt"; BAG, AP 9 zu § 242 BGB „Ruhegehalt".

allein den nachträglichen Vergütungscharakter.[24] Diesem hat sich ebenfalls der BFH in seiner Rechtsprechung ausdrücklich angeschlossen.[25]

Besonderen Schutz genießen Pensionszusagen die dem Anwendungsbereich des Gesetzes zur Verbesserung der betrieblichen Altersversorgung[26] (BetrAVG) unterliegen. Erfaßt werden Leistungen der betrieblichen Altersversorgung, d.h. Leistungen der Alters-, Invaliditäts- oder Hinterbliebenenversorgung, die einem Arbeitnehmer aus Anlaß seines Arbeitsverhältnisses zugesagt worden sind (§ 1 Abs. 1 S. 1 BetrAVG). Vom Schutzzweck des Gesetzes werden deshalb nur solche Pensionszusagen erfaßt, die aus Anlaß eines Arbeits- oder sonstigen Dienstverhältnisses erteilt werden.[27] Eine betriebliche Altersversorgung im Sinne des BetrAVG liegt daher nicht vor, wenn die Zusage aus verwandtschaftlichen, freundschaftlichen oder ähnlichen Beziehungen erfolgt.[28] Durch die Vorschrift des § 17 Abs. 1 BetrAVG ist der persönliche Anwendungsbereich der §§ 1 bis 16 BetrAVG auf Arbeiter und Angestellte einschließlich der zu ihrer Berufsausbildung Beschäftigten beschränkt. Daneben unterliegen gemäß § 17 Abs. 1 S. 2 BetrAVG auch diejenigen Personen dem besonderen Schutz des Gesetzes, die nicht Arbeitnehmer sind, wenn ihnen Leistungen der Alters-, Invaliditäts- oder Hinterbliebenenversorgung aus Anlaß ihrer Tätigkeit für ein Unternehmen zugesagt worden sind.

Der Wortlaut der Vorschrift ließe es zu, jede Person, die aus Anlaß ihrer Tätigkeit in einem Unternehmen Anspruch auf betriebliche Altersversorgung im Sinne des § 1 Abs. 1 S. 1 BetrAVG hat, unabhängig von ihrer Stellung zum Arbeitgeber, in den Schutzbereich des Gesetzes einzubeziehen. Dagegen besteht nach der Begründung des Gesetzes der Sinn und Zweck der Norm darin, Personen mit solchen Beschäftigungsverhältnissen zu berücksichtigen, auf deren inhaltli-

---

24 BAG, AP Nr. 2, 3 zu § 242 BGB „Ruhegehalt-Unterstützungskassen"; BAG, AP Nr. 156 zu § 242 BGB; BAG, AP Nr. 7 zu § 1 BetrAVG „Wartezeit"; BAG, AP Nr. 7 zu § 16 BetrAVG; BAG, AP Nr. 8 zu § 16 BetrAVG.

25 BFH v. 10.2.1953 - I 113/52, BFHE 57, 254 = BStBl. III 1953, 102; v. 27.9.1955 - I 174/55, BFHE 61, 431 = BStBl. III 1955, 366; v. 25.5.1988 - I R 10/84, BFHE 153, 381 = BStBl. II 1988, 720.

26 Vom 19.12.1974, BGBl. I 1974, 3610.

27 Ahrend/Förster/Rößler, BAV, 1 Teil Rdnr. 34ff.; Griebeling, Betriebliche Altersversorgung, C II 5b.

28 BGH, AP Nr. 12 zu § 7 BetrAVG; Griebeling, Betriebliche Altersversorgung, C II 5b. Zur steuerrechtlichen Qualifikation vgl. BFH v. 27.6.1989 - VIII R 337/83, BFHE 157, 405 = BStBl. II 1989, 888; v. 24.7.1990 - VIII R 39/84, BFHE 161, 504 = BStBl. II 1992, 229.

che Ausgestaltung sie - wie Arbeitnehmer - wegen der regelmäßig stärkeren Position ihres Vertragspartners oft keinen oder nur einen geringen Einfluß nehmen können.[29] Fraglich ist deshalb, inwieweit Personengesellschafter in den Schutzbereich des Gesetzes einzubeziehen sind. Nach den hierzu vom BGH[30] aufgestellten Grundsätzen ist für die Abgrenzung der Vergleich mit einem sozial unabhängigen und selbst verantwortlichen Einzelunternehmer, der mit seinen Entnahmen für Unterhalt und Versorgung keine Einkünfte aus einer fremden Tätigkeit, sondern die Früchte seines Kapitaleinsatzes und seiner Tätigkeit für das eigene Unternehmen zieht.[31] Ausgenommen sind daher solche Personen, die vermögens- und einflußmäßig mit dem zusagenden Unternehmen so stark verbunden sind, daß sie dieses wirtschaftlich als ihr Eigenes betrachten können und deshalb dem Inhaber eines Einzelunternehmens gleichzustellen sind.[32] Dies betrifft regelmäßig die persönlich haftenden Gesellschafter von Personenhandelsgesellschaften mit organschaftlicher Geschäftsführungs- und Vertretungsmacht und dies insbesondere wegen ihrer unbeschränkten Haftung grundsätzlich unabhängig von ihrer Beteiligungshöhe.[33] Dagegen ist der Kommanditist nur dann wie ein Unternehmer zu behandeln, wenn er über die Mehrheit der Gesellschaftsanteile verfügt und die Geschäftsführer der Gesellschaft verpflichtet sind, den Weisungen der Gesellschafterversammlung zu folgen.[34] Entscheidend allerdings sind die Verhältnisse des Einzelfalles. So hat der BGH die Anwendung des Gesetzes für den Fall bejaht, daß ein Komplementär im Innenverhältnis wie ein Angestellter an die Weisungen der Kommanditisten gebunden ist, die aufgrund der fehlenden oder geringfügigen Beteiligung des Komplementärs tatsächlich die Gesellschaft beherrschen.[35] Erfolgt ein Wechsel aus einer Arbeitnehmer- in eine Unternehmerstellung oder umgekehrt, so ist die Versorgungszusage in einen vom Betriebsrentengesetz geschützten und ungeschützten Teil aufzuspalten. Maßgebend für die Aufteilung ist das Verhältnis der Zeiten als Unternehmer und Nichtunternehmer.[36]

---

29 BT-Drs. 7/1281, S. 30f.

30 BGHZ 77, 94, 100ff.; 77, 233, 236; BGH, DB 1981, 1716f.; ZIP 1981, 892.

31 Eingehend Ahrend/Förster/Rößler, BAV, 1. Teil Rdnr. 25ff.; Fleck, WM 1981, Beilage 3 m.w.N.

32 BGHZ 77, 94, 100ff.; Griebeling, Betriebliche Altersversorgung, C II 5 b.

33 BGHZ 77, 233, 236; BGH, DB 1981, 1716f.; siehe auch Blomeyer/Otto, BetrAVG, § 17 Rdnr. 130ff.; Griebeling, Betriebliche Altersversorgung, C Rdnr. 63; Heubeck/Höhne/Paulsdorff/Rau/Weinert, BetrAVG-AR, § 17 Rdnr. 82f.; Höfer/Abt, BetrAVG, § 17 Rdnr. 69f.

34 BGHZ 77, 94, 104.

35 BGHZ 77, 233, 239; BGH, ZIP 1981, 892.

36 BGH, AP Nr. 5 zu § 7 BetrAVG; AP Nr. 1 zu § 17 BetrAVG.

Neben der durch das Betriebsrentengesetz eingeführten Insolvenzsicherung (vgl. §§ 7ff. BetrAVG), die das Risiko des Versorgungsausfalles eines Arbeitnehmers mit unverfallbarer Anwartschaft aus einer eventuellen Zahlungsunfähigkeit des Pensionsverpflichteten minimieren soll, kommt den Regelungen zu eben dieser Unverfallbarkeit eine wesentliche Bedeutung zu. Gesetzlich geregelt ist die Unverfallbarkeit in den Vorschriften der §§ 1 bis 4, 18 BetrAVG. Sie gelten für alle die Fälle, in denen der Arbeitnehmer nach dem Inkrafttreten des BetrAVG aus dem Dienstverhältnis zu seinem Arbeitgeber ausscheidet. Nach der Vorschrift des § 1 Abs. 1 BetrAVG behält ein Arbeitnehmer seine Ansprüche auf Leistungen der Alters-, Invaliditäts- oder Hinterbliebenenversorgung aus Anlaß seines Arbeitsverhältnisses, wenn er

- im Zeitpunkt seines Ausscheidens aus dem Unternehmen mindestens das 35. Lebensjahr vollendet hat und
- entweder die Versorgungszusage für ihn mindestens 10 Jahre bestanden hat
- oder der Beginn der Betriebszugehörigkeit mindestens 12 Jahre zurückliegt und die Versorgungszusage für ihn mindestens 3 Jahre bestanden hat.

Insofern sind die Pensionsanwartschaften während der Anwartschaftszeit in verfallbare und unverfallbare zu unterscheiden. Dabei ist zu berücksichtigen, daß diese Bestimmungen des BetrAVG dem gesetzlichen Schutz des Arbeitnehmers dienen und deshalb nur Mindestbedingungen darstellen.[37] Aufgrund der für Pensionsvereinbarungen geltenden Vertragsfreiheit ist es den beteiligten Parteien nicht genommen für den Arbeitnehmer günstigere Bedingungen zu vereinbaren und die Unverfallbarkeit der Pensionsanwartschaft zu einem früheren Zeitpunkt eintreten zu lassen (vgl. § 17 Abs. 3 S. 3 BetrAVG).[38] Daraus folgt aber auch, daß dann, wenn der Gesellschafter-Angestellte einer Personengesellschaft nicht den Schutz des BetrAVG genießt, die Unverfallbarkeit seiner Pensionsanwartschaft sehr wohl vertraglich vereinbart werden kann. Maßgebend sind in diesem Fall allein die vertraglichen Bestimmungen.

37 Ahrend/Förster/Rößler, BAV, 1. Teil Rdnr. 326, 735; Griebeling, Betriebliche Altersversorgung, C Rdnr. 34.

38 Vgl. dazu Ahrend/Förster/Rößler, BAV, 1 Teil Rdnr. 326; Griebeling, Betriebliche Altersversorgung, E Rdnr. 347ff.

II. Besteuerung der Direktzusage des pensionsberechtigten Gesellschafter-Arbeitnehmers einer Kapitalgesellschaft

1. Einkünfte im Sinne des § 19 Abs. 1 Satz 1 Nr. 2 EStG

Durch Gesetz (§§ 1, 278 Abs. 1 AktG, 13 GmbHG) mit eigener Rechtspersönlichkeit ausgestattet ist die in das Handelsregister eingetragene Kapitalgesellschaft als juristische Person selbständiger Träger von Rechten und Pflichten. Sie ist als solche gemäß § 1 Abs. 1 Nr. 1 KStG in der Bundesrepublik Deutschland unbeschränkt steuerpflichtig. Aus der Rechtsfähigkeit folgt, daß die juristische Person wie eine natürliche Person am Rechtsverkehr teilnehmen kann.[39] Ausfluß der Rechtsfähigkeit ist das sog. Trennungsprinzip aufgrund dessen strikt zwischen dem Vermögen und den Schulden der juristischen Person und denen ihrer Mitglieder zu unterscheiden ist.[40] Diese Trennung darf nicht ohne zwingenden Grund im Wege des Durchgriffes durch die Rechtsform der juristischen Person aufgegeben werden.[41] Dies bedeutet, daß die Rechte und Pflichten der juristischen Person nicht zugleich solche ihrer Mitglieder sind und die Mitglieder keine Rechte am Gesellschaftsvermögen haben, weder am Vermögen als Ganzem noch an den einzelnen zum Gesamtvermögen gehörenden Vermögensrechten, sondern nur Rechte und Pflichten als Mitglieder gegenüber der juristischen Person.[42] Die der juristischen Person durch ihre Mitglieder übertragenen Vermögensgegenstände scheiden aus dem Rechtsbereich der Mitglieder aus und gehen in den Rechtsbereich der juristischen Person über. Die rechtliche Verselbständigung führt unausweichlich zu einer eignen und einheitlichen Vermögens- und Erfolgsrechnung der Kapitalgesellschaft. Dies bedeutet ferner, daß alle Erträge und Aufwendungen, die mit den im Eigentum der Kapitalgesellschaft stehenden Wirtschaftsgütern verbunden sind, der Kapitalgesellschaft und nicht ihren Gesellschaftern zuzurechnen sind.[43] Allgemein-schuldrechtliche Beziehungen zwischen der Kapitalgesellschaft als eigenständigem Zivil- und Körperschaftsteuersubjekt und ihrem Gesellschafter werden anerkannt und zivil- und

---

39 Crezelius, Steuerrecht II, § 13 I; Hachenburg/Raiser, GmbHG, § 13 Rdnr. 13; Kübler, Gesellschaftsrecht, § 4 IV 2; Lutter/Hommelhoff, GmbHG, § 13 Rdnr. 2; Scholz/Emmerich, GmbHG, § 13 Rdnr. 10.

40 Eisenhardt, Gesellschaftsrecht, § 27 II; G.Hueck, Gesellschaftsrecht, § 3 III; Kübler, Gesellschaftsrecht, § 4 IV 2; Raiser, Recht der Kapitalgesellschaften, § 3 II; Wiedemann; Gesellschaftsrecht, Bd. 1, § 4 I 2b.

41 BVerfGE 13, 331, 340f.

42 Scholz/Emmerich, GmbHG, § 13 Rdnr. 3; Kübler, Gesellschaftsrecht, § 4 IV 2.; G.Hueck, Gesellschaftsrecht, § 3 III; K.Schmidt. Gesellschaftsrecht, § 8, 53 III 5.

43 RFH v. 29.6.1937 - I A 200/36, RStBl. II 1937, 101.

steuerrechtlich grundsätzlich ebenso behandelt wie Rechtsbeziehungen der Gesellschaft mit fremden Dritten.[44] So steht es beispielsweise der GmbH offen, zu ihren Mitgliedern Arbeits- und sonstige Dienstverhältnisse zu begründen, innerhalb derer losgelöst von etwaigen gesellschaftsrechtlichen Vereinbarungen die persönlichen Beziehungen zwischen der Gesellschaft und dem Kapitalgesellschafter-Angestellten geregelt werden.[45] Dabei können derartige Vereinbarungen auch eine Pensionszusage der Kapitalgesellschaft an den Gesellschafter-Angestellten beinhalten.

Von dem Angestelltenverhältnis des GmbH-Gesellschafters ist dessen etwaige Organstellung als Geschäftsführer zu trennen. Obgleich die organschaftliche Stellung eines Geschäftsführers in tatsächlicher Hinsicht regelmäßig mit einem Angestelltenverhältnis verbunden sein wird, besteht keine gegenseitige rechtliche Verbindung.[46] Der Anstellungsvertrag regelt die persönlichen Rechte und Pflichten zwischen dem Geschäftsführer und der Gesellschaft wie namentlich die Gegenleistungen der Gesellschaft für die Dienste des Geschäftsführers (Gehalt, Tantieme, Pensionsleistungen, etc.). Grundlage der Organstellung des Geschäftsführers ist der Anstellungsvertrag jedoch nicht. Diese beruht auf dem gesellschaftsrechtlichen Akt der sog. Bestellung (§ 6 Abs. 3 GmbHG).[47]

Als buchführungspflichtiger Kaufmann (§ 6 HGB) erzielt die Kapitalgesellschaft ausschließlich Einkünfte aus Gewerbebetrieb (§ 8 Abs. 1 KStG). Bei der Ermittlung des körperschaftsteuerpflichtigen Einkommens sind die Gehaltszahlungen an einen Gesellschafter-Angestellten wie die Zahlungen an einen fremden Dritten grundsätzlich als Betriebsausgabe abzugsfähig (§§ 8 Abs. 1 KStG, 4 Abs. 4 EStG). Als solche mindern die jährlichen Rückstellungszuführungen aufgrund einer Pensionszusage an den Gesellschafter-Angestellten den steuerlichen

44 Hachenburg/Raiser, GmbHG, § 13 Rdnr. 13; K.Schmidt, Gesellschaftsrecht, § 19 III 2; Lutter/Hommelhoff, GmbHG, § 13 Rdnr. 2; Scholz/Emmerich, GmbHG, § 13 Rdnr. 2, 10; Scholz/Schneider, GmbHG, § 35 Rdnr. 149.

45 Hachenburg/Raiser, GmbHG, § 13 Rdnr. 13; K.Schmidt, Gesellschaftsrecht, § 19 III 2; Lutter/Hommelhoff, GmbHG, § 13 Rdnr. 2; Scholz/Emmerich, GmbHG, § 13 Rdnr. 2, 10; Scholz/Schneider, GmbHG, § 35 Rdnr. 149.

46 BGHZ 78, 82, 85; 79, 38, 41; Hachenburg/Mertens, GmbH, § 35 Rdnr. 22; K.Schmidt, Gesellschaftsrecht, § 36 II 2c; Scholz/Schneider, GmbHG, § 35 Rdnr. 151.

47 Daraus ergeben sich Konsequenzen für die Beendigung der Geschäftsführerstellung. Während die Organstellung des Geschäftsführers grundsätzlich frei widerruflich ist (§ 38 Abs. 1 GmbHG), richtet sich die Beendigung des Anstellungsverhältnisses nach der zugrundeliegenden, vertraglichen Vereinbarung und den allgemeinen, dienstrechtlichen Regeln, Hachenburg/Mertens, GmbHG, § 35 Rdnr. 22; Scholz/Schneider, GmbHG, § 35 Rdnr. 151.

Gewinn der Kapitalgesellschaft des jeweiligen Veranlagungsjahres, sofern die Vermögensminderung ihre Veranlassung nicht in den gesellschaftsrechtlichen Beziehungen hat und es sich infolge dessen um eine sog. verdeckte Gewinnausschüttung handeln kann. Insofern dient die verdeckte Gewinnausschüttung der Verwirklichung des grundlegenden Prinzips des Körperschaftsteuersystems, die betriebliche Sphäre (Einkommenserzielung) von der nichtbetrieblichen, gesellschaftsrechtlichen Sphäre (Einkommensverwendung) abzugrenzen[48] und verhindert, daß die der nicht betrieblichen Sphäre zuzuordnenden Vorgänge das Einkommen der Gesellschaft mindern (vgl. § 8 Abs. 3 S. 2 KStG).

Auf der Ebene des in der Kapitalgesellschaft angestellten Gesellschafters richtet sich die Besteuerung seiner Tätigkeitsvergütungen nach der Art der Tätigkeit. Dabei knüpft das Einkommensteuerrecht mit seinem vornehmlich berufsgruppenorientierten Einkunftsartenkatalog für die Erfassung der Einkünfte des § 2 Abs. 1 S. 1 EStG an die wirtschaftlichen Ergebnisse der aus steuerlicher Sicht vorgefundenen zivilrechtlich organisierten Strukturen an.[49] Speziell für die Einkünfte aus nichtselbständiger Arbeit stellen die Vorschriften der §§ 2 Abs. 1 S. 1 Nr. 4, 19 Abs. 1 EStG auf das zweiseitige Arbeits- oder sonstige Dienstverhältnis (§§ 611 ff. BGB) des Steuerpflichtigen ab. Jedoch ist der im Einkommensteuergesetz nicht definierte Arbeitnehmerbegriff mit dem des Arbeitsrechts nicht deckungsgleich.[50] Fixiert ist der eigenständige steuerrechtliche Arbeitnehmerbegriff in § 1 Abs. 1 LStDV. Hiernach sind Arbeitnehmer Personen, die im öffentlichen oder privaten Dienst angestellt oder beschäftigt sind oder waren und die aus diesem Dienstverhältnis oder einem früheren Dienstverhältnis Arbeitslohn beziehen. Arbeitnehmer im steuerrechtlichen Sinne sind ebenfalls die Rechtsnachfolger dieser Personen, soweit sie Arbeitslohn aus dem früheren Arbeitsverhältnis ihres Rechtsvorgängers beziehen (§ 1 Abs. 1 S. 2 LStDV). Für die interessierenden Pensionsleistungen zeigt sich bereits hieraus, daß der Arbeitnehmerbegriff im Sinne des Einkommensteuergesetzes, der Maßgabe des § 24 Nr. 2 EStG folgend, durch § 1 Abs. 1 S. 2 LStDV eine Ausweitung erfährt, die gleichfalls auch die aus der Pensionszusage berechtigten ehemaligen Arbeitnehmer und heutigen Pensionäre erfaßt, sowie ferner deren Rechtsnach-

---

48 Crezelius, Steuerrecht II, § 13 III; Frotscher/Maas, KStG, Anhang vGA zu § 8 Rdnr. 7; Knobbe-Keuk, Bilanz- und Unternehmenssteuerrecht, § 19 I 1; Döllerer, Verdeckte Gewinnausschüttungen, S. 23f.

49 Crezelius, Steuerrecht II, § 1 III, 2.

50 BFH v. 19.12.1969 - VI R 155/67, BFHE 98, 34 = BStBl. II 1970, 243; v. 26.6.1970 - VI R 193/67, BFHE 100, 25 = BStBl. II 1970, 824; eingehend Lang, DStJG 9 (1986), S. 15, 22, 24ff.; Crezelius, Steuerrecht II, § 6 IV 1; L.Schmidt/Drenseck, EStG, § 19 Rdnr. 4.

folger. Zu letzteren zählen steuerrechtlich insbesondere die Witwen bzw. Witwer und Waisen der (ehemaligen) Arbeitnehmer und dies auch dann, wenn der nach dem Tod des Arbeitnehmers Begünstigte aus einem Vertrag zugunsten Dritter berechtigt ist.[51]

Der angestellte Kapitalgesellschafter erzielt mit den ihm zufließenden Einnahmen aus dem Dienst- bzw. Arbeitsverhältnis ebenfalls Einkünfte aus nichtselbständiger Arbeit gemäß der Vorschriften der §§ 2 Abs. 1 S. 1 Nr. 4, 19 Abs. 1 EStG. Eine Umqualifizierung der Einkünfte in solche aus Gewerbebetrieb findet beim angestellten Kapitalgesellschafter entgegen der Besteuerungssituation des in der Personengesellschaft angestellten Personengesellschafters nicht statt (vgl. § 15 Abs. 1 S. 1 Nr. 2 EStG). Dies gilt grundsätzlich sowohl für den „normalen" Angestellten der zugleich Gesellschafter ist als auch für den geschäftsführenden Gesellschafter[52] und sogar dann, wenn es sich bei diesem um einen Alleingesellschafter handelt.[53] Denn obgleich die Qualifikation des Geschäftsführers, insbesondere für den Fall des Gesellschafter-Geschäftsführers als steuerrechtlicher Arbeitnehmer im Hinblick auf das durch die Vorschrift des § 1 Abs. 2 LStDV gesetzte Tatbestandsmerkmal der Weisungsgebundenheit fraglich erscheinen mag, so sind auch solche Personen im Regelfall - sofern ihre Tätigkeit mit der eines fremden Geschäftsführers vergleichbar ist - in den geschäftlichen Organismus der Gesellschaft eingegliedert.[54]

2. Einnahme im Sinne des § 8 Abs. 1 EStG, § 2 Abs. 1 LStDV

Die Vorschrift des § 19 Abs. 1 EStG bestimmt zu Einkünften aus nichtselbständiger Arbeit die Gehälter, Löhne, Gratifikationen, Tantiemen und andere Bezüge und Vorteile, die für eine Beschäftigung im öffentlichen oder privaten Dienst gewährt werden sowie Wartegelder, Ruhegelder, Witwen- und Waisengelder und andere Bezüge und Vorteile aus früheren Dienstleistungen. Obgleich bereits die Vorschrift des § 19 EStG beispielhaft spezifische Einnahmen zu Einkünften aus nichtselbständiger Arbeit erklärt, bestimmt einkommensteuersyste-

51 BFH v. 25.1.1994 - VIII B 111/93, BFHE 173, 170, 173f.; L.Schmidt/Drenseck, § 19 Rdnr. 50 „Früheres Dienstverhältnis"; Herrmann/Heuer/Raupach, EStG KStG, § 19 EStG Rdnr. 214; Tipke/Lang, Steuerrecht, § 9 Rdnr. 550; a.A. Autenrieth, DStZ 1992, 114, 117.

52 BFH v. 26.7.1972 - I R 138/70, BFHE 106, 537 = BStBl. II 1972, 949.

53 BFH v. 26.6.1970 - VI R 193/67, BFHE 100, 25 = BStBl. II 1970, 824.

54 BFH v. 8.3.1968 - VI R 175/66, BFHE 92, 8 = BStBl. II 1968, 435; v. 2.10.1968 - VI R 25/68, BFHE 93, 336 = BStBl. II 1969, 185.

matisch in erster Linie die Regelung des § 8 Abs. 1 EStG in allgemein gültiger weise den Begriff der Einnahmen als alle Güter in Geld oder Geldeswert, die dem Steuerpflichtigen im Rahmen einer der Einkunftsarten des § 2 Abs. 1 S. 1 Nr. 4 bis 7 EStG zufließen. Die Vorschrift fixiert die sachliche Zurechnung der Einnahmen zu einer der Einkunftsarten der §§ 19 bis 23 EStG. Ergänzt wird § 8 Abs. 1 EStG für die Einkunftsart der nichtselbständigen Einkünfte durch die Vorschrift des § 2 Abs. 1 LStDV, die zu den Einnahmen aus nichtselbständiger Arbeit den Arbeitslohn zählt. Dabei wird der Arbeitslohn definiert als alle Einnahmen, die dem Arbeitnehmer aus dem Dienstverhältnis zufließen, unabhängig davon, unter welcher Bezeichnung oder in welcher Form die Einnahmen gewährt werden. Es ist deshalb unerheblich, ob es sich um einmalige oder laufende Einnahmen handelt. Die Pensionsleistungen werden durch die Vorschrift des § 2 Abs. 2 Nr. 2 LStDV erfaßt. Nach dieser zählen zum Arbeitslohn auch die Einnahmen aus einem früheren Dienstverhältnis, unabhängig davon, ob sie dem Bezugsberechtigten oder seinem Rechtsnachfolger zufließen.

An vorherigem zeigt sich, daß für die Qualifikation der Einkünfte aus nichtselbständiger Arbeit die Kausalbeziehung zwischen Einnahme und Dienstverhältnis von entscheidender materiellrechtlicher Bedeutung ist.[55] Der BFH[56] versteht deshalb als Einkünfte im Sinne des § 19 Abs. 1 S. 1 EStG alle Vorteile, die „durch das individuelle Dienstverhältnis des Arbeitnehmers veranlaßt sind". Dies sei immer dann der Fall, „wenn der Vorteil nur mit Rücksicht auf das Dienstverhältnis eingeräumt wird" und wenn sich „die Leistung des Arbeitgebers im weitesten Sinne als Gegenleistung für das Zurverfügungstellen der individuellen Arbeitskraft des Arbeitnehmers erweist". Unabhängig von der ausdrücklichen Nennung der Versorgungsleistungen in der Vorschrift des § 19 Abs. 1 Nr. 2 EStG („Ruhegelder, Witwen- und Waisengelder sowie anderer Bezüge und Vorteile aus früheren Dienstverhältnissen") ergibt sich damit bereits aus der Einkommensteuersystematik, daß die aus Anlaß eines Dienstverhältnisses vom Arbeitgeber gegenüber dem steuerlichen Arbeitnehmer selbst oder dessen Hinterbliebenen (vgl. § 24 Nr. 2 EStG) versprochenen Versorgungsleistungen steuerbare Einkünfte aus nichtselbständiger Arbeit sind.[57] Denn sie sind das Entgelt für die in der Vergangenheit durch den Arbeitnehmer erbrachten Leistungen im Dienste des Arbeitgebers. Daran zeigt sich zudem, daß die nach der

---

55 Crezelius, Steuerrecht II, § 8; Kirchhof/Söhn/Giloy, EStG, § 19 Rdnr. B 332; Tipke/Lang, Steuerrecht, § 9 Rdnr. 554.

56 BFH v. 22.3.1985 - VI R 26/82, BStBl. II 1985, 641.

57 Kirchhof/Söhn/Giloy, EStG, § 19 Rdnr. B 303; Frotscher/Herrmann, EStG, § 19 Rdnr. 105.

Erwerbstätigkeit des Arbeitnehmers erbrachten und aus früheren Dienstverhältnissen stammenden Versorgungsleistungen einkommensteuerrechtlich wie Einkünfte zu Zeiten der Erwerbstätigkeit erfaßt werden. Auf einen bestimmten zeitlichen Zusammenhang zwischen den erbrachten Diensten und der Einnahme kommt es folglich nicht an.

Fraglich könnte indes sein, ob bereits die Pensionsanwartschaft des Arbeitnehmers als steuerbare Einnahme im Sinne der Vorschrift des § 8 Abs. 1 EStG anzusehen ist. Geht man mit der herrschenden Ansicht davon aus, das unter dem Tatbestandsmerkmal des geldwerten Gutes jeder „greifbare Vorteil" in Geldeswert, der durch eine der Überschußeinkunftsarten veranlaßt ist, als Einnahme im Sinne des § 8 Abs. 1 EStG anzusehen ist, und dies unabhängig davon, ob es sich um eine einmalige oder laufende Bereicherung handelt und ob ein Rechtsanspruch auf den Vorteil besteht und unter welcher Bezeichnung und in welcher Form er gewährt wird,[58] dann wird die Pensionsanwartschaft des Arbeitnehmers unter den Tatbestand des § 8 Abs. 1 EStG zu subsumieren sein. Denn spätestens nach Eintritt der Unverfallbarkeit (§ 1 Abs. 1 BetrAVG) und unter Berücksichtigung der Insolvenzsicherung gemäß der §§ 7ff. BetrAVG ist dem Arbeitnehmer mit der Pensionsanwartschaft ein soweit erstarkter und in Geldeswert bestimmbarer Rechtsanspruch gegen den Pensionsverpflichteten entstanden, daß ihm mit der Pensionsanwartschaft ein Vermögenswert zugegangen ist, der als Steigerung seiner Leistungsfähigkeit angesehen werden kann.[59] Dennoch tritt eine Besteuerung der Pensionsanwartschaft nicht ein, da neben der durch § 8 Abs. 1 EStG konstituierten Kausalbeziehung zwischen Einnahme und Überschußeinkunftsart ein Vermögensvorteil gemäß § 11 Abs. 1 S. 1 EStG zugeflossen sein muß.

3. Zufluß der Einnahmen

Weil im Rahmen der Überschußeinkunftsarten grundsätzlich lediglich die Erträge des zur Einkünfteerzielung eingesetzten Vermögens und nicht dessen Wertsteigerungen steuerlich erfaßt werden sollen oder weil, wie üblicherweise bei den Einkünften aus nichtselbständiger Arbeit kein Vermögen eingesetzt wird, wird einkommensteuerrechtlich aus Vereinfachungsgründen für die Ein-

---

58 BFH v. 24.1.1975 - VI R 242/71, BFHE 114, 496 = BStBl. II 1975, 340; Frotscher/Dürr, EStG, § 8 Rdnr. 37; Kirchhof/Söhn/Crezelius, EStG, Rdnr. B 57; ders., Steuerrecht, § 8 Rdnr. 91ff.; L.Schmidt/Heinicke, EStG, § 8 Rdnr. 30.

59 A.A. Heuer, DB 1956, 96; Littmann/Bitz/Hellwig/Hoffmann, EStG, §§ 4, 5 Rdnr. 837 „Pensionsanwartschaft".

künfteermittlung auf einen Bestandsvergleich zur Erfassung von Wertsteigerungen aus Vermögensumschichtungen verzichtet. Bestimmend für die Einkünfteermittlung der Überschußeinkunftsarten ist die zeitliche Zurechnung der Einnahmen und Ausgaben nach dem sog. Zufluß-, Abflußprinzip des § 11 EStG. Danach stellt die Überschußrechnung des § 11 EStG als sog. Kassenrechnung zunächst nur auf die Zu- und Abgänge in Geld ab und berücksichtigt sonstige Einnahmen und Ausgaben, inklusive Forderungen und Verbindlichkeiten, nur dann, wenn deren Zu- und Abflüsse nicht auch Zahlungen nach sich ziehen.[60] Eine Einnahme ist in Zweifelsfällen zugeflossen, wenn der Steuerpflichtige die wirtschaftliche Verfügungsmacht über die Einnahme erlangt hat, daß heißt die Möglichkeit besitzt den Leistungserfolg herbeizuführen.[61] Das Erlangen der wirtschaftlichen Verfügungsmacht über die Einnahme, nicht den Anspruch auf diese, versteht sich insofern als Scheide zwischen der Einkünfteerzielung und der Einkünfteverwendung. Entscheidend ist danach grundsätzlich der Zeitpunkt der Einziehung der Forderung, nicht deren Fälligkeit, obgleich bereits der Erwerb der Forderung auf die Leistung als Ausdruck gestiegener Leistungsfähigkeit angesehen werden kann.[62] Für die Einkünfte aus nichtselbständiger Arbeit bedeutet dies, daß der Arbeitslohn als Einnahme in Form von Geld oder eines geldwerten Vorteiles im Sinne des § 8 Abs. 2 EStG erst dann der Einkommensbesteuerung unterliegt, wenn der Arbeitnehmer die wirtschaftliche Verfügungsmacht über ihn erlangt hat oder im Umkehrschluß, daß die Lohnforderung solange steuerlich unberücksichtigt bleibt, wie der Arbeitnehmer über den Arbeitslohn wirtschaftlich nicht verfügen kann. Es kommt deshalb nicht darauf an, ob die dem Arbeitnehmer aus der Pensionszusage des Arbeitgebers erwachsende Pensionsanwartschaft als solche für ihn disponibel ist. Es gilt, daß die Pensionszusage des Arbeitgebers nicht den Zufluß von Arbeitslohn im Sinne des § 11 EStG bewirkt.[63]

---

60 Tipke/Lang, Steuerrecht, § 9 Rdnr. 58, 194.

61 BFH v. 1.10.1993 - III R 32/92, BStBl. II 1994, 179, 181 = BFHE 172, 445; v. 26.7.1983 - VIII R 30/82, BStBl. II 1983, 755, 757; vgl. auch Herrmann/Heuer/Raupach/Birk, EStG KStG, § 11 EStG Rdnr. 19; L.Schmidt/Heinicke, EStG, § 11 Rdnr. 12; Kirchhof/ Söhn/ Traskalik, EStG, § 11 Rdnr. B 6; Littmann/Bitz/Hellwig/Wolff-Diepenbrock, EStG, § 11 Rdnr. 24.

62 Herrmann/Heuer/Raupach/Birk, EStG KStG, § 11 EStG Rdnr. 34; L.Schmidt/Heinicke, EStG, § 11 Rdnr. 12, Kirchhof/Söhn/Traskalik, EStG, § 11 Rdnr. B 45; Litmann/Bitz/ Hellwig/Wolff-Diepenbrock, EStG, § 11 Rdnr. 40.

63 BFH v. 29.1.1960 - VI 202/59, U , BFHE 70, 282 = BStBl. III 1960, 105; v. 3.7.1964 - VI 262/63 U, BFHE 81, 225 = BStBl. III 1965, 83; Frotscher, EStG, § 19 Rdnr. 102; Höfer/Abt, BetrAVG-StR, St.Gr. Rdnr. 65; Heuermann/ Wagner/Schmidt, Lohnsteuer, Rdnr. D 176; L.Schmidt/Heinicke, EStG, § 11 Rdnr. 30 „Zukunftssicherungsleistungen": Entscheidung ist unabhängig vom Betriebsausgabenabzug beim Arbeitgeber; a.A. wohl Herr-

Obgleich im allgemeinen für die Feststellung des Zuflusses der Zeitpunkt des Forderungserwerbs unerheblich ist, ließe sich auch mit dem Abstellen auf selbigen nicht die Annahme des Zuflusses einer Einnahme rechtfertigen. Hiergegen spricht der Rechtscharakter der Pensionsanwartschaft. Denn danach käme es auf die Fälligkeit der Pensionsleistungen als Indiz der Verfügungsmacht an. Eine Forderung kann rechtswirksam erst dann eingefordert werden, wenn der Anspruch entstanden ist. Dagegen ist die Pensionsanwartschaft weder ein zum „Vollrecht" erstarkter Anspruch des Arbeitnehmers gegen den Pensionsverpflichteten noch wäre dieser fällig. Als Pensionsanwartschaft ist das Recht selbst, auf welches die Anwartschaft gerichtet ist, nicht vor Eintritt der Bedingung entstanden. Als bedingter Anspruch jedoch löst der Erwerb einer Pensionsanwartschaft auch bei einem Abstellen auf den Zeitpunkt der Fälligkeit keine Einkommensteuerpflicht aus.[64]

Die Besteuerung setzt erst nach Eintritt des Versorgungsfalles mit der einmaligen oder sukzessiven Zahlung der fälligen Versorgungsleistungen ein.[65] Damit ist im Zeitpunkt der Pensionszusage und während der Anwartschaftszeit ein steuerpflichtiger Arbeitslohn des Arbeitnehmers zu verneinen.

Dem kann nicht der Vergleich mit der steuerlichen Behandlung von Beiträgen des Arbeitgebers an eine selbständige Versorgungskasse entgegengehalten werden, da dieser Vorgang mit dem der Pensionszusage an den Arbeitnehmer nicht vergleichbar ist. Für diesen Vorgang wird der Zufluß von Arbeitslohn dann angenommen, wenn sich dieser im Ergebnis so darstellt, als ob der Arbeitgeber dem Arbeitnehmer Mittel zur Verfügung stellt, die dieser zum Erwerb einer Altersversorgung einsetzt.[66] Hat der Arbeitnehmer der Mittelverwendung für die Alterssicherung ausdrücklich oder stillschweigend zugestimmt, so stellt sich die Beitragszahlung durch den Arbeitgeber als Verkürzung des Zahlungsweges und Einkommensverwendung des Arbeitnehmers dar.[67] Dagegen sind die Mittel, die der Arbeitgeber für die zukünftige Erfüllung seiner Pensionsverpflichtung zu-

mann/Heuer/Raupach/Pflüger, EStG KStG, § 19 EStG Rdnr. 387 der auf den fehlenden Abfluß beim Arbeitgeber abstellt.

64 Littmann/Bitz/Hellwig/Wolff-Diepenbrock, EStG, § 11 Rdnr. 99.

65 Herrmann/Heuer/Raupach, EStG KStG, § 19 EStG Rdnr. 390; L.Schmidt/Heinicke, EStG, § 11 Rdnr. 30 „Zukunftssicherungsleistungen"; Höfer/Abt, BetrAVG-StR, St.Gr. Rdnr. 65; Heuermann/Wagner/Schmidt, Lohnsteuer, Rdnr. D 176.

66 BFH v. 27.4.1973 - VI R 154/69, BFHE 109, 242 = BStBl. II 1973, 588; v. 16.5.1975 - VI R 165/72, BFHE 115, 569 = BStBl. II 1975, 642.

67 BFH v. 15.7.1977 - VI R 109/74, BFHE 123, 37 = BStBl. II 1977, 761; v. 27.5.1993 - VI R 19/92, BFHE 172, 46 = BStBl. 1994, 246.

rückstellt, für den Arbeitnehmer nicht disponibel. Der Zufluß von Einnahmen kann deshalb auch dann nicht angenommen werden, wenn der Arbeitgeber seinerseits Beiträge für eine Rückdeckungsversicherung leistet, die ihm dazu dient, die Mittel zur Leistung einer dem Arbeitnehmer zugesagten Altersversorgung zu beschaffen.[68]

Im Ergebnis mindern Pensionszusagen an einen angestellten Kapitalgesellschafter über den Zeitraum des Bestehens der Pensionsanwartschaft die jährlichen Rückstellungszuführungen als Betriebsausgaben den steuerlichen Gewinn der Kapitalgesellschaft, ohne daß dem Gesellschafter gleichzeitig steuerpflichtige Einnahmen zufließen. Die Rückstellungszuführungen unterliegen bei der Kapitalgesellschaft weder der Körperschaftsteuer noch der Gewerbesteuer. Der Gesellschafter-Angestellte erzielt Einkünfte aus nichtselbständiger Arbeit erst mit Eintritt des Versorgungsfalles zum Zeitpunkt des Zuflusses der einzelnen Pensionsleistungen (§§ 19 Abs. 1 S. 1 Nr. 2, 11 Abs. 1 S. 1 EStG).

4. Erbschaft- und Schenkungsteuer

Fraglich könnte indes sein, ob die Pensionsanwartschaft oder der Bezug der Versorgungsleistungen einen steuerbaren Tatbestand des Erschaft- und Schenkungsteuergesetzes erfüllt. Dies ist jedoch für den in Frage kommenden Tatbestand der Vorschrift des § 7 Abs. 1 Nr. 1 ErbStG zu verneinen. Voraussetzung der in der Vorschrift des § 7 Abs. 1 ErbStG aufgeführten schenkungsteuerbaren Tatbestände ist die Vermögensmehrung des Empfängers. Dies ergibt sich aus der Anknüpfung des Gesetzes an die Schenkung im Sinne des § 516 BGB, aber auch aus der Vorschrift des § 10 Abs. 1 S. 1 ErbStG, nach der als steuerpflichtiger Erwerb die Bereicherung des Erwerbers gilt (sog. Bereicherungsprinzip). Zudem muß die Bereicherung des Empfängers zwingend freigebig, unentgeltlich sein. Zwar läßt sich nach vorherigem vertreten, daß dem Pensionsberechtigten mit der Pensionsanwartschaft ein Vermögenswert entstanden ist, der insoweit als Bereicherung des Pensionsberechtigten anzusehen wäre, jedoch schließt der Entgeltcharakter der Versorgungsleistungen eine steuerbare schenkungsteuerrechtliche freigebige Zuwendung aus.[69]

---

68 Herrmann/Heuer/Raupach/Pflüger, EStG KStG, § 19 EStG Rdnr. 387, 406; Heuermann/ Wagner/Schmidt, Lohnsteuer, Rdnr. D 177; Höfer/Abt, BetrAVG-StR, St.Gr. Rdnr. 67.

69 RFH, RStBl. 1944, 205; Frotscher, EStG, § 19 Rdnr. 140; Meinecke, ErbStG, § 13 Rdnr. 44; Troll/ Gebel/Jülicher, ErbStG, § 7 Rdnr. 479ff.

III. Besteuerung der Direktzusage des pensionsberechtigten Gesellschafter-Arbeitnehmers einer Personengesellschaft

1. Zivil.- und gesellschaftsrechtliche Gestaltungsmöglichkeiten

a) Rechtszuständigkeit der Personengesellschaft

Eines der gängigen Kriterien zur Systematisierung der gesellschaftsrechtlichen Rechtsformen ist die Rechtsfähigkeit. In der Literatur wird regelmäßig unterschieden zwischen Gesellschaften mit und ohne Rechtsfähigkeit.[70] Der Gegensatz dient herkömmlicherweise der Differenzierung zwischen den juristischen Personen und den Gesamthandsgesellschaften. Entgegen den juristischen Personen wurden die Personengesellschaften zu den nicht rechtsfähigen Personenvereinigungen gezählt. Träger aller Rechte und Pflichten sollten die hinter der Personengesellschaft stehenden Gesellschafter sein.[71] Diese strikte Kategorisierung der Gesamthandsgesellschaften ist nach heutiger Auffassung überholt. Zunehmend wurde erkannt, daß es im geltendem Recht kein Einheitsmodell der Gesamthandsgesellschaften gibt.[72] Vielmehr ist für die Personengesellschaften in Fragen der Rechtszuständigkeit eine Abstufung vorzunehmen.[73]

Die Personenhandelsgesellschaften werden aufgrund ihrer Fähigkeit zur Verselbständigung und namentlich wegen § 124 HGB rechtstechnisch weitestgehend wie juristische Personen behandelt, ohne allerdings selbst welche zu sein. Nicht die Gesellschafter, sondern die Gesellschaft ist Zuordnungssubjekt und wird als Trägerin von Rechten und Pflichten anerkannt.[74] Der BGH[75] führte hierzu aus: „Die offene Handelsgesellschaft stellt im Rahmen des § 124 HGB

70 Vgl. dazu K.Schmidt, Gesellschaftsrecht, § 3 I 3; Kübler, Gesellschaftsrecht, § 4 I; Kraft/ Kreutz, Gesellschaftsrecht, A III 1e.

71 Blomeyer, JR 1971, S. 397, 400ff.; Staudinger/Keßler, BGB, Vorbem. zu § 705 Rdnr. 64ff.; Hopt/ Hehl, Gesellschaftsrecht, Rdnr. 2; Larenz, Lehrbuch des Schuldrechts, § 36 Ib.

72 K.Schmidt, Gesellschaftsrecht, § 8 III 3; MünchKomm-Ulmer, BGB, § 705 Rdnr. 127; Sudhoff/ Jäger, Personengesellschaften, 2. Teil B Rdnr. 4.

73 K. Schmidt, Gesellschaftsrecht, § 8 III 3; Wiedemann, Gesellschaftsrecht, Bd. 1, § 5 I 2 b; ders., WM 1975, Sonderbeilage 4/1975, S. 28.

74 Flume, ZHR 136 (1972), 177, 193ff.; ders., Die Personengesellschaft, § 4, § 5; ders., in Festschrift Ludwig Raiser, S. 27, 32ff.; K.Schmidt, Gesellschaftsrecht, § 8 III 5; MünchKomm-Ulmer, BGB, § 705 Rdnr. 129; Soergel/Hadding, BGB, Vor § 705 Rdnr. 21. Sudhoff/Jäger, Personengesellschaften, 2. Teil B Rdnr. 4; Zur Entwicklung Ulmer, ZHR 161 (1997), 102ff.

75 BGHZ 10, 91, 100.

ein eigenes Rechtssubjekt in dem Sinn dar, daß ihr eigene Ansprüche zustehen und eigene Verpflichtungen obliegen, die etwaigen Ansprüchen und Verpflichtungen der Gesellschafter gegenüberstehen." Die Vorschrift des § 124 HGB bestimmt damit zwingend, die Personenhandelsgesellschaft im Außenverhältnis als Einheit zu behandeln. Bislang weiterhin umstritten ist die Rechtslage für die Gesamthandsgesellschaften des BGB. Für diese fehlt es an einer dem § 124 HGB vergleichbaren Regelung. Die anhaltende Auseinandersetzung rankt sich hier weiterhin um die Frage, ob das gesamthänderisch gehaltene Gesellschaftsvermögen nur ein Sondervermögen der Gesamthänder ist oder die Gesellschaft insoweit als verselbständigt angesehen werden kann, daß sie selbst (Teil)-Rechtsfähigkeit besitzt.[76] Der im wesentlichen von Flume begründeten Lehre von der gesellschaftsrechtlichen Gesamthand als eine von den einzelnen Gesellschaftern zu unterscheidende, handlungsfähige „Gruppe"[77] folgt im Einklang mit dem Bundesgerichtshof heute in unterschiedlicher Deutlichkeit die Mehrzahl der Autoren.[78]

So hat der BGH[79] entgegen seiner früheren Rechtsprechung erst kürzlich entschieden, daß eine GbR die Fähigkeit besitzt, Scheckverbindlichkeiten einzugehen, und damit scheckfähig ist. Die Rechtsfähigkeit der Personenhandelsgesellschaften, und dies gilt nach inzwischen überwiegender Auffassung auch für die GbR, hat zur Konsequenz, daß die Gesellschaft als solche befähigt ist, Rechte zu erwerben und Verpflichtungen einzugehen.[80] Sie kann eigenständig am Rechtsverkehr teilnehmen, Rechtsgeschäfte tätigen und insbesondere in allgemein-schuldrechtliche Beziehungen zu Dritten treten.[81] Es ist ihr daher möglich, durch Arbeits- und sonstigen Dienstverträgen im Sinne des § 611 BGB Dienstverhältnisse mit Dritten zu begründen und im Rahmen dieser Rechtsverhältnisse Pensionsverpflichtungen einzugehen.

---

76 Vgl. dazu K.Schmidt, Gesellschaftsrecht, § 8 III 1; MünchKomm-Ulmer, BGB, § 705 Rdnr. 129; Erman/ Westermann, BGB, Vor § 705 Rdnr. 14f.

77 Flume, ZHR 136 (1972), 177, 193ff.; ders., Die Personengesellschaft, § 4 II S. 56.

78 Ermann/Westermann, BGB, Vor § 705 Rdnr. 14f; MünchKomm-Ulmer, BGB, § 705 Rdnr. 129ff.; K.Schmidt, Gesellschaftsrecht, § 8 III 4; Soergel/Hadding, BGB, § 705 Rdnr. 43 jeweils m.w.N.

79 BGH, WM 1997, 1666.

80 MünchKomm-Ulmer, BGB, § 705 Rdnr. 131f.; Schlegelberger/K.Schmidt, HGB, § 124 Rdnr. 1; ders., Gesellschaftsrecht, § 8 V 1, 2; Ermann/ Westermann, BGB, Vor § 705 Rdnr. 14.

81 Baumbach/Duden/Hopt, HGB, § 124 Rdnr. 52; A.Hueck, OHG, § 18 I; MünchKomm-Ulmer, BGB, § 705 Rdnr. 153a; Ermann/Westermann, BGB, § 705 Rdnr. 59; Schlegelberger/K.Schmidt, HGB, § 124 Rdnr. 16.

b) Rechtsgrundlagen für die Tätigkeit des Personengesellschafters in der Gesellschaft

Die an Teilrechtsfähigkeit anknüpfende Frage, ob neben den Rechtsbeziehungen zwischen Gesellschaft und fremden Dritten, solche sog. Drittbeziehungen grundsätzlich auch im Verhältnis zwischen Gesellschaft und Gesellschafter vereinbart werden können, ist seit langem geklärt. Bereits das Preußische OVG hat im Urteil vom 6.12.1913[82] entschieden, daß, wie bei juristischen Personen, zwischen den „zur gesamten Hand verbundenen Gesellschaftern einerseits und einem Gesellschafter andererseits voll wirksame persönliche wie dingliche Rechtsgeschäfte bestehen" können. Rechtsgrundlage dieser sog. Drittverhältnisse können beispielsweise gesonderte Kauf-, Miet-, Pacht- Dienst-, Werk- oder Darlehensverträge sein.[83] Mitgliedschaft und außergesellschaftliche Rechtsbeziehungen schließen sich nicht gegenseitig aus. Hier wie dort entstehen gegenseitige Forderungen und Verbindlichkeiten. Diese allgemein schuldrechtlichen Rechtsbeziehungen sind grundsätzlich ungeachtet der Mitgliedschaft des Gesellschafters wie jedes andere Rechtsverhältnis zu einem fremden Dritten zu behandeln.[84] Allerdings bleibt die Rechtsstellung des Gesellschafters aus derartigen Rechtsbeziehungen nicht unbeeinflußt durch die Tatsache, daß er daneben als Mitgesellschafter an der Gesellschaft beteiligt ist und ihm aus dieser Stellung heraus gewisse Treue- und Fürsorgepflichten auferlegt sind.[85]

aa) Dienstleistungen des Personengesellschafters aufgrund gesellschaftsrechtlicher Beitragspflicht

Das Gesellschaftsrecht als Recht der privatrechtlichen Organisationen und kooperativen Vertragsverhältnisse ist Privatrecht.[86] Die im Privatrecht zur Anwendung kommenden allgemeinen privatrechtlichen Lehren und Grundsätze gelten unbestritten gleichfalls auch im Gesellschaftsrecht. Der Grundsatz der Gestaltungsfreiheit gewährt den Parteien die Freiheit ihre Rechtsbeziehungen zueinander beliebig zu gestalten und die mit dem Rechtsgeschäft angestrebten

82 PrOVGSt 16, 430, 432f.

83 Baumbach/Duden/Hopt, HGB, § 124 Rdnr. 52; A.Hueck, OHG, § 18 I; MünchKomm-Ulmer, BGB, § 705 Rdnr. 153a, 167; Ermann/Westermann, BGB, § 705 Rdnr. 59.

84 BGHZ 51, 391, 395; MünchKomm-Ulmer, BGB, § 705 Rdnr. 167; Kübler, Gesellschaftsrecht, § 7 V 4a.

85 Baumbach/Duden/Hopt, HGB, § 124 Rdnr. 54; Ermann/Westermann, BGB, § 705 Rdnr. 47; Münch Komm-Ulmer, BGB, § 705 Rdnr. 168; 184; Staudinger/Keßler, BGB, Vor § 705 Rdnr. 42.

Rechtsfolgen zu bestimmen.[87] Die gesetzlichen Regelungen stehen daher grundsätzlich zur Disposition der Parteien und sind nur in soweit anwendbar, als die Parteien ein anderes nicht vereinbart haben. Dennoch ist die Gestaltungsfreiheit nicht allumfassend. Beschränkungen finden sich dort, wo schutzwerte Interessen Beteiligter oder Unbeteiligter entgegenstehen und durch zwingende Normen und Rechtsgrundsätze geschützt werden.[88] Im Personengesellschaftsrecht ist der überwiegende Teil der gesetzlichen Vorschriften - insbesondere die das Innenverhältnis betreffenden Regelungen - durch das Gesetz dispositiv gestellt.[89] Auch hier entfalten die gesetzlichen Normen ihre Wirkung nur dann, wenn im Gesellschaftsvertrag ein anderes nicht bestimmt wurde. Für die Mitglieder der Gesellschaft bedeutet dies die weitgehende Freiheit in der Gestaltung ihrer gesellschaftsrechtlichen Beziehungen (vgl. §§ 109, 161 Abs. 2 HGB).[90]

Der Gesellschaftsvertrag schließt die durch ihn gebundenen Personen zu einem personalistisch ausgerichteten Zweckverband zusammen. Er bildet die Rechtsgrundlage des Gesellschaftsverhältnisses, aus dem sich die einzelnen Rechte und Pflichten ergeben (sog. Sozialansprüche und Sozialverpflichtungen). Die Gesamtheit all dieser Rechtsbeziehungen (Mitgliedschaft) umfaßt die gesamte Rechtsstellung des Gesellschafters im Innenverhältnis.[91] Die beteiligten Parteien sind verpflichtet, ihrer gesellschaftsvertraglichen Mitgliedschaftspflichten (§§ 705 BGB, 105 Abs. 2, 161 Abs. 2 HGB) nachzukommen, deren bedeutenste die Förderungspflicht ist.[92] Nach den Vorschriften der §§ 705 BGB, 105 Abs. 2, 161 Abs. 2 HGB besteht das Wesen einer Personengesellschaft in der Verfolgung eines gemeinsamen Zweckes, der in der durch den Vertrag bestimmten

86 K.Schmidt, Gesellschaftsrecht, § 1 II 1 a.

87 Flume, Das Rechtsgeschäft, § 1 8a.; MünchKomm-Ulmer, BGB, Vor § 145 Rdnr. 2; Palandt/ Heinrichs, BGB, Überbl v § 104 Rdnr. 1, Einf v § 145 Rdnr. 7.

88 MünchKomm-Ulmer, BGB, Vor § 145 Rdnr. 18; Palandt/Heinrichs, BGB, Überbl v § 104 Rdnr. 1, § 138 Rdnr. 1.

89 K.Schmidt, Gesellschaftsrecht, § 5 III 1a; MünchKomm-Ulmer, BGB, § 705 Rdnr. 99ff.; Erman/ Westermann, BGB, § 705 Rdnr. 19f.

90 Zwingende Normen finden sich unter anderem im Bereich des Verkehrsschutzes (beispielsweise die Haftungsregelungen der Gesellschafter, vgl. §§ 105, 128, 130, 160 HGB) und des Mitgliederschutzes (bspw. Kündigungsregelungen, vgl. § 723 BGB). Des weiteren wird die Gestaltungsfreiheit durch die Schranke gesetzlicher Verbote (§ 134 BGB) und der guten Sitten (§ 138 BGB) begrenzt.

91 Flume, Die Personengesellschaft, § 2 II.; K.Schmidt, Gesellschaftsrecht, § 5 I 1, § 59 I 2; Erman/Westermann, BGB, Rdnr. 44ff.; MünchKomm-Ulmer, BGB, § 705 Rdnr. 153ff.

92 K.Schmidt, Gesellschaftsrecht, §§ 19 III 3b, 20 I 2; Ermann/Westermann, BGB, § 706 Rdnr. 1; MünchKomm-Ulmer, BGB, § 706 Rdnr. 2a.

Weise, insbesondere durch die Leistung von Beiträgen, zu fördern ist. Die sich begriffsnotwendig aus der gesetzlichen Bestimmung zum Gesellschaftsvertrag ergebende Förderungspflicht ist Hauptpflicht jedes Gesellschafters (vgl. § 705 BGB). Jede vom Gesellschafter als gesellschaftsvertragliche Hauptpflicht geschuldete Förderungsleistung ist Beitrag, soweit sie geeignet ist, dem gemeinschaftlichen Zweck zu dienen.[93] Weil nicht zwingender weise jedwede Rechtsbeziehung des Gesellschafters zur Gesellschaft gesellschaftsrechtlicher Natur ist, ergibt sich daraus zugleich, daß nicht jede Gesellschafterleistung auch zugleich Beitrag ist.[94] Keine Beiträge sind Gesellschafterleistungen, die sich aus einem zwischen Gesellschaft und Gesellschafter abgeschlossenen unabhängigen Drittgeschäft begründen. Die Personengesellschafter sind bezüglich der Bestimmung der Art der zu vereinbarenden Beiträge nicht durch das Gesetz beschränkt (vgl. § 706 Abs. 2 und 3 BGB). Der Beitrag kann in jeder möglichen Leistung bestehen, die dem gemeinschaftlichen Zweck zu dienen geeignet ist. Neben vermögenswerten Leistungen kann jedes Tun oder Unterlassen mit zweckfördernder Wirkung als Beitrag vereinbart werden.[95] Die wohl wesentlichsten Beiträge sind Leistungen in Geld, Sachen (§ 706 Abs. 2 BGB) oder Rechten. Weitere anerkannte Beiträge sind die zur Verfügungstellung von Darlehen, der Verpflichtung zum Lieferungs- und Leistungsaustausch und nicht zuletzt Dienstleistungen (§ 706 Abs. 3 BGB), insbesondere die Verpflichtung zur Geschäftsführung und Arbeitsleistung.[96]

Der Gesellschafterbeitrag muß nicht abschließend im Gesellschaftsvertrag selbst geregelt sein. Der Gesellschaftsvertrag kann vorsehen, die zweckfördernde Leistung des Gesellschafters mittels eines formal vom Gesellschaftsvertrag gesonderten, schuldrechtlichen Vertrages zu konkretisieren.[97] Die Gesellschafterleistung beruht in diesen Fällen nicht unmittelbar auf dem Gesellschaftsvertrag selbst, sondern auf einem separaten schuldrechtlichen Rechtsverhältnis. Die

---

93 K.Schmidt, Gesellschaftsrecht, § 20 II 2a; Ermann/Westermann, BGB, § 706 Rdnr. 1f.; Münch Komm-Ulmer, BGB, § 706 Rdnr. 2, 9.

94 Ermann/Westermann, BGB, § 706 Rdnr. 2; MünchKomm-Ulmer, BGB, § 706 Rdnr. 4; Sudhoff/Schulte, Personengesellschaften, 2. Teil L Rdnr. 1.

95 K.Schmidt, Gesellschaftsrecht, § 20 II 2a.; Erman/Westermann, BGB; § 706 Rdnr. 2f.; Münch Komm-Ulmer, BGB, § 706 Rdnr. 9; Staudinger/Keßler, BGB, § 706 Rdnr. 6ff.

96 K.Schmidt, Gesellschaftsrecht, § 20 II 2b; MünchKomm-Ulmer, BGB, § 706 Rdnr. 13; Sudhoff/Schulte, Personengesellschaften, 2. Teil L Rdnr. 2.

97 BGHZ 70, 61, 63; 93 159, 161; Ermann/Westermann, BGB, § 706 Rdnr. 2: Darlehenshingabe des Kommanditisten; K.Schmidt, Gesellschaftsrecht, § 20 II 2 b: Dienstvertrag des Gesellschafter-Geschäftsführers; MünchKomm-Ulmer, BGB, § 705 Rdnr. 167, § 706 Rdnr. 4.

gegenseitigen Leistungsansprüche der verpflichteten Parteien richten sich daher in erster Linie nach den in der gesonderten Vereinbarung getroffenen Regelungen. Obwohl ein solch gesonderter Vertrag zwar ebenfalls eine allgemeinschuldrechtliche Vereinbarung darstellt, darf nicht übersehen werden, daß die versprochene Gesellschafterleistung ihre Eigenschaft als Beitrag nicht verliert.[98] Der Gesellschafter, der in Erfüllung der vom Gesellschaftsvertrag gesonderten schuldrechtlichen Verpflichtung seine Leistung erbringt, erfüllt zugleich seine gesellschaftsrechtliche Beitragspflicht. Dies ergibt sich aus der Ursächlichkeit des die Gesellschafterleistung konkretisierenden Rechtsgeschäftes. Demzufolge wird dieses nicht isoliert als Drittgeschäft gewertet werden können.[99]

Auf welcher Hierarchieebene die als Beitrag vereinbarte Dienstleistung erbracht wird und welcher Art sie ist, wird sich aus der Art des Betriebes, je nach Qualifikation und Aufgabe des Gesellschafters bestimmen. Leistet der Gesellschafter seine Dienste auf gesellschaftsrechtlicher Grundlage, wird der Gesellschafter insoweit nicht als Arbeitnehmer, sondern in seiner Rechtsstellung als Gesellschafter tätig.[100] Dies gilt insbesondere für die bedeutendste Dienstleistung, nämlich die Geschäftsführung für die Gesellschaft. Gesetzlich vorgesehen ist die Geschäftsführung als Recht und Pflicht für jeden persönlich haftenden Gesellschafter einer Personengesellschaft (§§ 709 BGB, 114 Abs. 1, 161 Abs. 2 HGB). Sie ist Ausfluß der Mitgliedschaft und Förderungspflicht der Gesellschafter und damit ebenfalls Beitrag im Sinne der §§ 705, 706 Abs. 3 BGB. Sie beruht deshalb unmittelbar auf dem Gesellschaftsvertrag.[101] Weil die Geschäftsführungsbefugnis des persönlich haftenden Gesellschafters (dispositiver) gesetzlicher Bestandteil der Mitgliedschaft ist - weshalb solche Gesellschafter

98 BGHZ 70, 61, 63; 93 159, 161; Erman/Westermann, BGB, § 706 Rdnr. 2; K.Schmidt, Gesellschaftsrecht, § 20 II 2 b; MünchKomm-Ulmer, BGB, § 705 Rdnr. 167f., § 706 Rdnr. 4.

99 Folge dessen ist insbesondere - sofern nicht anderes vereinbart ist -, daß eine selbständige Kündigung der gesonderten Vereinbarung für die Dauer des Gesellschaftsverhältnisses nicht vorgenommen werden kann; BGHZ 70, 61, 63; 93 159, 161; Erman/Westermann, BGB, § 706 Rdnr. 2; Münch Komm-Ulmer, BGB, § 705 Rdnr. 167; § 706 Rdnr. 4.

100 RGZ 142, 13; BGHZ 17, 392, 394; vgl. auch BAGE 2, 289, 293f.; BAGE 27, 163, 174; Dahns, RdA 1951, 368f.; Dersch, RdA 1951, 212, 214; G.Hueck, DB 1962, 1363f.; Hueck/Nipperdey, Lehrbuch des Arbeitsrechts, Bd. I, S. 46, 129; Martens, RdA 1979, 347f.; Molitor, DB 1957, 164f.; Nikisch, in Festschrift A.Hueck, S. 1, 10; K.Schmidt, Gesellschaftsrecht, § 20 II 2b; Schnorr-v. Carolsfeld, in Festschrift Alfred Hueck, S. 261, 263ff.; Staudinger/Keßler, BGB, § 706 Rdnr. 39; a.A. Kraft/ Konzen, Arbeiterselbstverwaltung, S. 37ff.; Loritz, Die Mitarbeit Unternehmensbeteiligter, § 11 C IV.

101 MünchKomm-Ulmer, BGB, § 709 Rdnr. 3; Erman/Westermann, BGB, § 709 Rdnr. 2; K.Schmidt, Gesellschaftsrecht, § 20 II 2b.

auch als „geborene“ Geschäftsführer bezeichnet werden - folgert die herrschende Meinung, daß die Geschäftsführung nicht außergesellschaftsvertraglich im Rahmen eines Drittgeschäftes vereinbart werden kann.[102]

Da die gesetzlichen Geschäftsführungsregelungen dispositiv gestellt sind (§§ 109, 161 Abs. 2 HGB), können Abweichungen durch entsprechende gesellschaftsvertragliche Abreden getroffen werden. Insbesondere steht es den Gesellschaftern frei, einzelne Gesellschafter von der Geschäftsführung auszuschließen. Die gesellschaftsvertragliche Bestimmung zum Geschäftsführer eines oder mehrerer Gesellschafter führt die übrigen Gesellschafter gleichzeitig zur Entbindung von der Geschäftsführung (§ 710 S. 1 BGB). Begrenzt wird der Ausschluß durch den Grundsatz der Selbstorganschaft. Dieser hindert nicht, Dritte im Rahmen eines Dienst- oder Arbeitsverhältnisses mit der Führung der Geschäfte zu beauftragen, wohl aber die Gesamtheit der Gesellschafter von der Geschäftsführung auszuschließen.[103] Allerdings erlangt der Dritte durch die Übertragung der Geschäftsführung nicht eine gesellschaftliche Geschäftsführung. Insofern unterscheidet sich die Stellung des Dritt-Geschäftsführers von derjenigen des Gesellschafter-Geschäftsführers insbesondere im Hinblick auf gesellschaftsrechtliche Treuepflichten.[104]

Aufgrund dessen erscheint es allerdings als fraglich, ob die Geschäftsführung eines persönlich haftenden Gesellschafters nur auf gesellschaftsvertraglicher Grundlage begründet werden kann. Denn, wenn die gesetzlichen Geschäftsführungsregelungen abbedungen und fremde Dritte zu Geschäftsführern bestimmt werden können, dann muß es aufgrund der diesbezüglich nicht eingeschränkten Gestaltungsfreiheit grundsätzlich möglich sein, daß der persönlich haftende Gesellschafter die Geschäftsführung aufgrund eines vom Gesellschaftsvertrag unabhängigen Rechtsverhältnisses übernimmt.

---

102 RGZ 110, 418, 420; 142, 13, 18; BGH, NJW 1963, 1051, 1052: ausdrücklich offengelassen; Döllerer, DStZ/A 1974, 211, 213; Ganssmüller, Die Tätigkeitsvergütung, S. 3; A.Hueck, OHG, § 10 V 1; K.Schmidt, Gesellschaftsrecht, § 20 II 2b; wohl auch MünchKomm-Ulmer, BGB, § 706 Rdnr. 13; § 709 Rdnr. 3, 26; Riegger, DB 1983, 1909f.; Staub/Schilling, HGB, § 164 Rdnr. 19; Staub/ Fischer, HGB, § 114 Rdnr. 7; Sudhoff/Glahs, Personengesellschaften, 2. Teil E Rdnr. 34; a.A. G.Hueck, DB 1962, 1363f.; Priester DB 1975, 1878f.

103 BGHZ 36, 292; BGH, NJW 1982, 877; NJW 1982, 1818; Peter/Crezelius, Gesellschaftsverträge, Rdnr. 89; Staudinger/Keßler, BGB, Vorbem. zu §§ 709 -715 Rdnr. 19 m.w.N.; Sudhoff/Glahs, Personengesellschaften, 2. Teil E Rdnr. 4 ; a.A. K.Schmidt, Gesellschaftsrecht, § 47 V 1a; wohl auch Erman/Westermann, BGB, § 709 Rdnr. 3,4.; nicht eindeutig MünchKomm-Ulmer, BGB, § 709 Rdnr. 5.

104 BGHZ 36, 292, 294.

Gesetzlich ausgeschlossen von der Geschäftsführung und der Vertretung sind gemäß der §§ 164, 170 HGB die Kommanditisten. Für sie besteht weder im Innen- noch im Außenverhältnis das Recht und die Pflicht für die Gesellschaft zu handeln. Gleichwohl kann auch für den Kommanditisten gesellschaftsvertraglich eine andere, von der gesetzlichen Regelung abweichende Bestimmung getroffen werden (§ 163 HGB). Es ist daher möglich, den Kommanditisten auf gesellschaftsvertraglicher Grundlage an der Geschäftsführung zu beteiligen.[105]

bb) Arbeits- und sonstige Dienstverhältnisse aufgrund außergesellschaftsrechtlicher Vereinbarung

Nach der Rechtsprechung des BGH und der überwiegenden Auffassung in der Literatur werden sowohl selbständige Arbeits- als auch Dienstverhältnisse im Sinne der § 611ff. BGB außerhalb des Gesellschaftsverhältnisses für grundsätzlich zulässig gehalten.[106] Begründet wird dies mit der rechtlichen Verselbständigung der Gesamthandsgesellschaften, insbesondere der OHG und KG. Für Arbeitsverhältnisse ergibt sich trotz der hiermit verbundenen Doppelstellung des Gesellschafters als Gesellschafter und Arbeitnehmer nichts Gegenteiliges, denn der für das Arbeitsverhältnis entscheidende Begriff des Arbeitnehmers und dessen ausgestaltende Merkmale können prinzipiell auch von der Person eines Gesellschafters erfüllt werden, so daß sich die verschiedenen Rechtsstellungen nicht gegenseitig ausschließen und nur alternativ eingenommen werden könnten.[107] Unabhängig von seiner Rechtsposition als Gesellschafter kann

---

105 BGHZ 17, 392, 394; 51, 198, 199; Baumbach/Duden/Hopt, HGB, § 164 Rdnr. 7; Flume, Die Personengesellschaft, § 10 I; Riegger, DB 1983, 1909f; Schlegelberger/Martens, HGB, § 164 Rdnr. 27; K.Schmidt, Gesellschaftsrecht, § 53 III 2a; MünchKomm-Müller-Glöge, § 611 Rdnr. 28; Staub/ Schilling, HGB, § 164 Rdnr. 19; Sudhoff/Glahs, Personengesellschaften, 2. Teil E Rdnr. 16; a.A. Molitor, DB 1957, 164: nur aufgrund selbständigen Dienstverhältnisses zulässig.

106 BGH, NJW 1963, 1051, 1052; vgl. auch Baumbach/Duden/Hopt, HGB, § 124 Rdnr. 52, § 164 Rdnr. 1; Dahns, RdA 1951, 368f., Döllerer, in Festschrift Flume, S. 43; Erman/Westermann, BGB, § 706 Rdnr. 9; A.Hueck, OHG, § 9 IV; G. Hueck, DB 1962, 1363f.; Martens, RdA 1979, 347; Molitor, DB 1957, 164; Schlegelberger/Martens, HGB, § 164 Rdnr. 42; Schnorr v. Carolsfeld, in Festschrift Alfred Hueck, S. 261, 263; Staub/Schilling, HGB, § 164 Rdnr. 20; Staudinger/Richardi, BGB, Vorbem. zu §§ 611ff. Rdnr. 261; a.A. Dersch, RdA 1951, 212, 214.

107 A.Hueck, OHG, S. 147; G.Hueck, DB 1962, 1363; Martens, RdA 1979, 347; MünchKomm-Müller-Glöge, BGB, § 611 Rdnr. 28; Staudinger/Richardi, BGB, Vorbem. zu §§ 611ff. Rdnr. 261; a.A. Dersch, RdA 1951, 212, 214; einschränkend Loritz, Die Mitarbeit Unternehmensbeteiligter, S. 405 und Erman/ Müller-Glöge, BGB, § 611 Rdnr. 28 die die Annahme eines Arbeitsverhältnisses grundsätzlich dann für ausgeschlossen halten, wenn der Betreffende an Gewinn und stillen Reserven des Unternehmens beteiligt ist, ge-

dieser die Rechtsstellung als Arbeitnehmer bereits mit Gesellschaftsgründung einnehmen oder dem vormals Nur-Arbeitnehmer wird, beispielsweise wegen besonderer Leistungen für die Gesellschaft und zur Stärkung seiner Betriebstreue, eine Beteiligung an der Gesellschaft eingeräumt. In aller Regel wird dies in Form einer Kommanditbeteiligung geschehen.

Allerdings kommt es für die Zulässigkeit eines Arbeitsverhältnisses nach allgemeiner Auffassung einschränkend darauf an, ob der Gesellschafter mit der Geschäftsführung und Vertretung der Gesellschaft betraut ist. Dem als Organperson tätigen Gesellschafter ist die Stellung als Arbeitnehmer grundsätzlich verwehrt.[108] Über seine Rechtsstellung ist entsprechend der Rechtsgrundlage nach Gesellschaftsrecht oder Dienstvertragsrecht zu befinden. Die Unvereinbarkeit von Organ- und Arbeitnehmerstellung ergibt sich nach herrschender Auffassung aus der Funktion der Organperson als Arbeitgeber und der damit verbundenen Befugnis zur einseitigen Gestaltung des Arbeitsverhältnisses (Weisungsrecht u.v.m.).[109] Das Arbeitsverhältnis als Über-Unterordnungs-Verhältnis von Arbeitgeber und Arbeitnehmer wird von der dienstvertraglichen Wiesungsgebundenheit des Arbeitnehmers geprägt. Insofern steht der Stellung des Gesellschafter-Geschäftsführers als Arbeitnehmer dessen organschaftliche Geschäftsführungs- und Vertretungsbefugnis entgegen. Denn auf ihnen ruht die Funktion als Arbeitgeber und dessen Entscheidungskompetenz, die er ohne dienstvertragliche Weisungsgebundenheit wahrnehmen kann.[110] Dies betrifft insbesondere den geschäftsführenden OHG-Gesellschafter sowie den Komplementär, aber ebenso den zur Geschäftsführung verpflichteten Kommanditisten.[111] Zwar ist letzter gesetzlich zwingend von der organschaftlichen Vertre-

---

sellschaftsrechtlichen Bestandsschutz genießt sowie Mitsprache- und Informationsrechte eines Gesellschafters besitzt.

108 BAG, DB 1970, 592, 593; BGHZ 79, 291, 293: zum GmbH-Geschäftsführer; Herrmann, RdA 1989, 313, 325ff.; Heymann/Horn, HGB, § 161 Rdnr. 54; G.Hueck, DB 1962, 1363; Loritz, Die Mitarbeit Unternehmensbeteiligter, § 3 A II; Staudinger/Richardi, BGB, Vorbem. zu §§ 611ff. Rdnr. 261; Ermann/Hanau, BGB, § 611 Rdnr. 151; MünchKomm-Müller-Glöge, BGB, § 611 Rdnr. 113: zum GmbH-Geschäftsführer.

109 MünchKomm-Müller-Glöge, BGB, § 611 Rdnr. 165; Ermann/Hanau, BGB, § 611n Rdnr. 20; Schlegelberger/Martens, HGB, § 164 Rdnr. 37.

110 Erman/Hanau, BGB, § 611 Rdnr. 53ff., 151; MünchKomm-Müller-Glöge, BGB, § 611 Rdnr. 165; Schlegelberger/Martens, HGB, § 164 Rdnr. 37.

111 Obgleich der Kommanditist von der organschaftlichen Vertretungbefugnis zwingend gemäß der Vorschrift des § 170 HGB ausgeschlossen ist, gilt dies nicht ebenso für die organschaftliche Geschäftsführungsbefugnis, die ihm gesellschaftsvertraglich eingeräumt werden kann, Staub/ Schilling, HGB, § 164 Rdnr. 19; Baumbach/Duden/Hopt, HGB, § 164 Rdnr. 1; K.Schmidt, Gesellschaftsrecht, § 53 III 2.

tungsbefugnis ausgeschlossen (§ 170 BGB),[112] so daß seine Organstellung hinter der des persönlich haftenden Gesellschafters zurücksteht, der Mangel an organschaftlicher Vertretungsbefugnis kann aber dann nicht ins Gewicht fallen, wenn dem Kommanditisten umfangreiche Vollmachten etwa in Form von Prokura oder Generalvollmacht eingeräumt werden. Arbeitsverhältnisse zwischen Gesellschaft und Gesellschafter können deshalb nur mit den von der Geschäftsführung ausgeschlossenen Gesellschaftern eingegangen werden.

Fraglich ist indes, ob dem Kommanditisten dienstvertraglich die Geschäftsführung der Personengesellschaft übertragen werden kann. Der BGH[113] hat dies grundsätzlich bejaht. Mit dem Kommanditisten könne, unabhängig vom Gesellschaftsvertrag, ein Geschäftsführungsvertrag geschlossen werden, weil es nicht ausgeschlossen sei, daß auch der Kommanditist sich in einem Angestelltenverhältnis gegenüber der Gesellschaft befindet.[114] Dagegen spricht vordergründig der Wortlaut der Regelung des § 163 HGB, der die Anwendung der §§ 164 bis 169 HGB „in Ermangelung abweichender Bestimmungen des Gesellschaftsvertrags" vorsieht. Dies hieße in Verbindung mit der Vorschrift des § 164 S. 1 HGB, daß der Kommanditist von der Führung der Geschäfte der Gesellschaft ausgeschlossen ist, sofern im Gesellschaftsvertrag nichts anderes bestimmt ist. Daraus könnte der Schluß zu ziehen sein, die Übertragung der Geschäftsführung auf den Kommanditisten sei rechtlich nur im Wege einer gesellschaftsrechtlichen Abrede zulässig. Eine solche Interpretation der Vorschrift des § 163 HGB überstiege jedoch deren Regelungszweck. Die Vorschrift ist spezieller Ausdruck der im Zivilrecht vorherrschenden Vertragsfreiheit.[115] Sie soll ausdrücklich klarstellen, daß das Innenverhältnis der Gesellschafter in erster Linie durch die Regelungen des Gesellschaftsvertrages bestimmt wird, und, um Rechtsunsicherheit zu vermeiden, das Gesetz nur dann eingreift, falls gesell-

---

112 Die organschaftliche Vertretungsmacht des Kommanditisten kann nicht durch gesellschaftsvertragliche Abrede erteilt werden, weil nach h.M. die Vorschrift des § 170 HGB zwingend ist, BGHZ 41, 367, 368; 51 198, 199; Baumbach/Duden/Hopt, HGB, § 170 Rdnr. 1; Staub/Schilling, HGB, § 170 Rdnr. 4.

113 BGH, WM 1963, 486f.; a.A. Döllerer, DStZ/A 1974, 211, 213; nicht eindeutig Staub/ Schilling, HGB, § 164 Rdnr. 19.

114 Ebenso Baumbach/Duden/Hopt, HGB, § 165 Rdnr. 7; Bork, AcP 184 (1984), S. 465, 473; Ermann/ Westermann, BGB, § 706 Rdnr. 1f.; Molitor, DB 1957, 164 nur dienstvertraglich; Priester, DB 1975, 1878f.; Schlegelberger/Martens, HGB, § 164 Rdnr. 37; a.A. Riegger, DB 1983, 1909 nur gesellschaftsrechtlich.

115 Baumbach/Duden/Hopt, HGB, § 163 Rdnr. 1f.; Staub/Schilling, HGB, § 163 Rdnr. 1; Schlegelberger/Martens, HGB, § 163 Rdnr. 3.

schaftsvertragliche Abreden nicht getroffen wurden.[116] Die kraft Gesetzes herbeigeführten Einschränkungen der Gesellschaftsrechte des Kommanditisten im Vergleich zu einem persönlich haftenden Gesellschafter sollen dem Ausgleich für die beschränkte Haftung des Kommanditisten dienen.[117] Weil aber das Gesetz für Belange des Innenverhältnisses nicht in die Privatautonomie der Gesellschafter eingreifen will, soll die Schlechterstellung des Kommanditisten durch entsprechende gesellschaftsvertragliche Abreden abbedungen werden können. Regelungszweck des § 163 HGB ist es deshalb nicht, den Kommanditisten schlechter als einen fremden Dritten zu stellen, der als Nichtgesellschafter außerhalb des Gesellschaftsvertrages gegenüber der Gesellschaft vertragliche Rechte erwerben und Pflichten eingehen kann, insbesondere eben auch zur Geschäftsführung der Personengesellschaft verpflichtet werden kann.

c) Tätigkeitsvergütungen

Anders als für den durch allgemein-schuldrechtlichen Vertrag gemäß § 611 BGB zur Dienstleistung Verpflichteten, ist ein Anspruch auf Vergütung für den gesellschaftsrechtlich zur Dienstleistung verpflichteten Gesellschafter gesetzlich nicht vorgesehen. In Art. 93 Abs. 3 ADHGB hieß es hierzu sogar ausdrücklich: „Für die Bemühungen bei dem Betriebe der Gesellschaftsgeschäfte steht dem Gesellschafter ein Anspruch auf Vergütung nicht zu." Die Übernahme dieser Bestimmung in die dem Art. 93 ADHGB entsprechende Vorschrift des § 110 HGB erschien dem Gesetzgeber überflüssig, weil man darin für die gesellschaftsrechtliche Verpflichtung die Regel sah und das Abweichen von dieser Regel durch Vereinbarung den beteiligten Parteien überlassen wollte.[118] Der gesellschaftsrechtlich zur Mitarbeit in der Gesellschaft verpflichtete Gesellschafter, ob auf der Geschäftsführungsebene der Gesellschaft oder unterhalb dieser, hat ohne entsprechende gesellschaftsvertragliche Regelung oder ohne besondere Beschlußfassung der Gesellschafter weder Anspruch auf Vergütung noch einen Ersatzanspruch für erbrachte Leistungen, weder aus § 110 HGB noch aus § 354 oder § 612 BGB.[119] Deshalb steht dem Gesellschafter ein An-

---

116 Baumbach/Duden/Hopt, HGB, § 163 Rdnr. 1; Staub/Schilling, HGB, § 163 Rdnr. 1; Schlegelberger/ Martens, HGB, § 163 Rdnr. 1ff.

117 Vgl. dazu BGHZ 45, 204, 205ff.

118 Reichs-Justizamt, Entwurf eines Handelsgesetzbuchs, S. 263f.

119 RGZ 170, 392, 396; BGHZ 17, 299, 301; BGHZ 44, 40f.; Baumbach/Duden/Hopt, HGB, § 110 Rdnr. 19; Ganßmüller, Die Tätigkeitsvergütung, S. 1; A.Hueck, OHG, § 15 II 1; MünchKomm-Ulmer, BGB, § 709 Rdnr. 32; Schlegelberger/ Martens, HGB, § 114 Rdnr. 22.

spruch auf eine besondere Tätigkeitsvergütung grundsätzlich nur dann zu, wenn eine solche vereinbart ist.[120]

Die Konzeption des Gesetzes sieht vor, daß die Erfüllung sämtlicher gesellschaftsrechtlicher Pflichten des Gesellschafters durch dessen Gewinnbeteiligung abgegolten werden.[121] Deutlich wird dies durch die Vorschrift des § 733 Abs. 2 S. 3 BGB, der für den Fall der Auseinandersetzung der Gesellschafter eine Vergütung für die von den Gesellschaftern als Beiträge erbrachten Dienstleistungen ausschließt. Mangels abweichender Gewinnverteilungsabrede richtet sich die Gewinnbeteiligung nach den gesetzlich vorgesehenen Regelungen der §§ 722 BGB, 121, 168 HGB für die jeweils betreffende Gesellschaftsform. Die Vorschriften sind dispositiv gestellt und erlauben es, im Gesellschaftsvertrag eine hiervon abweichende Regelung zu treffen. So ist es beispielsweise möglich, die von den Gesellschaftern erbrachten Beiträge zu bewerten und entsprechend ihrem Verhältnis die Gewinnanteile festzusetzen. Dabei kann die Dienstleistung des Gesellschafters durch einen entsprechend erhöhten prozentualen Gewinnanteil besonders berücksichtigt werden.

Darüber hinaus eröffnet die Vertragsfreiheit den Gesellschaftern den Gestaltungsspielraum, durch Abreden eine Vergütungsregelung zu treffen und die betragliche Bemessung der Vergütung in beliebiger Weise zu bestimmen.[122] Auch liegt es in ihrer Hand, darüber zu entscheiden, ob die Vergütung im Rahmen der Gewinnermittlung oder erst bei der Gewinnverteilung zu berücksichtigen ist.[123] Prinzipiell ist zwischen drei Arten von Vergütungsregelungen zu unterscheiden:[124]

---

120 BGHZ 17, 299, 301: allerdings könne eine Vergütung als stillschweigend anzunehmen sein, wenn die geleisteten Dienste eines Gesellschafters über das Maß des Üblichen hinaus gehen.

121 Baumbach/Duden/Hopt, HGB, § 110 Rdnr. 19; K.Schmidt, Gesellschaftsrecht, § 20 II 2b; Schlegelberger/Martens, HGB, § 114 Rdnr. 22.

122 BGHZ 44, 40, 41; MünchKomm-Ulmer, BGB, § 709 Rdnr. 32f.; Schlegelberger/Martens, HGB, § 122 Rdnr. 20; Soergel/Hadding, § 713 Rdnr. 6; Sudhoff/Schulte, Personengesellschaften, 2. Teil J Rdnr. 3f.

123 Baumbach/Duden/Hopt, HGB, § 110 Rdnr. 19; BeckBilKomm-Förschle, § 247 Rdnr. 683; K.Schmidt, Gesellschaftsrecht, § 20 II 2b; Sudhoff/Schulte, Personengesellschaften, 2. Teil J Rdnr. 14.

124 Vgl. dazu auch Ganßmüller, Die Tätigkeitsvergütung, S. 4ff.; BeckBilKomm-Förschle, § 247 Rdnr. 683; Knobbe-Keuk, StuW 1974, 1, 11.

a) der gesellschaftsrechtlich verpflichtete Gesellschafter erhält aus dem Gewinn der Gesellschaft vor Bemessung der Gewinnanteile einen festen oder variablen Betrag vorweg (sog. Gewinnvoraus oder Gewinnvorab),
b) der gesellschaftsrechtlich verpflichtete Gesellschafter erhält unabhängig davon, ob die Gesellschaft Gewinn oder Verlust erwirtschaftet, eine feste oder variable Vergütung oder
c) der im Rahmen eines Drittgeschäftes verpflichtete Gesellschafter hat einen allgemein-schuldrechtlichen Vergütungsanspruch.

aa) Gewinnvoraus

Die Vergütung der Dienstleistungen des Gesellschafters durch einen Gewinnvoraus ist eine besondere Form der Gewinnverteilung. Als solche kann sie in der Gewinnermittlung keine Berücksichtigung finden, so daß sie den Handelsbilanzgewinn nicht mindert.[125] Die Vereinbarung eines Gewinnvoraus wird dann getroffenen werden, wenn die Tätigkeitspflichten der Gesellschafter in der Gesellschaft ungleich verteilt sind.[126] Dabei kann der Gewinnvoraus in einem festen und/oder erfolgsabhängigen an den Gesellschafter zu zahlenden Geldbetrag bestehen.[127] Für den erfolgsabhängigen Gewinnvoraus ist es evident, daß er nur in gewinnträchtigen Jahren gezahlt wird und dementsprechend in solchen Jahren, in denen die Gesellschaft Verlust erwirtschaftet, entfällt.[128] Ist ein fester Gewinnvoraus vereinbart, kann es zweifelhaft sein, ob die Vergütung auch in den Jahren zu zahlen ist, in denen der tatsächlich von der Gesellschaft erwirtschaftete Gewinn den Gewinnvoraus nicht deckt bzw. die Gesellschaft gar Verlust erwirtschaftet. Jedoch ist für den Gewinnvoraus zu berücksichtigen, daß auch er Teil einer Gewinnverteilungsabrede ist, deren Regelungsinhalt es ist, den Gewinn der Gesellschaft zu verteilen und deshalb keine Wirkung auf die ihr vorausgehende Gewinnermittlung entfaltet. Demgemäß wird auch der feste Gewinnvoraus in ertragschwachen Jahren nur gekürzt bzw. in verlustigen Jahren

125 BeckBilKomm-Förschle, § 247 Rdnr. 683; Döllerer, DStZ/A 1974, 211, 213; Knobbe-Keuk, StuW 1974, 1, 11.

126 Peter/Crezelius, Gesellschaftsverträge, Rdnr. 269; MünchKomm-Ulmer, BGB, § 709 Rdnr. 32; Schlegelberger/Martens, HGB, § 114 Rdnr. 23; Sudhoff/Schulte, Personengesellschaften, 2. Teil J Rdnr. 9; Wurm/Wagner/Zartmann/Langenfeld, Das Rechtsformularhandbuch, Kap. 109a.

127 BeckBilKomm-Förschle, § 247 Rdnr. 683; Baumbach/Duden/Hopt, HGB, § 122 Rdnr. 8; Münch Komm-Ulmer, BGB, § 709 Rdnr. 32a; Sudhoff/Schulte, Personengesellschaften, 2. Teil J Rdnr. 9.

128 Schlegelberger/Martens, HGB, § 114 Rdnr. 24; A.Hueck, OHG, § 17 II 3.

nicht gezahlt.[129] Ob mit der Vereinbarung eines festen Gewinnvoraus eine solche Vergütungsregelung gewollt ist oder vielmehr eine solcher Art, wie sie im folgenden aufgezeigt wird, ist im Zweifel eine Frage der Vertragsauslegung.[130]

bb) Gesellschaftsrechtliche Vergütungsregelung mit Wirkung auf die Gewinnermittlung

Von den bisherigen Gewinnverteilungsabreden sind diejenigen Vergütungsregelungen zu unterscheiden, die im Bereich der Gewinnermittlung Berücksichtigung finden. Aufgrund der Gestaltungsfreiheit sind die Gesellschafter nicht daran gehindert, dem betreffenden Gesellschafter für seine auf gesellschaftsrechtlicher Grundlage erbrachten Leistungen eine vom Jahresergebnis der Gesellschaft unabhängig zu zahlende Vergütung einzuräumen.[131] Dabei kann es sich um einen festen oder variablen - über einen prozentualen Anteil einer definierten Größe zu bestimmenden - Betrag handeln.[132] Eine solche Vergütung ist im Verhältnis der Gesellschafter untereinander in der Gewinnermittlung der Gesellschaft als Aufwand zu behandeln.[133] Aus der Aufwandswirksamkeit der Vergütung resultiert die Minderung des für die Verteilung zur Verfügung stehenden Gewinnes der Gesellschaft und damit die Verringerung der Gewinnanteile der „übrigen" Gesellschafter bzw. die Erhöhung ihrer Verlustanteile. Wird dem gesellschaftsrechtlich zur Mitarbeit verpflichteten Gesellschafter eine Pensionszusage erteilt, so stellt sich dieser Effekt über die aufwandswirksamen Zuführungen zur Pensionsrückstellung ein. Insofern unterscheidet sich die auf gesellschaftsvertraglicher Grundlage zugesagte Altersversorgung in ihrer Erfolgswirksamkeit nicht von einer im Rahmen eines unabhängigen allgemein-schuldrechtlichen Dienstverhältnisses zugesagten Pension.[134]

---

129 Ebenso Ganßmüller, Die Tätigkeitsvergütung, S. 7f.; BeckBilKomm-Förschle, § 247 Rdnr. 683; a.A. wohl MünchKomm-Ulmer, BGB, § 709 Rdnr. 32a.

130 Vgl. hierzu BFH v. 27.1.1988 - I R 387/83, BStBl. II 1988, 454; BeckBilKomm-Förschle, § 247 Rdnr. 683; A.Hueck, OHG, § 17 II 3; MünchKomm-Ulmer, BGB, § 709 Rdnr. 32a.

131 BeckBilKomm-Förschle, § 247 Rdnr. 683; Erman/Westermann, BGB § 709 Rdnr. 15; Schlegelberger/ Martens, HGB, § 114 Rdnr. 24; K.Schmidt, Gesellschaftsrecht, § 47 IV 2; Sudhoff/Schulte, Personengesellschaften, 2. Teil J Rdnr. 14.

132 BeckBilKomm-Förschle, § 247 Rdnr. 683; Erman/Westermann, BGB § 709 Rdnr. 15; Schlegelberger/ Martens, HGB, § 114 Rdnr. 24: nur Festvergütung.

133 BeckBilKomm-Förschle, § 247 Rdnr. 681; Döllerer, DStZ/A 1974, 211, 213; Knobbe-Keuk, StuW 1974, 1, 11; K.Schmidt, Gesellschaftsrecht, § 47 IV 2; Sudhoff/Schulte, Personengesellschaften, 2. Teil J Rdnr. 14.

134 Vgl. hierzu Erman/Westermann, BGB, § 709 Rdnr. 14 der bereits in der Zusage der Altersversorgung einen „starken Hinweis" für die Qualifikation des zugrundeliegenden Rechtsverhältnisses als Dienstverhältnis sieht.

Derartige Vergütungsregelungen sind in der Praxis keine Seltenheit und werden regelmäßig immer dann in die Gesellschaftsverträge aufgenommen, wenn der Gesellschafter seine gesamte Arbeitskraft in die Unternehmung einbringt, sei es in der Stellung eines Geschäftsführers oder unterhalb der Geschäftsführungsebene.[135] Mit der vom Jahresergebnis unabhängigen Vergütung soll der Gesellschafter in entsprechender Weise entgolten werden wie ein vergleichbarer Dritter, der aufgrund eines Arbeits- oder sonstigen Dienstvertrages für die Gesellschaft tätig ist. Dabei ist zu berücksichtigen, daß die Unabhängigkeit des Vergütungsanspruches von Gewinn und Verlust der Gesellschaft nicht zu dessen Loslösung von der gesellschaftsrechtlichen Stellung des tätigen Gesellschafters führt. Der gewährte Vergütungsanspruch bleibt auch weiterhin gesellschaftsrechtlicher Ausgleich für die Mitarbeit des Gesellschafters.[136] Zu widersprechen ist allerdings denjenigen Stimmen, die in derartigen gesellschaftsrechtlichen Vergütungsabreden eine Gewinnverteilung sehen wollen.[137] Diese handelsrechtliche Wertung ist deshalb bedeutsam, weil sie über den Maßgeblichkeitsgrundsatz eng verknüpft ist mit der steuerrechtlichen Frage, ob die Tätigkeitsvergütung des Gesellschafters, insbesondere die Zuführungen zu einer für ihn gebildeten Pensionsrückstellung, in der steuerlichen Gewinnermittlung der Personengesellschaft als Betriebsausgabe (vgl. § 4 Abs. 4 EStG) abgezogen werden können. Vor dem Hintergrund der die gewerblichen Einkünfte von Gesellschaftern (Mitunternehmer) regelnden Vorschrift des § 15 Abs. 1 Nr. 2 EStG und der aus dieser Vorschrift abgeleiteten Bilanzbündeltheorie verneinte der BFH[138] die Abzugsfähigkeit mit der Wertung der Pensionszusage als eine Gewinnverteilungsabrede.

Zur Begründung wird auf deren gesellschaftsrechtliche Grundlage verwiesen.[139] Dies wäre allenfalls dann hinreichend, wenn jeglicher, gegenüber der Gesellschaft bestehende, gesellschaftsrechtliche Zahlungsanspruch eines Gesellschaf-

---

135 Vgl. hierzu Peter/Crezelius, Gesellschaftsverträge, Rdnr. 330; Münchner Vertragshandbuch, Bd. 1, Gesellschaftsrecht, I 3 Anm. 17, I 4 Anm. 19, II 3 Anm. 8 „Tätigkeitsvergütungen"; Wurm/Wagner/ Zartmann/Langenfeld, Das Rechtsformularhandbuch, Kap. 108.

136 Bork, AcP 184 (1984), 465; MünchKomm-Ulmer, BGB, § 709 Rdnr. 32; nicht eindeutig Erman/ Westermann, BGB, § 709 Rdnr. 14: Vereinbarung einer Vergütung spreche für einen gesonderten Dienstvertrag.

137 OLG Koblenz, WM 1986, 590f.; MünchKomm-Ulmer; BGB, § 709 Rdnr. 32; Riegger, DB 1983, 1909f.; Schlegelberger/Martens, HGB, § 114 Rdnr. 23.

138 BFH v. 16.2.1967 - IV 364/62, BFHE 87/531 = BStBl. III 1967, 222; v. 21.12.1972 - IV R 53/72, BFHE 107, 564 = BStBl. II 1973, 298.

139 MünchKomm-Ulmer; BGB, § 709 Rdnr. 32; Schlegelberger/Martens, HGB § 114 Rdnr. 23f.

ters ohne Wirkung auf den Bereich der Gewinnermittlung wäre. Dem ist nicht so. Dies zeigt die den Aufwendungs- und Verlustersatzanspruch regelnde Vorschrift des § 110 HGB. Die in Erfüllung des Anspruches aus § 110 HGB geleisteten Zahlungen sind aus Sicht der Gesellschaft Aufwendungen, die als solche in die Gewinnermittlung eingehen, unzweifelhaft keine Gewinnbestandteile darstellen und den zur Verteilung anstehenden Gewinn bzw. Verlust mindern bzw. erhöhen. Zwar ist der Vergütungsanspruch des Gesellschafters nach allgemeiner Ansicht kein Anspruch im Sinne des § 110 HGB.[140] Wenn aber die Gesellschafter im Rahmen ihrer Gestaltungsfreiheit mit der Vergütungsabrede die Rechtsfolge verknüpfen, die mit der Tätigkeit des Gesellschafters korrespondierende Vergütung solle gleichsam wie Aufwendungen im Sinne des § 110 HGB in der Gewinnermittlung Berücksichtigung finden, so spricht nach hier vertretener Auffassung nichts dagegen, den gesellschaftsrechtlichen Vergütungsanspruch hinsichtlich seiner Wirkung auf die Gewinnermittlung der Gesellschaft dem gesellschaftsrechtlichen Aufwendungsersatzanspruch des § 110 HGB gleichzustellen.

cc) Vergütungsansprüche aus Drittgeschäften

Wird die Tätigkeit des Gesellschafters für die Personengesellschaft außergesellschaftsrechtlich auf der Grundlage eines Dienstvertrages im Sinne des § 611 BGB vereinbart, so ist die Tätigkeit dieses Gesellschafter-Angestellten von der Gesellschaft gemäß der §§ 611 Abs. 1 , 612 Abs. 1 BGB grundsätzlich gesondert zu vergüten. Aufgrund der einheitlichen Rechtsgrundlage, sowohl der Verpflichtung zur Dienstleistung als auch des Vergütungsanspruches des Dienstverpflichteten, kann kein Zweifel daran bestehen, daß es sich bei dem Vergütungsanspruch ebenfalls um einen allgemein-schuldrechtlichen und nicht um einen gesellschaftsrechtlichen handelt. Dies betrifft gleichfalls die im Rahmen eines solchen Dienstverhältnisses dem Gesellschafter-Angestellten von der Personengesellschaft zugesagte Altersversorgung. Der Gesellschafter-Angestellte steht deshalb mit seinen Vergütungsansprüchen aus dem Dienstverhältnis, eingeschlossen seiner (aufschiebend bedingten) Pensionsansprüche, der Personengesellschaft wie ein Drittgläubiger gegenüber. Aus zivilrechtlicher Sicht kann deshalb in Fällen der außergesellschaftsrechtlichen Dienstvereinbarung gleichfalls keine Gewinnverteilungsabrede angenommen werden.[141] So wie der fremde Dritte keinen Anspruch gegen die Gesellschaft auf einen Anteil am Gewinn

---

140 Baumbach/Duden/Hopt, HGB, § 110 Rdnr. 19ff.; Schlegelberger/Martens, HGB § 110 Rdnr. 17.

141 Ermann/Westermann, BGB, § 709 Rdnr. 14f.

der Gesellschaft hat, steht ein solcher auch dem Gesellschafter in seiner außergesellschaftsrechtlichen Stellung als Arbeitnehmer oder sonstiger Dienstverpflichteter nicht zu. Die Annahme einer Gewinnverteilungsabrede ist in derartigen Fällen zivilrechtlich unzweifelhaft ausgeschlossen. Die aufgrund eines allgemein-schuldrechtlichen Vertrages von der Gesellschaft an den Gesellschafter zu zahlende Vergütung mindert als Aufwand zwingend den handelsrechtlichen Gewinn der Gesellschaft, gleichgültig, ob diese Vergütung gewinnunabhängig oder gewinnabhängig bemessen ist.[142]

Ob eine solche Vereinbarung vorliegt, richtet sich entscheidend nach der vertraglichen Regelung. Maßgebend ist allein der Wille der Parteien, wobei nicht die Bezeichnung, sondern die tatsächliche Gestaltung der Rechtsstellung entscheidend ist.[143] Es kommt deshalb zunächst darauf an, ob die persönliche Mitarbeit des Gesellschafters auf einer gesellschaftsrechtlichen oder allgemein-schuldrechtlichen Vereinbarung beruht.[144] Die Zuordnung des der Mitarbeit des Gesellschafters zugrundeliegenden Rechtsverhältnisses mag wegen der Abgrenzungsschwierigkeiten im Einzelfall nicht unproblematisch sein, ändert aber wegen der Rechtszuständigkeit der Personengesellschaft und der Vertragsfreiheit der beteiligten Parteien nichts an der grundsätzlichen Möglichkeit, die Mitarbeit in ein gesellschaftsrechtliches oder ein allgemein-schuldrechtliches Gewand zu kleiden. Die Entscheidung hierüber liegt in der Hand der Gesellschafter. Wie ausgeführt trifft dies vornehmlich auf den gesetzlich von der Geschäftsführung ausgeschlossenen Kommanditisten, aber gleichsam auch auf den unbeschränkt haftenden Gesellschafter zu.

d) Abgrenzung von gesellschafts- und außergesellschaftsrechtlichen Rechtsverhältnissen

aa) Bedeutung und Problematik

Ob die Rechtsbeziehungen zwischen der Personengesellschaft und deren Gesellschaftern auf gesellschaftsvertraglicher Grundlage beruhen oder durch ein Drittgeschäft begründet sind, ist maßgeblich für die sich aus der jeweiligen

---

142 Döllerer, DStZ/A 1974, 211, 213; Knobbe-Keuk, StuW 1974, 1, 11; BeckBilKomm-Förschle, § 247 Rdnr. 683ff.

143 Vgl. hierzu BFH v. 27.1.1988 - I R 387/83, BStBl. II 1988, 454; BeckBilKomm-Förschle, § 247 Rdnr. 683; A.Hueck, OHG, § 17 II 3; G.Hueck, DB 1962, 1363, 1366; MünchKomm-Ulmer, BGB, § 709 Rdnr. 32a.

144 Ähnlich Erman/Westermann, BGB, § 709 Rdnr. 15.

Rechtsgrundlage ergebende Rechtsstellung des Gesellschafters. Zivilrechtlich ist anhand der Rechtsstellung des Gesellschafters darüber zu befinden, ob die Rechtsbeziehung dem Gesellschaftsrecht oder allgemeinem Vertragsrecht unterliegt. Speziell im Bereich der Arbeits- und Dienstverhältnisse ist die Abgrenzung für Fragen im Spannungsverhältnis von Arbeits- und Gesellschaftsrecht relevant.[145]

Die Abgrenzung der Rechtsbeziehungen zwischen Gesellschaft und Gesellschafter ist ferner für die ertragsteuerrechtliche Behandlung der Gesellschafter- und Gesellschaftsleistungen von Bedeutung. Es ist einer der ältesten Streitpunkte des Einkommensteuerrechts, ob und inwieweit Drittgeschäfte zwischen der Gesellschaft und ihrem Gesellschafter auch steuerrechtlich Anerkennung finden sollen. Hindernis sind fiskalpolitische Überlegungen im Hinblick auf das Gewerbesteueraufkommen. Kann der Gesellschafter gegenüber der Gesellschaft eine Doppelstellung einnehmen und würde diese auch steuerrechtlich dahingehend anerkannt, daß die mit seiner Stellung als Dienstverpflichteter verbundenen steuerrechtlichen Tatbestandsmerkmale losgelöst von seiner Stellung als Gesellschafter (Mitunternehmer) zu beurteilen wären, würde es ihm ermöglicht werden, mit steuerlicher Wirkung auf die mit ihm als Dritten abzuschließenden Geschäfte Einfluß zu nehmen und damit gestaltend auf seine Steuerbelastung einzuwirken.[146] Weil bereits die zivilrechtliche Abgrenzung mit nicht unerheblichen Problemen behaftet ist, werden im Einkommensteuerrecht, ungeachtet des Rechtsgrundes der Vereinbarung, die von der Gesellschaft geschuldeten Vergütungen einheitlich als gewerbliche Einkünfte aus der Beteiligung an der Gesellschaft qualifiziert und insofern den Gewinnanteilen gleichgestellt worden (vgl. § 15 Abs. 1 S. 1 Nr. 2 EStG). Zwar ist die Einordnung des Entgeltes unter den Gewinnanteil im Sinne des § 15 Abs. 1 S. 1 Nr. 2 Hs. 1 EStG oder unter die Sondervergütungen im Sinne des § 15 Abs. 1 S. 1 Nr. 2 Hs. 2 EStG insofern ohne einkommensteuerrechtliche Bedeutung, als sie gleichermaßen gewerbliche Einkünfte des Gesellschafters darstellen. Jedoch ist die Entscheidung für die Ermittlung des lediglich verrechenbaren Verlustanteiles im Sinne des § 15a EStG relevant. Die Einordnung der Einnahme des Gesellschafters, hier der Pensionsleistungen als Gewinnvorab, kann lediglich zu einer Minderung verrechenbaren Verlustes führen.

---

145 Vgl. hierzu BAGE 2, 289; 27, 163; eingehend Beuthien, in Festschrift 25 Jahre BAG, S. 1ff.; Diller, Gesellschafter, § 8; Loritz, Die Mitarbeit Unternehmensbeteiligter, § 8.

146 Crezelius, Steuerrecht II, § 6 II 2b; Knobbe-Keuk, Bilanz- und Unternehmenssteuerrecht, § 9 I 2b; Kruse, DStJG 2 (1979), S. 37, 58; Tiedtke, Einkommensteuerrecht, § 5 II 3a (4).

Die Problematik der Abgrenzung gesellschaftsrechtlicher von außergesellschaftsrechtlichen Rechtsverhältnissen ergibt sich aus der mit der Gesellschafterstellung regelmäßig einhergehenden Möglichkeit der Einflußnahme des Gesellschafters auf das zu begründende Beschäftigungsverhältnis. Insofern besteht eine Verbindung zwischen der Rechtsstellung als Gesellschafter und der als Angestellter. Wechselwirkungen zwischen den Rechtsstellungen erscheinen so gesehen nahezu unausweichlich.[147] Des weiteren kommt hinzu, daß aus dem Vorliegen einer formal neben dem Gesellschaftsvertrag bestehenden schuldrechtlichen Vereinbarung nicht zwingend auf deren Rechtsnatur geschlossen werden kann.[148] Denn einerseits kann die gesellschaftsvertragliche Abrede mit Blick auf die vom Gesellschafter zu erbringenden Beitragsleistungen darauf gerichtet sein, den Gesellschafter zum Abschluß einer formal vom Gesellschaftsvertrag getrennten Vereinbarung zu verpflichten, in der die Rechtsbeziehungen der Parteien, insbesondere der Beitrag und die Gegenleistung, auf die es den Beteiligten letztlich ankommt, näher bestimmt werden. Liegt eine solche Gestaltung vor, so ergeben sich die gegenseitigen Ansprüche und Verpflichtungen zwar in erster Linie unmittelbar aus dem gesondert abgeschlossenen Rechtsgeschäft, jedoch ist dessen Rechtsnatur unbeschadet gesellschaftsrechtlich und der Gesellschafter zur Erbringung eines Beitrages verpflichtet.[149] Aus dem Vorhandensein eines gesonderten Rechtsverhältnisses allein kann demzufolge nicht auf dessen Rechtsnatur geschlossen werden. Entscheidend ist vielmehr, ob die Existenz des zu beurteilenden Rechtsverhältnisses auf der gesellschaftsrechtlichen Förderungspflicht gründet und damit deren Ausgestaltung und inhaltlichen Konkretisierung dient, oder ob nur ein äußerer Zusammenhang zwischen dem Gesellschaftsvertrag und dem gesonderten Vertag vorliegt.[150]

Andererseits kann im Gesellschaftsvertrag die Möglichkeit der Begründung außergesellschaftsrechtlicher Beschäftigungsverhältnisse zu Gesellschaftern vorgesehen sein, um im Hinblick auf diese bereits Einzelheiten inhaltlicher Art festzulegen. Eine derartige Verknüpfung führt nicht zwingend zu dem Schluß, das vorgefundene Beschäftigungsverhältnis als ein gesellschaftsrechtliches zu

---

147 Ausführlich Klingberg, Kommanditisten, S. 44ff.; Schnorr-v. Carolsfeld, in Festschrift Alfred Hueck, S. 261, 263f.

148 G.Hueck, DB 1962, 1363, 1366f.; Erman/Westermann, BGB; § 706 Rdnr. 2; a.A. wohl Diller, Gesellschafter, § 9 B I.

149 BGHZ 70, 61, 63; 93 159, 161; Erman/Westermann, BGB, § 706 Rdnr. 2; K.Schmidt, Gesellschaftsrecht, § 20 II 2b; MünchKomm-Ulmer, BGB, § 705 Rdnr. 167, § 706 Rdnr. 4.

150 A.Hueck, OHG, § 18 I.

beurteilen.[151] Sie steht der Vereinbarung von Drittverhältnissen, insbesondere unabhängiger Dienst- oder Arbeitsverhältnisse, nicht entgegen.[152] Allerdings kommt für die Entscheidung, ob der Gesellschaftsvertrag als Rechtsgrundlage des Beschäftigungsverhältnisses zu beurteilen ist, der Art, dem Inhalt, dem Umfang und der Intensität der gesellschaftsvertraglichen Regelungen indizierende Bedeutung zu.[153] Aber auch wenn es an entsprechenden Regelungen im Gesellschaftsvertrag fehlt, spricht dies zwar nicht zwingend für ein außergesellschaftsrechtliches Rechtsverhältnis, wohl aber als Indiz für das Vorliegen eines solchen.

Schließlich wird die Abgrenzung zwischen den Rechtsgrundlagen erschwert, weil ein fest umrissenes Merkmal nicht existiert, anhand dessen eine Entscheidung über die Zuordnung des Rechtsverhältnisses zweifelsfrei getroffen werden könnte. Aus dem wirtschaftlichen Zusammenhang mit dem Gesellschaftsverhältnis allein kann jedenfalls nicht auf eine gesellschaftsrechtliche Abrede geschlossen werden, weil, so hat bereits das Reichsgericht[154] ausgeführt, dieses Merkmal „ganz ungeeignet für die Abgrenzung“ ist, denn „irgendein Zusammenhang mit dem Gesellschaftsverhältnis wird sich letzten Endes bei allen Geschäften eines Gesellschafters mit der Gesellschaft feststellen lassen“. Das Merkmal der zweckfördernden Wirkung der Gesellschafterleistung ist deshalb für die Abgrenzung ungeeignet.

bb) Abgrenzungskriterien

Kann rein aus dem Vorliegen einer formal neben dem Gesellschaftsvertrag bestehenden schuldrechtlichen Vereinbarung nicht auf deren Rechtsnatur geschlossen werden, so können für die Abgrenzung deren inhaltliche Bestimmungen und die an der Vereinbarung beteiligten Parteien ausschlaggebend sein.[155] Das Reichsgericht vertrat hierzu die Auffassung: eine vom Gesellschaftsvertrag unabhängige allgemein-schuldrechtliche Vereinbarung liege dann vor, wenn diese Vereinbarung unabhängig von der Mitgliedschaft des Gesellschafters

151 BGHZ 70, 61, 63; Schlegelberger/Martens, HGB, § 164 Rdnr. 42.

152 G.Hueck, DB 1962, 1363, 1366; Schlegelberger/Martens, § 164 Rdnr. 42.

153 G.Hueck, DB 1962, 1363, 1367.

154 RGZ 153, 305, 310; Staudinger/Keßler, BGB, § 705 Rdnr. 53.

155 Vgl. hierzu Beuthien, Festschrift 25 Jahre BAG, S. 1, 4; A.Hueck, OHG, § 17 II 3; G.Hueck, DB 1962, 1363, 1366; Priester DB 1975, 1878, 1879; Schlegelberger/Martens, § 164 Rdnr. 42; ders. RdA 1979, 347; Molitor, DB 1957, 164; Schnorr v. Carolsfeld, in Festschrift A.Hueck, S. 261, 263.

auch von irgendeinem Dritten mit der Gesellschaft hätte getroffen werden können und wenn bei diesen Vereinbarungen der Gesellschafter eindeutig zum Ausdruck gebracht habe, daß er der Gesellschaft unabhängig vom Bestehen seiner Mitgliedschaft als fremder Dritter gegenüberstehen wolle.[156] Liegt eine entsprechende Festlegung nicht vor, ist die Unterscheidung, da feste Kriterien fehlen, im Wege der Auslegung der getroffenen Vereinbarungen unter Berücksichtigung der bei Vertragsschluß vorliegenden Gesamtumstände festzustellen.[157] Die fehlende Festlegung und eine im Gesellschaftsvertrag niedergelegte Leistungspflicht sprechen allerdings für die Vermutung einer gesellschaftsrechtlich getroffenen Vereinbarung.[158] So auch die Rechtsprechung des BGH, der die Vereinbarung im Gesellschaftsvertrag als Indiz für deren gesellschaftsrechtlichen Charakter ansieht.[159]

Anhaltspunkt für die Einordnung kann der dem Gesellschafter gegenüberstehende Vertragspartner sein.[160] Dies kann die Gesellschaft als solche sein, ihm können aber auch die übrigen Gesellschafter gegenüberstehen. Im letzten Fall liegt zweifelsfrei eine Vereinbarung gesellschaftsrechtlicher Natur vor. Denn soll der Gesellschafter wie ein Dritter berechtigt und verpflichtet werden, bedarf es zwingend einer Vereinbarung mit der Gesellschaft, da der Abschluß von Verträgen mit Dritten eine Maßnahme des Außenverhältnisses der Gesellschaft ist. Daran vermag weder die Bezeichnung des Vertrages noch die im Gesellschaftsvertrag selbst fehlende Leistungsverpflichtung etwas zu ändern. Beruht die Leistungsverpflichtung hingegen auf einer Vereinbarung mit der Gesellschaft, läßt sich deren Rechtsnatur aus obigen Gründen nicht gleichfalls eindeutig bestimmen.[161]

Will der Gesellschafter wie ein fremder Dritter in Rechtsbeziehungen zur Gesellschaft eintreten, so muß das durch die Vereinbarung begründete Rechtsverhältnis von dem das Drittverhältnis auszeichnende Merkmal des Interessengegensatzes der Parteien geprägt sein.[162] Dem Umfang der Kapitalbeteiligung und

---

156 RGZ 153, 305, 307.

157 BGHZ 70, 61, 63.

158 MünchKomm-Ulmer, BGB, § 705 Rdnr. 4.

159 BGHZ 70, 61, 63; 93, 159, 161.

160 Klingberg, Kommanditisten, S. 46; Riegger, DB 1983, 1909; Staub/Schilling, § 164 Rdnr. 20.

161 Diller, Gesellschafter, § 9 B I; a.A. Riegger, DB 1983, 1909: jeder mit der Gesellschaft abgeschlossene Vertrag ist rein schuldrechtlicher Natur.

162 Staub/Ulmer, HGB, § 105 Rdnr. 216.

der damit verbundenen Möglichkeit der Einflußnahme auf die Geschäftsführung und die Grundlagenentscheidungen der Gesellschaft kommt hierbei indizierende Bedeutung zu. Dazu kann allgemein zwischen drei Kategorien von Kapitalbeteiligungen unterschieden werden: Ein Mehrheitsgesellschafter hält mittels seiner Beteiligung eine Machtposition innerhalb des Unternehmens, die es ihm in aller Regel ermöglicht, erheblichen Einfluß auf die zu treffenden Entscheidungen auszuüben und diese, nach vornehmlich seinen Vorstellungen, durchzusetzen. Diesen Einfluß kann und wird der Gesellschafter nutzen, um auf die inhaltliche Ausgestaltung des zu begründenden Rechtsverhältnisses, gleich welcher Art, bestimmend einzuwirken. Folglich fehlt der das Drittgeschäft auszeichnende Interessengegensatz der Parteien, weshalb im Falle der zu bestimmenden Rechtsgrundlage der Mitarbeit dieses Gesellschafters einiges dafür spricht, in derartigen Fällen eine gesellschaftsrechtliche Dienstverpflichtung anzunehmen.[163] Die hierzu konträre Position nimmt der Gesellschafter ein, der lediglich eine Zwergbeteiligung an der Gesellschaft hält. Gewichtigen Einfluß auf die das Dienstverhältnis betreffenden Entscheidungen wird er aufgrund seiner Beteiligungshöhe kaum ausüben können. Demzufolge wird im allgemeinen nicht davon ausgegangen werden können, daß die Zwergbeteiligung ausschlaggebend für die Begründung eines Beschäftigungsverhältnis ist.[164] Zwar ist es durchaus denkbar, daß ein solcher Gesellschafter in Koalition mit anderen Minderheitsgesellschaftern oder einem Gesellschafter mit höherem Anteilbesitz Einfluß nehmen kann, dies aber wäre im Rahmen des jeweiligen Einzelfalles zu untersuchen. Gesellschaftsbeteiligungen, die sich innerhalb dieser Größenordnungen bewegen, sprechen weder für noch gegen eine gesellschaftsrechtliche Vereinbarung. Die Beteiligungshöhe bietet in diesem Fall keinen Anhaltspunkt, um mittels ihrer auf die Rechtsgrundlage des zu beurteilenden Rechtsverhältnisses schließen zu können.

Als weiteren Indikator kann die vereinbarte Dauer bzw. Laufzeit des Rechtsverhältnisses herangezogen werden. Zu unterscheiden sind Rechtsverhältnisse, die nur kurzfristig oder sogar nur einmalig eingegangen werden von solchen, die dauernden oder für einen längeren Zeitraum Bestand haben sollen. Bei ersten spricht die Vermutung für ein Rechtsverhältnis, welches unabhängig von der bestehenden Mitgliedschaft eingegangen wurde. Dies trifft beispielsweise zu bei einem an einer Personengesellschaft beteiligten Rechtsanwalt, der die Gesellschaft in einem anstehenden Rechtsstreit vertritt. Die entsprechende Situation wäre bei einem Architekten gegeben, der, im Rahmen seiner ansonsten un-

163 G.Hueck, DB 1962, 1363, 1367; Klingberg, Kommanditisten, S. 48.

abhängig von der Gesellschaft ausgeübten freiberuflichen Tätigkeit, auch einmal den Bau einer neuen Immobilie der Gesellschaft vorbereitet und durchführt. Allgemein wird sich sagen lassen können, daß die Tätigkeit des Gesellschafters, der, im Rahmen seines ansonsten unabhängig von der Gesellschaft betriebenen Gewerbes, auch hin und wieder einmal Dienste gegenüber der Gesellschaft erbringt, ihre Rechtsgrundlage nicht im Gesellschaftsverhältnis finden wird. Zwar ließen sich auch diese Dienste als gesellschaftsrechtliche Beiträge vereinbaren, enthält der Gesellschaftsvertrag aber keine dahingehende Bestimmung, spricht dies für eine außergesellschaftsrechtliche Vereinbarung.[165] Dagegen deutet die auf Dauer angelegte Tätigkeit des Gesellschafters nicht auf ihre Rechtsgrundlage. Längerfristige Tätigkeiten des Gesellschafters für die Gesellschaft, insbesondere die Fälle der unmittelbaren Beschäftigung im Unternehmen, lassen weder auf eine gesellschaftsrechtliche noch auf eine allgemein schuldrechtliche Rechtsgrundlage schließen. Die mannigfaltigen Motive für eine solche Tätigkeit sind von zu unterschiedlicher Art, um anhand der Langfristigkeit des Rechtsverhältnisses deren Rechtsgrundlage bestimmen zu können. Die Ausnahme hierzu stellen Arbeitsverhältnisse zur Gesellschaft dar, die bereits vor Begründung der Gesellschafterstellung des Arbeitnehmers eingegangen wurden. Werden diese Arbeitsverhältnisse des nunmehr angestellten Gesellschafters unverändert oder mit nur geringfügigen Veränderungen weitergeführt, wird vom Fortbestand des Arbeitsverhältnisses auf außergesellschaftsrechtlicher Grundlage ausgegangen werden können.[166]

Schließlich kann die Vergütungsregelung für die zu erbringende Leistung des Gesellschafters dem Zwecke der Abgrenzung dienlich gemacht werden. Das bloße Vorliegen einer solchen Vereinbarung läßt allerdings keinen Rückschluß auf die Rechtsnatur des Rechtsverhältnisses zu. Denn gesellschaftsrechtliche Beschäftigungsverhältnisse, insbesondere die Geschäftsführertätigkeit des Gesellschafters, werden regelmäßig ebenso wie außergesellschaftsrechtliche mit einer Vergütungsregelung versehen sein.[167] Im Vordergrund muß daher vielmehr die Betrachtung der Art der Vergütungsregelung, deren Zahlungsmodalitäten sowie der inner- und außerbetriebliche Vergleich der getroffenen Regelung mit denen sonstiger Arbeitnehmer und den geschäftsführenden Gesell-

164 Schlegelberger/Martens, HGB, § 164 Rdnr. 42; Klingberg, Kommanditisten, S. 49.

165 Diller, Gesellschafter, § 9 B I; G.Hueck, DB 1962, 1363, 1366.

166 Schlegelberger/Martens, HGB, § 164 Rdnr. 42.

167 Vgl. hierzu Peter/Crezelius, Gesellschaftsverträge, Rdnr. 330; Münchner Vertragshandbuch, Bd. 1, Gesellschaftsrecht, I 3 Anm. 17, I 4 Anm. 19, II 3 Anm. 8 „Tätigkeitsvergütungen"; Wurm/Wagner/ Zartmann/Langenfeld, Das Rechtsformularhandbuch, Kap. 108.

schaftern stehen. Von einem gesellschaftsrechtlichen Beschäftigungsverhältnis wird dabei immer dann auszugehen sein, wenn keine Vergütungsregelung vorliegt oder es sich um eine solche handelt die als Gewinnverteilungsabrede zu beurteilen ist.[168] Dies trifft auf die Vereinbarung eines die Tätigkeit abgeltenden höheren Gewinnanteiles oder eines Gewinnvoraus zu. Für die übrigen Vergütungsabreden wird es im wesentlichen auf die Zusammensetzung der Vergütung aus festen und variablen Bestandteilen ankommen müssen. Vergütungen, die lediglich aus variablen Bestandteilen bestehen und die gewinnabhängig bemessen nur in gewinnträchtigen, nicht hingegen in verlustbringenden Jahren der Gesellschaft gezahlt werden, deuten gleichfalls auf eine gesellschaftsrechtliche Verpflichtungsgrundlage.[169] Denn im Vergleich zu sonstigen Beschäftigungsverhältnissen wäre es äußerst ungewöhnlich, würde sich ein Arbeitnehmer allein auf eine in Gewinnjahren zu zahlende Vergütung einlassen. Besteht hingegen die Vergütung sowohl aus einem gewinnunabhängigen wie auch abhängigen Teil, lassen sich keine auf die Rechtsgrundlage hindeutende Unterschiede aus der Art des Entgeltes feststellen. Denn zumindest im Rahmen der Beschäftigungsverhältnisse leitender Angestellter ist es durchaus üblich, neben festen Gehaltsbezügen auch eine gewinnabhängige Tantieme zu gewähren. Gleiches gilt für Vergütungen, die sich allein aus festen Bestandteilen zusammensetzen.[170] Allerdings könnte hier den Zahlungsmodalitäten entscheidendes Gewicht zukommen, nämlich dann, wenn die Gehaltsbezüge nicht monatlich, sondern in wesentlich längeren Zeitabständen ausgezahlt werden, beispielsweise nur jährlich oder halbjährlich. Dies wiederum würde auf eine gesellschaftsrechtliche Regelung hinweisen.[171]

Der Vergleich mit Vergütungsregelungen sonstiger, nicht an der Gesellschaft beteiligter Angestellter oder den geschäftsführenden Gesellschaftern kann weitere Aufschlüsse geben. Liegt der Bemessung des Entgeltes ein Berechnungsverfahren zugrunde, welches mit dem für die sonstigen Arbeitnehmer genutzten übereinstimmt, spräche dies für die Annahme eines außergesellschaftsrechtlichen Dienstverhältnisses.[172] Wird er hingegen wie ein geschäftsführender Gesellschafter behandelt, liegt die Vermutung einer auf dem Gesellschaftsvertrag beruhenden Tätigkeit nahe.

---

168 Beuthien, in Festschrift 25 Jahre BAG, S. 1, 5; Hermann, RdA 1989, 313, 320; G.Hueck, DB 1962, 1363, 1367; Priester, DB 1975, 1878f.

169 G.Hueck, DB 1962, 1363, 1367; Hermann, RdA 1989, 313. 320.

170 A.A. Herrmann, RdA 1989, 313, 320: bei Festgehalt ist Dienstverhältnis naheliegend.

171 G.Hueck, DB 1962, 1363, 1367.

172 Schlegelberger/Martens, HGB, § 164 Rdnr. 42.

2. Tätigkeitsvergütungen im Sinne des § 15 Abs. 1 S. 1 Nr. 2 EStG

a) Steuersystematische Einordnung und Besteuerungswirkungen

Die zentrale Vorschrift für die Besteuerung der Einkünfte eines Personengesellschafters (Mitunternehmers), die in einem Gewerbebetrieb (§ 15 Abs. 2 EStG) erzielt werden, ist die des § 15 Abs. 1 S. 1 Nr. 2 EStG. Die Vorschrift bestimmt zu Einkünften aus Gewerbebetrieb die Gewinnanteile der Gesellschafter einer Offenen Handelsgesellschaft, Kommanditgesellschaft und einer anderen Gesellschaft, bei der der Gesellschafter als Unternehmer (Mitunternehmer) anzusehen ist, und die Vergütungen, die der Gesellschafter von der Gesellschaft für seine Tätigkeit im Dienst der Gesellschaft oder für die Hingabe von Darlehen oder für die Überlassung von Wirtschaftsgütern bezogen hat. Zudem werden durch § 15 Abs. 1 S. 2 EStG Vergütungen zu gewerblichen Einkünften im Sinne des § 15 Abs. 1 S. 1 Nr. 2 EStG bestimmt, die als nachträgliche gewerbliche Einkünfte (§ 24 Nr. 2 EStG) bezogen werden. Des weiteren werden durch die Regelung des § 15 Abs. 1 S. 1 Nr. 2 S. 2 EStG Steuerpflichtige zu Mitunternehmern der gewerblich tätigen Gesellschaft fingiert, die an ihr nur mittelbar über eine andere mitunternehmerisch tätige Personengesellschaft beteiligt sind.

Im Hinblick auf die Besteuerungssituation der Kapitalgesellschaft und ihres Gesellschafter-Angestellten stellt sich die einkommen- und gewerbesteuerrechtliche Würdigung schuldrechtlicher Leistungsbeziehungen zwischen einer Personengesellschaft und ihrem Gesellschafter gänzlich anders dar.[173] Und dies, obwohl die zivilrechtliche Ausgangssituation für die Personenhandelsgesellschaft bezüglich ihrer Stellung im Rechtsverkehr mit Dritten derjenigen der Kapitalgesellschaft durchaus vergleichbar ist.[174] Denn die Personenhandelsgesellschaft ist wegen der gesamthänderischen Bindung ihres Vermögens (§ 719 BGB) und ihrer Fähigkeit, nach außen hin als Einheit aufzutreten (§§ 124, 161 Abs. 2 HGB), in ihrer rechtlichen Selbständigkeit gegenüber ihren Gesellschaftern den Kapitalgesellschaften weitgehend gleichgestellt. Die Vergütungen, die der Personengesellschafter von der Gesellschaft aus Leistungsbeziehungen im Sinne des § 15 Abs. 1 S. 1 Nr. 2 Hs. 2 EStG bezieht, werden zu dessen gewerblichen Einkünften bestimmt und seinem Gewinnanteil hinzugerechnet.

173 Vgl. hierzu oben Teil 1, A II.

174 A.Hueck, OHG, § 19 I; Kübler, Gesellschaftsrecht, § 7 I 2b.

Dabei ist die unterschiedliche steuersystematische Einordnung der Vergütungen, je nachdem, ob es sich bei dem Dienstverpflichteten um einen Gesellschafter-Angestellten einer Kapitalgesellschaft oder einer Personengesellschaft handelt, vor dem Hintergrund des Gewerbesteuerrechts zu sehen. Die Vorschrift des § 7 GewStG knüpft für die Bestimmung des gewerbesteuerpflichtigen Gewerbeertrages (§ 6 S. 1 GewStG) an den nach den einkommensteuerrechtlichen Gewinnermittlungsvorschriften zu ermittelnden Gewinn aus Gewerbebetrieb an. Nach herrschender Auffassung bezieht diese Anknüpfung die von § 15 Abs. 1 S. 1 Nr. 2 Hs. 2 EStG erfaßten Tätigkeitsvergütungen ein[175], so daß im Gegensatz zur Situation einer vergleichbaren Kapitalgesellschaft, der Gewerbeertrag der Personengesellschaft um die Vergütungen des Personengesellschafters erhöht ist. Die Sondervergütungen des Gesellschafters unterliegen infolgedessen steuersystematisch grundsätzlich zunächst der Gewerbesteuer.

b) Gewerbesteuerliche Ermäßigungsvorschrift des § 35 EStG

Um diesen im Rechtsformvergleich erheblichen Besteuerungsnachteil für Personengesellschaften zu entschärfen, war es das ursprüngliche Ziel der mit dem Gesetz zur Senkung der Steuersätze und zur Reform der Unternehmensbesteuerung (StSenkG)[176] angestrebten Unternehmenssteuerreform, diese rechtsformspezifischen Besteuerungsunterschiede zwischen Körperschaften und Personengesellschaften (Trennungsprinzip vs. Transparenzprinzip) mit der gravierenden Folge der deutlich unterschiedlichen steuerlichen Behandlung schuldrechtlicher Leistungsbeziehungen zwischen Gesellschaft und Gesellschafter vornehmlich durch ein sog. Optionsmodell[177] zu beseitigen. Tatsächlich gesetzlich umgesetzt worden ist lediglich das sog. Basismodell mit der gewerbesteuerlichen Ermäßigungsregelung des § 35 EStG n.F. Die Vorschrift ersetzt die bisherige tarifliche Begünstigungsnorm des § 32c EStG für gewerbliche Einkünfte.

Hiernach wird gewerblich tätigen Einzelunternehmern und Personengesellschaften unter Beibehalt der bisherigen rechtsformbedingten Besteuerungs-

175 BFH v. 14.12.1978 - IV R 98/74, BFHE 127, 45, 48 = BStBl. II 1979, 284; v. 6.11.1980 - IV R 182/77, BFHE 132, 93 = BStBl. II 1981, 220, 221; Lenski/Steinberg, GewStG, § 7 Rdnr. 125; Petzold, Günter, Gewerbesteuer, S. 132; Spangemacher/Spangemacher, Gewerbesteuer, S. 248; a.A. Knobbe-Keuk, StuW 1974, 1, 36ff.; Kruse, DStJG 2 (1979, S. 37, 51.

176 BGBl. I 2000, S. 1433ff.

177 Antragsgebundene Optionsmöglichkeit für Personengesellschafter (und Einzelunternehmer) zum einheitlichen und einstimmigen Übergang zur Besteuerung nach dem Körperschaftsteuergesetz (§ 4a KStG-E, BT-Drs. 14/2683 und 14/3074.

merkmale zum „Quasiausgleich" eine Ermäßigung der Einkommensteuer durch eine pauschalierte Anrechnung der Gewerbesteuer gewährt (vgl. § 35 EStG n.F.). Die Norm des § 35 EStG n.F. bewirkt im gesetzgeberischen Idealfall bei einem Gewerbesteuerhebesatz von 350, daß der gewerblich tätige Unternehmer - unter Beibehalt der Minderung der einkommensteuerlichen Bemessungsgrundlage um die Gewerbesteuer - durch eine Anrechnung pauschalierter Gewerbesteuer auf die Einkommensteuer im Ergebnis wirtschaftlich regelmäßig in vollem Umfang von der Gewerbesteuer entlastet wird.[178]

Zwar wird durch diese Regelung die Problematik der Leistungsbeziehungen zwischen Personengesellschaft und Gesellschafter in Bezug auf gewährte Sondervergütungen um deren Belastung mit Gewerbesteuer entschärft, für die an Personengesellschafter erteilten Pensionszusagen gilt dies allerdings nur eingeschränkt. Denn neben den diskriminierenden Effekten im Bereich der Gewerbesteuer gewinnt die Bedeutung der Pensionszusage aufgrund der für sie zu bildenden Pensionsrückstellung ihre Wirkung gerade und im wesentlich erst durch die zeitliche Versetzung von Erfolgswirksamkeit auf Gesellschafts- und Einnahmenwirksamkeit auf Gesellschafterebene.[179]

Darüber hinaus gilt es einschränkend zu berücksichtigen, daß die tatsächliche Ent- respektive die effektive Belastung der Personengesellschaften und Einzelunternehmer im wesentlichen von dem progressiven persönlichen Einkommensteuertarif in Verbindung mit der Höhe der gewerblichen und sonstigen Einkünfte sowie vom tatsächlich gegebenen Gewerbesteuerhebesatz abhängt. Dies kann dazu führen, daß die angestrebte Entlastung nicht in Gänze realisiert wird bzw. in Situationen, in denen die Ertragskraft der Unternehmen gering ist, sehr vermindert wird. Dabei wird dieser Effekt im Falle etwaiger tatsächlicher Gewerbesteuerhebesätze von über 350 zudem noch verstärkt.[180] Es kommt hinzu, dass eine Ermäßigung um die Gewerbesteuer nur dann eintritt, wenn der Steuerpflichtige auch tatsächlich mit Einkommensteuer belastet wird. Denn nach der Vorschrift des § 35 EStG ermäßigt sich die Einkommensteuer nur soweit sie anteilig auf im zu versteuernden Einkommen enthaltene gewerbliche Einkünfte entfällt. Im Ausnahmefall bleibt es deshalb bei der vollen Gewerbesteuerbelastung, wenn der Steuerpflichtige zwar positive gewerbliche und mit Gewerbesteuer belastete Einkünfte erzielt, diese jedoch durch negative Einkünfte aus

178 Vgl. hierzu die Gesetzesbegründung, BT-Drs. 14/2683, S. 143).

179 Siehe hierzu oben Teil 1, B I.

180 Siehe zur Belastungswirkung der Regelung des § 35 EStG und Kritik, Schiffers, GmbHR 2000, 253ff.; Herzig/Lochmann, DB 2000, 540ff.; Reiß, DStR 1999, 2011, 2018f.

anderen Einkunftsarten ausgeglichen werden, so daß per Saldo der steuerpflichtige Gewerbetreibende keine Einkommensteuer zu zahlen hat.

c) Anwendungsbereich des § 15 Abs. 1 S. 1 Nr. 1 EStG

Der sehr weitgefaßte Wortlaut der Vorschrift läßt es zu, jede Vergütung der Gesellschaft an den Gesellschafter unter den Anwendungsbereich der Vorschrift zu subsumieren.[181] Dies hat dazu geführt, daß grundsätzlich alle von der Gesellschaft gegenüber dem Gesellschafter geschuldeten Vergütungen für nahezu jedwede Tätigkeit des Gesellschafters im Dienste der Gesellschaft, unabhängig von dem im Einzelfall zugrundeliegenden Rechtsverhältnis, als Einkünfte aus Gewerbebetrieb im Sinne des § 15 Abs. 1 S. 1 Nr. 2 Hs. 2 EStG qualifiziert werden.[182] Unter den Tatbestand Tätigkeit im Dienst der Gesellschaft fallen sowohl die gesellschaftsrechtlich als Beitrag geschuldete Dienstleistung wie auch Leistungen des Gesellschafters aufgrund allgemein-schuldrechtlichen Arbeits- oder sonstigen Dienstvertrages, Werk- oder Geschäftsbesorgungsvertrages, wobei es ohne Bedeutung ist, ob die Bemessung der zu erfassenden Vergütung gewinnabhängig oder -unabhängig erfolgt.[183] Der zivilrechtlichen Qualifikation des Rechtsverhältnisses und der Art der vereinbarten Vergütung kommt für die steuerrechtliche Qualifikation der Vergütungen grundsätzlich keine Bedeutung zu. Insofern bedeutet die steuerrechtliche Hinzurechnung zu den gewerblichen Einkünften eine gravierende Abweichung von der handelsrechtlichen Vorgabe.[184] Die Vorschrift ordnet die Hinzurechnung der Vergütung ohne Rücksicht darauf an, welcher Einkunftsart die Vergütung im Einzelfall sonst zuzuordnen wäre. Insofern besitzt die Vorschrift im Rahmen ihres Regelungsbereiches Vorrang vor den anderen in § 2 Abs. 1 EStG bezeichneten Einkunftsarten und schließt eine Qualifikation der Vergütungen durch diese aus (vgl.

---

181 Crezelius, Steuerrecht II, § 6 II 2b; Knobbe-Keuk, Bilanzsteuerrecht, § 11 IV 1. Nicht unter die Regelungen des § 15 Abs. 1 S. 1 Nr. 2 Hs. 2 EStG fallen Vergütungen, die im umgekehrten Fall die Gesellschaft von dem Gesellschafter für eine von der Gesellschaft erbrachte Leistung erhält, vgl. Söffing, Besteuerung der Mitunternehmer, VII 1b.

182 Knobbe-Keuk, Bilanzsteuerrecht, § 11 IV 6 a. Der BFH rechnet zu den Tätigkeitsvergütungen gleichfalls auch die Arbeitgeberanteile zur Sozialversicherung, BFH v. 8.4.1992 - XI R 37/88, BStBl. II 1992, 812; kritisch hierzu Döllerer, DStZ 1992, 646, 650.

183 BFH v. 23.5.1979 - I R 163/77, BFHE 128, 213, 222ff. = BStBl. II 1979, 757, 761; v. 23.5.1979 - I R 56/77, BFHE 128, 505, 510 = BStBl. II 1979, 763, 767; v. 24.1.1980 - IV R 154-155/77, BStBl. II 1980, 269, 270; v. 24.1.1980 - 156-157/78, BStBl. II 1980, 271, 274f.; v. 27.5.1981 - I R 112/79, BStBl. II 1982, 192, 194; Döllerer, in Festschrift Flume, S. 43, 48f.; L.Schmidt, EStG, § 15 Rdnr. 560, 58ff.; Woerner, JbFASt 1977/78, S. 150, 158; ders., DStZ 1980, 203, 205f.; ders., StbKongrRep. 1982, 193, 200f.

184 Crezelius, Steuerrecht II, § 6 II 2 b; Döllerer, DStZ 1992, 646.

§§ 20 Abs. 3, 21 Abs. 3 EStG).[185] Außer der im folgenden noch gesondert zu erörternden Frage, ob hierzu bereits die Pensionsanwartschaft eines Personengesellschafters aus einer Pensionszusage auf Alters-, Invaliditäts- und/oder Hinterbliebenenversorgung zählt, ist es unstreitig, daß die nach Eintritt des Versorgungsfalles von der Gesellschaft zu zahlenden Pensionsleistungen als Einnahmen des Gesellschafters zu dessen Vergütungen im Sinne des § 15 Abs. 1 S. 1 Nr. 2 Hs. 2 EStG gehören.[186] Durch die Umqualifizierung und Einbeziehung der Sondervergütung in die Ermittlung der gewerblichen Einkünfte des Gesellschafters wird die Abzugsfähigkeit der Sondervergütung als Betriebsausgabe in der steuerlichen Gewinnermittlung der Personengesellschaft „ausgeglichen".[187] Hieraus folgert der BFH, daß es Sinn und Zweck der Vorschrift des § 15 Abs. 1 S. 1 Nr. 2 Hs. 2 EStG sei, den Gesellschafter im Ergebnis einkommensteuerrechtlich so zu stellen, als habe er seine Leistung nicht aufgrund allgemeinschuldrechtlicher Grundlage im Rahmen eines entgeltlichen Geschäftes, sondern als gesellschaftsrechtlichen Beitrag erbracht und anstelle der Sondervergütung einen entsprechend höheren Gewinnanteil erhalten.[188]

3. Teleologische Reduktion des Anwendungsbereiches der Vorschrift des § 15 Abs. 1 S. 1 Nr. 2 Hs. 2 EStG?

a) Literaturmeinungen

Im Hinblick auf ihre gewerbeertragsteuerlichen Funktion als quasi Hinzurechnungsvorschrift begünstigt die weite Fassung der Vorschrift des § 15 Abs. 1 S. 1 Nr. 2 Hs. 2 EStG die Besteuerung nach dem Gewerbeertrag.[189] Dieser gewerbesteuerliche Effekt wird in der Literatur für bestimmte Konstellationen als

185 BFH v. 23.5.1979 - I R 163/77, BFHE 128, 213, 218= BStBl. II 1979, 757.

186 BFH v. 25.1.1994 - VIII B 111/93, BFHE 173, 170 = BStBl II 1994, 455; v. 9.4.1997 - I R 124/95, BFHE 183, 119 = BStBl. II 1997, 799; Knobbe-Keuk, Bilanz- und Unternehmenssteuerrecht, § 11 IV 6a; L.Schmidt, EStG, § 15 Rdnr. 585; Tipke/Lang, Steuerrecht, § 9 Rdnr. 548.

187 BFH v. 25.2.1991 - GrS 7/89, BFHE 163, 1 = BStBl. II 1991, 691, 698; v. 11.12.1986 - IV R 222/84, BFHE 149, 149 = BStBl. II 1987, 553, 556f.; BFH v. 11.3.1992 - XI 57/89, BFHE 168, 74 = BStBl. II 1992, 798f.; Döllerer, JbFAStR 1978/79, S. 322, 324; ders., in Festschrift Flume, S. 43, 49, ders., DStZ 1980, 259, 261; L.Schmidt, EStG, § 15 Rdnr. 440; Woerner, BB 1974, 592, 596.

188 BFH v. 11.12.1986 - IV R 222/84, BFHE 149, 149, 155 = BStBl. II 1987, 553.

189 Crezelius, Steuerrecht II, § 6 II 2b; Knobbe-Keuk, Bilanz- und Unternehmenssteuerrecht, § 9 I 2b; Kruse, DStJG 2 (1979), S. 37, 58; Tiedtke, Einkommensteuerrecht, § 5 II 3a (4).

nicht gerechtfertigt empfunden.[190] Im Augenmerk stehen zum einen der ansonsten freiberuflich tätige Gesellschafter, der im Rahmen seiner freiberuflichen Tätigkeit gelegentlich für die Gesellschaft tätig wird. Dies betrifft beispielsweise den Rechtsanwalt, der für seine Personengesellschaft in Prozessen gegen ein entsprechendes Honorar tätig wird[191], und des weiteren den sog. Arbeitnehmer-Kommanditisten, der als einfacher Arbeiter, Sekretärin etc. für die Gesellschaft tätig und nur mit einem geringen Anteil an der Gesellschaft beteiligt ist.

Für den freiberuflich tätigen Gesellschafter wird von Knobbe-Keuk und Woerner die Nichtanwendung der Vorschrift mit der Begründung zu rechtfertigen gesucht, die Qualifikation der an den Freiberufler gezahlten Honorare als Sondervergütungen im Sinne des § 15 Abs. 1 S. 1 Nr. 2 Hs. 2 EStG und deren Hinzurechnung zum Gewerbeertrag der Gesellschaft ließe sich mit dem Objektsteuercharakter der Gewerbesteuer nicht vereinbaren.[192] Denn für die zu erfassende Ertragskraft des Unternehmens könne es nicht darauf ankommen, ob die anfallenden Honorare an einen außerhalb der Gesellschaft stehenden Freiberufler oder aber an einen freiberuflich für die Gesellschaft tätigen Gesellschafter gezahlt werden. Die Ertragskraft werde durch die Tätigkeit des Gesellschafters nicht größer.[193] Zudem werde der Gesellschafter im Rahmen seines freien Berufs für die Gesellschaft tätig, den er außerhalb der Gesellschaft ausübe. Insofern werden die Entgelte nicht nur einer grundsätzlich freiberuflichen Tätigkeit der Gewerbesteuer unterworfen, sondern auch einem Gewerbebetrieb zugerechnet, in dem sie tatsächlich nicht erwirtschaftet wurden.[194] Daraus ergebe sich für die Praxis zudem die Schwierigkeit, daß die auf diese Leistungen entfallenden Betriebsausgaben des Gesellschafters zu schätzen sind, um sie im Rahmen der Ermittlung der gewerblichen Einkünfte im Sinne des § 15 Abs. 1 S. 1 Nr. 2 Hs. 2 EStG berücksichtigen zu können[195].

---

190 Ganssmüller, FR 1961, 128, 130; Knobbe-Keuk, DB 1971, 790, 792; dies., StuW 1974, 1, 26ff.; dies., DStR 1979, 183, 190; dies., Bilanzsteuerrecht, § 11 IV 6b; Loritz, Die Mitarbeit Unternehmensbeteiligter, § 24 A II.; Tiedtke, Einkommensteuerrecht, § 5 II 3 a bb (4); Tipke, StuW 1978, 193, 196ff.; Woerner, BB 1974, 592, 597f.

191 Vgl. hierzu FG Kassel v. 24.2.1959 - I 61-65/57, EFG 1959, 199 und die Entscheidungskritik von Ganssmüller, FR 1961, 128, 130; BFH v. 18.9.1969 - IV 338/64, BStBl. II 1970, 43.

192 Knobbe-Keuk, StuW 1974, 1, 29; dies., DStR 1979, 183, 190; Woerner, BB 1974, 592, 598.

193 Knobbe-Keuk, JbFAStR 1975/76, S. 175, 187.

194 Knobbe-Keuk, JbFAStR 1975/76, S. 175, 187.

195 Knobbe-Keuk, DB 1971, 790, 792; dies., Bilanzsteuerrecht, § 11 IV 6b; Woerner, BB 1974, 592, 597; zustimmend Schulze zur Wiesche, DB 1971, 2180.

Im Ergebnis gleiches wird für den Arbeitnehmer-Kommanditisten gefordert, der wie ein „normaler", nicht beteiligter Arbeitnehmer für die Gesellschaft aufgrund eines Arbeitsvertrages tätig wird.[196] Dies betrifft insbesondere den Arbeitnehmer, der im Rahmen von Maßnahmen zur privaten Vermögensbildung schenkweise oder durch vergünstigte Übertragung geringfügige Beteiligungen an einer gewerblich tätigen Kommanditgesellschaft erwirbt. Er ist fortan Mitunternehmer der Gesellschaft im Sinne des § 15 Abs. 1 S. 1 Nr. 2 Hs. 1 EStG mit der Folge, daß seine Tätigkeitsvergütungen zu gewerblichen Einkünften umqualifiziert werden. Die Konsequenzen dessen sind unter anderen, daß die Arbeitgeberanteile zur Sozialversicherung den Tätigkeitsvergütungen zugerechnet werden,[197] eine Pensionsrückstellung für die Pensionsverpflichtung gegenüber dem Arbeitnehmer mit steuerlicher Wirkung nicht gebildet werden kann, die Umqualifizierung der Tätigkeitsvergütungen zu gewerblichen Einkünften zugleich den Wegfall der an die bisherige Einkunftsart gebundenen steuerlichen Vergünstigungen bedeutet[198] und die gesamten Tätigkeitsvergütungen der Gewerbesteuer unterliegen.[199] Diese Folgen treten ein, obwohl weder an dem der Tätigkeit des Arbeitnehmers zugrundeliegenden Rechtsverhältnis noch an der Tätigkeit des Arbeitnehmers als solcher eine Veränderung eingetreten ist und dadurch unter Umständen die arbeits- und sozialpolitisch erwünschte Unternehmensbeteiligung des Arbeitnehmers verhindert wird.[200] Aufgrund dieser steuerlichen Wirkungen ist die uneingeschränkte Anwendung der Vorschrift nicht nur im Hinblick auf den Objektsteuercharakter der Gewerbesteuer[201], sondern auch vor dem Hintergrund des Grundsatzes der Besteuerung nach der Leistungsfähigkeit nicht einsichtig. Denn es ist weder verständlich, warum ein Arbeitnehmer, der an einer Personengesellschaft beteiligt ist, leistungsfähiger sein soll als ein entsprechender Arbeitnehmer, der an einer Kapitalgesellschaft beteiligt ist, noch, weshalb dieselbe Tätigkeitsvergütung, die der Arbeitnehmer vor Aufnahme in die Personengesellschaft bezogen hat, nunmehr Ausdruck einer gestiegenen Leistungsfähigkeit sein soll. Vor dem Hintergrund des Sinnes und Zweckes des

---

196 Tipke, StuW 1978, 193, 196ff.; Woerner, BB 1974, 592, 597f.; zustimmend Tiedtke, Einkommensteuerrecht, § 5 II 3 a bb (4).

197 BFH v. 19.10.1979 - GrS 1/70, BStBl. II 1971, 177.

198 Knobbe-Keuk DStR 1979, 183, 190; Loritz, Die Mitarbeit Unternehmensbeteiligter, § 24 A II.;

199 Zur zunehmenden Schedulenartigkeit des einkommensteuerrechtlichen Einkunftsartensystems Crezelius, Steuerrecht II, § 4 IV 1.

200 Tillmann, DB 1970, 2157, 2159; Knobbe-Keuk, StuW 1974, 1, 28; dies., DStR 1979, 183, 190.

201 Knobbe-Keuk, DB 1971, 790, 792; dies., StuW 1974, 1, 26ff.; dies., DStR 1979, 183, 190; dies., Bilanzsteuerrecht, § 11 IV 6b.

§ 15 Abs. 1 S. 1 Nr. 2 Hs. 2 EStG als Manipulationsbekämpfungsvorschrift sehen Tipke und Kruse deshalb die Verfassungskonformität der Regelung § 15 Abs. 1 S. 1 Nr. 2 Hs. 2 EStG wegen ihres Übermaßes als bedenklich an.[202]

Die Finanzverwaltung lehnt eine einschränkende Auslegung des § 15 Abs. 1 S. 1 Nr. 2 Hs. 2 EStG zwar nicht ausdrücklich ab, den Ausführungen im Mitunternehmererlaß vom 20.12.1977 kann allerdings entnommen werden, daß sie einer Reduktion des Anwendungsbereiches der Vorschrift ablehnend gegenübersteht[203]: Die Vorschrift sei auch dann anzuwenden, wenn der Gesellschafter für die Gesellschaft im Rahmen seines freien Berufs von Fall zu Fall gegen das übliche Honorar tätig wird und seine Tätigkeit nicht auf gesellschaftsrechtlichen Vereinbarungen beruht. Auf Vergütungen für Arbeitsleistungen sei die Vorschrift auch dann anzuwenden, wenn der Dienstleistende an der Gesellschaft nur geringfügig beteiligt ist, die Tätigkeitsvergütung den Tariflohn eines vergleichbaren Arbeitnehmers nicht übersteigt und die geleisteten Dienste von untergeordneter Bedeutung sind.

Esser schlägt zur Lösung der Problematik vor, im Rahmen der Vorschrift des § 15 Abs. 1 S. 1 Nr. 2 Hs. 2 EStG die Merkmale der arbeitsrechtlichen Abgrenzung zwischen Arbeitnehmern und Personengesellschaftern ins Steuerrecht zu übernehmen und die Einkünfte der Arbeitnehmer nicht dem Sondervergütungstatbestand zu unterwerfen. Allerdings ist hierzu anzumerken, daß es gerade die mit dieser Abgrenzung verbundenen Schwierigkeiten waren, die zu der Regelung des Vorläufers des heutigen § 15 Abs. 1 S. 1 Nr. 2 Hs. 2 EStG geführt haben. Denn es gibt in der Praxis aufgrund der Gestaltungsfreiheit kein Einheitsbild der jeweiligen Rechtsposition, weder des Arbeitnehmers noch des Gesellschafters, weshalb die Rechtspositionen nicht streng voneinander getrennt werden können.[204] Dagegen ist die Abgrenzungsproblematik bei einem ansonsten freiberuflich tätigen Gesellschafter nicht gegeben, sofern sich die Betätigung der Gesellschaft nicht mit der des Freiberuflers deckt.[205] Noch weitergehend ist der Vorschlag Tillmanns, der darauf abstellen will, ob die Gesellschafterlei-

---

202 Tipke, StuW 1978, 193, 197; Kruse, DStJG 2 (1979), S. 37, 62f.; ebenso Knobbe-Keuk, DStR 1979, 183, 189: Die Vorschrift führt zu Ergebnissen, „die sachwidrig und verfassungsrechtlich sehr zweifelhaft sind“; Kruse, DStJG 2 (1979), S. 37, 62f.

203 BMF-Schreiben v. 20.12.1977, BStBl. I 1978, 8, Tz. 81.

204 Söffing, StbJb 1976/77, S. 241, 281, der zur Lösung der Problematik eine Gesetzesänderung anregt.

205 Knobbe-Keuk, DStR 1979, 183, 190.

stung durch fremde Dritte substituierbar ist.[206] Dagegen spricht, daß theoretisch letztlich keine Leistung vorstellbar ist, die ausschließlich als gesellschaftsrechtlicher Beitrag vereinbart werden könnte. Insofern ist jede Gesellschafterleistung ebenso substituierbar, wie umgekehrt jede Leistung als Beitrag vereinbart werden könnte.[207] Gerade daraus ergibt sich die Manipulationsmöglichkeit die durch die Vorschrift des § 15 Abs. 1 S. 1 Nr. 2 Hs. 2 EStG verhindert werden soll.[208] Lange und Knobbe-Keuk wollen dagegen auf die Bedeutung der Tätigkeit für die Gesellschaft abstellen. Nach Lange[209] soll die Leistung eines Freiberuflers nur dann als Tätigkeit im Sinne des § 15 Abs. 1 S. 1 Nr. 2 Hs. 2 EStG anzusehen sein, wenn diese das „Gewicht" eines gesellschaftsrechtlichen Beitrages hat.[210] Dies soll negativ formuliert dann nicht der Fall sein, wenn die Tätigkeit „nur vorübergehend oder einmalig" ist.[211] Knobbe-Keuk tritt dafür ein, nur solche Tätigkeitsvergütungen als gewerbliche Einkünfte zu qualifizieren, die in einem mit dem Betrieb der Gesellschaft vergleichbaren Einzelunternehmen dem Unternehmerlohn des Einzelunternehmers entsprechen.[212] Diese Lösung zeichnet sich zweifellos durch den Vorteil aus, relativ einfach und klar handhabbar zu sein.

b) Rechtsprechung des Bundesfinanzhofs

Dem Grunde nach wird die Forderung nach einer Einschränkung des Anwendungsbereiches der Vorschrift des § 15 Abs. 1 S. 1 Nr. 2 Hs. 2 EStG vom BFH geteilt, „weil die Verknüpfung der Zuordnung der Vergütungen nur mit der bloßen Eigenschaft als Gesellschafter nicht dem gesetzlichen System der Einkunftsarten entspräche".[213] Den Ausgangspunkt der Rechtsprechung bildet die Überlegung, daß für die Qualifikation der Tätigkeitsvergütungen als Son-

---

206 Tillmann, DB 1970, 2157, 2159.

207 Tipke, StuW 1978, 193, 197.

208 Vgl. dazu Strutz, Handausgabe des Einkommensteuergesetzes vom 19.März 1920, § 7 Anm. 25; ders., Kommentar zum Einkommensteuergesetz vom 10. August 1925, Bd. 2, § 29 Anm. 29 a.; vgl. auch das BMF-Schreiben v. 20.12.1977, BStBl. I 1978, 8, Tz. 83.

209 Lange/Grützner/Kussmann/Moench/Reiß, Personengesellschaften im Steuerrecht, Rdnr. 553.

210 Vgl. hierzu Woerner, BB 1974, 592ff.; ders. JbFASt 1977/78, S. 150ff.

211 Lange/Grützner/Kussmann/Moench/Reiß, Personengesellschaften im Steuerrecht, Rdnr. 553.

212 Knobbe-Keuk, StuW 1974, 1, 28ff.; DStR 1979, 183, 190; zustimmend Tiedtke, Einkommensteuerrecht, § 5 II 3 a bb (4).

213 BFH v. 23.5.1979 - I R 163/77, BFHE 128, 213, 222 = BStBl. II 1979, 757; v. 27.5.1981 - I R 111/ 79, BFHE 133, 526 = BStBl. II 1982, 192, 195.

dervergütungen im Sinne des § 15 Abs. 1 S. 1 Nr. 2 Hs. 2 EStG der Rechtsgrund der Leistung steuerrechtlich irrelevant ist.[214] Ausreichend für die Subsumtion der Vergütung unter die Vorschrift des § 15 Abs. 1 S. 1 Nr. 2 Hs. 2 EStG sei ein gewisser „Zusammenhang zwischen der Tätigkeit des Gesellschafters und der Betätigung der Gesellschaft“,[215] womit sich die für den Einzelfall entscheidende Frage stellt, welche Kriterien an die Erfüllung dieses Kausalitätserfordernisses anzulegen sind. Nach der positiven Formulierung des I. Senats des BFH ist der Tatbestand des § 15 Abs. 1 S. 1 Nr. 2 Hs. 2 EStG erfüllt, wenn die Leistungsbeziehung, aufgrund derer die Vergütung an den Gesellschafter gezahlt wird, durch das Gesellschaftsverhältnis veranlaßt ist, mit ihr „verknüpft“ ist.[216] Dies sei der Fall, wenn die Vergütung Entgelt für Leistungen des Gesellschafters ist, die bei wirtschaftlicher Betrachtung „als Beitrag zur Erreichung oder Verwirklichung des Gesellschaftszwecks anzusehen“ ist.[217] Der BFH folgt damit dem Beitragsgedanken Woerners.[218] Zur Begründung dessen verwies Woerner auf den Zusammenhang zwischen der Qualifizierung der Sondervergütungen als gewerbliche Einkünfte und deren Zuordnung zum Gewerbeertrag der Gesellschaft (§ 7 GewStG). Hieraus ergebe sich, daß die Sondervergütungen letztlich im Gewerbebetrieb der Gesellschaft erwirtschaftet werden, weil die Leistungen des Gesellschafters dem Gewerbebetrieb der Gesellschaft wirtschaftlich dienstbar gemacht werden und deshalb bei wirtschaftlicher Betrachtung Beiträge seien, die der Gesellschafter zur Förderung des Gesellschaftszweckes erbracht habe.[219] Die hierin liegende Einschränkung des Anwendungsbereiches der Vorschrift wird vom BFH allerdings sehr eng gezogen,

---

214 BFH v. 23.5.1979 - I R 163/77, BFHE 128, 213, 223 = BStBl. II 1979, 757; v. 23.5.1979 - I R 56/77, BFHE 128, 505, 510f. = BStBl. II 1979, 763; v. 24.1.1980 - IV R 156-157/78, BFHE 129, 490 = BStBl. II 1980, 271, 274; v. 24.1.1980 - IV R 154-155/77, BFHE 129, 497 = BStBl. II 1980, 269, 270; v. 25.1.1980 - IV R 159/78, BFHE 129, 502 = BStBl. II 1980, 275, 276; v. 27.5.1981 - I R 112/79, BFHE 133, 526 = BStBl. II 1982, 192; v. 25.2.1991 - GrS 7/89, BFHE 163, 1, 14 = BStBl. II 1991, 691, 698; ebenso BMF-Schreiben v. 20.12.1977, BStBl. I 1978, 8 Tz. 81.

215 BFH v. 11.12.1986 - IV R 222/84, BFHE 149, 149, 155 = BStBl. II 1987, 553, 555f.

216 BFH v. 23.5.1979 - I R 163/77, BFHE 128, 213, 221 = BStBl. II 1979, 757; v. 23.5.1979 - I R 56/77, BFHE 128, 505, 510 = BStBl. II 1979, 763; v. 23.5.1979 - I R 85/77, BFHE 128, 514, 515 = BStBl. II 1979, 767; v. 27.5.1981 - I R 112/79, BFHE 133, 526, 533 = BStBl. II 1982, 192, 196.

217 BFH v. 23.5.1979 - I R 163/77, BFHE 128, 213, 223 = BStBl. II 1979, 757; v. 27.5.1981 - I R 112/79, BFHE 133, 526 = BStBl. II 1982, 192, 196; v. 8.12.1982 - I R 9/79, BFHE 138, 184, 186 = BStBl. II 1983, 570.

218 Vgl. dazu Woerner, BB 1974, 592ff.; ders. JbFASt 1977/78, S. 150ff.

219 Woerner, BB 1974, 592ff.; ders. JbFASt 1977/78, S. 150ff.

weil für das Merkmal „gesellschaftliche Veranlassung“ von einem „weiten Verständnis“ auszugehen sei.[220]

Auf dieser Grundlage hat der BFH mehrfach entschieden, daß Vergütungen für eine Tätigkeit des Gesellschafters im Dienste der Gesellschaft im Sinne des § 15 Abs. 1 S. 1 Nr. 2 Hs. 2 EStG auch dann anzunehmen sind, wenn der Gesellschafter aufgrund eines neben dem Gesellschaftsverhältnisses bestehenden Arbeitsverhältnisses[221] oder im Rahmen seines freien Berufs von Fall zu Fall gegen das übliche Honorar für die Gesellschaft tätig ist und dies auch dann, wenn seine Tätigkeit nicht auf gesellschaftsrechtlicher Vereinbarungen beruht.[222] Unbeachtlich sei die Beteiligungshöhe des Gesellschafters. Die Vorschrift komme auch dann zur Anwendung, wenn der Arbeitnehmer nur geringfügig an der Gesellschaft beteiligt ist.[223] Keine Vergütung im Sinne des § 15 Abs. 1 S. 1 Nr. 2 Hs. 2 EStG liegt nach der negativen Formulierung des IV. Senats des BFH nur dann vor, wenn das Zusammentreffen von Mitunternehmerschaft und Arbeitsverhältnis „zufällig“ und „vorübergehend“/„kurzfristig“ ist, so daß jeglicher wirtschaftliche Zusammenhang zwischen der Leistung des Gesellschafters und dessen Mitunternehmerstellung ausgeschlossen erscheint (beispielsweise wenn ein Arbeitnehmer durch Erbfall Gesellschafter wird und das Arbeitsverhältnis alsbald danach beendet wird).[224] Gegen eine weiterreichende teleologische Reduktion der Vorschrift spricht nach Ansicht des BFH deren Zweck, da es dem Gesetz darauf ankomme, die einkommensteuerrechtliche Qualifikation von Vergütungen für Tätigkeiten im Dienste der Gesellschaft von dem mehr oder

220 BFH v. 23.5.1979 - I R 56/77, BFHE 128, 505, 509 = BStBl. II 1979, 763; v. 27.5.1981 - I R 112/79, BFHE 133, 526, 533 = BStBl. II 1982, 192, 194.

221 BFH v. 24.1.1980 - IV R 156-157/78, BStBl. II 1980, 271; v. 27.5.1981 - I R 112/79, BFHE 133, 526, 533 = BStBl. II 1982, 192.

222 BFH v. 18.9.1969 - IV 338/64, BStBl. II 1970, 43.

223 So hat der BFH bereits für den im Urteil vom 29.9.1959 - I 84/59, DB 1959, 1422 zugrundeliegenden Fall entschieden, daß die verkehrsüblichen Gehälter mehrerer Arbeitnehmer-Kommanditisten mit Zwergbeteiligungen von unter 5% gleichfalls als Sondervergütungen im Sinne des § 15 Abs. 1 S. 1 Nr. 2 Hs. 2 EStG zu betrachten seien. Aus der neueren Rechtsprechung des BFH siehe die Urteile v. 27.5.1981 - I R 112/79, BFHE 133, 526, 533 = BStBl. II 1982, 192; v. 24.1.1980 - IV R 154-155/77, BStBl. II 1980, 269, 270.

224 BFH v. 24.1.1980 - IV R 156-157/78, BFHE 129, 490 = BStBl. II 1980, 271, 274; v. 24.1.1980 - IV R 154-155/77, BFHE 129, 497 = BStBl. II 1980, 269, 270; v. 25.1.1980 - IV R 159/78, BFHE 129, 502 = BStBl. II 1980, 275, 276.

weniger willkürlich wählbaren Schuldgrund unabhängig zu machen.[225] Insofern steht der einschränkenden Auslegung des Begriffes der Tätigkeitsvergütungen das zugegebenermaßen berechtigte Mißtrauen der Rechtsprechung entgegen, die Personengesellschafter könnten geneigt sein, die sich ihnen aus ihrer Doppelstellung bietenden Manipulationsmöglichkeiten zulasten des steuerpflichtigen Gewinnes zu nutzen.[226]

Konkrete Abgrenzungsmerkmale, anhand derer entschieden werden könnte, ob das Kausalitätserfordernis erfüllt ist, sind durch den BFH bislang nicht entwickelt worden. Im Einzelfall komme es auf die Würdigung der rechtlichen und tatsächlichen Verhältnisse an.[227] Kein Zweifel an der gesellschaftsrechtlichen Veranlassung bestehe jedenfalls dann, wenn sich die Leistungsverpflichtung des Gesellschafters bereits aus dem Gesellschaftsvertrag ergebe.[228] Des weiteren sei die Tätigkeit gegen gesonderte Vergütung durch das Gesellschaftsverhältnis veranlaßt, wenn der Gesellschafter auf Grund schuldrechtlichen Vertrages seine Arbeitskraft ausschließlich für die Gesellschaft und für solche Tätigkeiten einsetze, die auf die Verwirklichung des Gesellschaftszweckes gerichtet seien.[229] Schließlich soll die Tätigkeit durch das Gesellschaftsverhältnis veranlaßt sein, wenn der Gesellschafter in Aufgabenbereichen der Gesellschaft tätig ist, die für die Erfüllung des Gesellschaftszweckes wesentlich sind. In Fällen dieser Art gebe die Gesellschaftereigenschaft den Anlaß für die Tätigkeit, wobei es unerheblich sei, ob auch Nichtgesellschafter als Arbeitnehmer oder Auftragnehmer im gleichen Aufgabenkreis für die Gesellschaft tätig seien.[230]

225 BFH v. 24.1.1980 - IV R 156-157/78, BFHE 129, 490 = BStBl. II 1980, 271, 274; v. 24.1.1980 - IV R 154-155/77, BFHE 129, 497 = BStBl. II 1980, 269, 270; v. 25.1.1980 - IV R 159/78, BFHE 129, 502 = BStBl. II 1980, 275, 276.

226 Crezelius, Steuerrecht II, § 6 II 2 b.

227 BFH v. 23.5.1979 - I R 163/77, BFHE 128, 213, 225 = BStBl. II 1979, 757.

228 BFH v. 23.5.1979 - I R 163/77, BFHE 128, 213, 225 = BStBl. II 1979, 757; v. 23.5.1979 - I R 56/77, BFHE 128, 505, 510 = BStBl. II 1979, 763.

229 BFH v. 23.5.1979 - I R 163/77, BFHE 128, 213, 225 = BStBl. II 1979, 757; v. 23.5.1979 - I R 56/77, BFHE 128, 505, 511 = BStBl. II 1979, 763.

230 BFH v. 23.5.1979 - I R 163/77, BFHE 128, 213, 225 = BStBl. II 1979, 757; v. 23.5.1979 - I R 56/77, BFHE 128, 505, 511 = BStBl. II 1979, 763; v. 23.5.1979 - I R 85/77, BFHE 128, 514, 516 = BStBl. II 1979, 767.

c) Tätigkeitsvergütungen vor dem Hintergrund der Entstehungsgeschichte des § 15 Abs. 1 S. 1 Nr. 2 Hs. 2 EStG

Nach dem Preußischen EStG vom 24.6.1891[231] wurde dem Gesellschafter einer Personengesellschaft als Einkünfte aus Handel und Gewerbe (§ 6 Nr. 3 prEStG) lediglich der von der Gesellschaft erzielte Geschäftsgewinn nach Maßgabe seines Anteiles zugerechnet (§ 14 Abs. 2 Nr. 2 prEStG 1891, § 13 Abs. 2 Nr. 2 prEStG 1906). Für die Besteuerung der Vergütungen war hinsichtlich deren zivilrechtlichen Rechtsgrundes zu unterscheiden. Gesellschaftsrechtlich vereinbarte und vom Gewinn der Gesellschaft abhängige Vergütungen wurden entsprechend der handelsrechtlichen Vorgabe nicht als vom Gewinn abzugsfähige „Betriebskosten", sondern als Gewinnvoraus verstanden, weil die Leistungen „des Gesellschafters lediglich mit einen Maßstab für die Verteilung des Reingewinnes" der Gesellschaft bildeten.[232] Hingegen zählten die vom Gewinn unabhängig bemessenen festen Vergütungen des Gesellschafters für seine Dienste im Interesse der Gesellschaft zu den Einkünften aus „gewinnbringender Beschäftigung" (vgl. § 14 prEStG 1909).[233] Für den speziellen Fall der Geschäftsführervergütungen ging das PrOVG[234] dabei anfänglich davon aus, daß für die als Beitrag geschuldete Leistung eine vom Gesellschaftsgewinn unabhängige Vergütung vereinbart werden könne, die bei der Gesellschaft als Betriebsausgabe anzuerkennen sei, weil zwischen den „zur gesamten Hand verbundenen Gesellschaftern einerseits und einem Gesellschafter andererseits voll wirksame persönliche wie dingliche Rechtsverhältnisse bestehen" können, die auch bei Beitragsleistungen zu beurteilen seien wie Verhältnisse zwischen der Gesellschaft und Dritten. Weil das PrOVG die rechtliche Selbständigkeit der Personenhandelsgesellschaften gegenüber deren Gesellschaftern anerkannte, wurden außergesellschaftsrechtlich vereinbarte, feste Vergütungen steuerrechtlich behandelt wie entsprechende Beziehungen mit fremden Dritten.[235] Hingegen wurde das zugrundeliegende Rechtsverhältnis bei gewinnabhängiger Vergütung zunächst grundsätzlich in ein gesellschaftsrechtliches umgedeutet und das Ent-

231 GS 1891, 175, ebenso in der Bekanntmachung vom 19.6.1906, GS 1906, 259.

232 Mrozek, Handkommentar zum Preußischen Einkommensteuergesetz, S. 297.

233 Vgl. dazu Kurth, StuW 1978, 1, 2ff. und die dort angegebene Literatur.

234 PrOVGSt 16, 430; vgl. auch Fuisting/Strutz, Einkommensteuergesetz, S. 232.

235 PrOVGSt 7, 435; PrOVGSt 8, 407; PrOVGSt 12, 366; vgl. Mrozek, Handkommentar zum Preußischen Einkommensteuergesetz, S. 293; Erler/Koppe, Reichseinkommensteuergesetz, S. 81.

gelt als Teil des Gewinnes der Gesellschaft angesehen.[236] In einem späteren Urteil vertrat das PrOVG[237] gar den Standpunkt: Es komme darauf an, „ob den Gesellschaftern der offenen Handelsgesellschaft von dieser als Entgelt für ihre Leistungen ein beiderseitig ernstlich gemeinter, besonders einklagbarer, von den sonstigen Gesellschaftsrechten unabhängiger Anspruch auf Zahlung einer Vergütung eingeräumt worden war, gleichgültig, ob dies im Gesellschaftsvertrag oder in einem besonderen Dienstvertrag geschehen ist, und ohne Rücksicht darauf, ob die Vergütung in einem festgestellten Geldbetrag oder in einem Teile des Geschäftsgewinnes bestehen soll".

Aus dieser, auf der zivilrechtlichen Selbständigkeit der Personengesellschaft beruhenden Beurteilung ergab sich sowohl die Problematik der einkommensteuerrechtlich unterschiedlichen Behandlung des Gesellschafters einer Personengesellschaft zum Einzelunternehmer sowie die der gewerbeertragsteuerlichen Benachteiligung des letzteren, weil „ihm durch seine Tätigkeit im Geschäft Aufwendungen aus seinem Geschäftsvermögen wie überhaupt aus seinem Vermögen nicht erwachsen, als Betriebskosten nicht entstehen" können.[238] Denn anders als bei den Personengesellschaften und ebenso den Kapitalgesellschaften, deren Gewinn durch die für die Dienste des Gesellschafters gewährten Vergütungen gemindert wird, ist es dem Einzelunternehmer bereits zivilrechtlich verwehrt, mit sich selbst in Rechtsbeziehungen zu treten. Um diese steuerlich als wohl unhaltbar erachtete Situation zu beheben, bestimmte der Gesetzgeber für gewerbesteuerrechtliche Zwecke mit der Vorschrift des § 5 Abs. 2 S. 2 der Preußischen Verordnung zur vorläufigen Neuregelung der Gewerbesteuer vom 23.11.1923[239] die Nichtabzugsfähigkeit der „Bezüge der Gesellschafter der offenen Handelsgesellschaft, der Kommanditgesellschaft, der GmbH und der persönlich haftenden Gesellschafter der Kommanditgesellschaft auf Aktien für die ihrer Gesellschaft geleisteten Arbeiten und Dienste".[240] Denn weil der zu besteuernde Gewerbeertrag der Gesellschaft gemäß § 5 Abs. 1 der PrVO nach den Bestimmungen des Reichseinkommensteuergesetzes über das steuerbare Einkommen aus Gewerbebetrieb zu ermitteln war, minderten die Vergütungen für Mühewaltungen den Gesellschaftsgewinn ebenfalls mit ge-

236 Hiervon wurde nur in den Fällen abgewichen, in denen aus einem wirtschaftlichen Bedürfnis „gewichtige Gründe" für eine derartige Gestaltung sprachen, vgl. PrOVGSt 7, 435.

237 PrOVGSt 16, 430, 433; Fuisting/Strutz, Einkommensteuergesetz, S. 232f.

238 PrOVGSt 16, 430, 434.

239 GS 1923, 519.

240 Eingehend Knobbe-Keuk, StuW 1974, 1, 30.

werbeertragsteuerlicher Wirkung. Einkommensteuerrechtlich war die Problematik bereits durch das Reichseinkommensteuergesetz vom 29.3.1920[241] technisch umgekehrt mittels der durch die Regelung des § 7 Nr. 3 EStG angeordnete Hinzurechnung aufgehoben worden, die nachfolgend in § 29 Nr. 3 EStG 1925 übernommen wurde. Die Vorschrift bestimmte zum Einkommen aus Gewerbebetrieb „bei Gesellschaftern (Mitunternehmern) ... ihr Anteil am Reingewinn zuzüglich etwaiger besonderer Vergütungen, die der Gesellschafter für Mühewaltung im Interesse der Gesellschaft für deren Rechnung bezogen hat". Unter den „Mühewaltungen im Interesse der Gesellschaft" konnte allein die Tätigkeit des Gesellschafters als Geschäftsführer zu verstehen sein.[242] Dies zeigt einkommensteuerrechtlich die diesbezüglich korrespondierende Vorschrift des § 9 Nr. 4 EStG 1920. Nach dieser gehörten nicht zu dem Einkommen aus Arbeit die „Tantiemen und andere Vergütungen, welche den Mitgliedern der Verwaltung von sonstigen Personenvereinigungen gewährt werden, bei denen der Steuerpflichtige als Unternehmer (Mitunternehmer) anzusehen ist". Aufgrund dessen konnten zu den „Mitgliedern der Verwaltung" nur solche Gesellschafter zu zählen sein, die mit der Geschäftsführung der Gesellschaft beauftragt waren. Zudem läßt sich aus dem Wortlaut des § 7 Nr. 3 EStG 1920 schließen, daß der Gesetzgeber nicht jedwede Gesellschaftervergütung erfassen wollte, denn mit den „besonderen Vergütungen" konnte unmöglich jegliche Vergütung angesprochen sein. Schließlich ergibt sich dies aus dem mutmaßlich mit der Neuregelung verfolgten gesetzgeberischen Ziel. Bezweckt wurde, die gewerbeertragsteuerliche Benachteiligung des Einzelunternehmers auszugleichen. Diese resultierte aber nicht aus den Vergütungen jedweder Tätigkeit des Gesellschafters für die Gesellschaft, sondern nur aus solchen Tätigkeiten, die derjenigen eines Einzelunternehmers entspricht und dies ist die das Unternehmen Leitende, eben die Geschäftsführende. Hiernach wäre es deshalb verfehlt, aus der Angleichung der steuerlichen Situation auf eine generelle beabsichtigte Gleichstellung von Mitunternehmer und Einzelunternehmer im Bereich etwaiger Dienstverhältnisse zu schließen.

Ein Hinweis auf das gesetzgeberische Motiv für die Erweiterung der Vorschrift läßt sich den Kommentierungen von Strutz[243] entnehmen: „... um Schiebungen und Verschleierungen und den weitläufigen Erörterungen über die Natur der

241 RGBl. 1920, 329.

242 Strutz, Handbuch des Reichsteuerrechts, S. 163.

243 Strutz, Handausgabe des Einkommensteuergesetzes vom 19.März 1920, § 7 Anm. 25; ders., Kommentar zum Einkommensteuergesetz vom 10. August 1925, Bd. 2, § 29 Anm. 29 a.

Bezüge, die ein Gesellschafter von der Gesellschaft oder zu deren Lasten erhält, möglichst die Spitze abzubrechen", so daß es keinen Unterschied macht, „ob die Mühewaltung auf einer gesellschaftsrechtlichen Verpflichtung, einem Dienstvertrag, einem Auftrag oder einer Geschäftsführung ohne Auftrag beruht ...". Hieraus läßt sich jedoch lediglich schließen, daß der Gesetzgeber eine steuerliche Gleichbehandlung der verschiedenen Entlohnungsformen der Geschäftsführertätigkeit des Gesellschafters in ihrer Qualifikation als gewerbliche Einkünfte anstrebte. Insofern erweist es sich vor dem Hintergrund der Entstehungsgeschichte des § 15 Abs. 1 S. 1 Nr. 2 Hs. 2 EStG als richtig, wenn die heutige Rechtsprechung die Bezüge der Gesellschafter ungeachtet deren zivilrechtlichen Rechtsgrundes zu den Sondervergütungen im Sinne der Vorschrift des § 15 Abs. 1 S. 1 Nr. 2 Hs. 2 EStG rechnet.[244] Allerdings war § 7 Nr. 3 EStG 1920 und dessen Nachfolgevorschrift des § 29 Nr. 3 EStG 1925 der Intention nach einschränkend allein auf die Erfassung der Vergütungen für die Geschäftsführertätigkeit als gewerbliche Einkünfte des Gesellschafters beschränkt. Diese Begrenzung des Begriffes der Tätigkeitsvergütungen entspricht der Forderung Knobbe-Keuks, die auf der Grundlage des heutigen § 15 Abs. 1 S. 1 Nr. 2 Hs. 2 EStG nur eine solche Tätigkeitsvergütung zu den gewerblichen Einkünften zählen will, die in einem mit dem Betrieb der Gesellschaft vergleichbaren Einzelunternehmen dem Unternehmerlohn entspricht.[245]

Wenn demgegenüber der BFH in seiner heutigen Rechtsprechung über die Bezüge des Gesellschafters für dessen Geschäftsführertätigkeit hinaus nahezu jedwede Vergütung eines zur Dienstleistung verpflichteten Gesellschafters unter den Tatbestand des § 15 Abs. 1 S. 1 Nr. 2 Hs. 2 EStG subsumiert, so erklärt sich dies rückblickend aus den vom RFH in seiner Rechtsprechung umgesetzten, bilanzbündeltheoretischen Vorstellungen. Da Vergütungen aus sonstigen allgemein-schuldrechtlichen Beziehungen nicht den Regelungen der §§ 7 Nr. 3 EStG 1920, 29 Nr. 3 EStG 1925 unterlagen und der RFH die zivilrechtliche Trennung der Rechtssphären von Gesellschaft und Gesellschafter Drittschuld-

---

244 BFH v. 23.5.1979 - I R 56/77, BFHE 128, 505, 224 = BStBl. II 1979, 763; BFH v. 24.1.1980 - IV R 156-157/78, BFHE 129, 490 = BStBl. II 1980, 271, 274; v. 24.1.1980 - IV R 154-155/77, BFHE 129, 497 = BStBl. II 1980, 269, 270; v. 25.1.1980 - IV R 159/78, BFHE 129, 502 = BStBl. II 1980, 275, 276; v. 27.5.1981 - I R 112/79, BFHE 133, 526 = BStBl. II 1982, 192; v. 25.2.1991 - GrS 7/89, BFHE 163, 1, 14 = BStBl. II 1991, 691, 698.

245 Knobbe-Keuk, StuW 1974, 1, 28ff.; DStR 1979, 183, 190; ebenso Tiedtke, Einkommensteuerrecht, § 5 II 3 a bb (4).

verhältnisse zunächst auch grundsätzlich steuerrechtlich anerkannte,[246] wurden die Entgelte aus solchen Schuldverhältnissen, wie bspw. Darlehens-[247], Miet- oder Pachtverhältnissen[248], in der entsprechenden Einkunftsart erfaßt und bei der zur Zahlung verpflichteten Gesellschaft als gewinnmindernde Betriebsausgabe zugelassen.[249] Einleitend mit dem Urteil vom 17.2.1926[250] änderte der RFH jedoch seine Rechtsprechung und war nachfolgend auf der Grundlage der Bilanzbündeltheorie bestrebt, die Besteuerung eines Personengesellschafters in Gänze der eines vergleichbaren Einzelunternehmers anzugleichen. Dies führte dazu, daß entgegen der zivilrechtlichen Vorgabe in Anlehnung an § 26 Abs. 2 Nr. 3 S. 2 BewG 1925[251] die im Eigentum des Gesellschafters stehenden und der Gesellschaft zur Nutzung überlassenen Vermögensgegenstände und Darlehen dem steuerrechtlichen Betriebsvermögen zugeordnet und die hierfür von der Gesellschaft gezahlten Vergütungen in Gewinnvoraus umqualifiziert wurden. Allerdings war hiervon zunächst nicht jedwedes vom Gesellschafter zur Nutzung überlassene Wirtschaftsgut betroffen, sondern nur dasjenige, welches „eine wesentliche und unentbehrliche Grundlage für den Betrieb" darstellte.[252] Dies war der Fall, wenn das zur Nutzung überlassene Wirtschaftsgut der Gesellschaft auf Dauer diente und für den Betrieb wesentlich war, der Betrieb gar auf die Nutzung dessen aus- und eingerichtet war oder es sich bei den Wirtschaftsgütern um „nur für den Betrieb berechnete und ihm unentbehrliche Güter" handelte. Hierzu zählten insbesondere Betriebs-[253] und Fabrikationsgrundstücke[254] sowie Geschäftsräume[255].

---

246 RFH v. 9.2.1928 - VI A 656/27, StuW II 1928, Sp. 222; v. 8.8.1928 - VI A 910/28, StuW II 1928, Sp. 1400; v. 10.10.1928 - VI A 306/28, StuW II 1929, Sp. 23; v. 21.11.1928 - VI A 1492/28, StuW II 1929, Sp. 41; 18.9.1929 VI A 1377/29, StuW II 1930, Sp. 61; ausführlich Meßmer, StbJb 1972/ 73, S. 127, 158ff.

247 RFH v. 21.11.1928 - VI A 1492/28, StuW II 1929, Sp. 41.

248 RFH v. 8.8.1928 - VI A 910/28, StuW II 1928, Sp. 1400.

249 Mirre, Einkommensteuer-Gesetz, S. 62.

250 RFH v. 17.2.1926 - VI A 120/26, StuW II 1926, 572; v. 2.3.1927 - VI A 89/27, RFH 21, 8.

251 Reichsbewertungsgesetz vom 10.8.1925, RGBl. I 1925, 214.

252 RFH v. 22.10.1931 - VI A 1949/29, StuW II 1932, 39; v. 29.9.1937 - VI A 473/37, RStBl. 1937, 1204; v. 2.11.1938 - VI 585/38, RStBl. 1937, 88; vgl. hierzu Becker, StuW I 1931, Sp. 1283, 1295; ders., StuW I 1932, Sp. 99, 113; Frenkel, StuW I 1941, Sp. 759, 772.

253 RFH v. 22.10.1931 - VI A 1949/29, StuW II 1932, 39; v. 30.8.1932 - VI A 501/31, StuW II 1932, Sp. 1944.

254 RFH v. 19.5.1932 - VI A 1423/31, StuW 1932, Sp. 1795; v. 22.5.1935 - VI A 1169/33, StuW 1933, StuW II 1935, Sp. 980.

255 RFH v. 22.10.1931 - VI A 1949/29, StuW II 1932, 39.

Diesem hätte es entsprochen, nur diejenigen Tätigkeitsvergütung für Mühewaltungen zu erfassen, die für eine geschäftsführende oder betriebsleitende, eben eine gleichfalls „wesentliche und unentbehrliche" Tätigkeit zu zahlen war. Insofern wäre auch der Forderung genüge getan gewesen, die Besteuerung der eines vergleichbaren Einzelunternehmers anzugleichen, denn der Tätigkeit des den Betrieb leitenden Einzelunternehmers entspricht allein die Geschäftsführertätigkeit eines Personengesellschafters. Demgegenüber hatte der RFH bezüglich der Mühewaltungen im Interesse der Gesellschaft den Anwendungsbereich des bis dahin gültigen § 29 Nr. 3 EStG 1925 erheblich über den Bereich der Geschäftsführung ausgedehnt. Im Ergebnis ordnete der RFH das Entgelt für grundsätzlich jedwede Tätigkeit eines Gesellschafters im Dienste der Gesellschaft dessen gewerblichen Einkünften zu, unabhängig sowohl von der Rechtsgrundlage als auch von der Bedeutung der Dienste für die Gesellschaft. Denn aufgrund der bilanzbündeltheoretischen Überlegungen bezog nach Ansicht des RFH der Gesellschafter diese Vergütung aus seinem eigenen Gewerbebetrieb als Gegenleistung für im Interesse der Gemeinschaft geleistete Dienste.[256] Eine Ausnahme war für den RFH[257] allein dann denkbar, wenn ein gering beteiligter Kommanditist eine ganz untergeordnete Arbeitsstellung gegen ein angemessenes Gehalt einnehme, etwa eine Kommanditistin, die als Schreibkraft angestellt sei und, wie er diesem in einem späteren Urteil hinzufügte, ausgeschlossen werden konnte, daß der Gesellschafter nicht in seiner Stellung als Mitunternehmer tätig werde.[258]

Mit der Vorschrift des § 15 Nr. 2 EStG 1934, der dem heute geltenden § 15 Abs. 1 S. 1 Nr. 2 EStG entspricht, glich der Gesetzgeber den Wortlaut des Gesetzes der ergangenen Rechtsprechung des RFH an und bestimmte zu Einkünften aus Gewerbebetrieb neben dem Gewinnanteil des Gesellschafters und dessen Entgelt für Dienstleistungen, die dem Gesellschafter zurechenbaren Vergütungen „für die Hingabe von Darlehen oder für die Überlassung von Wirtschaftsgütern". Der Begründung[259] zufolge war die Erweiterung des Wortlauts „durch die Rücksichtnahme auf das kommende reichsrechtliche Gewerbesteuergesetz veranlaßt", damit das Ergebnis der Ermittlung gewerblicher Einkünfte „unmittelbar für die Feststellung des gewerbesteuerpflichtigen Gewinns ver-

---

256 RFH v. 9.9.1931 - VI A 1647/31, RStBl. 1931, 920; v. 28.2.1932 - VI A 1287/32, RStBl. 1932, 1173; v. 21.6.1933 - A 588/30, RStBl. 1933, 1014.

257 RFH v. 8.2.1928 - VI A 817/27, StuW II 1928, Sp. 309.

258 RFH v. 28.2.1932 - VI A 1287/32, RStBl. 1932, 1173.

259 Amtliche Begründung zum Einkommensteuergesetz vom 16.10.1934, RStBl. 1935, 33, 43.

wendet werden" konnte. Des weiteren war über die Verknüpfung hinaus keine sachliche Änderung der Rechtslage mit der Vorschrift des § 15 Nr. 2 EStG 1934 angestrebt gewesen. Insofern spricht schließlich die Gesetzesgeschichte des § 15 Abs. 1 S. 1 Nr. 2 Hs. 2 EStG dafür, daß der Gesetzgeber die von der Rechtsprechung des RFH vorgenommenen Ausweitung des Anwendungsbereich nachträglich mit der Vorschrift des § 15 Nr. 2 EStG 1934 gesetzlich legitimiert hat.[260]

Ist aber die Zwecksetzung der Vorschrift vor gewerbeertragsteuerrechtlichem Hintergrund darin zu sehen, einkommensteuerrechtlich zu verhindern, daß die Steuerpflichtigen durch Vereinbarung allgemein-schuldrechtlicher Rechtsbeziehungen die Erfassung der ihnen zufließenden Einnahmen aus dem Gewerbebetrieb der Gesellschaft als gewerbliche Einkünfte umgehen, dann läßt sich mit diesem Zweck die dahingehende teleologische Reduktion des Anwendungsbereiches der Vorschrift vereinbaren, daß die Vorschrift dann keine Anwendung findet, wenn gänzlich ausgeschlossen werden kann, daß Steuervermeidungsbestrebungen ursächlich für derartige Rechtsbeziehungen sind.[261] Dies beträfe zumindest diejenigen Fälle, in denen die Stellung als Mitunternehmer und das Bestehen einer allgemein-schuldrechtlichen Beziehung rein zufällig zusammentreffen, beispielsweise wenn der Arbeitnehmer die mitunternehmerische Beteiligung erbt. Von beabsichtigten Steuerumgehungen kann aber auch dann nicht gesprochen werden, wenn Arbeitnehmer im Rahmen von Maßnahmen zur privaten Vermögensbildung schenkweise oder durch vergünstigte Übertragung geringfügige Beteiligungen an der gewerblich tätigen Kommanditgesellschaft erwerben und ihr Arbeitsverhältnis ansonsten unverändert fortgeführt wird. Allerdings darf dabei nicht übersehen werden, daß mit dieser Auffassung zwar der Mitarbeiterbeteiligung am Unternehmen gefördert würde, damit aber zugleich die zuvor erörterten Abgrenzungsschwierigkeiten verbunden sind. Jedoch sind selbige dann von untergeordneter Bedeutung, wenn auf eben dieses unveränderte Fortbestehen des Beschäftigungsverhältnisses abgestellt würde.

---

260 So das FG Hamburg v. 10.10.1962 - V 247/61, EFG 1963, 303: „Es liegt nahe, anzunehmen, daß § 15 Ziff. 2 EStG lediglich schon bestehendes Richterrecht kodifiziert hat".

261 Crezelius, StuW 1995, 313, 323.

B. Betriebliche Direktzusage an Personengesellschafter in der Gewinnermittlung der Mitunternehmerschaft

I. Handelsbilanzieller Ansatz

Die durch die zivilrechtliche Selbständigkeit der Personenhandelsgesellschaften gesetzte Ausgangssituation wird für das Handelsbilanzrecht konsequent fortgesetzt. OHG und KG müssen definitionsgemäß zwingend ein kaufmännisches Handelsgewerbe im Sinne der §§ 1 bis 3 HGB betreiben (§§ 105 Abs. 1, 161 Abs. 1 HGB). Daraus ergibt sich die Kaufmannseigenschaft der Personenhandelsgesellschaft. Das heißt, die Handelsgesellschaft ist der Kaufmann (vgl. § 6 Abs. 1 HGB), so daß sie nicht etwa nur einen Zusammenschluß von einzelnen Kaufleuten darstellt.[1] Denn sie selbst betreibt das kaufmännische Gewerbe und nicht etwa die Mitglieder der Gesellschaft, mit der Rechtsfolge der Anwendung der für die Kaufleute geltenden handelsrechtlichen Vorschriften.

Als Kaufmann ist die Personenhandelsgesellschaft nach den Vorschriften der §§ 238, 242 HGB verpflichtet, Bücher zu führen und den Jahresabschluß zu erstellen.[2] Zwar ist es die Aufgabe der geschäftsführenden Gesellschafter, die Bilanz aufzustellen (§§ 116, 161 Abs. 2 HGB) und sie sind auch dazu verpflichtet, diese zu unterzeichnen (§ 245 HGB), soweit sie persönlich haftende Gesellschafter sind, dies ändert allerdings nichts daran, daß es sich bei der handelsrechtlichen Bilanz um eine der Gesellschaft und nicht um eine der einzelnen Gesellschafter handelt.[3] Dies folgt zwingend aus der rechtlichen Selbständigkeit der Personenhandelsgesellschaften und der damit verbundenen zivilrechtlichen Trennung zwischen der Rechtssphäre der Gesellschaft und der ihrer Gesellschafter, die sich sowohl auf den Inhalt der Bilanz als auch auf den der Gewinn und Verlustrechnung auswirkt.

Nach dem Vollständigkeitsgebot des § 246 HGB sind in dem Jahresabschluß der Personenhandelsgesellschaft alle Vermögensgegenstände, Schulden, Rechnungsabgrenzungsposten sowie die Aufwendungen und Erträge auszuweisen. Nur soweit gesetzlich nichts anderes vorgeschrieben ist, kann oder muß hiervon abgewichen werden. Dabei richtet sich die Zugehörigkeit zum Gesellschaftsvermögen in erster Linie nach der zivilrechtlichen Vermögenszuordnung, denn es ist zunächst der zivilrechtlich Berechtigte der über den Vermögensgegenstand

---

1 Baumbach/Duden/Hopt, HGB, § 105 Rdnr. 4; Knobbe-Keuk, StuW 1974, 1, 33; Kübler, Gesellschaftsrecht, § 7 I 2 c; Kraft/Kreutz, Gesellschaftsrecht, E I 6; K.Schmidt, Gesellschaftsrecht, § 46 II 1, Tipke, StuW 1978, 193, 200.

2 BeckBilKomm-Budde/Kunz, § 238 Rdnr. 42; A.Hueck, OHG, § 17 I 1.

3 Knobbe-Keuk, Bilanzsteuerrecht, § 10 I; dies., StuW 1974, 1, 33; Tipke, StuW 1978, 193, 200; a.A. wohl Adler/Düring/Schmaltz, Rechnungslegung, § 238 Rdnr. 10.

uneingeschränkt verfügen kann.[4] Demzufolge ist in die Handelsbilanz der Gesellschaft nicht das im Privateigentum des einzelnen Gesellschafters stehende Vermögen aufzunehmen und dies auch dann nicht, wenn dieser einzelne Vermögensgegenstände der Gesellschaft zur Nutzung überläßt.[5] Denn die Verpflichtung des Kaufmannes, hier der Gesellschaft, zur bilanziellen Erfassung des Gesellschaftsvermögens beschränkt sich nach § 242 Abs. 1 HGB ausdrücklich nur auf „sein" Vermögen. Entsprechendes gilt für Schulden. In der Bilanz der Gesellschaft sind nur die Gesamthandsverbindlichkeiten zu bilanzieren.[6]

Der von der Personengesellschaft eingegangenen Pensionsverpflichtung wird durch den Ausweis einer Pensionsrückstellung in der Handelsbilanz Rechnung getragen. Handelsbilanzrechtlich handelt es sich dabei um den Ausweis einer ungewissen Verbindlichkeit im Sinne der Vorschrift des § 249 Abs. 1 S. 1 HGB. Allerdings erwächst der Pensionsrückstellung ihre Bedeutung nicht nur aus dem statischen Bilanzierungsziel der auf den Schutz der Gläubiger gerichteten stichtagsbezogenen Vermögensdarstellung. Obgleich ein expliziter Ausweis des Versorgungskapitals innerhalb der Vermögenswerte auf der Aktivseite der Bilanz nicht vorgesehen ist, dient die Bilanzierung der Pensionsrückstellung aus betriebswirtschaftlicher Sicht der Vorfinanzierung der nach Eintritt des Versorgungsfalles fälligen Zahlungsverpflichtungen durch die Bereitstellung von Mitteln während der Aktivenzeit des Pensionsberechtigten. Vor dem Hintergrund des arbeitsrechtlichen Verständnisses der zukünftigen Pensionsleistungen als Entgelt für die während der Aktivenzeit des Pensionsberechtigten geleisteten Dienste, welches durch den Arbeitgeber einbehalten und erst nach der Beendigung des Dienstverhältnisses in Form einer Rente oder einmaligen Kapitalleistung ausgezahlt wird,[7] werden die benötigten Mittel zulasten des Gewinnes durch jährliche Rückstellungszuführungen kumuliert. Den jährlichen Zuführungen kommt deshalb auch die Aufgabe zu, die Aufwendungen bilanziell zu erfassen, die entsprechend dem Verursachungsprinzip der abgelaufenen Abrechnungsperiode zuzurechnen sind, aber erst in einer zukünftigen Periode zu am

---

4 Adler/Düring/Schmaltz, Rechnungslegung, § 246 Rdnr. 260ff.; Knobbe-Keuk, Bilanzsteuerrecht, § 4 III 1; BeckBilKomm-Budde/Karig, § 246 Rdnr. 4ff. Zu den Ausnahmen vgl. § 246 Abs. 1 S. 2 HGB.

5 Adler/Düring/Schmaltz, Rechnungslegung, § 246 Rdnr. 434; BeckBilKomm-Budde/Karig, § 246 Rdnr. 51.

6 Adler/Düring/Schmaltz, Rechnungslegung, § 246 Rdnr. 433f.; BeckBilKomm-Budde/Karig, § 246 Rdnr. 60; Clemm, WPg 1981, 388; HFA-Stellungnahme 2/1993, WPg 1994, 22.

7 ARS 16, 281, 283; Griebeling, Betriebliche Altersversorgung, B II; Heubeck, BFuP 1987, 332f.; Nikisch, Arbeitsrecht, Bd. 1, S. 572; Staudinger/Richardi, BGB, § 611 Rdnr. 631; Woltmann, DB 1975, 797, 800.

Bilanzstichtag nicht exakt bezifferbaren Auszahlungen führen.[8] Handelsrechtlich erfaßt werden die jährlichen Zuführungsbeträge in der Gewinn- und Verlustrechnung der Gesellschaft unter den Aufwendungen für Altersversorgung (§ 275 Abs. 2 Nr. 6b HGB). Indem mittels der Pensionsrückstellung der mit der Pensionszahlung verbundene betriebliche Aufwand denjenigen Perioden zugerechnet wird, in denen die Dienste des Arbeitnehmers nutzbringend verwertet werden, dient die Pensionsrückstellung im Ergebnis gleichfalls auch dem Hauptziel der dynamischen Bilanzauffassung, nämlich der periodengerechten Gewinnermittlung.

Obwohl bereits vor der Einführung des § 249 Abs. 1 S. 1 HGB durch das Bilanzrichtlinien-Gesetz (BiRiLiG) vom 19.12.1985[9] für ungewisse Verbindlichkeiten grundsätzlich die Pflicht zur bilanziellen Passivierung bestand, waren die Pensionsrückstellungen von diesem Grundsatz ausgenommen. Zuletzt hatte der BGH in den Urteilen vom 27.2.1961[10] und 14.2.1974[11] das bis dahin vom Reichsfinanzhof[12] statuierte Passivierungswahlrecht für ungewisse Pensionsverpflichtungen aus Pensionszusagen entgegen der wiederholten Kritik des IdW[13] und der herrschenden Auffassung in der wissenschaftlichen Literatur[14] erneut bestätigt. Auch in dem Regierungsentwurf des Bilanzrichtliniengesetzes war zunächst die gesetzliche Fixierung des Passivierungswahlrechts vorgesehen (vgl. § 250 Abs. 3 S. 1 HGB-E). Schließlich erfolgte jedoch in der Frage der Beibehaltung des Passivierungswahlrechts ein Meinungsumschwung, der, ausgelöst durch den Insolvenzfall der AEG im Jahre 1982, der Diskussion ein anschauliches Beispiel dessen zufügte, was die Konsequenzen eines weiteren Festhaltens an dem Passivierungswahlrecht sein würden und welches schließlich ausschlaggebend war für die Kompromißlösung der gesetzlichen Regelung in Art. 28 EGHGB.[15]

---

8 Vgl. hierzu Adler/Düring/Schmalz, Rechnungslegung, § 249 HGB Rdnr. 22; Wöhe, Bilanzierung und Bilanzpolitik, S. 539f.; Knobbe-Keuk, Bilanzsteuerrecht, § 4 V 5 a.

9 BGBl. I 1985, 2355

10 BGHZ 34, 324; vgl. auch BFH v. 27.5.1964 - 237/62 U, BStBl. III 1964, 489.

11 BGH, DB 1974, 716.

12 RFH v. 11.12.1928 - I A 228/28, RStBl. 1929, 227; v. 3.7.1934 - I A 247, 248/33, RStBl. 1934, 1121.

13 Vgl. dazu HFA-Stellungnahme 13/1933 Neufassung 1939, WPr 1939, 97; HFA-Fachgutachten 1/1951, WPr 1951, 318; HFA-Fachgutachten 1/1951 Neufassung 1953, WPg 1953, 356.

14 Vgl. dazu Woltmann, DB 1975, 797; Maul, DB 1973, 2460 m.w.N.

15 Vgl. dazu Birk, BB 1983, 2065; Brönner/Bareis, Die Bilanz nach Handels- und Steuerrecht, IV Rdnr. 1039; Küting/Weber/Höfer, Handbuch der Rechnungslegung, Bd. 1a, § 249 Rdnr. 356f.

Neben der allgemeinen Ansatzvorschrift des § 249 Abs. 1 S. 1 HGB findet sich im HGB keine Vorschrift, die die Pensionsrückstellungen im besonderen regelt. Lediglich der Begriff der Pensionsrückstellung wird in der Gliederungsvorschrift des § 266 Abs. 3 HGB verwendet, nach der Rückstellungen für Pensionen und ähnliche Verpflichtungen unter der Bilanzposition B. 1. auszuweisen sind. Des weiteren wird er in der Bewertungsvorschrift des § 253 Abs. 1 S. 2 HGB angesprochen, die für Rentenverpflichtungen, für die eine Gegenleistung nicht mehr zu erwarten ist, neben dem allgemeinen für Rückstellungen geltenden Bewertungsmaßstab nach vernünftiger kaufmännischer Beurteilung den Ansatz zum Barwert vorschreibt.

Ergänzt werden diese handelsrechtlichen Vorschriften durch die Übergangsvorschrift des Art. 28 EGHGB, die zeigt, daß die zuvor auf das BGH-Urteil vom 27.2.1961[16] zurückzuführende Problematik des Passivierungswahlrechts nicht gänzlich beseitigt werden konnte. Nach der Übergangsvorschrift des Art. 28 EGHGB ist zu unterscheiden zwischen:

- den laufenden Pensionen und der Anwartschaft auf eine Pension aufgrund einer unmittelbaren Zusage,
- der mittelbaren Verpflichtung aus einer Zusage für eine laufende Pension oder einer Anwartschaft auf eine Pension und
- einer ähnlichen unmittelbaren oder mittelbaren Verpflichtung.

Mit der Regelung des § 249 Abs. 1 S. 1 HGB i.V.m. Art. 28 EGHGB sollen alle Verpflichtungsformen der betrieblichen Altersversorgung umfassend und abschließend angesprochen werden.[17] Die gesetzliche Differenzierung zwischen einer unmittelbaren Zusage und einer mittelbaren Verpflichtung aus einer Zusage stellt auf die im Bereich der betrieblichen Altersversorgung vorzufindenden Versorgungsformen (Durchführungswege) ab. Verwendet wird der Begriff der unmittelbaren Zusage ebenfalls im BetrAVG in den Vorschriften zur Insolvenzsicherung (vgl. §§ 7 ff. BetrAVG). Es ist die Rede von unmittelbaren Versorgungszusagen (§ 7 Abs. 1 S. 1 BetrAVG) bzw. von unmittelbaren Zusagen (§ 10 Abs. 1 BetrAVG). Eine unmittelbare Pensionszusage im Sinne des § 28 Abs. 1 S. 1 HGB liegt vor, wenn sich der Arbeitgeber rechtlich oder faktisch selbst dazu verpflichtet hat, im Versorgungsfall die vereinbarten Versorgungsleistungen an den Berechtigten zu erbringen (Direktzusage).[18] Der verpflichtete Arbeitgeber hat damit das aus der Pensionsverpflichtung erwachsende Risiko

16 BGHZ 34, 324.

17 Ahrend, WPg 1986, 577; Küting/Weber/Höfer, Handbuch der Rechnungslegung, Bd. 1a, § 249 Rdnr. 351ff.

18 Adler/Düring/Schmalz, Rechnungslegung, § 249 Rdnr. 86; BeckBilKomm-Ellrott/Rhiel, § 249 Rdnr. 164; HFA 2/1988, WPg 1988, 403; Küting/Weber/Höfer, Handbuch der Rechnungslegung, Bd. 1a, § 249 Rdnr. 358.

des Eintrittes des Versorgungsfalles und des nicht vorhersehbaren Umfangs der zu erbringenden Versorgungsleistungen unmittelbar selbst übernommen. Demgegenüber ist von einer mittelbaren Pensionsverpflichtung zu sprechen, wenn die Verpflichtung zur Leistung von Pensionen nicht durch das zusagende Unternehmen selbst, sondern durch die Einschaltung eines selbständigen Versorgungsträgers (Unterstützungskasse, Pensionskasse, Versicherungsunternehmen) erfüllt wird, der seinerseits primär leistungspflichtig ist.[19]

Für unmittelbare Pensionszusagen ist nach Art. 28 Abs. 1 S.1 EGHGB zwischen sog. Neu- und Altzusagen zu unterscheiden. Die verwendeten Begriffe sind dem Gesetz selbst nicht zu entnehmen, sie sind in der Literatur jedoch allgemein gebräuchlich. Die Differenzierung stellt auf den Zeitpunkt ab, zu dem der Pensionsberechtigte seinen (bedingten) Rechtsanspruch auf Pensionsleistungen erworben hat.[20] Auf den Zeitpunkt der Zusage kommt es dagegen nicht an, obgleich beide Zeitpunkte regelmäßig übereinstimmen werden. Die Terminologie „Altzusage“, „Neuzusage“ ist insofern verfehlt und kann zu Mißverständnissen führen. Geeigneter wären die Bezeichnungen Alt- und Neuanspruch. Für vor dem 1.1.1987 begründete Verpflichtungen (Altzusagen) gilt das Passivierungswahlrecht auch nach Einführung des § 249 HGB weiterhin fort. Hat der Pensionsberechtigte seinen Rechtsanspruch aus der Pensionszusage nach dem 31.12.1986 erworben (Neuzusage), gilt für die korrespondierende Pensionsverpflichtung der Gesellschaft uneingeschränkt die Passivierungspflicht des § 249 Abs. 1 S. 1 HGB. Neben den Altzusagen sind auch nach dem 31. Dezember 1986 erfolgende Erhöhungen von Altzusagen durch Art. 28 Abs. 1 S. 1 HGB von der Passivierungspflicht ausgenommen.

Die Beibehaltung des Passivierungswahlrechts für Altzusagen steht mit der Vorschrift des § 249 Abs. 1 S. 1 HGB nicht in Einklang und ist dogmatisch nicht plausibel. Jedoch wurde die Ausnahme vom grundsätzlichen Passivierungsgebot aus verschiedenen Gründen für erforderlich befunden:[21] zum einen sollten die Unternehmen in ihrem Vertrauen auf den Fortbestand des vor der gesetzlichen Fixierung der Passivierungspflicht geltenden Passivierungswahlrechts für unmittelbare Pensionsverpflichtungen nicht enttäuscht werden. Zum anderen wurde der Bestandsschutz aus sozialpolitischen Gründen für nötig erachtet, um die Entwicklung der betrieblichen Altersversorgung und deren ge-

19 Adler/Düring/Schmalz, Rechnungslegung, § 249 Rdnr. 105; BeckBilKomm-Ellrott/Rhiel, § 249 Rdnr. 164; HFA 2/1988, WPg 1988, 403; Küting/Weber/Höfer, Handbuch der Rechnungslegung, Bd. 1a, § 249 Rdnr. 392.

20 Adler/Düring/Schmalz, Rechnungslegung, § 249 Rdnr. 87; BeckBilKomm-Ellrott/Rhiel, § 249 Rdnr. 168; Küting/Weber/Höfer, Handbuch der Rechnungslegung, Bd. 1a, § 249 Rdnr. 381; a.A. R 41 Abs. 1 S. 4 EStR 1998.

21 Ausführlich Küting/Weber/Höfer, Handbuch der Rechnungslegung, Bd. Ia, § 249 HGB Rdnr. 177ff.; Höfer/Gäbelein/Lätsch/Grünewald, DB 1984, Beilage 27, S. 5f.

wünschte Ausbreitung nicht zu beeinträchtigen. Eine weitere, fiskalpolitische Begründung war die Befürchtung des BMF, die Einführung der Passivierungspflicht auch für Altzusagen würde zu erheblichen Steuerausfällen führen. Neben diesen ausschlaggebenden Argumenten wurde angeführt, daß die Passivierungspflicht möglicherweise die Überschuldung der Unternehmen zur Folge haben könnte.

Die Vorschrift des § 249 Abs. 3 S. 2 HGB bestimmt für Rückstellungen ein generelles Auflösungsverbot. Das Auflösungsverbot des § 249 Abs. 3 S. 2 HGB gilt für alle Rückstellungsarten, daß heißt auch für die Pensionsrückstellungen. Das Auflösungsverbot gilt unabhängig davon, ob die Bildung der Rückstellung fakultativ oder obligatorisch ist.[22] Bedeutung gewinnt dieser Grundsatz im Bereich der Pensionsverpflichtungen, für die Art. 28 EGHGB als Ausnahmevorschrift zu § 249 Abs. 1 S. 1 HGB den fakultativen Rückstellungsansatz vorsieht. Das Gesetz und der Grundsatz der Willkürfreiheit lassen keine andere Beurteilung zu.[23] Zulässig und geboten ist die Auflösung von Rückstellungen, wenn die Gründe für ihre Bildung bzw. Beibehaltung zum Bilanzstichtag entfallen sind.[24] Es ist daher für jeden Bilanzstichtag erneut zu prüfen, ob die Voraussetzungen für die Rückstellungsbildung auch weiterhin vorliegen. Die Auflösungspflicht bezieht sich jedoch nicht nur auf den Ansatz der Rückstellung dem Grunde nach, sondern auch auf den der Höhe nach. Verminderungen des Verpflichtungsumfangs aufgrund geänderter Verhältnisse, neuerem Kenntnisstand oder zulässiger Bewertungsänderung sind durch Teilauflösungen zu berücksichtigen. Bei konsequenter Anwendung der Passivierungspflicht kommt der Regelung des § 249 Abs. 3 S. 2 HGB insoweit lediglich klarstellende Bedeutung zu.

Des weiteren wird durch § 249 Abs. 3 S. 2 HGB i.V.m. § 253 Abs. 1 S. 2 HGB die Methode bestimmt, nach welcher die Pensionsrückstellung nach Eintritt des Versorgungsfalles und mit dem Beginn der Pensionszahlungen aufzulösen ist. Laufende Pensionszahlungen an den Berechtigten bewirken die Minderung des

---

22 Adler/Düring/Schmaltz, Rechnungslegung, § 249 Rdnr. 97; BeckBilKomm-Ellrott/Rhiel, § 249 Rdnr. 237; Dinter, BetrAV 1986, 118, 121; Heubeck, WPg 1986, 317, 322; Küting/Weber/Kessler, Handbuch der Rechnungslegung, Bd. Ia, § 249 Rdnr. 256; Luik, WPg 1987, 733, 737; ebenso R 41 Abs. 22 EStR 1998.

23 Vor Einführung des § 249 Abs. 3 S. 2 HGB ist aufgrund des Passivierungswahlrechts für Pensionsverpflichtungen teilweise die Auffassung vertreten worden, die einmal gebildete Pensionsrückstellung könne trotz unveränderter Verpflichtung aufgelöst werden. Diesem ist der IdW mit der HFA-Stellungnahme 3/1977, WPg 1977, 464 entschieden entgegengetreten und hat die Auflösung von Pensionsrückstellungen bei fortbestehender Pensionsverpflichtung für unzulässig angesehen. Dieser Auffassung hat sich der BFH im Urteil v. 22.6.1977 - I R 8/73, BStBl. II 1977, 798 angeschlossen.

24 Adler/Düring/Schmaltz, Rechnungslegung, § 249 HGB Rdnr. 253; BeckBilKomm-Ellrott/Rhiel, § 249 Rdnr. 237; Küting/Weber/Kessler, Handbuch der Rechnungslegung, Bd. Ia, § 249 Rdnr. 255.

Verpflichtungsumfangs, soweit dem nicht Erhöhungen der Pension entgegenstehen. Dieser Verpflichtungsminderung ist durch die Teilauflösung der Pensionsrückstellung Rechnung zu tragen. Dabei ist zu berücksichtigen, daß der Rückstellungsminderung eine Rückstellungserhöhung aufgrund der weiteren Verzinsung der Rückstellung sowie der Erhöhung des Barwertes infolge der jährlich zunehmenden Lebenserwartung entgegenwirkt. Bei der Gegenüberstellung von Rückstellungsminderung und -mehrung ergibt sich hieraus ein Überhang der Verminderungen. Mit dem Auflösungsverbot vereinbar ist nur die Anwendung der sog. versicherungsmathematischen Methode. Die bis zur Kodifizierung des § 249 Abs. 3 S. 2 HGB aus Praktikabilitätsgründen durchführbare und auf das Passivierungswahlrecht für Pensionsverpflichtungen gestützte Anwendung der sog. buchhalterischen Methode ist nicht mehr zulässig.[25] Gleiches gilt für die steuerliche Gewinnermittlung.[26] Mit der Anwendung der versicherungsmathematischen Methode wird die Pensionsrückstellung zum jeweiligen Bilanzstichtag in Höhe des versicherungsmathematisch errechneten Barwertes ausgewiesen. Dadurch wird erreicht, daß das über die Anwartschaftszeit „angesammelte" Deckungskapital mit Eintritt des Versorgungsfalles für die laufenden Pensionszahlungen allmählich verbraucht wird. Buchungstechnisch werden die laufenden Pensionszahlungen vom verpflichteten Unternehmen entweder erfolgswirksam als Aufwand oder erfolgsneutral zulasten der Pensionsrückstellung gebucht. Wird die Verbuchung erfolgsneutral vorgenommen, ist die Rückstellung zum Bilanzstichtag um die rechnerische Erhöhung für Zins und verlängerte Lebenserwartung durch Zuführungen auf den neu zu ermittelnden Barwert aufzustocken. Bei erfolgswirksamer Verbuchung ist die Pensionsrückstellung in Höhe des Unterschieds der Barwerte am Schluß des Wirtschaftsjahres und am Schluß des vorangegangenen Wirtschaftsjahres als Aufwandsminderung gewinnerhöhend aufzulösen.[27]

25 Adler/Düring/Schmaltz, Rechnungslegung, § 249 Rdnr. 97; BeckBilKomm-Ellrott/Rhiel, § 249 Rdnr. 235; Förschle/Klein, DB 1987, 341, 344; Heubeck, WPg 1986, 317, 322; Luik, WPg 1987, 733, 737; wohl auch HFA 2/1988, WPg 1988, 403, a.A. Höfer, BB 1986, 1049, 1050, der die buchhalterische Auflösung aus Gründen des Vertrauensschutzes bei Altzusagen auch weiterhin für zulässig erachtet; ebenso Ahrend, WPg 1986, 577, 582.

26 BFH v. 30.3.1999 – VIII R 8/97, BFH/NV 1999, 1324; R 41 Abs. 23 EStR 1998; L.Schmidt/Seeger, EStG, § 6a Rdnr. 68.

27 Bei Anwendung der buchhalterischen Methode werden die laufenden Pensionszahlungen erfolgsneutral zulasten der Pensionsrückstellungen verbucht. Eine jährliche Zuführung unterbleibt, so daß die Auflösung zu einer permanenten und jährlich erhöhten unzulässigen Unterschreitung des versicherungsmathematischen Barwerts führt. Ist die Rückstellung gänzlich aufgebraucht, belasten die Pensionszahlungen als Aufwand den Erfolg des Unternehmens. Damit ist die Rückstellung als bilanzieller Ausdruck der Pensionsverpflichtung nicht weiter ausgewiesen, ohne daß die das Unternehmen belastende Verpflichtung selbst erloschen wäre.

II. Steuerbilanzrechtliche Würdigung

1. Gesetzliche Regelungen

a) Verhältnis von Handels- und Steuerbilanzrecht

Das Substrat der laufenden Besteuerung aller gewerblich tätigen Unternehmen ist der Gewinn (vgl. § 2 Abs. 2 Nr. 1 EStG). Der Gewinnbegriff und die ihn ergänzenden einkommensteuerrechtlichen Gewinnermittlungsvorschriften (§§ 4 bis 7g EStG) bilden sowohl für die Personengesellschaften, wie auch für die Kapitalgesellschaften über die Vorschrift des § 8 Abs. 1 KStG, die Grundlage einerseits für die Besteuerung des steuerpflichtigen Einkommens sowie andererseits für die Besteuerung nach dem Gewerbeertrag des Gewerbesteuergesetzes (§§ 6 S. 1, 7 GewStG). Das EStG bestimmt die Gewinnermittlungsart in Abhängigkeit von der jeweiligen Einkunftsart sowie der gesetzlichen Verpflichtung zur Buchführung. Steuerpflichtige, die den Gewinn nach der Vorschrift des § 4 Abs. 3 EStG als Überschuß der Betriebseinnahmen über die Betriebsausgaben ermitteln, können steuerrechtlich keine gewinnmindernde Rückstellung für eine Pensionsverpflichtung ansetzen.[28] In diesem Fall können die zu zahlenden Versorgungsleistungen erst im Wirtschaftsjahr ihrer Fälligkeit als abzugsfähige Betriebsausgabe berücksichtigt werden. Hingegen haben die gewerblich tätigen Personenhandelsgesellschaften aufgrund ihrer Verpflichtung zur Buchführung und Bilanzierung (§§ 238, 242, 262 HGB), den steuerlichen Gewinn durch Betriebsvermögensvergleich nach den Vorschriften der §§ 4 Abs. 1, 5 EStG zu ermitteln, so daß sie grundsätzlich Pensionsrückstellungen mit steuerlich gewinnmindernder Wirkung ansetzen können. Dabei stellt der Grundsatz der Maßgeblichkeit als Bindeglied zwischen Handelsbilanzrecht und steuerlicher Gewinnermittlung einen Grundpfeiler des geltenden deutschen Bilanzrechts dar, mit dessen Ausgestaltung unmittelbar die wechselseitige Verknüpfung der Normenbereiche des Handels- und Steuerbilanzrechts bestimmt wird.[29]

---

28 Blümich/Ahrend/Förster/Rößler, EStG KStG GewStG, § 6a EStG Rdnr. 141; Littmann/Bitz/Hellwig/Höfer, EStG, § 6a Rdnr. 17; Höfer/Abt, BetrAVG-StR, § 6a Rdnr. 19; Herrmann/Heuer/ Raupach/ Heubeck, EStG KStG, § 6a EStG Rdnr. 57; Heubeck/Höhne/Paulsdorff/Rau/Weinert, BetrAVG-StR, § 6a Rdnr. 20; L.Schmidt, Heinicke, EStG, § 4 Rdnr. 371.

29 Vgl. zur dreischichtigen Struktur des deutschen Bilanzsteuerrechts ausführlich Beisse, StuW 1984, 1, 4f.; Beisse, BB 1980, 637; ders., in Festschrift Moxter, S. 3, 11; Crezelius, Steuerrecht II, § 8 I 1.

Gesetzlich normiert ist der sog. Maßgeblichkeitsgrundsatz[30] in der Regelung des § 5 Abs. 1 S. 1 EStG. Die Vorschrift bestimmt, daß Gewerbetreibende für die steuerliche Gewinnermittlung zum Schluß des Wirtschaftsjahres das Betriebsvermögen anzusetzen haben, das nach den handelsrechtlichen Grundsätzen ordnungsmäßiger Buchführung auszuweisen ist. Die Maßgeblichkeit gilt sowohl für die Bilanzierung dem Grunde nach als auch der Höhe nach. Infolge dessen bestimmt sich die Frage nach dem „Ob" eines konkreten Bilanzansatzes grundsätzlich nach Handelsbilanzrecht (§ 238 ff. HGB). Die Maßgeblichkeit erfährt insoweit eine Einschränkung, als dem handelsrechtlichen Bilanzansatz oder der Bewertung zwingende steuerrechtliche Vorschriften entgegenstehen. Ein allgemeiner Gesetzesvorbehalt findet sich in § 5 Abs. 6 EStG, wonach die Vorschriften über die Entnahmen und die Einlagen, die Zulässigkeit der Bilanzänderung, die Betriebsausgaben, die Bewertung und die Absetzung für Abnutzung oder Substanzverringerung zu befolgen sind. Darüber hinaus enthält das geltende Steuerrecht in den Absätzen 2 bis 5 des § 5 EStG Normen, die den Ansatz einzelner Bilanzpositionen entweder gänzlich entsprechend dem Handelsrecht oder nur teilweise abweichend von diesem regeln. Hierzu gehört die Vorschrift des § 6a EStG bezüglich des steuerbilanziellen Ansatzes der Pensionsrückstellungen. Schließlich finden sich in den §§ 6, 7 EStG rein einkommensteuerliche Vorschriften.

Welche steuerrechtliche Bedeutung der Maßgeblichkeit zukommt, hängt von deren Ausgestaltung ab. Dabei wird regelmäßig zwischen der Auffassung der sog. materiellen und formellen Maßgeblichkeit unterschieden. Die Befürworter der materiellen Maßgeblichkeit treten für den steuerrechtlichen Ansatz der Bilanzposten dem Grunde und der Höhe nach unter Beachtung der handelsrechtlichen Grundsätze ordnungsmäßiger Buchführung ein, jedoch ungeachtet der konkret vorgenommenen handelsrechtlichen Bilanzierung.[31] Die heute ganz herrschende Meinung beschränkt die Ausgestaltung des Verhältnisses von handelsrechtlicher und steuerrechtlicher Gewinnermittlung nicht auf die materielle Maßgeblichkeit, sondern spricht sich für die weitreichendere, die materielle umfassende formelle Maßgeblichkeit aus.[32] Hierunter wird allgemein verstanden, daß die steuerliche Gewinnermittlung nicht nur unter Beachtung der abstrakten handelsrechtlichen Regelungen zu erfolgen hat, sondern für sie vielmehr der

30 Vgl. zur historischen Entwicklung ausführlich Pohl, Die Entwicklung des ertragsteuerlichen Maßgeblichkeitsprinzips; Kirchhof/Söhn/Mathiak, EStG, § 5 Rdnr. A 110 ff.; Herrmann/Heuer/Raupach/ Stobbe, EStG KStG, § 5 EStG Rdnr. 49e.

31 Merkert, DStZ 1988, 142, 146; Tanzer, DStJG 7 (1984), S. 55, 65ff.

32 Vgl. Bordewin, DStR 1988, 668; Knobbe-Keuk, Bilanzsteuerrecht, § 2 II 2; Mathiak, StbJb 1986/87, S. 79ff.; Söffing, DB 1988, 241; Thiel, DB 1989, 537ff.; Wassermeyer, DStJG 14 (1991), S. 29, 30, 31ff. m.w.N.; a.A. Tanzer, DStJG 7 (1984), S. 55, 93: die formelle Maßgeblichkeit habe keine Rechtsgrundlage.

konkrete, zulässig gebildete handelsrechtliche Bilanzansatz maßgeblich ist, soweit dem nicht zwingende steuerrechtliche Vorschriften entgegenstehen.[33]

Die Gründe, die den historischen Steuergesetzgeber für diese heute in § 5 Abs. 1 S. 1 EStG kodifizierte Maßgeblichkeit der Handelsbilanz für die steuerliche Gewinnermittlung bewogen haben, lagen in Vereinfachungserwägungen und in der Zweckmäßigkeit auf die bestehende handelsrechtliche Gewinnermittlung zurückzugreifen. Denn einerseits sollten die Kaufleute nicht mit der Erstellung eines zweiten Rechnungsabschlusses belastet werden und andererseits wurde die Handelsbilanz für die Steuerveranlagung als die relativ sicherste Grundlage angesehen.[34] Letztlich wird mittels des Maßgeblichkeitsgrundsatzes an die in den Grenzen der handelsrechtlichen Rechnungslegungsvorschriften gehaltene Selbsteinschätzung des Kaufmannes über seine unternehmerischen Tätigkeiten angeknüpft, um diese für die Zwecke der Besteuerung nutzbar zu machen.[35] Dabei liegen die dem Kaufmann innerhalb der handelsrechtlichen Rechnungslegungsvorschriften gewährten Freiräume und die imparitätische bilanzielle Erfassung von Erträgen und Aufwendungen, die via Maßgeblichkeitsgrundsatz in das Steuerrecht transformiert werden, im Hauptaugenmerk der Kritik: „Vor allem Wahlrechte verstoßen gegen den Grundsatz der Gesetzmäßigkeit und Gleichmäßigkeit der Besteuerung sowie gegen das Leistungsfähigkeitsprinzip."[36] Es geht dabei um die für das Verständnis des Steuerbilanzrechts bedeutsame Frage, ob spezifische steuerrechtliche Prinzipien und Zielsetzungen der Steuerbilanz eine geeignete und hinreichende Begründung für eine restriktive, auf das Steuerrecht zugeschnittene Interpretation des Maßgeblichkeitsgrundsatzes darstellen oder gar eine sich über den Wortlaut des § 5 Abs. 1 S. 1 EStG und dessen Sinn hinwegsetzende Loslösung des Bilanzsteuerrechts vom Handelsbilanzrechts zu rechtfertigen vermögen. Zudem bestehen ebenso lange wie der Maßgeblichkeitsgrundsatz selbst die Bestrebungen diesen und die mit ihm

33 Crezelius, Steuerrecht II, § 8 II 2a; Frotscher, EStG, § 5 Rdnr. 27; Kirchhof/Söhn/Kempermann, EStG, § 5 Rdnr. B 110; Knobbe-Keuk, Bilanzsteuerrecht, § 2 II 2; L.Schmidt/Weber-Grellet, EStG, § 5 Rdnr. 28.

34 Döllerer, BB 1988, 238; Krieger, Festschrift Georg Döllerer, S. 327, 329ff.; Frotscher, EStG, § 5 Rdnr. 26a.

35 Crezelius, DB 1994, 689f.; dazu Döllerer, BB 1988, 238, der darauf hinweist, daß es unter dem Leitbild der Besteuerung nach der Leistungsfähigkeit nicht eine von der steuerrechtlichen verschiedene handelsrechtliche Leistungsfähigkeit gibt; insofern der Fiskus als stiller Teilhaber des Unternehmens als Ausgangsgröße für die Bemessung seines Anteils am Gewinn des Unternehmens keinen höheren Betrag verlangen kann, als ein Gesellschafter.

36 Pezzer, DStJG 14 (1991), S. 3ff., 26; ebenso Weber-Grellet, BB 94, 30, 33; ders., DB 94, 288ff.; Ballwieser, BFuP 1990, 477, 489; Kirchhof/Söhn/Kempermann, EStG, § 5 Rdnr. B 114ff.; Siegel, BB 1994, 2237, 2243f.; vgl. auch BFH v. 3.2.1969 - GrS 2/68, BStBl. II 1969, 291; a.A. Crezelius, DB 94, 689f.; Gelhausen/Fey, BB 1994, 603f.; Knobbe-Keuk, Bilanzsteuerrecht, § 2 II 3a.

verbundene wechselseitige Verknüpfung der Normenbereiche des Handels- und Steuerbilanzrechts aufzuheben und statt dessen ein autonomes, vom Handelsrecht unbeeinflußtes Bilanzsteuerrecht aufzubauen.[37]

Insbesondere Weber-Grellet[38] und Beisse[39] verweisen mit ihrer Kritik auf die divergierenden Zielsetzungen von Handelsbilanz und Steuerbilanz und die aus steuerlicher Sicht mit den handelsrechtlichen Vermögensermittlungsgrundsätzen als unvereinbar angesehenen, steuerrechtlich maßgebenden Prinzipien.[40] Eine entscheidungsneutrale Gewinnbesteuerung erfordere die gleichmäßige Erfassung positiver wie negativer Wertveränderungen, um als Einkommen für alle Einkunftsarten den Ertragswertzuwachs oder auch ökonomischen Gewinn der Besteuerung zu Grunde zu legen. Diese Entscheidungsneutralität aber werde durch das Vorsichts- und Imparitätsprinzip verletzt und führe zu einer steuerlichen Begünstigung bilanzierungspflichtiger Steuerpflichtiger nach §§ 4 Abs. 1, 5 EStG gegenüber Steuerpflichtigen anderer Einkunftsarten. Demzufolge werde sowohl gegen die verfassungsrechtlich gebotene steuerrechtliche Zielsetzung der periodengerechten Erfassung des „vollen“, „richtigen“ Gewinnes[41] als Maßgröße der wirtschaftlichen Leistungsfähigkeit eines Unternehmens verstoßen als auch gegen das Gebot der Gleichmäßigkeit der Besteuerung (Art. 3 Abs. 1 GG). Demgemäß soll der Maßgeblichkeitsgrundsatz für das geltende Bilanzsteuerrecht restriktiv zu interpretieren sein, mit der Maßgabe des Vorrangs des Steuerrechts und dessen maßgebenden Prinzipien.[42] Unterstützung findet diese Argumentation durch die BFH-Entscheidung des Großen Senats vom 3.2.1969[43]. Diese Rechtsprechung, die für handelsrechtliche Aktivierungswahlrechte die steuerliche Ansatzpflicht und für handelsrechtliche Passivierungswahlrechte das steuerliche Passivierungsverbot gebietet, wurde ebenfalls mit der Begründung vertreten, die steuerliche Übernahme handelsrechtlicher Wahlrechte und die sich dem Steuerpflichtigen damit eröffnenden Manipulationsmöglichkeiten bedeuteten den Verstoß gegen das steuerrechtliche Gebot der Gleichmäßigkeit der Besteuerung. Da es Sinn und Zweck der steuerlichen Gewinnermittlung sei, den vollen Gewinn zu erfassen, könne es nicht im Belieben des Kaufmannes stehen,

---

37 Aus der jüngeren Geschichte das Gutachten der Steuerreformkommission, Bonn 1971, Abschn. V, Tz. 17 ff.; ebenso Weber-Grellet, BB 1994, 30, 33.

38 Weber-Grellet, DB 1994, 288, 289f.; ders. BB 1994, 30, 33.

39 Beisse, StuW 1984, 1, 8ff.

40 A.A. Döllerer, BB 1971, 1333ff.

41 Lang, DStJG 4 (1981), S. 45, 75.

42 Tipke/Lang, Steuerrecht, § 9 Rdnr. 309.

43 BFH v. 3.2.1969 - GrS 2/68, BStBl. II 1969, 291; zur Kritik Brezing, FR 1984, 349, 355; Knobbe-Keuk, Bilanzsteuerrecht, § 2 II 3 a; Küting/Kessler, DStR 1989, 655, 659; Kruse, StbJb 1976/77, S. 113ff.; Maaßen, DB 1970, 1285ff.; Thiel, FR 1969, 165ff.

sich durch die Ausnutzung von handelsbilanzrechtlichen Ansatzwahlrechten „ärmer zu machen als er ist".

Eine Diskussion über die Vereinbarkeit des in § 5 Abs. 1 S. 1 EStG kodifizierten Maßgeblichkeitsgrundsatzes mit den steuerlichen Prinzipien läßt sich durchaus führen. Es ließe sich auch darüber streiten, ob die durch den Gesetzgeber gewählte Methode der steuerlichen Gewinnermittlung die gegenwärtig steuerpolitisch wünschenswerte ist. Allerdings erscheint es äußerst fraglich, ob vor dem Hintergrund der Entscheidung des Steuergesetzgebers, durch die Verknüpfung von Handelsbilanzrecht und steuerlicher Gewinnermittlung der Einheit der Gesamtrechtsordnung Rechnung zu tragen, eine Herauslösung des Steuerrechts im Bereich der Gewinnermittlung mit teleologischen Überlegungen zu rechtfertigen ist. So warnt Crezelius[44] vor einer Umsetzung und Anwendung dieser Überlegungen im geltenden Recht. Es sei fraglich, ob mit Blick auf den Wortlaut des § 5 Abs. 1 S. 1 EStG und den Sinn des geltenden Rechts die Entkoppelung von Handels- und Steuerrecht durch ein sich vom Handelsbilanzrecht emanzipierendes Bilanzsteuerrecht zulässig ist. Im Ergebnis würde mit der erstrebten restriktiven Auslegung des Maßgeblichkeitsgrundsatzes das Verhältnis von Steuerrecht und Zivilrecht im Bereich der Gewinnermittlung neu definiert. Wohin derartige Entkoppelungstendenzen führen, zeigt im Bereich der Gewinnermittlung anschaulich die Problematik der Ermittlung mitunternehmerischer Einkünfte. Dort setzten sich der RFH und ihm folgend der BFH mit der Entwicklung der Bilanzbündeltheorie ebenfalls für die vollständige Loslösung des Steuerrechts vom Zivilrecht und für ein selbständiges Steuerrechtssystem ein, um für die Ermittlung mitunternehmerischer Einkünfte besonderen steuerrechtlichen Systemzusammenhängen gerecht werden zu können, ohne daß sich die Rechtsprechung hierzu auf eine ausreichende steuerliche Rechtsgrundlage stützen konnte. Deshalb sollte derjenige, der sich mit solchen Überlegungen der Abkoppelung der steuerlichen von der handelsrechtlichen Gewinnermittlung trägt, auch hier bedenken, daß mit einer Gesetzesauslegung die nicht dem Wortlaut des Gesetzes, sondern einer rein fiskalpolitischen, „wirtschaftlichen Betrachtungsweise" folgt, der Weg in Willkür droht.[45]

Mit dem Wortlaut des § 5 Abs. 1 S. 1 EStG sowie dem Sinn und Zweck des Maßgeblichkeitsgrundsatzes erscheint die Argumentation der Kritiker nicht vereinbar zu sein. Der Steuergesetzgeber hat sich mit dem Verweis in § 5 Abs. 1 S. 1 EStG gegen ein autonomes Bilanzsteuerrecht entschieden und statt dessen

---

44 Crezelius, DB 1994, 689.

45 Vgl. auch die Bedenken von Döllerer, BB 1971, 1333, 1334 zur Aufgabe des Maßgeblichkeitsgrundsatzes, beispielsweise: „Ist der Grundsatz der Maßgeblichkeit der Handelsbilanz einmal formal aufgegeben, dann besteht die Gefahr, daß die Steuerbilanz zum Spielball von Kräften wird, die sich nicht nur die formale, sondern auch die sachliche Trennung der Steuerbilanz von der Handelsbilanz zum Ziel gesetzt haben".

an die handelsrechtlichen Gewinnermittlungsgrundsätze angeknüpft, um der steuerlichen Gewinnermittlung keinen anderen Sinn und Zweck beizulegen als sie im Handelsbilanzrecht verfolgt werden.[46] Dies wird im besonderen deutlich durch die steuerlichen Vorbehaltsvorschriften. Durch sie will der Gesetzgeber Sachverhalte geregelt wissen, bei denen er für steuerliche Zwecke die handelsrechtliche Lösung für nicht vertretbar hält. Dies bedeutet im Umkehrschluß, daß außerhalb des Anwendungsbereiches dieser Vorschriften die handelsrechtlichen Gewinnermittlungsgrundsätze grundsätzlich maßgebend sind. Folglich wird mit den handelsrechtlichen Gewinnermittlungsgrundsätzen auch ihr Zweck, nämlich die vorsichtige und objektivierte Ermittlung eines realisierten und damit entnahme- und verteilungsfähigen Gewinnes über § 5 Abs. 1 S. 1 EStG in das Steuerrecht transformiert, um im Prinzip dieses Ergebnis der Besteuerung zu Grunde zu legen. Für die Annahme, als Substrat der Besteuerung könne nur der „volle", „richtige" Gewinn, der sich an der oberen Grenze des handelsrechtlich zulässigen zu orientieren habe,[47] als Maßgröße der wirtschaftlichen Leistungsfähigkeit eines Unternehmens in Betracht kommen, gibt es keine Grundlage, denn gerade das Gegenteil wird durch die Vorschrift des § 5 Abs. 1 S. 1 EStG und die steuerlichen Vorbehaltsvorschriften belegt.

Das Prinzip der Besteuerung nach der wirtschaftlichen Leistungsfähigkeit selbst vermag ein anderes nicht zu rechtfertigen. Ein kodifizierter, allgemeiner Maßstab, der mit normativer Wirkung die wirtschaftliche Leistungsfähigkeit eines Steuerpflichtigen für sämtliche Einkunftsarten definiert, existiert nicht. Zwar ist der Grundsatz der Besteuerung nach der Leistungsfähigkeit ein allgemeines Fundamentalprinzip der Besteuerung, als solches aber rechtsfolgenlos.[48] Aufgrund der Unbestimmtheit dieses Prinzips können aus ihm keine materiellen Rechtsfolgen abgeleitet werden. Der historische Gesetzgeber hat für die Bestimmung, was er unter der wirtschaftlichen Leistungsfähigkeit verstanden wissen will, eine direktere Art der Umsetzung gewählt. Tatbestandsmäßig ist das, was nach den Vorstellungen des Steuergesetzgebers unter der Leistungsfähigkeit zu verstehen ist, für jede Einkunftsart durch die gesetzliche Definition der jeweiligen Steuerbemessungsgrundlage und deren Ermittlung bestimmt. Für Steuerpflichtige, die nach § 2 Abs. 1 Nr. 2 EStG Einkünfte aus Gewerbebetrieb beziehen, ist dies der Gewinn (§ 2 Abs. 2 Nr. 1 EStG). Wenn dieser, soweit dem nicht steuerliche Vorschriften entgegenstehen, aufgrund § 5 Abs. 1 S. 1 EStG nach den handelsrechtlichen Gewinnermittlungsgrundsätzen zu ermitteln ist, so folgt daraus, daß nach der Auffassung des Gesetzgebers die wirtschaftliche

46 Döllerer, BB 1971, 1333, 1334.

47 Kirchhof/Söhn/Kempermann, EStG, § 5 Rdnr. B 115.

48 Crezelius, Steuerrecht II, § 4 II; ders. DB 1994, 689, 691; Knobbe-Keuk, Bilanzsteuerrecht, § 2 II 3e; Kruse, Lehrbuch des Steuerrechts, Bd. I, § 2 III 2d m.w.N.; ders., DStJG 5 (1982), S. 71, 77; Woerner, DStJG 5 (1982), S. 23, 50f.; a.A. Tipke, Die Steuerrechtsordnung, Bd. I, § 10 2.33; Kirchhof, StuW 1985, 319, 323f.

Leistungsfähigkeit gerade in diesem Gewinn ihren Ausdruck findet. Folglich kann das Prinzip der wirtschaftlichen Leistungsfähigkeit der an den handelsrechtlichen Gewinnermittlungsgrundsätzen orientierten steuerlichen Gewinnermittlung nicht entgegenstehen.[49] Es kann deshalb nicht diejenige Auffassung überzeugen, die den Grundsatz der Maßgeblichkeit lediglich als ein primär technisches Prinzip ansieht, welches in seiner Wertigkeit unterhalb der ethischen Prinzipien der Steuergerechtigkeit, insbesondere des Leistungsfähigkeitsprinzips steht.[50] Denn ein Verhältnis der Über-Unterordnung zwischen dem Leistungsfähigkeitsprinzip und dem Maßgeblichkeitsgrundsatz kann dann nicht vorliegen, wenn es der via Maßgeblichkeit in das Steuerrecht transformierte handelsrechtliche Gewinn ist, der als Ausdruck der wirtschaftlichen Leistungsfähigkeit angesehen werden muß. Wenn demgegenüber eingewandt wird, die handelsrechtlichen Bilanzierungsvorschriften gewähren dem Bilanzierenden Ermessensspielräume, die zur willkürlichen Bilanzmanipulation genutzt werden und die mit den übergeordneten Zielen des Steuerrechts nicht vereinbar seien, da es durch sie im Belieben des Steuerpflichtigen liege den Maßstab seiner Besteuerung selbst festzulegen,[51] so wird dabei Entscheidendes übersehen. Sind die über die Maßgeblichkeit in die steuerlichen Gewinnermittlung übertragenen handelsrechtlichen Wahlrechte und Ermessensspielräume gegenwärtig steuerpolitisch unerwünscht oder sollte der historische Gesetzgeber dieser im Rahmen der gesetzlichen Fixierung des Maßgeblichkeitsgrundsatzes nicht ausreichend gedacht haben, wäre es die Aufgabe des gegenwärtigen Steuergesetzgebers und nicht die des Rechtsanwenders, wollte man an dieser gesetzlich „verfehlten" Situation etwas ändern. Im übrigen bilden die GoB auch für die Steuerbilanz die Schranke gegen willkürliche Bilanzmanipulation.[52]

Abschließend ist festzuhalten, daß sich für die steuerliche Gewinnermittlung aufgrund der Maßgeblichkeit der handelsrechtlichen Grundsätze ordnungsmäßiger Buchführung nach § 5 Abs. 1 S. 1 EStG vorrangig die Subsumtion des zu beurteilenden Sachverhaltes unter die handelsrechtlichen Vorschriften der §§ 238ff. HGB ergibt, die nur dann keine Anwendung finden, wenn dem zwingende steuerliche Vorbehaltsvorschriften entgegenstehen (§ 5 Abs. 6 EStG). Die einschränkende Anwendung der handelsrechtlichen Grundsätze ordnungsmäßiger Buchführung für die steuerliche Gewinnermittlung, insbesondere des Imparitäts- und Realisationsprinzips, ist eine materiell-rechtliche Entscheidung, die zwingend einer Rechtsgrundlage bedarf. Diesbezüglich wird im weiteren - im Rahmen der Ausführungen zur steuerlichen Gewinnermittlung mitunterneh-

---

49 Crezelius, DB 1994, 689; Knobbe-Keuk, Bilanzsteuerrecht, § 2 II 3e.

50 So Pezzer, DStJG 14 (1991), S. 3, 18.

51 Kirchhof/Söhn/Kempermann, EStG, § 5 Rdnr. B 115.

52 Crezelius, DB 1994, 689.

merischer Einkünfte- die streitige Problematik zu erörtern sein, ob die Vorschrift des § 15 Abs. 1 S. 1 Nr. 2 EStG eine solche Vorbehaltsnorm darstellt.

b) Vorschrift des § 6a EStG

Die Vorschrift des § 6a EStG ist eine solche bilanzsteuerrechtliche Vorbehaltsnorm. Sie regelt als besondere steuerrechtliche Gewinnermittlungsvorschrift den Ansatz und die Bewertung der Pensionsverpflichtung teilweise abweichend vom Handelsbilanzrecht. Sie geht als lex spezialis für die Bilanzierung von Pensionsverpflichtungen den allgemeinen steuerrechtlichen Gewinnermittlungsvorschriften der §§ 5 und 6 EStG vor. Dies betrifft insbesondere die Bewertung der Pensionsverpflichtung, die nicht mit dem in der Vorschrift des § 6 Abs. 1 S. 3 EStG bestimmten allgemeinen Teilwert, sondern mit dem besonderen des § 6a Abs. 3 EStG zu erfolgen hat. Während nach der Gesetzeslage vor der Änderung des § 6a EStG durch § 19 BetrAVG für die Bewertung der Pensionsverpflichtung nach dem Prinzip des Gegenwartswertverfahrens[53] der Aufwand aus der Pensionszusage nach versicherungsmathematischen Grundsätzen gleichmäßig auf die Zeit von der Pensionszusage bis zum voraussichtlichen Eintritt des Versorgungsfalles zu verteilen war, ist nunmehr das sog. Teilwertverfahren[54] anzuwenden. Mit diesem soll dem arbeitsrechtlichen Verständnis der zukünftigen Pensionsleistungen Rechnung getragen werden, wonach die Pensionsleistungen als Entgelt für die gesamten erbrachten Dienste des Berechtigten und dessen Betriebstreue geleistet werden.[55] Dementsprechend, und sieht man von der altersabhängigen Begrenzung durch § 6a Abs. 3 S. 2 Nr. S. 6 EStG ab, ist mit dem nach § 6a Abs. 3 EStG anzuwendenden Teilwertverfahren davon auszugehen, daß der Pensionsanspruch nicht nur im Laufe der restlichen Dienstzeit ab der Zusage, sondern bereits ab dem tatsächlichen Dienstbeginn erdient wird. Für die Finanzierung der in Zukunft voraussichtlich fälligen Leistungen ist daher vorgesehen, den Barwert der im Versorgungsfall einsetzenden Pensionen grundsätzlich durch die Bildung einer aufwandswirksamen Pensionsrückstellung periodengerecht auf die gesamte Dienstzeit zu verteilen.[56] Die Rückbeziehung der Berechnung auf den Beginn des Dienstverhältnisses bewirkt im Vergleich zu dem für die Berechnung auf die Erteilung der Zusage abstellenden Gegenwartswertverfahren einerseits, daß die Zuführungen in den folgenden Jahren bis zum Eintritt des Versorgungsfalles niedriger ausfallen. Wird die Pensionszusage erst nach dem Jahre des Diensteintrittes erteilt, kommt es andererseits mit

---

53 Vgl. dazu Ahrend/Förster/Rößler, BAV, 2. Teil, Rdnr 17, 8. Teil Rdnr. 92; Heubeck, ABA-Handbuch, Bd. 1, Die Pensionsrückstellung, S. 40ff.

54 Vgl. dazu Ahrend/Förster/Rößler, BAV, 2. Teil, Rdnr 17, 8. Teil Rdnr. 93; Heubeck, ABA-Handbuch, Bd. 1, Die Pensionsrückstellung, S. 36ff.

55 Bt-Drs., VII/1281, S. 39.

56 So bereits BFH v. 10.2.1953 - I 113/52, BFHE 57, 254, 257 = BStBl. III 1953, 102; v. 27.9.1955 - I 174/55 S, BFHE 61, 431, 439f. = BStBl. III 55, 366.

dem Teilwertverfahren zur Bildung einer vom Gewinn abzugsfähigen sog. Einmalrückstellung für den während der bisherigen Dienstzeit erdienten Pensionsanspruch.[57] Dabei gründet die erhebliche steuerrechtliche Bedeutung der Pensionsrückstellung auf dem mit ihrem bilanziellen Ansatz verbundenen Finanzierungseffekt. Zwar trifft die Zahlungsverpflichtung das Unternehmen unmittelbar erst nach Eintritt des Versorgungsfalles im Zeitpunkt der Auszahlung der Pensionsleistungen. Allerdings bewirkt der bilanzielle Ansatz der Pensionsverpflichtung über den Zeitraum der Pensionsanwartschaft, daß der Gewinn bereits während der aktiven Dienstzeit durch aufwandswirksame jährliche Rückstellungszuführungen gemindert wird. Im Prinzip wird der Erfolg des Unternehmens nur während der Aktivenzeit des Arbeitnehmers berührt, da den gewinnmindernden Pensionszahlungen die Gewinnerhöhung aus der erfolgswirksamen sukzessiven Auflösung der Pensionsrückstellung gegenübersteht. Neben dem mit der Bildung der Pensionsrückstellung verbundenen unmittelbaren Finanzierungseffekt, nämlich der Bereitstellung von Mitteln, die dem Unternehmen bis zur Erfüllung der Pensionsverpflichtung zur Verfügung stehen, wird über die Gewinnminderung während der aktiven Phase des Beschäftigungsverhältnisses mit Wirkung sowohl für die Einkommen- wie auch für die Gewerbesteuer eine Steuerstundung hervorgerufen. Wird eine hypothetische Fremdkapitalaufnahme in Höhe der Verminderung der Ertragsteuern angenommen, ergibt sich ein zusätzlicher Finanzierungseffekt aus der Zinsersparnis. Dieser Finanzierungseffekt, der durch den Ansatz der Einmalrückstellung noch verstärkt wird, ist nach der Gesetzesbegründung ausdrücklich gewollt, um den Unternehmen die Finanzierung ihrer Pensionsverpflichtungen zu erleichtern und die sozialpolitisch erwünschte Ausweitung der Direktzusagen zu unterstützen.[58]

Unter den in § 6a Abs. 1 S. 1 EStG genannten Voraussetzungen „darf" in der Steuerbilanz der Gesellschaft für die Pensionsverpflichtung aus einer Direktzusage eine Pensionsrückstellung gebildet werden. Isoliert betrachtet deutet der Wortlaut der Vorschrift des § 6a Abs. 1 S. 1 EStG auf ein generelles steuerrechtliches Wahlrecht für den steuerbilanziellen Ansatz von Pensionsrückstellungen. In Verbindung mit dem Maßgeblichkeitsgrundsatz des § 5 Abs. 1 EStG, der Vorschrift des § 249 Abs. 1 S. 1 HGB sowie der Übergangsregelung des Art. 28 EGHGB ergibt sich hieraus jedoch folgendes: Für Pensionsverpflichtungen aus Neuzusagen gilt aufgrund der handelsrechtlichen Vorschrift des § 249 Abs. 1 S. 1 HGB die Passivierungspflicht. Für derartige Pensionsverpflichtungen sowie für Pensionsverpflichtungen aus Altzusagen, die in Ausübung des handelsrechtlichen Passivierungswahlrechts durch den Ansatz einer

---

57 Vgl. dazu Heubeck, ABA-Handbuch, Bd. 1, Die Pensionsrückstellung, S. 36ff. mit anschaulichen Beispielrechnungen und Graphiken; Ahrend/Förster/Rößler, BAV, 8. Teil Rdnr. 93.

58 Bt-Drs., VII/1281, S. 37.

Pensionsrückstellung berücksichtigt wurden, gebietet der Maßgeblichkeitsgrundsatz des § 5 Abs. 1 S. 1 EStG zwingend, die Pensionsrückstellung in die Steuerbilanz der Gesellschaft zu übernehmen. Dem Passivierungswahlrecht des § 6a EStG kommt deshalb nicht die Bedeutung zu, den Ansatz dieser Pensionsverpflichtungen für die Steuerbilanz fakultativ zu stellen. Das steuerrechtliche Passivierungswahlrecht ist insofern überholt und bedeutungslos.[59] Erklärlich wird das generelle steuerrechtliche Passivierungswahlrecht nur in bezug auf die handelsbilanzrechtliche Situation vor der Neuregelung durch das BiRiLiG. Ohne die Regelung des § 6a EStG wäre aufgrund der Wahlrechtrechtsprechung des Großen Senats des BFH vom 3.2.1969[60] der Ansatz jedweder Pensionsrückstellung in der Steuerbilanz unzulässig gewesen. Infolge dessen entfaltet das steuerliche Passivierungswahlrecht seine Wirkung im wesentlichen nur noch bei Pensionsverpflichtungen aus Altzusagen, für die in der Handelsbilanz zunächst keine Pensionsrückstellung ausgewiesen wurde. Aufgrund der sog. umgekehrten Maßgeblichkeit[61] des § 5 Abs. 1 S. 2 EStG ist der Ansatz der Pensionsrückstellung in der Steuerbilanz jedoch an die Bedingung geknüpft, daß diesem durch einen gleichlautenden Ausweis in der Handelsbilanz entsprochen wird.

Trotz der Maßgabe des handelsbilanzrechtlichen Ansatzes der Pensionsrückstellung für die steuerliche Gewinnermittlung ist der steuerbilanzielle Ausweis einer Pensionsverpflichtung nur unter dem Vorbehalt der Erfüllung der sachlichen und personellen Voraussetzungen der Vorschrift des § 6a Abs. 1 Nr. 1 bis 3, Abs. 2 Nr. 1 EStG zulässig.[62] Sachlich erforderlich ist hiernach, daß:

- der Pensionsberechtigte einen von Rechts wegen mittels Klage und Zwangsvollstreckung durchsetzbaren Anspruch (§ 194 BGB) auf zukünftige, einmalige oder laufende Pensionsleistungen hat.[63] Dieser ist gegeben, wenn der Pensionsberechtigte nach arbeitsrechtlich zu beurteilenden Maßstäben in ei-

59 R 41 Abs. 1 S. 1 EStR 1998; Döllerer, BB 1987, Beilage 12, S. 13; Fröschle/Klein, DB 1987, 341, 346; Sieker, BB 1987, 1851, 1853f; Stuhrmann, BetrAV 1986, 221f; L.Schmidt/Seeger, EStG, § 6a Rdnr. 4; Schneeloch, WPg 1985, 565, 567; wohl auch Heubeck, WPg 1986, 317, 321; a.A. Blümich/Ahrend/Förster/Rößler, EStG KStG GewStG, § 6a EStG Rdnr. 276ff.; Ahrend/Förster/Rößler, DB 1986, Beilage 10, S. 10; Ahrend, WPg 1986, 577, 587f.; Littmann/Bitz/Hellwig/Höfer, EStG, § 6a Rdnr. 15; Mann, DB 1986, 2199, 2201.

60 BFH v. 3.2.1969 - GrS 2/68, BStBl. II 1969, 291.

61 Vgl. dazu Crezelius, Steuerrecht II, § 8 II 2b; Knobbe-Keuk, Bilanzsteuerrecht, § 2 III; Thiel, Bilanzrecht, IV D 3.

62 Vgl. hierzu R 41 Abs. 1 bis 7 EStR 1998; Blümich/Ahrend/Förster/Rößler, EStG KStG GewStG, § 6a EStG Rdnr. 86ff.; dies., BAV, 2. Teil, Rdnr 60ff.; L.Schmidt/Seeger, EStG, § 6a Rdnr. 7ff.

63 Vgl. L.Schmidt/Seeger, EStG, § 6a Rdnr. 7; Blümich/Ahrend/Förster/Rößler, EStG KStG GewStG, § 6a EStG Rdnr. 86; dies., BAV, 75ff.

nem Arbeits- oder sonstigen Rechtsverhältnis zum Zusagenden steht, welches ihn zur Tätigkeit zugunsten des Zusagenden verpflichtet und ihm im Rahmen dieses Rechtsverhältnisses aufgrund einzelvertraglicher Regelung, Gesamtzusage, Betriebsvereinbarung, Tarifvertrag oder Besoldungsordnung ein Anspruch auf Versorgungsleistungen gewährt wird.[64]

- die Pensionszusage keinen steuerschädlichen Widerrufsvorbehalt enthält. Ein solcher liegt vor, wenn aufgrund eines in der Pensionszusage enthaltenen Vorbehalts die Pensionsanwartschaft nach freiem Belieben des Verpflichteten gemindert oder entzogen werden kann. Hiervon ausgenommen ist der Vorbehalt, der es dem Verpflichteten im Falle der Existenzgefährdung des Unternehmens gestattet, die Pensionsleistungen zu mindern oder einzustellen, wenn die Erfüllung der Pensionszusage bei Abwägung der berechtigten Interessen des Pensionsberechtigten und des verpflichteten Arbeitgebers unter Zugrundelegung eines objektiven Maßstabs nach Treu und Glauben unzumutbar wäre (§§ 315, 242 BGB).[65]

- die Pensionszusage keine Pensionsleistungen in Abhängigkeit von künftigen, gewinnabhängigen Bezügen vorsieht. Die Voraussetzung ist durch das Jahressteuergesetz 1997[66] neu eingeführt worden. Bereits aufgrund der bisherigen Gesetzeslage war nach der Rechtsprechung des BFH die steuerliche Bildung einer Pensionsrückstellung dann nicht zulässig, wenn die Bemessung der laufenden Pensionsleistungen in Abhängigkeit vom Gewinn erfolgte.[67]

- die Pensionszusage schriftlich erteilt worden ist.[68] Die Schriftform dient dem Nachweis des Zeitpunktes der Zusage sowie der Art und Höhe der Pen-

---

64 Vgl. R 41 Abs. 2 EStR 1998; Blümich/Ahrend/Förster/Rößler, EStG KStG GewStG, § 6a EStG Rdnr. 86ff.; dies., BAV, 76.

65 Vgl. die Auflistung steuerschädlicher und unschädlicher Vorbehalte in R 41 Abs. 3 bis 6 EStR 1998; Ahrend/Förster/Rößler, BAV, 2. Teil Rdnr. 98; L.Schmidt/Seeger, EStG, § 6a Rdnr. 9f. Dabei ist zu berücksichtigen, daß nach der Rechtsprechung des Bundesarbeitsgerichts dem Ausschluß des Rechtsanspruch oder dem Vorbehalt des Widerspruchs in der Pensionszusage nahezu keine rechtliche Wirkung mehr zukommt, vgl. dazu Schaub, Arbeitsrechts-Handbuch, § 81 X 4 ff., § 81 XI; Ahrend/Förster/Rößler, BAV, 2. Teil Rdnr. 94.

66 BGBl. I 1996, S. 2049.

67 BFH v. 19.2.1981 - IV R 112/78, BStBl. II 1981, 654.

68 Zivilrechtlich ist für die Wirksamkeit der Pensionszusage die Schriftform nicht erforderlich, vgl. BGH, DStR 1994, 257; Allerdings ist diesbezüglich zu beachten, daß dem Arbeitgeber durch die Vorschrift des § 2 Nr. 6 NachwG die Pflicht auferlegt wird, die wesentlichen Bedingungen des Arbeitsverhältnisses niederzulegen, zu denen ebenfalls die Erteilung einer Pensionszusage zählt; vgl. Ahrend/Förster/ Rößler, BAV, 2. Teil Rdnr. 120; L.Schmidt/Seeger, EStG, § 6a Rdnr. 15.

sionsanwartschaft.[69] Der Schriftform genügt jede schriftliche Festlegung, bspw. durch Einzelvertrag, Gesamtzusage, Betriebsvereinbarung, Tarifvertrag, Besoldungsordnung, Gerichtsurteil. Pensionsverpflichtungen, die auf betrieblicher Übung oder dem Grundsatz der Gleichbehandlung beruhen, genügen dem Schriftformerfordernis hingegen nicht.[70] Ebenso unzureichend ist ein protokollierter Gesellschafterbeschluß sein, wenn die Niederschrift dem Begünstigten nicht mitgeteilt wird.[71]

Personelle Voraussetzung ist gemäß der Vorschrift des § 6a Abs. 2 Nr. 1 EStG, daß der Versorgungsberechtigte, ungeachtet des Beginns des Dienst- oder sonstigen Rechtsverhältnisses mit dem Pensionsverpflichteten, im Wirtschaftsjahr des erstmaligen Ansatzes einer Pensionsrückstellung das 30. Lebensjahr überschritten hat.

c) Betriebliche Veranlassung der Direktzusage

Unabhängig von den Voraussetzungen des § 6a EStG kann eine Pensionsverpflichtung in der Steuerbilanz nur dann passiviert, bzw. die jährlichen Zuführungen als abzugsfähige Betriebsausgaben nur angesetzt werden, wenn die dem Arbeitnehmer im Rahmen eines Dienst- oder anderen Rechtsverhältnis (vgl. § 6a Abs. 5 EStG) erteilte Pensionszusage nach Grund und Höhe ausschließlich betrieblich veranlaßt ist (§ 4 Abs. 4 EStG).[72] Dem Begriff der betrieblichen Veranlassung kommt für die steuerrechtliche Gewinnermittlung insofern zentrale Bedeutung zu, als anhand des Veranlassungsprinzips darüber zu entscheiden ist, ob eine Aufwendung der steuerrechtlich relevanten betrieblichen Sphäre oder der steuerrechtlich irrelevanten außerbetrieblichen Sphäre (Privatsphäre) des Steuerpflichtigen zuzuordnen ist.[73] Dabei liegt die Schwierigkeit in der Bestimmung steuerrechtlicher Veranlassung. Es geht insbesondere um die Frage, welche Art der Kausalbeziehung zwischen dem Betrieb und den Aufwendungen dem Veranlassungsprinzip zugrunde zu legen ist, nämlich ob auf einen subjektiv-finalen oder auf einen objektiv-kausalen Zusammenhang mit der Erwerbstä-

---

69 Bt-Drs., VII/1281, S. 37; Ahrend/Förster/Rößler, BAV, 2. Teil Rdnr. 121.

70 R 41 Abs. 7 EStR 1998; Ahrend/Förster/Rößler, BAV, 2. Teil Rdnr. 121; L.Schmidt/ Seeger, EStG, § 6a Rdnr. 15.

71 BFH v. 20.4.1988 - I R 129/84, BFH/NV 1988, 807.

72 Blümich/Ahrend/Förster/Rößler, EStG KStG GewStG, § 6a EStG Rdnr. 143; Heubeck/ Höhne/ Paulsdorff/Rau/Weinert, BetrAVG-StR, § 6a EStG Rdnr. 83; Höfer/Abt, BetrAVG-StR, § 6a Rdnr. 21; Littmann/Bitz/Hellwig/Höfer, EStG, § 6a Rdnr. 22; L.Schmidt/ Seeger, EStG, § 6a Rdnr. 16.

73 Vgl. dazu Crezelius, Steuerrecht II, § 9 II 1; Tiedtke, Einkommensteuerrecht, § 22 I 2; Kruse, FR 1981, 473ff.; Tipke/Lang, Steuerrecht, § 9 Rdnr. 227ff.; Söhn, DStJG 3 (1980), S. 13ff.; Wassermeyer, StuW 1981, 245.

tigkeit abzustellen ist.[74] Nach der ständigen Rechtsprechung des BFH sind Aufwendungen des Steuerpflichtigen durch den Betrieb veranlaßt, wenn sie objektiv mit dem Betrieb zusammenhängen und subjektiv dem Betrieb zu dienen bestimmt sind.[75] Während die subjektive Absicht kein in jedem Fall notwendiges Merkmal des Betriebsausgabenabzugs ist, weil auch unfreiwillige Aufwendungen Betriebsausgaben sein können, ist der objektive Zusammenhang zwingend.[76] Entscheidend sind insofern wertende Gesichtspunkte, die im Einzelfall eine Beurteilung darüber zulassen, ob das die Aufwendung auslösende Moment im betrieblichen Bereich liegt.[77] Dies ist bei objektiver Betrachtung aus Sicht des Betriebes dann zu verneinen, wenn ein tatsächlicher oder wirtschaftlicher Zusammenhang mit dem Betrieb nicht besteht.[78] Infolgedessen ist die Pensionszusage nur dann als betrieblich veranlaßt anzusehen, wenn der Pensionsberechtigte gemäß § 6a Abs. 5 EStG im Rahmen eines Arbeits-, Dienst- oder sonstigen Rechtsverhältnisses für das verpflichtete Unternehmen tätig ist bzw. war und die zukünftigen Pensionsleistungen als Gegenleistung für die vom Versorgungsempfänger unmittelbar gegenüber dem Pensionsverpflichteten erbrachten Dienste beurteilt werden können.[79] Insofern ist es, im Gegensatz zu einer privaten Versorgungszusage, für die betriebliche Versorgungszusage kennzeichnend, daß „der Gedanke der Entlohnung der früher für den Betrieb geleisteten Dienste im Vordergrund" steht.[80] Ist die Pensionszusage betrieblich veranlaßt, mindern die jährlichen Rückstellungszuführungen nach der Maßgabe des § 6a Abs. 3, 4 EStG als abzugsfähige Betriebsausgaben den steuerpflichtigen Gewinn der Gesellschaft. Entsprechend wird infolge des Verweises der gewerbesteuerrechtlichen Vorschrift des § 7 GewStG auf die einkommensteuerrechtlichen Gewinnermittlungsvorschriften für die Ermittlung des Gewerbeertrages selbiger gemin-

---

74 Vgl. dazu Crezelius, Steuerrecht II § 9 II 1; Tiedtke, Einkommensteuerrecht, § 22 I 2; Tipke/Lang, Steuerrecht, § 9 Rdnr. 227ff.; L.Schmidt/Heinicke, EStG, § 4 Rdnr. 30.

75 BFH v. 20.11.1979 - VI R 25/78, BStBl. II 1980, 75; v. 28.11.1980 - VI R 193/77, BFHE 132, 431 = BStBl. II 1981, 368; BFH v. 21.11.1983 - GrS 2/82, BFHE 124, 43 = BStBl. II 1984, 160.

76 BFH v. 28.11.1980 - VI R 193/77, BFHE 132, 431 = BStBl. II 1981, 368.

77 BFH v. 4.7.1990 - GrS 2-3/88, BFHE 161, 290 = BStBl. II 1990, 817.

78 BFH v. 29.3.1979 - IV R 103/75, BFHE 127/530 = BStBl. II 1979, 512.

79 L.Schmidt/Seeger, EStG, § 6a Rdnr. 16; Höfer/Abt, BetrAVG-StR, § 6a Rdnr 21ff.; a.A. wohl Heubeck/Höhne/Paulsdorff/Rau/Weinert, BetrAVG-StR, § 6a Rdnr. 85 ff.; widersprüchlich Ahrend/ Förster/Rößler, BAV, 2. Teil Rdnr. 64f.: „Es ist nicht erforderlich , daß neben der Pensionszusage noch ein besondere Rechtsverhältnis, (...) zwischen dem Pensionsberechtigten und dem Pensionsverpflichteten bestehen muß"; „ Eine Rechtsbeziehung zwischen dem Zusagenden und dem Zusageempfänger ist damit grundsätzlich erforderlich"

80 BFH v. 7.12.1979 - I R 75/77, BFHE 124, 178, 180 = BStBl. II 1979, 269; v. 25.10.1984 - IV R 165/82, BFHE 142, 283 = BStBl. II 1985, 212; v. 27.6.1989 - VIII R 337/83, BFHE 157, 405 = BStBl. II 1989, 888.

dert. Da die Abzugsfähigkeit des Versorgungsaufwandes nicht durch Hinzurechnungen und Kürzungen gemäß den Regelungen der §§ 8, 9 GewStG modifiziert wird,[81] folgt die Behandlung der Pensionsverpflichtungen gegenüber dem Arbeitnehmer bei der Gewerbeertragsteuer derjenigen der Einkommensteuer.[82]

2. Systematik der steuerlichen Gewinnermittlung mitunternehmerischer Einkünfte

a) Rechtsentwicklung

aa) Bilanzbündeltheoretische Konzeptionen

Das gegenwärtige Unternehmenssteuerrecht erhebt nicht einheitlich das Unternehmen als solches zum Steuersubjekt, um auf den erwirtschafteten Gewinn des Unternehmens als Substrat der Besteuerung zuzugreifen.[83] Anknüpfend an die im Personenrecht getroffene Entscheidung, wer uneingeschränkt Träger von Rechten und Pflichten ist, wurden die Personengesellschaften als solche, im Gegensatz zu den Körperschaften und den natürlichen Personen, vom historischen Steuergesetzgeber weder zum Subjekt des Einkommen- noch des Körperschaftsteuerrechts bestimmt. Nicht die Personengesellschaft unterliegt der Steuerpflicht, sondern einzig und allein die an ihr als Gesellschafter beteiligten natürlichen oder juristischen Personen. Der Große Senat des BFH hat diese rein zivilrechtlich ausgerichtete Abgrenzung zwischen EStG und KStG ausdrücklich bestätigt. Mit Beschluß vom 25.6.1984[84] lehnte er die namentlich von der Finanzverwaltung vertretene Ansicht ab, Publikumsgesellschaften in der Rechtsform der GmbH & Co. KG als Körperschaften im Sinne der §§ 1 Abs. 1 Nr. 5, 3 Abs. 1 KStG anzusehen.[85] Insofern wird der gesamthänderisch verfaßte Personenverbund in dem auf die natürlichen und juristischen Personen ausgerichteten dualistischen Unternehmenssteuersystem negiert. Weil aber für die rechtsformneutrale Ausgestaltung des Ertragsteuerrechts neben den Gewinnen der Kapitalgesellschaften und der Einzelunternehmungen ebenfalls die Gewinne der Personengesellschaften der Besteuerung unterworfen werden müssen, wird der von

81 Bereits durch den RFH ist im Urteil v. 1.10.1940 - I 206/39, RStBl. 1941, 36 entschieden worden, daß Pensionsverpflichtungen keine Dauerschulden i.S.d. § 8 Nr. 1 GewStG sind.

82 Für ab dem 1.1.1998 beginnenden Veranlagungszeiträumen ist die Gewerbekapitalsteuer außer Kraft gesetzt. Infolgedessen wird auf sie nicht mehr eingegangen.

83 Zur Kritik Knobbe-Keuk, Bilanzsteuerrecht, S. 1ff.; dies., DB 1989, 1303ff.; siehe auch Lang, StuW 1990, 107ff.

84 BFH v. 25.6.1984 - GrS 4/82, BFHE 141, 405 = BStBl. II 1984, 751, 758; ebenso bereits BFH v. 17.1.1973 - I R 253/71, BStBl. II 1973, 269.

85 Vgl. dazu Uelner, JbFAStR 1984/85, S. 13, 37.

der Personengesellschaft erwirtschaftete Gewinn den Gesellschaftern nach § 15 Abs. 1 S. 1 Nr. 2 Hs. 1 EStG anteilig als gewerbliche Einkünfte zugerechnet.[86]

Seit der Aufnahme des Mitunternehmerbegriffes in § 7 Nr. 3 des EStG von 1920 wird in der Literatur die Frage diskutiert, ob aus der fehlenden Steuersubjekteigenschaft der Personengesellschaften für die Besteuerung der Gesellschafter zu schließen ist, daß die zivilrechtliche Existenz der Gesellschaft für die einkommensteuerrechtliche Gewinnermittlung zu negieren ist, oder ob jene zivilrechtlichen Strukturen zu berücksichtigen sind. Der Grund für diesen Streitgegenstand liegt im Ausgangspunkt in der Tatsache, daß der einzelne Gesellschafter das Subjekt der Einkommensbesteuerung ist, während das Besteuerungsobjekt Einkünfte sind, die in der Personengesellschaft erwirtschaftet werden. Zu deren Ermittlung aber ist die Gesellschaft als solche verpflichtet (vgl. §§ 238, 242 HGB i.V.m. § 140 AO), so daß das Einkommensteuerrecht an die zivilrechtliche Existenz der Gesellschaft nicht nur mit der Verwendung diesbezüglicher zivilrechtlicher Begriffe anknüpft. Während vor der Einführung der Vorschrift des § 7 Nr. 3 EStG 1920 in Anlehnung an das Zivilrecht die Trennung der Rechtssphären von Gesellschaft und Gesellschafter, insbesondere im Bereich der Drittschuldverhältnisse zwischen Gesellschaft und Gesellschafter, auch steuerrechtlich respektiert wurde,[87] entwickelte sich die Rechtsprechung des RFH anschließend dahingehend, diese zivilrechtlichen Strukturen unbeachtet zu lassen und in Fragen der Gewinnermittlung allein auf den Gesellschafter abzustellen.[88] Die dogmatischen Grundlagen bildeten hierzu die sog. bilanzbündeltheoretischen Konzeptionen.

Die sich aus der Anerkennung schuldrechtlicher Beziehungen zwischen Gesellschaft und Gesellschafter zwangsläufig ergebende unterschiedliche Behandlung von Einzelunternehmer und Mitunternehmer blieb von der Rechtsprechung nicht ungesehen, wurde aber wegen der Verselbständigung der gesamthänderischen Verbindung und entgegen der Kritik im Schrifttum zunächst akzeptiert.[89] Insbesondere Enno Becker[90] wandte sich gegen diese Ungleichbehandlung und forderte die Gleichstellung von Einzel- und Mitunternehmer: „Treten an die

---

86 BFH v. 12.10.1989 - IV R 5/86, BStBl. II 1990, 168, 169; Crezelius, Steuerrecht II, § 6 II 2c; Knobbe-Keuk, Bilanzsteuerrecht, § 9 I 1; Lange/ Grützner/Kussmann/Reiß, Personengesellschaften im Steuerrecht, Rdnr. 1; Söffing, Besteuerung der Mitunternehmer, I 1; Sudhoff/Walpert, Personengesellschaften, 5. Teil A Rdnr. 2.

87 PrOVGSt 7, 435; PrOVGSt 8, 407; PrOVGSt 12, 366; vgl. Mrozek, Handkommentar zum Preußischen Einkommensteuergesetz, S. 293; Erler/Koppe, Reichseinkommensteuergesetz, S. 81.

88 Vgl. dazu Becker, Die Grundlagen der Einkommensteuer, S. 100f.

89 RFH v. 8.8.1928 - VI A 910/28, StuW II 1928, Sp. 1400; v. 21.11.1928 - VI A 1492/28, StuW II 1929, Sp. 41; Blümich/Schachian, EStG, S. 324; Ott, StuW I 1924, Sp. 813, 815.

90 Becker, StuW 1925, Sp. 1579, 1601f.

Stelle des einen Unternehmers mehrere (Mitunternehmer), so müssen diese zusammen ebenso behandelt werden". Weil ein Einzelunternehmer nicht in schuldrechtliche Beziehungen mit sich selbst treten kann und deshalb für seine Tätigkeit im Unternehmen oder die Überlassung von Kapital oder sonstigen Wirtschaftsgütern kein Entgelt als Betriebsausgabe in der steuerlichen Gewinnermittlung absetzen kann, sollte auch der Personengesellschafter den steuerlichen Gewinn der Gesellschaft ebenfalls nicht mit steuerlicher Wirkung durch schuldrechtliche Beziehungen zur Gesellschaft mindern können. Zur Begründung dieser aufkommenden Gleichstellungsthese beriefen sich ihre Vertreter auf eine wirtschaftliche bzw. speziell steuerrechtliche Betrachtungsweise[91], nach welcher „gleiche wirtschaftliche ausnahmslos derselben steuerlichen Behandlung unterliegen, in welche äußere Rechtsform sie sich auch kleiden mögen"[92]. Schließlich folgte die Rechtsprechung der Forderung Beckers und erweiterte in Anlehnung an § 26 Abs. 2 Nr. 3 S. 2 BewG 1925[93] das steuerrechtliche Betriebsvermögen um die der Gesellschaft vom Gesellschafter zur Nutzung überlassenen Vermögensgegenstände und Darlehen und qualifizierte die hierfür von der Gesellschaft gezahlten Vergütungen in Gewinnvoraus um.

Eingeleitet wurde diese Beurteilung durch das für die weitere Entwicklung bedeutsame Urteil des RFH vom 17.2.1926[94], in welchem er bestimmte, daß der Gesellschafter die von der Gesellschaft als Betriebsausgabe verbuchte Vergütung für Mühewaltungen im Interesse der Gesellschaft „nicht als Angestellter oder Vertragsgegner der Gesellschaft, sondern in seiner Eigenschaft als Mitinhaber des Gewerbebetriebs" erhalte. Schlußfolgernd wurden die Vergütungen als ein besonders berechneter Teil des Gewinnes im Sinne eines Gewinnvoraus angesehen. Weil der RFH die Vergütungen nicht mehr in den Bereich der Gewinnermittlung der Gesellschaft einbezog, sondern ungeachtet des ihnen zugrundeliegenden Rechtsgrundes dem der Gewinnverteilung zuordnete, überging er erstmalig die zivilrechtliche Vorgabe. Denn im Gegensatz zu einem Vorab vom Gewinn der Gesellschaft ist die schuldrechtlich vereinbarte Vergütung des Gesellschafters handelsrechtlich gerade nicht Bestandteil des Gesellschaftsgewinnes.[95] Hieran anschließend entschied der RFH im Urteil vom 2.3.1927[96] zur neu eingeführten einheitlichen Gewinnfeststellung (§§ 65ff. EStG 1925), daß „die Vergütungen dem Anteil am Geschäftsgewinn ohne Rücksicht darauf zuzu-

91 Ball, StuW I 1928, 996, Becker, StuW 1924, Sp. 145, 166ff.; Geiler, StuW I 1928, 1009; Veil, DStZ 1938, 637f.; ders., StuW I 1941, Sp. 825, 827f.

92 Becker, StuW 1925, Sp. 1579, 1606; ders., StuW 1924, Sp. 145ff.; ders., StuW I 1928, Sp. 855, 894; Ball, StuW I 1928, Sp. 996.

93 Reichsbewertungsgesetz vom 10.8.1925, RGBl. I 1925, 214.

94 RFH v. 17.2.1926 - VI A 120/26, StuW II 1926, 572, 573.

95 Vgl. hierzu oben Teil 1, A III 1c.

96 RFH v. 2.3.1927 - VI A 89/27, RFHE 21, 8.

rechnen seien, wie sie etwa im Verhältnis der Gesellschafter untereinander behandelt würden", so daß der Gesellschaftsgewinn für die einheitliche Gewinnfeststellung aus der Summe der Gesellschaftergewinne zu ermitteln sei, weshalb es dazu komme, „daß der in der Bilanz der Gesellschaft ausgewiesene Gewinn höher sein kann als die Summe der Einzelgewinne der Gesellschafter aus dem Gewerbebetrieb". Damit gab der RFH für die Zukunft den Anstoß, den Boden der handelsrechtlichen Methodik für die steuerliche Gewinnermittlung zu verlassen, und dem Gesellschaftsverhältnis sowie den Beziehungen zwischen der Gesellschaft und deren Gesellschaftern ein spezifisch steuerrechtliches, vom Zivilrecht abweichendes Verständnis beizumessen.[97] Aus dem Gedanken heraus, der Gewinn der Gesellschaft sei die Summe der Gesellschaftergewinne, entwickelte sich am Bild des römischen Liktorenbündels die Vorstellung, der Gewinn des einzelnen Gesellschafters ergäbe sich aus dessen gedanklicher Einzelbilanz und die Bündelung dieser Einzelbilanzen stelle die Steuerbilanz der Gesellschaft dar,[98] was später als Bilanzbündeltheorie bezeichnet wurde.[99] Auf dieser Grundlage wurden die im Eigentum des einzelnen Gesellschafters stehenden und an die Gesellschaft vermieteten oder verpachteten Vermögensgegenstände zum steuerlichen Betriebsvermögen des Gesellschafters qualifiziert, soweit diese als wesentliche und unentbehrliche Grundlage, als „Kern und Rückgrat" für den Betrieb der Gesellschaft zu beurteilen waren.[100] Die als Gegenleistung von der Gesellschaft gezahlten Vergütungen wurden als steuerlicher Gewinnvoraus gewertet.[101] Zur Begründung dessen verwies der RFH auf die Vorschrift des § 18 Abs. 2 EStG 1925, die bestimmte: „Ferner sind nicht abzugsfähig Zinsen für das in dem (...) gewerblichen Betrieb angelegte eigene Vermögen des Steuerpflichtigen".

Mit der Vorschrift des § 15 Nr. 2 EStG 1934[102], der dem heute geltenden § 15 Abs. 1 S. 1 Nr. 2 EStG entspricht, paßte der Gesetzgeber den Wortlaut des Gesetzes an die bisherige Entwicklung in der Rechtsprechung an und bestimmte, daß neben dem Entgelt für Dienstleistungen die dem Gesellschafter zurechenbaren Vergütungen „für die Hingabe von Darlehen oder die Überlassung von Wirtschaftsgütern" zu den Einkünften aus Gewerbebetrieb zählen. Weder aus

97 Eingehend Meßmer, StbJb 1972/73, S. 127, 142ff.; Brezing, FR 1974, 499ff.; Knobbe-Keuk, Bilanzsteuerrecht, § 9 I 1.

98 RFH v. 20.6.1928 - VI A 281/28, StuW II 1928, Sp. 940.

99 Den Begriff „Bilanzbündel" hat wohl erstmals Baier, DStZ 1937, 1212 verwandt, während der Begriff „Bilanzbündeltheorie" wohl auf Boettcher, StbJb 1953/54, S. 269 zurückgeht.

100 RFH v. 22.10.1931 - VI A 1949/29, StuW II 1932, Sp. 42; Becker, StuW I 1931, Sp. 1285, 1295f.

101 RFH v. 22.10.1931 - VI A 1863/31, StuW II 1932, Sp. 39, 41; Becker, StuW I 1932, Sp. 99, 111ff.

102 RGBl. I 1934, S. 1005.

dem Wortlaut der Vorschrift noch der Gesetzesbegründung[103] kann jedoch geschlossen werden, der Gesetzgeber habe mit der Vorschrift die Bilanzbündeltheorie als dogmatische Grundlage für die Gewinnermittlung mitunternehmerischer Einkünfte festschreiben wollen.

Um den Mitunternehmer in jeglicher Hinsicht wie einen Einzelunternehmer behandeln zu können, entwickelte der RFH in der Folgezeit seine bilanzbündeltheoretischen Vorstellungen zu den „betriebsbündeltheoretischen" fort.[104] Er überging die gesellschaftsrechtlichen Vorgaben und folgte der Ansicht Beckers, der in der Vorschrift des § 15 Nr. 2 EStG 1934 nur „erste Ansätze, Durchbruchspunkte eines viel weiter tragenden grundsätzlichen Rechtsgedanken" sah[105], die darin mündeten, „das Vorhandensein solcher an sich nicht körperschaft- und auch nicht einkommensteuerpflichtiger Mitunternehmerschaften als besonderer einkommen- oder körperschaftsteuerrechtlich zu beachtender Gebilde außer acht" zu lassen.[106] Die Mitunternehmerschaft sei „einkommensteuerrechtlich und körperschaftsteuerrechtlich so gut wie nicht da".[107] Im Sinne dieser Überlegungen urteilte der RFH: „Die Rechtslage ist daher steuerlich so zu beurteilen, wie wenn der einzelne Gesellschafter den Betrieb der Gesellschaft in dem seinem Anteil entsprechenden Umfang als eigenen Betrieb führen würde"[108] oder wie es in einem späteren Urteil heißt: „Die Teilhaberschaft ... wird ... als selbständiger Gewerbebetrieb jedes einzelnen Gesellschafters behandelt. Der Senat hat deshalb wiederholt ausgesprochen, daß die einheitliche Bilanz der Gesellschaft einkommensteuerrechtlich nur die Zusammenfassung der an sich für jeden einzelnen Gesellschafter besonders aufzustellenden Bilanz ist. Bei der einheitlichen Gewinnfeststellung sind deshalb die Einkünfte der einzelnen Gesellschafter aus dem Unternehmen festzustellen, wobei die Bilanz des Gesamtunternehmens lediglich eine Berechnungsgrundlage bildet".[109] Damit stellte sich die Personengesellschaft als die Summe mehrerer selbständiger Einzelbetriebe dar. Weil die Existenz der Personengesellschaften steuerrechtlich negiert wurde, wurden ebenfalls die Rechtsbeziehungen zwischen Gesellschaft und Gesellschafter als nicht existent unterstellt. Und weil die Mitgliedschaft an einer Personengesellschaft als eigens geführter Gewerbebetrieb eines jeden Gesell-

---

103 Begründung zum Einkommensteuergesetz vom 16.10.1934, RStBl. 1935, S. 42.

104 Vgl. dazu Brezing, FR 1974, 499, 500f.; Söffing, StbJb 1976/77, S. 241, 243f.; ders., Besteuerung der Mitunternehmer, IV.

105 Becker, Die Grundlagen der Einkommensteuer, S. 106.

106 Becker, Die Grundlagen der Einkommensteuer, S. 97.

107 Becker, Die Grundlagen der Einkommensteuer, S. 100; ders., StuW I 1937, Sp. 1057, 1081f.

108 RFH v. 31.8.1937 - I A 216/37, RStBl. 1937, 1272f.

109 RFH v. 13.3.1940 - VI 750/39, RStBl. 1940, 474f.; v. 14.7.1937 - VI A 422/37, RStBl. 1937, 937; v. 14.6.1939 - VI 236/39, RStBl. 1939, 843; v. 10.1.1940 - VI 704/39, RStBl. 1940, 134.

schafters verstanden wurde, war es steuerlich für den Gesellschafter ausgeschlossen - vergleichbar einem Einzelunternehmer - in dem seinem Anteil entsprechenden Umfange mit sich selbst in Rechtsbeziehungen zu treten. So führte Becker[110] aus: Die Nichtexistenz der Mitunternehmerschaft bedeute, „daß z.B. Dauerdarlehen, die ein Mitunternehmer der Mitunternehmerschaft gewährt oder von ihr erhält, Verpachtungen betriebsnotwendiger Wirtschaftsgüter aus dem Privatvermögen eines Mitunternehmers an die Mitunternehmerschaft, Dienstverträge einkommensteuerrechtlich einfach nicht da sind". Folglich konnten entsprechend der Beteiligungshöhe des einzelnen Mitunternehmers keine Forderungen und Verbindlichkeiten bestehen.[111] Schließlich stellte die damalige Konzeption der einkommensteuerrechtlichen Gewinnermittlung nicht auf den durch Vermögensvergleich zu ermittelnden Gewinn der Gesellschaft ab, um aus diesem dem einzelnen Gesellschafter seinen Gewinnanteil entsprechend dem Gewinnverteilungsschlüssel zuzurechnen, sondern es galt umgekehrt den Gewinn des einzelnen, als Unternehmer zu betrachtenden Gesellschafters zu ermitteln und dies auf der Grundlage eines für den Gesellschafter vorzunehmenden Vermögensvergleiches.[112]

Auf dieser Grundlage stellte der RFH mit Urteil vom 13.3.1940[113] die folgenden Grundsätze zur steuerlichen Behandlung von Pensionszusagen an Gesellschafter-Geschäftsführer auf:[114] „Wird bei einer Personengesellschaft einem Gesellschafter-Geschäftsführer ein Pensionsrecht eingeräumt, so muß die Rückstellung hierfür insoweit gestrichen werden, als sie den Kapitalanteil dieses Gesellschafters belastet. Anders ausgedrückt: in der Sonderbilanz des Gesellschafter-Geschäftsführers sind die Rückstellungen für seine eigenen Pensionsansprüche zu streichen." Für die übrigen Gesellschafter stelle der Pensionsanspruch des begünstigten Gesellschafter-Geschäftsführers eine ihren Kapitalanteil mindernde Last dar, die zur Folge habe, „daß sie die Pensionsverpflichtung gegenüber dem Gesellschafter-Geschäftsführer, soweit sie ihren Kapitalanteil belastet, nach den allgemeinen vom RFH für Pensionsrückstellungen aufgestellten Grundsätzen passivieren können." Diese Grundsätze wurden durch den Dritten eingeschränkt: „Eine Belastung eines Gesellschafter-Geschäftsführers durch Pensionsansprüche anderer Gesellschafter-Geschäftsführer kann nur insoweit anerkannt werden, als sie den Wert seines eigenen Rechts übersteigt", weil Pensionsrechte und Pensionsverpflichtungen des Gesellschafter-Geschäfts-

110 Becker, Die Grundlagen der Einkommensteuer, S. 100.

111 RFH v. 16.9.1936 - VI A 515, 516/35, RStBl. 1936, 1214; v. 30.11.1938 - I 42/38, RStBl. 1939, 544; v. 7.6.1939 - VI 847/38, RFH 47, 81 = RStBl. 1939, 936.

112 Becker, Die Grundlagen der Einkommensteuer, S. 100.

113 RFH v. 13.3.1940 - VI 750/39, RStBl. 1940, 474.

114 Zu den inneren Widersprüchen dieser Rechtssprechung Flick, StuW 1956, Sp. 83, 91; Henninger, DStR 1956, 250f.; Heitmann, BB 1965, 860.

führer als eine wirtschaftliche Einheit angesehen werden müßten. Diese vom Schrifttum[115] im grundsätzlichen als konsequente Durchführung der Bilanzbündeltheorie akzeptierte Rechtsprechung wurde zunächst auch vom BFH übernommen[116] und durch diesen in der Folgezeit hinsichtlich der an die steuerliche Anerkennung der Pensionslasten zu stellenden Anforderungen konkretisiert[117]. Im Urteil vom 16.6.1959[118] stellt der BFH zusammenfassend fest: Steuerlich könne der Ansatz von Rückstellungen nur dann vorgenommen werden, „wenn eine bürgerlich-rechtlich eindeutige Vereinbarung vorliegt, durch die unwiderrufliche Ansprüche entstehen, die von der Beendigung der Gesellschafter- und Geschäftsführerstellung, von der wirtschaftlichen Entwicklung des Unternehmens und von der Auflösung der Gesellschaft unabhängig sind."

Gegen Ende der sechziger Jahre begann der BFH[119] die als grundsätzlich richtig erachtete ursprüngliche Bilanzbündeltheorie zu einer „Gesamthandsvorstellung"[120] umzuformen. Die „Einheit der Personengesellschaft" sollte in stärkerem Maße betont werden, um „konstruktive Überspitzungen" und eine „Überbetonung der Sonderbilanzen der einzelnen Gesellschafter" zu vermeiden, weil dies mit dem Sinn und Zweck und der gesetzlichen Gestaltung der Besteuerung der Mitunternehmer der Personengesellschaft nicht vereinbar sei.[121] Fortan sollte der gesamte Betrieb einer Personengesellschaft als der Betrieb jedes einzelnen Gesellschafters verstanden werden, allerdings belastet durch die sich aus dem Gesamthandsverhältnis ergebenden Mitberechtigungen der übrigen Mitgesellschafter.[122] Diese neuerliche Vorstellung über die Personengesellschaften war mit derjenigen zur ursprünglichen Bilanzbündeltheorie nicht mehr vereinbar, denn entweder bestehen einzelne selbständige Betriebe der Mitunternehmer, deren Bilanzen zu einem Bündel zusammengefaßt werden können, oder die Betrachtungsweise stellt auf den ganzen Betrieb ab, mit der die Bündelung der Einzelbilanzen der Mitunternehmer nicht vorstellbar ist.[123] Wird der ganze

---

115 Vgl. dazu Flick, StuW 1956, Sp. 83ff. m.w.N.; Heitmann, BB 1965, 860.

116 BFH v. 15.11.1957 - VI 43/56 U, BFHE 66, 171 = BStBl. III 1958, 68; v. 8.10.1957 - I 347/56 U, BFHE 65, 535 = BStBl. III 1957, 440.

117 BFH v. 8.10.1957 - I 347/56 U, BFHE 65, 535, 538f. = BStBl. III 1957, 440.

118 BFH v. 16.6.1959 - I 141/58 U, BStBl. III 1962, 271, 272; v. 15.3.1963 - VI 327/60 U, BFHE 76, 815, 817 = BStBl. III 1963, 297.

119 BFH v. 15.11.1957 - VI 43/56 U, BFHE 66, 171 = BStBl. III 1958, 68; v. 14.1.1958 - I 159/57, BStBl. III 1958, 75.

120 Söffing, StbJb 1976/77, S. 241, 244; Brezing verwendet den Begriff „Ganzheitstheorie", FR 1974, 499, 501.

121 BFH v. 18.9.1969 - VI 338/64, BFHE 97, 19 = BStBl. II 1970, 43; v. 19.10.1970 - GrS 1/70, BStBl. II 1971, 177.

122 BFH v. 18.9.1969 - VI 338/64, BFHE 97, 19 = BStBl. II 1970, 43; v. 19.10.1970 - GrS 1/70, BStBl. II 1971, 177.

123 v.Wallis, StbJb 1973/74, S. 79, 100; Söffing, StbJb 1976/77, S. 241, 244ff.

Betrieb der Personengesellschaft verstanden als der Betrieb jedes Gesellschafters, ist eine anteilsmäßige Anerkennung der Rechtsbeziehungen zwischen Gesellschafter und Gesellschaft, wie bisher im Falle der Pensionsverpflichtungen, nicht zu vertreten, da, vergleichbar einem Einzelunternehmer, Berechtigter und Verpflichteter in einer Person zusammenfallen. Im Ergebnis war der partiellen einkommensteuerrechtlichen Anerkennung der Pensionsverpflichtungen gegenüber Gesellschafter-Arbeitnehmern die Grundlage entzogen worden. Wenn den schuldrechtlichen Beziehungen zwischen Gesellschaft und Gesellschafter die steuerliche Anerkennung gänzlich zu versagen ist, dann stellt sich jegliche Gesellschafterleistung unabhängig von ihrem Rechtsgrund steuerrechtlich als Beitragsleistung dar, für welche der Gesellschafter nach Auffassung des BFH dadurch entschädigt wurde, „daß der durch diesen Beitrag ermöglichte Gewinn ihm (als Einzelunternehmer allein, als Mitunternehmer nach dem spezifischen Gewinnverteilungsschlüssel) zufließt", mithin „alles, was ein Gesellschafter von seiner Gesellschaft bezieht, Gewinn ist."[124] Folglich waren die von der Gesellschaft an den Gesellschafter gezahlten Vergütungen auch nicht anteilmäßig als Betriebsausgaben absetzbar.

Nachdem der BFH im Urteil vom 14.12.1965[125] erste Zweifel an der Richtigkeit der Rechtsprechung des RFH zur steuerlichen Behandlung der Pensionszusagen an Mitunternehmer geäußert hat, zog er mit den Urteilen vom 16.2.1967[126] und 21.12.1972[127] die Konsequenzen aus der geänderten Betrachtungsweise.[128] Der IV. Senat entschied, daß eine Personengesellschaft für Verpflichtungen aus einer derartigen Pensionszusage zu Lasten ihres steuerlichen Gewinnes keine Rückstellung bilden darf. Zur Begründung führte er aus, daß die der Pensionsverpflichtung zugrundeliegende Pensionszusage steuerrechtlich ihrem wirtschaftlichen Gehalt nach einer für die Zukunft getroffenen handelsrechtlichen Gewinnverteilungsabrede gleich stehe.[129] Die Pensionsverpflichtung aus einer derartigen Pensionszusage unterliege deshalb bei der Ermittlung des der Be-

---

124 BFH v. 16.2.1967 - IV R 62/66, BFHE 87, 531, 534 = BStBl. III 1967, 222; v. 19.10.1979 - GrS 1/70, BStBl. II 1971, 177.

125 BFH v. 14.12.1965 - IV 96/65 U, BStBl. III 1966, 192.

126 BFH v. 16.2.1967 - IV R 62/66, BFHE 87, 531 = BStBl. III 1967, 222. Für die Übertragung dieser Rechtsprechung auf die GmbH & Co. KG, bei der die Komplementär-GmbH ausschließlich die Geschäfte der KG führt und der GmbH-Geschäftsführer zugleich Kommanditist der KG ist, vgl. BFH v. 22.1.1970 - IV R 47/68, BFHE 98, 479 = BStBl. II 1970, 415.

127 BFH v. 21.12.1972 - IV R 53/72, BFHE 107, 564 = BStBl. II 1973, 298.

128 Zustimmend v.Wallis, StbKongrRep. 1971, S. 239, 252; kritisch Hoffmann, DStZ 1973, 201, 203; ders. DStZ/A 1973, 408f.; Meßmer, StbJb 1972/73, S. 127, 191f.; Knobbe-Keuk, StuW 1974, 1, 11ff.

129 BFH v. 16.2.1967 - IV R 62/66, BFHE 87, 531 = BStBl. III 1967, 222; v. 21.12.1972 - IV R 53/72, BFHE 107, 564 = BStBl. II 1973, 298, 300.

steuerung der Gesellschafter zugrunde zu legenden steuerlichen Gewinnes der Personengesellschaft einem aus den einkommensteuerrechtlichen Grundsätzen für die Besteuerung von Personengesellschaften, insbesondere aus § 15 Abs. 1 S. 1 Nr. 2 EStG gewonnenen „Abzugsverbot".[130] Gestützt wurde dieses Abzugsverbot einerseits auf die Gleichstellungsthese, die es nicht erlaube, den begünstigten Mitunternehmer durch die steuerliche Abzugsfähigkeit der Pensionsrückstellung in der Frage der Altersversorgung steuerlich besser zu stellen als einen vergleichbaren Einzelunternehmer und andererseits auf den Grundsatz der Gleichmäßigkeit der Besteuerung, der verlange, daß gleichartige Sachverhalte - eine gewinnunabhängige Tätigkeitsvergütung und ein gewinnabhängiger Gewinnvoraus - auch einer gleichartigen steuerlichen Beurteilung unterliegen.[131] Daraus folge der anerkannte Grundsatz, daß „einkommensteuerrechtlich Rechtsbeziehungen der in § 15 Nr. 2 EStG angesprochenen Art zwischen der Personengesellschaft und ihren Gesellschaftern die Höhe des für die Besteuerung der Gesellschafter maßgebenden Gewinnes der Gesellschaft grundsätzlich nicht beeinflussen können und demgemäß z.B. Dienst- und Arbeitsverhältnisse zwischen Gesellschaft und Gesellschafter steuerlich unbeachtlich sind".[132] Folglich müsse die bisher gebildete Pensionsrückstellung in vollem Umfang gewinnerhöhend aufgelöst werden. Der Betrag der steuerlich nicht anerkannten Rückstellung sei „im Zweifel allen Gesellschaftern nach Maßgabe des allgemeinen Gewinnverteilungsschlüssels zur Versteuerung zuzurechnen, es sei denn, daß die Gesellschafter vereinbart haben, der Betrag sei allein dem begünstigten Gesellschafter als Gewinnanteil zuzurechnen".[133]

Beide Urteile beschränkten sich auf Pensionsverpflichtungen gegenüber Gesellschafter-Geschäftsführern. Wie von Heismann zutreffend festgestellt wurde, betraf der höchstrichterliche Befund gleichwohl alle Pensionsverpflichtungen gegenüber tätigen Gesellschaftern.[134]

bb) Verhältnis des Steuerrechts zum Zivilrecht

Mit der Frage nach dem Verhältnis des Steuerrechts zum Zivilrecht ist eines der grundsätzlichen Probleme der Steuerrechtswissenschaft gekennzeichnet. Es handelt sich dabei um eines derjenigen Themen in der steuerrechtlichen Literatur, welches mit der Diskussion um die „Bilanzbündeltheorie", der „Einheitstheorie" und dem „dualen System" im Bereich der Gewinnermittlung mitunter-

---

130 BFH v. 21.12.1972 - IV R 53/72, BFHE 107, 564 = BStBl. II 1973, 298, 300.

131 BFH v. 16.2.1967 - IV R 62/66, BFHE 87, 531 = BStBl. III 1967, 222; 223; v. 21.12.1972 - IV R 53/72, BFHE 107, 564 = BStBl. II 1973, 298, 300.

132 BFH v. 21.12.1972 - IV R 53/72, BFHE 107, 564 = BStBl. II 1973, 298, 301.

133 BFH v. 21.12.1972 - IV R 53/72, BFHE 107, 564 = BStBl. II 1973, 298, 303.

134 Heismann, DB 1967, 616.

nehmerischer Einkünfte in Erscheinung tritt und welches seine Aktualität bis heute nicht verloren hat. Die Bedeutung des Zivilrechts für das Steuerrecht ergibt sich zunächst nur aus seiner Vorherigkeit. In einem marktwirtschaftlichen System knüpft das Steuerrecht mit seinen Eingriffstatbeständen an die wirtschaftlichen Ergebnisse einer privatwirtschaftlich geschaffenen Güterverteilung und -zuordnung an[135]. Das Zivilrecht bildet hierzu mit seinen Regelungen und rechtlichen Gestaltungsmöglichkeiten den notwendigen, rechtssichernden organisatorischen Rahmen. Um der Besteuerung die wirtschaftlichen Ergebnisse der zivilrechtlichen Rechtsgeschäfte zugrunde zu legen, kann das Steuerrecht folglich entweder an die zivilrechtliche Terminologie anknüpfen und diese übernehmen, um sie ebenfalls für die steuerrechtliche Rechtsanwendung nutzbar zu machen, oder aber der Gesetzgeber wählt für das Steuerrecht eine eigene, von der zivilrechtlichen unabhängige Terminologie.[136] Unabhängig von diesem zunächst rein technischen Befund verschiedenartiger Anknüpfungsmöglichkeiten bedarf es einer der steuerrechtlichen Subsumtion vorgehenden zivilrechtlichen Qualifikation. Aus dieser Vorherigkeit des Zivilrechts und der vorgefundenen Anknüpfung des Steuerrechts an zivilrechtliche Gestaltungen und Begriffe ergibt sich die Problematik, ob letztere als Sachgesetzlichkeit des Steuerrechts in der Weise zu verstehen ist, daß das Steuerrecht mit der Übernahme der zivilrechtlichen Terminologie auch deren Teleologie und Dogmatik einbezieht, so daß die zivilrechtliche Form grundsätzlich auch für die steuerrechtliche Subsumtion maßgeblich ist.[137] Oder ist es vielmehr so, daß sich das Steuerrecht trotz gleicher Begrifflichkeit aufgrund eigener Teleologie von zivilrechtlichen Wertungen löst, so daß von einer Autonomie des Steuerrechts gegenüber dem Zivilrecht gesprochen werden kann und die übernommene Terminologie als „entbehrliches Hilfsmittel" allein der Erfassung wirtschaftlicher Sachverhalte dient.[138]

Die hierzu in den zwanziger und dreißiger Jahren maßgebend von Enno Becker geprägte Auffassung setzte sich für eine eigenständige Steuerrechtsordnung ein.[139] Unter ihrem Einfluß negierte der RFH die zivilrechtlichen Strukturen der Personengesellschaften für die Besteuerung der Gesellschafter und betrieb mit der Entwicklung der Bilanzbündeltheorie für den Bereich der Ermittlung mitunternehmerischer Einkünfte im Ergebnis die vollständige Abkoppelung des Steu-

---

135 Crezelius, Steuerrecht II, § 1 III 2; Tipke/Lang, Steuerrecht, § 1 Rdnr. 17; Tipke, Steuerrechtsordnung, Bd. 1, S. 90f.

136 Crezelius, Steuerrecht II, § 1 III 2.

137 Crezelius, Steuerrechtliche Rechtsanwendung und allgemeine Rechtsordnung, S. 178ff.; ders., Steuerrecht II, § 1 III 2.

138 Tipke/Lang, Steuerrecht, § 1 Rdnr. 19ff.; § 5 Rdnr. 65ff.

139 Becker, Die Grundlagen des Einkommensteuer, S. 428; eingehend ders., StuW 1924, Sp. 145, 166ff.; ders., StuW 1924, Sp. 1005, 1010f., 1023ff.; ders. StuW I 1928, Sp. 855ff.

errechts vom Zivilrecht. Die Anknüpfung des Steuerrechts an das Zivilrecht, offensichtlich aufgrund der in § 15 Nr. 2 EStG 1934 verwendeten Terminologie - die Vorschrift entspricht dem heute geltenden § 15 Abs. 1 S. 1 Nr. 2 EStG -, wurde übergangen. Den handelsrechtlichen Begriffen „Gesellschaft", „Gesellschaftsbilanz", „Gewinnanteil" und nicht zuletzt der gesamten gesellschaftsrechtlichen Struktur der Personengesellschaften wurde eine spezifische steuerrechtliche Bedeutung und Betrachtungsweise beigelegt: „Wo das anzuwendende Steuergesetz nach seinem Zweck und nach seiner wirtschaftlichen Bedeutung ein Festhalten an der rein privatrechtlichen Auffassung im Ergebnis unvernünftig erscheinen läßt, hat diese privatrechtliche Auffassung zurückzutreten. Die wirtschaftlichen Grundgedanken des betreffenden Steuergesetzes sollen stets verwirklicht werden, mögen sie sich mit den Regeln des bürgerlichen Rechts decken oder nicht".[140] Die hierin liegende Widersprüchlichkeit wurde von den Befürwortern eines eigenständigen Steuerrechtssystems als nur scheinbarer Widerspruch gesehen, denn dem Steuerrecht fehle es an festen steuerrechtlichen Wirtschaftsbegriffen, weshalb es „im Wege des Notbehelfs" auf die Verwendung bürgerlich-rechtlicher Begriffe zurückgreife.[141] Zur Rechtfertigung des mit der Bilanzbündeltheorie verbundenen und vom Gesellschaftsrecht abweichenden steuerrechtlichen Verständnisses der Personengesellschaften wurde namentlich von Becker[142] angeführt: „die Verwendung bürgerlich-rechtlicher Krücken, Notbehelfe und Vorwände (wirke) nur störend und verwirrend" um das Ziel zu erreichen, den Mitunternehmer in allen Beziehungen wie einen Einzelunternehmer zu besteuern. Dieses Ziel sei aufgrund einer wirtschaftlichen oder steuerrechtlichen Betrachtungsweise geboten.[143] Denn „die zugrundeliegenden wirtschaftlichen und einkommensteuerrechtlichen Belange (müßten) sich auch bei unzureichender oder fehlender gesetzlicher Regelung durchsetzen".[144]

Obwohl auch das BVerfG, wie der Beschluß vom 15.7.1969[145] zeigt, in dieser „Durchbrechung der Einheit der Rechtsordnung" keinen Verstoß gegen das Grundgesetz sah, mußte die Bilanzbündeltheorie als Umsetzung der Gleichstellungsthese in dem Moment scheitern, in dem die Rechtsprechung erkannte, daß einerseits die Bilanzbündeltheorie mit ihrer steuerrechtlichen Eigenbegrifflichkeit die Besteuerung der von § 15 Abs. 1 S. 1 Nr. 2 EStG erfaßten gewerblichen Einkünfte nicht abschließend zu erklären vermag und andererseits dem Zivilrecht im Hinblick auf die Einheit der Rechtsordnung eine materiell-rechtliche

140 Becker, StuW 1924, Sp. 145, 170.

141 Becker, Die Reichsabgabenordnung, § 4 Rdnr. 6.

142 Becker, Die Grundlagen der Einkommensteuer, S. 429.

143 Becker, StuW I 1937, Sp. 1075f.; Veiel, DStZ 1938, 638; ders., StuW I 1941, Sp. 828.

144 Becker, StuW I 1932, Sp. 112.

145 BVerfGE 26, 327, 334ff.

Bedeutung bei der steuerrechtlichen Rechtsanwendung zukommt. Der I. Senat des BFH bemerkte hierzu in seiner Entscheidung vom 29.9.1971[146]: „die zahlreichen Durchbrechungen dieser Theorie (können) Zweifel daran begründen, ob sie tatsächlich geeignet ist, das Verhältnis der Personengesellschaft zu ihren Gesellschaftern ... zufriedenstellend zu klären". Gerade das Steuerrecht steht als Eingriffsrecht unter dem Vorbehalt des Gesetzes, weshalb es sich verbietet, die tatbestandliche Anknüpfung der Eingriffsnorm an die zivilrechtlichen Strukturen zu negieren. Das Zivilrecht und die zivilrechtliche Sachverhaltsgestaltung bilden den Anknüpfungspunkt für die steuergesetzliche Rechtsanwendung. Mit einer gemäß Art. 20 Abs. 3 GG an Gesetz und Recht gebundenen Rechtsprechung ließ und läßt es sich deshalb nicht vereinbaren, die zivilrechtliche Begrifflichkeit als „Notbehelf" oder gar „Krücke" abzuwerten, um die zivilrechtlichen Strukturen und Gestaltungsfreiheit umgehen zu können. Es war schließlich die Kritik Meßmers[147], die hierauf in aller Deutlichkeit hinwies und den Ausschlag für die Abkehr von der Bilanzbündeltheorie in der Rechtsprechung des BFH gab: „Unser unbefangener Betrachter wird zunächst fragen, weshalb sich die gemäß Art. 20 Abs. 3 Gesellschaftsgewinn an Gesetz und Recht gebundene Rechtsprechung einer Theorie bedient. Wenn die Theorie die Aussage des Gesetzes wiedergibt, ist sie überflüssig, wenn sie ihr entspricht, darf sie der Rechtsfindung nicht zugrunde gelegt werden. Daraus folgt: Theorien können die Tatbestandsbeschreibung des Gesetzes nicht ersetzen."

Mit dem Urteil vom 8.1.1975[148] hat der I. Senats des BFH die mit der Bilanzbündeltheorie verbundenen Vorstellungen aufgegeben. In der Folgezeit setzte ein im Grunde bis heute nicht beendeter Theorienstreit über die rechtsdogmatisch zutreffende Ausfüllung der aufgegebenen Bilanzbündeltheorie ein. Zeitgleich war vom gesellschaftsrechtlichen Schrifttum die bereits zur Jahrhundertwende kontrovers geführte Diskussion zu der Frage[149] aufgenommen worden, ob das gesellschaftsrechtliche Prinzip der gesamthänderischen Bindung des Vermögens die Gesamthand zu einer Wirkungseinheit im Rechtsverkehr erhebt und den juristischen Personen als gesamthänderisches Rechtssubjekt annähert. Allmählich übertrug der BFH die durch Flumes[150] Schriften ausgelöste zivilrechtliche Verselbständigung der Personengesellschaft auch ins Einkommen-

146 BFH v. 29.9.1971 - I R 161/68, BStBl. II 1972, 118, 120.

147 Meßmer, StbJb 1972/73, S. 127, 131f.

148 BFH v. 8.1.1975 - I R 142/72, BFHE 115, 37 = BStBl. II 1975, 437.

149 Nach der namentlich von Otto von Gierke, Deutsches Privatrecht, Bd. 1, S. 661ff., vertretenen Lehre ist das Gesellschaftsvermögen eine besondere, durch den Gesellschaftszweck gebundene und verselbständigte Vermögensmasse, deren Rechtsträger die Gesellschaft als solche ist; vgl. auch RGZ 25, 252, 256; PrOVGSt 7, 435, 437; 12, 92, 93.

150 Flume, ZHR 1972, 177ff.; ders. DB 1973, 2470ff.; ders., in Festschrift Raiser, 1974, 27ff.; ders., Die Personengesellschaft.

steuerrecht[151], indem die steuerrechtsdogmatische Orientierung an der „Vielheit der Gesellschafter“ durch die der „Einheit der Gesellschaft“ ersetzt wurde. Die Vorstellungen Beckers, nach denen die Besteuerung der Personengesellschaften nur dann sachgerecht erfolgen könne, „wenn man das Vorhandensein solcher an sich nicht körperschaft- und auch nicht einkommensteuerpflichtiger Mitunternehmerschaften als besonderer einkommen- und körperschaftsteuerrechtlich zu beachtender Gebilde außer acht läßt“[152], sind durch die Rechtsprechung des BFH nunmehr überwunden. Spätestens seit der Aufgabe der Bilanzbündeltheorie steht fest, daß Beckers Schluß, die Mitunternehmerschaft sei „einkommensteuerrechtlich und körperschaftsteuerrechtlich so gut wie nicht da“[153], für die einkommensteuerrechtliche Gewinnermittlung ins Gegenteil zu verkehren ist. Einigkeit besteht heute insoweit, daß die steuerrechtsdogmatische Orientierung an der „Vielheit der Gesellschafter“ für die Gewinnermittlungsebene der Personengesellschaft durch die der „Einheit der Gesellschaft“ zu ersetzen ist.[154] Dieser neue, einheitstheoretische Ansatz wird als Einheitsbetrachtung oder Einheitstheorie bezeichnet.[155]

b) Gegenwärtiger Stand in der höchstrichterlichen Rechtsprechung

aa) Einheitsbetrachtung/-theorie

Den Ausgangspunkt der Einheitsbetrachtung bildet die Erkenntnis, daß unabhängig von der Tatsache der alleinigen uneingeschränkten Steuersubjekteigenschaft der natürlichen Person im Einkommensteuerrecht, die zivilrechtliche Existenz der Personengesellschaften im Rahmen der Ermittlung mitunternehmerischer Einkünfte nicht länger negiert werden darf. Denn gerade die Zurechnung des in der Gesellschaft erwirtschafteten Gewinnes an die Gesellschafter gemäß § 15 Abs. 1 S. 1 Nr. 2 Hs. 1 EStG zeigt, daß der zu besteuernde Gewinn nicht originär bei den Gesellschaftern, sondern in der Gesellschaft erwirtschaftet wird und folglich als Gewinn der Gesellschaft zu ermitteln ist.[156] Es ist deshalb in

151 BFH v. 29. 9.1971 - I R 161/68, BStBl. II 1972, 118; v. 5.7.1972 - I R 230/70, BStBl. II 1972, 928; v. 4.4.1974 - IR 73/72, BFHE 112, 351 = BStBl. II 1974, 645; v. 7.4.1976 - IR 75/73, BFHE 119, 146 = BStBl. II 1976, 575; v. 21.10.1976 - IV R 210/72, BFHE 120, 239 = BStBl. II 1977, 145; v. 22.6.1977 - I R 8/75, BFHE 123, 127 = BStBl. II 1977, 798.

152 Becker, Die Grundlagen der Einkommensteuer, S. 97.

153 Becker, Die Grundlagen der Einkommensteuer, S. 100.

154 BFH v. 25.2.1991 - GrS 7/89, BFHE 163, 1 = BStBl. II 1991, 691, 699.

155 L.Schmidt, EStG, § 15 Rdnr. 165; Knobbe-Keuk, Bilanzsteuerrecht, § 9 I 2a; Söffing, Besteuerung der Mitunternehmer, IV 4; Sudhoff/Walpert, Personengesellschaften, 5. Teil A Rdnr. 6: „Einheitsgedanke“; Tipke/ Lang, Steuerrecht, § 9 G II 4.1.

156 Crezelius, Steuerrecht II, § 6 II 2c; Döllerer, in Festschrift Flume, S. 43, 45ff.; Knobbe-Keuk, Bilanzsteuerrecht, § 9 I 2a; Söffing, Besteuerung der Mitunternehmer, I 3; Sudhoff/Walpert, Personengesellschaften, 5. Teil A Rdnr. 6.

Anlehnung an die zivilrechtliche Rechtszuständigkeit der Gesellschaft davon auszugehen, daß die Personengesellschaften insoweit als Steuersubjekt anzusehen sind, als für die Feststellung, ob der Tatbestand einer Einkunftsart verwirklicht ist und bei der Ermittlung der Einkünfte, auf die Gesellschaft als solche abzustellen ist. Maßgebend für die Verwirklichung oder Nichtverwirklichung des Tatbestandes einer bestimmten Einkunftsart und das Erzielen von Gewinn oder Überschuß im Rahmen dieser Einkunftsart ist allein die Tätigkeit der Personengesellschaft (Subjekt der Gewinnerzielung und Gewinnermittlung).[157] Die Vorschrift des § 39 Abs. 2 Nr. 2 AO steht der Einheitsbetrachtung nicht entgegen. Sie regelt zwar die Zurechnung von Wirtschaftsgütern, die mehreren Gesellschaftern zur gesamten Hand zustehen, ausdrücklich dahingehend, daß den Beteiligten die Wirtschaftsgüter anteilig zuzurechnen sind. Die Regelung findet jedoch keine Anwendung, weil § 15 Abs. 1 S. 1 Nr. 2 EStG i.V.m. den allgemeinen Gewinnermittlungsvorschriften der §§ 4 Abs. 1, 5 EStG eine gesetzessystematische Ausnahmeregelung gegenüber § 39 Abs. 2 Nr. 2 AO darstellt und deshalb vorrangig ist.[158]

bb) Stufenweise Gewinnermittlung

(1) Gewinnermittlung erster Stufe

Die wesentlichste Konsequenz der neueren Rechtsprechung des BFH ist die mit der steuerrechtlichen Anerkennung der Verselbständigung der Personengesellschaft verbundene Trennung der Rechtssphären von Gesellschaft und Gesellschafter. Infolgedessen versteht der BFH den § 15 Abs. 1 S. 1 Nr. 2 EStG heute als zweistufigen Tatbestand, der an die Tätigkeit der Gesellschaft (§§ 15 Abs. 3 Nr. 1, 15 Abs. 1 Nr. 1 EStG) als dem ersten und den in § 15 Abs. 1 S. 1 Nr. 2 Hs. 2 EStG genannten Rechtsbeziehungen als zweitem Tatbestandselement anknüpft, weshalb den beiden Komponenten gewerblicher Einkünfte des Gesellschafters gleichsam methodisch durch die Konzeption einer sog zweistufigen Gewinnermittlung Rechnung zu tragen ist.[159]. Dies bedeutet für die gewerblich tätige Personengesellschaft als dem Subjekt der Gewinnermittlung, daß sich die

---

[157] BFH v. 25.6.1984 - GrS 4/82, BFHE 141, 405 = BStBl. II 1984, 751, 761; v. 25.2.1991 - GrS 7/89, BFHE 163, 1 = BStBl. II 1991, 691, 699.

[158] BFH v. 10.7.1980 - IV R 136/77, BFHE 131, 313 = BStBl. II 1981, 84; v. 25.2.1991 - GrS 7/89, BFHE 163, 1 = BStBl. II 1991, 691, 699; Döllerer, in Festschrift Flume, S. 43, 46f.; Groh, JbFAStR 1983/84, S. 255, 258; Frotscher/Kaufmann, EStG, § 15 Rdnr. 249; Söffing, Besteuerung der Mitunternehmer, IV 4.

[159] BFH v. 25.6.1984 - GrS 4/82, BFHE 141, 405 = BStBl. II 1984, 715; Crezelius, Steuerrecht II, § 6 II 2c; Döllerer, JbFASt 1974/75, S. 153; Frotscher/ Kaufmann, EStG, § 15 Rdnr. 242ff.; Kirchhof/ Söhn/ Reiß, EStG, § 15 Rdnr. E 50ff.; Knobbe-Keuk, Bilanzsteuerrecht, § 9 I 2; Tipke/Lang, Steuerrecht, § 9 G II 4.1; Söffing, Besteuerung der Mitunternehmer, IX 2; Woerner, BB 1975, 645, 646f.

Vorschriften der §§ 238 ff. HGB über den Maßgeblichkeitsgrundsatz des § 5 Abs. 1 S. 1 EStG an die Personengesellschaft als solche richten und der Anteil des Gesellschafters am Gewinn der Gesellschaft gemäß § 15 Abs. 1 S. 1 Nr. 2 Hs. 1 EStG aus der nach den Vorschriften der §§ 4 ff. EStG modifizierten Handelsbilanz der Gesellschaft abzuleiten ist.[160] Die Rechtszuständigkeit der Gesellschaft und der Maßgeblichkeitsgrundsatz gebieten schuldrechtliche Beziehungen zwischen der Gesellschaft und dem Gesellschafter auch steuerrechtlich anzuerkennen[161] und ihre handelsbilanzielle Abbildung in die Steuerbilanz zu übernehmen, soweit dem nicht steuerliche Vorbehaltsvorschriften entgegenstehen.[162] Die in § 15 Abs. 1 S. 1 Nr. 2 Hs. 2 EStG genannten Vergütungen sind auf der Ebene der Gesellschaft als gewinnmindernde Betriebsausgaben zu berücksichtigen, sofern die der Vergütung zugrundeliegende Vereinbarung nicht Gewinnverteilungsabrede ist; die Vergütungen deshalb auch dann zu zahlen sind, wenn die Gesellschaft keinen Gewinn erwirtschaften konnte.[163] Das persönliche Vermögen des Gesellschafters ist vom Gesamthandsvermögen zu unterscheiden. Die im Eigentum des Gesellschafters stehenden Wirtschaftsgüter, die dieser der Gesellschaft zur Nutzung überläßt, sind nicht Betriebsvermögen der Gesellschaft, sondern Sonderbetriebsvermögen des Gesellschafters.[164] Der für die Gewinnermittlung der Gesellschaft vorzunehmende Betriebsvermögensvergleich (§§ 4 Abs. 1, 5 EStG) beschränkt sich grundsätzlich auf die im Gesamthandseigentum der Gesellschafter stehenden Wirtschaftsgüter. Der auf diese Weise ermittelte und entsprechend dem vertraglichen bzw. gesellschaftsrechtlichen Gewinnverteilungsschlüssel auf die Gesellschafter verteilte Gewinn der Gesellschaft ist Gegenstand der Gewinnzuweisung nach § 15 Abs. 1 S. 1

---

160 Crezelius, Steuerrecht II, § 6 II 2c; Knobbe-Keuk, StuW 1974, 1, 4; dies., Bilanzsteuerrecht, § 10 I; Kirchhof/Söhn/Reiß, EStG, § 15 Rdnr. E 3f.; Meßmer, StbJb 1972/73, S. 127, 198; Söffing, Besteuerung der Mitunternehmer, IX 2b; Sudhoff/Walpert, Personengesellschaften, 5. Teil A Rdnr. 35; Tipke/Lang, Steuerrecht, § 9 G II 4.4.1; Woerner, BB 1975, 645, 646.

161 BFH v. 25.2.1991 - GrS 7/89, BFHE 163, 1 = BStBl. II 1991, 691, 698.

162 Döllerer, in Festschrift Flume, S. 43, 45ff.; Knobbe-Keuk, Bilanzsteuerrecht, § 10 I 2 a; Woerner, BB 1975, 645.

163 BFH v. 14.11.1985 - IV R 63/83, BStBl. II 1986, 58, 59; v. 25.2.1991 - GrS 7/89, BFHE 163, 1 = BStBl. II 1991, 691, 698, BFH v. 13.10.1998 – VIII R 4/98, BFHE 187, 235 = BStBl. II 284, 285; Döllerer, DStZ 1980, 259, 260; ders., in Festschrift Flume, S. 43, 48; Kirchhof/Söhn/Reiß, EStG, § 15 Rdnr. E 6; Knobbe-Keuk, StuW 1974, 1, 8f.; dies., Bilanzsteuerrecht, § 9 I 2a; Meßmer, StbJb 1972/73, S. 127, 199; Tipke/ Lang, Steuerrecht, § 9 Rdnr. 531; Söffing, Besteuerung der Mitunternehmer, IX 2; Woerner, StbKongr Rep. 1982, 193, 196ff.

164 BFH v. 10.1.1973 - I R 114/71, BStBl. II 1973, 238; v. 28.8.1974 - I R 18/73, BStBl. II 1975, 166; v. 8.1.1975 - I R 142/72, BStBl. II 1975, 437; v. 23.7.1975 - I R 210/73, BStBl. II 1976, 180; v. 15.10.1975 - I R 146/73, BStBl. II 1976, 188.

Nr. 2 Hs. 1 EStG[165], gegebenenfalls erweitert um das Ergebnis einer etwaigen Ergänzungsbilanz des Gesellschafters. Die Gewinnzuweisung erfolgt in dem Wirtschaftsjahr, in dem der Gewinn von der Gesellschaft erwirtschaftet wurde, ohne daß es eines Zuflusses beim Gesellschafter bedarf.[166] Das Wort „bezogen" in § 15 Abs. 1 S. 1 Nr. 2 S. 1 EStG ist nicht im Sinne eines tatsächlichen Vorganges, sondern als zeitliche Zuordnung zu verstehen.[167] Für die Höhe und den Zeitpunkt der Zurechnung ist es daher unerheblich, ob der Gewinnanteil entnahmefähig ist, insbesondere ob und wann die Gesellschaft eine Gewinnausschüttung beschließt und der Gewinnanteil dem einzelnen Gesellschafter tatsächlich zufließt.[168]

(2) Gewinnermittlung zweiter Stufe

Auf der zweiten Gewinnermittlungsstufe sind die von § 15 Abs. 1 S. 1 Nr. 2 Hs. 2 EStG genannten Vergütungen zu erfassen und wortlautgemäß dem Gewinnanteil des Gesellschafters hinzuzurechnen. Ergänzt werden diese um die im Gesetz nicht aufgeführten sog. Sonderbetriebseinnahmen und -ausgaben. Zusammengefaßt mit dem Anteil des Mitunternehmers am Gewinn der Gesellschaft erster Stufe bilden sie die mitunternehmerischen Einkünfte des § 15 Abs. 1 S. 1 Nr. 2 EStG.[169] Besteht hierüber Einigkeit in Literatur und Rechtsprechung, so ist im weiteren fraglich, wie die Einkünfte der zweiten Stufe zu ermitteln sind. Dabei geht es zunächst um die Frage der Art der Einkünfteermittlung. Die Antwort entscheidet über die Frage, zu welchem Zeitpunkt die Gewinnverwirklichung im Sonderbetriebsbereich erfolgt, ob im Zeitpunkt des Zuflusses der Vergütungen oder im Zeitpunkt der Aktivierungspflicht. Des weiteren geht es den Befürwortern einer einheitlichen Gewinnermittlung für den Betrieb der Gesell-

165 BFH v. 23.4.1975 - I R 234/74, BFHE 115, 488 = BStBl. II 1975, 603; v. 10.11.1980 - GrS 1/79, BFHE 132, 244 = BStBl. II 1981, 164, 167f.

166 BFH v. 10.11.1980 - GrS 1/79, BFHE 132, 244 = BStBl. II 1981, 164, 167; zur Begründung Crezelius, Steuerrecht II, § 6 II 2c; Knobbe-Keuk, Bilanzsteuerrecht, § 9 I 1; Lang, StuW 1978, 215, 220; Söffing, Besteuerung der Mitunternehmer, I 3; Sudhoff/Walpert, Personengesellschaften, 5. Teil A Rdnr. 9.

167 BFH v. 23.5.1979 - I R 56/77, BFHE 128, 505 = BStBl. II 1979, 763, 766.

168 BFH v. 24.2.1988 - I R 95/84, BFHE 153, 101 = BStBl. II 1988, 663, 666; Crezelius, Steuerrecht II, § 6 II 2c; Knobbe-Keuk, Bilanzsteuerrecht, § 9 I 1; Frotscher/Kaufmann, EStG, § 15 Rdnr. 305; Kirchhof/Söhn/Reiß, EStG, § 15 Rdnr. E 212; L.Schmidt, EStG, § 15 Rdnr. 441.

169 BFH v. 25.6.1984 - GrS 4/82, BFHE 141, 405 = BStBl. II 1984, 751, 762; v. 9.11.1988 - I R 191/84, BFHE 155, 454, 456 = BStBl. II 1989, 343; v. 12.7.1990 - IV R 37/89, BFHE 162, 30 = BStBl. II 1991, 64; v. 9.2.1993 - VIII R 29/91, BFHE 171, 419 = BStBl. II 1993, 747; Kirchhof/ Söhn/Reiß, EStG, § 15 Rdnr. E 9; Knobbe-Keuk, Bilanzsteuerrecht, § 9 I 2b; L.Schmidt, EStG, § 15 Rdnr. 640ff.; Söffing, Besteuerung der Mitunternehmer, IX 2d; Sudhoff/Walpert, Personengesellschaften, 5. Teil A Rdnr. 31; Woerner, BB 1974, 592, 597.

schaft und den Sonderbetrieb der Gesellschafter anschließend zusätzlich um das „Ob“ und im weiteren um das „Wie“ der technischen Zusammenfassung der Ergebnisse der beiden Rechnungslegungskreise zu einem „Gesamtgewinn der Mitunternehmerschaft“. Und schließlich berührt die Problematik die Frage, ob in die Ermittlung des Ergebnisses des Sonderbetriebsbereiches auch ein Sonderbetriebsvermögen des Gesellschafters einzubeziehen ist. Da sich die Einheitstheorie inhaltlich auf die erste Stufe der Gewinnermittlung bezieht, vermag sie die aufgeworfenen Fragen nicht zu beantworten.

Der Zeitpunkt der Erfassung von Einkünften richtet sich nach der Einkünfteermittlungsart, welche für die jeweilige Einkunftsart gesetzlich vorgesehen ist. Im Hinblick auf die Einkunftsermittlung teilt die Vorschrift des § 2 Abs. 2 EStG die Einkunftsarten in Gewinn- und Überschußeinkunftsarten. Für die Ermittlung gewerblicher Einkünfte im Sinne des § 15 Abs. 1 Nr. 2 EStG verweist § 2 Abs. 2 Nr. 1 EStG auf die Vorschriften der §§ 4 bis 7k EStG. Nach diesen kommt für die Ermittlung gewerblicher Einkünfte eine Gewinnermittlung nach § 4 Abs. 1, §§ 4 Abs. 1, 5 oder § 4 Abs. 3 EStG in Betracht. Zur Beantwortung der Frage, welche der Gewinnermittlungsarten auf die gewerblichen Einkünfte des Mitunternehmers im Sinne des § 15 Abs. 1 S. 1 Nr. 2 Hs. 2 EStG anzuwenden ist, geht der BFH[170] und mit ihm die herrschende Meinung[171] in der Literatur im Ansatz von der Gleichstellungsthese als dem Gesetzeszweck der Vorschrift des § 15 Abs. 1 S. 1 Nr. 2 EStG aus. Die unmittelbare, anteilige Zurechnung des in der Personengesellschaft erwirtschafteten Gewinnes der Personengesellschaft an den steuerpflichtigen Gesellschafter sowie die Hinzurechnung der Sondervergütungen in § 15 Abs. 1 S. 1 Nr. 2 EStG diene dem angeblich mit der Vorschrift verfolgten Zweck, den Mitunternehmer einer Personengesellschaft dem Einzelunternehmer „anzunähern“.[172] In der Sache geht es deshalb letztlich darum, ob die Vorschrift des § 15 Abs. 1 S. 1 Nr. 2 Hs. 2 EStG über ihre Funktion als Qualifikations- und Zurechnungsnorm hinaus und entgegen ihrer systematischen Stellung im Gesetz, die zeitliche Zurechnung der Sondervergütungen in der Form gebietet, daß die dem Gesellschafter zustehenden Vergütungen in demselben Gewinnermittlungszeitraum zu erfassen sind, in dem sie den Gewinn der Gesellschaft gemindert haben, um diese Gleichstellungsthese „optimal“ umzusetzen.[173]

---

170 BFH v. 25.2.1991 - GrS 7/89, BFHE 163, 1 = BStBl. II 1991, 691.

171 Frotscher/Kaufmann, EStG, § 15 Rdnr. 234ff.; Gosch, DStZ, 1994, 193, 194; Raupach, DStZ 1992, 692, 697; Söffing, Besteuerung der Mitunternehmer, VII 1c; Sudhoff/Walpert, Personengesellschaften, 5. Teil A Rdnr. 52; Tipke/Lang, Steuerrecht, § 9 Rdnr. 531; L.Schmidt, EStG, § 15 Rdnr. 161.

172 BFH v. 25.2.1991 - GrS 7/89, BFHE 163, 1 = BStBl. II 1991, 691, 698.

173 So Raupach, DStZ 1992, 692, 697; Tipke/Lang, Steuerrecht, § 9 Rdnr. 531.

Unter Bezugnahme auf den von Woerner formulierten „Beitragsgedanken" wird die Frage vom BFH bejaht. Nach Woerner[174] handelt es sich bei den Vergütungen im Sinne des § 15 Abs. 1 S. 1 Nr. 2 Hs. 2 EStG „insgesamt um Erträge aus Leistungen, die zwar nicht im Gewande gesellschaftsrechtlicher Beziehungen zwischen Gesellschafter und Personengesellschaft erbracht werden, die aber (...) bei wirtschaftlicher Betrachtungsweise als Beiträge anzusehen sind, die der Gesellschafter zur Förderung des gemeinschaftlichen Gesellschaftszweckes eingesetzt hat". Döllerer[175] nahm diesen Beitragsgedanken auf und gelangte zu seiner These der „wirtschaftlichen Einheit": „Wirtschaftlich bilden aber der Betrieb der Gesellschaft und die Sonderbetriebe der Gesellschafter eine Einheit in der Hand der Gesellschaft". Auf dieser Grundlage geht der BFH davon aus, daß gemäß obigem Zweck des § 15 Abs. 1 S. 1 Nr. 2 Hs. 2 EStG mit der Vorschrift dasselbe Ergebnis erreicht werden soll, als hätte der Gesellschafter seine Leistung nicht im Rahmen eines entgeltlichen Geschäftes, sondern als gesellschaftsrechtlichen Beitrag erbracht und anstelle des Leistungsentgeltes einen entsprechenden Anteil an dem durch den Fortfall des Entgeltes erhöhten Gewinn erhalten.[176] In diesem Sinne werden die Sondervergütungen den Gewinnanteilen gleichgestellt, „zur Einheit gewerbliche Einkünfte" zusammengefaßt und als Gewinn im Sinne des § 2 Abs. 1 Nr. 1 EStG gleich behandelt.[177] Dies verlange nicht nur, daß die Gesellschaftervergütung in derselben Gewinnermittlungsart berechnet wird wie das Ergebnis der Gesellschaft, sondern auch, daß die Ergebnisse der Gesellschaft und des Gesellschafters in der Weise aufeinander abgestimmt werden, daß die Vergütung beim Gesellschafter in dem Wirtschaftsjahr gewinnmäßig erfaßt wird, in dem sie bei der Gesellschaft als Aufwand in Erscheinung tritt.[178] Denn nur so könne dasselbe Ergebnis wie bei einem vergleichbaren Einzelunternehmer erreicht werden, der keine Ausgaben an sich selber abziehen kann.[179] Zur Umsetzung dessen sein in Übereinstimmung

---

174 Woerner, BB 1974, 592, 596; ders., BB 1975, 645f.; ders., JbFASt 1977/78, S. 150, 158.

175 Döllerer, DStZ/A 1974, 211, 215; ders., JbFAStR 1975/76, S. 142, 155; ders., DStZ 1976, 435, 438; ders., in Festschrift Flume, S. 43, 50; ders., DStZ 1980, 259, 261.

176 BFH v. 23.5.1979 - I R 163/77, BFHE 128, 213, 223 = BStBl. II 1979, 757; v. 27.5.1981 - I R 112/79, BFHE 133, 526 = BStBl. II 1982, 192, 196; v. 24.1.1980 - IV R 154-155/77, BStBl. II 1980, 269; v. 8.12.1982 - I R 9/79, BFHE 138, 184, 186 = BStBl. II 1983, 570. v. 11.12.1986 - IV R 222/84, BFHE 149, 149 = BStBl. II 1987, 553, 556.

177 BFH v. 23.5.1979 - I R 56/77, BFHE 128, 505 = BStBl. II 1979, 763, 766; Döllerer, in Festschrift Flume, S. 43, 49; L.Schmidt, EStG, § 15 Rdnr. 440.

178 BFH v. 23.5.1979 - I R 56/77, BFHE 128, 505 = BStBl. II 1979, 763, 766; v. 11.12.1986 - IV R 222/84, BFHE 149, 149 = BStBl. II 1987, 553, 556; v. 21.6.1989 - X R 14/88, BFHE 157, 382 = BStBl. II 1989, 881, 886; v. 6.7.1989 - IV R 62/86, BStBl. II 1989, 890; v. 11.3.1992 - XI 38/89, BFHE 168/70 = BStBl. II 1992, 797, 798; v. 14.6.1994 - VIII R 37/93, BFHE 176, 10, 13 = BStBl. II 1995, 246; v. 2.12.1997 - VIII R 15/96, BB 1998, 753, 754.

179 Raupach, DStZ 1992, 692, 697.

mit der Gewinnermittlung der gewerblich tätigen Personenhandelsgesellschaft, die Gewinnermittlung für den Sonderbetrieb des Gesellschafters durch Betriebsvermögensvergleich gemäß der §§ 4 Abs. 1, 5 EStG vorzunehmen[180] und zwar unter der grundsätzlichen Beachtung der handelsrechtlichen Grundsätze ordnungsmäßiger Buchführung[181], mittels einer für den Sonderbetrieb zu erstellenden Sonderbilanz nebst Sondergewinn- und verlustrechnung, in welcher die Sondervergütungen, Sonderbetriebsausgaben und sonstigen Sonderbetriebseinnahmen des Gesellschafters zu erfassen sind. Weil für den steuerpflichtigen Personengesellschafter weder eine handelsrechtliche noch eine steuerrechtliche Buchführungspflicht besteht und sich die Buchführungspflicht der Personenhandelsgesellschaft nach den §§ 238 HGB, 140 AO nur auf das Gesamthandsvermögen erstreckt, überdies aber das gesamte Betriebsvermögen der Mitunternehmerschaft erfaßt werden müsse, ist der BFH[182] der Ansicht, daß sich die aus § 140 AO ergebende steuerliche Buchführungspflicht der Personengesellschaft gemäß § 141 AO auf das gesamte steuerliche Betriebsvermögen der Mitunternehmerschaft - einschließlich des Sonderbetriebsvermögens - erstreckt.[183]

Zum Sonderbetriebsvermögen zählen unstreitig die Forderungen des Gesellschafters gegenüber der Gesellschaft auf Sondervergütung im Sinne des § 15 Abs. 1 S. 1 Nr. 2 Hs. 2 EStG. Aufgrund der im Sonderbetriebsbereich grundsätzlich nach Bilanzierungsgrundsätzen vorzunehmenden Gewinnermittlung, ist

---

180 BFH v. 23.5.1979 - I R 56/77, BFHE 128, 505 = BStBl. II 1979, 763, 767; v. 21.6.1989 - X R 14/88, BFHE 157, 382 = BStBl. II 1989, 881, 886; BMF-Schreiben v. 20.12.1977, BStBl. I 1978, 8, Tz. 18; Blümich/Stuhrmann, EStG KStG GewStG, § 15 EStG Rdnr. 499; Bordewin, FR 1984, 277, 278; ders., FR 1990, 526, 527f.; Döllerer, in Festschrift Flume, S. 43, 49f.; Engelhardt, BB 1990, 882, 884; Gosch, DStZ 1994, 192, 195; Kirchhof/Söhn/Reiß, EStG, § 15 Rdnr. E 11; Lang, in Festschrift L.Schmidt, 1993, S. 291, 303; Littmann/Bitz/Hellwig, EStG, § 15 Rdnr. 72; Mathiak, StbJb 1986/87, S. 79, 105f.; Raupach, JbFASt 1975/76, S. 222, 238f.; ders. FR 1976, 233, 238; ders., DStZ 1992, 692, 697; L.Schmidt, EStG, § 15 Rdnr. 440, 475; Söffing, StbJb 1976/77; 241, 251; ders., Besteuerung der Mitunternehmer, IX 5a; Thiel, FR 1974, 333, 334; Tipke/Lang, Steuerrecht, § 9 Rdnr. 531; Uelner, JbFAStR 1978/79, S. 300, 306ff.; Woerner, JbFAStR 1977/78, S. 150, 160ff.; a.A. Lang, StuW 1978, 215, 221; Knobbe-Keuk, StuW 1974, 1, 32ff.; Kruse, DStJG 2 (1979), S. 37, 55: durch Einnahmen-Überschuß-Rechnung gemäß § 11 EStG.

181 BFH v. 21.1.1992 - VIII R 72/87, BFHE 169, 219, 223 = BStBl. II 1992, 958; Bordewin, FR 1990, 526, 527; Engelhardt, BB 1990, 882, 884; Kirchhof/Söhn/Reiß, EStG, § 15 Rdnr. E 11, E 98; Lang, in Festschrift L.Schmidt, 1993, S. 291, 303; Raupach, DStZ 1992, 692, 697f.

182 BFH v. 23.10.1990 - VIII R 142/85, BFHE 162, 99 = BStBl. II 1991, 401; v. 11.3.1992 - XI R 38/89, BFHE 168/70 = BStBl. II 1992, 797, 798; Kirchhof/Söhn/Reiß, EStG, § 15 Rdnr. E 10.

183 Zur Kritik Knobbe-Keuk, Bilanzsteuerrecht, § 11 II 1b; Hoffmann, BB 1991, 513ff.; Wichmann, BB 1991, 2117f.; Tipke/Lang, Steuerrecht, § 9 Rdnr. 533: Erweitere Buchführungspflicht der Gesellschaft beruhe auf § 5 Abs. 1 i.V.m. § 15 Abs. 1 S. 1 Nr. 2 EStG.

für den Zeitpunkt der steuerlichen Gewinnverwirklichung das handelsrechtliche Realisationsprinzip maßgeblich. Die Aktivierungspflicht des am Bilanzstichtag erdienten, aber von der Gesellschaft noch nicht erfüllten Vergütungsanspruches in der Sonderbilanz des Gesellschafters führt dazu, daß neben den bereits vom Gesellschafter tatsächlich bezogenen Vergütungen, auch die noch nicht zugeflossenen, rückständigen Vergütungsansprüche periodengleich mit ihrer Aufwandswirksamkeit bei der Gesellschaft in der Sonderbilanz des Gesellschafters erfolgswirksam erfaßt werden.[184] Im Ergebnis bleibt der Gesamtgewinn der Mitunternehmerschaft durch einen von der Aufwandsverbuchung periodenversetzten Einnahmenzufluß beim Gesellschafter unberührt. Fraglich allerdings ist, ob dieses Ergebnis auch für die Pensionsanwartschaft des Gesellschafters aus einer Pensionszusage der Gesellschaft eintritt. Denn der aufschiebend bedingte Pensionsanspruch erstarkt zum Vollrecht erst mit Eintritt der regelmäßig vereinbarten Erlebensbedingung. Aufgrund der damit verbundenen Unsicherheit des Entstehens der Forderung auf Pensionsleistung wird die Aktivierungspflicht der Pensionsanwartschaft in der Literatur teilweise mit dem Argument der fehlenden Eigenschaft als aktivierbarer Vermögensgegenstand[185], teilweise wegen des Verstoßes einer Aktivierung gegen das Realisationsprinzip[186], abgelehnt.

(3) Sonderbetriebsvermögen

Mit Verabschiedung der Bilanzbündeltheorie konnte die ihr zugrundeliegende These, die Mitgliedschaft jedes Gesellschafters an einer Personengesellschaft stelle sich steuerrechtlich als dessen eigens geführter Gewerbebetrieb dar, nicht mehr aufrechterhalten werden. Damit war gleichzeitig die der Rechtsprechung dienende Begründung[187] entfallen, mit der diejenigen Wirtschaftsgüter, die im Eigentum des Gesellschafters stehen und die dieser der Gesellschaft zur Nutzung überlassen hatte, zum steuerlichen Betriebsvermögen qualifiziert wurden.

---

184 BFH v. 14.11.1985 - IV R 63/83, BFHE 144, 572 = BStBl. II 1986, 58, 59; Blümich/Stuhrmann, EStG KStG GewStG, § 15 EStG Rdnr. 352a.

185 Vgl. dazu Knobbe-Keuk, Bilanzsteuerrecht, § 4 III 4.

186 Vgl. dazu FG Hamburg v. 27.10.1982 - VI 208/79, BB 1983, 294, 295; Blomeyer/Otto, BetrAVG, StR E Rdnr. 136; Glocke, DB 1994, 2162; Groh, JbFAStR 1983/84, S. 255, 263; Heissmann, BB 1956, 783, 784; Heuer, DB 1956, 96; ders., FR 1956, 483, 486; Höfer/Abt, BetrAVG-StR, Rdnr. 336; Höfer, BB 1980, 252, 254; Holling, BB 1956, 73, 74; Hottmann, StBp 1992, 255, 258; Loos, DB 1987, 2427, 2428; Littmann/Bitz/Hellwig/Hoffmann, EStG, §§ 4, 5 Rdnr. 837 „Pensionsanwartschaft": aufschiebend bedingter Geldanspruch ohne wirtschaftlichen Wert; Loos, DB 1987, 2427, 2428; ders., BB 1989, 669; Moxter, DB 1987, 1846, 1850f.; ders., Bilanzrechtsprechung, § 6 II 9; Theis, FR 1957, 106, 107; a.A. Grüninger, BB 1990, 2161, 2166; Meilicke/Heidel, FR 1994, 693, 694; Patt/Rasche, DB 1993, 2400f.; Paus, BB 1993, 692f.

187 Vgl. dazu BFH v. 18.3.1958 - I 147/57 U, BFHE 66, 683 = BStBl. III 1958, 262; v. 31.10.1969 - R I 145/66, BFHE 97, 561, 566 = BStBl. II 1970, 197.

Ohne die Vorstellung eines eigenen Betriebes des Gesellschafters hätte es deshalb nahegelegen, die Qualifikation dieser Wirtschaftsgüter als gewerbliches Vermögen aufzugeben.[188] Die Folge dessen wäre gewesen, daß die der Gesellschaft zur Nutzung überlassenen Wirtschaftsgüter, sofern es sich bei ihnen um Privatvermögen gehandelt hätte, fortan nicht mehr steuerverstrickt gewesen wären und deshalb die Wertveränderungen in der grundsätzlich nicht steuerbaren Privatsphäre des Gesellschafters einträten.

Indessen hat der BFH diese Konsequenz aus der Aufgabe der Bilanzbündeltheorie nicht gezogen. Der BFH bestimmt in ständiger Rechtsprechung zum Betriebsvermögen im Sinne von § 4 Abs. 1 und § 5 EStG bei gewerblich tätigen Personengesellschaften nicht nur die im Gesamthandsvermögen der Mitunternehmer stehenden Wirtschaftsgüter, sondern darüber hinaus zum Sonderbetriebsvermögen des Gesellschafters alle diejenigen Wirtschaftsgüter, die zwar zivilrechtlich im Eigentum des Gesellschafters stehen, die aber dem Betrieb der Personengesellschaft zur Nutzung überlassen werden und die dazu geeignet oder bestimmt sind, dem Betrieb zu dienen (sog. Sonderbetriebsvermögen I) oder die der Beteiligung des Gesellschafters an der Gesellschaft zu dienen bestimmt, ihr förderlich sind (sog. Sonderbetriebsvermögen II).[189] Weil nach der neueren Rechtsprechung des BFH der Mitunternehmer auch keinen eigenen, von dem der Gesellschaft losgelösten Gewerbebetrieb unterhält[190], müssen die als Sonderbetriebsvermögen des Gesellschafters qualifizierten Wirtschaftsgüter als Betriebsvermögen ohne Gewerbebetrieb (fiktiv gewerbliches Vermögen) ihres zivilrechtlichen Eigentümers angesehen werden.[191]

Nach allgemeiner Ansicht in Literatur[192] und Rechtsprechung[193] ist die Existenz des Sonderbetriebsvermögens des Gesellschafters Rechtsfolge des § 15 Abs. 1

188 Vgl. Knobbe-Keuk, StuW 1974, 1, 32; Kruse, DStJG 2 (1979), S. 37, 53; Thiel, StuW 1984, 104, 106.

189 BFH v. 23.7.1975 - I R 210/73, BFHE 117, 144 = BStBl. II 1976, 180; v. 15.10.1975 - I R 16/73, BFHE 117, 164 = BStBl. II 1976, 188; v. 7.7.1992 - VIII R 2/87, BFHE 168, 322 = BStBl. II 1993, 328; v. 30.3.1993 - VIII R 8/91, BFHE 172, 19, 23 = BStBl. II 1993, 864; v. 27.10.1994 - I R 34/94, BFHE 176, 534, 537 = BStBl. II 1995, 452; v. 2.10.1997 - IV R 84/96, DStR 1998, 76; zur Kritik eingehend Schön, DStR 1993, 185ff.; Knobbe-Keuk, Bilanzsteuerrecht, § 11 I 2.

190 BFH v. 23.7.1975 - I R 210/73, BFHE 117, 144, 148 = BStBl. II 1976, 180; v. 11.3.1992 - XI 38/89, BFHE 168, 70, 73 = BStBl. II 1992, 797.

191 Schön, DStR 1992, 185, 192f.; Knobbe-Keuk, Bilanzsteuerrecht, § 11 I 2.

192 Blümich/Falk/Stuhrmann, EStG KStG GewStG, § 15 EStG Rdnr. 459; Crezelius, Steuerrecht II, § 6 II 2c; Döllerer, in Festschrift Flume, S. 43, 50; Kirchhof/Söhn/Reiß, EStG, § 15 Rdnr. E 15; Lademann/Söffing, EStG, § 15 Rdnr. 344; Raupach, JbFASt 1975/76, 222, 236; ders., DStZ 1992, 692, 696; L.Schmidt, EStG, § 15 Rdnr. 507; Söffing, Besteuerung der Mitunternehmer, V 3b; Tipke/Lang, Steuerrecht, § 9 Rdnr. 541; Uelner, JbFASt 1978/79, S. 300, 306; ders., DStJG 14 (1991), S. 139, 144ff.; Weber-Grellet, DStR 1983,

S. 1 Nr. 2 Hs. 2 EStG. Zwar führt der Gesellschafter keinen eigenen Betrieb, die Vorschrift aber weist ihm die Vergütungen für die Überlassung von Wirtschaftsgütern an die Gesellschaft als gewerbliche Einkünfte zu, so daß dem Gesellschafter diese Wirtschaftsgüter zur Erzielung gewerblicher Einkünfte dienen und deshalb als gewerbliches Vermögen zu erfassen sind. Allerdings ist diese Ansicht dem Einwand ausgesetzt, daß es keinen Automatismus zwischen gewerblichen Einkünften und Betriebsvermögen gibt, sondern, wie die Vorschrift des § 17 EStG zeigt, der Gesetzgeber bestimmte Einkünfte als gewerbliche qualifiziert, ohne zugleich das mit diesen Einkünften in Zusammenhang stehende Vermögen in die Qualifikation einzubeziehen.[194] Überdies kann die Einbeziehung des Wirtschaftsgutes in den Betriebsvermögensvergleich dann nicht auf die Vorschrift des § 15 Abs. 1 S. 1 Nr. 2 Hs. 2 EStG gestützt werden, wenn das Wirtschaftsgut der Gesellschaft unentgeltlich zur Nutzung überlassen wird und infolgedessen dem Gesellschafter nicht zur Erzielung gewerblicher Einkünfte im Sinne des § 15 Abs. 1 S. 1 Nr. 2 Hs. 2 EStG dient.[195]

Der BFH[196] sieht die Rechtsgrundlage für das Sonderbetriebsvermögen daher auch in der Vorschrift des § 4 Abs. 1 EStG.[197] Wo das EStG bestimmte Einkünfte als betriebliche Einkünfte erfasse, gehe es - abgesehen von den Fällen des § 17 EStG - davon aus, daß das den Einkünften zugrundeliegende Vermögen Betriebsvermögen ist. Nach Schön[198] ergibt sich dies aus der Überlegung, daß gemäß § 4 Abs. 1 EStG von der Fiktion als gewerbliches Vermögen alle diejenigen Wirtschaftsgüter des Gesellschafters ergriffen werden, die der Gesellschafter zur Erwirtschaftung seines Gewinnanteiles gegenüber der Gesellschaft einsetzt oder die dazu dienen, seinen Verbindlichkeiten gegenüber der Gesellschaft aus gesonderten Schuldverträgen nachzukommen.

16, 19; Woerner, BB 1974, 592, 597; BB 1976, 220, 222; ders., JbFAStR 1977/78, 150, 161f.; ders., DStZ 1980, 203, 207; ders., StbKongrRep. 1982, 193, 202f.; a.A. Knobbe-Keuk, StuW 1974, 1, 35f.; dies., Bilanzsteuerrecht, § 11 II 2a; Schön, DStR 1992, 185, 189.

193 BFH v. 15.1.1981 - IV R 76/77, BFHE 132, 289, 291 = BStBl. II 1981, 341; v. 13.9.1989 - VIII R 236/81, BStBl. II 1989, 37; v. 1.3.1994 - VIII R 35/92, BFHE 175, 231, 235 = BStBl. II 1995, 241; dagegen wird im BFH-Urteil vom BFH v. 2.12.1982 - IV R 72/79, BFHE 137, 323 = BStBl. II 1983, 215, 217, § 15 Nr. 2 EStG als Rechtsgrundlage des Sonderbetriebsvermögens ausdrücklich abgelehnt: nur klarstellende und bestätigende Funktion.

194 Knobbe-Keuk, Bilanzsteuerrecht, § 11 2a; Kruse, BB 1985, 1077, 1079; Schön, DStR 1993, 185, 188; Thiel, StuW 1984, 104, 106.

195 Schön, DStR 1992, 185, 187; Söffing, Besteuerung der Mitunternehmer, V 3b.

196 BFH v. 12.2.1982 - IV R 72/79, BStBl. II 1983, 215, 217.

197 Ebenso Bordewin, DStJG 2 (1979), S. 67, 69; Kirchhof/Söhn/Reiß, EStG, § 15 Rdnr. E 14; Söffing, Besteuerung der Mitunternehmer, V 3b.

198 Schön, DStR 1992, 185, 192f.; zustimmend Kirchhof/Söhn/Reiß, EStG, § 15 Rdnr. E 58.

(4) Verhältnis der ersten zur zweiten Gewinnermittlungsstufe

Liegen die Ergebnisse der beiden bisherigen Rechnungskreise, Steuerbilanz der Gesellschaft und Sonderbilanz des Gesellschafters, vor, dann bedarf es zur Ermittlung der gewerblichen Einkünfte des jeweiligen Gesellschafters der Zusammenfassung der beiden Komponenten des § 15 Abs. 1 S. 1 Nr. 2 S. 1 EStG. Ließe man einen unbefangenen Betrachter die Vorschrift hinsichtlich der Methodik der notwendigen Zusammenfassung interpretieren, würde er wohl zu der einer rein additiven Ermittlung finden. Nach dieser ergeben sich die gewerblichen Einkünfte eines Mitunternehmers allein aus der Addition seines Anteiles am Gewinn der Personengesellschaft, zuzüglich des Ergebnisses einer für ihn aufzustellenden Ergänzungsbilanz und des Ergebnisses seiner Sonderbilanz. Der BFH und die herrschende Meinung in Literatur und haben sich dieser von Knobbe-Keuk[199] vorgeschlagenen Methode nicht angeschlossen. Ausgehend von der Vorstellung, die mitunternehmerischen Einkünfte des § 15 Abs. 1 S. 1 Nr. 2 EStG seien als Anteil am „Gesamtgewinn der Mitunternehmerschaft" festzustellen, bestehend aus der Summe der den einzelnen Gesellschaftern zustehenden Anteile am Gesellschaftsgewinn sowie ihrer Sonderbetriebseinnahmen und -ausgaben,[200] wird allgemein gefordert, die Gesellschaftsbilanz und etwaige Ergänzungs- und Sonderbilanzen der Gesellschafter zur sogenannten „Gesamtbilanz der Mitunternehmerschaft" zusammen zu fassen.[201]

Die Ermittlung des Gesamtgewinnes durch die Erstellung einer Gesamthandsbilanz der Mitunternehmerschaft macht bei oberflächlicher Betrachtung keinen Sinn. Sie ist zudem aus dem Wortlaut des § 15 Abs. 1 S. 1 Nr. 2 EStG nicht herleitbar.[202] Zwar ist nach der herrschenden Meinung für Zwecke des Gewerbesteuerrechts die Ermittlung des steuerlichen Gesamtgewinnes der Mitunternehmerschaft notwendig, für die Einkommensteuer kann es hierauf jedoch nicht ankommen, weil diese nicht Subjekt der Einkommensteuer ist. Einkommensteu-

---

199 Knobbe-Keuk, Bilanzsteuerrecht, § 11 V, ebenso Kruse, DStJG 2 (1979), S. 37, 58ff.; Raupach, DStZ 1992, 693, 694; wohl auch Thiel, FR 1974, 333, 334f.; ausdrücklich ders., StuW 1984, 104, 106.

200 BFH v. 25.2.1991 - GrS 7/89, BFHE 163, 1 = BStBl. II 1991, 691, 698.

201 BFH v. 14.5.1991 - VIII R 31/88, BFHE 164, 516 = BStBl. II 1992, 167; Döllerer, DStZ/A 1974, 211, 217; ders., JbFAStR 1975/76, S. 142, 156; ders. DStZ/A 1976, 435, 439; ders., in Festschrift Flume, S. 43, 51; ders., DStZ 1980, 259, 261; ders., DStZ 1992, 646; Mellwig, in Festschrift Georg Döllerer, S. 411; Frotscher/Kaufmann, EStG, § 15 Rdnr. 243; Tipke/Lang, Steuerrecht, § 9 G II 4.4.1; Söffing, StbJb 1976/77, S. 241, 252; ders., Besteuerung der Mitunternehmer, IX 2b gg. Uelner, JbFAStR 1978/79, S. 300, 311ff; ders., DStJG 14 (1991), S. 139, 147f.Die Gesamtbilanz wird auch als „Steuerbilanz zweiter Stufe" bezeichnet.

202 Knobbe-Keuk, Bilanzsteuerrecht, § 11 V; dies., StuW 1974, 232ff.; Kruse, DStJG 2 (1979), S. 37ff.; Thiel, StuW 1984, 104, 106.

erpflichtig ist allein der einzelne Mitunternehmer mit seinen gewerblichen Einkünften nach § 15 Abs. 1 S. 1 Nr. 2 EStG. Für deren Ermittlung aber bedarf es keiner Gesamtbilanz. Nach Knobbe-Keuk genügte, die Komponenten gewerblicher Einkünfte im Sinne des § 15 Abs. 1 S. 1 Nr. 2 EStG zu ermitteln und zu addieren. Eine Gesamtbilanz ist insoweit unnötig und „hängt in der Luft“.[203] Auch für gewerbesteuerrechtliche Zwecke wäre die additive Zusammenfassung der gewerblichen Einkünfte aller Gesellschafter ausreichend. Allerdings wird die Vereinigung sämtlicher Bilanzen zur steuerlichen Gesamtbilanz für notwendig erachtet, um im Rahmen des technischen Verfahrens der Zwecksetzung des § 15 Abs. 1 S. 1 Nr. 2 EStG - Gleichstellung von Mitunternehmer und Einzelunternehmer - Rechnung zu tragen.[204] Von § 15 Abs. 1 S. 1 Nr. 2 Hs. 2 EStG erfaßte Rechtsbeziehungen sollen sich im Vergleich zum Einzelunternehmer nicht mindernd auf den gewerblichen Gesamtgewinn auswirken dürfen, um einkommensteuerrechtliche und gewerbeertragsteuerliche Effekte zu vermeiden. Im Blickpunkt stehen im Wert geminderte Darlehensforderungen des Gesellschafters sowie dessen Pensionsanwartschaft gegenüber der Gesellschaft. Die in der Sonderbilanz des Gesellschafters aktivierten Forderungen aus Rechtsbeziehung im Sinne des § 15 Abs. 1 S. 1 Nr. 2 Hs. 2 EStG sollen nicht abgeschrieben werden dürfen[205], und dessen Pensionsanwartschaft soll ungeachtet ihres tatsächlichen Wertes und der gegen eine Aktivierung sprechenden Unsicherheitsfaktoren, in seiner Sonderbilanz mit dem Wert der in der Steuerbilanz der Gesellschaft passivierten Pensionsverpflichtung zu aktivieren sein.[206] Insofern wird die Vorschrift des § 15 Abs. 1 S. 1 Nr. 2 EStG als eine den Maßgeblichkeitsgrundsatz (§ 5 Abs. 1 S. 1 EStG) einschränkende materiell-rechtliche Vorbehaltsnorm verstanden.[207]

Nach Döllerer[208] gebietet der Gedanke der wirtschaftlichen Einheit bestehend aus dem Betriebsvermögen der Gesellschaft und dem Sonderbetriebsvermögen des Gesellschafters zur Erstellung einer Gesamtbilanz nach Art einer Konzern-

203 Knobbe-Keuk, Bilanzsteuerrecht, § 11 I 1.

204 Tipke/Lang, Steuerrecht, § 9 Rdnr. 531; Söffing, Besteuerung der Mitunternehmer, I 3, IX 2b gg; Uelner, JbFAStR 1978/79, S. 311, 311; ders., JbFAStR 1979/1980, S. 311, 349f.

205 BFH v. 22.1.1981 - IV R 160/76, BFHE 132, 538; BStBl. II 1981, 427, 428f.; v. 12.7.1990 - IV R 37/89, BFHE 162, 30 = BStBl. II 1991, 64, 66; v. 19.5.1993 - I R 60/92, BStBl. II 1993, 714, 715; Döllerer, DStZ 1992, 646, 647.

206 BFH v. 2.12.1997 - VIII R 15/96, DB 1998, 753, 754; v. 16.12.1992 - I R 105/91, BFHE 170, 169 = BStBl. II 1993, 792.

207 BFH v. 19.5.1993 - I R 60/92, BFHE 171, 286 = BStBl. II 1993, 714, 715.

208 Döllerer, DStZ/A 1974, 211, 217; ders., JbFAStR 1975/76, S. 142, 156; ders. DStZ/A 1976, 435, 439; ders., in Festschrift Flume, S. 43, 51; ders., DStZ 1980, 259, 261; ders., DStZ 1992, 646, zustimmend Mellwig, in Festschrift Georg Döllerer, S. 411; Söffing, StbJb 1976/77, S. 241, 252; kritisch Kirchhof/ Söhn/Reiß, EStG, § 15 Rdnr. E 63; Zezschwitz, FR 1970, 133, 136.

bilanz. Im Anwendungsbereich des § 15 Abs. 1 S. 1 Nr. 2 Hs. 2 EStG sollen wechselseitige Forderungen und Verbindlichkeiten, einschließlich der Rückstellungen, sowie die Zwischenerfolge aus Leistungen des Gesellschafters an die Gesellschaft im Wege der Konsolidierung zu eliminieren sein.

Die Konsolidierung bewirkt für die Gesamtbilanz der Mitunternehmerschaft die Verwandlung der in der Steuerbilanz der Gesellschaft ausgewiesenen Verbindlichkeit in steuerliches Eigenkapital. Dies betrifft sowohl die Darlehensverbindlichkeit wie auch die Pensionsverpflichtung gegenüber dem Gesellschafter. Die Darlehenszinsen und die Zuführungen zu der Pensionsrückstellung verwandeln sich in Gewinn. Für die Gewinnermittlung des Gesamtgewinnes der Mitunternehmerschaft hätte dies im Ergebnis den gewinnerhöhenden Wegfall der aufwandswirksamen Verbuchung sowohl der Zinsen wie auch der Zuführungen zur Pensionsrückstellung zur Folge. Denn der in der Gewinnermittlung der Gesellschaft verbuchte Zinsaufwand bzw. Aufwand für Altersversorgung wird durch die Hinzurechnung eines Konsolidierungsgewinnes zum Gesamtgewinn neutralisiert. Aus der Verwandlung in Eigenkapital folgt des weiteren, daß für die in die Konsolidierung einzubeziehenden Forderungen und Verbindlichkeiten eine imparitätische Bewertung nicht zulässig ist. Wertberichtigungen von Forderungen des Gesellschafters aus Rechtsbeziehungen im Sinne des § 15 Abs. 1 S. 1 Nr. 2 Hs. 2 EStG können steuerlich nicht vorgenommen werden. Insofern liegt der entscheidende materielle Gehalt der Konsolidierungsthese in der steuerrechtlichen Einschränkung der handelsrechtlichen Grundsätze ordnungsmäßiger Buchführung, insbesondere des Imparitäts- und Realisationsprinzips.[209]

Zur Begründung seiner Konsolidierungsthese verweist Döllerer auf den in diesem Sinne zu verstehenden § 15 Abs. 1 S. 1 Nr. 2 EStG: Die Konsolidierung verdiene den Vorzug vor der Addition, denn „für die Ermittlung des Ergebnisses einer wirtschaftlichen Tätigkeit und damit auch für die Ermittlung der gewerblichen Einkünfte der Gesellschafter ist die Tatsache der wirtschaftlichen Einheit zwischen dem Betrieb der Gesellschaft und den Sonderbilanzen der Gesellschafter von ungleich größerer Bedeutung als die zivilrechtliche Unterscheidung zwischen dem Gesellschaftsvermögen und dem Vermögen der Gesellschafter".[210]

---

209 Vgl. dazu Gosch, DStZ 1994, 1994, 193, 194; Raupach, DStZ 1992, 692, 698; Kirchhof/Söhn/Reiß, EStG, § 15 Rdnr. E 62; Sudhoff/Walpert, Personengesellschaften, 5. Teil A Rdnr. 34.

210 Döllerer, JbFAStR 1975/76, S. 142, 156; ders., DStZ/A 1974, 211, 216; ders., in Festschrift Flume, S. 43, 50f.

Uelner[211] hat sich dieser Auffassung in ihrem Kern ebenfalls angeschlossen. Obwohl anfänglich dagegen, findet nach Uelner das Imparitätsprinzip im Bereich der von § 15 Abs. 1 S. 1 Nr. 2 Hs. 2 EStG erfaßten Rechtsverhältnisse keine Anwendung. Anders als Döllerer, spricht sich Uelner jedoch gegen eine konsolidierte und für eine „strukturierte Gesamtbilanz" aus. In dieser soll die bilanzielle Abbildung der von der Vorschrift des § 15 Abs. 1 S. 1 Nr. 2 Hs. 2 EStG erfaßten Rechtsbeziehungen strukturiert nach Gesellschaftern erfolgen. Denn bei der Gewinnermittlung für die Gesellschafter gehe es nicht darum, wie bei der Konzernkonsolidierung, das Gesamtergebnis einer Konzerneinheit im Außenverhältnis darzustellen, sondern darum, jedem Mitunternehmer seinen auf ihn entfallenden Anteil an den steuerbaren Einkünften zuzuordnen.[212] Der Unterschied zwischen der konsolidierten und strukturierten Gesamtbilanz bestehe deshalb allein darin, daß in der strukturierten Gesamtbilanz die dem einzelnen Mitunternehmer zuzurechnenden Wirtschaftsgüter und Verbindlichkeiten und das auf ihn entfallende zusätzliche steuerliche Eigenkapital auch im Verhältnis Gesellschaft und Gesellschafter erkennbar ist.[213]

Nachdem der BFH zunächst Döllerers Gesamtbilanzkonzeption beigetreten war[214], vertritt er seit den achtziger Jahren nunmehr die um eine „korrespondierenden Bilanzierung" erweiterte additive Methode[215]. Mit dieser Methode verbindet sich die Vorstellung, daß die Forderungen und Verbindlichkeiten aus Rechtsgeschäften zwischen Gesellschaft und Gesellschafter im Sinne des § 15 Abs. 1 S. 1 Nr. 2 Hs. 2 EStG in der Steuerbilanz der Gesellschaft und der Sonderbilanz des Gesellschafters zwingend korrespondierend, daß heißt zeit- und wertgleich auszuweisen sind. Kennzeichnend für diese Methode ist damit ebenfalls die Einschränkung der allgemeinen Bilanzierungs- und Bewertungsvorschriften, so daß im Vergleich zur konsolidierten und strukturierten Gesamtbilanz keine materiellen Unterschiede bestehen. In Anbetracht, daß unabhängig von der Methode - mit Ausnahme der rein additiven - dasselbe Ergebnis erzielt wird und es zur Ermittlung der gewerblichen Einkünfte des Gesellschafters einer Gesamtbilanz nicht bedarf, erscheint die Erstellung einer konsolidierten oder strukturierten Gesamtbilanz überflüssig. Im Schrifttum mehren sich deshalb die Stimmen, die die Aufstellung einer gesonderten Gesamtbilanz der Mit-

211 Uelner, JbFASt 1978/79, S. 300, 311ff.; ders. JbFASt 1979/80, S. 338, 350; ders., JbFASt 1983/84, S. 255; ders., DStJG 14 (1991), S. 139, 147.

212 Uelner, JbFAStR 1978/79, S. 300, 311f.

213 Uelner, DStJG 14 (1991), S. 139, 147.

214 BFH v. 8.1.1975, I R 142/72, BFHE 115, 37 = BStBl. II 1975, 437; v. 11.12.1980 - IV R 91/77, BFHE 132, 442 = BStBl. II 1981, 422; v. 8.12.1982 - I R 9/79, BFHE 138, 184 = BStBl. II 1983, 570.

215 BFH v. 14.12.1985 - IV R 63/83, BStBl. II 1986, 58; v. 16.12.1992 - I R 105/91, BFHE 170, 169 = BStBl. II 1993, 792; v. 19.5.1993 - I R 60/92, BFHE 171, 286 = BStBl. II 1993, 714; v. 2.12.1997 - VIII R 15/96, DB 1998, 753.

unternehmerschaft für nicht erforderlich halten.[216] Es genüge die Sonderbilanzen der Gesellschafter unter Beachtung des der Gesamtbilanzkonzeption zugrundeliegenden sachlichen Gehalts zu erstellen.[217] Tatsächlich werden solche Gesamtbilanzen in der Praxis nicht erstellt.[218] Die Gesamtbilanzvorstellung dient allein der Rechtfertigung des angestrebten steuerrechtlichen Ergebnisses. Dies zeigt sich anschaulich im Urteil des BFH vom 12.7.1990[219], in dem er seine Begründung erneut auf das Gedankengebilde der Gesamtbilanz stützen mußte. In dem der Entscheidung zugrundeliegenden Fall ging es um die Frage, ob ein Kommanditist bei drohender Inanspruchnahme aus einer übernommenen Bürgschaft in seiner Sonderbilanz eine Rückstellung bilden darf. Mit der korrespondierenden Bilanzierung sind lediglich Korrekturen der Gewinnermittlung der Gesellschaft in der Sonderbilanz des Gesellschafters plausibel herleitbar. Da die Bürgschaft die Steuerbilanz der Gesellschaft nicht berührt, ließ sich das Passivierungsverbot der Rückstellung in der Sonderbilanz nur über das Gedankengebilde einer Gesamtbilanz begründen.

Wegen des Grundsatzes der korrespondierenden Bilanzierung dürfen nach der Rechtsprechung des BFH Wertberichtigungen auf Forderungen des Gesellschafters gegen die Gesellschaft nicht vorgenommen werden.[220] Obgleich sich der BFH in den Entscheidungen zur Teilwertabschreibung nicht mehr an der Gesamtbilanzkonzeption Döllerers orientierte, begründete er die Unzulässigkeit der Teilwertabschreibung mit der Qualifizierung der Forderung als Eigenkapital. Ungeachtet der Bedenken die gegen eine Konsolidierung und gegen die Zusammenfassung zu einer Gesamtbilanz der Mitunternehmerschaft sprechen, ist die „Verwandlung" in Eigenkapital und die auf sie gestützte eingeschränkte Anwendung der Grundsätze ordnungsmäßiger Buchführung, insbesondere des Imparitäts- und Realisationsprinzips, das Ergebnis eben dieses technischen Verfahrens, weshalb es bedenklich erscheinen muß, wenn sich der BFH, in Abweichung von der Methodik der Konsolidierung, der Verwandlung als Begründung bedient, um die Gültigkeit der Grundsätze ordnungsmäßiger Buchführung für die additive Gewinnermittlung auszuschließen.

Indessen ist die Anwendung oder Nichtanwendung der Bilanzierungs- und Bewertungsgrundsätze eine materiell-rechtliche Entscheidung, die letztlich nicht

---

216 Groh, JbFASt 1983/84, S. 255, 265f.; Knobbe-Keuk, StbKongrRep. 1980, S. 165, 174; L.Schmidt, EStG, § 15 Rdnr. 406.

217 Knobbe-Keuk, StbKongrRep. 1980, S. 165, 174; Tiedtke, Einkommensteuerrecht, S. 108; L.Schmidt, EStG, § 15 Rdnr. 406.

218 Groh, JbFAStR 1983/84, 255, 266.

219 BFH v. 12.7.1990 - IV R 37/89, BFHE 162, 30 = BStBl. II 1991, 64.

220 BFH v. 19.5.1993 - I R 60/92, BFHE 171 293 = BStBl. II 1993, 714; v. 19.1.1993 - VIII R 128/84, BFHE 170, 511 = BStBl. II 1993, 594, 596; v. 22.1.1981 - IV R 160/76, BFHE 132, 528 = BStBl. II 1981, 427.

durch die Anwendung einer dem Gesetz nicht zu entnehmenden Art der technischen Zusammenfassung der gewerblichen Einkünfte bestimmt wird.[221] Die Einschränkung des Maßgeblichkeitsgrundsatzes für die zweite Gewinnermittlungsstufe kann nicht aus der Ermittlungstechnik abgeleitet werden, sondern muß sich aus dem Gesetz ergeben. Als Rechtsgrundlage einer korrespondierenden Bilanzierung kommt hierfür allein die Vorschrift des § 15 Abs. 1 S. 1 Nr. 2 EStG in Betracht. Dabei gilt es zu berücksichtigen, daß die korrespondierende Bilanzierung als gewinnermittlungstechnische Notwendigkeit angesehen wird, um zu verhindern, daß Rechtsbeziehung zwischen Gesellschaft und Gesellschafter im Sinne des § 15 Abs. 1 S. 1 Nr. 2 Hs. 2 EStG den gewerblichen Gewinn der Gesellschafter mindern.[222] Insofern ist die korrespondierende Bilanzierung letztlich Umsetzung der in der Interpretation des § 15 Abs. 1 S. 1 Nr. 2 EStG nach wie vor dominanten Gleichstellungsthese.

3. Pensionsverpflichtungen/-anwartschaften aus betrieblichen Direktzusagen im System der mitunternehmerischen Gewinnermittlung

a) Steuerbilanz der Personengesellschaft

Weitgehende Übereinstimmung besteht im neuerem Schrifttum[223] hinsichtlich der steuerrechtlichen Behandlung der Direktzusage gegenüber Gesellschafter-Arbeitnehmern in der Gewinnermittlung der Gesellschaft. Erteilt eine Personengesellschaft ihrem Gesellschafter-Arbeitnehmer eine Pensionszusage, so besteht für die Personengesellschaft bei Neuzusagen ab 1987 die Pflicht, in ihrer Handelsbilanz eine Pensionsrückstellung auszuweisen. Handelt es sich bei der Pensionszusage um eine sog. Altzusage, gilt das frühere handelsrechtliche Passivierungswahlrecht nach Art. 28 Abs. 1 S. 1 EGHGB weiterhin fort. Hat die Personengesellschaft für die Pensionsverpflichtung aus einer Altzusage eine Pensionsrückstellung in ihrer Handelsbilanz gebildet oder ist sie aufgrund einer Neuzusage dazu verpflichtet eine solche zu passivieren, hat sie aufgrund der Maßgeblichkeit der Handelsbilanz für die steuerliche Gewinnermittlung (§ 5

221 Groh, StuW 1995, 383, 389; Raupach, DStZ 1992, 693, 694, 698; Kirchhof/Söhn/Reiß, EStG, § 15 Rdnr. E 65.

222 BFH v. 8.1.1975 - I R 142/72, BFHE 115, 37 = BStBl. II 1975, 437, 438.

223 Bordewin, FR 1984, 277, 278; ders., DB 1987, 15, 16; Döllerer, DStZ 1980, 259, 262; Ebenroth/ Willburger, BB 1992, 1043, 1044; Engelhardt, BB 1990, 882, 883; Flume, in Festschrift Döllerer, S. 133, 139f.; Gassner, JbFAStR 1988/89, 315, 323f.; Gosch, DStZ 1994, 193, 194; ders., BetrAV 1994, 268, 269; Hartmann/Böttcher/Nissen/Bordewin/ Schulze zur Wiesche, EStG, § 15 Rdnr. 298; Hottmann, StBp 1992, 254, 257; Knobbe-Keuk, Bilanzsteuerrecht, § 11 IV 6 a; Kottke, BB 1990, 592ff.; ders., BB 1991, 507; Paus, BB 1993, 692; L.Schmidt, EStG, § 15 Rdnr. 587; Scholtz, DStZ 1985, 211, 216; Sender, StW 1990, 90; ders., BB 1991, 242, 243; Sieveking, DB 1987, 1267, 1268ff.; Tipke/Lang, Steuerrecht, § 9 Rdnr. 548; Tischer, FR 1991, 157. 160; Westerfelhaus, DB 1989, 93, 94; Wuttke, FR 1991, 309, 311.

Abs. 1 S. 1 EStG) und unter Beachtung des steuerrechtlichen Bewertungsvorbehaltes des § 6a Abs. 3 und 4 EStG die Pensionsrückstellung ebenfalls in ihrer Steuerbilanz anzusetzen, soweit die steuerlichen Voraussetzungen des § 6a Abs. 1 und 2 EStG erfüllt sind.

Dieser auch hier vertretenen Ansicht stand die Finanzverwaltung[224] unter Berufung auf die BFH-Urteile vom 16.2.1967[225] sowie vom 21.12. 1972[226] bis zur Neufassung der Einkommensteuerrichtlinien 1998[227] ablehnend gegenüber. Sie hielt trotz der Aufgabe der Bilanzbündeltheorie durch den BFH an der aus ihr gewonnenen Auffassung fest, nach der eine derartige Pensionszusage steuerrechtlich als Gewinnverteilungsabrede zwischen den Gesellschaftern anzusehen sei, die den Steuerbilanzgewinn der Gesellschaft nicht beeinflussen dürfe.

Nach dieser, durch den BFH mit Urteil vom 2.12.1997 ausdrücklich aufgegebenen Rechtsprechung[228], hatten derartige Pensionsrückstellungen aus einkommensteuerrechtlicher Sicht den Charakter einer versteuerten zweckgebundenen offenen Rücklage[229]. Diese Ansicht wurde zutreffend mit der Begründung abgelehnt, die BFH-Urteile seien unter der Herrschaft der „überholten" Bilanzbündeltheorie ergangen und mit der heutigen Rechtsprechung des BFH, die von der partiellen Steuersubjekteigenschaft der Personengesellschaften ausgeht, nicht zu vereinbaren.[230]

Hingegen soll nach Weber-Grellet[231] die Rechtsnatur der Personengesellschaft nicht gegen die Wertung der Pensionszusage als Gewinnverteilungsabrede sprechen. Sie sei für seine aus § 15 Abs. 1 S. 1 Nr. 2 EStG gefolgerte Auffassung „ohne Bedeutung": „Wenn laufende Tätigkeitsvergütungen den Gewinn nicht mindern dürfen (§ 15 Abs. 1 S. 1 Nr. 2 EStG), können in das Gewand von Pensionszusagen eingekleidete Tätigkeitsvergütungen („ungewisse Tätigkeitsvergütungen") den Gewinn ebenfalls nicht mindern. Eine Rückstellung für ungewisse Verbindlichkeiten darf nur gebildet werden, wenn eine entsprechende, gewisse Verbindlichkeit' als Betriebsausgabe abgezogen werden könne. Das

224 H 41 Abs. 8 EStH 1996; BMF-Schreiben v. 20.12.1977, BStBl. I 1978, 8, Tz. 8; v. 15.6.1984, BStBl. I 1984, 377; v. 16.7.1986, BStBl. I 1986, 359.

225 BFH v. 16.2.1967 - IV 364/62, BFHE 87, 531 = BStBl. III 1967, 222.

226 BFH v. 21.12.1972 - IV R 53/72, BFHE 107, 564 = BStBl. II 1973, 298.

227 EStÄR 1998 vom 15.8.1998, BStBl. I 1998, 1518.

228 BFH v. 2.12.1997 - VIII R 15/96, DB 1998, 753.

229 BFH v. 21.12.1972 - IV R 53/72, BFHE 107, 564 = BStBl. II 1973, 298.

230 FG Berlin v. 2.10.1989 - V 92/89, BB 1990, 601f.; Bordewin, FR 1984, 277, 278; Gassner, JbFAStR 1988/89, 315, 323; Knobbe-Keuk, Bilanzsteuerrecht, § 11 IV 6 a; Tischer, FR 1991, 157, 160.

231 Weber-Grellet, DB 1988, 625.

aber ist nicht der Fall. Die bedingte Gewährung einer Tätigkeitsvergütung kann daher weder als Betriebsausgabe noch als Rückstellung gewinnmindernd berücksichtigt werden.“ [232]

Nachdem bereits aus der Entscheidung des I. Senats des BFH vom 16.12.1992[233] die Schlußfolgerung zu ziehen war, der BFH werde an der steuerrechtlichen Qualifikation der Pensionszusage an einen Gesellschafter-Angestellten als Gewinnverteilungsabrede nicht länger festhalten,[234] hat der VIII. Senat des BFH im Urteil vom 2.12.1997[235] ausdrücklich bestätigt, daß die gegenüber dem Gesellschafter zur Pensionsleistung verpflichtete Personengesellschaft in ihrer Steuerbilanz für die Pensionsverpflichtung eine Rückstellung bilden darf. Soweit die Voraussetzungen des § 6a Abs. 1 und 2 EStG erfüllt sind, können Pensionsverpflichtungen, die aufgrund der gegenteiligen Rechtsprechung des BFH und der Anweisung der Finanzverwaltung nicht passiviert worden sind, nachgeholt werden. Das Nachholverbot des § 6a Abs. 4 S. 1 EStG stehe der Passivierung nicht entgegen.

Die Auffassung Weber-Grellets ist wegen der inzwischen gefestigten Rechtsprechung des BFH zur Ermittlung des Gewinnes der Personengesellschaften und der Einkünfte der Mitunternehmer nicht haltbar. Die dogmatische Orientierung des BFH an der zivilrechtlichen Teilrechtsfähigkeit der Personengesellschaften wurde mit dem neuen einheitstheoretischen Ansatz in den Beschlüssen des Großen Senats vom 25.6.1984[236] und 25.2.1991[237] deutlich zum Ausdruck gebracht. Obwohl in den sich anschließenden Entscheidungen zur sog. Unternehmeridentität beim gewerbesteuerlichen Fehlbetrag im Sinne des § 10a GewStG[238] sowie zum gewerblichen Grundstückshandel[239] die uneingeschränkte Umsetzung der „Einheitstheorie“ nicht weiter verfolgt wurde, sondern an die Stelle der Einheitstheorie ein „duales System“ getreten ist, mit dem sowohl der „Einheit der Gesellschaft“ als auch der „Vielheit der Gesellschafter“ Rechnung

---

232 Im Ergebnis ebenso Sarrazin, DB 1987, 2540.

233 BFH v. 16.12.1992 - I R 105/91, BFHE 170, 169 = BStBl. II 1993, 792, 794.

234 In dem der Entscheidung zugrundeliegenden Fall hatte die an einer GmbH & Co. KG beteiligte Komplementär-GmbH, die lediglich die Geschäfte der KG führte, ihrem Gesellschaftergeschäftsführer, der zugleich Kommanditist der KG war, eine Pensionszusage erteilt. Der BFH entschied, daß der der GmbH durch den Ansatz der Pensionsrückstellung entstehende Sonderaufwand innerhalb der Gewinnermittlung der KG zu berücksichtigen ist.

235 BFH v. 2.12.1997 - VIII R 15/96, DB 1998, 753.

236 BFH v. 25.6.1984 - GrS 4/82, BFHE 141, 405 = BStBl. II 1984 751.

237 BFH v. 25.2.1991 - GrS 7/89, BFHE 163, 1 = BStBl. II 1991, 691.

238 BFH v. 3.5.1993 - GrS 3/92, BFHE 171, 246 = BStBl. II 1993, 616.

239 BFH v. 3.7.1995 - GrS 1/93, BFHE 178, 86 = BStBl. II 1995, 617.

getragen werden soll[240], hat der BFH in letzterer Entscheidung erneut ausdrücklich bestätigt, daß dieses System von der Personengesellschaft als partiellem Steuerrechtssubjekt ausgeht. Die gegenteilige Annahme, die zu Zeiten der Bilanzbündeltheorie Rechtsbeziehungen zwischen Gesellschaft und Gesellschafter im Sinne des § 15 Abs. 1 S. 1 Nr. 2 Hs. 2 EStG für einkommensteuerrechtlich unbeachtlich erklärte und aufgrund derer die Vergütungen der Gesellschafter mit einem Abzugsverbot belegt waren (sog. Lehre vom Abzugsverbot[241]), ist mit der Einheitsbetrachtung im Bereich der Gewinnermittlung der Gesellschaft nicht zu vereinbaren. Sie vermochte sich nur aus der Gesamthandsbetrachtung heraus zu rechtfertigen, die den gesamten Betrieb einer Personengesellschaft als den selbständigen Betrieb jedes einzelnen Gesellschafters verstanden wissen wollte. Sie ist seit Aufgabe der Bilanzbündeltheorie „überholt" und damit gleichfalls die auf der Gesamthandsbetrachtung ruhende Rechtsprechung des BFH[242] zur Beurteilung der Pensionszusage als Gewinnverteilungsabrede. Die Ermittlung des Gewinnes der Gesellschaft hat isoliert von der Sphäre des Gesellschafters zu erfolgen, weshalb auf dieser Stufe die in Frage stehenden und anschließend zu erörternden Rechtsfolgen des § 15 Abs. 1 S. 1 Nr. 2 Hs. 2 EStG noch nicht gezogen werden dürfen.[243] So heißt es im BFH-Urteil vom 14.11.1985[244]: „Der Große Senat des BFH ... versteht unter der den einkommensteuerrechtlichen Bilanzierungs- und Bewertungsvorschriften entsprechenden Bilanz der KG (...) die aus der Handelsbilanz abgeleitete Steuerbilanz der KG, bei der die in § 15 Abs. 1 S. 1 Nr. 2 EStG an zweiter Stelle genannten Vergütungen, insbesondere Tätigkeitsvergütungen, als Aufwand abgezogen sind, sofern sie (...) handelsrechtlich nach den Bestimmungen des Gesellschaftsvertrages als Unkosten zu behandeln, insbesondere im Gegensatz zum Gewinnvoraus auch dann zu zahlen sind, wenn kein Gewinn erwirtschaftet wird". Die aufgrund eines betrieblich veranlaßten Beschäftigungsverhältnisses an den Gesellschafter-Arbeitnehmer zu zahlende Vergütung ist für die Personengesellschaft Betriebsausgabe.[245] Folglich ist der Bilanzgewinn der Personengesellschaft ebenfalls um die als Betriebsausgaben abzugsfähigen Zuführungen zur Pensionsrückstellung gemindert. Dem steht die Regelung des § 15 Abs. 1 S. 1 Nr. 2 Hs. 2 EStG nicht entgegen. Die Vorschrift stellt jedenfalls für die Gewin-

---

240 Bordewin, Festschrift L.Schmidt., 1993, S. 421ff.; Gosch, DStZ 1996, 417ff.; Kempermann, DStZ 1995, 225, 227; L.Schmidt, EStG, § 15 Anm. 163.

241 Eingehend Döllerer, DStZ/A 1974, 211, 214; ders., JbFAStR 1975/76, 142, 154.

242 BFH v. 16.2.1967 - IV 364/62, BFHE 87, 531 = BStBl. III 1967, 222; v. 21.12.1972 - IV R 53/72, BFHE 107, 564 = BStBl. II 1973, 298.

243 Döllerer, DStZ 1992, 646; Hottmann, StBp 1992, 254, 257; Scholtz, DStZ 1995, 211, 216; vgl. auch L.Schmidt, EStG, § 15 Rdnr. 440; Knobbe-Keuk, Bilanzsteuerrecht, § 10 I 2a, b.

244 BFH 14.11.1985 - IV R 63/83, BFHE 144, 572, 574 = BStBl. II 1986, 58; v. 27.6.1989 - VIII R 337/83, BFHE 157, 405, 407 = BStBl. II 1989, 888.

245 BFH v. 27.6.1989 - VIII R 337/83, BFHE 157, 405, 407 = BStBl. II 1989, 888.

nermittlung der Gesellschaft keine den Maßgeblichkeitsgrundsatz einschränkende steuerrechtliche Vorbehaltsvorschrift dar.

Entscheidend gegen die Rückstellungsauflösung spricht deshalb das Auflösungsverbot des § 249 Abs. 3 S. 2 HGB. Rückstellungen dürfen nur aufgelöst werden, wenn der Grund hierfür entfallen ist. Ein davon abweichendes steuerliches Auflösungsgebot kann der Übergangsvorschrift des § 52 Abs. 18 S. 2 EStG nicht entnommen werden. Gemäß dieser Regelung müssen Pensionsrückstellungen, die für mittelbar über andere Personengesellschaften beteiligte Gesellschafter gebildet wurden, spätestens in der Schlußbilanz des Wirtschaftsjahres aufgelöst werden, das nach dem 31.12.1991 endet. Da die Vorschrift nur für mittelbar beteiligte Personengesellschafter gilt und eine dem § 52 Abs. 18 S. 2 EStG vergleichbare Norm für unmittelbar beteiligte Gesellschafter nicht existiert, besteht für die Pensionsrückstellung des unmittelbar beteiligten Gesellschafters kein solches Auflösungsgebot.[246]

Wie fehlerhaft sich die bis zur Änderung der Einkommensteuerrichtlinien 1998 von der Finanzverwaltung vertretene Lösung in die Konzeption der zweistufigen Gewinnermittlung einfügte und dabei im Ergebnis dem für das Steuerrecht grundlegenden Leistungsfähigkeitsprinzip widersprach[247], zeigt ein Blick auf die mit ihr verbundenen Wirkungen. Mit der Beurteilung der Pensionszusage als Gewinnverteilungsabrede erfolgte nicht nur ein unzutreffender Vermögensausweis, sondern ebenfalls ein Eingriff in die Gewinnermittlung, der eine unzutreffende Gewinnverteilung bewirkt. Denn der Pensionsrückstellung erwächst ihre Bedeutung nicht nur aus dem statischen Bilanzierungsziel der stichtagsbezogenen Vermögensdarstellung. Aus dynamischer Sicht kommt ihr die Aufgabe zu, diejenigen Aufwendungen zu erfassen, die entsprechend dem Verursachungsprinzip der abgelaufenen Abrechnungsperiode zuzurechnen sind, jedoch erst in einer zukünftigen Periode zu am Bilanzstichtag nicht exakt bezifferbaren Auszahlungen führen.[248] Pensionszahlungen an einen Arbeitnehmer stellen wirtschaftlich gesehen Lohn- und Gehaltszahlungen dar, die während der Tätigkeit des Arbeitnehmers im Dienste des Arbeitgebers einbehalten und erst nach der Beendigung des Dienstverhältnisses in Form einer Rente oder einmaligen Kapitalleistung ausgezahlt werden.[249] Indem mittels der Pensionsrückstellung der mit der Pensionszahlung korrespondierende Aufwand denjenigen Perioden

246 BFH v. 2.12.1997 - VIII R 42/96, BFHE 185, 1.

247 Westerfelhaus, DB 1989, 93.

248 Adler/Düring/Schmalz, Rechnungslegung, § 249 HGB Rdnr. 22; Wöhe, Bilanzierung und Bilanzpolitik, S. 539f.; Knobbe-Keuk, Bilanzsteuerrecht, § 4 V 5a.

249 Blomeyer/Otto, BetrAVG, Einl. Rdnr. 114ff.; Griebeling, Betriebliche Altersversorgung, B Rdnr. 18ff.; Höfer/Ahrend, DB 1972, 1824f.; Hanau, BB 1976, 91; Höfer/Abt, BetrAVG-AR, Arb.Gr. Rdnr. 41ff.; Schaub, Arbeitsrechts-Handbuch, § 81 I 1b ff.; Schaub/Schusinski/Ströer, Altersvorsorge, § 6 II.

zugerechnet wird, in denen die Dienste des Arbeitnehmers nutzbringend verwertet werden, dient die Pensionsrückstellung einer periodengerechten Gewinnermittlung.[250] Dem bilanziellen Ansatz der Pensionsverpflichtung gegenüber einem Gesellschafter-Arbeitnehmer kommt insofern keine abweichende Bedeutung zu. Insofern ging der BFH mit seiner ehemals vertretenen Annahme fehl, die Pensionszusage an den Gesellschafter diene dem Zweck die Gewinnverteilung während der aktiven Zeit des Gesellschafters außerhalb der gesellschaftsvertraglichen zugunsten einer zukünftigen Verteilung korrigieren.[251] Die Pensionszusage dient nicht der Gewinnverteilung sondern der Entlohnung der vom Gesellschafter-Arbeitnehmer erbrachten Dienste. Mit dem Ansatz der Pensionsrückstellung wird nicht eine Korrektur der Gewinnverteilung bezweckt[252], sondern eine Korrektur der Gewinne selbst und zwar der Gewinne derjenigen Abrechnungsperioden, in denen der Arbeitnehmer seine Tätigkeit für die Gesellschaft ausübt, zugunsten der Jahre, in denen er hierfür die Pensionsleistungen bezieht. Dies gilt für die Pensionszusage des Gesellschafter-Arbeitnehmers ebenso wie für die des Nicht-Gesellschafters und steuerrechtlich ebenso wie handelsrechtlich.

Mit der ergebnisorientierten und an der Gleichstellung von Einzelunternehmer und Mitunternehmer ausgerichteten Beurteilung ging es daher nicht um eine steuerrechtlich gebotene Korrektur der gegenwärtigen Gewinnverteilung, als vielmehr um die fiskalisch motivierte steuerliche Verhinderung der durch den Handelsbilanzansatz der Pensionsrückstellung bewirkten periodengerechten Gewinnminderung zur Vermeidung von Steuerausfällen. Durch das zweckdienliche Auflösungsgebot der Pensionsrückstellung in der Steuerbilanz wurde das Ziel erreicht. Der während der aktiven Tätigkeit des Mitunternehmers bewirkte Mehrgewinn der Gesellschaft war entsprechend dem handelsrechtlichen Gewinnverteilungsschlüssels auf alle Mitunternehmer zu verteilen. Infolgedessen waren die nichtpensionsberechtigten Mitunternehmer gehalten, die allein dem pensionsberechtigten Mitunternehmer zustehenden, aber zurückgestellten Gesellschaftervergütungen wegen der anteiligen Zurechnung des Steuerbilanzgewinnes der Personengesellschaft als ihre gewerblichen Einkünfte zu versteuern, obwohl es bei „normalem Verlauf der Dinge" nie dazu gekommen wäre, daß sie über diese hätten verfügen können. Auf die Bedenklichkeit dieses Ergebnisses deutete bereits der BFH im Urteil vom 21.12.1972[253] hin, indem er die Zurechnung des Erhöhungsbetrages als Gewinnanteil allein bei dem begünstigten Gesellschafter gestattete, soweit die Gesellschafter dies gesellschaftsvertraglich vereinbart hatten. Die Nichtpassivierung der Pensionsrückstellung hatte zur

250 Schmalenbach, Dynamische Bilanz, S. 174.

251 BFH v. 16.2.1967 - IV 364/62, BFHE 87, 531 = BStBl. III 1967, 222, 224.

252 BFH v. 16.2.1967 - IV 364/62, BFHE 87, 531 = BStBl. III 1967, 222, 224.

253 BFH v. 21.12.1972 - IV R 53/72, BFHE 107, 564 = BStBl. II 1973, 298.

Konsequenz, daß die ab Eintritt des Pensionsfalles zu zahlenden Versorgungsbezüge in voller Höhe den Steuerbilanzgewinn der Gesellschaft belasteten. Entsprechend anteilig war der den übrigen Mitunternehmern zuzurechnende Gewinnanteil im Sinne des § 15 Abs. 1 S. 1 Nr. 2 Hs. 1 EStG um diese Bezüge gemindert. Beim pensionsberechtigten Mitunternehmer waren die Versorgungsleistungen im Rahmen der steuerlichen Gewinnermittlung für dessen Sonderbetrieb gemäß § 15 Abs. 1 S. 1 Nr. 2 Hs. 2 EStG als gewerbliche Einkünfte oder, nach dessen Ausscheiden aus der Gesellschaft, gemäß § 15 Abs. 1 S. 2 EStG als nachträgliche gewerbliche Einkünfte zu erfassen. Im Ergebnis lief es darauf hinaus, daß sämtlichen Gesellschaftern über die Dauer der Arbeitnehmertätigkeit des berechtigten Gesellschafters ein zu hoher und anschließend, über die Dauer der Pensionszahlungen, ein zu niedriger zu versteuernder Gewinnanteil zugerechnet wurde. Der Pensionsberechtigte hatte hingegen während seiner Tätigkeit zu geringe und anschließend zu hohe gewerbliche Einkünfte zu versteuern. Aus diesem ergab sich, daß gerade letzterer der Nutznießer dieser Zurechnungsanordnung war. Denn der Begünstigte erhielt nicht nur zulasten der übrigen Gesellschafter eine Steuerstundung, die ihm zudem wegen des versetzten Anfalles der Pensionszahlungen in der Zeit seines Ruhestandes wahrscheinlich zu positiven Progressionseffekten verhalf, sondern er realisierte darüber hinaus auch erhebliche Zinsgewinne.

b) Sonderbetrieb des Gesellschafters

aa) Aktivierungspflicht der Pensionsanwartschaft nach handelsrechtlichen Grundsätzen ordnungsmäßiger Bilanzierung?

(1) Grundsätzliches

Führt die Pensionszusage der Gesellschaft an ihren Gesellschafter für die erste Gewinnermittlungsstufe zu dem Ergebnis, daß die jährlichen Zuführungen zu einer steuerrechtlich anzuerkennenden Pensionsrückstellung den Steuerbilanzgewinn der Personengesellschaft grundsätzlich mindern, schließt sich die Frage an, ob und bejahendenfalls wie die Pensionsanwartschaft des Gesellschafters auf der zweiten Gewinnermittlungsstufe einkommensteuerrechtlich zu berücksichtigen ist. Im Ergebnis geht es darum, ob nicht nur die einzelnen, ab Eintritt des Versorgungsfalles an den pensionsberechtigten Gesellschafter zu zahlenden Pensionsleistungen, sondern bereits dessen Pensionsanwartschaft als Sondervergütung im Sinne des § 15 Abs. 1 S. 1 Nr. 2 Hs. 2 EStG zu erfassen ist. Unbeachtlich ist in diesem Zusammenhang die Problematik, ob neben den Forderungen des Gesellschafters auf Sondervergütung auch die Wirtschaftsgüter, die der Gesellschafter der Gesellschaft zur Nutzung überlassen hat, Sonderbetriebsvermögen des Gesellschafters sind oder nicht. Denn mit dem Beschäftigungsverhältnis geht es nicht, vergleichbar dem etwaigen Anspruch auf Rückgewähr einer Darlehensvaluta, um die Bilanzierung des Substrates eines zur Nutzung überlassenen Vermögenswertes. Für die der Gesellschaft zur Verfügung gestellte Arbeitskraft des Gesellschafters existiert neben dem denkbaren, aber nicht aktivierbaren Humankapital in der Person des Gesellschafters kein entsprechendes Substrat, für welches Überlegungen hinsichtlich einer Aktivierung anzustellen wären.

Geht man zunächst ungeachtet des noch gesondert zu erörternden Streitgegenstandes der Gewinnermittlungsart zweiter Stufe mit der herrschenden Meinung[254] und der Rechtsprechung des BFH[255] davon aus, daß die Gewinnermittlung im Sonderbetriebs- und Gesamthandsbereich einheitlich, also für den Sonderbetrieb des Gesellschafters einer gewerblich tätigen Personenhandelsgesellschaft nach den §§ 4 Abs. 1, 5 EStG zu erfolgen hat, dann bestimmt grundsätzlich die Aktivierungspflicht über die Gewinnverwirklichung und damit den Zeitpunkt der Besteuerung. Fraglich ist insofern die Aktivierungsfähigkeit der Pensionsanwartschaft. In der Literatur ist die Problematik bislang vornehmlich für den Anspruch eines Selbständigen aus einer Direktzusage diskutiert worden.[256] Zwar mag sich die konkrete Ausgestaltung der Pensionszusage gegenüber einem Selbständigen von derjenigen gegenüber einem Gesellschafter-Angestellten im jeweiligen Einzelfall unterscheiden, in der Sache aber unterscheiden sich die Pensionsanwartschaften nicht. Die Rechtsstellung des Pensionsberechtigten gegenüber dem Pensionsverpflichteten aus dem der Pensionszusage letztlich zugrundeliegenden Rechtsverhältnis ist für die Frage der Aktivierungsfähigkeit der Pensionsanwartschaft grundsätzlich irrelevant.[257] Die Aktivierungsfähigkeit ist zudem unabhängig von der Passivierung der ungewissen Pen-

254 BMF-Schreiben v. 20.12.1977, BStBl. I 1978, 8, Tz. 18; Blümich/Stuhrmann, EStG KStG GewStG, § 15 EStG Rdnr. 499; Bordewin, FR 1984, 277, 278; ders., FR 1990, 526, 527f.; Döllerer, in Festschrift Flume, S. 43, 49f.; Gosch, DStZ 1994, 192, 195; Kirchhof/Söhn/Reiß, EStG, § 15 Rdnr. E 11; Lang, in Festschrift L.Schmidt, 1993, S. 291, 303; Littmann/Bitz/Hellwig, EStG, § 15 Rdnr. 72; Mathiak, StbJb 1986/87, S. 79, 105f.; Raupach, JbFASt 1975/76, S. 222, 238f.; ders. FR 1976, 233, 238; ders., DStZ 1992, 692, 697; L.Schmidt, EStG, § 15 Rdnr. 440, 475; Söffing, StbJb 1976/77; 241, 251; ders., Besteuerung der Mitunternehmer, IX 5a; Thiel, FR 1974, 333, 334; Tipke/Lang, Steuerrecht, § 9 Rdnr. 531; Uelner, JbFAStR 1978/79, S. 300, 306ff.; Woerner, JbFAStR 1977/78, S. 150, 160ff.; a.A. Lang, StuW 1978, 215, 221; Knobbe-Keuk, StuW 1974, 1, 32ff.; Kruse, DStJG 2 (1979), S. 37, 55: durch Einnahmen-Überschuß-Rechnung gemäß § 11 EStG.

255 BFH v. 23.5.1979 - I R 56/77, BFHE 128, 505 = BStBl. II 1979, 763, 767; v. 21.6.1989 - X R 14/88, BFHE 157, 382 = BStBl. II 1989, 881, 886; v. 21.1.1992 - VIII R 72/87, BFHE 169, 219, 223 = BStBl. II 1992, 958.

256 Vgl. dazu Heissmann, BB 1956, 783; Heuer, DB 1956, 96; Höfer/Abt, BB 1980, 252.

257 BFH v. 14.12.1988 - I R 44/83, BFHE 155, 368 = BStBl. II 1989, 323, 324f.

sionsverbindlichkeit auf der Seite des Verpflichteten zu beurteilen. Sie ergibt sich nicht bereits aus der Passivierungspflicht des Pensionszusagenden.[258]

Nach allgemeiner Auffassung besitzt der Pensionsberechtigte vor Eintritt des Versorgungsfalles eine sog. Pensions- oder Versorgungsanwartschaft. Es handelt sich dabei um den aufschiebend bedingten Anspruch (§ 158 BGB) auf Alters-, Invaliditäts- oder Hinterbliebenenversorgung, der erst mit dem Eintritt der Bedingungen zum Vollrecht erstarkt.[259] Obgleich ein derartiger Anspruch regelmäßig als Anwartschaft bezeichnet wird, könnte indes das tatsächliche Bestehen einer Anwartschaft auf Altersversorgung zweifelhaft sein. Denn vor Eintritt der Unverfallbarkeit kann von einer rechtlich gesicherten Position des Pensionsberechtigten nicht gesprochen werden. Die Bestimmung der Unverfallbarkeit sichert den aufschiebend bedingten Anspruch. Erst nach Eintritt selbiger vermag der Pensionsverpflichtete sein Versprechen einseitig nicht mehr bzw. nur noch in Ausnahmefällen nach billigem Ermessen gemäß § 315 BGB und aus sachlichem Grund (wirtschaftliche Schwierigkeiten des Unternehmens) betraglich zu kürzen oder gar aufzuheben.[260]

Seit langem ist geklärt, daß die Zusage auf Altersversorgung zivilrechtlich in der Regel kein Leibrentenversprechen im Sinne des § 759 BGB ist und dies auch dann nicht, wenn die Zusage erst mit oder nach dem Ausscheiden des Begünstigten erteilt worden ist.[261] So hat bereits das Reichsgericht im Urteil vom 12.10.1912[262] festgestellt: „Auch das Ruhegehalt soll erst erdient werden und wird gemeinhin nicht im Sinne einer auf der Stelle sich vollziehenden Einsetzung in ein nur noch von der Bedingung der Dienstunfähigkeit oder der Erreichung einer bestimmten Dienstzeit abhängiges Recht erteilt“. Folglich erwirbt der aus der Pensionszusage Berechtigte nicht etwa wie der Leibrentenberechtigte ein Rentenstammrecht, welches als in sich geschlossenes, einheitliches Recht

---

258 BFH v. 14.12.1988 - I R 44/83, BFHE 155, 368 = BStBl. II 1989, 323, 325; Heuer, DB 1956, 96; Höfer/Abt, BB 1980, 252, 254.

259 BAG AP Nr. 9 zu § 61 KO; BFH v. 3.5.1967 - I 263/63, BFHE 88, 425, 426, BStBl. III 1967, 421; Gaul, Arbeitsrecht, F VI Rdnr. 62; Heuer, DB 1956, 96; Knobbe-Keuk, Bilanzsteuerrecht, § 11 IV 6a; Nikisch, Arbeitsrecht, Bd. 1, S. 582; L.Schmidt, EStG, § 5 Rdnr. 270 „Pensionsanwartschaften“; Palandt/ Heinrichs, BGB, Einf. v. § 158 Rdnr. 8f.; Schaub, Arbeitsrechts-Handbuch, § 81 V 1a; Soergel/Kraft, BGB § 611 Rdnr. 200, 204; a.A. Meilicke/Heidel, FR 1994, 693, Fn. 18: auflösend bedingter Anspruch.

260 BAGE 54, 261, 270; 36 327; 48, 337.

261 RGZ 94, 157, 159; RAGE 11, 234; BGH, NJW-RR 1994, 357; BAGE 8, 38; BFH v. 4.5.1965 - VI 285/64, BFHE 82, 543, 544 = BStBl. III 1965, 444; v. 26.3.1987 - IV R 61/85, BFHE 149, 563, 566 = BStBl. II 1987, 597; Blomeyer/Otto, BetrAV, StR A Rdnr. 243; Palandt/Thomas, BGB, § 759 Rdnr. 8; MünchKomm-Pecher, BGB, § 759 Rdnr. 12; Nikisch, Arbeitsrecht, Bd. 1, S. 574f.

262 RGZ 80, 208, 210.

bestellt wird und den Anspruch auf die fortlaufenden Einzelleistungen nur vermöge seines Bestehens aus sich selbst hervorbringt[263], sondern er besitzt eine Vielzahl einzelner, aufschiebend bedingter Ansprüche, die zeitlich fortlaufend gestaffelt sind, wobei regelmäßig jeder einzelne Anspruch an eine Erlebensbedingung geknüpft ist.[264] Dies bedeutet, daß der einzelne, aufschiebend bedingte Anspruch auf Pensionsleistung erst mit Eintritt der Bedingung zum Vollrecht erstarkt und als solcher gegen die Gesellschaft entsteht.

Nach § 5 Abs. 1 S. 1 EStG ist zur Ermittlung des steuerlichen Gewinnes aus Gewerbebetrieb durch Betriebsvermögensvergleich gemäß § 4 Abs. 1 EStG für den Schluß des Wirtschaftsjahres das Betriebsvermögen anzusetzen, das nach den handelsrechtlichen Grundsätzen ordnungsmäßiger Bilanzierung auszuweisen ist. Danach sind auf der Aktivseite der Schlußbilanz, hier der Sonderbilanz des Gesellschafters, sämtliche dem Sonderbetrieb zuzurechnenden Vermögensgegenstände anzusetzen, wobei das Verbot des Ausweises nicht realisierter Gewinne zu beachten ist. Während handelsrechtlich Vermögensgegenstände aktivierungsfähig sind, sind es einkommensteuerrechtlich (aktive) Wirtschaftsgüter. Die unterschiedliche Terminologie ist historisch bedingt. Es ist heute allgemeine Auffassung, daß die Begriffe Vermögensgegenstand und Wirtschaftsgut aufgrund des Maßgeblichkeitsgrundsatzes (§ 5 Abs. 1 S. 1 EStG) inhaltlich deckungsgleich zu verstehen sind.[265] Es ist deshalb anhand der handelsrechtlichen Bilanzierungsgrundsätze zu beurteilen, ob die Pensionsanwartschaft bilanzierungsfähiges Wirtschaftsgut ist und bejahendenfalls, ob dieses im Rahmen des steuerlichen Betriebsvermögensvergleiches anzusetzen ist.

(2) Verkehrsfähigkeit

Der Begriff Wirtschaftsgut ist im EStG nicht definiert. Der BFH faßt den Begriff in ständiger Rechtsprechung sehr weit und versteht darunter neben Gegenständen im Sinne des bürgerlichen Rechts (§ 90 BGB) auch tatsächliche Zustände, konkrete Möglichkeiten und wirtschaftliche Vorteile für den Betrieb, die durch eindeutige und klar abgrenzbare Aufwendungen erlangt werden, nach der Verkehrsauffassung einer selbständigen Bewertung zugänglich sind und dem Betrieb einen über das Ende des Wirtschaftsjahres hinausgehenden Nutzen zu

---

263 RGZ 67, 207, 210; 68, 340f.

264 Gaul, Arbeitsrecht, F VI Rdnr. 62.

265 BFH v. 26.2.1975 - I R 72/73, BFHE 115, 243 = BStBl. II 1976, 13; v. 26.10.1987 - GrS 2/86, BFHE 151, 523, 532 = BStBl. II 1988, 348; Crezelius, JbFAStR 1986/87, S. 395f.; Groh, DB 1988, 514, 515; Knobbe-Keuk, Bilanzsteuerrecht, § 4 IV 2a; L.Schmidt/ Weber-Grellet, EStG, § 5 Rdnr. 93; Moxter, Bilanzrechtsprechung, § 3 I 2; a.A. Costede, StuW 1995, 115, 116.

bringen versprechen.[266] Zu den Wirtschaftsgütern gehören grundsätzlich auch Forderungen.[267]

Maßgebend für die Aktivierungsfähigkeit eines Vermögenswertes als Wirtschaftsgut ist nach der Rechtsprechung des BFH, ob am Bilanzstichtag ein „selbständig bewertbarer" und „wirtschaftlich ausnutzbarer Vermögensvorteil vorliegt, der als realisierbarer Vermögenswert angesehen werden kann".[268] Voraussetzung ist ferner dessen Übertragbarkeit, wobei es nach Ansicht des BFH genügt, daß der Vermögenswert zusammen mit dem Betrieb übertragen werden kann[269]; die Einzelveräußerbarkeit ist nicht erforderlich.[270] Demgegenüber wird nach herrschender handelsrechtlicher Auffassung an den Begriff des Vermögensgegenstandes die Voraussetzungen der selbständigen Bewertbarkeit und Verkehrsfähigkeit geknüpft,[271] wobei die engere Ansicht, die sog. konkrete[272], die weitere, die sog. abstrakte Einzelveräußerbarkeit[273] verlangt.

Stellte man auf die konkrete Verkehrsfähigkeit ab, so käme es, unabhängig von der Entscheidung einer maßgebenden Einzelverkehrsfähigkeit oder einer solchen zusammen mit dem Betrieb, für die Aktivierungsfähigkeit des aufschiebend bedingten Pensionsanspruches zunächst auf dessen Übertragbarkeit im Einzelfall an. Dies verhinderte die Aktivierung, wenn der Pensionsanspruch nicht gemäß § 398 BGB abtretbar ist. Ginge man davon aus, daß die Verfügung

266 BFH v. 6.12.1990 - IV R 3/89, BFHE 163, 126 = BStBl. II 1991, 346, 347 m.w.N.; v. 8.4.1992 - XI R 34/88, BStBl. II 1992, 894; v. 26.8.1992 - I R 24/91, BFHE 169, 163 = BStBl. II 1992, 977, 978.

267 BFH v. 6.12.1978 - I R 35/78, BFHE 126, 549, 551 = BStBl. II 1979, 262; Adler/Düring/Schmaltz, Rechnungslegung, § 246 HGB Rdnr. 45; BeckBilKomm-Clemm/Scherer, § 247 Rdnr. 10, 75ff.; Küting/Weber/Kußmaul, Handbuch der Rechnungslegung, I Rdnr. 397.

268 BFH v. 23.5.1984 - I R 266/81, BFHE 141, 261 = BStBl. II 1984, 723, 725 m.w.N.; v. 9.7.1986 - I R 218/82, BFHE 147, 412 = BStBl. II 1987, 14; v. 16.2.1990 - III B 90/88, BFHE 160, 364 = BStBl. II 1990, 794, 795.

269 BFH v. 26.5.1982 - I R 180/80, BFHE 136, 222 = BStBl. II 1982, 695.

270 BFH v. 30.5.1984 - I R 146/81, BFHE 141, 509 = BStBl. II 1984, 825; v. 22.7.1988 - III R 175/85, BFHE 154, 218, 222 = BStBl. II 1988, 995; v. 22.1.1992 - I R 43/91, BFHE 167, 61 = BStBl. II 1992, 529, 530.

271 Adler/Düring/Schmalz, Rechnungslegung, § 246 HGB Rdnr. 15ff.; IdW, WPg 1967, 666, 667; Küting/Weber/Kußmaul, Handbuch der Rechnungslegung, Bd. 1, I Rdnr. 384; dazu eingehend Tiedchen, Vermögensgegenstand, S. 28ff.

272 Vgl. dazu Freericks, Handels- und Steuerbilanz, S. 141ff. m.w.N.; Mellwig, BB 1983, 1613, 1619; Roland, Vermögensgegenstand, S. 150ff.; Wichmann, DB 1988, 192, 194.

273 Vgl. dazu BeckBilKomm-Hoyos/Schmidt-Wendt, § 247 Rdnr. 390; Crezelius, ZGR 1987, 1, 14f.; Geßler/Hefermehl/Eckardt/Kropff, AktG, § 149 Rdnr. 47; Fröschle/Kropp, WPg 1986, 152, 156; Knobbe-Keuk, Bilanzsteuerrecht, § 4 IV 2b; Pfeifer, StuW 1984, 326, 335; Thiel, Bilanzrecht, Rdnr. 345.

über eine Forderung die Verfügungsmacht des Zedenten voraussetzt und diese ihrerseits nur bei bestehenden, nicht aber künftigen Forderungen gegeben ist, dann spräche bereits diese Überlegung gegen die grundsätzliche Abtretbarkeit des noch aufschiebend bedingten Pensionsanspruches. Indessen werden nach herrschender Ansicht künftige Forderungen[274], einschließlich des aufschiebend bedingten Pensionsanspruches[275], für grundsätzlich abtretbar angesehen. Ausnahmen bestehen für Forderungen, bei denen durch den Wechsel in der Person des Gläubigers eine Inhaltsänderung der vom Schuldner zu erbringenden Leistung einträte sowie für solche Forderungen, deren Nichtabtretbarkeit zwischen den Parteien vereinbart wurde (vgl. § 399 BGB). Aufgrund der ersten Alternative sind höchstpersönliche Ansprüche nicht abtretbar sowie solche Ansprüche, bei denen die persönliche Beziehung zwischen Gläubiger und Schuldner von besonderer Bedeutung ist und eine Abtretung des Anspruches für den Schuldner unzumutbar erscheint.[276] Dies ist beispielsweise der Fall bei Werkverträgen, Ansprüchen auf Dienstleistung (§ 613 S. 2 BGB) oder auf Ausführung eines Auftrages (§ 664 Abs. 2 BGB).[277] Hingegen ist aus den §§ 611ff., 662ff. BGB ein Abtretungsausschluß für die Gegenleistung des Dienstberechtigten nicht herleitbar,[278] sofern es sich bei den Vergütungen, hier den Pensionen, um Leistungen in Geld handelt.

In Anbetracht des mit der Pensionsleistung verbundenen Versorgungszweckes könnte der Abtretbarkeit des Pensionsanspruches eine mit der Übertragung verbundene Leistungsänderung entgegenstehen. Dem ist jedoch der Entgeltcharakter der Pensionsleistungen entgegenzuhalten. Sind die Pensionsleistungen als nachträgliche Vergütung für die in der Vergangenheit durch den Arbeitnehmer erbrachten Leistungen im Dienste des Arbeitgebers sowie dessen Betriebstreue zu verstehen, dann stehen die Pensionsleistungen dem während der aktiven Tätigkeit bezogenen, laufenden Gehalt gleich. Damit wäre im Ergebnis die Aktivierungsfähigkeit des aufschiebend bedingten Pensionsanspruches grundsätzlich auch nach dem strengeren Kriterium der konkreten Verkehrsfähigkeit ge-

---

274 BGHZ 88, 205, 206; 108, 98, 104; Palandt/Heinrichs, BGB, § 398 Rdnr. 11; Staudinger/Kaduk, BGB, § 398 Rdnr. 43; MünchKomm-Roth, BGB, § 398 Rdnr. 74; Soergel/Zeiss, BGB, § 398 Rdnr. 7; Larenz, Lehrbuch des Schuldrechts, § 34 III.

275 BFH v. 4.11.1965 - IV 5/65 U, BFHE 84, 183, 186f. = BStBl. III 1966, 67; Ahrend/Förster/Rößler, BAV, 1. Teil Rdnr. 303, Schaub, Arbeitsrechts-Handbuch, § 81 IX 2; a.A. Heissmann, BB 1956, 783, 784; Theis, FR 1957, 106, 107: höchstpersönlicher Anspruch.

276 Soergel/Zeiss, BGB, § 399 Rdnr. 1; MünchKomm-Roth, BGB, § 399 Rdnr. 23; Palandt/ Heinrichs, BGB, § 399 Rdnr. 4ff.

277 RGZ 134, 91, 96; vgl. auch Erman/Westermann, BGB, § 399 Rdnr. 5; MünchKomm-Roth, BGB, § 399 Rdnr. 23; Palandt/ Heinrichs, BGB, § 399 Rdnr. 4.

278 Schaub, Arbeitsrechts-Handbuch, § 87 I 1a; Ahrend/Förster/Rößler, BAV, 1. Teil Rdnr. 303.

geben. Allerdings führte dieses Merkmal gleichfalls dazu, daß der Pensionsanspruch dann nicht zu aktivieren wäre, wenn Pensionsverpflichteter und Pensionsberechtigter die Nichtabtretbarkeit gemäß § 399 2. Alt. BGB vereinbaren oder aber die Abtretung nach § 400 BGB ausgeschlossen ist. Da die Leistungen der betrieblichen Altersversorgung gemäß § 850 Abs. 2 ZPO dem Arbeitseinkommen zuzurechnen sind, unterliegen sie dem Pfändungsschutz und können im Rahmen der Unpfändbarkeit des Arbeitseinkommens (vgl. § 850c ZPO) nicht abgetreten werden. Vor dem Hintergrund, daß allein mit dem Instrument des vertraglichen Abtretungsausschlusses gemäß § 399 2. Alt. BGB dem Pensionsanspruch - wie auch jeder anderen Forderung - die Eigenschaft eines Wirtschaftsgutes genommen werden könnte[279] und damit dem Bilanzierenden entgegen der Informations- und Gläubigerschutzfunktion des Jahresabschlusses ein nicht unerheblicher Manipulationsspielraum eröffnet würde, ist das Merkmal der konkreten Verkehrsfähigkeit zur Bestimmung der Begriffe Vermögensgegenstand/Wirtschaftsgut abzulehnen. Durch die vom Bilanzierenden ausgenutzte Möglichkeit des bilanziellen Nichtausweises von Forderungen würde die Vermögens- und Ertragslage des Unternehmens unrichtig dargestellt werden. Die herrschende Ansicht stellt daher für das Vorliegen eines Vermögensgegenstandes auf die abstrakte Verkehrsfähigkeit ab, nach der der Vermögenswert nicht im konkreten Fall, wohl aber „seiner Natur" nach übertragbar sein muß.[280] Veräußerungs- oder Verfügungsbeschränkungen beeinträchtigen demzufolge die Qualität des Wirtschaftsgutes nicht. Der BFH hat sich dieser Auffassung in der Entscheidung vom 26.8.1992[281] im Rahmen der Konkretisierung des Kriteriums der Verkehrsfähigkeit ausdrücklich angeschlossen.

Einschränkungen der Verkehrsfähigkeit im Rechtssinne stehen der Aktivierungsfähigkeit des aufschiebend bedingten Pensionsanspruches folglich nicht entgegen und dies auch dann nicht, wenn „der Abtretungsausschluß gerade den Sinn hat, die persönliche Versorgung des Forderungsinhabers sicherzustellen".[282] Zwar mag der Versorgungszweck der zukünftigen Pensionsleistungen im Mittelpunkt des subjektiven Interesses des bilanzierenden Pensionsberechtigten stehen, darauf kann es jedoch im Hinblick auf die Informations- und Gläubigerschutzfunktion des Jahresabschlusses nicht ankommen. Zumal auch der Pensionsanspruch, dessen Übertragbarkeit durch vertragliche Vereinbarung nach der Vorschrift des § 399 2. Alt. BGB ausgeschlossen ist, gemäß § 851 Abs. 2 ZPO grundsätzlich gepfändet werden kann, so daß dieser das Schulden-

279 BFH v. 26.2.1975 - I R 72/73, BFHE 115, 243, 246 = BStBl. II 1976, 13.

280 Knobbe-Keuk, Bilanzsteuerrecht, § 4 IV 2b; Adler/Düring/Schmalz, Rechnungslegung, § 246 HGB Rdnr. 18; Scholz/Crezelius, GmbHG, Anh. § 42a Rdnr.114; Küting/Weber/Kußmaul, Handbuch der Rechnungslegung, I Rdnr.394; Roland, Vermögensgegenstand, S. 155f.

281 BFH 26.8.1992 - I R 24/91, BFHE 169, 163 = BStBl. II 1992, 977, 979.

282 So aber Knobbe-Keuk, Bilanzsteuerrecht, § 4 IV 2b.

deckungspotential erhöht.[283] Der Pfändbarkeit des aufschiebend bedingten Pensionsanspruches steht nicht entgegen, daß dieser erst mit Eintritt der Bedingung zum Vollrecht erstarkt. Denn auch bedingte, künftige Forderungen sind nach herrschender Meinung jedenfalls dann pfändbar, sobald das Rechtsverhältnis zwischen Schuldner und Drittschuldner - hier die Pensionsvereinbarung - besteht und dieses die Bestimmung der Art der Forderung und der Person des Schuldners zuläßt.[284]

(3) Greifbarkeit

Geht man davon aus, daß im Hinblick auf das Objektivierungserfordernis der Bilanzierung neben Gegenständlichem nur „vergegenständlichte", „hinreichend konkretisierte" Vermögenswerte Vermögensgegenstand/Wirtschaftsgut sein können und bedient sich nicht des Kriteriums der selbständigen Verkehrsfähigkeit, dann bedarf es neben dem der Übertragbarkeit zusammen mit dem Unternehmen eines weiteren Merkmales, um hinreichend objektivierte Vermögenswerte von bloßen aufwandswirksamen Ausgaben und damit vom Geschäftswert abzugrenzen.[285] Es muß ein Gut sein, das „als werthaltige greifbare Einzelheit gegenüber dem Geschäftswert abgegrenzt werden kann"[286] und sich „nicht so ins allgemeine verflüchtigt, daß es nur als Steigerung des good will des ganzen Unternehmens in die Erscheinung tritt".[287] Das Kriterium, dessen sich der BFH zur Abgrenzung bedient, ist die „selbständige Bewertbarkeit" des betreffenden Vermögenswertes:[288] „zu den Wirtschaftsgütern (gehören) alle vermögenswerten Vorteile ..., die einer selbständigen Bewertung fähig sind". Dabei versteht der BFH das Merkmal nicht wie vornehmlich im handelsrechtlichen Schrifttum in dessen wörtlichen Sinne, nämlich der Möglichkeit, dem Vermögenswert einen konkreten Geldwert beilegen zu können, ihn in Geld veranschlagen zu können[289], sondern im Sinne von „Greifbarkeit" des Vorteiles; die „Greifbarkeit erst erweist das Wirtschaftsgut".[290] Den Beurteilungsmaßstab hierzu bildet die

283 Zum Kriterium der selbständigen Vollstreckbarkeit Tiedchen, Vermögensgegenstand, S. 44ff.

284 BGHZ 20, 127, 131; 53, 29, 32; Baumbach/Lauterbach/Albers/Hartmann, ZPO, § 829 Rdnr. 2; Zöller/ Stöber, ZPO, § 829 Rdnr. 2.

285 Vgl. zum gegensätzlichen Interesse von Finanzverwaltung und bilanzierendem Steuerpflichtigem Crezelius, Steuerrecht II, § 8 II 4b.

286 BFH v. 23.11.1988 - II R 209/82, BFHE 155, 132, 134 = BStBl. II 1989, 82; v. 10.8.1989 - X R 176 - 177/87, BFHE 158, 15 = BStBl. II 1990, 15, 17.

287 RFH v. 21.10.1931 - VI A 2002/29, RFHE 30, 142 = RStBl. 1932, 305, 307.

288 BFH v. 9.2.1978 - IV R 201/74, BFHE 124, 520, 522 = BStBl. II 1978, 370 m.w.N.

289 Freericks, Handels- und Steuerbilanz, S. 149f.; Pfeiffer, Wirtschaftsgut, S. 151, ders., StuW 1984, 326, 335.

290 BFH v. 18.6.1975 - I R 24/73, BFHE 116, 474, 478 = BStBl. II 1975, 809.

Verkehrsanschauung[291], wofür der BFH auf einen gedachten Erwerber des gesamten Unternehmens abstellt. Ein „greifbarer" bzw. „faßbarer" Wert liege immer nur dann vor, wenn bei einer Veräußerung des gesamten Unternehmens der fremde Erwerber im Rahmen der Bemessung des Kaufpreises dafür ein ins Gewicht fallendes, besonderes Entgelt ansetzen würde.[292] Dabei richtet sich die Beurteilung der Aktivierungsfähigkeit von Rechtsansprüchen und Geldforderungen nicht allein nach bürgerlich-rechtlichen, sondern in erster Linie nach wirtschaftlichen Gesichtspunkten.[293] Maßgebend ist insofern nicht, daß die Forderung oder der Anspruch fällig oder das Recht einklagbar ist, sondern daß „am Bilanzstichtag ein wirtschaftlich ausnutzbarer Vermögensvorteil vorliegt, der als realisierbarer Vermögenswert angesehen werden kann" und damit „hinreichend konkretisiert ist".[294] Dies ist nach Ansicht des BFH dann gegeben, wenn die Forderung zivilrechtlich bereits entstanden ist oder „wenigstens die für ihre Entstehung wesentlichen wirtschaftlichen Ursachen im abgelaufenen Geschäftsjahr gesetzt worden sind"[295] und der Kaufmann mit der künftigen zivilrechtlichen Entstehung des Anspruches „fest rechnen kann".[296]

Ebenfalls im handelsrechtlichen Schrifttum wird die Aktivierungsfähigkeit von Forderungen vor ihrer rechtlichen Entstehung unter der Bedingung der hinreichenden Konkretisierung grundsätzlich bejaht (vgl. § 268 Abs. 4 S. 2 HGB).[297] Dies kann unter dem so verstandenen Aspekt der Greifbarkeit für den aufschiebend bedingten Pensionsanspruch nicht zweifelhaft sein. Der Pensionsanspruch entsteht regelmäßig erst mit Eintritt der Erlebensbedingung. Soweit aber der Pensionsberechtigte die ihm obliegende Dienstpflicht aus dem zwischen ihm und dem Dienstberechtigten begründeten Dienstverhältnis erbracht hat, hat er gleichfalls den auf die zurückliegende Dienstzeit entfallenden zukünftigen Pensionsanspruch (vgl. § 2 BetrAVG) erdient und damit für diesen Teil der Pensionsanwartschaft die wirtschaftliche Ursache der Entstehung des Vollrechts gelegt. Der zukünftige Pensionsanspruch ist Gegenleistung oder Teil der Gegenleistung für die erbrachte Leistung des pensionsberechtigten Arbeitnehmer-Gesellschafters. Für die Entstehung des bereits erdienten Pensionsanspruches ist

291 BFH v. 16.2.1990 - III B 90/88, BFHE 160, 364 = BStBl. II 1990, 794, 795.

292 BFH v. 18.6.1975 - I R 24/73, BFHE 116, 474, 478 = BStBl. II 1975, 809; v. 9.7.1986 - I R 218/82, BFHE 147, 412 = BStBl. II 1987, 14; v. 10.8.1989 - X R 176-177/87, BFHE 158, 53 = BStBl. II 1990, 15, 16.

293 BFH v. 6.12.1978 - I R 35/78, BFHE 126, 549, 551f. = BStBl. II 1979, 262 m.w.N.

294 BFH v. 9.2.1978 - IV R 201/74, BFHE 124, 520, 523 = BStBl. II 1978, 370; v. 23.5.1984 - I R 266/81, BFHE 141, 261 = BStBl. II 1984, 723, 725.

295 BFH v. 9.2.1978 - IV R 201/74, BFHE 124, 520, 523 = BStBl. II 1978, 370; v. 6.12.1978 - I R 35/78, BFHE 126, 549, 552 = BStBl. II 1979, 262 m.w.N.

296 BFH v. 9.2.1978 - IV R 201/74, BFHE 124, 520, 523 = BStBl. II 1978, 370.

297 Adler/Düring/Schmalz, Rechnungslegung, § 246 HGB Rdnr. 72.; BeckBilKomm-Clemm/Schulz/Bail, § 247 Rdnr. 77; Hofbauer/Kupsch, BHR, § 246 Rdnr. 73.

im weiteren regelmäßig nur noch das Erreichen eines bestimmten Lebensalters erforderlich. Dies bestätigen im grundsätzlichen die gesetzlichen Unverfallbarkeitsregelungen der §§ 1, 2 BetrAVG unabhängig davon, ob sie im konkreten Fall zur Anwendung kommen.

Allerdings kann vor Eintritt der Unverfallbarkeit mit der Pensionsanwartschaft nicht von einer rechtlich gesicherten Position des Pensionsberechtigten gesprochen werden. Aufgrund dessen hat der BFH im Urteil vom 19.5.1993[298] die Einlagefähigkeit von Pensionsanwartschaften verneint. In dem der Entscheidung zugrundeliegenden Fall hatte der BFH über die Frage zu befinden, ob der Verzicht des Gesellschafter-Geschäftsführers einer GmbH auf die von der Gesellschaft zugesagte Pension zu einer Einlage in das Gesellschaftsvermögen führt. Der BFH verneint die Einlagefähigkeit mit der Begründung, der Gesellschafter habe „aus der Pensionszusage noch keine ... Forderung, sondern lediglich eine Anwartschaft darauf erlangt. Das Entstehen der Pensionsforderung hängt vom zukünftigen und ungewissen Eintreten des Versorgungsfalles ab". Dem ist jedoch entgegenzuhalten, daß diese Eigenschaft irrelevant für die Frage des Vorliegens eines Wirtschaftsgutes ist. Dies zeigt sich beim Vergleich mit dem umgekehrten Fall, der auflösend bedingten Forderung, die bis zum Bedingungseintritt für grundsätzlich aktivierbar angesehen wird.[299] Ebenso sind zweifelhaft gewordene Forderungen zu aktivieren. Dem Grad der Sicherheit der Vermögensmehrung ist im Rahmen der Beurteilung des zeitlichen bilanziellen Zuganges der Forderung sowie deren Bewertung Rechnung zu tragen[300], nicht hingegen bei der Beurteilung der abstrakten Aktivierungsfähigkeit. Die Eigenschaft der Pensionsanwartschaft als Wirtschaftsgut ergibt sich schließlich als Konsequenz aus dem Maßstab des gedachten Unternehmenserwerbers. Denn mit der Zusage auf Altersversorgung ist dem Empfänger ein Vermögenswert zugegangen, der durchaus einen wirtschaftlichen Wert besitzt.[301] Für diesen Wert würde ein Erwerber des Betriebes durchaus bereit sein ein Entgelt zu zahlen, so er in die Rechtsposition des Pensionsberechtigten einstiegen könnte.

(4) Vorsichts- und Realisationsprinzip

Ist die Aktivierungsfähigkeit des aufschiebend bedingten Pensionsanspruches grundsätzlich zu bejahen, schließt sich die Frage an, ob dessen konkreter Akti-

---

298 BFH v. 19.5.1993 - I R 34/92, BFHE 171, 286 = BStBl. II 1993, 804, 806.

299 Adler/Düring/Schmalz, Rechnungslegung, § 246 HGB Rdnr. 54; BeckBilKomm-Clemm/Scherer, § 247 Rdnr. 90ff.; L.Schmidt/Weber-Grellet, EStG, § 5 Rdnr. 270 „Forderungen".

300 Ebenso Adler/Düring/Schmalz, Rechnungslegung, § 246 HGB Rdnr. 54; Handbuch des Jahresabschlusses in Einzeldarstellungen-Bolsenkötter, Abt. II/6 Rdnr. 37; Meilicke/Heidel, FR 1994, 693, 694.

301 Vgl. hierzu oben Teil 1, A II 2.

vierung besondere, das Vollständigkeitsgebot des § 246 Abs. 1 HGB suspendierende Aktivierungsrestriktionen entgegenstehen. Als spezieller Ausdruck des Vorsichtsprinzips[302] sind durch das Realisationsprinzip an die Aktivierung solcher Wirtschaftsgüter, deren bilanzieller Ansatz zu einer Reinvermögensmehrung führt, erhöhte Anforderungen gestellt. Gemäß der Vorschrift des § 252 Abs. 1 Nr. 4 Hs. 2 HGB sind Gewinne nur zu berücksichtigen, wenn sie am Abschlußstichtag realisiert sind. Das Gesetz bestimmt die Bedingungen und damit den Zeitpunkt der Gewinnrealisation nicht. In der Literatur und Rechtsprechung wird der Realisationsgrundsatz allgemein dahingehend verstanden, daß die bilanzielle, gewinnrealisierende Aktivierung einer erfolgswirksamen Forderung nur dann erfolgen darf, wenn die tatsächliche Realisierung des Gewinnes als „im wesentlichen gesichert" angesehen werden kann.[303] Dies ist nach allgemeiner Auffassung bei nicht-synallagmatischen Forderungen grundsätzlich dann gegeben, wenn die Forderung zivilrechtlich bereits entstanden ist oder wenigstens die für die Entstehung wesentlichen wirtschaftlichen Ursachen im abgelaufenen Geschäftsjahr gesetzt worden sind.[304]

Bei schwebenden Austauschgeschäften darf die Forderung auf die Gegenleistung vom Sach- oder Dienstleistungsverpflichteten aktiviert werden, wenn er „alle von ihm geschuldeten Erfüllungshandlungen in einer Weise erbracht hat, daß ihm die Forderung auf Gegenleistung - von den mit jeder Forderung verbundenen Risiken abgesehen - so gut wie sicher ist".[305] Erst dann verliert ein

302 BFH v. 26.4.1989 - I R 147/84, BFHE 157, 121, 124 = BStBl. II 1991, 213; Küting/Weber/Baetge/Kirsch, Handbuch der Rechnungslegung, I Rdnr. 319; BeckBilKomm-Budde/Geißler, § 252 Rdnr. 43; Moxter, Bilanzlehre I, S. 114.

303 Döllerer, DB 1974, 1541, 1543; Knobbe-Keuk, Bilanzsteuerrecht, § 6 I 2a; Küting/Weber/Selchert, Handbuch der Rechnungslegung, § 252 Rdnr. 83ff.; BeckBilKomm-Budde/Geißler, § 252 Rdnr. 43ff; Schmidt/Weber-Grellet, EStG, § 5 Rdnr. 676; zum „quasisicheren Anspruch" Moxter, Bilanzrechtsprechung, § 6 I 1; Woerner, BB 1988, 769, 773 m.w.N.

304 BFH v. 12.4.1984 - IV R 112/81, BFHE 141, 45, 47 = BStBl. II 1984, 554; Crezelius, ZGR 1987, 1. 26f.; Knobbe-Keuk, Bilanzsteuerrecht, § 6 I 2a.

305 BFH v. 11.12.1985 - I B 49/85, BFH/NV 1986, 595, 596; Woerner, BB 1988, 769, 773 m.w.N.; Uneinigkeit besteht hinsichtlich des Rechtsgrundes der dem Vollständigkeitsgebotes des § 246 Abs. 1 HGB widersprechenden Nichtbilanzierung. Ausgehend von der Überlegung, daß die Rechte und Pflichten aus einem schwebenden Vertrag sich gegenseitig ausgleichen, wird die Nichtbilanzierung aus Vereinfachungsgründen gerechtfertigt, um eine Bilanzverlängerung bzw. „Aufblähung der Bilanz" zu verhindern; Adler/Düring/Schmalz, Rechnungslegung, § 246 HGB Rdnr. 183 m.w.N.; Geßler/Hefermehl/Eckardt/Kropff, AktG, 1973, § 149 Rdnr. 50; Leffson, GoB, S. 262; Dagegen verbieten nach herrschender Auffassung das Vorsichts- und Realisationsprinzip den Forderungs- und Schuldansatz aus schwebenden Geschäften, weil der Vermögenszugang einschließlich Gewinnrealisation mit so erheblichen Risiken behaftet ist, daß aus Vorsichtsgründen nicht bilanziert werden darf, BeckBilKomm-Clemm/Nonnenmacher, § 249 HGB Rdnr. 52; Crezelius, in Festschrift Döllerer, S. 81, 85; Döllerer, DB 1980, 1333, 1335; Knobbe-Keuk, Bi-

zweiseitig verpflichtender Vertrag seinen Charakter als nichtbilanzierungsfähiges schwebendes Geschäft.[306] Dieses bilanzrechtliche Prinzip gilt nicht nur für Schuldverhältnisse, die auf einen einmaligen Leistungsaustausch gerichtet sind, sondern auch bei Dauerschuldverhältnissen wie Arbeits- und sonstigen Dienstverhältnissen.[307]

Die „Quasisicherheit des Gewinnes" ist als Formel zur Bestimmung des Realisationszeitpunktes zu allgemein und bedarf der Konkretisierung. Der BFH stellt daher in seiner Rechtsprechung regelmäßig auf den Zeitpunkt der „wirtschaftlichen Erfüllung" durch den Sach- oder Dienstleistungsverpflichteten ab. Dies ist bei Kaufverträgen über bewegliche Sachen der Fall, wenn das wirtschaftliche Eigentum mit der Übergabe des Lieferungsgegenstandes auf den Berechtigten übergegangen ist;[308] bei Dienstverhältnissen, wenn die Leistung erbracht worden ist, so daß bei Dauerdienstverhältnissen, unabhängig von Fälligkeit und Abrechnungszeitraum, der Anspruch auf die Gegenleistung für die erbrachte Teilleistung fortlaufend realisiert wird.[309]

---

lanzsteuerrecht, § 6 I 1; Woerner, BB 1988, 769, 771; abweichend Hofbauer/Kupsch, BHR, § 246 HGB Rdnr. 65, der die Nichtbilanzierung nicht als Ausnahme zum Vollständigkeitsgebot, sondern als dessen konsequente Anwendung sieht, weil der mit Risiken behaftete Anspruch des Kaufmannes noch nicht hinreichend als Vermögensgegenstand konkretisiert sei.

306 BFH v. 11.12.1985 - I B 49/85, BFH/NV 1986, 595, 596.

307 BFH v. 26.6.1980 - IV R 35/74, BFHE 130, 533 = BStBl. II 1980, 506; v. 7.6.1988 - VIII R 296/82, BFHE 153, 407 = BStBl. II 1988, 886; v. 26.8.1992 - I R 24/91, BFHE 169, 163 = BStBl. II 1992, 977, 981. Kennzeichnend für Dauerschuldverhältnisse ist, daß die geschuldete Leistung nicht konzentriert in einem Zeitpunkt bewirkt wird, sondern die in Abhängigkeit von der Dauer des Schuldverhältnisses bestimmte Gesamtleistung wird über den Vertragszeitraum fortlaufend in einzelnen Teilleistungen erbracht; vgl. Larenz, Lehrbuch des Schuldrechts, Bd. 1 AT, § 2 VI; Palandt/ Heinrichs, BGB, Einl. v. § 241 Rdnr. 17; Soergel/Teichmann, BGB, § 241 Rdnr. 6. Entsprechend findet die Gewinnrealisierung der Gesamtleistung nicht in einem Zeitpunkt statt, sondern der Gewinn der Teilleistungen wird unter Berücksichtigung des Prinzips der Nichtbilanzierung schwebender Geschäfte pro rata temporis realisiert. Das Restgeschäft ist weiterhin schwebend; vgl. Crezelius, in Festschrift Döllerer, S. 81, 85; Knobbe-Keuk, Bilanzsteuerrecht, § 6 I 5.

308 BFH v. 29.4.1987 - I R 192/82, BFHE 150, 412 = BStBl. II 1987, 797; v. 12.5.1993 - XI R 1/93, BFHE 171, 448, 451 = BStBl. II 1993, 786; ebenso Adler/Düring/Schmalz, Rechnungslegung, § 246 HGB Rdnr. 183ff.; Leffson, GoB, S. 265ff.; davon abweichend nimmt die herrschende Meinung die Gewinnrealisierung grundsätzlich bereits mit dem Übergang der Preisgefahr (§§ 446f. BGB) für den Fall an, daß diese vor dem wirtschaftlichen Eigentum übergeht; BeckBilKomm-Budde/Geißler, § 252 HGB Rdnr. 45; Crezelius, in Festschrift Woerner, S. 81, 86f.; Gelhausen, Realisationsprinzip, S. 162ff.; Lüders, Gewinnrealisierung, S. 76; Woerner, BB 1988, 769, 744.

309 BFH v. 20.5.1992 - X R 49/89, BFHE 168, 182, 187 = BStBl. II 1992, 904; Mathiak, DStR 1992, 1601, 1607f.; Eilers/Forster, BB 1996, 2399, 2400; Moxter, BB 1995, 1997, 1998f.; Zeitler, DStZ 1996 5, 7.

Zur bilanziellen Realisation der Ansprüche aus Pensionszusagen hat der I. Senat des BFH im Urteil vom 14.12.1988[310] entschieden, daß die Aktivierung des unverfallbaren Anwartschaftsrechts „an sich gemäß § 5 EStG geboten" ist. In dem der Rechtsprechung zugrundeliegenden Fall war über die Aktivierung der Pensionsanwartschaft einer selbständigen Gastwirtin zu entscheiden, die ihr von der Verpächterin der Gaststätte unter Ausschluß der Abtretung und Verpfändung zugesagt worden war.[311] Begründet wurde diese Auffassung anhand obiger Auslegung des Realisationsprinzips: Der Gewinn sei zu realisieren, wenn der Leistungsverpflichtete die vereinbarte Leistung erbracht hat, indem er den Vertrag erfüllte, der die Grundlage für die Pensionszusage bilde.[312] „Ungewöhnliche Risiken standen der Aktivierung nicht entgegen. Das Risiko der Zahlungsunfähigkeit, das an sich dem Gewinnausweis nicht entgegensteht, war durch die Ansprüche gegen den Träger der Insolvenzsicherung ... ausgeschlossen". Auch sei dem „Realisationsprinzip ... nicht zu entnehmen, daß der Gewinnausweis ausgeschlossen ist, wenn der Anspruch bzw. die Anwartschaft auf die Gegenleistung allein dem Leistungsverpflichteten zusteht und von ihm nicht abgetreten werden kann, oder wenn der Anspruch bzw. die Anwartschaft auf die Gegenleistung im Falle des Todes des Leistungsverpflichteten entfällt".

Demgegenüber hatte der RFH in der Entscheidung vom 13.3.1940[313] die Gewinnverwirklichung während der Anwartschaftszeit gerade im Hinblick auf diese Erlebensbedingung verneint: „Es erscheint bedenklich, auch bei Pensionsanwartschaften eines Gesellschafter-Geschäftsführers die Gewinnverwirklichung zu bejahen. Die Anwartschaft ist mit einem beachtlichen Unsicherheitsfaktor belastet. Der Berechtigte muß das pensionsfähige Alter erreichen und zur Verwirklichung des Gewinns noch entsprechend überschreiten". Dieser Einschätzung hatte sich der I. Senat BFH noch im Urteil vom 3.5.1963[314] in der Frage der Einlagefähigkeit der Pensionsanwartschaft eines GmbH-Gesellschafter-Geschäftsführers angeschlossen und dahingehend geäußert, daß der aufschiebend bedingte Anspruch auf Pensionszahlung „nicht so sicher" sei, als daß der berechtigte Gesellschafter-Geschäftsführer ihn als Kaufmann hätte aktivieren können. Ein so unsicherer Wert sei erst in der Zukunft realisierbar. Denselben Standpunkt vertrat der I. Senat nach seiner gegenteiligen Entscheidung vom

310 BFH v. 14.12.1988 - I R 44/83, BFHE 155, 368 = BStBl. II 1989, 323, 325; zustimmend Meilicke/Heidel, FR 1994, 693, 694.

311 Dabei geht der BFH stillschweigend davon aus, daß die Anwartschaft dem Betriebsvermögen zuzuordnen ist. Dies ist in Anbetracht des im Streitfall möglicherweise überwiegenden Versorgungscharakters zumindest nicht unbedenklich; vgl. Heismann, BB 1956, 783, 784.

312 Im Streitfall war dies der Pachtvertrag.

313 RFH v. 13.3.1940 - VI 750/39, RStBl. 1940, 474, 475.

314 BFH v. 3.5.1967 - I 263/63, BFHE 88, 425, 426 = BStBl. III 1967, 421.

14.12.1988[315] erneut im Urteil 19.5.1993[316], indem er die Einlagefähigkeit unter anderem mit der Begründung verneinte, der Gesellschafter habe „aus der Pensionszusage noch keine ... Forderung, sondern lediglich eine Anwartschaft darauf erlangt. Das Entstehen der Pensionsforderung hängt vom zukünftigen und ungewissen Eintreten des Versorgungsfalles ab". Dagegen hat der Große Senat des BFH schließlich im Beschluß vom 9.6.1997[317] die Rechtsprechung des I. Senats vom 14.12.1988 zur grundsätzlichen Aktivierungsfähigkeit der Pensionsanwartschaft ausdrücklich bestätigt.

Die Risikoeinschätzungen des RFH, innerhalb des I. Senats und zuletzt des Großen Senats des BFH hinsichtlich des Ausfalles der Pensionszahlung aufgrund des vorzeitigen Ablebens des Pensionsberechtigten könnten entgegengesetzter nicht sein. Sie verdeutlichen die Problematik um die letztlich entscheidende Frage, nämlich nach dem Grad an Sicherheit des Vermögenszuganges, der erreicht sein muß und der es erlaubt durch Aktivierung des erfolgswirksamen Vermögenswertes den Gewinn bilanziell als realisiert auszuweisen. Dies ist eine Wertungsfrage, die nach der allgemeinen Konvention zum Realisationszeitpunkt für „normale" Austauschgeschäfte mit der Leistungserfüllung, spätestens aber mit dem Übergang der Preisgefahr, beantwortet wird.[318] Die verbleibenden Restrisiken, das Ausfallrisiko der Zahlung wegen Zahlungsunfähigkeit des Schuldners oder Gewährleistungsrisiken, werden als so geringfügig angesehen, daß sie einem Gewinnausweis nicht entgegenstehen.[319] Von solchen „normalen" Austauschgeschäften unterscheidet sich das Dienstverhältnis mit Pensionszusage durch das zusätzliche Ausfallrisiko aufgrund der Erlebensbedingung. Es stellt sich deshalb die Frage, ob bei der Pensionszusage mit den an die Erlebensbedingung geknüpften Pensionsleistungen, die Risiken noch nicht so weit abgebaut sind, daß der Vermögenswert als realisiert angesehen werden darf. Anders ausgedrückt, ob mit diesem zusätzlichen Risiko die Schwelle in den Wirkungsbereich des Vorsichtsprinzips überschritten wird. Unzweifelhaft ist insoweit nur, daß mit Eintritt der Erlebensbedingung des einzelnen Pensionsanspruches die Forderung auf die Pensionsleistung in diesem Sinne ausreichend gesichert ist und infolgedessen aktiviert werden muß. Auf den tatsächlichen Zufluß der Pensionsleistungen kommt es daher nicht an.

---

315 BFH v. 14.12.1988 - I R 44/83, BFHE 155, 368 = BStBl. II 1989, 323, 325.

316 BFH v. 19.5.1993 - I R 34/92, BFHE 171, 286 = BStBl. II 1993, 804, 806.

317 BFH v. 9.6.1997 - GrS 1/94, BFHE 183, 187, 197.

318 BeckBilKomm-Budde/Geißler, § 252 HGB Rdnr. 45; Crezelius, in Festschrift Woerner, S. 81, 86f.; Gelhausen, Realisationsprinzip, S. 165.; Knobbe-Keuk, Bilanzsteuerrecht, § 6 I 2a; Lüders, Gewinnrealisierung, S. 76; Woerner, BB 1988, 769, 744.

319 BFH v. 27.2.1986 - IV R 52/83, BFHE 146, 383 = BStBl. II 1986, 552; mit kritischer Anmerkung von Lüders, DB 1986, 1944; Leffson, GoB, S. 262.

Wäre die Gewinnverwirklichung auch bereits für die Pensionsanwartschaft anzunehmen, so hätte dies zur Konsequenz, daß der Pensionsberechtigte den Teilwert des bis zum jeweiligen Bilanzstichtag erdienten Pensionsanspruches zu aktivieren hätte. Dieser wäre für jeden Bilanzstichtag erneut zu ermitteln und dabei um den in der zurückliegenden Periode erdienten Teilanspruch zuzüglich des Zinsanteiles zu erhöhen. In Höhe der Differenz zwischen den Teilwerten der aufeinanderfolgenden Stichtage entstände ein gewinnerhöhender Ertrag. Im Ergebnis versteuerte der Pensionsberechtigte über den Zeitraum seiner Tätigkeit Einnahmen, die ihm erst nach Eintritt des Versorgungsfalles und in der Regel nur ratierlich zufließen werden, ohne daß der belastenden Steuer ein Zufluß an liquiden Mitteln gegenüberstände. Zu berücksichtigen ist ferner, daß die Aktivierung vor Erreichen des für die Entstehung des Pensionsanspruches maßgebenden Lebensalters dazu führen kann, daß der Pensionsberechtigte einen Gewinn versteuert, den er infolge vorzeitigen Todes tatsächlich niemals erzielt. Gemildert würde dieser Effekt allenfalls durch eine in die Pensionszusage einbezogene Hinterbliebenenversorgung.

Vor diesem Hintergrund wird in der Literatur mit Verweis auf die ältere Rechtsprechung des RFH und BFH überwiegend die These vertreten, daß die Aktivierung der Pensionsanwartschaft wegen des Verbotes der Berücksichtigung unrealisierter Gewinne unzulässig ist.[320] Der Begründung dient neben der Einschätzung des aufschiebend bedingten Pensionsanspruches als zu unsicherer Vermögenswert die mangelnde Bewertungsfähigkeit der Anwartschaft.[321] Letztere ist nach Loos[322] und Moxter[323] nicht gegeben, weil die für die Passivierung vorgeschriebene Verwendung versicherungsmathematisch ermittelter Erlebenswahrscheinlichkeiten (vgl. § 6a Abs. 3 S. 3 EStG) ein Element der Gesamtbewertung einer Vielzahl von gleichartigen Versorgungsansprüchen enthalte und folglich deren Anwendung auf die Bewertung der künftigen, unsicheren Ansprüche aus einer einzigen Versorgungszusage, unter Beachtung des für die Aktivierung maßgebenden Vorsichtsprinzips, unzulässig erscheine. Da die Bewertung nicht

---

320 FG Hamburg v. 27.10.1982 - VI 208/79, BB 1983, 294, 295; Blomeyer/Otto, BetrAVG, StR E Rdnr. 136; Glocke, DB 1994, 2162; Groh, JbFAStR 1983/84, S. 255, 263; Heissmann, BB 1956, 783, 784; Heuer, DB 1956, 96; ders., FR 1956, 483, 486; Höfer/Abt, BetrAVG-StR, Rdnr. 336; Höfer, BB 1980, 252, 254; Holling, BB 1956, 73, 74; Hottmann, StBp 1992, 255, 258; Loos, DB 1987, 2427, 2428; Littmann/Bitz/ Hellwig/Hoffmann, EStG, §§ 4, 5 Rdnr. 837 „Pensionsanwartschaft": aufschiebend bedingter Geldanspruch ohne wirtschaftlichen Wert; Loos, DB 1987, 2427, 2428; ders., BB 1989, 669; Moxter, DB 1987, 1846, 1850f.; ders., Bilanzrechtsprechung, § 6 II 9; Theis, FR 1957, 106, 107; a.A. Grüninger, BB 1990, 2161, 2166; Meilicke/Heidel, FR 1994, 693, 694; Patt/Rasche, DB 1993, 2400f.; Paus, BB 1993, 692f.

321 Heissmann, BB 1956, 783.

322 Loos, DB 1987, 2427, 2428.

323 Moxter, DB 1987, 1846, 1850f.

an einem nichtvorhandenen Kollektiv orientiert werden dürfe, sei die individuelle Lebenserwartung zu berücksichtigen, wofür es allerdings keine brauchbaren Anhaltspunkte gebe. Das „freie Greifen eines im Grunde ungreifbaren Wertes“ könne das Gesetz aber nicht wollen, weshalb der Pensionsanwartschaft die für ihre Aktivierungsfähigkeit erforderliche Bewertbarkeit fehle.

Loos und Moxter verstehen die Bewertungsfähigkeit als Aktivierungskriterium. Unterstützung findet diese Argumentation durch die Rechtsprechung des BFH im Urteil vom 4.4.1968[324]. Nach dieser Entscheidung tritt bei Veräußerungsgeschäften trotz Bewirkung der Leistung eine Gewinnrealisierung nicht ein, wenn die Forderung auf die Gegenleistung betraglich nicht bestimmbar ist, weil „das Entgelt erst nach einer unbestimmten Zahl von Jahren und nach Maßgabe der dann bestehenden Preise bestimmter Güter festgelegt werden soll“. „Kann die Höhe des Entgelts bis dahin auch nicht schätzungsweise angegeben werden, so ist der Gewinn aus dem Veräußerungsgeschäft erst dann verwirklicht, wenn das Entgelt bestimmbar ist“.

Insofern wird die Bewertungsfähigkeit im Zusammenhang mit der Bestimmung des Realisationszeitpunktes nicht im Sinne einer sachlichen Konkretisierung, der „Greifbarkeit eines Vorteiles“, verstanden, sondern als Möglichkeit, dem Gut einen konkreten Geldwert beizulegen.[325] Dogmatisch plausibel ist das jedoch nicht. Denn mit der Frage nach dem Realisationszeitpunkt geht es vor dem Hintergrund des Vorsichtsprinzips nicht um die Ermittlung des Gewinnes selbst, für den die Bewertung und damit die Bewertungsfähigkeit von entscheidender Bedeutung ist, sondern um den zu trennenden und vorausgehenden Schritt, nämlich der Feststellung, ob dessen Realisierung als im wesentlichen gesichert angesehen werden kann oder eben nicht. Für die Entscheidung hierüber kommt es weder darauf an, mit welchem konkreten Wert der Vermögensgegenstand anzusetzen sein wird noch wie zuverlässig dieser ermittelt werden kann. Entscheidend ist allein, ob er zugegangen ist oder zugehen wird. Die Gegenansicht, die den Realisationszeitpunkt (auch) in Abhängigkeit von der Zuverlässigkeit der Bewertbarkeit bestimmen will, führte zu einer Aufweichung des Realisationsprinzips, welches sich mit der Anknüpfung an schuldrechtliche Merkmale[326] im besonderen Maße durch seine Willkürfreiheit auszeichnet.[327] Denn die nicht von subjektiven Einflüssen freie Bewertung könnte nicht verhindern, daß es zu einer unzulässigen Verlagerung des Gewinnausweises kommt.[328] Diese Überlegungen stehen im Einklang mit dem Gläubiger-

324 BFH v. 4.4.1968 - IV 210/61, BFHE 92, 15 = BStBl. III 1968, 411.

325 Moxter, DB 1987, 1846, 1850.

326 Vgl. hierzu Crezelius, in Festschrift Döllerer, S. 81ff.; Woerner, BB 1988, 769ff.

327 Schmalenbach, Dynamische Bilanz, S. 76ff.; Leffson, GoB, S. 251.

328 Wassermeyer, StbKongrRep 1986, 69, 74.

schutzzweck des Jahresabschlusses und sind gleichzeitig Argumentation gegen die vertretene Auffassung, daß die so verstandene selbständige Bewertungsfähigkeit notwendiges Kriterium des Begriffes Vermögensgegenstand ist.[329] Sie ist für die abstrakte Bestimmung des Vermögensgegenstandes bedeutungslos. Unter dem Aspekt des Gläubigerschutzes kommt es auf eine gewisse Vergegenständlichung bzw. Konkretisierung an. Ob das hierfür vom BFH entwickelte Kriterium der Übertragbarkeit zusammen mit dem Betrieb in Kombination mit der „Greifbarkeit" geeignet ist und im Einzelfall zu befriedigenden Ergebnissen führt, sei dahingestellt. Jedenfalls ist die notwendige Vergegenständlichung der Pensionsanwartschaft durch ihre selbständige Verkehrsfähigkeit belegt. Einem Gut aber, welches selbständig verkehrsfähig ist, wird theoretisch ein Wert beigemessen werden können. Ein anderes ist kaum vorstellbar. In der handelsrechtlichen Literatur wird die in diesem Sinne verstandene selbständige Bewertungsfähigkeit deshalb als überflüssig angesehen.[330] Allerdings leitet sich aus dieser grundsätzlichen Möglichkeit nicht auch die Zuverlässigkeit ab, mit der der Geldwert des Gutes bestimmt werden kann. Im Extremfall kann es aus Vorsichtsgründen notwendig erscheinen, das betreffende Gut mit einem sehr niedrigen oder gar dem Wert Null anzusetzen. Ist der Wert größer als Null - und hiervon wird für die Pensionsanwartschaft auszugehen sein, - wäre es, wenn man mit der herrschenden Meinung auf den Informations- und Gläubigerschutzzweck des Jahresabschlusses abstellt, nicht verständlich, den Vermögenswert allein aus Gründen der Bewertungssicherheit bilanziell nicht zu zeigen. Insofern kann das Merkmal der selbständigen Bewertungsfähigkeit keine den Ansatz der Pensionsanwartschaft verhindernde Bedeutung haben.

Entscheidend ist das die Unsicherheit bestimmende Risiko des Ausfalles der Pensionsleistungen aufgrund der Erlebensbedingung. Je nach Gewichtung dieses Unsicherheitsmomentes wird von der Rechtsprechung des RFH und BFH ergebnisorientiert sowohl die Nichtaktivierung mit dem Argument begründet, die Entstehung des Pensionsanspruches sei zu unsicher oder zu vage, als daß eine Aktivierung zu vertreten wäre[331] als auch andererseits die Aktivierung mit der Einschätzung des Risikos als bedeutungslos oder geringfügig gerechtfertigt wird.[332] Dahinter jedoch verbirgt sich die gewichtige Vorfrage nach dem für die Gewinnrealisierung notwendigen Sicherheitsgrad der Forderung. Genügt für die

---

329 So Freericks, Handels- und Steuerbilanz, S. 149ff.; Moxter, DB 1987, 1846, 1850; Pfeiffer, Wirtschaftsgut, S. 150f; ders. StuW 1984, 326, 335.

330 BeckBilKomm-Schnicke/Reichmann, § 247 Rdnr. 390; Ley, Wirtschaftsgut, S. 139ff.; Roland, Vermögensgegenstand, S. 161f.

331 RFH v. 13.3.1940 - VI 750/39, RStBl. 1940, 474, 475; BFH v. 3.5.1967 - I 263/63, BFHE 88, 425, 426 = BStBl. III 1967, 421; v. 19.5.1993 - I R 34/92, BFHE 171, 286 = BStBl. II 1993, 804, 806.

332 BFH v. 14.12.1988 - I R 44/83, BFHE 155, 368 = BStBl. II 1989, 323, 325; v. 9.6.1997 - GrS 1/94, BFHE 183, 187, 197.

Annahme der Gewinnrealisation eine objektive Prognose dahingehend, daß die Realisation eher wahrscheinlich als unwahrscheinlich ist, oder ist es notwendig, daß die Entstehung und Erfüllung der Forderung mit höchster, an Sicherheit grenzender Wahrscheinlichkeit zu erwarten ist. Bestimmend kann letztlich nur das Vorsichtsprinzip sein, das in seiner allgemeinen Form besagt, der Kaufmann habe im Zweifel sein Vermögen und seinen Gewinn in der Bilanz eher zu niedrig als zu hoch auszuweisen.[333] Um dem Gläubigerschutz durch Erhalt der Haftungsmasse gerecht zu werden und überhöhte Gewinnentnahmen und -ausschüttungen zu vermeiden, darf der Kaufmann den Bestand seines Reinvermögens nicht höher ausweisen als es den tatsächlichen Gegebenheiten entspricht.[334] Daraus ergibt sich in Verbindung mit dem Realisationsprinzip ein Aktivierungsverbot für den erfolgswirksamen Vermögenszugang, solange dieser nicht „so gut wie sicher ist".[335] Dies kann nach hier vertretener Auffassung nur dahingehend verstanden werden, daß die tatsächliche Gewinnverwirklichung „höchstwahrscheinlich" sein muß. Nimmt man für das über den Zugang der Pensionsleistungen zu treffende Wahrscheinlichkeitsurteil den Fall an, daß einem heute Dreißigjährigen eine Zusage auf Pensionsleistungen ab einem Pensionsalter von 65 Jahren erteilt wird, so ist für diese Prognose allein bis zur Entstehung des ersten Einzelanspruches mit dem Eintritt des Versorgungsfalles ein Zeitraum von 35 Jahren zu berücksichtigen, innerhalb dessen der Pensionsberechtigte unter Verlust seiner gesamten Anwartschaft versterben kann. Gewißheit darüber, daß in einem konkret zu betrachtenden Einzelfall der Pensionsberechtigte das Pensionsalter erlebt und dieses zur tatsächlichen Realisation noch entsprechend überlebt, kann naturgemäß nicht gegeben sein. Aussagen über die konkrete individuelle Lebenserwartung sind rein spekulativ und damit unbrauchbar.[336] Aber auch dann, wenn von dem Einzelschicksal des betreffenden Pensionsberechtigten abstrahiert und dieser als Teil eines größeren Kollektivs aufgefaßt wird, um von der kollektiven auf die individuelle Sterbewahrscheinlichkeit zu schließen, ergibt sich aus den allgemein anerkannten „Richttafeln 1998" von Dr. Klaus Heubeck eine Erlebenswahrscheinlichkeit für den Versorgungsfall

333 Vgl. dazu BeckBilKomm-Budde/Geißler, § 252 Rdnr. 31; Küting/Weber/Baetge, Handbuch der Rechnungslegung, Bd. I, II Rdnr. 154; Knobbe-Keuk, Bilanzsteuerrecht, § 3 III 4a.

334 BeckBilKomm-Budde/Geißler, § 252 Rdnr. 31; Hofbauer/Kupsch/Wohlgemuth, BHR, § 252 Rdnr. 32; Küting/Weber/Baetge, Handbuch der Rechnungslegung, Bd. I, II Rdnr. 154; Knobbe-Keuk, Bilanzsteuerrecht, § 3 III 4a; Weber-Grellet, Steuerbilanzrecht, § 5 B II 2a.

335 BFH v. 11.12.1985 - I B 49/85, BFH/NV 1986, 595, 596; v. 25.2.1986 - VIII R 134/80, BFHE 147, 8, 11 = BStBl. II 1987, 788; Döllerer, BB 1974, 1541, 1543; Woerner, BB 1988, 769, 773 m.w.N.

336 Ebenso Moxter, BB 1987, 1846, 1851; a.A. Glocke, DB 1994, 2162, 2163.

von gerade 83,87%.[337] Der erforderliche Sicherheitsgrad kann so gesehen auch bei Unverfallbarkeit der Pensionsanwartschaft und einer bestehenden Insolvenzsicherung (vgl. §§ 7ff. BetrAVG) nicht als erreicht angesehen werden. Damit verstieße die Aktivierung der erdienten Pensionsanwartschaft tatsächlich gegen das Vorsichtsprinzip, so daß ein Verschieben des Ausfallrisikos auf die Bewertungsebene nicht zulässig erscheint.[338]

Der Gegenansicht ist allerdings zuzugestehen, daß die Wahrscheinlichkeit des Ausfalles der Pensionsleistungen aufgrund eines vorzeitigen Todes des Pensionsberechtigten mit zunehmendem Alter durch das Näherrücken des für die Entstehung des einzelnen Pensionsanspruches maßgebenden Alters kontinuierlich abnimmt. Wird zur Vereinfachung nur der erste, mit Eintritt des Versorgungsfalles entstehende Pensionsanspruch betrachtet, so wird eine gewisse Zeit zuvor eine Erlebenswahrscheinlichkeit erreicht werden, von der ab das Entstehen des Anspruches als gesichert angesehen werden kann. Jedoch kann es sich hierbei nur um einen relativ kurzen Zeitabstand handeln, so daß im Hinblick auf die Problematik der Bestimmung des Realisationszeitpunktes, aus Objektivierungsgründen eine dem Erreichen des Pensionsalters und der Entstehung des Einzelanspruches vorangehende bilanzielle Realisierung abzulehnen ist.

Demgegenüber stützte der BFH im Urteil vom 14.12.1988[339] die grundsätzliche Aktivierungspflicht der bereits erdienten unverfallbaren Pensionsanwartschaft auf seine Rechtsprechung vom 20.1.1970[340]. In dem Entscheidung zugrundeliegenden Fall, der Veräußerung eines im Betriebsvermögen befindlichen Wirtschaftsgutes gegen eine Leibrente, hatte der BFH entschieden, daß das vom veräußernden Betriebsinhaber erworbene Leibrentenstammrecht mit dem versicherungsmathematisch errechneten Wert zu aktivieren ist. Der Sachverhalt ist insoweit dem der Pensionszusage vergleichbar, als die Pensionsvereinbarung zwar nicht in ihrem rechtlichen, wohl aber in ihrem sachlichem Gehalt dem Grundfall des an das Leben einer Person gebundenen Leibrentenversprechens entspricht. Wirtschaftlich gesehen ist kein Unterschied zwischen der dem Berechtigten für seine Lebenszeit versprochenen und regelmäßig wiederkehrenden Leistungen erkennbar. Rechtlich ist der einzelne Rentenanspruch aus dem einheitlichen Rentenstammrecht ebenso wie der einzelne Pensionsanspruch aufschiebend be-

337 Der Berechnung haben die „Richttafeln 1998" von Dr. Klaus Heubeck, Heubeck-Richttafeln-GmbH, Köln 1998, zugrunde gelegen.

338 So der BFH im Urteil v. 14.12.1988 - I R 44/83, BFHE 155, 368 = BStBl. II 1989, 323, 325; Meilicke/Heidel, FR 1994, 693, 694.

339 BFH v. 14.12.1988 - I R 44/83, BFHE 155, 368 = BStBl. II 1989, 323, 325.

340 BFH v. 20.1.1971 - I R 147/69, BFHE 101, 218 = BStBl. II 1971, 302.

dingt.[341] Der Leibrentenberechtigte ist ebenfalls dem Risiko ausgesetzt, welches durch seinen vorzeitigen Tod bestimmt wird und das mit fortschreitendem Alter abnimmt. Allerdings besteht hinsichtlich des zeitlichen Ablaufes ein gravierender Unterschied, der die Übertragbarkeit der Rechtsprechung auf den hier vorliegenden Fall der Pensionszusage einschränkt. Ein hinsichtlich des Ausfallrisikos zu beachtender Zeitraum, vergleichbar dem zwischen der Pensionszusage und dem Eintritt des Versorgungsfalles, innerhalb dessen das Pensionsversprechen erlöschen kann, ist zwar im Zusammenhang mit einem Leibrentenversprechen denkbar, wird aber bei einer Veräußerung gegen eine Leibrente die eher seltene Ausnahme sein. Auch in der Entscheidung vom 20.1.1970[342] war ein solcher nicht zu berücksichtigen. Die Feststellung des BFH zur Pensionsanwartschaft, nämlich „der Umstand, daß das Anwartschaftsrecht im Falle des Todes ... entfällt, stand dem Gewinnausweis nicht entgegen", entspricht für diesen Zeitraum deshalb nicht der Leibrentenrechtsprechung und kann infolgedessen nicht mit ihr begründet werden. Denn eine der Anwartschaft vor Eintritt des Versorgungsfalles vergleichbar unsichere Rechtsstellung nimmt der Leibrentenberechtigte regelmäßig nicht ein. Dabei ist es gerade dieser durch die Möglichkeit des vorzeitigen Todes bestimmte Unsicherheitsfaktor, der die Realisation vor Eintritt des Versorgungsfalles in Frage stellt. Die Beachtlichkeit dieses nicht unerheblichen und gegen die Realisation sprechenden Risikos kann aber nicht allein mit der Behauptung verworfen werden, es stehe dem Gewinnausweis nicht entgegen, wenn andererseits nach Ansicht des BFH eine Realisation nur dann anzunehmen ist, wenn die Forderung als gesichert angesehen werden kann. Bei der Wahrscheinlich eines 30-jährigen, daß mit dem 65sten Lebensjahr Jahr angenommenen Versorgungsalter zu erreichen, von lediglich 83,87%[343], wird vor diesem Hintergrund, auch bei einer durch ihre Unverfallbarkeit rechtlich gesicherten Rechtsposition, nur schwerlich von einer tatsächlich gesicherten Rechtsposition gesprochen werden können.

Zeitlich gesehen entspricht der Bestellung des Leibrentenstammrechts der Eintritt des Versorgungsfalles. Insofern ist die Pensionszusage dem Leibrentenstammrecht nur bedingt, nämlich ab dem Versorgungsfall vergleichbar. Dies bedeutet, daß bei entsprechender Anwendung der Entscheidung vom 20.1.1970[344] auf den hier vorliegenden Fall, der Gewinn erst mit dem Versorgungsfall auszuweisen wäre und nicht, wie der BFH annimmt, die Aktivierung der erdienten Pensionsanwartschaft bereits vor diesem Zeitpunkt gerecht-

341 Jansen/Wrede, Renten Raten Dauernde Lasten, III 5; Erman/Seiler, BGB, § 759 Rdnr. 1; Münch Komm-Pecher, BGB, § 759 Rdnr. 2; Palandt/ Thomas, BGB, § 759 Rdnr. 9; a.A. Glocke, DB 1994, 2162, 2163.

342 BFH v. 20.1.1971 - I R 147/69, BFHE 101, 218 = BStBl. II 1971, 302.

343 Der Berechnung haben die „Richttafeln 1998" von Dr. Klaus Heubeck, Heubeck-Richttafeln-GmbH, Köln 1998, zugrunde gelegen.

344 BFH v. 20.1.1971 - I R 147/69, BFHE 101, 218 = BStBl. II 1971, 302.

fertigt wäre. Der Zeitpunkt des Versorgungsfalles als Merkmal der Gewinnrealisierung ist einsichtig und steht im Einklang mit der Prämisse, daß der Gewinn erst dann auszuweisen ist, wenn er „so gut wie sicher ist". Betrachtet man auch hier zunächst nur den ersten Pensionsanspruch, so ist dessen Entstehung bei Erreichen des Pensionsalters mit Sicherheit gegeben. Fraglich kann insofern nur die Realisation der folgenden Pensionsansprüche sein. Für sie ist zu beachten, daß zwar mit zunehmendem Alter das Todesfallrisiko des Pensionsberechtigten steigt - statistisch ist der Tod spätestens im Alter von 115 Jahren mit nahezu an Sicherheit grenzender Wahrscheinlichkeit anzunehmen -, das Risiko des Ausfalles der tatsächlichen Realisation aber demgegenüber stetig abnimmt. Berücksichtigt man ferner, daß sowohl die Erlebenswahrscheinlichkeit des folgenden Jahres männlicher Personen im Alter zwischen 65 und 76 jährlich nicht unter 95% liegt, die weiblicher Personen sogar bis zum Alter von 81 Jahren nicht unter 95% liegt[345] als auch, daß in der Berechnung des Barwerts der laufenden Rente die Wahrscheinlichkeit der Fälligkeit des einzelnen Pensionsanspruchs berücksichtigt wird, daß heißt jede Zahlung mit der ihr zukommenden Wahrscheinlichkeit gewichtet wird, so erscheint im Ergebnis eine Aktivierung der Pensionsanwartschaft mit dem versicherungsmathematischen Barwert im Zeitpunkt des Versorgungsfalles nach hier vertretenen Auffassung als gerechtfertigt.[346]

bb) Steuerliche Aktivierungspflicht der Pensionsanwartschaft im Rahmen der Ermittlung des Gesamtgewinnes der Mitunternehmerschaft?

Unabhängig davon, ob mit der hier vertretenen Auffassung eine Aktivierung der Pensionsansprüche im Zeitpunkt des Versorgungsfalles oder, ob der herrschenden handelsrechtlichen Ansicht folgend, eine Aktivierung des einzelnen Anspruches erst mit dessen Entstehung bei Eintritt der jeweiligen Erlebensbedingung zu erfolgen hat, tritt in Bezug auf den Gesamtgewinn der Mitunternehmerschaft, jedenfalls über den Zeitraum bis zum Eintritt des Versorgungsfalles, keine Ergebnisneutralität hinsichtlich der aufwandswirksamen Rückstellungszuführungen in der Gesamthandsbilanz ein. Nach letzterer Ansicht stellt sich diese abschließend sogar erst dann ein, wenn die Pensionsrückstellung in der Gesamthandsbilanz vollständig aufgelöst ist. Aber auch dann, wenn man die Rechtsprechung des BFH vom 14.12.1988[347] bezüglich der grundsätzlichen Aktivierungspflicht einer unverfallbaren Pensionsanwartschaft auf den Gesellschafter-Angestellten und seine Sonderbilanz überträgt, so würde der in der Steuerbilanz der Gesellschaft passivierte Aufwand durch die Aktivierung der

---

345 Der Berechnung haben die „Richttafeln 1998" von Dr. Klaus Heubeck, Heubeck-Richttafeln-GmbH, Köln 1998, zugrunde gelegen.

346 A.A. Heismann BB 1956, 783, 784; Höfer/Abt, BB 1980, 252, 254.

347 BFH v. 14.12.1988 - I R 44/83, BFHE 155, 368 = BStBl. II 1989, 323.

korrespondierenden Pensionsanwartschaft in der Sonderbilanz erst im Wirtschaftsjahr des Eintrittes der Unverfallbarkeit und selbst dann nur partiell „ausgeglichen" werden. Denn die gesondert von der Rückstellung vorzunehmende Bewertung der Pensionsanwartschaft führte zu einem Ansatz der Pensionsanwartschaft, der betraglich unterhalb des Ansatzes der Pensionsrückstellung liegt. Wertgleichheit ist bereits deshalb nicht gegeben, weil der anzusetzende Teilwert der Pensionsverpflichtung auf der Grundlage des vollen Pensionsanspruches zu berechnen ist, während der Teilwert der Pensionsanwartschaft vor Eintritt des Versorgungsfalles auf der Grundlage des bis zum Bilanzstichtages erdienten Pensionsanspruches zu ermitteln wäre. Ein periodengleicher, partieller Ausgleich träte zudem nur in dem Ausnahmefall ein, daß die Unverfallbarkeit des Pensionsanspruches zugleich mit der Zusage vereinbart wird. Ist diesbezüglich zu bedenken, daß die gesetzlichen Unverfallbarkeitsregelungen der §§ 1 ff. BetrAVG auf den pensionsberechtigten Personengesellschafter nur begrenzt Anwendung finden[348] und im übrigen die Unverfallbarkeit der Pensionsansprüche zwar vertraglich vereinbart werden kann, die Entscheidung hierüber und damit über den Zeitpunkt der Aktivierungspflicht - auch außerhalb der Pensionsansprüche von Gesellschaftern - in die Hand der beteiligten Parteien gelegt würde, so verdeutlicht dies zusätzlich die Fragwürdigkeit dieser Rechtsprechung.

Indessen ist nach der vom BFH vertretenen Lehre der „korrespondierenden Bilanzierung" die in der Steuerbilanz der Gesellschaft passivierte Pensionsverpflichtung gegenüber dem pensionsberechtigten Gesellschafter-Angestellten durch einen gleichhohen Aktivposten in der Sonderbilanz des begünstigten oder anteilig aller Gesellschafter auszugleichen.[349] Insofern soll es nicht auf den nach den handelsrechtlichen Grundsätzen ordnungsmäßiger Bilanzierung zu bestimmenden Realisationszeitpunkt ankommen, sondern auf denjenigen, zu dem der Aufwand aus der Altersversorgung des Gesellschafters in der Gewinnermittlung der Personengesellschaft durch die Zuführungen zu der Pensionsrückstellung gewinnmindernd in Erscheinung getreten ist.

Im Ergebnis bliebe der Gesamtgewinn der Mitunternehmerschaft von der Zusage auf Altersversorgung an den Gesellschafter-Angestellten durch den gleichhohen Ansatz der Pensionsanwartschaft als Sonderbetriebseinnahme in der oder den Sonderbilanzen unberührt. Die nach Eintritt des Versorgungsfalles einsetzenden Pensionszahlungen stellen bei der verpflichteten Gesellschaft Betriebsausgaben, beim empfangenden Gesellschafter Sondervergütungen, dar. Ihnen ständen auf der Seite der Gesellschaft Betriebseinnahmen aus der sukzessiven

---

348 Vgl. hierzu oben Teil 1, A I.

349 BFH v. 16.12.1992 - I R 105/91, BFHE 170, 169 = BStBl. II 1993, 792, 794; v. 2.12.1997 - VIII R 15/96, DB 1998, 753, 754.

gewinnerhöhenden Auflösung der Pensionsrückstellung[350] und auf der Seite des oder der Gesellschafter die als Sonderbetriebsausgabe zu erfassende sukzessive Auflösung des Aktivpostens gegenüber, so daß auch in der Phase nach Eintritt des Versorgungsfalles der Gesamtgewinn der Mitunternehmerschaft unberührt bliebe. Die Rechtsgrundlage dieser „korrespondierenden Bilanzierung" sieht der BFH in der Regelung des § 15 Abs. 1 S. 1 Nr. 2 Hs. 2 EStG.[351] Die Vorschrift wird als spezielle steuerliche Vorbehaltsregelung zur Gewinnermittlung verstanden, die im Bereich der von ihr erfaßten Rechtsbeziehungen der von § 5 Abs. 1 S. 1 EStG angeordneten Anwendung handelsrechtlicher Grundsätze ordnungsmäßiger Buchführung vorgeht, und insbesondere das Realisations- und Imparitätsprinzips suspendiert.[352] Allerdings läßt sich dieser den Maßgeblichkeitsgrundsatz einschränkende Bilanzierungsgrundsatz nicht dem Wortlaut der Vorschrift des § 15 Abs. 1 S. 1 Nr. 2 EStG entnehmen.

In Anbetracht der Rechtsprechung des BFH zur Gewinnermittlung im Sonderbetriebsbereich, deren Rechtsgrundlage gleichermaßen in der Vorschrift des § 15 Abs. 1 S. 1 Nr. 2 EStG gesehen wird und gemäß derer die Gewinnermittlung grundsätzlich nach denselben Regeln zu erfolgen hat wie sie für die Gesellschaft selbst anzuwenden sind,[353] erscheint die den handelsrechtlichen Grundsätzen ordnungsmäßiger Buchführung widersprechende korrespondierende Bilanzierung nicht einsichtig. Da als Rechtsgrundlage einer korrespondierenden Bilanzierung nur die Vorschrift des § 15 Abs. 1 S. 1 Nr. 2 Hs. 2 EStG in Betracht kommt, kann sie Rechtsgrundlage einer von den allgemeinen Gewinnermittlungsregelungen abweichenden korrespondierenden Bilanzierung nur sein, wenn die von § 15 Abs. 1 S. 1 Nr. 2 Hs. 2 EStG erfaßten Einkünfte durch Betriebsvermögensvergleich zu ermitteln sind und diese Norm darüber hinaus eine zeit- und betragskonforme Bilanzierung der Vergütungen als Betriebsausgabe in der Gesellschaftsbilanz und als Sonderbetriebseinnahme in der Sonderbilanz gebietet.[354]

---

350 Vgl. hierzu unten Teil 1, B I.

351 BFH v. 14.12.1985 - IV R 63/83, BStBl. II 1986, 58; v. 16.12.1992 - I R 105/91, BFHE 170, 169 = BStBl. II 1993, 792; v. 19.5.1993 - I R 60/92, BFHE 171, 286 = BStBl. II 1993, 714; v. 2.12.1997 - VIII R 15/96, DB 1998, 753.

352 Vgl. hierzu unten Teil 1, B III 2b bb (2).

353 BFH v. 21.1.1992 - VIII R 72/87, BFHE 169, 219, 223 = BStBl. II 1992, 958; BFH v. 23.5.1979 - I R 56/77, BFHE 128, 505 = BStBl. II 1979, 763, 767; v. 21.6.1989 - X R 14/88, BFHE 157, 382 = BStBl. II 1989, 881, 886; vgl. hierzu auch oben Teil 1, B II 2b.

354 So BFH v. 2.12.1997 - VIII R 15/96, DB 1998, 753, 754.

III. Kritik

1. Gewinnermittlung zweiter Stufe - § 4 Abs. 3 oder §§ 4 Abs. 1, 5 EStG?

Die gemäß § 2 Abs. 2 Nr. 1 EStG für gewerbliche Einkünfte nach den Vorschriften der §§ 4 ff. EStG vorzunehmende Gewinnermittlung ist bezüglich des in § 15 Abs. 1 S. 1 Nr. 2 Hs. 1 EStG zu den gewerblichen Einkünften bestimmten Gewinnanteiles unproblematisch. Die Größe „Gewinn" im Sinne des § 2 Abs. 2 Nr. 1 EStG und die ihn bestimmenden Vorschriften der § 4 ff. EStG sind auf das Objekt „Betrieb" ausgerichtet.[355] Der Vermögenszuwachs, der als betrieblich definierten Vermögenssphäre wird nach den Gewinnermittlungsvorschriften losgelöst von dessen Zurechnungssubjekt ermittelt. Nur in einem diesem vorgreifenden ersten Schritt wird für die Abgrenzung der in den Vermögensvergleich einzubeziehenden Wirtschaftsgüter auf den Vermögensträger selbst Bezug genommen. Infolgedessen bereitet die Anwendung der auf den Betrieb eines Einzelunternehmers zugeschnittenen Gewinnermittlungsvorschriften auf den Gewerbebetrieb der Personengesellschaft ebenso wenig Schwierigkeiten wie deren Anwendung für die Einkünfteermittlung der Körperschaftsteuersubjekte (§ 8 Abs. 1 KStG). Die Gewinnermittlungsvorschriften sind rechtsformneutral. Darum ist es einleuchtend, daß § 15 Abs. 1 S. 1 Nr. 2 Hs. 1 EStG für die Bestimmung gewerblicher Einkünfte an den Gewinn der Gesellschaft anknüpft. Die Gewinnermittlungsvorschriften sind aber nicht voraussetzungslos. Die verschiedenen Gewinnermittlungsarten der §§ 4 ff. EStG sowie die Vorschrift des § 141 AO zur Buchführungspflicht setzen das Vorhandensein eines „Betriebes" voraus[356], bei welchem es sich im Falle gewerblicher Einkünfte gemäß den Vorschriften der §§ 2 Abs. 1 S. 1 Nr. 2, 15 EStG zusätzlich um einen gewerblichen im Sinne des § 15 Abs. 2 EStG handeln muß. Nur dann passen sie und nur dann ist ihre Anwendung unproblematisch. Diese Voraussetzung aber erfüllt der Gesellschafter in seiner Person nicht. Der Mitunternehmer führt neben der Gesellschaft keinen losgelösten, eigenen Betrieb.[357] Er ist nicht deshalb Inhaber eines eigenen Betriebes, weil ihm der originär von der Gesellschaft erwirtschaftete Gewinn anteilig zugerechnet wird oder weil dessen Vergütungen aus Leistungsbeziehungen mit der Gesellschaft im Sinne des § 15 Abs. 1 S. 1 Nr. 2 Hs. 2 EStG zu gewerblichen Einkünften umqualifiziert wer-

---

355 Uelner, JbFAStR 1978/79, S. 300, 307.

356 Vgl. dazu Knobbe-Keuk, StuW 1974, 1, 33; Raupach, JbFAStR 1977/78, S. 177, 184; BFH v. 13.10.1988 - IV R 136/85, BFHE 154, 442 = BStBl. II 1989, 7, 8; Tipke/Kruse, AO, § 141 Rdnr. 3; Kühn/ Hoffmann, AO, § 141 Tz. 2; Koch, AO, § 141 Rdnr. 26.

357 BFH v. 23.7.1975 - I R 210/73, BFHE 117, 144, 148 = BStBl. II 1976, 180; v. 11.3.1992 - XI 38/ 89, BFHE 168, 70, 73 = BStBl. II 1992, 797; Kirchhof/Söhn/Reiß, EStG, § 15 E 10; Knobbe-Keuk, Bilanzsteuerrecht, § 11 II 1b; Raupach, JbFAStR 1977/78, S. 177, 178.

den.[358] Nicht die Tätigkeit des Gesellschafters im Dienst der Gesellschaft oder die Nutzungsüberlassung wird in eine gewerbliche Betätigung des Gesellschafters, sondern die ihm zuzurechnenden Vergütungen aus den in der Vorschrift genannten Rechtsgeschäften mit der Gesellschaft werden zu gewerblichen Einkünften umqualifiziert.[359] Unabhängig davon, daß die zivilrechtliche Beurteilung der Mitgliedschaft des Gesellschafters an der Gesellschaft gegen einen eigenen Betrieb des Gesellschafters spricht, läßt sich ein anderes aus dem bloßen Bestehen der Mitgliedschaft nach Aufgabe der Bilanzbündeltheorie auch steuerrechtlich nicht begründen. Im Gegenteil zeigt das Einkommensteuerrecht mit der Vorschrift des § 16 Abs. 1 Nr. 1 EStG, nämlich der Gleichstellung der Veräußerung eines Mitunternehmeranteiles mit der Veräußerung eines gewerblichen Einzelunternehmens, daß ein eigener Betrieb des Gesellschafters neben dem der Gesellschaft nicht existiert.[360] Anderenfalls wäre die Vorschrift rein deklaratorisch.

Knobbe-Keuk[361] zog aus der sich daraus ergebenden Nichtanwendbarkeit der Gewinnermittlungsvorschriften der §§ 4 ff. EStG und dem ihrer Ansicht nach eindeutigen Wortlaut der Vorschrift des § 15 Abs. 1 S. 1 Nr. 2 EStG die Schlußfolgerung, die Ermittlung der Einkünfte im Sinne des § 15 Abs. 1 S. 1 Nr. 2 Hs. 2 EStG habe im Rahmen einer Überschußrechnung zu erfolgen, weshalb die Vergütungen des Gesellschafters in dem Jahr zu erfassen sind, in welchem sie ihm gemäß § 11 Abs. 1 EStG zugeflossen sind.[362] Der Gebrauch des Wortes „bezogen" in der Vorschrift des § 15 Abs. 1 S. 1 Nr. 2 Hs. 2 EStG könne nicht anders verstanden werden als im Sinne des § 11 Abs. 1 EStG, weil kein Anhaltspunkt für die Annahme bestehe, daß das Gesetz vom eigenen Sprachgebrauch abweiche.[363]

Eine periodengleiche Erfassung der dem Gesellschafter zustehenden Vergütungen mit dem bei der Gesellschaft verursachten Aufwand ergibt sich hiernach folglich nur dann, wenn dem Gesellschafter die Vergütung in der Periode ihrer Aufwandswirksamkeit bei der Gesellschaft zufließt. Für den Zeitraum des Bestehens der Pensionsanwartschaft, d.h. zwischen der Erteilung der Pensionszusage und dem Eintritt der Erlebensbedingung, wäre entsprechend der Pensionsanwartschaft eines Nur-Arbeitnehmers ein Zufluß nicht gegeben, weshalb über diesen Zeitraum in bezug auf das Gesamtergebnis der Mitunternehmerschaft keine Ergebnisneutralität einträte. Die Pensionsleistungen wären vom

358 So aber Zezschwitz, FR 1970, 133, 136ff.; ders. FR 1972, 270, 275f.

359 Knobbe-Keuk, StuW 1974, 1, 34. a.A. v.Wallis, StbKongrRep. 1971, 239, 242.

360 A.A. wohl Mitschke, DB 1992, 1266f.

361 Knobbe-Keuk, StuW 1974, 1, 33ff.; dies., Bilanzsteuerrecht, § 11 I 1.

362 Ebenso Sieveking, DB 1987, 1267, 1268.

363 Knobbe-Keuk, Bilanzsteuerrecht, § 11 I 1.

Gesellschafter, dessen Rechtsnachfolger oder etwaigen aus der Pensionszusage begünstigten Hinterbliebenen erst im Jahr des Zuflusses als Einkünfte aus Gewerbebetrieb zu versteuern.

Eine im Ergebnis gleiche, aber in ihrer Begründung abweichende Ansicht geht im Ansatz von der Funktion der Vorschrift des § 15 Abs. 1 S. 1 Nr. 2 EStG als einer Qualifikationsnorm aus, die darüber bestimme, welche Einkünfte zu den Einkünften aus Gewerbebetrieb zählen und nicht auch darüber, wie diese Einkünfte zu ermitteln sind.[364] Dies sei vielmehr in § 2 Abs. 2 Nr. 1 EStG durch Verweisung auf die §§ 4 ff. EStG geregelt. Mit Hinweis auf die fehlende handelsrechtliche Buchführungspflicht des Gesellschafters wird sodann gegen die Anwendung des § 5 EStG argumentiert und ebenfalls eine Gewinnermittlung durch Betriebsvermögensvergleich nach § 4 Abs. 1 EStG ausgeschlossen, sofern der Gesellschafter nicht durch § 141 AO gesetzlich verpflichtet ist, Bücher zu führen und Abschlüsse zu machen. Folglich habe der Gesellschafter - falls er nicht freiwillig Bücher führt und Abschlüsse macht - eine Gewinnermittlung nur nach § 4 Abs. 3 EStG durchzuführen.

Diese Auffassung geht implizit davon aus, daß den Gesellschafter eine solche Buchführungspflicht aus § 141 AO und damit prinzipiell eine Verpflichtung zu einer eigenständigen, von der Gesellschaft unabhängigen Gewinnermittlung durch Betriebsvermögensvergleich treffen kann. Sie übergeht dabei die Tatbestandsvoraussetzung der §§ 4 ff. EStG, 141 AO, nämlich das Bestehen eines „Betriebes“ im Sonderbereich des Gesellschafters. Ein solcher existiert tatsächlich nicht und wird auch gesetzlich nicht fingiert.

Gegen die auf den Wortlaut der Vorschrift des § 15 Abs. 1 S. 1 Nr. 2 Hs. 2 EStG gestützte Lösung spricht, daß die Verwendung des Wortes „bezogen“ in § 15 Abs. 1 S. 1 Nr. 2 Hs. 2 EStG gleichsam einer anderen Interpretation zugänglich ist. Vergleicht man den Ausdruck nicht nur mit § 11 EStG, sondern ebenfalls mit der Fassung der Vorschrift des § 2 Abs. 1 S. 1 EStG bis 1974, in der ebenfalls von „beziehen“ die Rede war, welches später durch das heutige „erzielen“ ersetzt wurde, so zeigt sich, daß dem Wort „bezogen“ vom Gesetzgeber keine einheitliche Bedeutung beigemessen wird. Dafür spricht ebenfalls die Vorschrift des § 4a Abs. 2 Nr. 2 EStG, in der gleichfalls vom Bezug von Einkünften gesprochen wird und damit die zeitliche Zurechnung des in einem vom Kalenderjahr abweichenden Wirtschaftsjahr erzielten Gewinnes geregelt wird. Daraus folgt, daß die Verwendung des Wortes „bezogen“ zwar im Sinne des § 11 Abs. 1 EStG als tatsächlicher Vorgang interpretiert werden kann, nicht aber muß. Sie kann ebenso als Ausdruck verstanden werden, der entweder wie

364 Meßmer, StbJb 1972/73, S. 127, 200; Lang, StuW 1978, 215, 221; Kruse, DStJG 2 (1979), S. 37, 55.

in § 2 Abs. 1 EStG bis 1974 die Zuordnung von Einkünften zu einer bestimmten Person - hier dem Gesellschafter - bezeichnet oder, der die zeitliche Zuordnung von Einkünften zu einem bestimmten Besteuerungszeitraum bestimmt, ohne die Bedingungen der Zuordnung selbst zu enthalten[365]. Für letzteres spricht, daß der Gesetzgeber unter dem Eindruck der Bilanzbündeltheorie die Kriterien der zeitlichen Zuordnung als gegeben ansehen konnte und deshalb auf ergänzende Gewinnermittlungsvorschriften, wie beispielsweise in den Vorschriften der §§ 16 und 17 EStG, verzichtete.

Ausgehend von dem Beitragsgedanken Woerners[366] versteht die herrschende Meinung die Vorschrift des § 15 Abs. 1 S. 1 Nr. 2 EStG nicht nur als bloße Qualifikationsnorm, sondern mißt ihr, abweichend von ihrer systematischen Stellung im Gesetz, auch Bedeutung für die Gewinnermittlung bei.[367] Der Beitragsgedanke seinerseits ist das Ergebnis einer Analyse der Entstehungsgeschichte des § 15 Abs. 1 S. 1 Nr. 2 Hs. 2 EStG, für dessen Rechtfertigung Woerner auf die Kommentierung von Strutz verweist.[368] Strutz[369] vermerkte zum Vorläufer des heutigen § 15 Abs. 1 S. 1 Nr. 2 EStG, der Vorschrift des § 7 Nr. 3 EStG 1920: „Ob die Mühewaltung auf einer gesellschaftsrechtlichen Verpflichtung, einem Dienstvertrag, einem Auftrag oder einer Geschäftsführung ohne Auftrag beruht, macht keinen Unterschied." Woerner folgerte daraus[370]: Der Gesetzgeber habe den gesellschaftsrechtlichen Beitrag und die schuldrechtliche Leistung des Gesellschafters einander gleichstellen wollen, weshalb die Leistungen im Sinne des § 15 Abs. 1 S. 1 Nr. 2 Hs. 2 EStG bei wirtschaftlicher Betrachtung Beiträge des Gesellschafters zur Förderung des Gesellschaftszweckes darstellen. Die Gewinnermittlung müsse deshalb für die Sondervergütungen dahingehend „weiterentwickelt" werden, „den Gewinnanteil des Gesellschafters in der Weise zu korrigieren, daß die Sondervergütungen dem Gesellschafter wie ein Gewinnvoraus zugerechnet werden".[371] Mit dem nunmehr auf der zweiten Gewinnermittlungsstufe einsetzenden steuerrechtlichen Verständnisses der Sondervergütungen als Gewinnvoraus, welches steuerlich gebiete sie den Gewinn-

---

365 BFH v. 23.5.1979 - I R 56/77, BFHE 128, 505 = BStBl. II 1979, 763, 766; Crezelius, Steuerrecht II, § 6 II 2c; Zimmermann/Reyer/Hottmann, Die Personengesellschaft im Steuerrecht, S. 248.

366 Woerner, BB 1974, 592, 596; ders., BB 1975, 645; ders. JbFASt 1975/76, S. 142, 156; ders., DStZ/A 1976, 435; ders., JbFASt 1977/78, S. 150, 158.

367 Siehe dazu Teil1, B II 2b bb (2).

368 Zuletzt Woerner JbFASt 1977/78, S. 150, 158.

369 Strutz, Handausgabe des Einkommensteuergesetzes vom 19.3.1920, § 7 Anm. 25.

370 Woerner, JbFAStR 1977/78, S. 150, 157f.; ebenso Döllerer, in Festschrift Flume, S. 43, 49.

371 Woerner, JbFAStR 1977/78, S. 150, 161.

anteilen des § 15 Abs. 1 S. 1 Nr. 2 Hs. 1 EStG „gleichzustellen“,[372] faßt nach Ansicht der herrschenden Meinung und Rechtsprechung des BFH die Vorschrift des § 15 Abs. 1 S. 1 Nr. 2 EStG die Sondervergütungen und den Gewinnanteil des Gesellschafters zu einer „Einheit“ zusammen. Deshalb seien die Sondervergütungen in derselben Gewinnermittlungsart zu berechnen wie das Ergebnis der Gesellschaft[373], entweder einheitlich durch Betriebsvermögensvergleich (§§ 4 Abs. 1, 5 EStG) oder durch Überschußrechnung (§ 4 Abs. 3 EStG). Folglich bestimmten in Übereinstimmung mit der Gewinnermittlung einer gewerblich tätigen Personenhandelsgesellschaft die Regelungen der §§ 4 Abs. 1, 5 EStG die Gewinnermittlung zweiter Stufe.

Als Qualifikationsnorm bestimmt § 15 Abs. 1 S. 1 Nr. 2 Hs. 2 EStG die von der Vorschrift erfaßten Vergütungen zu gewerblichen Einkünften. Unter dem Eindruck der noch zu erörternden Gleichstellungsthese beherrschten die bilanzbündeltheoretischen Vorstellungen die Rechtsprechung des RFH und anschließend die des BFH mit der Folge, daß die den Vergütungen zugrundeliegenden Rechtsbeziehungen die steuerliche Anerkennung und den Vergütungen die steuerliche Abzugsfähigkeit im Rahmen der Gewinnermittlung der Gesellschaft versagt wurde (sog. Lehre vom Abzugsverbot). Ebenso wie es der Bilanzbündeltheorie und der steuerlichen Nichtanerkennung der Rechtsbeziehungen in der Vorschrift des § 15 Abs. 1 S. 1 Nr. 2 EStG an einer steuerlichen Rechtsgrundlage fehlte,[374] kann der Vorschrift eine steuerliche Umqualifizierung der allgemein-schuldrechtlich vereinbarten Leistungsverpflichtungen des Gesellschafters in gesellschaftsrechtliche Beitragsverpflichtungen nicht entnommen werden.[375] Die von Woerner[376] zur Begründung herangezogene Kommentierung von Strutz[377] trägt den Beitragsgedanken nicht. In Anbetracht der wirtschaftlichen Gleichwertigkeit sowohl der rechtlich unterschiedlichen Gesellschafterleistungen als auch der hierfür vereinbarten Vergütungen - höherer Gewinnanteil, Ge-

---

372 Döllerer, in Festschrift Flume, S. 43, 49.

373 BFH v. 23.5.1979 - I R 56/77, BFHE 128, 505 = BStBl. II 1979, 763, 766; v. 11.12.1986 - IV R 222/84, BFHE 149, 149 = BStBl. II 1987, 553, 556; v. 21.6.1989 - X R 14/88, BFHE 157, 382 = BStBl. II 1989, 881, 886; v. 6.7.1989 - IV R 62/86, BStBl. II 1989, 890; v. 11.3.1992 - XI 38/89, BFHE 168/70 = BStBl. II 1992, 797, 798; v. 14.6.1994 - VIII R 37/93, BFHE 176, 10,3 = BStBl. II 1995, 246; v. 2.12.1997 - VIII R 15/96, DB 1998, 753, 754; Döllerer, in Festschrift Flume, 43, 49f.; L.Schmidt, EStG, § 15 Rdnr. 440; Söffing, StbJb 1976/77, 241, 251; Thiel, FR 1974, 333, 334; Uelner, JbFAStR 1978/79, S. 300, 306ff.; Woerner, JbFAStR 1977/78, S. 150, 160ff.

374 Vgl. hierzu oben Teil1, B II 2b.

375 Ebenso Kirchhof/Söhn/Reiß, EStG, § 15 E 8.

376 Woerner, BB 1974, 592, 596; ders., BB 1975, 645; ders. JbFASt 1975/76, S. 142, 156; ders., DStZ/A 1976, 435; ders., JbFASt 1977/78, S. 150, 158.

377 Strutz, Handausgabe des Einkommensteuergesetzes vom 19.3.1920, § 7 Anm. 25.

winnvoraus oder schuldrechtlicher Vergütungsanspruch[378] - wurden die Vergütungen unabhängig von ihrer Rechtsgrundlage einheitlich zu gewerblichen Einkünften bestimmt. Hintergrund dessen ist, daß trotz der einkommensteuerrechtlich prinzipiell gleichwertigen und einheitlich angelegten Behandlung der Einkunftsarten, diese tatsächlich einer unterschiedlichen Behandlung unterzogen werden.[379] Insofern kommt der Zuordnung zu den Einkunftsarten insbesondere im Hinblick auf die gewerbesteuerliche Erfassung der gewerblichen Einkünfte erhebliche Bedeutung zu. Mit der Regelung des § 15 Abs. 1 S. 1 Nr. 2 Hs. 2 EStG soll verhindert werden, daß die Steuerpflichtigen die ihnen zur Verfügung stehende Möglichkeit der Vertragsgestaltung zulasten des steuerpflichtigen Gewinnes der Gesellschaft nutzen, um ihre gewerblichen Einkünfte zu mindern, indem Vergütungsverpflichtungen aus allgemein-schuldrechtlichen Rechtsbeziehungen als Betriebsausgaben in der Gewinnermittlung der Gesellschaft angesetzt und diese Vergütungen auf seiten des Gesellschafters als nichtgewerbliche Einkünfte versteuert werden.[380] Die verschiedenen Vergütungsformen sind deshalb hinsichtlich ihrer steuerlichen Qualifikation als gewerbliche Einkünfte durch den Gesetzgeber gleichgestellt worden. Nur dies belegt die Kommentierung von Strutz[381], nicht aber eine angebliche Gleichstellung von Gewinnanteil und Sondervergütung noch eine steuerliche Umqualifizierung der Sondervergütung in Gewinn(-voraus) oder gar die Umqualifizierung der allgemein-schuldrechtlichen Verpflichtung des Gesellschafters in eine gesellschaftsrechtliche Beitragspflicht.

Aber selbst dann, wenn man mit Woerners Beitragsgedanken jedwede Gesellschafterleistung im Sinne des § 15 Abs. 1 S. 1 Nr. 2 Hs. 2 EStG steuerlich als gesellschaftsrechtlichen Beitrag zur Förderung des Gesellschaftszweckes betrachten will, so ist damit nicht notwendigerweise die von Woerner gezogene Schlußfolgerung verbunden, nämlich daß die für diesen Beitrag als Gegenlei-

378 Vgl. hierzu oben Teil1, A III 1c.

379 Vgl. dazu Crezelius, Steuerrecht II, § 4IV 1; Kirchhof/Söhn/Reiß, EStG, § 15 Rdnr. E 330; Tipke/Lang, Steuerrecht, § 9 4.4.1.b.

380 Crezelius, Steuerrecht II, § 6 II 2b: typisierter Umgehungsfall; Lange/Grützner/Kussmann/Reiß, Personengesellschaften im Steuerrecht, Rdnr. 132; Knobbe-Keuk, Bilanzsteuerrecht, § 9 I 2b; Raupach, JbFAStR 1975/76, S. 222, 233ff.; Söffing, StbJb 1976/77, 241, 279ff.; Tiedtke, Einkommensteuerrecht, S. 103; Woerner, JbFAStR 1977/78, S. 150, 172.

381 Strutz, Handausgabe des Einkommensteuergesetzes vom 19.3.1920, § 7 Anm. 25; ders., Kommentar zum Einkommensteuergesetz vom 10. August 1925, Bd. 2, § 29 Anm. 29 a: „... um Schiebungen und Verschleierungen und den weitläufigen Erörterungen über die Natur der Bezüge, die ein Gesellschafter von der Gesellschaft oder zu deren Lasten erhält, möglichst die Spitze abzubrechen", so daß es keinen Unterschied macht, „ob die Mühewaltung auf einer gesellschaftsrechtlichen Verpflichtung, einem Dienstvertrag, einem Auftrag oder einer Geschäftsführung ohne Auftrag beruht ...".

stung geschuldete Vergütung Gewinnvoraus ist.[382] Auf eben diese aber stützt sich letztlich die Forderung nach gewinnermittlungstechnischer Gleichbehandlung von Gesellschaftsgewinn und Sondervergütung. Wie die Untersuchung der zivilrechtlichen Gestaltungsmöglichkeiten zeigte, kann das Entgelt in einem Gewinnvoraus oder einem erhöhten Gewinnanteil bestehen, muß es aber nicht.[383] Die Vereinbarung kann ebensogut darauf gerichtet sein, die Leistung des Gesellschafters unabhängig von der Erfolgssituation der Gesellschaft zu vergüten. Sie kann deshalb auch dann zu zahlen sein, wenn die Gesellschaft keinen Gewinn erwirtschaftet. Diese Beurteilung ist für die von der Vorschrift des § 15 Abs. 1 S. 1 Nr. 2 Hs. 2 EStG erfaßten Vergütungen sogar zwingend.[384]

Bei konsequenter Weiterverfolgung des Beitragsgedankens wäre aus der Umqualifizierung der Sondervergütungen in Gewinnvoraus sogar der Schluß zu ziehen, daß die Sondervergütungen steuerrechtlich als integrierter Bestandteil des Gesellschaftsgewinnes anzusehen wären. Denn der Gewinnvoraus ist - wie der Gewinnanteil selbst - Bestandteil des Gesellschaftsgewinnes. Spätestens aber seit Aufgabe der Bilanzbündeltheorie entspricht es der herrschenden Meinung[385], als auch der Rechtsprechung des BFH[386], daß die Sondervergütungen des Gesellschafters nicht Bestandteil des Gewinnanteiles sind. Eine Beurteilung der Sondervergütungen als Gewinnvoraus ist folglich nicht möglich. Der Wortlaut der Vorschrift des § 15 Abs. 1 S. 1 Nr. 2 EStG läßt eine Interpretation nur in die eine oder andere Richtung zu, entweder hin zur Einheit oder zur Trennung von Gewinnanteil und Sondervergütung. Ist demgemäß die Behandlung der Sondervergütungen als Gewinnvoraus ausgeschlossen, kann aus dem Beitragsgedanken in Fragen der Gewinnermittlungsmethode nicht von der Ermittlung des Gewinnes der Gesellschaft auf die für die Sondervergütungen anzuwendende Methode geschlossen werden.

Schließlich erscheint es äußerst bedenklich, wenn Woerner die Umqualifizierung der Sondervergütungen und die Forderung nach Anwendung der §§ 4 Abs. 1, 5 EStG mit der angeblichen Notwendigkeit der „Weiterentwicklung" der Gewinnermittlung für die Sondervergütungen erklärt.[387] Dies entspricht zwar

382 Woerner, BB 1974, 592, 596; ders., BB 1975, 645; ders. JbFASt 1975/76, S. 142, 156; ders., DStZ/A 1976, 435; ders., JbFASt 1977/78, S. 150, 158.

383 Vgl. hierzu oben Teil 1, A III 1c.

384 Ebenso Kirchhof/Söhn/Reiß, EStG, § 15 Rdnr. E 337; L.Schmidt, EStG, § 15 Rdnr. 560; Knobbe-Keuk, StuW 1974, 1, 8f.; dies., Bilanzsteuerrecht, § 9 I 2b.

385 Döllerer, DStZ 1980, 259, 260; ders., in Festschrift Flume, S. 43, 48; Kirchhof/Söhn/Reiß, EStG, § 15 Rdnr. E 6; Knobbe-Keuk, StuW 1974, 1, 8f.; dies., Bilanzsteuerrecht, § 9 I 2a; Meßmer, StbJb 1972/73, S. 127, 199.

386 BFH v. 14.11.1985 - IV R 63/83, BStBl. II 1986, 58, 59; v. 25.2.1991 - GrS 7/89, BFHE 163, 1 = BStBl. II 1991, 691, 698 m.w.N.

387 Woerner, JbFAStR 1977/78, 150, 161.

den Überzeugungen Beckers[388], nach denen „die zugrundeliegenden wirtschaftlichen und einkommensteuerrechtlichen Belange sich auch bei unzureichender oder fehlender gesetzlicher Regelung durchsetzen müssen", ist aber mit einer an die Tatbestandsbeschreibung des Gesetzes gebundenen Besteuerung nicht zu vereinbaren.[389]

Ist nach hier vertretener Auffassung der Beitragsgedanke als Grundlage zur Bestimmung der Gewinnermittlungsmethode abzulehnen, so ergibt sich nach dem bisherigen, daß diese nicht anwendbar zu sein scheinen, weil der Personengesellschafter in seiner Person einen Gewerbebetrieb nicht führt, obgleich die Systematik des Gesetzes eine Gewinnermittlung nach den Regelungen der §§ 4 ff. EStG vorsieht (§ 2 Abs. 2 Nr. 1 EStG). Dieses zunächst verblüffende Ergebnis ist Ausdruck einer Regelungslücke[390], die sich allerdings aus der Entstehungsgeschichte der Mitunternehmerbesteuerung erklären läßt. Der historische Gesetzgeber stand vermutlich so sehr unter dem Einfluß der Überzeugungen Beckers, daß er auf der Grundlage der Bilanzbündeltheorie und im Vertrauen auf den Fortbestand der hierzu ergangenen Rechtsprechung eine gesetzliche Regelung für nicht notwendig erachtete. Mit dem geläuterten steuerlichen Verständnis der Personengesellschaften ergibt sich hieraus die heutige Problematik. Von einer bereits damalig erkannten und im Hinblick auf die gewerbesteuerlichen Auswirkungen mißtrauenden Diskrepanz zwischen gesetzgeberischer Intention und gesetzlicher Regelung zeugt zudem der Versuch, diese durch § 14 Abs. 1 S. 2 der GewStDV vom 26.1.1937[391] zu schließen: „Bei Personengesellschaften gehören zum Gewinnanteil auch die Vergütungen, die der Gesellschafter von der Personengesellschaft für seine Tätigkeit im Dienste der Gesellschaft, für die Hingabe von Darlehen oder für die Überlassung von Wirtschaftsgütern bezogen hat." Aufgrund der gegen Ende der dreißiger Jahre als gefestigt ansehbaren Rechtsprechung zur Bilanzbündeltheorie, ist diese Regelung in die GewStDV 1940[392] nicht übernommen worden.[393]

Ist davon auszugehen, daß der Gesellschafter einer gewerblich tätigen Gesellschaft nicht selbst Gewerbetreibender ist, ihm aber gleichwohl gewerbliche Einkünfte aus seiner Beteiligung an seiner gewerblich tätigen Personengesellschaft zugerechnet werden, wie auch seine Vergütungen im Sinne des § 15 Abs. 1 S. 1 Nr. 2 Hs. 2 EStG zu solchen umqualifiziert werden, so läßt sich die für die Anwendung der §§ 4 ff. EStG zu erfüllende Voraussetzung eines „Betriebes" nur

388 Becker, StuW I 1932, Sp. 112.

389 Vgl. hierzu eingehend Meßmer, StbJb 1972/73, 127, 131f.

390 Knobbe-Keuk, StuW 1974, 1, 33; Kruse, DStJG 2 (1979), S. 37, 51f., 58.

391 RGBl. I 1937, 257 sowie die GewStDV vom 20.2.1938, RGBl. I 1938, 209.

392 RGBl. I 1940, 284.

393 So Meuschel, DStZ 1940, 121, 123.

mit der Annahme als gegeben ansehen, daß aufgrund der steuersystematischen Zusammenhänge (vgl. § 2 Abs. 2 Nr. 1 EStG) der Gesellschafter in seiner Tätigkeit im Dienst der Gesellschaft oder in der Hingabe von Darlehen oder für die Überlassung von Wirtschaftsgütern einen fiktiven steuerrechtlichen Betrieb führt, der eben diese Voraussetzung erfüllt. Hiervon ausgehend läßt sich eine Gewinnermittlung für den Sonderbetriebsbereich entsprechend der bei der Gesellschaft anzuwendenden Methode, im Regelfall nach §§ 4 Abs. 1, 5 EStG, damit rechtfertigen, daß dieser fiktive gewerbliche Betrieb des Gesellschafters mit dem Betrieb der Personengesellschaft so eng verknüpft ist, daß der Sonderbetrieb des Gesellschafters quasi als Annexbetrieb der Gesellschaft betrachtet werden muß. Vor diesem Hintergrund ließe sich die Gewinnermittlung zweiter Stufe als Ergänzungsrechnung zur Gewinnermittlung der Gesellschaft verstehen.[394] Folgt man dem, so sind auch hiernach die Sondervergütungen im Sinne des § 15 Abs. 1 S. 1 Nr. 2 Hs. 2 EStG in Abhängigkeit von der Gewinnermittlungsmethode der Gesellschaft zu ermitteln. Eine Einschränkung der maßgebenden handelsrechtlichen Grundsätze ordnungsmäßiger Buchführung läßt sich hieraus allerdings nicht ableiten. Im Gegenteil, ihre Anwendung ist hiernach geboten.

2. Korrektur der additiven Gewinnermittlung

a) Steuerliche Aktivierungspflicht der Pensionsanwartschaft in der Sonderbilanz des begünstigten oder aller Gesellschafter - Besteuerungswirkungen

Der Grundsatz der „korrespondierenden Bilanzierung" liefert nach Ansicht der herrschenden Meinung[395] und der neueren Rechtsprechung des BFH[396] die Begründung dafür, den aufschiebend bedingten Pensionsanspruch des Gesellschafters zeit- und betragsgleich dem Rückstellungsansatz in der Steuerbilanz der Gesellschaft in der oder den Sonderbilanzen der Gesellschafter zu aktivieren und damit die Gewinnminderung infolge der Rückstellungszuführungen in bezug auf das Gesamtergebnis der Mitunternehmerschaft zu neutralisieren. Dieser speziell steuerliche Bilanzierungsgrundsatz gründet auf der Vorstellung, daß Forderungen und Verbindlichkeiten aus Rechtsbeziehungen im Sinne des § 15 Abs. 1 S. 1 Nr. 2 Hs. 2 EStG in der Gesamtbilanz der Mitunternehmerschaft

394 So bereits Raupach der die Ergänzungsrechnung im Sinne einer Korrekturrechung verstanden wissen will, JbFASt 1975/76, S. 222, 286; ders., FR 1976, 233, 237.

395 Bordewin, FR 1984, 277, 278; ders., DB 1987, 15; ders., FR 1990, 526; Ebenroth/Willburger, BB 1992, 1043, 1045; Gosch, BetrAV 1994, 268, 269; ders., DStZ 1994, 193, 194; Groh, JbFAStR 1983/84, S. 255, 264; ders., StuW 1995, 383, 388; L.Schmidt, EStG, § 15 Rdnr. 406; Tipke/Lang, Steuerrecht, § 9 Rdnr. 531.

396 BFH v. 16.12.1992 - I R 105/91, BFHE 170, 169 = BStBl. II 1993, 792, 794; v. 2.12.1997 - VIII R 15/96, DB 1998, 753, 754.

steuerliches Eigenkapital darstellen. Insofern wird § 15 Abs. 1 S. 1 Nr. 2 EStG als steuerrechtlich Vorbehaltsregelung verstanden, die der von § 5 Abs. 1 S. 1 EStG angeordneten Beachtung der handelsrechtlichen Bilanzierungsgrundsätze vorgeht. Daneben wird die eigentliche Rechtsgrundlage der für notwendig erachteten Korrektur der additiven Gewinnermittlung unmittelbar in dem mit der Vorschrift des § 15 Abs. 1 S. 1 Nr. 2 Hs. 2 EStG verfolgten Zweck gesehen, „die Mitunternehmer einer Personengesellschaft dem Einzelunternehmer anzunähern, weil dieser keine Verträge mit sich schließen kann"[397]. Deshalb sei das Ergebnis der Besteuerung unabhängig davon zu machen, ob die Leistungen des Gesellschafters durch einen Vorabgewinn oder durch eine besondere Vergütung abgegolten werden[398].

Unabhängig von der noch zu untersuchenden Richtigkeit dieser These, kann die zu stellende Frage nach hier vertretener Ansicht nur lauten, ob der pensionsberechtigte Gesellschafter wegen eines steuerlichen Grundsatzes der korrespondierenden Bilanzierung zur Aktivierung der Pensionsanwartschaft in seiner Sonderbilanz verpflichtet ist. Dagegen war nach der unter dem Einfluß der Bilanzbündeltheorie ergangenen Rechtsprechung des BFH davon auszugehen, daß der Gewinn aus der steuerlich nicht anerkannten Pensionsrückstellung im Zweifel allen Gesellschaftern nach Maßgabe des allgemeinen Gewinnverteilungsschlüssels zuzurechnen ist, es sei denn, die Gesellschafter haben im Gesellschaftsvertrag ausdrücklich vereinbart, den Gewinn allein dem pensionsberechtigten Gesellschafter zuzurechnen.[399] Dem entspräche es, im Rahmen der zweistufigen Gewinnermittlung einen der Pensionsrückstellung gleich hohen Betrag anteilig in den Sonderbilanzen aller Gesellschafter zu aktivieren. Der BFH hat die Frage in seiner neueren Rechtsprechung ausdrücklich offengelassen.[400]

In der Literatur wird die Problematik überwiegend ergebnisorientiert diskutiert, denn aufgrund der steuerlichen Wirkungen einer Aktivierung allein beim begünstigten Gesellschafter erscheint die Vorteilhaftigkeit einer Direktzusage für den aus ihr begünstigten Gesellschafter-Angestellten fraglich.[401] Der Gesellschafter hat während seiner aktiven Tätigkeit im Dienst der Gesellschaft bis

---

397 BFH v. 25.2.1991 - GrS 7/89, BFHE 163, 1 = BStBl. II 1991, 691, 698; Tipke/Lang, Steuerrecht, § 9 Rdnr. 531.

398 BFH v. 24.1.1980 - IV R 156-157/78, BFHE 129, 490, 495 = BStBl. II 1980, 271; v. 25.1.1980 - IV R 159/78, BFHE 129, 502, 504f. = BStBl. II 1980, 275; v. BFH v. 27.5.1981 - I R 112/79, BFHE 133, 526, 530ff. = BStBl. II 1982, 192; v. 11.12.1986 - IV R 222/84, BFHE 149, 149 = BStBl. II 1987, 553.

399 BFH v. 21.12.1972 - IV R 53/72, BFHE 107, 564, 574 = BStBl. II 1973, 298.

400 BFH v. 16.12.1992 - I R 105/91, BFHE 170, 169 = BStBl. II 1993, 792, 794; v. 2.12.1997 - VIII R 15/96, DB 1998, 753, 754.

401 Treffend Flume, in Festschrift Döllerer, S. 133, 141: „Ein recht beratener Gesellschafter dürfte das Danaergeschenk einer solchen Pensionszusage (...) wohl zurückweisen".

zum Eintritt des Versorgungsfalles die Beträge der Rückstellungszuführungen als Sondervergütungen gemäß § 15 Abs. 1 S. 1 Nr. 2 Hs. 2 EStG zu versteuern, obgleich ihm die Pensionsleistungen tatsächlich erst ab dem Eintritt des Versorgungsfalles sukzessive zufließen werden und es zudem aufgrund der Erlebensbedingung ungewiß ist, ob er überhaupt in den Genuß der Pensionsleistungen kommt.[402] So weist Flume[403] darauf hin, daß insofern der Gesellschafter mit der von ihm versteuerten, aber ihm noch nicht zugeflossenen Vergütung der Gesellschaft quasi einen zinslosen Kredit zur Verfügung stellt. Dabei ist der ihm daraus erwachsende Nachteil und dementsprechende Vorteil der übrigen Gesellschafter umso größer, je geringer seine Beteiligung am Gewinn der Gesellschaft ist.

Daneben wird die Versteuerung vor dem tatsächlichen Zufluß der Pensionsleistungen mit negativen Progressionseffekten verbunden sein, da regelmäßig zu erwarten ist, daß das zu versteuernde Einkommen des Gesellschafters in den Jahren nach dem Eintritt des Versorgungsfalles weniger betragen wird als dasjenige in den Jahren seiner aktiven Tätigkeit.[404] Neben diesen Zins- und Progressionseffekten ist ferner zu berücksichtigen, daß immer dann, wenn die Pensionszusage allein die Altersversorgung des Gesellschafters und nicht auch die etwaiger Hinterbliebenen beinhaltet, die Pensionsanwartschaft mit dem Tod des Begünstigten vor Eintritt des Versorgungsfalles oder vor der vollständigen sukzessiven Auflösung der Pensionsrückstellung erlischt, so daß die bereits versteuerten und nicht bezogenen Sondervergütungen verloren gehen. Dessen Rechtsnachfolger allerdings realisieren nunmehr einen Verlust in Höhe der in der Sonderbilanz wegfallenden Anwartschaft. Zur Vermeidung dieser für den begünstigten Gesellschafter negativen steuerlichen Wirkungen wurde von Scholz vorgeschlagen, einen der Pensionsrückstellung gleich hohen Betrag anteilig in den Sonderbilanzen aller Gesellschafter zu aktivieren.[405] Begründet wird diese Ansicht, mit dem vom BFH im Urteil vom 21.12.1972[406] verwendeten Argument, daß die Zuführungen zu der Pensionsrückstellung noch im Bereich der Gesellschaft verblieben sind und dem Berechtigten deshalb noch keinen endgültigen Vorteil erbracht haben.[407] Dies bedeutete unter der Prämisse des Verständnisses der Pensionsanwartschaft als Sonderbetriebseinnahme im Umkehrschluß, daß nunmehr nicht allein der Pensionsberechtigte, sondern anteilig alle Gesellschafter einen geldwerten Vorteil aus der Pensionszusage bezogen haben. Dem ist selbstverständlich nicht so. Denn den übrigen Gesell-

402 Döllerer, DStZ 1980, 259, 262.

403 Flume, in Festschrift Döllerer, S. 133, 141.

404 Gosch, DStZ 1994, 193, 196; ders., BetrAV 1994, 268, 269.

405 Scholz, DStZ 1985, 211, 216.

406 BFH v. 21.12.1972 - IV R 53/72, BFHE 107, 564, 575= BStBl. II 1973, 298.

407 Scholz, DStZ 1985, 211, 216.

schaftern werden aus der Pensionszusage des Berechtigten keine Pensionsleistungen zufließen. Sie hätten in Höhe des ihnen zuzurechnenden anteiligen Betrages einen Gewinn aus ihrem Sonderbetrieb zu versteuern, den sie tatsächlich niemals erzielen werden.[408] Nach Gosch[409] sind die übrigen Gesellschafter im Verhältnis zum Pensionsberechtigten deshalb grundsätzlich so zu stellen, als wäre die Pensionszusage anstatt einem Mitgesellschafter einem beliebigen Arbeitnehmer gegeben worden.

Nach hier vertretener Auffassung kommt eine Aktivierung der Pensionsanwartschaft allein in der Sonderbilanz des begünstigen Gesellschafters in Betracht.[410] Ist die Pensionsanwartschaft als zu aktivierende Sondervergütung im Sinne des § 15 Abs. 1 S. 1 Nr. 2 Hs. 2 EStG zu verstehen, so scheiden die Überlegungen hinsichtlich einer anteiligen Zurechnung an alle Gesellschafter schlicht wegen der Tatsache aus, daß der Tatbestand des § 15 Abs. 1 S. 1 Nr. 2 Hs. 2 EStG - Tätigkeit im Dienst der Gesellschaft -, für den die zukünftigen Pensionen als Gegenleistung von der Gesellschaft gezahlt werden, gerade nicht gemeinschaftlich von allen Gesellschaftern, sondern allein von demjenigen erfüllt wird, dem die Pensionsleistungen aufgrund seines Dienstverhältnisses mit der Gesellschaft zugesagt worden sind.[411] Konnte nach der bisherigen Rechtsprechung des BFH die Zuweisung des Gewinnes aus der Rückstellungsauflösung an alle Gesellschafter auf die Vorschrift des § 15 Abs. 1 S. 1 Nr. 2 Hs. 1 EStG gestützt werden, so fehlt es im Rahmen der zweistufigen Gewinnermittlung der steuerlichen Erfassung der Pensionsanwartschaft als Sondervergütung bei allen Gesellschaftern nunmehr an einer gesetzlichen Grundlage. Hiervon abweichend sprechen sich Ludwig Schmidt[412] und Gosch[413] zwar grundsätzlich für die Aktivierung der Pensionsanwartschaft allein in der Sonderbilanz des begünstigten Gesellschafters aus, sofern „wahrscheinlich ist, daß ihm oder seinem Rechtsnachfolger (die Vergütungen) zufließen werden"; anderenfalls jedoch seien sie allen Mitunternehmern in sinniger Anwendung der handelsrechtlichen Gewinnverteilungsabrede zuzurechnen. Diese differenzierende Ansicht ist abzulehnen. Ein Wahrscheinlichkeitsurteil über den tatsächlichen Zufluß der Pensionsleistungen kann zwar maßgebend für die Beurteilung sein, zu welchem Zeitpunkt ein Vermö-

408 Gosch, DStZ 1994, 194, 196; ders., BetrAV 1994, 268, 269f.; Kottke, BB 1990, 592.

409 Gosch, DStZ 1994, 194, 196, der sich allerdings einschränkend gegen eine Erfassung allein beim berechtigten Gesellschafter und für eine solche bei allen Gesellschaftern ausspricht, wenn die Pensionsanwartschaft noch nicht unverfallbar ist; folgend Hottmann, StBp 1992, 254, 258.

410 Ebenso Bordewin, FR 1984, 277, 278; ders., DB 1987, 15; Ebenroth/Willburger, BB 1992, 1043, 1045; Gassner, JbFAStR 1988/89, 315, 324; Groh, JbFAStR 1983/84, S. 255, 264; Sender, StW 1990, 90f.; ders., BB 1991, 242, 243.

411 Döllerer, DStZ 1980, 259, 262; Kirchhof/Söhn/Reiß, EStG, § 15 E 57.

412 L.Schmidt, EStG, § 15 Rdnr. 578, 587.

413 Gosch, DStZ 1994, 193, 196f.

genswert als vom betreffenden Steuerpflichtigen realisiert anzusehen ist, nicht jedoch für die Feststellung, wer den Tatbestand des Gesetzes erfüllt.[414] Keinesfalls läßt sich in Umkehrung mit der Unwahrscheinlichkeit des Zuflusses der Tatbestand des § 15 Abs. 1 S. 1 Nr. 2 Hs. 2 EStG für die übrigen Gesellschafter als erfüllt ansehen.

b) Verwandlung der Pensionsverpflichtung in Eigenkapital?

aa) Rechtsfolgen: Nicht Aktivierungsgebot, sondern Passivierungsverbot

Die Zuordnung von Forderungen und Verbindlichkeiten zu Rechtsbeziehungen im Sinne des § 15 Abs. 1 S. 1 Nr. 2 Hs. 2 EStG hat nach herrschender Auffassung zur Folge, daß die Hingabe der Darlehensvaluta durch den Gesellschafter an die Gesellschaft aufgrund eines zwischen den Parteien vereinbarten Darlehens zwar in der Steuerbilanz der Gesellschaft zum Ausweis einer Darlehensverbindlichkeit gegenüber dem Gesellschafter und in der Sonderbilanz des Gesellschafters zum Ansatz einer Forderung führt, allerdings soll die Auszahlung der Darlehensvaluta an die Gesellschaft in der Gesamtbilanz der Mitunternehmerschaft eine Einlage und deren Rückzahlung an den Gesellschafter eine Entnahme darstellen.[415] Die von der Gesellschaft an den Gesellschafter zu zahlenden Darlehenszinsen, die als Betriebsausgaben den Steuerbilanzgewinn der Gesellschaft mindern, verwandeln sich in der Gesamtbilanz der Mitunternehmerschaft in Gewinn.[416] Aus der Eigenschaft als steuerliches Eigenkapital ergibt sich schließlich die für die Gewinnermittlung bedeutsame Nichtanwendbarkeit des Vorsichtsprinzips, insbesondere des Imparitäts- und Realisationsprinzips, mit der Folge, daß der Gesellschafter keine Wertminderung seiner Darlehensforderung gegen die Gesellschaft mit steuerlicher Wirkung geltend machen kann.[417]

---

414 Ebenso Flume, in Festschrift Döllerer, S. 133, 140.

415 BFH v. 8.12.1982 - I R 9/79, BFHE 138, 184 = BStBl. II 1983, 570, 571; Bordewin, StbJb 1992/93, S. 171, 185; Döllerer, DStZ 1992, 646, 647; Lange/Grützner/Kussmann/Reiß, Personengesellschaften im Steuerrecht, Rdnr. 556; L.Schmidt, EStG, § 15 Rdnr. 540; Söffing, Besteuerung der Mitunternehmer, VII 3 a; Sudhoff/Walpert, Personengesellschaften, 5. Teil A Rdnr. 51.

416 Bordewin, StbJb 1992/93, S. 171, 185; Döllerer, DStZ 1992, 646; Lange/Grützner/Kussmann/Reiß, Personengesellschaften im Steuerrecht, Rdnr. 556; L.Schmidt, EStG, § 15 Rdnr. 540; Söffing, Besteuerung der Mitunternehmer, VII 3 a.

417 BFH v. 22.1.1981 - IV R 160/76, BFHE 132, 538 = BStBl. II 1981, 427; v. 12.7.1990 - IV R 37/89, BFHE 162, 30, 33 = BStBl. II 1991, 64; v. 19.5.1993 - I R 60/92, BFHE 171, 293 = BStBl. II 1993, 714, 715; eingehend Sieker, Eigenkapital und Fremdkapital, S. 81ff.

Geht man entgegen der bereits geäußerten Bedenken[418] zunächst von der Qualifizierung der Forderungen und Verbindlichkeiten als steuerliches Eigenkapital aus, so ist festzustellen, daß diese Beurteilung, die sich aus der gedanklichen Erstellung der Gesamtbilanz der Mitunternehmerschaft ableitet, quasi in einem Rückschritt Wirkung auf die Erstellung der Sonderbilanz haben soll.[419] Die aus der Gesamtbilanz gewonnene Suspendierung der Bilanzierungs- und Bewertungsprinzipien führt zu einem steuerlichen Abschreibungsverbot der Forderung in der Sonderbilanz, obgleich die Forderung auf dieser Ebene kein Eigenkapital darstellt. Das steuerliche Eigenkapital „entsteht durch den Wegfall der Forderung in der Sonderbilanz des Gläubiger-Gesellschafters und der Schuld in der Steuerbilanz der Gesellschaft unter Erhöhung des Gesamtkapitalkontos des Gesellschafters".[420]

Das aus der Eigenkapitalvorstellung gewonnene Abschreibungsverbot ist insofern folgerichtig, als die Bilanzierungs- und Bewertungsgrundsätze auf die Bilanzposition Eigenkapital keine Anwendung finden. Denn das bilanzielle Eigenkapital ist weder Vermögensgegenstand noch Schuldposten, sondern lediglich absolute Wertedifferenz zwischen den allein bewertungsfähigen, aktiven und passiven Wirtschaftsgütern.[421] Als reine Rechengröße kann das Eigenkapital nicht Gegenstand einer selbständigen Bewertung sein. Im Ergebnis läuft diese Betrachtung für derartige Gesellschafterforderungen deshalb darauf hinaus, daß die Wertminderung der Forderung, ebenso wie der Verlust des anteiligen, positiven Eigenkapitals, erst im Zeitpunkt der Beendigung der Gesellschafterstellung gewinnmindernd berücksichtigt werden kann.[422]

Vergegenwärtigt man sich, daß der BFH den Grundsatz der korrespondierenden Bilanzierung aus der Verwandlung der Wirtschaftsgüter Gesellschafterforderung und Gesellschaftsverbindlichkeit in Eigenkapital ableitet und dadurch mit Wirkung für die Steuerbilanz der Gesellschaft und die Sonderbilanz des Gesellschafters deren Eigenschaft als Wirtschaftsgut aufhebt, so läßt sich über die damit verbundene Ausschaltung des Imparitätsprinzips das Abschreibungsver-

---

418 Vgl. hierzu oben Teil 1, B II 2b bb (4).

419 Vgl. dazu Knobbe-Keuk, StbKongrRep. 1980, S. 165, 173: „Man sollte vielmehr von der Gesellschaftsbilanz ausgehen, die Sonderbilanzen sogleich aber unter Berücksichtigung des hinter der Konsolidierungsthese stehenden sachlichen Ziels aufstellen".

420 BFH v. 8.12.1982 - I R 9/79, BFHE 138, 184 = BStBl. II 1983, 570, 571.

421 Huber, Vermögensanteil, S. 228; K.Schmidt, Gesellschaftsrecht, § 47 III 2; Sieker, Eigenkapital und Fremdkapital, S. 3f.

422 BFH v. 21.4.1994 - IV R 70/92, BFHE 174, 413 = BStBl. II 1994, 745; v. 14.6.1994 - VIII R 37/93, BFHE 176, 10 = BStBl. II 1995, 246.

bot, nicht aber ein Aktivierungsgebot begründen.[423] Gerade das Gegenteil ist unter der Prämisse der Gültigkeit der Eigenkapitalvorstellung nach obigem anzunehmen. Für die Pensionsanwartschaft des Gesellschafters ergibt sich ein Aktivierungsverbot in dessen Sonderbilanz und für die Pensionsverpflichtung ein Auflösungsgebot in der Steuerbilanz der Gesellschaft.[424] Denn Eigenkapital ist als rein rechnerische Größe kein Wirtschaftsgut und kann infolgedessen nicht als solches bilanziell angesetzt werden. Als „Nicht-Wirtschaftsgut" aber verlieren Pensionsanwartschaft und -verpflichtung ihre Aktivierungs- bzw. Passivierungsfähigkeit. Die ebenfalls aus der Eigenkapitalvorstellung herleitbare Suspendierung des Realisationsprinzips führt zu keinem anderen Ergebnis. Sie bewirkt allenfalls den vorzeitigen, aktivischen Ansatz eines Wirtschaftsgutes, nicht aber den der rechnerischen Größe Eigenkapital. Müssen entsprechend den Darlehenszinsen wegen der Eigenkapitalvorstellung ebenfalls die Zuführungen zur Pensionsrückstellung steuerlich als Gewinn gewertet werden, so kann aus dieser steuerlichen Qualifikation nur das gleiche Ergebnis gefolgert werden wie es vom BFH mit der zur Gesamthandsvorstellung umgeformten Bilanzbündeltheorie in den Urteilen vom 16.2.1967[425] und 21.12.1972[426] vertreten wurde.[427] Die Zuführungen zur Pensionsrückstellung dürften den Steuerbilanzgewinn der Gesellschaft nicht mindern und fielen demgemäß gewinnerhöhend fort.[428] Die Pensionsrückstellung entspräche auch nach Aufgabe der Bilanzbündeltheorie steuerlich einer zu versteuernden „zweckgebundenen offenen Rücklage".[429] Die abschließend zu stellende Frage lautet dann auch hiernach, wem dieser Gewinn zuzurechnen ist. Dies wäre mit der Wertung der Rückstellungszuführungen als Gewinn allerdings insofern nicht zweifelhaft, als die den Zuführungen zugrundeliegende Pensionszusage steuerlich nunmehr auf dem Wege der „Lehre von

423 So zutreffend Raupach, DStZ 1992, 692, 698, der jedoch im weiteren über die Gleichstellungsthese von Einzel- und Mitunternehmer die Hinzurechnung des Rückstellungsbetrages zum Gesamtgewinn der Gesellschaft begründet.

424 Ebenso ohne Begründung Flume, in Festschrift Döllerer, S. 133, 140; vgl. auch Felix, KÖSDI 1995, 10123, 10126. Nach dessen Ansicht ergibt sich dieses Ergebnis aus dem Wortlaut des § 15 Abs. 1 S. 1 Nr. 2 EStG. Denn die Vorschrift sei dahingehend auszulegen, daß „die Zusage als Anspruch und Verpflichtung ignoriert werden muß (Ansatz- und Abzugsverbot), da der Normtext tatbestandlich das Beziehen (i.S. von Abfluß) einer Vergütung verlangt". Insofern versteht Felix den tatsächlichen noch nicht erfolgten Zahlungsfluß als Passivierungs- und Aktivierungsverbot. Der Begründung ist entgegenzuhalten, daß ein derartiger Bilanzierungsgrundsatz aus dem Wortlaut der Vorschrift nicht ableitbar ist.

425 BFH v. 16.2.1967 - IV 364/62, BFHE 87/531 = BStBl. III 1967, 222.

426 BFH v. 21.12.1972 - IV R 53/72, BFHE 107, 564 = BStBl. II 1973, 298.

427 Siehe hierzu oben Teil 1, B II 2a aa.

428 So Döllerer, JbFAStR 1975/76, S. 142, 158, durch Anwendung seiner Konsolidierungsmethode.

429 BFH v. 21.12.1972 - IV R 53/72, BFHE 107, 564, 574 = BStBl. II 1973, 298; ebenso Wuttke, FR 1991, 309, 311.

der Gesamtbilanz" als Gewinnverteilungsabrede zugunsten des pensionsberechtigten Gesellschafters verstanden werden müßte, wenn nicht gesellschaftsvertraglich eine andere Vereinbarung getroffen worden ist.[430] Damit wäre man letztlich wieder an der zentralen Aussage der Bilanzbündeltheorie angelangt, nämlich der steuerlichen Nichtanerkennung der Rechtsbeziehungen zwischen Gesellschaft und Gesellschafter.[431]

Tischer[432], Wuttke[433] und Hottmann[434], die übereinstimmend mit der Rechtsprechung des BFH auf der Grundlage des Gedankengebildes einer Gesamtbilanz die Pensionsverpflichtung der Gesellschaft in steuerrechtliches Eigenkapital umqualifizieren, lösen die technische Seite der vorzunehmenden „Eliminierung der Rückstellung in der Steuerbilanz der Personengesellschaft und ihren zutreffenden Ausweis als Eigenkapital des Gesellschafters"[435] durch den entsprechenden Ausweis von zu „aktivierenden Minderwerten" in den Ergänzungsbilanzen der Gesellschafter. Unterschiede in den Ansichten bestehen jedoch in der Frage, wem das steuerliche Eigenkapital zuzurechnen ist. Während sich Tischer und Wuttke für den Ansatz von anteiligen zu aktivierenden Minderbeträgen in den Ergänzungsbilanzen aller Gesellschafter aussprechen, will Hottmann das steuerliche Eigenkapital ausschließlich dem aus der Pensionszusage begünstigten Gesellschafter zuweisen, es sei denn, der Minderbetrag sei aufgrund einer gesellschaftsvertraglichen Regelung allen Gesellschaftern nach Maßgabe des Gewinnverteilungsschlüssels zuzurechnen.

Neben Obigem spricht gegen die Aktivierung eines derartigen Minderwertes indessen der Umstand, daß in den Ergänzungsbilanzen ausschließlich Wertkorrekturen von Wirtschaftsgütern des Gesamthandsvermögens im Verhältnis zur Steuerbilanz der Gesellschaft zu erfassen sind.[436] Eine solche den begünstigten Gesellschafter oder alle Gesellschafter treffende „Minderverpflichtung" aus der Pensionszusage ist aber nicht gegeben. Sie ist im weiteren auch nicht mit der Qualifikation als Eigenkapital zu vereinbaren.

---

430 A.A. BFH v. 21.12.1972 - IV R 53/72, BFHE 107, 564, 575 = BStBl. II 1973, 298.

431 Siehe hierzu oben Teil 1, B II 2a aa.

432 Tischer, FR 1991, 157, 161.

433 Wuttke, FR 1991, 309, 311.

434 Hottmann, StBp 1992, 254, 259.

435 Hottmann, StBp 1992, 254, 259.

436 Vgl. dazu Regniet, Ergänzungsbilanzen, S. 18f.; Uelner, DStJG 14 (1991), S. 139, 151.

bb) Rechtsgrundlage

Die Vorstellung der Verwandlung von Forderungen und Verbindlichkeiten aus Rechtsbeziehungen im Anwendungsbereich des § 15 Abs. 1 S. 1 Nr. 2 Hs. 2 EStG in Eigenkapital ist indessen abzulehnen und aufzugeben. Sie resultiert aus der Ansicht, daß der Besteuerung der Gesellschafter ein aus den beiden Rechnungslegungskreisen - Steuerbilanz der Gesellschaft und Sonderbilanzen der Gesellschafter - zusammengesetzter „Gesamtgewinn der Mitunternehmerschaft" zugrunde zu legen ist, der in einer „Gesamtbilanz der Mitunternehmerschaft" zu ermitteln ist.[437] Sie ist mithin Folge einer dem Wortlaut des Gesetzes nicht zu entnehmenden Gewinnermittlungstechnik,[438] die zu ihrer Begründung der Verwandlung in Eigenkapital nur im Sinne der Konsolidierungsmethode zu verstehen sein kann. Denn wie Döllerer treffend feststellte, kann die Verwandlung in Eigenkapital nicht das Ergebnis einer Addition, sondern nur das einer Konsolidierung sein.[439] Die Konsolidierungstechnik vermag zwar die steuerliche Eigenkapitalqualität der Forderungen und Verbindlichkeiten und (begrenzt) die daraus allgemein gewonnenen Konsequenzen erklären, dies darf allerdings nicht darüber hinwegtäuschen, daß die hinter der These der konsolidierten Gesamtbilanz sich verbergenden materiellrechtlichen Entscheidungen einer Rechtsgrundlage bedürfen.[440] Als solche kommt allein die Vorschrift des § 15 Abs. 1 S. 1 Nr. 2 Hs. 2 EStG in Betracht.

Ausgehend vom Beitragsgedanken Woerners und der auf die Vorschrift des § 15 Abs. 1 S. 1 Nr. 2 EStG gestützten Annahme, daß die den Sondervergütungen zugrundeliegenden Wirtschaftsgüter als gewerbliches Sonderbetriebsvermögen zu qualifizieren sind, leitet Döllerer seine Gesamtbilanzvorstellung aus dem angeblichen steuerrechtlich Gebot „der Vereinigung des Betriebsvermögens der Gesellschaft mit dem Sonderbetriebsvermögen der Gesellschafter zu einem steuerrechtlichen Gesamtbetriebsvermögen" ab, „weil beide Vermögensmassen eine wirtschaftliche Einheit (in der Hand der Gesellschaft) bilden.[441] Diese wird dadurch hergestellt, daß auch die Wirtschaftsgüter des Sonderbetriebsvermögens dem Betrieb der Gesellschaft dienen und Personen gehören, die das Gesetz als Mitunternehmer bezeichnet (§ 15 Abs. 1 Nr. 2 EStG, § 2 Abs. 2 Nr. 1 GewStG) und denen es die Vergütungen für die Überlassung der

---

437 BFH v. 8.1.1975 - I R 142/72, BFHE 115, 37 = BStBl. II 1975, 437, 438; v. 10.11.1980 - GrS 1/79, BFHE 132, 244 = BStBl. II 1981, 164, 167; v. 2.12.1997 - VIII R 15/96, DB 1998, 753f.

438 Vgl. hierzu auch Kruse, DStJG 2 (1979), S. 37, 57f.; Raupach, DStJG 2 (1979), S. 87, 94; Kirchhof/ Söhn/Reiß, EStG, § 15 Rdnr. E68ff.

439 Döllerer, DStZ 1992, 646, 645.

440 Kirchhof/Söhn/Reiß, EStG, § 15 Rdnr. E 65, 72ff.; Raupach, JbFAStR 1977/78, S. 177, 185f.; ders., DStJG 2 (1979), S. 87, 94.

441 Döllerer, DStZ/A 1974, 211, 215.

Wirtschaftsgüter als Teile des Gesamtgewinnes unmittelbar zurechne, ohne daß es eines Zufließens bedarf. Die Trennung zwischen demjenigen, dem das Wirtschaftsgut dient (hier: der Gesellschaft) und demjenigen, dem es gehört (hier: den Gesellschaftern), wird durch die steuerrechtliche Identifikation von Gesellschaft und Gesellschaftern im Gesamtgewinn überwunden".[442]

Diese zeitgleich mit der Aufgabe der Bilanzbündeltheorie entwickelte These der wirtschaftlichen Einheit ist zunächst dem wohl nicht von der Hand weisbaren Verdacht ausgesetzt, der Rechtsprechung als Notbehelf zur Auffüllung des durch die Aufgabe der Bilanzbündeltheorie entstandenen Vakuums in der Systematik der steuerrechtlichen Ermittlung mitunternehmerischer Einkünfte zu dienen, um mit eben dieser Konstruktion die gleichen fiskalpolitisch motivierten Ergebnisse zu erzielen, wie sie auf der Grundlage der Bilanzbündeltheorie erreicht worden waren.[443] Ein Verdacht, der mit umgekehrtem Vorzeichen den Bedenken von Wallis[444] zur Diskussion um die Aufgabe der Bilanzbündeltheorie gleich steht, nämlich „die Bilanzbündeltheorie über Bord zu werfen, ohne etwas Gleichwertiges an die Stelle zu setzen". Die Ahnung wird erhärtet, vergleicht man die auf der These der wirtschaftlichen Einheit aufbauenden Konstruktionen zur Erstellung einer steuerrechtlichen Gesamtbilanz mit der Art von Gesamtbilanz, wie sie nach den Vorstellungen der Vertreter der Bilanzbündeltheorie aus der Zusammenfassung der für die einzelnen Gesellschafter aufzustellenden Einzelbilanzen zu erstellen war. Veiel [445] sprach diesbezüglich von den zusammenzufassenden Teilhaberbilanzen, die sich zusammensetzen aus dem Anteil des Teilhabers an dem Gesellschaftsvermögen und den mit den Rechtsbeziehungen zur Gesellschaft in Berührung stehenden Vermögenswerten. Die Ergebnisse gleichen sich mit dem formalen Unterschied, daß nach der Technik der Bilanzbündeltheorie das Gesellschaftsvermögen vorerst im Sinne des Verständnisses zur Bruchteilsgemeinschaft quotenmäßig auf die Gesellschafter und ihre Einzelbilanzen aufzuteilen war, ergänzt wurde um das Sonderbetriebsvermögen des Gesellschafters und anschließend zum Bilanzenbündel zu vereinigen war, während die Gesamtbilanz nach heutigem Verständnis das Gesellschaftsvermögen und die einzelnen Sonderbetriebsvermögen der Gesellschafter zum Gesamtvermögen der Mitunternehmerschaft vereinigt. Der Schluß von Kurth, die heutige Gesamtbilanz ist in Wahrheit ein verkapptes Bilanzenbündel, liegt deshalb nahe.[446] Wie aber bereits im Falle der Bilanzbündeltheorie

---

442 Döllerer, in Festschrift Flume, S. 43, 50f.; ders., DStZ 1974, 211, 215; ders., JbFAStR 1975/76, S. 142, 155ff.; ders., DStZ/A 1976, 435, 438; ders., DStZ 1980, 259, 261; ders., DStZ 1983, 179, 183.

443 Thiel, FR 1974, 333, 336; ders. StuW 1984, 104, 105.

444 v.Wallis, StKongRep. 1971, 238, 256.

445 Veiel, StuW 1941, Sp. 825, 832.

446 Kurth, Die Besteuerung der Mitunternehmer, S. 564f.

birgt deshalb auch die These der wirtschaftlichen Einheit die von Woerner[447] zu Rechtstheorien im allgemeinen geäußerte Gefahr in sich, daß sie als solche einen Totalitätsanspruch erhebt, schematisiert, verallgemeinert und die Neigung in sich trägt, losgelöst vom Gesetz, ein gefährliches Eigenleben zu entfalten.

Mit der These der wirtschaftlichen Einheit werden nicht nur die zivilrechtlichen Strukturen erneut negiert, sondern im weiteren sogar steuerrechtliche kreiert, die dem Einkommensteuergesetz nicht zu entnehmen sind. Denn es wird sowohl die Rechtszuständigkeit der Gesellschafter für ihr Sonderbetriebsvermögen aufgehoben als auch eine steuerliche Rechtszuständigkeit der Gesellschaft für ein zivilrechtlich nicht existierendes Gesamtbetriebsvermögen begründet[448], die angesichts der vermögensmäßigen Trennung der Gesellschaft und Gesellschafter nach der Rechtsprechung des BFH vom 10.11.1980[449] gerade nicht besteht. Darüber hinaus aber existiert einkommensteuerrechtlich kein geeignetes Zurechnungssubjekt; weder für ein Gesamtbetriebsvermögen noch für ein aus der Vereinigung entstehendes Gesamteigenkapital noch für einen Gesamtgewinn.[450] Neben der Gesellschaft als solche kommen nicht die Gesellschafter in ihrer Gesamtheit in Frage. Denn nicht diese Gesamtheit ist einkommensteuerrechtliches Zurechnungssubjekt, sondern der jeweils einzelne Mitunternehmer mit den beiden Komponenten gewerblicher Einkünfte gemäß § 15 Abs. 1 S. 1 Nr. 2 EStG. Nicht die Zurechnung von Vermögen, sondern diejenige gewerblicher Einkünfte ist geregelt. Es geht mit der Vorschrift deshalb nicht um die Zusammenfassung steuerlich unterschiedlichen Rechtsträgern zuzuordnenden Betriebsvermögens zu einem einkommensteuerrechtlich irrelevanten Gesamtbetriebsvermögen, sondern um die Zusammenfassung der Ergebnisse zweier Rechnungslegungskreise zur Größe gewerbliche Einkünfte und zwar allein derjenigen gewerbliche Einkünfte, die dem betreffenden Gesellschafter zuzurechnen sind. Allenfalls ließe sich aus der Tatsache, daß unabhängig vom Zivilrecht de lege lata das Subjekt des Einkommensteuerrechts allein der einzelne Gesellschafter ist, eine anteilige Zuordnung des Gesamthandsvermögens zum Gesellschafter begründen (vgl. § 39 Abs. 2 Nr. 2 AO). In diese Richtung neigt neuerdings wie-

447 Woerner, FR 1975, 567, 568.

448 Nicht anders kann die Formulierung Döllerers, DStZ/A 1974, 211, 215, „wirtschaftlichen Einheit in der Hand der Gesellschaft" verstanden werden; a.A. Thiel, StuW 1984, 104, 106, der Döllerer dahingehend versteht, daß „die Einheitstheorie kraft der ihr innewohnenden Fiktion die sog. Mitunternehmerschaft zu einem von der Gesellschaft und den Gesellschaftern zu unterscheidenden dritten, allerdings nur fiktiven Rechtsträger erhebt". Aber auch ein solches fiktives steuerrechtliches Zurechnungssubjekt kann dem Einkommensteuerrecht nicht entnommen werden. Dessen bedarf es denn auch gar nicht, weil die Größe Gesamtgewinn und das Gedankengebilde Gesamtbilanz einkommensteuerrechtlich irrelevant ist. Es ist dann aber unzulässig ein solches zu generieren.

449 BFH v. 10.11.1980 - GrS 1/79, BFHE 132, 244 = BStBl. II 1981, 164, 167f.

450 Kirchhof/Söhn/Reiß, EStG, § 15 Rdnr. E 58; Knobbe-Keuk, Bilanzsteuerrecht, § 11 V.

der der BFH, wenn er im Beschluß vom 3.5.1993[451] formuliert, daß „bei den Personengesellschaften die Gesellschafter, nicht die Gesellschaft als solche die Träger (...) des Gesellschaftsvermögens sind“, obgleich sich der BFH damit gleichsam in Widerspruch zu seiner vorherigen Rechtsprechung begibt.[452] Die These der wirtschaftlichen Einheit ist daher in der Literatur der berechtigten Kritik ausgesetzt, sie bilde „eine Fiktion, die sich - gleichermaßen wie ehedem die Bilanzbündeltheorie - über die Realitäten hinwegsetzt“.[453]

Die Frage, ob zwei zivilrechtlich selbständige Rechtsträger steuerrechtlich als eine wirtschaftliche Einheit betrachtet werden können und ob aus dieser wertenden Betrachtungsweise Folgerungen für die Gewinnermittlung zu ziehen sind, ist zudem nicht auf die Ermittlung mitunternehmerischer Einkünfte im Rahmen der zweistufigen Gewinnermittlung beschränkt. Die These einer wirtschaftlichen Einheit ist der Rechtsprechung seit den dreißiger Jahren ebenso zu dem Rechtsinstitut der sog. Betriebsaufspaltung bekannt. Dies drängt zu dem obig geäußerten Verdacht die Ergänzung auf, daß die These der wirtschaftlichen Einheit eine Entlehnung aus der Rechtsprechung zur Betriebsaufspaltung ist. Zwar ist das in erster Linie verfolgte Ziel ein jeweils anderes, für die Betriebsaufspaltung steht die wirtschaftliche Einheit zunächst im Zusammenhang mit der Qualifikation der Einkünfte der Besitzgesellschaft. Im weiteren aber ist die Parallele der aus der wirtschaftlichen Einheit gezogenen Folgerungen nicht zu übersehen. In beiden Fällen zielen sie auf die Problematik der korrespondierenden Bilanzierung und der damit verbundenen Ausschaltung des Imparitätsprinzips.[454] Auch die Grundüberlegungen, die in dem einen wie dem anderen Fall zur Vorstellung einer wirtschaftlichen Einheit geführt haben, sind in ihrem Kern identisch. In beiden Fällen wird versucht dem Umstand Rechnung zu tragen, daß die Rechtsbeziehungen zwischen den jeweils Beteiligten nicht zu Beziehungen wie zwischen fremden Dritten führen. Jedoch ist für die Betriebsaufspaltung festzustellen, daß aufgrund des zivil- wie steuerrechtlichen Bestehens zweier selbständiger Unternehmen die Vorstellung eines wirtschaftlich einheitlichen Unternehmens aufgegeben worden ist. So jedenfalls ist im Schrifttum weithin die

---

451 BFH v. 3.5.1993 - GrS 3/92, BFHE 171, 246 = BStBl. II 1993, 616, 621.

452 Schön, StuW 1996, 275, 283.

453 Thiel, StuW 1984, 104, 105; ablehnend auch Knobbe-Keuk, Bilanzsteuerrecht, § 11 V: „Figur einer Gesamtbilanz der Gesellschaft (entbehrt) der gesetzlichen Grundlage“.

454 In dem die Betriebsaufspaltung betreffenden Urteil vom 26.6.1975 - IV R 59/73, BFHE 116, 160 stellte der BFH fest, daß der Anspruch des Besitzunternehmens gegen das Betriebsunternehmen auf Warenrückgabe mit dem gleichen Wert anzusetzen sei, mit dem die Betriebskapitalgesellschaft die Rückgabeverpflichtung passivieren muß. Offengelassen wurde, ob diese Art der Bilanzierung gegen die nach § 5 EStG maßgeblichen handelsrechtlichen Grundsätze ordnungsmäßiger Buchführung verstoße, denn „die sich aus dem Rechtsinstitut der Betriebsaufspaltung ergebenden Rechtsfolgen (müssen) naturgemäß Vorrang gegenüber den allgemeinen bilanzrechtlichen Grundsätzen haben“.

diesbezüglich entscheidende Passage in dem Beschluß vom 8.11.1971[455] verstanden worden[456]: „Der Große Senat ist der Auffassung, daß es bei der Frage, ob sich das Besitzunternehmen gewerblich betätigt, nicht darauf ankommt, ob dieses Unternehmen mit der Betriebsgesellschaft wirtschaftlich ein einheitliches Unternehmen bildet. Er geht von dem Vorhandensein zweier Unternehmen aus",[457] die deshalb auch ihren Gewinn selbständig zu ermitteln haben.[458] Aufgrund dessen wird in der Literatur die Forderung nach einer korrespondierenden Bilanzierung für die Gewinnermittlung der hinter der Betriebsaufspaltung stehenden und auch steuerrechtlich als selbständig anzusehenden Unternehmen abgelehnt.[459] Vor diesem Hintergrund stellt sich daher auch hier die Frage, ob nicht die Vorstellung einer wirtschaftlichen Einheit, bestehend aus dem Gewerbebetrieb der Personengesellschaft und den Sonderbetrieben der Gesellschafter, abzulehnen ist. Legt man der Beantwortung die Rechtsprechung des BFH[460] zum Verständnis der Personengesellschaften als partiellem Steuerrechtssubjekt in den Bereichen der Gewinnermittlung und -erzielung zugrunde, ist sie zu bejahen. Der BFH schließt „aus der Verselbständigung der Personenhandelsgesellschaft im Zivilrecht und der darauf aufbauenden steuerrechtlichen Einheitsbetrachtung" der Gesellschaft als partiellem Rechtssubjekt, „daß eine Personengesellschaft (...) eine von den Gesellschaftern zu unterscheidende Einheit" ist. Ist mit dieser Rechtsprechung für die steuerliche Gewinnermittlung mitunternehmerische Einkünfte von der Trennung der Rechtssphären von Gesellschaft und Gesellschafter auszugehen, mithin die Regelung des § 15 Abs. 1 S. 1 Nr. 2 EStG als zweistufiger Tatbestand zu verstehen, dann stehen sich vergleichbar dem Fall der Betriebsaufspaltung steuerrechtlich zwei zu trennende Gewinnermittlungssubjekte gegenüber, die jeweils für ihre Sphäre den Gewinn selbständig zu ermitteln haben.[461] Daraus folgt dann aber, daß die Vereinigung der Rechtssphären zu einer wirtschaftlichen Einheit ausgeschlossen und geradezu widersinnig ist, wenn zuvor das Gegenteilige aus dem Wortlaut des § 15

---

455 BFH v. 8.11.1971 - GrS 2/71, BFHE 103, 440 = BStBl. II 1972, 63.

456 Lange/Grützner/Kussmann/Reiß, Personengesellschaften im Steuerrecht, Rdnr. 1343; Knobbe-Keuk, Bilanzsteuerrecht, § 22 X 3; Woerner, in Festschrift Döllerer, S. 741, 745f.

457 BFH v. 22.10.1986 - I R 180/82, BFHE 148, 272, 274 = BStBl. II 1987, 117; v. 1.10.1996 - VIII R 44/95, BFHE 182, 327 = BStBl. II 1997, 530.

458 BFH v. 27.9.1979 - IV R 89/76, BFHE 129, 25, 28f. = BStBl. II 1980, 94; Knobbe-Keuk, Bilanzsteuerrecht, § 22 X 4b aa; L.Schmidt, EStG, § 15 Rdnr. 870.

459 Beisse, in Festschrift Ludwig Schmidt, S. 455, 467f.; Brandmüller, Die Betriebsaufspaltung nach Handels- und Steuerrecht, E 96; Dehmer, Die Betriebsaufspaltung, Rdnr. 599ff.; Knobbe-Keuk, Bilanzsteuerrecht, § 22 X 4b aa; Woerner, in Festschrift Döllerer, S. 741, 746ff.; a.A. L.Schmidt, EStG, § 15 Rdnr. 870.

460 BFH 25.2.1991 - GrS 7/89, BFHE 163, 1 = BStBl. II 1991, 691.

461 Raupach, DStZ 1992, 692, 695f.

Abs. 1 S. 1 Nr. 2 EStG geschlossen und die partielle Steuerrechtsfähigkeit der Personengesellschaft anerkannt wurde.

Schließlich könnten Überlegungen hinsichtlich der Einkünftezurechnung für die Notwendigkeit der Erstellung einer Gesamtbilanz sprechen, weil sich anderenfalls ohne eine solche unter Umständen die obigen als ungerechtfertigt angesehenen Ergebnisse einstellen.[462] Hintergrund dessen ist die in der Literatur geäußerte Ansicht, daß die unterschiedlichen Methoden zur Ermittlung des Gesamtgewinnes der Mitunternehmerschaft mit einer unterschiedlichen subjektiven Zurechnung der verschiedenen Komponenten des Gesamtgewinnes einhergehen.[463] So spricht bei vordergründiger Betrachtung die Vorstellung einer Gesamtbilanz eher für eine Verteilung des durch den Wegfall der Pensionsrückstellung entstehenden Mehrgewinnes der Mitunternehmerschaft nach dem gesellschaftsrechtlichen Gewinnverteilungsschlüssel auf alle Gesellschafter und die Anwendung der additiven Gewinnermittlung mit korrespondierenden Bilanzierung für die Zurechnung des vollen Mehrgewinnes allein auf den begünstigten Gesellschafter.[464] Demgemäß fordert Döllerer[465] die Erstellung einer Gesamtbilanz, „weil sonst der Gesellschafter-Geschäftsführer, für den die Pensionsrückstellung gebildet ist, schon jetzt einen Gewinn versteuern müßte, von dem ungewiß ist, ob und wann er ihn - in Gestalt der Pensionszahlungen - erzielen wird. Die Verteilung auf alle Gesellschafter ist aber nicht möglich, wenn man sich darauf beschränkt, die Vergütungen nach § 15 Abs. 1 S. 1 Nr. 2 EStG in eine Sonderrechnung für den einzelnen Gesellschafter aufzunehmen". Andererseits soll der Konsolidierungsgewinn, der dadurch entsteht, daß ein Fremdwährungsdarlehen des Gesellschafters an die Gesellschaft, welches aufgrund gestiegenen Währungskurses in der Gesellschaftsbilanz aufwandswirksam erhöht anzusetzen ist, allein dem darlehensgebenden Gesellschafter zuzurechnen sein.[466]

Diese Betrachtungsweise ist ergebnisorientiert. Sie verdeutlicht zudem das Dilemma des Gedankengebildes einer Gesamtbilanz, mit dem für den Bereich der Einkünftezurechnung versucht wird, die dem Gesetz zu entnehmende Zurechnung zu umgehen. Ihr gegenüber ist einzuwenden, daß die Gewinnzurechnung ebenfalls eine materiellrechtliche Entscheidung des Einkommensteuerrechts ist[467], die nach hier vertretener Auffassung durch die Regelung des § 15 Abs. 1

---

462 Vgl. dazu Döllerer, DStZ 1980, 259, 262.

463 L.Schmidt, EStG, 15 Rdnr. 406.

464 L.Schmidt, EStG, 15 Rdnr. 406.

465 Döllerer, DStZ 1980, 259, 262.

466 Döllerer, in Festschrift Flume, S. 43, 51.

467 Kirchhof/Söhn/Reiß, EStG, § 15 Rdnr. E 65, 72ff.; Raupach, JbFAStR 1977/78, S. 177, 185f.; ders., DStJG 2 (1979), S. 87, 94.

S. 1 Nr. 2 Hs. 2 EStG eindeutig entschieden ist und die nicht von derjenigen über die anzuwendende Bilanzierungstechnik abhängig ist.[468]

Die Erstellung einer Gesamtbilanz ist eine Technik zur Ermittlung des Gesamtgewinnes, die die Frage der Einkünftezurechnung unberührt läßt. Dies wird bestätigt durch die diesbezüglichen vertretenen divergierenden Auffassungen. So sind in Abweichung von Döllerer nach Uelners strukturierten Gesamtbilanz die dem einzelnen Gesellschafter zuzurechnenden positiven und negativen Wirtschaftsgüter und das sich aus der Zusammenfassung in der Gesamtbilanz ergebende zusätzliche Eigenkapital im Verhältnis Gesellschaft/Gesellschafter in der Gesamtbilanz strukturiert nach Gesellschaftern auszuweisen.[469] Allenfalls ließe sich die Zurechnungsfrage, wie in der bisherigen Rechtsprechung durch den BFH[470] geschehen, als ein materiell gesellschaftsrechtliches Gewinnverteilungsproblem verstehen, für welches die Gewinnermittlungstechnik irrelevant ist und weshalb es letztlich darauf ankäme, ob die Gesellschafter eine entsprechende Vereinbarung getroffen haben. Liegt eine solche aber nicht vor, wäre auch hiernach im Zweifel der Mehrgewinn allein dem aus der Pensionszusage begünstigten Gesellschafter zuzurechnen.[471]

Im Ergebnis ist hiernach festzuhalten, daß es der Vorstellung der Verwandlung in Eigenkapital an einer Rechtsgrundlage fehlt. Die ihr zugrundeliegende These der wirtschaftlichen Einheit und die mit ihr verbundene Forderung nach der Erstellung einer fiktiven Gesamtbilanz der Mitunternehmerschaft ist abzulehnen.

bb) Unvereinbarkeit mit der Regelung des § 15a EStG

Gegen die Verwandlung in Eigenkapital spricht des weiteren deren Unvereinbarkeit mit den neueren Erkenntnissen der Rechtsprechung des BFH[472] zur Regelung des § 15a EStG. Nach diesen bestimmt sich das Kapitalkonto des Kommanditisten im Sinne des § 15a Abs. 1 S. 1 EStG nicht wie zuvor von der Finanzverwaltung[473] vertreten, durch das für den Kommanditisten in der steuerlichen Gesamtbilanz der Mitunternehmerschaft ausgewiesene Kapitalkonto. Maßgebend ist das Kapitalkonto des Kommanditisten in der Steuerbilanz der

468 Siehe hierzu oben Teil 1, B III 2b bb.

469 Uelner, JbFAStR 1978/79, S. 300, 311.

470 BFH v. 21.12.1972 - IV R 53/72, BFHE 107, 564, 574 = BStBl. II 1973, 298.

471 Siehe Kirchhof/Söhn/Reiß, EStG, § 15 Rdnr. E 66; a.A. Regniet, Ergänzungsbilanzen, S. 106f.

472 BFH v. 14.5.1991 - VIII R 31/88, BFHE 164, 516, 524f. = BStBl. II 1992, 167; v. 14.5.1991 - VIII R 111/86, BFHE 164, 526 = BStBl. II 1992, 164; zustimmend Knobbe-Keuk, StbJb 1993/94, S. 165, 170; dies., Bilanzsteuerrecht, § 11a III 2a; a.A. L.Schmidt, EStG, § 15a Rdnr. 83 m.w.N.; ders., DStZ 1992, S. 702, 703.

473 BMF-Schreiben v. 8.5.1981, BStBl. I 1981, 308 Tz. 2.

Gesellschaft, zuzüglich dem einer etwaigen Ergänzungsbilanz.[474] Das Sonderbetriebsvermögen hat für die Bestimmung der Grenze, bis zu der die dem Kommanditisten anteilig zuzurechnenden Verluste der Gesellschaft ausgleichs- und abzugsfähigen sind, unberücksichtigt zu bleiben.[475] War es zuvor für die Anwendung des § 15a Abs. 1 S. 1 EStG aufgrund der Vereinigung von Forderungen und Verbindlichkeiten zu Eigenkapital in der steuerlichen Gesamtbilanz unerheblich, ob in den in der Gesamthandsbilanz zugunsten des Kommanditisten geführten Konten dessen Eigenkapital oder Fremdkapital der Gesellschaft ausgewiesen wurde, so bedarf es nunmehr deren Trennung.[476] Denn nur diejenigen Konten der steuerlichen Gesamthandsbilanz - nebst etwaiger Ergänzungsbilanz - die zivilrechtliches Eigenkapital ausweisen, erhöhen den Eigenkapitalanteil des Kommanditisten und damit dessen Verlustausgleichsvolumen.[477] Daraus folgt im Umkehrschluß, daß die in der Gesamthandsbilanz ausgewiesenen Verbindlichkeiten gegenüber dem Kommanditisten und die ihnen in der Sonderbilanz des Gesellschafters gegenüberstehenden Forderungen zwar in der Gesamtbilanz der Mitunternehmerschaft zu dessen Eigenkapital werden sollen, nicht aber zugleich sein Verlustausgleichsvolumen erhöhen. In Verbindung mit der Rechtsprechung des BFH[478] zur unzulässigen Abschreibung einer nicht mehr werthaltigen Forderung des Kommanditisten im Sonderbetriebsvermögensbereich ergibt sich daraus das widersinnige Ergebnis, daß der Kommanditist einerseits für die Realisation dieses Verlustes bis zur Beendigung der Gesellschaft oder seines Ausscheidens warten muß, und ihm andererseits die Anrechnung dieser Forderung - mit der angeblichen steuerrechtlichen Eigenkapitalqualität - auf sein Kapitalkonto im Sinne des § 15a Abs. 1 S. 1 EStG verwehrt wird, so daß ihm des weiteren nunmehr zusätzlich der Verlustausgleich versagt ist.[479] Entsprechendes ergibt sich für den Fall, daß aufgrund der Zuführungen zu der in der Steuerbilanz der Kommanditgesellschaft ausgewiesenen Pensions-

---

474 BFH v. 14.5.1991 - VIII R 31/88, BFHE 164, 516, 524 = BStBl. II 1992, 167; Die Finanzverwaltung hat sich der Rechtsprechung des BFH mit Schreiben v. 20.2.1992 - IV B 2 - S 2241 a - 8/92, BStBl. I 1992, 123f. angeschlossen.

475 BFH v. 14.5.1991 - VIII R 31/88, BFHE 164, 516, 524f. = BStBl. II 1992, 167; v. 14.5.1991 - VIII R 111/86, BFHE 164, 526 = BStBl. II 1992, 164

476 Zur Abgrenzung Haas, DStZ 1992, 655, 660; Huber, ZGR 1988, 1ff.; Kirchhof/Söhn/v.Beckerath, EStG, § 15a Rdnr. B120; Knobbe-Keuk, Bilanzsteuerrecht, § 11a III 2a; Lange/Grützner/Kussmann/ Reiß, Personengesellschaften im Steuerrecht, Rdnr. 760ff.; Littmann/Bitz/ Hellwig, EStG, § 15a Rdnr. 18f.; L.Schmidt, DStZ 1992, 702, 703ff.; ders., EStG, § 15a Rdnr. 86ff.

477 Vgl. Knobbe-Keuk, Bilanzsteuerrecht, § 11a III 2a; Kirchhof/Söhn/v.Beckerath, EStG, § 15a Rdnr. B120; L.Schmidt, DStZ 1992, 702, 703; ders., EStG, § 15a Rdnr. 83.

478 BFH v. 22.1.1981 - IV R 160/76, BFHE 132, 538 = BStBl. II 1981, 427; v. 12.7.1990 - IV R 37/89, BFHE 162, 30, 33 = BStBl. II 1991, 64; v. 19.5.1993 - I R 60/92, BFHE 171, 293 = BStBl. II 1993, 714, 715.

479 Eingehend L.Schmidt, DStZ 1992, 702, 705f.; Kirchhof/Söhn/Reiß, EStG, § 15 Rdnr. E 76.

rückstellung zugunsten eines Kommanditisten die Gesellschaft Verlust erleidet oder ein solcher sich erhöht und der dem begünstigten Kommanditisten zuzurechnende Verlustanteil aufgrund eines bereits ausgeschöpften Verlustausgleichsvolumens lediglich einen verrechenbaren Verlust im Sinne des § 15a EStG darstellt, so daß der pensionsberechtigte Kommanditist die ihm als Sonderbetriebseinnahme zugerechneten Rückstellungszuführungen versteuern muß, ohne daß seine gewerblichen Einkünfte um den auf ihn entfallenden Anteil am Verlust aus der Rückstellungszuführung gemindert würden.

c) Gleichstellungsthese als Gebot zur Korrektur der additiven Gewinnermittlung?

Wenn nach vorherigem die über die Konstruktion der Gesamtbilanz abgeleitete Verwandlung in Eigenkapital als Begründung für die zeit- und betragsgleiche Bilanzierung der aufwandswirksamen Pensionsrückstellung in der Gesellschaftsbilanz und als Sonderbetriebseinnahme in der Sonderbilanz abzulehnen ist, dann hängt das Ergebnis entscheidend davon ab, ob die Gleichstellungsthese dogmatisch zu überzeugen vermag. Mit dieser dem Gesetz angeblich zu entnehmenden Wertung der Gleichbehandlung des Mitunternehmers mit dem Einzelunternehmer und der damit verbundenen Negation der zivilrechtlichen Rechtszuständigkeiten von Gesellschaft und Gesellschafter läßt sich in der Tat ohne weiteres der Grundsatz einer steuerlichen korrespondierenden Bilanzierung rechtfertigen.

aa) Zivilrechtliche Grundsätze

Hierzu ist vorab aus zivilrechtlicher Sicht zu bemerken, daß der Personengesellschafter einem Einzelunternehmer ohne Zweifel nicht gleichzustellen ist. Weder der Gesellschafter in der Rechtsstellung eines geschäftsführenden Komplementärs noch der Kommanditist nimmt im eigenen Namen und für eigene Rechnung am Rechtsverkehr teil, sondern für die durch den Gesellschaftsvertrag begründete gemeinsame Rechnung aller in der Gesellschaft zusammengeschlossenen Gesellschafter.[480] Außerdem besteht bei Außengesellschaften kein Miteigentum der Gesellschafter an den einzelnen Vermögensgegenständen, sondern eine gesamthänderische Gebundenheit, die nach der neueren Lehre dazu führt, daß die Gesamthand als Rechtsträger des Gesamthandsvermögens anzuerkennen ist.[481] Daraus ergibt sich für die Personengesellschaften nicht die uneingeschränkte

480 Baumbach/Duden/Hopt, HGB, § 105 Rdnr. 4; Knobbe-Keuk, StuW 1974, 1, 33; Kübler, Gesellschaftsrecht, § 7 I 2 c; Kraft/Kreutz, Gesellschaftsrecht, E I 6; K.Schmidt, Gesellschaftsrecht, § 46 II 1, Tipke, StuW 1978, 193, 200.

481 Erman/Westermann, BGB, Vor § 705 Rdnr. 14; G.Hueck, Gesellschaftsrecht, § 3 II; K.Schmidt, Gesellschaftsrecht, § 8 III 5; Soergel/Hadding, BG B, § 705 Rdnr. 43; Ulmer, ZGR 1984, 313, 319f.; MünchKomm-Ulmer, BGB, § 705 Rdnr. 132.

Rechtsfähigkeit einer juristischen Person. Wie aber insbesondere § 124 HGB für die Personenhandelsgesellschaften zeigt, sind die Personengesellschaften im Außenverhältnis wie selbständige Rechtssubjekte zu behandeln und den juristischen Personen im Rechtsverkehr mit Dritten insofern weitestgehend angenähert.[482] Nach inzwischen überwiegender Ansicht gilt dies mit gewissen Einschränkungen auch für die Gesellschaft bürgerlichen Rechts.[483] Rechtsgeschäfte zwischen Personengesellschaften und ihren Gesellschaftern sind deshalb auch nicht anteilig, entsprechend der anteilsmäßigen Beteiligung des Gesellschafters an der Gesellschaft, als „Insichgeschäft" zu beurteilen. Berechtigungen und Verpflichtungen aus Verträgen der Gesellschaft mit Dritten treffen allein die Gesellschaft als solche und nicht die Gesellschafter.

Gegen eine pauschale Gleichrangigkeit von Mitunternehmer und Einzelunternehmer ist hiernach einzuwenden, daß eine solche auch bei einer „wirtschaftlichen Betrachtungsweise" nicht plausibel erscheint, weil eine Abstraktion von den wirtschaftlichen und rechtlichen Gegebenheiten vorgenommen wird, die angesichts der tatsächlich bestehenden Unterschiede nicht vorhanden ist.[484] Anschauliches Beispiel ist insbesondere der sog. Publikums-Kommanditist, der einem Einzelunternehmer, der frei über sein Betriebsvermögen verfügen kann, gerade nicht gleich steht, dennoch aber hiervon gleichfalls betroffen ist.[485]

bb) Zurechnungsrechtsprechung des Bundesfinanzhofs

Zur Begründung der ehemals von Enno Becker[486] zum Zweck des § 15 Abs. 1 S. 1 Nr. 2 EStG erklärten Gleichbehandlung von Einzelunternehmer und Personengesellschafter beriefen sich ihre damaligen Vertreter auf die Notwendigkeit einer wirtschaftlichen oder speziell steuerrechtlichen Betrachtungsweise.[487] Ausgehend von dem Prinzip der Gleichmäßigkeit der Besteuerung war es all-

482 Flume, ZHR 136, 177ff.; ders., Personengesellschaften, § 4 II; Erman/Westermann, BGB, Vor § 705 Rdnr. 14; K.Schmidt, Gesellschaftsrecht, § 8 IV 1; MünchKomm-Ulmer, BGB, Vor. § 705 Rdnr. 8.

483 Erman/Westermann, BGB, Vor § 705 Rdnr. 14; G.Hueck, Gesellschaftsrecht, § 3 II; K.Schmidt, Gesellschaftsrecht, § 8 III 5; Soergel/Hadding, BG B, § 705 Rdnr. 43; Ulmer, ZGR 1984, 313, 319f.; MünchKomm-Ulmer, BGB, § 705 Rdnr. 132.

484 Vgl. dazu Kruse, DStJG 2 (1979), S. 37, 40; Thiel, StuW 1974, 104, 105, die auf die in der Praxis vorzufindenden Interessengegensätze unter den Gesellschaftern verweisen; Woerner, JbFAStR 1977/78, S. 150, 156, 165; ders., DStZ 1980, 203, 204ff.,ders., StbKongrRep. 1982, 193, 196 spricht sich gegen eine pauschale, jedoch für eine „eingeschränkte" Gleichstellung aus.

485 Knobbe-Keuk, StuW 1974, 1, 12.

486 Becker, Die Grundlagen der Einkommensteuer, S. 428f.

487 Ball, StuW I 1928, 996, Becker, StuW 1924, Sp. 145, 166ff.; Geiler, StuW I 1928, 1009; Veil, DStZ 1938, 637f.; ders., StuW I 1941, Sp. 825, 827f.

gemeine Auffassung, daß ungeachtet ungleicher Rechtsformen und ungleicher rechtlicher, äußerer Gestaltungen, die als gleich angesehenen, „wirtschaftliche(n) Vorgänge ausnahmslos derselben steuerlichen Behandlung unterliegen, in welche äußeren Rechtsformen sie sich auch kleiden mögen“[488]. Es galt die angeblich wirtschaftlich gleichen Sachverhalte mit den steuerrechtlich gleichen Folgen für das Substrat der Besteuerung zu versehen, so daß in letzter Konsequenz diese die Bilanzbündeltheorie kennzeichnende Hauptforderung in die Lehre vom Abzugsverbot[489] mündete. Weil ein Einzelunternehmer keine Verträge mit sich selbst abschließen kann, wurde den gewinnwirksamen Leistungsbeziehungen zwischen Gesellschaft und dem Gesellschafter die steuerliche Anerkennung mit der Begründung versagt, das „Einkommensteuergesetz (...) behandelt die Teilhaberschaft als selbständigen Betrieb jedes einzelnen Mitunternehmers“, oder, wie es später hieß, jeder „Gesellschafter hat seinen eigenen Betrieb, belastet durch die Rechte seiner Mitgesellschafter“[490]. Damit gründete die Gleichstellungsthese bereits damals auf der Ansicht, daß entsprechend dem Einzelunternehmer der Gesellschafter vom Gesetz als Unternehmer des Gewerbebetriebes angesehen wird, er selbst Inhaber eines eigenen Gewerbebetriebes ist, mithin den Steuertatbestand Gewerbebetrieb in seiner Person unmittelbar selbst verwirklicht.

Nachdem der BFH dieses auf der Mehrheit einzelner Unternehmer beruhende Gesetzesverständnis mit Beschluß vom 25.6.1984[491] aufgegeben und die Personengesellschaft als partielles Steuerrechtssubjekt für die Tatbestandsverwirklichung anerkannt hatte, nahm er die zur Bilanzbündeltheorie dogmatisch entgegengesetzte Position in aller Deutlichkeit im Beschluß vom 25.2.1991[492] ein. Indem er sich in der Frage, ob bei einer sog. doppelstöckigen Personengesellschaft die Obergesellschafter zugleich als Mitunternehmer der Untergesellschaft anzusehen sind, gegen eine Zurechnung der Beteiligung und damit des von der Obergesellschaft verwirklichten Besteuerungstatbestandes gewerbliche Tätigkeit aussprach, hat er eine unmittelbare Teilhabe des Gesellschafters an diesem mit der Folge ausgeschlossen, daß dieser weder eine eigene noch eine gemeinsam mit den übrigen Gesellschaftern betriebene, gewerbliche Tätigkeit ausübt. Seither ist die Gesellschaft als das Gewinnerzielungssubjekt anzusehen. Das von ihr erzielte Ergebnis ist den Gesellschaftern als „fremdes“ zuzurechnen.[493]

---

488 Becker, StuW 1925, Sp. 1579, 1606; ders., StuW 1924, Sp. 145ff.; ders., StuW I 1928, Sp. 855, 894; Ball, StuW I 1928, Sp. 996.

489 Eingehend Döllerer, DStZ/A 1974, 211, 214; ders., JbFAStR 1975/76, 142, 154.

490 BFH v. 19.10.1979 - GrS 1/70, BFHE 101, 62, 64 = BStBl. II 1971, 177.

491 BFH v. 25.6.1984 - GrS 4/82, BFHE 141, 405, 426 = BStBl. II 1984, 751; ablehnend Kirchhof/Söhn/Reiß, EStG, § 15 E 38.

492 BFH v. 25.2.1991 - GrS 7/89, BFHE 163, 1 = BStBl. II 1991, 691.

493 Knobbe-Keuk, Bilanzsteuerrecht, § 9 I 2a; Schön, DStR 1993, 185, 191.

Dies hat dazu geführt, daß der BFH bestimmte[494]: Die Gleichstellungsthese sei in Ihrer „Allgemeinheit nicht aufrechtzuerhalten". Wie zunehmend erkannt werde, gelte der früher vertretene Satz, „der Gesellschafter einer Personengesellschaft soll nach Möglichkeit so gestellt werden, wie er als Einzelunternehmer stünde"[495] nur noch, „soweit das Gesetz eine solche Gleichstellung zuläßt"[496]. Insbesondere dürfe „das Bestreben nach Gleichstellung nicht dazu führen (...), die handelsrechtliche Selbständigkeit der Personengesellschaft einkommensteuerrechtlich als unbeachtlich anzusehen".

In der Frage der Teilhabe des Gesellschafters an der Tatbestandsverwirklichung der Gesellschaft vollzog der BFH in seiner nachfolgenden Rechtsprechung jedoch eine Kehrtwendung. Im Beschuß zum gewerbesteuerlichen Verlustabzug vom 3.5.1993[497] führte der BFH zu der Frage, ob bei einer Personengesellschaft der Verlustabzug nach § 10a GewStG beim Wechsel oder Ausscheiden von Gesellschaftern wegen Fehlens der sog. Unternehmeridentität eingeschränkt werden kann, aus: „bei der gewerblichen Personengesellschaft sind im Regelfall die Gesellschafter die Unternehmer (Mitunternehmer) des Betriebs, und zwar sowohl in einkommen- als auch in gewerbesteuerrechtlicher Sicht". Denn das „Einkommensteuergesetz geht bei der Besteuerung der von den Personengesellschaften erzielten Einkünfte von der Grundwertung aus, daß bei den Personengesellschaften die Gesellschafter, nicht die Gesellschaft als solche die Träger des Unternehmens und des Gesellschaftsvermögens sind". Die Begriffe Mitunternehmer und Unternehmer seien gleichrangig. „Auch der Mitunternehmer ist ein Unternehmer des Betriebs. Der Mitunternehmer unterscheidet sich vom Einzelunternehmer dadurch, daß er seine unternehmerische Tätigkeit nicht allein, sondern zusammen mit anderen (Mit-) Unternehmern in gesellschaftsrechtlicher Verbundenheit ausübt. Daraus folgt, daß bei Personenhandelsgesellschaften, nicht anders als bei sonstigen Personengesellschaften, die Gesellschafter, die Mitunternehmerrisiko tragen und Mitunternehmerinitiative ausüben können, die Unternehmer des Betriebs der Personengesellschaft sind".

Im bislang letzten zur Zurechnungsproblematik ergangenen Beschluß vom 3.7.1995[498] zum gewerblichen Grundstückshandel ging es schließlich um die Frage, ob einzelne von der Personengesellschaft vorgenommene Rechtsgeschäfte den Gesellschaftern zuzurechnen sind. Im Ergebnis hat der BFH eine „Abschirmwirkung" der Gesellschaft, wie sie noch im Beschluß zur doppelstöckigen Personengesellschaft mit der steuerlichen Rechtszuständigkeit der Perso-

494 BFH v. 25.2.1991 - GrS 7/89, BFHE 163, 1 = BStBl. II 1991, 691, 698.

495 BFH v. 19.10.1979 - GrS 1/70, BFHE 101, 62, 64 = BStBl. II 1971, 177.

496 So bereits BFH v. 23.7.1975 - I R 210/73, BFHE 117, 144, 147 = BStBl. II 1976, 180.

497 BFH v. 3.5.1993 - GrS 3/92, BFHE 171, 246 = BStBl. II 1993, 616, 621.

498 BFH v.3.7.1995 - GrS 1/93, BFHE 178, 86 = BStBl. II 1995, 617.

nengesellschaft vertreten wurde, nunmehr abgelehnt. Demgegenüber hat er eine unmittelbare Teilhabe des Gesellschafters an den von der Gesellschaft verwirklichten Aktivitäten bejaht. So jedenfalls sind die folgenden Äußerungen des BFH im Schrifttum[499] verstanden worden[500]: „Im Interesse einer sachlich zutreffenden Besteuerung" sei es erforderlich, die „von der Gesellschaft verwirklichten Geschäftsvorfälle unter bestimmten Voraussetzungen bei der Besteuerung des Gesellschafters/Gemeinschaftlers zu berücksichtigen". „Der Grundsatz der Einheit der Personengesellschaft muß jedoch gegenüber dem Gedanken der Vielheit der Gesellschaft zurücktreten, wenn anderenfalls eine sachlich zutreffende Besteuerung nicht möglich wäre".

cc) Rückfall in die Methodik der Bilanzbündeltheorie

Im Hinblick auf die zivilrechtlichen Vorgaben ist festzustellen, daß die Ansicht des BFH, die Mitunternehmer seien die Unternehmer des Betriebes der Personengesellschaft, einen Rückfall in die Methodik der Bilanzbündeltheorie bedeutet[501], weil die zivilrechtlichen Strukturen erneut nicht beachtet würden.[502] Während nach den bilanzbündeltheoretischen Vorstellungen jeder einzelne Gesellschafter als Inhaber eines selbständigen eigenen Betriebes, später als Inhaber des ganzen Betriebes der Personengesellschaft verstanden wurde, so besteht der Unterschied zu der nunmehr vom BFH vertretenen Ansicht darin, daß der Betrieb der Personengesellschaft als der Saldo des unternehmerischen Engagements aller Gesellschafter verstanden werden soll, mithin der Tatbestand gewerbliche Tätigkeit nicht von der Gesellschaft als solcher, sondern einkommen- und sogar gewerbesteuerrechtlich[503] als unmittelbar von den Gesellschaftern selbst verwirklicht anzusehen sein soll. Demgegenüber steht zivilrechtlich fest, daß sich die Kaufmannseigenschaft der Personenhandelsgesellschaften weder auf den einzelnen Gesellschafter überträgt, noch daß dieser selbst aufgrund seiner Gesellschafterstellung zum Kaufmann wird.[504] Wird demzufolge handelsrechtlich die gewerbliche Tätigkeit nicht von den Gesellschaftern, sondern der Gesellschaft ausgeübt, scheidet eine auf das Zivilrecht gestützte unmittelbare Zurechnung jedenfalls aus.

---

499 Schön, StuW 1996, 275, 281; Weber-Grellet, DStR 1995, 1341f.

500 BFH v.3.7.1995 - GrS 1/93, BFHE 178, 86 = BStBl. II 1995, 617, 622.

501 Ebenso Kraft, DStR 1995, 921, 926; Söffing, DB 1994, 747, 748.

502 Vgl. hierzu oben S. B II 2a bb.

503 Der gewerbesteuerliche Einbezug verwundert dogmatisch umso mehr, als es sich bei der Gewerbesteuer nicht wie bei der Einkommensteuer um eine Personen-, sondern vielmehr um eine Objektsteuer handelt.

504 Baumbach/Duden/Hopt, HGB, § 105 Rdnr. 4; Knobbe-Keuk, StuW 1974, 1, 33; Kübler, Gesellschaftsrecht, § 7 I 2 c; Kraft/Kreutz, Gesellschaftsrecht, E I 6; K.Schmidt, Gesellschaftsrecht, § 46 II 1; ders., Handelsrecht, § 5 I 1 b; Schön, StuW 1996, 275, 283; Tipke, StuW 1978, 193, 200.

Mit der Verwendung der zivilrechtlichen Begrifflichkeit durch den historischen Gesetzgeber in der Vorschrift des § 15 Abs. 1 S. 1 Nr. 2 EStG ist darüber hinaus davon auszugehen, daß die zivilrechtlichen Strukturen einkommensteuerrechtlich anzuerkennen sind, sofern ein anderes nicht bestimmt ist (vgl. § 15 Abs. 1 S. 1 Nr. 2 Hs. 2, 15 Abs. 1 S. 1 Nr. 2 S. 2 EStG).[505] Diese Ansicht wird vom heutigen Gesetzgeber dadurch bestätigt, daß mit der Neuregelung der Vorschrift des § 6b EStG durch das Steuerentlastungsgesetz 1999/2000/2002 nunmehr ausdrücklich die Personengesellschaften und Gemeinschaften als solche berechtigt sind, die Vergünstigung der Vorschrift in Anspruch zu nehmen und die Stelle des Steuerpflichtigen einzunehmen (§ 6b Abs. 10 EStG). Steuerdogmatisch folgt hieraus im Umkehrschluß, daß für die steuerliche Beurteilung das Zivilrecht die wirtschaftliche Betrachtungsweise für die Auslegung des § 15 Abs. 1 S. 1 Nr. 2 EStG einschränkt. Zwar ist die steuergesetzliche Anknüpfung an die bürgerlich-rechtliche Ordnung für den Steuergesetzgeber nicht zwingend, sie ist aber unbedingt dort zur Kenntnis zu nehmen und zu beachten, wo das Steuerrecht nicht nur an die gegebenen Lebensverhältnisse und damit an ihre zivilrechtliche Ordnung anknüpft, sondern den Steuergegenstand prinzipiell nach Rechtsformen des bürgerlichen Rechts bestimmt.[506] Damit aber verträgt es sich nicht, wenn der BFH im „Interesse einer sachlich zutreffenden Besteuerung“ die zivilrechtliche Rechtszuständigkeit der Gesellschaft erneut negiert.[507] Ergänzend sei diesbezüglich bemerkt, daß eine solche spezifisch steuerrechtliche Betrachtungsweise ebenfalls den Ausgangspunkt der Überlegungen Beckers hin zur Bilanzbündeltheorie bildete: „Wo das anzuwendende Steuergesetz nach seinem Zweck und nach seiner wirtschaftlichen Bedeutung ein Festhalten an der rein privatrechtlichen Auffassung im Ergebnis unvernünftig erscheinen läßt, hat diese privatrechtliche Auffassung zurückzutreten. Die wirtschaftlichen Grundgedanken des betreffenden Steuergesetzes sollen stets verwirklicht werden, mögen sie sich mit den Regeln des bürgerlichen Rechts decken oder nicht“.[508]

Im übrigen bedeutete die Annahme einer steuerrechtlichen Teilhabe des einzelnen Gesellschafters an den von der Gesellschaft vorgenommenen Rechtsgeschäften, daß die Pensionszusage der Gesellschaft dem begünstigten Gesellschafter allenfalls quotal unmittelbar zuzurechnen wäre. Denn der Rückfall in die Bilanzbündeltheorie hätte notwendigerweise zur Folge, daß im Verhältnis Gesellschaft/ Gesellschafter Pensionsverpflichtung und Pensionsanwartschaft in

505 Crezelius; Steuerrecht II, § 1 III 2 ; Döllerer, in Festschrift Flume, S. 43, 46; Knobbe-Keuk, Bilanzsteuerrecht, § 9 I 1 m.w.N.

506 BVerfGE 13, 331, 339f.

507 Vgl. auch Kraft, DStR 1995, 921, 926; Söffing, DB 1994, 747, 748.

508 Becker, StuW 1924, Sp. 145, 170.

Höhe der Beteiligung des begünstigten Gesellschafters nicht beständen.[509] Dies entspräche der früheren steuerlichen Beurteilung der Pensionszusage durch den Reichsfinanzhof[510], wonach auf der Ebene der Personengesellschaft die Pensionsrückstellung entsprechend der Höhe des Kapitalanteiles des begünstigten Gesellschafters nicht anerkannt wurde. Nur der entsprechende Betrag wäre dem Gesellschafter zur Versteuerung zuzurechnen. Eben gleiches Ergebnis folgt aus der Gleichstellungsthese. Denn wenn der Gesellschafter - wie der Einzelunternehmer - als Unternehmer des Betriebes anzusehen sein soll, so kann dies aufgrund der gemeinsamen unternehmerischen Tätigkeit aller Gesellschafter jedenfalls nur im Verhältnis seiner Kapitalbeteiligung gelten. Denn als „Mit"-Unternehmer des Betriebes kann der Gesellschafter nicht als „Allein"-Unternehmer des gesamten Betriebes angesehen werden. Eine Identifikation des Gesellschafters mit der gesamten Unternehmung wäre deshalb auch bei Befürwortung einer „wirtschaftlichen Betrachtungsweise" nicht einsichtig.

dd) Widersprüchlichkeit der Zurechnungsrechtsprechung

Die in Abkehr von der Bilanzbündeltheorie mit den Beschlüssen vom 25.6.1984[511] und 25.2.1991[512] vom BFH zunächst vertretene „Einheitstheorie" ist nachfolgend mit den Beschlüssen vom 3.5.1993[513] und 3.7.1995[514] durch sein „duales System" ersetzt worden. In diesem soll neben der „Einheit der Gesellschaft" auch die „Vielheit der Gesellschafter" Berücksichtigung finden,[515] wobei der Grundsatz der Einheit der Personengesellschaft gegenüber dem Gedanken der Vielheit der Gesellschafter zurücktreten müsse, wenn anderenfalls eine „sachlich zutreffende Besteuerung" des Gesellschafters nicht möglich wäre.[516] Die Parallelität dieser Aussage zu derjenigen Beckers[517] ist nicht zu verkennen. Mit diesem dualen System bewegt sich der BFH gegenwärtig zwischen der steuerrechtlichen Anerkennung der zivilrechtlichen Rechtszuständigkeit der Personengesellschaft und dem vollständigen Durchgriff auf die jeweiligen Gesellschafter unter Verkennung der Inkompatibilität dieser Ansätze. Dabei ist auch diese zu offensichtlich, obgleich der BFH sie selbst nicht sehen will, er sie

---

509 Siehe hierzu oben Teil 1, B II 2 a) aa).

510 RFH v. 13.3.1940 - VI 750/39, RStBl. 1940, 474.

511 BFH v. 25.6.1984 - GrS 4/82, BFHE 141, 405, 426 = BStBl. II 1984, 751; ablehnend Kirchhof/Söhn/Reiß, EStG, § 15 E 38.

512 BFH v. 25.2.1991 - GrS 7/89, BFHE 163, 1 = BStBl. II 1991, 691.

513 BFH v. 3.5.1993 - GrS 3/92, BFHE 171, 246 = BStBl. II 1993, 616, 621.

514 BFH v. 3.7.1995 - GrS 1/93, BFHE 178, 86 = BStBl. II 1995, 617.

515 Bordewin, in Festschrift L.Schmidt, S. 421ff.; Gosch, DStZ 1996, 417; Kempermann, DStZ 1995, 225, 227; L.Schmidt, EStG, § 15 Rdnr. 163.

516 Zuletzt BFH v. 10.12.1998 – III R 61/97, BFHE 187, 526 = BStBl. II 1999, 390.

517 Vgl. dazu oben Teil 1, B III 2 c) cc).

sogar ausdrücklich verneint, indem er feststellt: die Wertung der Gesellschafter als Unternehmer des Betriebs stehe nicht in Widerspruch zur Einheitstheorie.[518]

Die steuerrechtliche Wertung des BFH, Träger des Unternehmens und des Gesellschaftsvermögens sei der Gesellschafter und nicht die Gesellschafter, ist nicht mit seinen wiederholt geäußerten Feststellungen zu vereinbaren, nach denen im Bereich der Gewinnermittlung von der eigenen Rechtszuständigkeit der Gesamthand auszugehen ist.[519] Denn die steuerliche Anerkennung schuldrechtlicher Rechtsbeziehungen zwischen Gesellschaft und Gesellschafter und die Annahme einer gesamthänderischen Bindung des Gesellschaftsvermögens auch für steuerliche Zwecke mit der Folge der Qualifikation der Gesellschaft als Gewinnermittlungssubjekt wird erst durch die steuerliche Anerkennung der Rechtszuständigkeit der Gesellschaft begründet. Ginge dagegen das Einkommensteuerrecht entsprechend der Annahme des BFH tatsächlich von obiger Grundwertung aus,[520] so würde in der Frage der Zurechnung einzelner auf Gesellschaftsebene ausgeübter Handlungen für steuerliche Zwecke eine Abstraktion von der zivilrechtlichen Situation vorgenommen werden, die eine Anerkennung der Personengesellschaft als Steuersubjekt, auch nur als partielles im Bereich der Gewinnerzielung, zwingend ausschlösse. Die Qualifikation der Personengesellschaft als Gewinnerzielungssubjekt beruht auf der Beachtung der zivilrechtlichen Rechtsträgerschaft und Rechtszuständigkeit der Personengesellschaft. Die unmittelbare Zurechnung von Handlungen der Gesellschaft an den Gesellschafter verträgt sich deshalb nicht mit der steuerrechtlichen Qualifikation der Gesellschaft als Gewinnerzielungssubjekt. Aus dieser Qualifikation jedoch folgt die Zurechnung von Handlungen an die Gesellschaft durch die der Erfolg begründet und aus denen er erzielt wird. Dies ist auch sachgerecht, da am Markt tatsächlich nicht der einzelne Gesellschafter sondern die Gesellschaft auftritt. Auch ist es die Gesellschaft - vertreten durch ihre Organe - und nicht der Gesellschafter, die im Rechtsverkehr mit fremden Dritten aus Rechtsgeschäften berechtigt und verpflichtet wird (§ 124 HGB).

Werden diese Handlungen hingegen in Übergehung der Gesellschaft und im Wege des Durchgriffs steuerrechtlich als von den hinter ihr stehenden Gesellschaftern verwirklicht angesehen, wird damit gleichzeitig die Steuersubjekteigenschaft der Personengesellschaft im Bereich der Gewinnerzielung negiert. Eine Koppelung von Zurechnung an die Gesellschafter und an die Gesellschaft ist nicht plausibel und folglich nicht nachvollziehbar. Entweder verwirklicht der

518 BFH v. 3.5.1993 - GrS 3/92, BFHE 171, 246 = BStBl. II 1993, 616, 622.

519 BFH v. 25.6.1984 - GrS 4/82, BFHE 141, 405, 426 = BStBl. II 1984, 751, 762, 764; v. 25.2.1991 - GrS 7/89, BFHE 163, 1 = BStBl. II 1991, 691, 698.

520 BFH v. 3.5.1993 - GrS 3/92, BFHE 171, 246 = BStBl. II 1993, 616, 621.

Gesellschafter den Tatbestand originär in seiner Person oder aber die Gesamthand. Eine Parallelität jedenfalls scheidet aus.

Erzielte der Gesellschafter aufgrund der Tatbestandsverwirklichung in seiner Person tatsächlich unmittelbar selbst gewerbliche Einkünfte, dann solche im Sinne des § 15 Abs. 1 S. 1 Nr. 1 EStG, da er in diesem Fall alle Tatbestandsmerkmale des § 15 Abs. 2 EStG selbst erfüllte. Tatsächlich jedoch geht das Einkommensteuergesetz von einer gegenteiligen Wertung aus. Denn gerade weil der historische Gesetzgeber mit der Kodifizierung der Vorschrift des § 15 Abs. 1 S. 1 Nr. 2 Hs. 1 EStG die Notwendigkeit einer Zuweisung des Gesellschaftsgewinns gesehen hat, muß hieraus zwingend der Schluß gezogen werden, daß das Einkommensteuergesetz von dem Vorhandensein eines von dem Gesellschafter zu unterscheidenden Rechtsträgers, nämlich dem der Gesellschaft ausgeht, dessen Gewinn dem Gesellschafter zur Besteuerung zugewiesen werden muß. Anderenfalls wäre die Zuweisung des anteiligen Gesellschaftsgewinns überflüssig.

Entscheidend ist daher die zu beantwortende Frage, ob das Einkommensteuerrecht die Personengesellschaften materiell-rechtlich zur Kenntnis nimmt. Meines Erachtens kann diese nur zu bejahen sein.[521] Auch der BFH ist in seinen jüngeren Beschlüssen vom 3.5.1993[522] und 3.7.1995[523] hiervon ausgegangen, indem er die Personengesellschaft als das Gewinnerzielungssubjekt weiterhin anerkannt hat. Infolgedessen kann nach vorherigem aus der gemeinschaftlichen Tatbestandsverwirklichung der Gesellschafter jedenfalls nicht folgernd auf eine solche jedes einzelnen Gesellschafters geschlossen werden[524], sofern eine einkommensteuerrechtliche Zurechnung nicht ausdrücklich angeordnet ist. Eine solche Zurechnung rechtsgeschäftlicher Handlungen wird aber in der Vorschrift des § 15 Abs. 1 S. 1 Nr. 2 Hs. 1 EStG gerade nicht gesehen werden können. Denn die Vorschrift weist den Gesellschaftern ausschließlich das Ergebnis der Tätigkeit der Gesellschaft und eben nicht die dem Ergebnis zugrundeliegende Tätigkeit selbst zu. Folglich kann aus der unternehmerischen Betätigung der Gesellschaft steuerrechtlich auch nicht mittelbar via Zurechnung auf eine solche des einzelnen Gesellschafters geschlossen werden.[525] „Die steuerliche Identifikation von Gesellschaft und Gesellschafter erfolgt erst im Gewinn und Verlust der Gesellschaft".[526] Damit schließt letztendlich auch die Gewinnzuweisung des

521 Siehe hierzu oben Teil 1, B II 2 a) bb).

522 BFH v. 3.5.1993 - GrS 3/92, BFHE 171, 246 = BStBl. II 1993, 616, 621.

523 BFH v. 3.7.1995 - GrS 1/93, BFHE 178, 86 = BStBl. II 1995, 617.

524 Schön, StuW 1996, 275, 283; a.A. Jakob/Hörmann, FR 1990, 33, 34.

525 A.A. Kirchhof/Söhn/Reiß, EStG, § 15 Rdnr. E 39.

526 Döllerer, in Festschrift Flume, S. 43, 46.

§ 15 Abs. 1 S. 1 Nr. 2 Hs. 1 EStG die Annahme einer Zurechnung der Aktivität der Gesellschaft an den Gesellschafter aus.

Obgleich der BFH nach seinen eigenen Äußerungen nicht von der partiellen Steuersubjekteigenschaft der Personengesellschaft abweichen will, wird er sich in dieser Frage entscheiden müssen, ob er die Steuersubjekteigenschaft der Personengesellschaft aufrecht erhalten will oder zur uneingeschränkten Vielheitsbetrachtung mit der Konsequenz der Wiederbelebung der Bilanzbündeltheorie zurückkehren will. Der Notwendigkeit einer erneuten Anrufung des Großen Senats in dieser Frage wird der BFH langfristig nicht ausweichen können. Allerdings wird zu befürchten sein, daß die Vielheitsbetrachtung entgegen den Wertungen des Einkommensteuergesetzes obsiegen wird.

ee) § 15 Abs. 1 S. 1 Nr. 2 Hs. 2 EStG als Rechtsgrundlage der Gleichstellungsthese

Daneben wird für die Begründung der Gleichstellungsthese und dem damit verbundenen Grundsatz der korrespondierenden Bilanzierung auf die Hinzurechnungsvorschrift des § 15 Abs. 1 S. 1 Nr. 2 Hs. 2 EStG verwiesen[527]: Die Vorschrift verfolge den Zweck, „die Mitunternehmer einer Personengesellschaft dem Einzelunternehmer anzunähern, weil dieser keine Verträge mit sich selbst schließen kann, um das Ergebnis der Besteuerung unabhängig davon zu machen, ob die Leistungen des Gesellschafters durch einen Vorabgewinn oder durch eine besondere Vergütung abgegolten werden". Diese auf die Kommentierung von Strutz[528] zurückzuführende Interpretation der Vorschrift trägt die Gleichstellungsthese nicht. Ihr liegt die Überlegung zugrunde, der Gesellschafter solle durch die Vorschrift so gestellt werden, als habe er seine Leistung nicht im Rahmen eines entgeltlichen Geschäftes, sondern als gesellschaftsrechtlichen Beitrag erbracht und anstatt der Vergütung einen entsprechend erhöhten Anteil an dem (fiktiv) um die Vergütung erhöhten Gewinn der Gesellschaft erhalten.

Die gegen diese Interpretation sprechenden Argumente sind bereits vorgetragen worden.[529] Mit der Vorschrift soll verhindert werden, daß die dem Gesellschafter aus Drittgeschäften mit der Gesellschaft zufließenden Vergütungen dem Anwendungsbereich des § 15 EStG entzogen werden. Hierdurch wird zwar zu-

---

527 BFH v. 2.12.1997 - VIII R 15/96, DB 1998, 753, 754; Lange/ Grützner/Kussmann/Reiß, Personengesellschaften im Steuerrecht, Rdnr. 512; Raupach, JbFAStR 1977/78, S. 177, 179; Sudhoff/ Walpert, Personengesellschaften, 5. Teil A Rdnr. 52; Woerner, BB 1974, 592, 596; ders., BB 1975, 645; ders. JbFASt 1975/76, S. 142, 156; ders., DStZ/A 1976, 435; ders., JbFASt 1977/78, S. 150, 158.

528 Strutz, Handausgabe des Einkommensteuergesetzes vom 19.3.1920, § 7 Anm. 25; ders., Kommentar zum Einkommensteuergesetz vom 10. August 1925, Bd. 2, § 29 Anm. 29 a.

529 Vgl. hierzu oben Teil 1, B III 1.

gegebenermaßen eine gewisse Annäherung an die Besteuerungssituation des Einzelunternehmer bewirkt, daraus aber folgt kein Gebot der Gleichstellung all derjenigen Einkommensteuersubjekte, die gewerbliche Einkünfte im Sinne des § 15 Abs. 1 S. 1 Nr. 2 Hs. 2 EStG beziehen. Erkennbarer Zweck ist die Sicherstellung der dem Gesellschafter aus der Gesellschaft zufließenden Vergütungen hinsichtlich ihrer Qualität als gewerbliche Einkünfte. Insofern sind die unterschiedlichen Vergütungsformen in ihrer steuerlichen Qualifikation gleichgestellt worden. Für eine weitergehende Interpretation der Vorschrift des § 15 Abs. 1 S. 1 Nr. 2 Hs. 2 EStG, im Hinblick auf eine periodengleiche Erfassung der Vergütungen beim Gesellschafter im Wirtschaftsjahr ihre Aufwandswirksamkeit bei der Gesellschaft, bietet weder der Wortlaut noch die Entstehungsgeschichte der Norm eine ausreichende Grundlage.[530] Zwar mag es zutreffen, daß der Gesetzgeber eine steuerliche Gleichstellung von Einzelunternehmer und Mitunternehmer angestrebt hatte, im Gesetzestext hat diese denkbare, aber nicht belegbare Intention jedenfalls keinen Niederschlag gefunden. Im Gegenteil, die konsequente, gesetzliche Umsetzung einer solchen Intention wäre gewesen, die Sondervergütungen in den Gewinnanteil zu integrieren, mithin die Sondervergütung als Gewinn im Sinne des § 15 Abs. 1 S. 1 Nr. 2 Hs. 1 EStG zu qualifizieren und hierdurch zum Ausdruck zu bringen, daß entsprechend der bilanzbündeltheoretischen Vorstellungen, Rechtsbeziehungen zwischen Gesellschaft und Gesellschafter nicht anzuerkennen sind, weil dementsprechend der Einzelunternehmer keine Verträge mit sich selbst schließen kann. Im Gesetz jedoch steht es anders.

ff) Fehlende Steuersubjekteigenschaft der Personengesellschaften

Bereits angesprochen wurde, daß die Gleichstellungsthese schließlich auf den „Sinnzusammenhang" gestützt wird, in den der Gesetzgeber den Gesellschafter mit dem Einzelunternehmer dadurch gestellt hat, daß dem Gesellschafter das Gesamthandsergebnis zur Versteuerung zugerechnet wird.[531] Dem entspricht der Standpunkt der Finanzverwaltung[532], daß aufgrund der fehlenden Einkommensteuersubjekteigenschaft der Personengesellschaften und der anteiligen Besteuerung des Gesamthandsergebnisses bei den Gesellschaftern eine Gleichstellung des Personengesellschafters nicht mit dem Kapitalgesellschafter, sondern mit dem Einzelunternehmer anzunehmen sei. Dieser Fehlinterpretation haben Knobbe-Keuk[533] und Schön[534] überzeugend die These der Gleichbehandlung der Unternehmensgewinne gegenübergestellt. Weil sowohl die Kapitalgesell-

530 Vgl. hierzu oben Teil 1, A III 3 c).

531 Woerner, DStZ 1980, 203f.; hierzu Lang, StuW 1978, 215, 220.

532 BMF-Schreiben v. 20.12.1977, BStBl. I 1978, 8, Tz. 2.

533 Knobbe-Keuk, Bilanzsteuerrecht, § 9 I 1; dies., DB 1990, 905, 907.

534 Schön, DStR 1993, 185, 191f.; „Zurechnungsthese".

schaften als auch die Einzelunternehmer ihren Gewinn unmittelbar im Jahr der Entstehung versteuern müssen, die Personengesellschaften hingegen selbst weder einkommen- noch körperschaftsteuerpflichtig sind, ist die Zurechnung des Gesamthandsergebnisses im Entstehungsjahr eine Notwendigkeit zur rechtsformneutralen Ausgestaltung des Ertragsteuerrechts, um Wettbewerbsverzerrungen zwischen den Unternehmensträgern zu vermeiden.

gg) Unhaltbarkeit der Gleichstellungsthese

Im Ergebnis ist festzustellen, daß die aus der wirtschaftlichen Betrachtungsweise entwickelte Gleichstellungsthese keinen allgemeinen Rechtsgedanken für eine „sachlich zutreffende Besteuerung" der Mitunternehmer darstellt. Sie ist das dogmatische Vehikel der Bilanzbündeltheorie, welches mit der aus Meßmers[535] überzeugender Kritik an der Bilanzbündeltheorie gewonnenen Erkenntnis abzulehnen ist, nämlich daß aus rechtsstaatlichen Gründen Maßstab der Gesetzesauslegung das Gesetz selbst sein muß und nicht eine davon losgelöste „wirtschaftlichen Betrachtungsweise", die sich an einer „sachlich zutreffenden Besteuerung" zu orientieren hat. Letztere ist das Ergebnis, nicht aber die Maßgabe der Gesetzesauslegung. Auf die anderenfalls drohende Gefahr weist Schön[536] in aller Deutlichkeit hin: „Zirkelschlüsse und blanke Willkür". Diese Befürchtungen erscheinen angesichts der im Schrifttum pauschal geäußerten Behauptung, die „Gleichstellungsthese ist wegen Art. 3 Abs. 1 GG sogar verfassungsrechtlich geboten"[537], nicht unberechtigt. Die Ansicht, für die einkommensteuerrechtliche Beurteilung gehe die wirtschaftliche Bedeutung eines Vorganges seiner rechtlichen Gestaltung vor, ist abzulehnen, weil anderenfalls die Rechtssicherheit allen Boden unter den Füßen verlöre, wenn die Besteuerung des Einkommens unabhängig von den Rechtsformen durchgeführt würde, in denen sich der Wirtschaftsverkehr, um möglich zu sein, bewegen muß. Es ist aber zudem diese obige Behauptung, die verdeutlicht, worum es in Wirklichkeit geht, nämlich um die Umsetzung einer subjektiven Gerechtigkeitsvorstellung, vorgetragen im Kleide des verfassungsrechtlichen Grundsatzes der Gleichmäßigkeit der Besteuerung. Dabei haben die Vertreter der Gleichstellungsthese von jeher vermieden den Blick auch auf die Besteuerung des Kapitalgesellschafter zu richten. Im Vergleich zu diesem wird sich nach der Einführung des körperschaftsteuerrechtlichen Anrechnungsverfahrens im Jahre 1977 nur schwerlich begründen und rechtfertigen lassen, warum der Personengesellschafter, insbesondere im Bereich der hier in Rede stehenden betrieblichen Pensionszusagen, schlechter zu stellen ist.[538] Wäre die steuerliche Ungleichbehandlung

535 Meßmer, StbJb 1972/73, 127ff.

536 Schön, StuW 1996, 275, 282.

537 Paus, DStZ 1996, 172; ders., BB 1993, 692, 694.

538 Kruse, DStJG 5 (1982), S. 158f.

der Gesellschaftertypen vor Einführung des Anrechnungsverfahrens noch mit dem Argument zu rechtfertigen gewesen, die einkommensteuerrechtliche Erfassung der Sondervergütungen des Personengesellschafters als gewerbliche Einkünfte gemäß § 15 Abs. 1 S. 1 Nr. 2 Hs. 2 EStG diene dem „Ausgleich“ der „Doppelbesteuerung“, so findet seit der Abschaffung des Doppelbesteuerungssystems in der Sache ein „Durchgriff“ durch die Kapitalgesellschaft auf den Gesellschafter mit der Folge statt.[539] Dies hat zur Folge, daß sich die laufende Besteuerung des Kapitalgesellschafters von derjenigen des Personengesellschafters im Prinzip nur noch durch die den letzteren benachteiligende Erfassung seiner Vergütungen unterscheidet. Insofern läßt sich das steuerrechtliche Gebot der Gleichmäßigkeit der Besteuerung ebensogut als Argument gegen die Gleichstellungsthese verwenden. Um mit diesem zu schließen, bediene ich mich einer nach meiner Ansicht auch hier passenden Erkenntnis Beckers: „Das Gesetz verbietet einseitige Auslegung mit dem toten Gesetzgeber. Es will nicht nur für den Augenblick, sondern für die Dauer gelten, aber nur, solange sich nicht die Lebensverhältnisse und dazu gehört auch (...) die Rechtsentwicklung in einer Weise verändert haben, daß die Durchsetzung des Gesetzes seinen eigenen Zwecken widerspräche, Vernunft Unsinn, Wohltat Plage werden würde“.[540]

3. Ergebnis

Zusammenfassend ergibt sich für die steuerliche Behandlung der Pensionszusage gegenüber einem Gesellschafter-Angestellten folgendes: Die Personengesellschaft ist verpflichtet, für die Pensionsverpflichtung aus einer sog. Neuzusage in ihrer Handelsbilanz eine Pensionsrückstellung zu passivieren. Handelt es sich bei der Pensionszusage um eine sog. Altzusage, gilt das frühere handelsrechtliche Passivierungswahlrecht nach Art. 28 Abs. 1 S. 1 EGHGB fort. Hat die Personengesellschaft in Ausübung des Passivierungswahlrechts oder weil sie aufgrund § 249 Abs. 1 S. 1 HGB dazu verpflichtet ist, in ihrer Handelsbilanz eine Pensionsrückstellung gebildet, hat sie aufgrund der Maßgeblichkeit der Handelsbilanz für die steuerliche Gewinnermittlung (§ 5 Abs. 1 S. 1 EStG) und unter Beachtung des steuerrechtlichen Bewertungsvorbehaltes des § 6a Abs. 3 und 4 EStG die Pensionsrückstellung ebenfalls in ihrer Steuerbilanz anzusetzen, soweit die steuerlichen Voraussetzungen des § 6a Abs. 1 und 2 EStG erfüllt sind. Diese Beurteilung bewirkt auf der steuerlichen Gewinnermittlungsebene der Gesellschaft die Minderung des Steuerbilanzgewinnes um die jährlichen, aufwandswirksamen Rückstellungszuführungen.

Die Gewinnermittlung zweiter Stufe ist in Übereinstimmung mit der Gewinnermittlung der gewerblich tätigen Personenhandelsgesellschaft durch Betriebs-

---

539 Crezelius, Steuerrecht II, § 13 I.

540 Becker, StuW 1924, Sp. 145, 158.

vermögensvergleich gemäß der §§ 4 Abs. 1, 5 EStG vorzunehmen und zwar unter Beachtung der handelsrechtlichen Grundsätze ordnungsmäßiger Buchführung. Der steuerliche Grundsatz der „korrespondierenden Bilanzierung“, der nach Ansicht der herrschenden Meinung in der Literatur und der neueren Rechtsprechung des BFH die Begründung dafür liefert, den aufschiebend bedingten Pensionsanspruch des Gesellschafters zeit- und betragsgleich dem Rückstellungsansatz in der Steuerbilanz der Gesellschaft in der oder den Sonderbilanzen der Gesellschafter zu aktivieren und damit die Gewinnminderung infolge der Rückstellungszuführungen in bezug auf das Gesamtergebnis der Mitunternehmerschaft zu neutralisieren, ist mit dem Gesetz und dem Grundsatz der Tatbestandsmäßigkeit der Besteuerung nicht zu vereinbaren. Die nach der Maßgabe der handelsrechtlichen Grundsätze ordnungsmäßiger Bilanzierung zu beantwortende Frage der Aktivierungspflicht der aufschiebend bedingten Pensionsansprüche bezieht sich allein auf die Sonderbilanz des begünstigten Gesellschafters. Der Tatbestand des § 15 Abs. 1 S. 1 Nr. 2 Hs. 2 EStG - Tätigkeit im Dienst der Gesellschaft -, wird ausschließlich vom berechtigten Gesellschafter erfüllt. Eine anteilige Aktivierung in den Sonderbilanzen aller Gesellschafter scheidet demgemäß mangels Tatbestandserfüllung aus. Maßgebend für die Aktivierungspflicht der Pensionsansprüche mit dem versicherungsmathematischen Barwert ist nach hier vertretener Auffassung der Zeitpunkt des Versorgungsfalles. Eine Aktivierung der Pensionsanwartschaft vor Eintritt des Versorgungsfalles verstößt gegen das Realisationsprinzip und ist infolgedessen unzulässig.

Zweiter Teil:

Steuerliche Sonderkonstellationen

A. Direktzusage an einen Arbeitnehmer, der Personengesellschafter wird

Der Anwendungsbereich des § 15 Abs. 1 S. 1 Nr. 2 Hs. 2 EStG ist begrenzt durch den Gesetzeswortlaut der Vorschrift. Durch ihn werden wortlautgemäß nur solche Vergütungen erfaßt, die der „Gesellschafter ... für seine Tätigkeit im Dienst der Gesellschaft ... bezogen hat." Das dem Einkommensteuerrecht imanente Veranlassungsprinzip fordert zwingend die Kausalität der Vergütung durch die Tätigkeit des steuerpflichtigen Empfängers im Dienst der Gesellschaft als Gesellschafter der Personengesellschaft.[1] Dieses Kausalitätserfordernis ist im Umkehrschluß folglich nicht erfüllt, wenn die Vergütung Entgelt für die Tätigkeit eines Arbeitnehmers im Dienst der Gesellschaft ist, der nicht zugleich personengesellschaftsrechtlich/ mitunternehmerisch beteiligt ist.[2] Aufgrund dessen fallen diejenigen Vergütungen nicht unter § 15 Abs. 1 S. 1 Nr. 2 Hs. 2 EStG, die ein Mitunternehmer für Tätigkeiten im Dienst der Gesellschaft erhält, die er der Personengesellschaft außerhalb der Zeit seiner Zugehörigkeit zur Mitunternehmerschaft erbracht hat.[3] Die Tätigkeit des ehemaligen Nur-Arbeitnehmers steht weder in einem rechtlichen noch in einem wirtschaftlichen Zusammenhang mit dem Gesellschaftsverhältnis und kann deshalb auch bei wirtschaftlicher Betrachtung nicht als Beitrag zur Erreichung oder Verwirklichung des Gesellschaftszweckes angesehen werden.[4] Entscheidend für die Nichtanwendung des § 15 Abs. 1 S. 1 Nr. 2 Hs. 2 EStG ist der Zusammenhang zwischen der Vergütung und der Tätigkeit des Steuerpflichtigen im Dienst der Gesellschaft als Nur-Arbeitnehmer. Insofern kommt es nicht darauf an, wann die Vergütung

---

1 BFH v. 11.12.1986 - IV R 222/84, BFHE 149, 149, 155 = BStBl. II 1987, 553, 555f.

2 BFH v. 8.1.1975 - I R 142/72, BFHE 115, 37 = BStBl. II 1975, 437, 439; v. 29.1.1976 - IV R 42/73, BFHE 118, 179 = BStBl. II 1976, 372.

3 Vgl. dazu BFH v. 28.1.1976 - I R 103/75, BStBl. II 1976, 746; v. 29.1.1976 - IV R 42/73, BFHE 118, 179 = BStBl. II 1976, 372; v. 24.11.1983 - IV R 14/83, BFHE 139, 549 = BStBl. II 1984, 431; Barth, DB 1976, 1544, 1546; Flume, DB 1985, 1152, 1154; Lange/Grützner/Kussmann//Reiß, Personengesellschaften im Steuerrecht, Rdnr. 532; Söffing, Besteuerung der Mitunternehmer, VII 1b; Sudhoff/Walpert, Personengesellschaften, 5. Teil A Rdnr. 54; Woerner, StbKongrRep. 1982, 193, 198; Zimmermann/Reyer/Hottmann, Die Personengesellschaft im Steuerrecht, S. 249.

4 Lange/Grützner/Kussmann/Reiß, Personengesellschaften im Steuerrecht, Rdnr. 538; Schulze zur Wiesche, FR 1980, 526, 530; Sudhoff/Walpert, Personengesellschaften, 5. Teil A Rdnr. 54; vgl. auch BFH v. 22.6.1977 - I R 8/75, BFHE 123, 127 = BStBl. II 1977, 798 zum Fall der einkommensteuerrechtlichen Behandlung einer Pensionsanwartschaft bei Umwandlung einer GmbH in eine Personengesellschaft (im Streitfall einer KG) wobei der pensionsberechtigte Gesellschafter-Geschäftsführer der GmbH Gesellschafter der Personengesellschaft wird.

fällig ist oder tatsächlich gezahlt wird, ob vor Eintritt des Arbeitnehmers in die Gesellschaft oder erst danach. Maßgebend ist allein, daß die Vergütung für eine Tätigkeit zu einer Zeit erdient worden ist, als der Arbeitnehmer noch nicht Gesellschafter war.[5]

Dies bedeutet im Umkehrschluß, daß nur solche Vergütungen für Leistungen im Sinne des § 15 Abs. 1 S. 1 Nr. 2 Hs. 2 EStG erfaßt werden, die während des Zeitraumes der Zugehörigkeit zur Gesellschaft erbracht werden/worden sind. Folgerichtig stellt nach dem Urteil des BFH vom 8.1.1975[6] die durch den Arbeitnehmer vor seinem Eintritt in die Gesellschaft als Gegenleistung für seine Tätigkeit im Dienst der Gesellschaft erdiente Pensionsanwartschaft keine Vergütung im Sinne des § 15 Abs. 1 S. 1 Nr. 2 Hs. 2 EStG dar. Der in die Gesellschaft eintretende Arbeitnehmer erfüllt den Tatbestand der Vorschrift auch nicht im Hinblick auf die Überlassung von Kapital zur Nutzung, die in der Pensionsrückstellung der Gesellschaft ihren Ausdruck gefunden haben könnte.[7] Abweichend vom Fall des eintretenden Gesellschafters mit einem rückständigen Gehaltsanspruch, in dem der eintretende Gesellschafter der Gesellschaft das ausstehende Gehalt solange als Kapital zur Nutzung überläßt, solange die Gesellschaft den Anspruch nicht erfüllt, steht dem nunmehr pensionsberechtigten Gesellschafter-Arbeitnehmer kein Anspruch gegen die Gesellschaft zu, dessen Nichterfüllung einer solchen Überlassung gleichkäme.[8] Denn solange der aufschiebend bedingte Anspruch des Pensionsberechtigten nicht zum Vollrecht erstarkt ist, steht jedenfalls das für die spätere Erfüllung der Pensionsverpflichtung zurückgestellte Deckungskapital nicht zur Disposition des Gesellschafters. Folge dessen ist, daß die im Rahmen des § 6a EStG von der Personengesellschaft in ihrer Steuerbilanz für ihre Pensionsverpflichtung gegenüber dem Arbeitnehmer gebildete Pensionsrückstellung nicht dem Regime des § 15 Abs. 1 S. 1 Nr. 2 Hs. 2 EStG unterliegt. Die Pensionsrückstellung „teilt das Schicksal jeder anderen Rückstellung“.[9] Eine Korrektur der Gewinnminderung auf der Gesellschaftsebene durch Aktivierung der Zuführungsbeträge in der Sonderbilanz erfolgt nicht.

---

5 BMF-Schreiben v. 20.12.1977, BStBl. I 1978, 8, Tz. 84; Lange/Grützner/Kussmann/Reiß, Personengesellschaften im Steuerrecht, Rdnr. 538; Söffing, Besteuerung der Mitunternehmer, VII 2c aa; Zimmermann/Reyer/Hottmann, Die Personengesellschaft im Steuerrecht, S. 249.

6 BFH v. 8.1.1975 - I R 142/72, BFHE 115, 37 = BStBl. II 1975, 437, 439.

7 Lange/Grützner/Kussmann/Reiß, Personengesellschaften im Steuerrecht, Rdnr. 585; siehe auch Söffing, Besteuerung der Mitunternehmer, VII 1c; Zimmermann/Reyer/Hottmann, Die Personengesellschaft im Steuerrecht, S. 250.

8 BFH v. 8.1.1975 - I R 142/72, BFHE 115, 37 = BStBl. II 1975, 437, 439.

9 BFH v. 8.1.1975 - I R 142/72, BFHE 115, 37 = BStBl. II 1975, 437, 439.

Daraus folgt des weiteren, daß sofern der Pensionsberechtigte gegenüber der Gesellschaft auf seinen Pensionsanspruch verzichtet und er aufgrund dessen von der Gesellschaft in angemessener Höhe abgefunden wird, die Abfindung, soweit sie auf den bis zum Eintritt in die Gesellschaft erdienten Pensionsanspruch entfällt, gleichfalls keine Vergütung im Sinne des § 15 Abs. 1 S. 1 Nr. 2 Hs. 2 EStG darstellt.[10]

Ab dem Zeitpunkt des Eintritts des Gesellschafters in die Gesellschaft unterliegt das zwischen den Parteien bestehende Dienstverhältnis dem Regime des § 15 Abs. 1 S. 1 Nr. 2 Hs. 2 EStG mit den durch die Rechtsprechung des BFH im Urteil vom 2.12.1997[11] statuierten Rechtsfolgen. Wenn diesbezüglich in der Literatur formuliert wird, „das Dienstverhältnis endet, wenn der Arbeitnehmer Gesellschafter wird",[12] so ist dies irreführend und könnte zu der Schlußfolgerung führen, daß das zivilrechtlich fortbestehendes Dienstverhältnis für steuerliche Zwecke nicht zur Kenntnis genommen, negiert wird. Dem aber ist nicht so. Denn anders als zu Zeiten der früher herrschenden Bilanzbündeltheorie sind die Rechtsbeziehungen zwischen Gesellschaft und Gesellschafter zumindest auf der Gewinnermittlungsstufe der Personengesellschaft nunmehr auch steuerrechtlich anzuerkennen.[13]

Die Einbeziehung des der Pensionszusage zugrundeliegenden Dienstverhältnisses unter die Regelung des § 15 Abs. 1 S. 1 Nr. 2 Hs. 2 EStG führt für die zivilrechtlich einheitlich zu beurteilende Pensionszusage zu einer steuerbilanzrechtlichen Zweiteilung, nämlich in den Teil der Pensionsanwartschaft des Gesellschafters, den er vor seinem Eintritt in die Gesellschaft als Nur-Arbeitnehmer ratierlich erdient hat und in einen weiteren Teil, der im Zusammenhang mit seiner Tätigkeit für die Gesellschaft im Sinne des § 15 Abs. 1 S. 1 Nr. 2 Hs. 2 EStG steht. Für die steuerbilanzielle Behandlung des ersten Teiles wird in der Literatur auch von einer „Einfrierung" der Pensionsrückstellung gesprochen.[14] Dies bedeutet nach Ansicht der Literatur[15], daß die übernommene Pensions-

---

10 BFH v. 11.12.1980 - IV R 91/77, BStBl. II 1981, 422; siehe auch Söffing, Besteuerung der Mitunternehmer, VII 1c.

11 BFH v. 2.12.1997 - VIII R 15/96, DB 1998, 753.

12 Lange/Grützner/Kussmann/Reiß, Personengesellschaften im Steuerrecht, Rdnr. 586; Ahrend/Förster/ Rößler, BAV, 6. Teil Rdnr. 5; BMF-Schreiben v. 20.12.1977, BStBl. I 1978, 8, Tz. 85; H 41 Abs. 8 EStH 1996; ähnlich Bordewin, BB 1976, 967, 972.

13 BFH v. 25.2.1991 - GrS 7/89, BFHE 163, 1 = BStBl. II 1991, 691, 698.

14 Barth, DB 1976, 1544, 1549; Felix/Streck, DStR 1976, 243, 245; Märkle, DStR 1995, 1001, 1008.

15 Barth, DB 1976, 1544, 1549; Bordewin, BB 1976, 967, 972; Knobbe-Keuk, Bilanzsteuerrecht, § 11 IV 4; Lange/Grützner/Kussmann/Reiß, Personengesellschaften im Steuerrecht, Rdnr. 586; L.Schmidt/Seeger, EStG, § 6a Rdnr. 31; Scholtz, DStZ 1985, 211, 212; Söffing, Besteuerung der Mitunternehmer, VII 2 c bb; Uelner, StbJb 1975/76, S. 305, 319f.; Zimmermann/Reyer/ Hottmann, Die Personengesellschaft im Steuerrecht, S. 250; zumin-

rückstellung zwar dem Grunde nach in der Steuerbilanz der Personengesellschaft anzusetzen ist, aber von diesem Stichtag an so zu behandeln ist, wie die Pensionsrückstellung eines aus dem Unternehmen ausgeschiedenen Arbeitnehmers, der seine Pensionsanwartschaft, beispielsweise wegen Unverfallbarkeit, nicht verliert. Demgemäß sei für Zwecke der Berechnung der anzusetzenden Pensionsrückstellung davon auszugehen, daß steuerlich das Dienstverhältnis des Mitunternehmer-Angestellten mit dem Stichtag endet.

Dies hieße für die Berechnung des Teilwertes der Pensionsverpflichtung, daß nicht § 6a Abs. 3 Nr. 1 EStG, sondern § 6a Abs. 3 Nr. 2 EStG anzuwenden wäre, wonach die Pensionsrückstellung mit dem Barwert der künftigen Pensionsleistungen, dem Anwartschaftsbarwert anzusetzen ist.[16] Für die Berechnung des Anwartschaftsbarwertes am Schluß des Wirtschaftsjahres, in dem der Arbeitnehmer als Mitunternehmer in die Gesellschaft eingetreten ist, sowie jeweils am Schluß der folgenden Wirtschaftsjahre wäre, wie bei einem ausscheidenden Arbeitnehmer unter Beibehaltung seiner Anwartschaft, der in der Zeit als Nur-Arbeitnehmer ratierlich erdiente Pensionsanspruch zugrunde zu legen (vgl. § 2 Abs. 1 S. 1 BetrAVG).[17] Die Zuführungen zur Pensionsrückstellung aufgrund der Fortentwicklung des Anwartschaftsbarwertes (sog. Aufzinsung) seien als „Nachwirkung" der früheren Arbeitnehmereigenschaft anzusehen, so daß sie nicht der Vorschrift des § 15 Abs. 1 S. 1 Nr. 2 Hs. 2 EStG unterliegen. [18]

Letztem ist zuzustimmen. Bereits Uelner[19] und ihm folgend Barth[20] und Bordewin[21] sind in Reaktion auf das Urteil des BFH vom 8.1.1975[22] dafür eingetreten, daß weitere Rückstellungszuführungen nach Eintritt des Gesellschafters in die Gesellschaft insoweit zulässig sind, als es sich dabei um die rechnerische Verzinsung der bis zum Eintritt in die Gesellschaft erdienten Pensionsanwartschaft handelt. Die Zuführungen in Höhe dieses Zinsanteiles sind ausschließlich

dest früher ebenso die Finanzverwaltung H 41 Abs. 8 EStH 1996; BMF-Schreiben v. 20.12.1977, BStBl. I 1978, 8, Tz. 85.

16 Ahrend/Förster/Rößler, BAV, 6. Teil, Rdnr. 5; Knobbe-Keuk, Bilanzsteuerrecht, § 11 IV 4; L.Schmidt/Seeger, EStG, § 6a Rdnr. 31; Söffing, Besteuerung der Mitunternehmer, VII 2c bb; Zimmermann/Reyer/Hottmann, Die Personengesellschaft im Steuerrecht, S. 250.

17 Knobbe-Keuk, Bilanzsteuerrecht, § 11 IV 4; L.Schmidt/Seeger, EStG, § 6a Rdnr. 31; Söffing, Besteuerung der Mitunternehmer, VII 2c bb; Zimmermann/Reyer/Hottmann, Die Personengesellschaft im Steuerrecht, S. 250.

18 BMF-Schreiben v. 20.12.1977, BStBl. I 1978, 8, Tz. 85; Ahrend/Förster/Rößler, BAV, 6. Teil Rdnr. 5; Knobbe-Keuk, Bilanzsteuerrecht, § 11 IV 4; Söffing, Besteuerung der Mitunternehmer, VII 2c bb.

19 Uelner, StbJb 1975/76, S. 305, 316; zustimmend Felix/Streck, DStR 1976, 243, 245; Knobbe-Keuk, StuW 1978, 68, 75; Raupach, FR 1976, 233, 238.

20 Barth, DB 1976, 1544, 1549.

21 Bordewin, BB 1976, 967, 972.

22 BFH v. 8.1.1975 - I R 142/72, BFHE 115, 37 = BStBl. II 1975, 437.

durch das frühere Arbeitsverhältnis des Nur-Arbeitnehmers veranlaßt und werden deshalb gleichfalls nicht von der Vorschrift des § 15 Abs. 1 S. 1 Nr. 2 Hs. 2 EStG erfaßt.

Im weiteren bedeutet die obige Rechtsauffassung im Ergebnis eine Neubewertung des bislang in der Steuerbilanz der Personengesellschaft angesetzten Pensionsanspruches, so daß die Pensionsrückstellung teilweise aufzulösen wäre. Denn der bislang für die Berechnung des Teilwertes der Pensionsverpflichtung gemäß § 6a Abs. 3 Nr. 1 EStG zugrunde gelegte volle Pensionsanspruch liegt üblicherweise betraglich oberhalb des Anwartschaftsbarwertes des bis zum Eintritt in die Gesellschaft erdienten Pensionsanspruches.[23] Folgte man dieser Auffassung, kann insofern nicht von einer „eingefrorenen" Pensionsrückstellung gesprochen werden. Die teilweise Auflösung der Pensionsrückstellung führte bei der Personengesellschaft zur Entstehung eines steuerpflichtigen laufenden Gewinnes. Zur Kritik an dieser abzulehnenden Ansicht ist auf die Ausführungen zum entsprechenden Fall der Umwandlung einer Kapitalgesellschaft in eine Personengesellschaft verwiesen.[24]

Anzuwenden ist die Berechnungsmethode des § 2 Abs. 1 S. 1 BetrAVG, allerdings für die vorzunehmende Aufteilung der mit Eintritt des Versorgungsfalles zu zahlenden Versorgungsbezüge. Dabei ist davon auszugehen, daß die Versorgungsleistungen der Gesellschaft teilweise in Verbindung stehen mit den Diensten des Pensionsberechtigten, die dieser vor Eintritt in die Gesellschaft erbracht hat, und teilweise in Zusammenhang stehen mit der Tätigkeit des Gesellschafters, die dieser danach erbracht hat. Soweit die ab dem Eintritt des Versorgungsfalles zu zahlenden Pensionsleistungen auf die Zeit bis zum Eintritt des Arbeitnehmers in die Gesellschaft entfallen, handelt es sich beim Pensionsberechtigten um Einkünfte aus nichtselbständiger Arbeit im Sinne des § 19 Abs. 1 Nr. 2 EStG.[25]

---

23 Ahrend/Förster/Rößler, BAV, 6. Teil Rdnr. 6; Heubeck/Höhne/Paulsdorf/Weinert, Betr AVG-StR, § 6a EStG Rdnr. 624.

24 Siehe hierzu unten Teil 2, G III.

25 Ahrend/Förster/Rößler, BAV, 6. Teil Rdnr. 7; Söffing, Besteuerung der Mitunternehmer, VII 2c bb; Zimmermann/Reyer/Hottmann, Die Personengesellschaft im Steuerrecht, S. 251.

B. Direktzusage an einen als Personengesellschafter ausscheidenden Arbeitnehmer

Der Fall, daß ein Gesellschafter-Angestellter, dem von der Gesellschaft eine Pensionszusage erteilt worden ist, aus der Gesellschaft als Gesellschafter ausscheidet, aber als deren Arbeitnehmer verbleibt, bildet das Spiegelbild zum oben behandelten. In der Literatur wurde hierzu vor dem Hintergrund der bis zum Urteil des BFH vom 2.12.1997[26] geltenden Rechtslage die Ansicht vertreten, die dem Gesellschafter gegebene Pensionszusage verliere mit dessen Austritt ihre steuerrechtliche Eigenschaft als Gewinnverteilungsabrede, so daß ab diesem Zeitpunkt für die Pensionsverpflichtung in der Steuerbilanz der Gesellschaft eine Pensionsrückstellung gebildet werden könne.[27] Nach der neuen Rechtsprechung des BFH darf die Personengesellschaft im Rahmen des § 6a EStG für derartige Pensionsverpflichtungen gegenüber Gesellschaftern nunmehr bereits während der Zugehörigkeit des Gesellschafters zur Mitunternehmerschaft in der Steuerbilanz eine Pensionsrückstellung passivieren,[28] so daß die Problematik eines zum Schluß des Wirtschaftsjahres des Austritts nachzuholenden Rückstellungsansatzes fortan nicht mehr besteht. Bezüglich der sich daraus ergebenden Übergangsproblematik und der Berechnung des Teilwertes der anzusetzenden Pensionsverpflichtung ist ebenfalls auf die Ausführung zu dem entsprechenden Fall der Umwandlung einer Personengesellschaft in eine Kapitalgesellschaft verwiesen.[29]

---

26 BFH v. 2.12.1997 - VIII R 15/96, DB 1998, 753.

27 L.Schmidt/Seeger, EStG, § 6a Rdnr. 31; nach wie vor Lange/Grützner/Kussmann//Reiß, Personengesellschaften im Steuerrecht, Rdnr. 582; verneinend Bordewin, BB 1976, 967, 973.

28 Vgl. hierzu oben Teil 1, B II 3a.

29 Siehe hierzu unten Teil 2, E III 3a,d.

C. Direktzusage an einen mittelbar beteiligten Personengesellschafter

Zivilrechtlich können Personenhandelsgesellschaften, anders als nach ständiger Rechtsprechung des BGH die Gesellschaften bürgerlichen Rechts[30], aufgrund ihrer in § 124 HGB niedergelegten Teilrechtsfähigkeit ebenso wie natürliche und juristische Personen Gesellschafter einer anderen Personengesellschaft (Untergesellschaft) sein.[31] Als solcher ist die beteiligte Gesellschaft (Obergesellschaft) selbst Träger der mitgliedschaftlichen Rechte und Pflichten aus der Beteiligung an der Untergesellschaft. Dies bedeutet zudem, daß die beteiligte Personenhandelsgesellschaft, ebenso wie die an einer Personengesellschaft beteiligte Kapitalgesellschaft, selbst Gesellschafter der Untergesellschaft ist und nicht etwa die an ihr beteiligten Gesellschafter.[32]

Für den Fall einer als Obergesellschaft an einer Personengesellschaft beteiligten Kapitalgesellschaft folgt daraus steuerrechtlich unstreitig, daß aufgrund der rechtlichen Selbständigkeit der Kapitalgesellschaft der mittelbar an der Personengesellschaft beteiligte Kapitalgesellschafter nicht Mitunternehmer der Personengesellschaft im Sinne des § 15 Abs. 1 S. 1 Nr. 2 EStG ist. Demzufolge sind die Vergütungen, die er für Leistungen an die Personengesellschaft von dieser erhält, keine Sondervergütungen im Sinne des § 15 Abs. 1 S. 1 Nr. 2 Hs. 2 EStG.[33] Fraglich dagegen war, ob eine solche steuerrechtliche Sperrwirkung der Gesellschaft bezüglich der Qualifikation des Kapitalgesellschafters als Mitunternehmer der Untergesellschaft auch dann greift, wenn es sich bei der zwischengeschalteten Gesellschaft nicht um eine Kapitalgesellschaft, sondern um eine Personengesellschaft handelt.[34]

---

30 BGHZ 46, 291, 296; BGH, WM 1986, 1280; dagegen MünchKomm-Ulmer, BGB, § 705 Rdnr. 67; Soergel/Hadding, BGB, § 705 Rdnr. 24; Staudinger/Keßler, BGB, § 705 Rdnr. 46.

31 BGHZ 80, 129, 132; A. Hueck, OHG, § 2 I 3a; Heymann/Emmerich, HGB, § 105 Rdnr. 45; Schlegelberger/K.Schmidt, HGB, § 105 Rdnr. 65; Staub/Ulmer, HGB, § 105 Rdnr. 94.

32 Eingehend Groh, DB 1991, 879; A. Hueck, OHG, § 2 I 3a; Heymann/Emmerich, HGB, § 105 Rdnr. 45; Schlegelberger/K.Schmidt, HGB, § 105 Rdnr. 65; Staub/Ulmer, HGB, § 105 Rdnr. 95.

33 Lange/Grützner/Kussmann/Reiß, Personengesellschaften im Steuerrecht, Rdnr. 515; Knobbe-Keuk, Bilanzsteuerrecht, § 11 IV 5a aa; Söffing, Besteuerung der Mitunternehmer, VI 9.

34 Bejahend BFH v. 12.11.1985 - VIII R 286/81, BStBl. II 1986, 55: eine zwischengeschaltete Personenhandelsgesellschaft vermittle keine Mitunternehmerschaft, sondern versperre sie. Sie erzeuge die gleichen Wirkungen wie eine zwischengeschaltete Kapitalgesellschaft; a.A. BFH v. 23.2.1972 - I R 159/68, BStBl. II 1972, 530; v. 12.10.1989 - IV R 5/86, BStBl. II 1990, 168; siehe dazu Knobbe-Keuk, DB 1990, 905; A. Schmidt, DStR 1990, 164.

Die Problematik lag dem Beschluß des Großen Senats vom 25.2.1991[35] zugrunde. Der BFH entschied, daß Personenhandelsgesellschaften und mitunternehmerisch tätige Gesellschaften bürgerlichen Rechts selbst Gesellschafter und Mitunternehmer einer Personengesellschaft seien mit der Folge, daß die Gesellschafter der Obergesellschaft nicht auch Mitunternehmer der Untergesellschaft sind. Die Regelung des § 15 Abs. 1 S. 1 Nr. 2 Hs. 2 EStG finde auf Tätigkeitsvergütungen, die ein Gesellschafter der Obergesellschaft für eine Tätigkeit bei der Untergesellschaft erhält, keine Anwendung. Dies gelte auch für den Fall, daß ein Obergesellschafter bei einer GmbH & Co. KG als Untergesellschaft die Geschäfte der zur Geschäftsführung verpflichteten Komplementär-GmbH führt. Der Große Senat folgerte aus der Verselbständigung der Personengesellschaften im Zivilrecht und der darauf aufbauenden steuerrechtlichen Einheitsbetrachtung, daß grundsätzlich steuerrechtlich Mitunternehmer nur derjenige sein könne, der zivilrechtlich Gesellschafter einer Personengesellschaft ist.[36]

Infolgedessen wäre fortan § 15 Abs. 1 S. 1 Nr. 2 Hs. 2 EStG auf solche Vergütungen nicht mehr anwendbar gewesen, die der Gesellschafter einer Obergesellschaft für Leistungen an die Untergesellschaft erhalten hätte, sofern er nicht auch unmittelbar selbst an dieser beteiligt gewesen wäre. Die an einen solchen Gesellschafter erteilte Pensionszusage der Untergesellschaft unterläge nicht den besonderen Bestimmungen der Gewinnermittlung bei Personengesellschaften und damit nicht dem vom BFH für Vergütungen zusätzlich statuierten Grundsatz der korrespondierenden Bilanzierung, so daß Pensionsrückstellungen mit steuerlicher gewinnmindernder Wirkung auch auf den Gesamtgewinn der Mitunternehmerschaft hätten gebildet werden können.[37]

Die von der Entscheidung des Großen Senats ausgehende Sorge, das Steuerrecht werde wie bereits zu Zeiten vor der Einführung des körperschaftsteuerrechtlichen Anrechnungsverfahrens mit der Gründungswelle der GmbH & Co. KG zu einer erneuten „unerwünschten Quelle des Gesellschaftsrechts“[38] mit einer zu erwartenden vermehrten und allein steuerlich motivierten Umgestaltung schlichter Personengesellschaften in sog. Doppelgesellschaften,[39] aber wohl in erster Linie die Sorge um ein mit der Umgehung der Regelungen über die Tätigkeitsvergütungen verbundenes sinkendes Einkommen- und Gewerbe-

---

35 BFH v. 25.2.1991 - GrS 7/89, BFHE 163, 1 = BStBl. II 1991, 691; dazu Crezelius, JZ 1991, 546ff.

36 Kritisch hierzu Groh, DB 1991,879, 881.

37 Ausführlich zu den weiteren steuerlichen Auswirkungen Märkle, StbJb 1991/92, 247, 253, 257ff.; Groh, DB 1991, 879; Lange/Grützner/Kussmann/Reiß, Personengesellschaften im Steuerrecht, Rdnr. 517; L.Schmidt, EStG, § 15 Rdnr. 611.

38 Groh, DB 1991, 879.

39 L.Schmidt, EStG, § 15 Rdnr. 612; Tipke/Lang, Steuerrecht, § 9 Rdnr. 545.

steueraufkommen[40], hat den Gesetzgeber veranlaßt, die Norm des § 15 Abs. 1 S. 1 Nr. 2 EStG im Rahmen des Steueränderungsgesetzes von 1992 um den Satz 2 zu ergänzen.

Danach steht der mittelbar über eine oder mehrere Personengesellschaften beteiligte Gesellschafter dem unmittelbar beteiligten Gesellschafter gleich. Die Vorschrift normiert den Durchgriff durch die Obergesellschaft mit der Folge, daß der mittelbar beteiligte Gesellschafter nicht nur als Mitunternehmer des Betriebes der Obergesellschaft, sondern neben der Obergesellschaft als Mitunternehmer des Betriebes der Gesellschaft anzusehen ist, an der er mittelbar beteiligt ist, wenn er und die die Beteiligung vermittelnde Personengesellschaft jeweils als Mitunternehmer der Betriebe der Personengesellschaften anzusehen sind, an der sie unmittelbar beteiligt sind (vgl. § 15 Abs. 1 Nr. 2 S. 2 Hs. 2 EStG, sog. „ununterbrochene Mitunternehmerkette").[41] Im Ergebnis wird der mittelbar beteiligte Gesellschafter in bezug auf unmittelbare Leistungsbeziehungen zur Untergesellschaft so gestellt, wie er als unmittelbarer Mitunternehmer der Untergesellschaft stünde.[42]

Die Vorschrift ist nach § 52 Abs. 18 S. 1 EStG erstmals für die nach dem 31.12.1991 endenden Wirtschaftsjahre anzuwenden. Des weiteren bestimmt § 52 Abs. 18 S. 2 EStG, daß bereits gebildete Pensionsrückstellungen spätestens in der Schlußbilanz des Wirtschaftsjahres, das nach dem 31.12.1991 endet, in voller Höhe gewinnerhöhend aufzulösen sind. Damit durchbricht die Regelung Handelsrecht. Denn handelsrechtlich dürfen Rückstellungen nur aufgelöst werden, soweit der Grund hierfür entfallen ist (§§ 249 Abs. 3 S. 2, 253 Abs. 1 S. 2 HGB). Da die Regelung des § 52 Abs. 18 S. 2 EStG erst für nach dem 31.12.1991 endende Wirtschaftsjahre anzuwenden ist, dürfen in den davor lie-

---

40 Söffing, Besteuerung der Mitunternehmer, III 2 lbb (3)a.

41 Fraglich ist allerdings, ob diese Voraussetzung auch dann erfüllt ist, wenn die die Beteiligung vermittelnde Obergesellschaft ihrerseits keine Tätigkeit im Sinne der §§ 15 Abs. 1 S. 1 Nr. 1, Abs. 2 EStG ausübt, so daß § 15 Abs. 3 Nr. 1 EStG nicht anwendbar ist. Der BFH hat im Urteil v. 7.11.1991 - IV R 5/86, BFH/NV 1992, 299 bestimmt, daß eine Gesellschaft bürgerlichen Rechts, deren Tätigkeit sich auf das Halten der Beteiligung an der gewerblichen Untergesellschaft beschränkt, eine mitunternehmerisch tätige ist, vgl. auch BFH v. 8.12.1994 - IV R 7/92, BFHE 176, 555 = BStBl. II 1996, 264; zustimmend Groh, DB 1991, 879, 882; L.Schmidt, EStG, § 15 Rdnr. 614 m.w.N.: „denn allein schon die Beteiligung an einer gewerblichen Untergesellschaft qualifiziert die Obergesellschaft zur gewerblichen Personengesellschaft und Mitunternehmerschaft"; ablehnend Knobbe-Keuk, Bilanzsteuerrecht, § 11 IV 5a cc, m.w.N.: denn die Obergesellschaft die nur vermögensverwaltend oder deren Aktivität sich auf das Halten der Beteiligung an der Untergesellschaft beschränkt, führe „noch lange nicht einen eigenen Betrieb".

42 Knobbe-Keuk, Bilanzsteuerrecht, § 11 IV 5a aa; Märkle, StbJb 1991/92, S. 247, 280; Söffing, Besteuerung der Mitunternehmer, III 2 1 bb (3) a; Lange/Grützner/Kussmann/Reiß, Personengesellschaften im Steuerrecht, Rdnr. 517.

genden Wirtschaftsjahren Pensionsrückstellungen für mittelbar beteiligte Gesellschafter angesetzt werden, soweit die Voraussetzungen des § 6a EStG erfüllt sind. Pensionsverpflichtungen, die aufgrund der gegenteiligen Anweisung der Finanzverwaltung[43] nicht passiviert worden sind, können nachgeholt werden.[44] Das Nachholverbot des § 6a Abs. 4 S. 1 EStG steht der Passivierung nicht entgegen.[45]

Von Knobbe-Keuk ist zurecht in Frage gestellt worden, ob der gesetzliche Auflösungszwang des § 52 Abs. 18 S. 2 EStG für derartige Pensionsrückstellungen eine verfassungsrechtlich unzulässige Rückwirkung bedeutet.[46] Die gesetzliche Neufassung des § 15 Abs. 1 S. 1 Nr. 2 EStG mit ihrer Ergänzung durch Satz 2 ist nach § 52 Abs. 18 S. 1 EStG erst wirksam für die nach dem 31.12.1991 endenden Wirtschaftsjahre, so daß die durch das Urteil des BFH vom 25.2.1991[47] bestätigte, bislang rechtlich zulässige Minderung des Gesamtgewinnes der Mitunternehmerschaft durch die Bildung derartiger Pensionsrückstellungen mit der Vorschrift des § 52 Abs. 18 S. 2 EStG rückgängig gemacht würde.

Nach den Äußerungen des BFH im Urteil vom 2.12.1997[48] bestehen gegen § 52 Abs. 18 S. 2 EStG unter dem Gesichtspunkt des Rückwirkungsverbotes allerdings keine verfassungsrechtlichen Bedenken: Die Rückstellung betreffe eine Verpflichtung, die zumindest bis zum Eintritt des Versorgungsfalles noch nicht zu einem endgültigen Aufwand bei der Gesellschaft geführt habe. Insoweit sei der Tatbestand, an den das Gesetz die Besteuerung knüpft, im Zeitpunkt des Inkrafttretens des Gesetzes noch nicht abgeschlossen gewesen, denn der mittelbar beteiligte Gesellschafter hätte ab Eintritt des Versorgungsfalles die Pensionszahlungen als Einnahmen bei den Einkünften aus nichtselbständiger Arbeit (§§ 19 Abs. 1 Nr. 2, 11 Abs. 1 EStG) versteuern müssen. Die Änderung des Gesetzes beinhalte deshalb bei noch nicht abgeschlossenen Besteuerungstatbeständen keine „echte" Rückwirkung. Zu den Vergütungen im Sinne des § 15 Abs. 1 S. 1 Nr. 2 Hs. 2 EStG gehöre deshalb auch die an den mittelbar beteiligten Gesellschafter nach dem 31.12.1991 gezahlte Abfindung, die der Gesellschafter als Gegenleistung für den Verzicht auf seine bis zum 31.12.1991 erdiente Pensionsanwartschaft von der Untergesellschaft bezogen hat. Der Verbuchung der Abfindungszahlung als laufender Personalaufwand stehe insoweit § 15 Abs. 1

43 BMF-Schreiben v. 19.4.1978, DStZ/B 1978, 195.

44 Märkle, StbJb 1991/92, S. 247, 283.

45 Zur Frage, ob bei der Bemessung der Rückstellung zu berücksichtigen ist, daß vom Veranlagungszeitraum 1992 an Aufwendungen für zukünftige Versorgungsleistungen nicht mehr als zu passivierende Betriebsausgaben abgezogen werden können, siehe unten Teil 2, G III 2.

46 Knobbe-Keuk, Bilanzsteuerrecht, § 11 IV 5a dd.

47 BFH v. 25.2.1991 - GrS 7/89, BFHE 163, 1 = BStBl. II 1991, 691.

48 BFH v. 2.12.1997 - VIII R 62/95, DB 1998, 757.

S. 1 Nr. 2 Hs. 1 i.V.m. § 52 Abs. 18 S. 1 EStG entgegen, wenn man entsprechend der zur Auflösung der Rückstellung getroffenen Regelung davon ausgehe, daß der auf einer Pensionszusage beruhende Aufwand bei der Gesellschaft einem Abzugsverbot unterliege.

Exkurs: GmbH & Co. KG

Nicht in den Anwendungsbereich der Vorschrift des § 15 Abs. 1 S. 1 Nr. 2 S. 2 EStG fällt der Gesellschafter der Komplementär-GmbH einer GmbH & Co. KG.[49] Der Kapitalgesellschafter ist nicht, wie es die Vorschrift voraussetzt, mittelbar über eine Personengesellschaft beteiligt. Die Vergütungen des Geschäftsführer-Gesellschafters der GmbH, die er für die Führung der Geschäfte der GmbH und mit dieser für die der KG erhält, sind unabhängig davon, ob sie unmittelbar von der GmbH oder von der GmbH & Co. KG bezogen werden, keine Vergütungen im Sinne des § 15 Abs. 1 S. 1 Nr. 2 Hs. 2 EStG. Der Gesellschafter-Geschäftsführer erzielt unstreitig Einkünfte aus nichtselbständiger Arbeit im Sinne des § 19 EStG.[50] Der Unterscheidung kommt allerdings insofern Bedeutung zu, als bei einer Vergütung durch die GmbH & Co. KG, selbige nur in der steuerlichen Gewinnermittlung der Personengesellschaft als Betriebsausgabe abzugsfähig ist.[51] Erhält dagegen der Gesellschafter-Geschäftsführer seine Gehaltsbezüge unmittelbar von der GmbH, liegen bei der GmbH Betriebsausgaben vor, die ebenfalls im Rahmen der einheitlichen und gesonderten Gewinnermittlung der GmbH & Co. KG als Sonderbetriebsausgaben zu erfassen sind.[52] Andererseits besitzt die GmbH gegenüber der GmbH & Co. KG für ihre Geschäftsführertätigkeit einen Auslagenersatzanspruch, der in der Steuerbilanz der GmbH gewinnerhöhend zu aktivieren und in der einheitlichen und gesonderten Ge-

49 Fichtelmann, Die GmbH & Co KG im Steuerrecht, S. 102; Lange/Grützner/Kussmann/Reiß, Personengesellschaften im Steuerrecht, Rdnr. 515; Knobbe-Keuk, Bilanzsteuerrecht, § 11 IV 5a aa; Kirchhof/Söhn/Reiß, EStG, § 15 Rdnr. E 359; Binz, Die GmbH & Co., § 18 IV 2b bb; Söffing, Besteuerung der Mitunternehmer, VI 9; Zimmermann/Reyer/Hottmann, Die Personengesellschaft im Steuerrecht, S. 1056.

50 BFH v. 13.7.1993 - VIII R 50/92, BStBl. II 1994, 282; v. 6.5.1965 - IV 135/64 U, BStBl. III 1965, 502; vgl. auch Binz, Die GmbH & Co., § 18 IV 2b bb; Lange/Grützner/Kussmann/Reiß, Personengesellschaften im Steuerrecht, Rdnr. 1463; Zimmermann/Reyer/Hottmann, Die Personengesellschaft im Steuerrecht, S. 1056.

51 Binz, Die GmbH & Co., § 18 IV 2b bb; Lange/Grützner/Kussmann/Reiß, Personengesellschaften im Steuerrecht, Rdnr. 1464; Zimmermann/Reyer/Hottmann, Die Personengesellschaft im Steuerrecht, S. 1058.

52 BFH v. 6.5.1965 - IV 135/64 U, BStBl. III 1965, 502; Binz, Die GmbH & Co., § 18 IV 2b bb; Lange/Grützner/Kussmann/Reiß, Personengesellschaften im Steuerrecht, Rdnr. 1464; Zimmermann/ Reyer/Hottmann, Die Personengesellschaft im Steuerrecht, S. 1058.

winnermittlung der GmbH & Co. KG als Sonderbetriebseinnahme der GmbH anzusetzen ist.[53]

Entsprechend verhält es sich bei einer an den Gesellschafter-Geschäftsführer erteilten Direktzusage auf Altersversorgung. Für die dem Gesellschafter-Geschäftsführer von der Komplementär-GmbH erteilte Pensionszusage hat die GmbH in ihrer Steuerbilanz im Rahmen des § 6a EStG eine Pensionsrückstellung zu bilden und zwar unabhängig von dessen Beteiligungshöhe.[54] Soweit die Pensionsverpflichtung in Zusammenhang mit der Geschäftsführertätigkeit für die GmbH & Co. KG steht, ist sie ebenfalls in der Steuerbilanz der GmbH & Co. KG sowie darüber hinaus in der Sonderbilanz der GmbH zu passivieren. Letzterer steht eine in entsprechender Höhe zu aktivierende Sonderbetriebseinnahme gegenüber.

Steuerrechtlich anders verhält es sich hingegen, wenn der Gesellschafter-Geschäftsführer der GmbH daneben selbst an der GmbH & Co. KG als Kommanditist beteiligt ist. Auch diese Konstellation ist kein Anwendungsfall des § 15 Abs. 1 S. 1 Nr. 2 S. 2 EStG, sofern der Kommanditist nicht mittelbar über eine weitere Personengesellschaft an der GmbH & Co. KG beteiligt ist.[55] Bezüglich der Behandlung der Vergütungen bei der Komplementär-GmbH gelten obige Ausführungen entsprechend. Dagegen sind die Vergütungen des als Kommanditisten an der GmbH & Co. KG beteiligten Geschäftsführers der GmbH, die er für die Führung der Geschäfte der GmbH und mit dieser für die der KG erhält, unabhängig davon, ob der Geschäftsführer seine Gehaltsbezüge von der GmbH oder der Personengesellschaft erhält, Tätigkeitsvergütung des Kommanditisten im Sinne des § 15 Abs. 1 S. 1 Nr. 2 EStG.[56]

Verspricht die Komplementär-GmbH dem Geschäftsführer-Kommanditisten eine Altersversorgung, so entsteht in der Person der GmbH eine ungewisse Verbindlichkeit, die in der Steuerbilanz der GmbH nach allgemeinen Grundsätzen

53 Binz, Die GmbH & Co., § 18 IV 2b bb; Zimmermann/Reyer/Hottmann, Die Personengesellschaft im Steuerrecht, S. 1058.

54 R 41 Abs. 9 EStR 1998; Binz, Die GmbH & Co., § 18 IV 2b bb.

55 BFH v. 3.2.1977 - IV R 153/74, BStBl. II 1977, 504; v. 25.2.1991 - GrS 7/89, BFHE 163, 1, 21f. = BStBl. II 1991,691; vgl. auch Knobbe-Keuk, Bilanzsteuerrecht, § 11 IV 5b; Lange/Grützner/ Kussmann/Reiß, Personengesellschaften im Steuerrecht, Rdnr. 518; L.Schmidt, EStG, § 15 Rdnr. 605.

56 BFH v. 3.2.1977 - IV R 153/74, BStBl. II 1977, 504, 507; v. 14.12.1978 - IV R 98/74, BFHE 127, 45 = BStBl. II 1979, 284; Binz, Die GmbH & Co., § 18 IV 2b bb; Lange/ Grützner/Kussmann/Reiß, Personengesellschaften im Steuerrecht, Rdnr. 1465; L.Schmidt, EStG, § 15 Rdnr. 717.

zu behandeln ist.[57] Soweit die Voraussetzungen des § 6a Abs. 1 und 2 EStG erfüllt sind, darf die GmbH für eine Altzusage und muß sie für eine Neuzusage unter Beachtung der Maßgabe des § 5 Abs. 1 EStG in ihrer Steuerbilanz eine Pensionsrückstellung bilden. Soweit die Pensionszusage der GmbH in Zusammenhang mit der Führung der Geschäfte der KG steht, stellen die Rückstellungszuführungen Sonderaufwand der GmbH im Sinne des § 15 Abs. 1 S. 1 Nr. 2 EStG dar, denen ebenfalls durch den Ansatz einer Pensionsrückstellung in der Sonderbilanz der GmbH Rechnung zu tragen ist. Der im Rahmen der Gewinnermittlung der KG zu berücksichtigende Aufwand der GmbH führt zu einer Minderung des Gewinnes der KG. Nach der Rechtsprechung des BFH[58] und ihm folgend der Finanzverwaltung[59], ist diese Gewinnminderung durch einen gleich hohen Ansatz des Anspruches auf die Pension entweder nur in der Sonderbilanz des begünstigten Kommanditisten-Geschäftsführers oder anteilig in den Sonderbilanzen aller Kommanditisten unter Beachtung des Grundsatzes korrespondierender Bilanzierung auszugleichen.[60] Damit ist die Rechtsprechung des BFH im Urteil vom 22.1.1970[61], wonach weder die GmbH noch die KG in ihrer Steuerbilanz eine Pensionsrückstellung bilden durfte, überholt.

57 BFH v. 16.12.1992 - I R 105/91, BFHE 170, 169 = BStBl. II 1993, 792, 794; Binz, Die GmbH & Co., § 18 IV 2b bb; Lange/Grützner/Kussmann/Reiß, Personengesellschaften im Steuerrecht, Rdnr. 1469.

58 BFH v. 16.12.1992 - I R 105/91, BFHE 170, 169 = BStBl. II 1993, 792, 794.

59 Dies Auffassung entsprach grundsätzlich, zumindest bis zur Änderung der EStR durch die EStÄR 1998 vom 15.8.1998, BStBl. I 1998, 1518, auch derjenigen der Finanzverwaltung, vgl. R 41 Abs. 8 EStR 1996 spricht jedoch einschränkend nur von der Sonderbilanz das begünstigten Gesellschafters.

60 Vgl. hierzu oben Teil 1, B III 2.

61 BFH v. 22.1.1970 - IV R 47/68, BFHE 98, 479 = BStBl. II 1970, 415.

D. Versorgungsleistungen an einen ausgeschiedenen Gesellschafter oder an den Rechtsnachfolger (Witwe/Witwer) des verstorbenen Gesellschafters

Gemäß § 15 Abs. 1 S. 2 EStG gilt § 15 Abs. 1 S. 1 Nr. 2 und 3 EStG auch für Vergütungen, die als nachträgliche Einkünfte (§ 24 Nr. 2 EStG) bezogen werden. Die Vorschrift ist durch Art. 7 Nr. 6a des Steuerbereinigungsgesetzes vom 19.12.1985[62] anläßlich der sog. „Witwenpensionsrechtsprechung" des BFH eingeführt worden. Vor Einführung der Vorschrift war nach der Rechtsprechung des BFH vom 24.11.1983[63] und 25.10.1984[64] die Regelung des § 15 Abs. 1 S. 1 Nr. 2 Hs. 2 EStG nicht auf Versorgungsleistungen anwendbar, die eine Personengesellschaft an die Witwe eines verstorbenen Gesellschafters aufgrund des Gesellschaftsvertrages als Vergütung für die Tätigkeit dieses Gesellschafters als Geschäftsführer zahlt, wenn die Witwe zu dem Zeitpunkt, zu dem sie die Versorgungsleistungen als Rechtsnachfolgerin bezieht, ihrerseits nicht Gesellschafterin (Mitunternehmerin) ist. Die Versorgungsleistungen seien demgemäß bei der Ermittlung des Gesamtgewinnes der Personengesellschaft als Betriebsausgaben abzugsfähig und bei der Gesellschafterwitwe gemäß § 24 Nr. 2 EStG als nachträgliche Einkünfte aus Gewerbebetrieb zu erfassen. Zwar erkläre § 24 Nr. 2 EStG nachträgliche Einkünfte aus der früheren Zugehörigkeit zu einer gewerblich tätigen Personengesellschaft zu steuerpflichtigen Einkünften aus Gewerbebetrieb, nicht aber zu den Tätigkeitsvergütungen im Sinne des § 15 Abs. 1 S. 1 Nr. 2 Hs. 2 EStG.[65] Zur Begründung stellte der BFH nicht auf den Sinn und Zweck der Vorschrift, sondern deren Wortlaut ab[66]: Zwar würde es die Zwecksetzung der Vorschrift rechtfertigen, „die Vorschrift auch auf Vergütungen anzuwenden, die ein Nicht-Gesellschafter als Gesamtrechtsnachfolger eines Gesellschafters oder aufgrund eines Vertrages zugunsten Dritter als Gegenleistung für eine Tätigkeit des Gesellschafters im Dienste der Gesellschaft erhält. Denn wenn es einerseits der Zwecksetzung des § 15 Abs. 1 Nr. 2 Halbsatz 2 EStG entspricht, die Vorschrift nicht anzuwenden auf Versorgungsbezüge, die der Gesellschafter einer Personengesellschaft bezieht, aber in einer Zeit erdient hat, in der er nur Arbeitnehmer der Personengesellschaft war oder in der die Personengesellschaft noch die Rechtsform einer Kapitalgesellschaft hatte, würde folgerichtig andererseits die Zwecksetzung der Norm erfordern, sie auf Versorgungsbezüge anzuwenden, die Entgelt für eine Tätigkeit eines Gesellschafters einer Personengesellschaft im Dienste der Gesellschaft sind, auch wenn derjenige, der die Bezüge erhält, seinerseits nicht Gesellschafter der Per-

62 BGBl. I 1985, 2436.

63 BFH v. 24.11.1983 - IV R 14/83, BFHE 139, 549 = BStBl. II 1984, 431.

64 BFH v. 25.10.1984 - IV R 165/82, BFHE 142, 283 = BStBl. II 1985, 212.

65 A.A. Söffing, Besteuerung der Mitunternehmer, VII 1f: § 15 Abs. 1 S. 2 EStG hat „nur klarstellende Bedeutung, weil die sich in ihr zum Ausdruck kommende Rechtsfolge bereits aus § 24 Nr. 2 EStG ergibt".

66 BFH v. 24.11.1983 - IV R 14/83, BFHE 139, 549, 551f. = BStBl. II 1984, 431.

sonengesellschaft ist. Gleichwohl ist es nicht zulässig, die Vorschrift des § 15 Abs. 1 Nr. 2 Hs. 2 EStG allein wegen ihrer Zwecksetzung über ihren Wortlaut hinaus auch auf die von einem Nicht-Gesellschafter bezogenen Vergütungen für die Tätigkeit eines Gesellschafters im Dienste der Gesellschaft anzuwenden."[67]

Damit kam den Entscheidungen eine erhebliche gewerbesteuerrechtliche Bedeutung zu. Denn als abzugsfähige Betriebsausgaben mindern die zu zahlenden Versorgungsleistungen nicht nur den einheitlich und gesondert festzustellenden Gewinn der Gesellschaft, sondern ebenfalls in voller Höhe die Bemessungsgrundlage der Gewerbesteuer. Eine Hinzurechnung gemäß § 8 Nr. 2 GewStG verneinte der BFH für den der Entscheidung zugrundeliegenden Sachverhalt, weil die Versorgungsleistungen an die Gesellschafterwitwe nicht mit dem Erwerb eines Anteiles am Betrieb zusammenhingen.[68] Danach unterlagen die Versorgungsleistungen nicht der Gewerbesteuer. Obwohl die Rechtsprechung des BFH zu den Versorgungsleistungen der Witwe eines ehemaligen Gesellschafters ergangen war, betraf sie nach den Entscheidungsgründen gleichfalls auch den pensionsberechtigten Gesellschafter selbst, wenn dieser aufgrund seiner Tätigkeit für die Gesellschaft von dieser Versorgungsbezüge nach seinem Ausscheiden aus der Gesellschaft erhält.[69]

Im Hinblick auf ihren gewerbesteuerrechtlichen Effekt ist die Rechtsprechung des BFH in der Literatur zu unrecht heftig kritisiert worden. Es wurde argumentiert, daß sich unter Berücksichtigung des damalig gültigen handelsrechtlichen Passivierungswahlrechts für Pensionsverpflichtungen die eigenartige Situation ergeben habe, daß diejenige Gesellschaft, die trotz der sie belastenden Pensionsverpflichtung in ihrer Handels- und Steuerbilanz keine Pensionsrückstellung gebildet hatte, gewerbesteuerlich günstiger gestellt worden wäre als eine Gesellschaft, die eine solche Pensionsrückstellung gebildet hatte.[70] Zutreffend hat hingegen Flume festgestellt, daß unter Zugrundelegung der damaligen Rechtsprechung des BFH es zu diesem Effekt nicht kommen konnte, da die Beurteilung der Pensionszusage als steuerlich nicht zu berücksichtigende Gewinnverteilungsabrede den gewinnmindernden Rückstellungs-ansatzverbot.[71]

---

67 Vgl. dazu Flume, in Festschrift Döllerer, S. 133, 136ff.; a.A. Scholtz, DStZ 1985, 211, 214: Entscheidend sei allein ob die Einnahme oder Ausgabe durch das Gesellschaftsverhältnis verursacht ist, nicht ob im Zeitpunkt des Zahlungsflusses das Gesellschaftsverhältnis besteht.

68 BFH v. 24.11.1983 - IV R 14/83, BFHE 139, 549, 553 = BStBl. II 1984, 431.

69 Bordewin, FR 1984, 277, 278; ders., BB 1985, 1548, 1557; Knobbe-Keuk, StbJb 1984/85, S. 81, 89; Söffing, FR 1984, 151.

70 Bordewin, FR 1984, 277; ders., BB 1985, 1548, 1557; Knobbe-Keuk, StbJb 1984/85, S. 81, 89; Dankmeyer/Klöckner/Puhl, DB 1986, 454 mit anschaulichen Beispielen; dagegen Flume, DB 1985, 2370; ders., in Festschrift Döllerer, S. 133ff.

71 Flume, in Festschrift Georg Döllerer, S. 133ff.

Die Erweiterung des Anwendungsbereiches des § 15 Abs. 1 S. 1 Nr. 2 Hs. 2 EStG durch § 15 Abs. 1 S. 2 EStG ist in Reaktion auf die Rechtsprechung des BFH vor dem Hintergrund der Sicherstellung der Belastung der Versorgungsleistungen mit Gewerbesteuer in erster Linie fiskalpolitisch motiviert zu sehen. Nach der Begründung des Gesetzentwurfs[72] soll erreicht werden, daß „die Vorschrift über die Hinzurechnung von Vergütungen für Leistungen der Gesellschafter an die Gesellschaft auch die dem Gesellschafter oder einem Rechtsnachfolger nach Beendigung der Gesellschafterstellung zufließenden Vergütungen erfaßt und daß diese Beträge dem Gesellschaftsgewinn hinzugerechnet werden". Es soll „eine sinnvolle Gesetzesauslegung sichergestellt werden, durch die auch eine nichtvertretbare Ungleichbehandlung wirtschaftlich vergleichbarer Sachverhalte ausgeschlossen wird".[73]

Ob allerdings dieses vom Gesetzgeber mit der Vorschrift des § 15 Abs. 1 S. 2 EStG angestrebte Ziel erreicht wird, ist nach Ansicht von Flume[74] und Knobbe-Keuks[75] fraglich, da die Verweisung auf § 15 Abs. 1 S. 1 Nr. 2 Hs. 2 EStG die nachträglich bezogenen Vergütungen beim Empfänger lediglich zu Einkünften aus Gewerbebetrieb bestimme und hingegen nicht die Annahme begründe, daß diese Vergütungen in den gesondert zu ermittelnden Gesamtgewinn der Gesellschaft einzubeziehen sind und die Empfänger auch verfahrensrechtlich in das gesonderte Gewinnfeststellungsverfahren einbezogen werden. Denn der ausgeschiedene Gesellschafter und dessen Rechtsnachfolger sind nicht Gesellschafter der Gesellschaft. Nach Seeger hat die Vorschrift des § 15 Abs. 1 S. 2 EStG für die einkommensteuerrechtliche Besteuerung der Bezüge beim Empfänger insofern keine Bedeutung.[76]

Der BFH hat sich im Beschluß vom 25.1.1994[77] der Problematik angenommen und entgegen dieser Auffassung unter Zugrundelegung des erkennbaren Willens des Gesetzgebers dahingehend geäußert, daß die gesetzliche Regelung „keine ernstlichen Zweifel an der Einbeziehung der Witwenpensionen in die Vergütungsregelung des § 15 Abs. 1 S. 1 Nr. 2 EStG" begründe. Die Einbeziehung habe auch dann zu erfolgen, wenn die Witwe des Gesellschafters nicht Gesellschafterin der die Bezüge gewährenden Gesellschaft war oder ist und unabhängig davon, ob sie Erbin ihres verstorbenen Ehemannes geworden ist. Die Vor-

72 Bt-Drs. 10/3663, S. 7; zur Kritik Flume, DB 1985, 2370, 2371; Knobbe-Keuk, BB 1985, 941, 946.

73 Vgl. auch Bordewin, BB 1985, 1548, 1557.

74 Vgl. dazu Flume, in Festschrift Döllerer, S. 133, 143f: „bei einem richtigen Verständnis der Gewerbesteuer" ergebe sich, „daß die Ergänzung (§ 15 Abs. 1 S. 2 EStG) ohne Wirkung für die Gewerbesteuer bleibt."

75 Knobbe-Keuk, BB 1985, 941, 947; dies., Bilanzsteuerrecht, § 11 IV 2.

76 L.Schmidt/Seeger, EStG, § 24 Rdnr. 96.

77 BFH v. 25.1.1994 - VIII B 111/93, BFHE 173, 170, 172 = BStBl. II 1994, 455.

schrift des § 24 Nr. 2 EStG sei darüber hinaus auf Einzelrechtsnachfolger bzw. Begünstigte aus einem Vertrag zugunsten Dritter anzuwenden.[78] Die Regelung des § 15 Abs. 1 S. 2 EStG habe insoweit „rechtsbegründenden Charakter". Dies gelte nicht nur für die Belastung der Versorgungsbezüge mit Gewerbesteuer, sondern auch für ihre einkommensteuerrechtliche Behandlung. Die sachliche Zurechnung der Witwenpension zu den Vergütungen im Sinne des § 15 Abs. 1 S. 1 Nr. 2 EStG bedeute, daß Versorgungsbezüge über die allgemeinen Vorschriften (§§ 4 Abs. 1, 5 Abs. 1 EStG) und über den für Vergütungen zusätzlich geltenden Grundsatz der korrespondierenden Bilanzierung den besonderen Bestimmungen der Gewinnermittlung bei Personengesellschaften unterliegen und im Rahmen der gesonderten und einheitlichen Gewinnfeststellung für die Personengesellschaft zu erfassen seien.[79]

Bedenkliche Konsequenz dessen ist, daß gemäß dieser von der Rechtsprechung des BFH aufgestellten besonderen Bestimmungen der Gewinnermittlung bei Personengesellschaften für einen ausgeschiedenen Gesellschafter oder dessen Rechtsnachfolger eine Sonderbilanz zu führen ist, obgleich dieser frühere Gesellschafter oder dessen Rechtsnachfolger der Personengesellschaft nicht mehr angehört.[80] Der Anspruch aus der Pensionszusage muß demzufolge in der Sonderbilanz aktiviert und mit der späteren Zahlung der Versorgungsbezüge verrechnet werden.

Die durch die Vorschrift des § 15 Abs. 1 S. 2 EStG geschaffene Rechtslage ist nach § 52 Abs. 1 S. 1 EStG in der Fassung des Steuersenkungsgesetzes 1985/86 vom 26.6.1985[81] erstmals im Veranlagungszeitraum 1986 anzuwenden.[82] Fraglich sind die mit der Vorschrift des § 15 Abs. 1 S. 2 EStG verbundenen Rechtsfolgen bezüglich der steuerrechtlichen Rückstellungsbildung für von der Vorschrift erfaßte Versorgungsleistungen. Unstreitig ist, daß für Veranlagungszeiträume vor 1986 die durch die Rechtsprechung des BFH in den Urteilen vom 24.11.1983[83] und 25.10.1984[84] festgestellte Rechtslage gilt. Das bedeutete, daß laufende Versorgungsleistungen der Gesellschaft an den ausgeschiedenen Gesellschafter oder dessen Rechtsnachfolger, soweit sie bis zum 31.12.1985 fällig wurden, als den Gewinn der Gesellschaft mindernde Betriebsausgaben abgezo-

---

78 A.A. Autenrieth, DStZ 1992, S. 114, 117 für die Witwe, die die ihr zustehende Witwenrente aus eigenem und nicht aus abgeleitetem Recht erhält.

79 BFH v. 7.4.1994 - IV R 25/93, BFH/NV 1995, 212; ebenso BMF-Schreiben v. 10.3.1992, BStBl. I 1992, 190, 191.

80 Wuttke, FR 1991, 309, 312; Sarrazin, BetrAV 1990, 246, 249.

81 BGBl. 1985, 1153, 1159.

82 BFH v. 27.6.1989 - VIII R 337/83, BFHE 157, 405 = BStBl. II 1989, 888; BMF-Schreiben v. 16.7.1986, BStBl. I 1986, 359; L.Schmidt, EStG, § 15 Rdnr. 571.

83 BFH v. 24.11.1983 - IV R 14/83, BFHE 139, 549 = BStBl. II 1984, 431.

84 BFH v. 25.10.1984 - IV R 165/82, BFHE 142, 283 = BStBl. II 1985, 212.

gen und diesem nicht nach § 15 Abs. 1 S. 1 Nr. 2 Hs. 2 EStG hinzugerechnet werden konnten. Insofern durfte die Personengesellschaft den zu erbringenden Versorgungsleistungen an einen ehemaligen Personengesellschafter oder dessen Rechtsnachfolger zum Schluß des Wirtschaftsjahres, das vor dem 1.1.1986 endete, durch die Passivierung einer gewinnmindernden Pensionsrückstellung nach Maßgabe des § 6a EStG Rechnung tragen.[85]

Fraglich war jedoch, ob mit der Regelung des § 15 Abs. 1 S. 2 EStG die Rechtsfolge verbunden ist, daß bei der Bemessung der Rückstellung Aufwendungen der Gesellschaft aus Versorgungsleistungen, die nach dem 31.12.1985 fällig werden, nicht berücksichtigt werden dürfen. Diese von der Finanzverwaltung vertretene Auffassung gründete auf der Annahme, daß derartige Versorgungsleistungen vom Veranlagungszeitraum 1986 an den steuerlichen Gewinn nicht mehr mindern dürfen.[86] Demgegenüber verwies bereits Bordewin[87] unter Hinweis auf die gegen das Stichtagsprinzip verstoßende einschränkende Regelung der Finanzverwaltung auf die Vorschrift des § 6a Abs. 3 Nr. 2 EStG. Deren Anwendung stehe § 15 Abs. 1 S. 2 EStG nicht entgegen, da die Vorschrift erst ab dem Veranlagungszeitraum 1986 gelte und keine gesetzliche Rückwirkung vorsehe, so daß sie sich auf 1985 oder früher wirksam gewordene Gewinnminderungen nicht auswirken könne. Der BFH hat sich dieser Rechtsauffassung im Urteil vom 24.7.1990[88] angeschlossen. Eine Rückstellung, die für Veranlagungszeiträume vor 1986 gebildet werden soll, dürfe der Höhe nach nicht deshalb beschränkt werden, weil im Jahr 1985 gesetzlich bestimmt wurde, daß sich Pensionsleistungen an Nicht- oder Nichtmehr-Gesellschafter zukünftig nicht gewinnmindernd auswirken dürfen.[89] Mit Schreiben vom 10.3.1992[90] hat die Finanzverwaltung ihre diesbezüglich abweichende Ansicht aufgegeben, allerdings an der im Schreiben vom 16.7.1986[91] geäußerten, aber fraglichen Auffassung festgehalten, daß eine vor dem 1.1.1986 gebildete Rückstellung für Versorgungsleistungen an ehemalige Gesellschafter oder deren Rechtsnachfolger, die erst nach dem 31.12.1985 fällig werden, zum Schluß des Wirtschafts-

---

85 BFH v. 24.7.1990 - VIII R 39/84, BFHE 161, 504 = BStBl. II 1992, 229, 231; ebenso BMF-Schreiben v. 16.7.1986, BStBl. I 1986, 359; Bordewin, FR 1984, 277, 278; ders., BB 1985, 1548, 1556; ders., DB 1987, 15; Köhle, DB 1984, 644, 645; Sieveking, DB 1987, 1267, 1269ff.; Söffing, FR 1984, 151; a.A. FG Baden-Württemberg v. 13.3.1990 - IV K 178/88, BB 1990, 824: Danach soll „die - dem Grunde nach als zulässig unterstellte - Rückstellung für an die Witwe des ehemaligen Gesellschafters zu erbringende Pensionsleistungen mit 0 DM zu bewerten" sein.

86 BMF-Schreiben v. 16.7.1986, BStBl. I 1986, 359; ebenso Sarrazin, DB 1987, 2540.

87 Bordewin, DB 1987, 15, 16; ebenso Haug/Autenrieth, DStZ 1987, 70, 71.

88 BFH v. 24.7.1990 - VIII R 39/84, BFHE 161, 504 = BStBl. II 1992, 229, 231f; v. 7.7.1992 - VIII R 36/90, BStBl. II 1993, 26.

89 Zustimmend Märkle, StbJb 1991/92, S. 247, 283.

90 BMF-Schreiben v. 10.3.1992, BStBl. I 1992, 190, 191.

91 BMF-Schreiben v. 16.7.1986, BStBl. I 1986, 359.

jahres, das nach dem 31.12.1985 endet, erfolgswirksam aufzulösen ist.[92] Jedoch dürfe aus Billigkeitsgründen in der ersten Steuerbilanz nach dem 31.12.1985 eine den Steuerbilanzgewinn mindernde Rücklage in Höhe von zwei Dritteln des sich aus der Auflösung der Rückstellung ergebenden Gewinnes gebildet werden, die in dem folgenden Wirtschaftsjahr mindestens zur Hälfte und in Höhe des Restbetrages in dem darauffolgenden Wirtschaftsjahr gewinnerhöhend aufzulösen ist.

Dagegen hat der BFH mit dem Urteil vom 2.12.1997[93] entschieden, daß die Personengesellschaft weder verpflichtet noch berechtigt ist, diese Pensionsrückstellung in der Bilanz zum 31.12.1986 mit einem über ihrem Barwert zu diesem Zeitpunkt liegenden Betrag aufzulösen. Da der Wortlaut des § 15 Abs. 1 S. 2 EStG kein Auflösungsgebot enthält und es nicht zulässig sei, ein solches der Übergangsvorschrift des § 52 Abs. 18 S. 2 EStG 1992 zu entnehmen, stehe, da das Gesetz für unmittelbar an der Personengesellschaft beteiligte Gesellschafter eine vergleichbare Übergangsregelung nicht enthalte, einer über die planmäßige hinausgehende Auflösung der Pensionsrückstellung das handelsrechtliche Auflösungsverbot (§§ 249 Abs. 3 S. 2, 253 Abs. 1 S. 2 HGB) entgegen, welches wegen der Regelung des § 5 Abs. 1 S. 1 EStG im Rahmen des § 6a EStG auch für die Steuerbilanz verbindlich ist.[94] Allenfalls sprächen gesetzessystematische Gründe für einen Ausgleich der fortzuführenden Rückstellung durch eine gewinnerhöhende Nachaktivierung in der Sonderbilanz des begünstigten (fiktiven) Gesellschafters. Ein solches Nachaktivierungsgebot für Sonderbetriebseinnahmen aber hätte der Gesetzgeber in einer Übergangsregelung anordnen müssen. Der gewinnerhöhenden Aktivierung des Versorgungsanspruches in einer Sonderbilanz der Witwe stehe insofern einerseits entgegen, daß eine Witwe, die selbst nicht Gesellschafterin war, bis zum 31.12.1985 keine Sonderbilanz erstellen mußte und andererseits, daß aus der ab dem Veranlagungszeitraum 1986 geltenden Regelung des § 15 Abs. 1 S. 2 EStG eine solche Aktivierung für die Sonderbilanz der Witwe zum 31.12.1986 nicht gefordert werden kann. Denn die Bilanzierung einer Forderung in der Sonderbilanz würde im Ergebnis einer (gesetzlich nicht gebotenen) Auflösung der Pensionsrückstellung in der Steuerbilanz der Gesellschaft gleichstehen. Insofern seien die nachträglichen Einkünfte in Form der Versorgungsleistungen nach den für die Überschußrechnung nach § 4 Abs. 3 EStG geltenden Grundsätzen mit ihrem Zufluß zu versteuern.

---

92 Ebenso FG Baden-Württemberg v. 13.3.1990 - IV K 178/88, BB 1990, 824; Sarrazin, DB 1987, 2540; Westerfelhaus, DB 1989, 93, 95; verneinend Bordewin, DB 1987, 15; Haug/Autenrieth, DStZ 1987, 70, 71f.; Scheiterle, BB 1992, 2112, 2113.

93 BFH v. 2.12.1997 - VIII R 42/96, BFHE 185, 1.

94 Ebenso Bordewin DB 1987, 15; Scheiterle, BB 1992, 2112, 2113.

E. Direktzusage an Personengesellschafter im Rahmen der Umwandlung der Personengesellschaft in eine Kapitalgesellschaft

I. Einführung

Für die Errichtung einer Gesellschaft, in einer der durch das Gesellschaftsrecht zur Verfügung gestellten Rechtsform[1], mögen für ihre Gründungsmitglieder die unterschiedlichsten Motive von Bedeutung gewesen sein. Bei der Wahl der geeignetsten Rechtsform für die zu gründende Gesellschaft fließen neben gesellschaftsrechtlichen Überlegungen zur Haftungssituation, Unternehmensführung, Gewinnverteilung etc. vor allem auch die persönlichen Verhältnisse und die mit der Unternehmung verfolgten Zwecke der Beteiligten sowie betriebswirtschaftliche und nicht zuletzt steuerrechtliche Aspekte in die Entscheidung ein.[2] Während der Existenz der Gesellschaft kann sich deren Rechtsform jedoch als nachteilig oder als nicht mehr vorteilhaft erweisen, weil sich die bei ihrer Gründung maßgeblichen Kriterien oder die sie umgebenden rechtlichen Rahmenbedingungen verändert haben. In einer solchen Situation wird das Bedürfnis entstehen, die Rechtsform der Gesellschaft zu wechseln. Allein die steuerrechtlichen Beweggründe, die für einen Wechsel aus der Kapitalgesellschaft in die Personengesellschaft oder ein Einzelunternehmen[3] und umgekehrt sprechen, sind mannigfach, wobei Steuervermeidungsstrategien und die Möglichkeit zur Aufdeckung stiller Reserven mit die wichtigsten Motive für Umwandlungen und Umstrukturierungen bilden.[4]

Soll die Rechtsform eines bestehenden Unternehmens gewechselt werden, stellt sich aus zivilrechtlicher Sicht die Frage, welche Umwandlungsmöglichkeiten bestehen und wie diese technisch durchzuführen sind. Die Umwandlung einer Kapitalgesellschaft oder einer Personengesellschaft läßt sich nach den Regelungen des BGB und HGB in der Weise durchführen, daß in der gewünschten Rechtsform eine neue Gesellschaft gegründet und die Gesellschaft alter Rechts-

---

1 Siehe Kraft/Kreutz, Gesellschaftsrecht, S. 1ff.; K.Schmidt, Gesellschaftsrecht, § 5 II; Wiedemann, Gesellschaftsrecht, Bd. 1, § 2.

2 Umfassend Wöhe, Einführung in die Allgemeine Betriebswirtschaftslehre, S. 346ff.; Jacob, Allgemeine Betriebswirtschaftslehre, S. 81ff.; Schierenbeck, Grundzüge der Betriebswirtschaftslehre, S. 29ff.

3 Pointiert Flick, „Mehr: Raus aus der GmbH, rein in die Personengesellschaft", DB 1996, 1102.

4 Eingehend zum Rechtsformvergleich und zu den Umwandlungsmotiven Tipke/Lang, Steuerrecht, § 17; Felix/Stahl, DStR 1986, Beihefter Heft 3; siehe auch Haritz/Benkert,

form liquidiert wird. Das Vermögen der Gesellschaft, seine Aktiva und Passiva, werden im Wege der Einzelrechtsnachfolge auf die neue Gesellschaft übertragen; anschließend wird die alte Gesellschaft durch die Löschung im Handelsregister aufgelöst. Dieses Verfahren, für welches es keine an irgendeine Rechtsform geknüpfte Beschränkung gibt, ist nicht nur umständlich und aufwendig, sondern unter Umständen auch mit erheblichen Kosten verbunden.[5]

Um die Umwandlung eines Unternehmens zu erleichtern, sieht das handelsrechtliche Umwandlungsrecht eine Reihe von Umwandlungsarten vor, durch welche die rechtliche Organisation eines Unternehmens vereinfacht geändert werden kann. Diese Möglichkeiten der Unternehmen ihre rechtliche Struktur den wirtschaftlichen und rechtlichen Veränderungen anzupassen, sind im Rahmen der Reform des handelsrechtlichen Umwandlungsrechts durch das UmwBerG vom 28.10.1994[6] sowie durch die sie ergänzenden steuerrechtlichen Anpassungen des Umwandlungssteuerrechts[7], erheblich erweitert worden.[8] Dies betrifft insbesondere den Bereich der Verschmelzung und des Formwechsels. Dennoch bleiben die zivilrechtlichen Umstrukturierungsmöglichkeiten weiterhin begrenzt (sog. numerus clausus der Umwandlungsarten). Von dem nach den einzelnen Umwandlungsarten aufgebauten Umwandlungsgesetz (UmwG) werden nur solche Umwandlungsvorgänge erfaßt, bei denen das Vermögen eines Rechtsträgers auf einen anderen im Wege der Gesamtrechtsnachfolge übertragen wird (Verschmelzung §§ 2 bis 122 UmwG, Spaltung §§ 123 bis 173 UmwG, Vermögensübertragung §§ 174 bis 189 UmwG) und solche Vorgänge, bei denen sich die Rechtsform eines bestehendes Rechtsträgers unter Wahrung seiner rechtlichen Identität ändert (Formwechsel §§ 190 bis 304 UmwG).

Hierin eingeschlossen ist gleichfalls auch die Umwandlung einer Kapitalgesellschaft in eine Personengesellschaft oder ein Einzelunternehmen. In steuerrechtlicher Ergänzung ermöglicht es das Umwandlungssteuerrecht sowohl eine Kapitalgesellschaft in eine Personengesellschaft oder ein Einzelunternehmen als

UmwStG, Einf. Rdnr. 303ff.; Knopf/ Söffing, BB 1995, 850; Lüdicke, ZEV 1995, 132; Strunk/Karten, INF 1996, 12.

5 Kübler, Gesellschaftsrecht, § 27 I 2; Widmann/Mayer, Umwandlungsrecht, § 1 UmwStG Rdnr. 82ff.; Rödder, DB 1995, 599; Sagasser/Bula/Brünger, Umwandlungen, Teil N Rdnr. 165ff.; siehe auch Wollny, Unternehmensübertragungen, B II.

6 BGBl. I 1994, 3210.

7 BGBl. I 1994, 3267 = BStBl. I 1994, 839.

8 Schwarz, DStR 1994, 1694, 1696 (Fn. 33) spricht von 210 neuen Möglichkeiten zur Umstrukturierung eines Unternehmens.

auch umgekehrt (weitgehend) erfolgsneutral umzuwandeln.[9] Bis zur Neufassung des UmwStG war die erfolgsneutrale Umwandlung einer Kapitalgesellschaft in eine Personengesellschaft ausgeschlossen (vgl. §§ 3ff. UmwStG 1977). Die zwingend vorgesehene Aufdeckung der im Betriebsvermögen der Kapitalgesellschaft gehaltenen stillen Reserven erschwerte oder verhinderte gar derartig erwünschte Umstrukturierungen. Denn obwohl der bei der Kapitalgesellschaft durch den Teilwertansatz entstandene Übertragungsgewinn von der Körperschaftsteuer befreit war, kam es auf der Ebene der Personengesellschaft durch die Besteuerung des Übernahmegewinnes zur Versteuerung der stillen Reserven.[10] Mit der Gesetzesänderung ist dieses bis dahin gegebene entscheidende, steuerrechtliche Hindernis solcher Umstrukturierungen, weshalb es in der Literatur auch als „Umwandlungsbremse" bzw. „Einbahnstraße" im Um-

9 Obgleich die Umwandlung einer Kapital- in eine Personengesellschaft aufgrund der Möglichkeit der Buchwertfortführung nach dem neuen Umwandlungssteuerrecht vielerorts als nunmehr steuerneutrale Umwandlungsmöglichkeit hervorgehoben wird, gilt dies nicht uneingeschränkt. Mit der „Vollausschüttungsfiktion" des Besteuerungskonzeptes der §§ 3 bis 10 UmwStG kommt es für die offenen Rücklagen der übertragenden Kapitalgesellschaft aufgrund der unterschiedlichen Steuertarife für einkommen- und körperschaftsteuerpflichtige Gewinne zu einer „Neu"-Besteuerung. Während das geltende Körperschaftsteuergesetz eine grundsätzliche Besteuerung des thesaurierten Gewinnes der Kapitalgesellschaft mit 40% (§ 23 Abs. 1 KStG) vorsieht, unterliegen die gewerblichen Einkünfte der Gesellschafter der übernehmenden Personengesellschaft in der Spitze einem Steuersatz von 51% (§ 32a Abs. 1 S. 1 Nr. 4 EStG; die Tarifbegrenzungsnorm des § 32 c EStG ist nicht anwendbar, da der Übernahmegewinn gemäß § 18 Abs. 2 UmwStG gewerbesteuerlich nicht erfaßt wird). Insofern kommt es im Ergebnis trotz Buchwertverknüpfung für die den Anteilseignern zuzurechnenden offenen Reserven der übertragenden Kapitalgesellschaft, zu einer „Höherbesteuerung", wenn der individuelle Einkommensteuersatz des Anteilseigners über dem Körperschaftsteuersatz der übertragenden Kapitalgesellschaft liegt. Nur für den eher seltenen Fall, daß beide Steuerlasten gleich sind, trifft den Übernahmegewinn letztlich keine zusätzliche Steuer. Andererseits kommt es zu einer Steuerentlastung, wenn der individuelle Steuersatz des Personengesellschafters unterhalb des Körperschaftsteuertarifes liegt. Darüber hinaus drohen denjenigen Anteilseignern steuerliche Nachteile, die an der übertragenden Kapitalgesellschaft nicht wesentlich privat beteiligt sind; siehe dazu auch S. 196 Fn. 12. Mit den gesetzlichen Neuregelungen durch das StSenkG werden bezüglich dieses Effektes keine gravierenden Veränderungen eintreten. Denn der in der Spitze bei 48,5% liegende persönliche Einkommensteuersatz für Veranlagungszeiträume bis 2002, (vgl. § 32a Abs. 1 S. 1 Nr. 4 EStG n.F.) steht auch unter Berücksichtigung des zur Anwendung gelangenden Halbeinkünfteverfahrens (§ 4 Abs. 7 UmwStG) eine auf 25% abgesenkte körperschaftsteuerliche Vorbelastung auf Kapitalgesellschaftsebene gegenüber.

10 Dötsch/Eversberg/Jost/Witt, KStG, UmwStG Rdnr. 5; Haritz/Benkert, UmwStG, Einf. Rdnr. 315; Glade/Steinfeld, Umwandlungssteuergesetz 1977, Kap. III A II 1; Haritz/ Benkert/Brinkhaus, UmwStG, § 3 Rdnr. 1; Sagasser/Bula/Brünger, Umwandlungen, Teil L Rdnr. 73; Widmann/Mayer, Umwandlungsrecht, Vor § 3 UmwStG 77 Rdnr. 4664ff.

wandlungsrecht bezeichnet worden ist,[11] durch die Neufassung der §§ 3ff. UmwStG nahezu beseitigt worden.[12]

Weil das UmwStG mit seinen steuerlichen Rechtsfolgen der Umstrukturierungsvorgänge an die im UmwG geregelten Sachverhalte anknüpft, ist es insoweit Folgerecht des Umwandlungsrechts. Anders als das UmwG, das zwischen den Umwandlungsarten differenziert, unterscheidet das UmwStG zwischen Umwandlungsvorgängen, an denen Körperschaften als übertragende oder formwechselnde Rechtsträger beteiligt sind und solchen Umwandlungsvorgängen, an denen der übertragende oder formwechselnde Rechtsträger eine Personengesellschaft ist. Der besondere Aufbau des UmwStG ist Folge der unterschiedlichen Besteuerungssystematik der Personengesellschaften einerseits und den

---

11 Dötsch/Eversberg/Jost/Witt, KStG, UmwStG Rdnr. 5; Haritz/Benkert/Brinkhaus, UmwStG, § 3 Rdnr. 1.

12 Durch die Umwandlung benachteiligt ist der im Sinne der Vorschrift des § 17 EStG nicht wesentlich beteiligte Anteilseigner der Kapitalgesellschaft, der seine Beteiligung im Privatvermögen hält. Weil im Privatvermögen realisierte Wertsteigerungen grundsätzlich nicht einkommensteuerbar sind, unterlägen, mit Ausnahme der Besteuerung nach den §§ 17, 23 EStG, 21 UmwStG, die Gewinne aus einer Veräußerung der im Privatvermögen gehaltenen Beteiligung nicht der Einkommensteuer. Dies gilt auch für die im Veräußerungserlös abgegoltenen und anteilig auf die Beteiligung entfallenen thesaurierten Gewinne der Kapitalgesellschaft. Demgegenüber erfolgt im Fall der Umwandlung der Kapitalgesellschaft auf eine Personengesellschaft für den nicht wesentlich Beteiligten durch die Fiktion der anteiligen Vollausschüttung des verwendbaren Eigenkapitals der Kapitalgesellschaft gemäß § 7 UmwStG die Besteuerung der offenen Reserven. Da die Fiktion der Einlage gemäß § 5 Abs. 2 bis 4 UmwStG in Abweichung von der früher geltenden Rechtslage ausdrücklich nicht für nicht wesentliche im Privatvermögen gehaltene Anteile gilt, nimmt der Anteilseigner an der Ermittlung des Übernahmegewinnes bzw. -verlustes auf der Ebene der Personengesellschaft nicht teil. Für ihn bestimmt die Regelung des § 7 UmwStG, daß ihm, entsprechend seiner Beteiligungsquote, anteilig die Teilbeträge des verwendbaren Eigenkapitals mit Ausnahme des EK04 und die auf diesen Teilbeträgen lastende und nach § 10 Abs. 1 UmwStG anzurechnende Körperschaftsteuer als Einkommen aus Kapitalvermögen zuzurechnen sind. Daraus ergibt sich für den nicht wesentlich beteiligten Anteilseigner eine Besteuerung entsprechend der Vollausschüttung der thesaurierten Gewinne.

An dieser Besteuerungssituation für nicht i.S.d. § 17 EStG beteiligte Anteilseigner ist durch die Neuregelung des § 7 UmwStG im Rahmen des StSenkG keine grundsätzliche Änderung eingetreten. Nach wie vor erfolgt auf ihrer Ebene eine „Nach"-Besteuerung der offenen Reserven der übertragenden Kapitalgesellschaft. Geändert hat sich infolge des Systemwechsels hin zum Halbeinkünfteverfahren lediglich der Umfang der zu versteuernden Einkünfte, der infolge des Fortfalls des Anrechnungsverfahrens eine entsprechende Erhöhung der Einkünfte aus Kapitalvermögen um die anzurechnende Körperschaftsteuer zukünftig nicht mehr vorsieht.

Körperschaften andererseits.[13] Den steuersystematischen Unterschieden trägt das Umwandlungssteuerrecht durch seine Ausrichtung auf die unterschiedlichen Rechtsträger Rechnung, da beispielsweise die Umwandlung einer Kapitalgesellschaft in eine Personengesellschaft stets den Wechsel der Steuersystematik zur Folge hat. Der Aufbau des UmwStG orientiert sich deshalb daran, ob mit dem Vermögensübergang die Änderung der Steuerrechtssubjektqualität des übertragenden Rechtsträgers im Vergleich zum übernehmenden Rechtsträger einhergeht.[14] Dies gilt steuerrechtsdogmatisch entsprechend für den Formwechsel, der entgegen dem Zivilrecht umwandlungssteuerrechtlich als Vermögensübertragung behandelt wird, falls der formwechselnde Rechtsträger steuerrechtlich seine Steuerrechtssubjektqualität ändert.[15] Dies betrifft u.a. den Formwechsel einer Kapitalgesellschaft in eine Personengesellschaft, für den gemäß der Vorschrift des § 14 UmwStG die Regelungen zur Vermögensübertragung auf eine Personengesellschaft in den §§ 3 bis 8 und 10 UmwStG entsprechend anzuwenden sind.[16] Indes kann das Umwandlungssteuerrecht für denjenigen Umwandlungsfälle auf Regelungen verzichten, in denen die Steuerrechtssubjektqualität und die Beteiligung der Anteilseigner unverändert bleibt, wie dies für den Formwechsel innerhalb der Personengesellschafts- oder Kapitalgesellschaftsformen der Fall ist. Eine Vermögensübertragung erfolgt bei derartigen Umwandlungen ebenfalls nicht. Dies bedeutet ferner, daß die Regelungsbereiche des UmwG und des UmwStG nicht deckungsgleich sind.[17] Zwar betreffen die im UmwStG geregelten steuerrechtlichen Folgen überwiegend die Reorganisationsvorgänge des UmwG, daneben aber enthält es Regelungen für Umstrukturierungen, die im UmwG nicht vorgesehen sind (Einbringungen und gewisse Formen des Anteilstausches). Es erfaßt aber umgekehrt nicht alle im UmwG geregelten Umwandlungsarten (Spaltung von Personengesellschaften). Darüber hinaus ist das UmwStG eine nicht abschließende steuerrechtliche Regelung zivilrechtlich durchführbarer Umstrukturierungsvorgänge. Allerdings sind solche steuerlich begünstigten Umstrukturierungsmöglichkeiten, die in der Vergangenheit neben

13 Siehe hierzu oben Teil 1, A II, B II 2.

14 Dötsch/Eversberg/Jost/Witt, KStG, UmwStG Rdnr. 16f.; Haritz/Benkert, UmwStG, § 1 Rdnr. 1ff.; Sagasser/Bula/Brünger, Umwandlungen, Teil B Rdnr. 19; Tipke/Lang, Steuerrecht, § 11 Rdnr. 93.

15 Vgl. dazu Begründung des Regierungsentwurfes eines Gesetzes zur Änderung des Umwandlungssteuerrechts, Bt-Drs. 12/6885, 15.

16 Zur rechtsdogmatischen Problematik des Formwechsels einer Kapitalgesellschaft in eine Personengesellschaft und umgekehrt siehe hierzu unten Teil 2, E II 2.

17 Vgl. dazu Dötsch/Eversberg/Jost/Witt, KStG, UmwStG Rdnr. 37ff.; Sagasser/Bula/Brünger, Umwandlungen, Teil A Rdnr. 4; Tipke/Lang, Steuerrecht, § 11 Rdnr. 93; Widmann/Mayer, Umwandlungsrecht, UmwStG 1995/Kurzkommentierung, Rdnr. S. 0ff.

dem UmwStG bestanden haben, durch das StEntlG 1999/2000/2002 erheblich beschränkt worden (vgl. § 6 Abs. 5 EStG).[18]

Von besonderer Bedeutung für das steuersystematische Verständnis des UmwStG ist in diesem Zusammenhang das Verhältnis zwischen den handels- und steuerrechtlichen Regelungen.[19] Dabei geht es um die Frage, ob die bei Umstrukturierungsvorgängen durch das UmwStG gewährten Steuervergünstigungen von dem Steuerpflichtigen nur in Anspruch genommen werden können, wenn die Umwandlung gleichfalls die Normen des UmwG erfüllt. Die Frage ist vor dem Hintergrund zu sehen, daß es aufgrund der mit der Umwandlung verbundenen Änderung des Rechtsträgers steuerrechtlich ohne die Anwendung der Regelungen des UmwStG bei Kapitalgesellschaften zur Liquidationsbesteuerung (§ 11 KStG) und bei Personengesellschaften zur Besteuerung des Aufgabegewinnes (§ 16 EStG) käme.[20] Eine Schlußbesteuerung findet nur dann nicht statt und steuerliche Wirkungen treten nur dann nicht ein, wenn, wie im Falle der Umwandlung innerhalb der Personengesellschaftsformen oder innerhalb der Kapitalgesellschaftsformen, es mit der Umwandlung nicht zu einer Änderung des Rechtsträgers kommt. Daraus folgt, daß in den darüber hinaus gehenden Fällen eine Schlußbesteuerung nur dann vermieden werden kann, wenn das UmwStG Anwendung findet.[21] Im Ergebnis kommt es hierdurch zu einem Aufschub hinsichtlich der Aufdeckung der in dem übertragenen Vermögen enthaltenen stillen Reserven und damit zu einem Steuerstundungseffekt.

Der zweite bis siebente Teil des UmwStG regelt die Umwandlung von Körperschaften. Für die Anwendung der hierin enthaltenen Regelungen bestimmt § 1

18 Hierzu zählen: Anteilstausch aufgrund des sog. Tauschgutachtens, BFH v. 16.12.1958 - I D 1/57, BFHE 68, 78 = BStBl. III 1959, 30; Vermögensübertragung im Zuge einer Betriebsaufspaltung, BMF-Schreiben v. 22.1.1985, BStBl. I 1985, 97; Einbringung von Wirtschaftsgüter gegen Gewährung von Gesellschaftsrechten nach dem sog. Mitunternehmererlaß, BMF-Schreiben v. 20.12.1977, BStBl. I 1978, 8 (teilweise Wiedereinführung durch das StSenkG mit der Regelung des § 6 Abs. 5 S. 3 EStG n.F.); Vermögensübertragung durch Realteilung, BFH v. 10.2.1972 - IV 317/65, BFHE 104, 543 = BStBl. II 1972, 419; v. 10.12.1991 - VIII R 69/86, BFHE 166, 476 = BStBl. II 1992, 385.

19 Vgl. hierzu Dehmer, UmwG/UmwStG, Einf. UmwStG 2 Rdnr. 8ff.; Haritz/Benkert, UmwStG, § 1 Rdnr. 2f.;Sagasser/Bula/Brünger, Umwandlungen, Teil H Rdnr. 1ff.; Widmann/Mayer, Umwandlungsrecht, UmwStG 1995 Rdnr. S 0ff.

20 Vgl. dazu Crezelius, Steuerrecht II, § 6 II 3a; Knobbe-Keuk, Bilanzsteuerrecht, § 22 I 1und § 25 I; v.Wallis/Brandmüller/Schulze zur Wiesche, Besteuerung der Personen- und Kapitalgesellschaften, VII 1c; Wollny, Unternehmensübertragungen, F I.

21 Crezelius, Steuerrecht II, § 6 II 3a; Knobbe-Keuk, Bilanzsteuerrecht, § 22 I 4 und § 25 I; Sagasser/Bula/Brünger, Umwandlungen, Teil D Rdnr. 2.; v.Wallis/Brandmüller/Schulze zur Wiesche, Besteuerung der Personen- und Kapitalgesellschaften, VII 1c.

Abs. 1 S. 1 UmwStG zur Voraussetzung, daß der betreffende Umwandlungsvorgang nach den entsprechenden Vorschriften des UmwG vollzogen wird. Die Vorschriften der §§ 3 bis 19 UmwStG sind deshalb nur dann anzuwenden, wenn der betreffende Umstrukturierungsvorgang auch gleichzeitig nach den handelsrechtlichen Vorschriften des UmwG durchgeführt wird.[22] Dieser Grundsatz schließt die Umwandlung einer Kapitalgesellschaft in eine Personengesellschaft mit ein, so daß die durch das neue UmwStG geschaffenen steuerrechtlichen Vorzüge nur dann nutzbar gemacht werden können, wenn die Umwandlung nach der Maßgabe der Regelungen des UmwG im Wege der Gesamtrechtsnachfolge erfolgt.[23] Der achte bis zehnte Teil des UmwStG regelt die Fälle der Umwandlung von Personengesellschaften. Die Anwendbarkeit der Vorschriften der §§ 20ff. UmwStG ist unabhängig davon, ob der Umwandlungsvorgang den Normen des UmwG subsumierbar ist. Die von den Normen der §§ 20ff. UmwStG erfaßten Umstrukturierungen können sowohl nach den Vorschriften des UmwG und damit im Wege der Gesamtrechtsnachfolge oder aber im Wege der Einzelrechtsnachfolge vorgenommen werden.[24] Dies betrifft ebenfalls die Umwandlung einer Personengesellschaft in eine Kapitalgesellschaft im Wege der Verschmelzung (§§ 20 bis 23 UmwStG). Für den Formwechsel in die Kapitalgesellschaft bestimmt § 25 S. 1 UmwStG die entsprechende Anwendung der §§ 20 bis 23 UmwStG.

---

22 Von diesem Grundsatz ausgenommen ist die ebenfalls in § 1 UmwG geregelte Ausgliederung (§ 1 Abs. 1 S. 2 UmwStG). Steuerrechtlich wird die Ausgliederung als Einbringung im Sinne der §§ 20, 24 UmwStG behandelt.

23 Dötsch/Eversberg/Jost/Witt, KStG, UmwStG Rdnr. 39; Haritz/Benkert, UmwStG, § 1 Rdnr. 3; Sagasser/Bula/Brünger, Umwandlungen, Teil A Rdnr. 4, B Rdnr. 21; Widmann/Mayer, Umwandlungsrecht, UmwStG 1995/Kurzkommentierung Rdnr. S 13.

24 Dehmer, UmwG UmwStG, § 20 UmwStG Rdnr. 1ff.; Dötsch/Eversberg/Jost/Witt, KStG, UmwStG Rdnr. 38; Haritz/Benkert/Friederichs, UmwStG, Vor § 20 Rdnr. 12ff.; Sagasser/Bula/Brünger, Umwandlungen, Teil H Rdnr. 4; Widmann/Mayer, Umwandlungsrecht, Vor 8. Teil UmwStG Rdnr. 17ff.

II. Rechtsgrundlagen der Umwandlung

1. Zivilrecht

Neben der zivilrechtlich bestehenden Möglichkeit der Umwandlung einer Personengesellschaft in eine Kapitalgesellschaft im Wege der Einzelrechtsnachfolge durch Sachgründung oder Sachkapitalerhöhung[25], kann eine Personenhandelsgesellschaft nach neuem Umwandlungsrecht durch Verschmelzung oder Spaltung im Wege der Gesamtrechtsnachfolge[26] oder durch Formwechsel in eine Kapitalgesellschaft umgewandelt werden.

Die Verschmelzung vollzieht sich zivilrechtlich nach den Regelungen der §§ 2 bis 35, 39 bis 45 (übertragender Rechtsträger ist eine Personenhandelsgesellschaft), §§ 46 bis 59 (übernehmender Rechtsträger ist eine GmbH) oder §§ 60 bis 70 (übernehmender Rechtsträger ist eine AG) UmwG. Die Personenhandelsgesellschaft kann auf eine bereits bestehende Kapitalgesellschaft (Verschmelzung durch Aufnahme; § 2 Nr. 1 UmwG) oder mit anderen verschmelzungsfähigen Rechtsträgern (vgl. § 3 UmwG) zu einer neugegründeten Kapitalgesellschaft verschmolzen werden (Verschmelzung durch Neugründung; § 2 Nr. 2 UmwG). Als verschmelzungsfähige, übertragende Personengesellschaften kommen neben den Personenhandelsgesellschaften nur die Partnerschaftsgesellschaften in Betracht (§ 3 Abs. 1 Nr. 1 UmwG). Die Umwandlung einer GbR in eine Kapitalgesellschaft ist daher ausgeschlossen.[27] Allerdings kann die Umstrukturierung einer GbR durch die Einbringung der Gesellschaftsanteile oder das Gesellschaftsvermögen im Wege der Sachgründung (Errichtung einer Kapitalgesellschaft) oder im Wege der Sachkapitalerhöhung (Einbringung in eine bestehende Kapitalgesellschaft) betrieben werden.[28]

---

25 Vgl. dazu Haritz/Benkert/Friederichs, UmwStG, Vor. § 20 Rdnr. 12; Neu, Neumann, Neumayer, Handbuch GmbH-Besteuerung, Rdnr. 1008; Picot/Müller-Eising, Restrukturierung, Teil B I 3; Sagasser/Bula/Brünger, Umwandlungen, Teil H Rdnr. 9ff.; Tipke/Lang, Steuerrecht, § 11 Rdnr. 103; K.Schmidt, Gesellschaftsrecht, § 13 I 4.

26 Allgemein zur Gesamtrechtsnachfolge im Umwandlungsrecht siehe K.Schmidt, Universalsukzession kraft Rechtsgeschäft, AcP 191 (1991), S. 495ff.; ders., Mertens, Zur Universalsukzession in einem neuen Umwandlungsrecht, AG 1994, 66ff.m.w.N.

27 Goutier/Knopf/Tulloch/Bermel, Umwandlungsrecht, § 1 UmwG Rdnr. 59; Lutter, UmwG, § 1 Rdnr. 18; Sagasser/Bula/Brünger, Umwandlungen, Teil J Rdnr. 4.

28 Vgl. dazu Picot/Müller-Eising, Restrukturierung, Teil B I 3; Sagasser/Bula/Brünger, Umwandlungen, Teil H Rdnr. 9ff.; Tipke/Lang, Steuerrecht, § 11 Rdnr. 103; K.Schmidt, Gesellschaftsrecht, § 13 I 4.

Vollzogen wird die Verschmelzung einer Personenhandelsgesellschaft auf eine Kapitalgesellschaft nach den Regelungen des UmwG durch den Abschluß eines Verschmelzungsvertages (§§ 4ff. UmwG), gegebenenfalls die Erstellung eines Verschmelzungsberichtes (§§ 8, 41 UmwG) und die Prüfung der Verschmelzung (§§ 9, 44 UmwG), den Verschmelzungsbeschluß der Gesellschafter (§ 13 UmwG) und schließlich die Anmeldung und Eintragung der Verschmelzung in das Handelsregister (§ 16 UmwG). Der Verschmelzungsbeschluß bedarf mit Ausnahme gemäß § 43 Abs. 2 UmwG grundsätzlich der Zustimmung aller Gesellschafter (§ 43 Abs. 1 UmwG). Mit der Eintragung der Verschmelzung in das Handelsregister treten die Verschmelzungswirkungen gemäß § 20 Abs. 1 UmwG ein; Vermögensübergang im Wege der Gesamtrechtsnachfolge, Erlöschen des übertragenden Rechtsträgers, Übergang des Anteilsrechtes und die Heilung von eventuellen Formmängeln. Das Vermögen der übertragenden Personenhandelsgesellschaft geht als Ganzes, einschließlich der Verbindlichkeiten, kraft Gesetzes im Wege der Gesamtrechtsnachfolge auf die übernehmende Kapitalgesellschaft über (§ 20 Abs. 1 Nr. 1 UmwG).[29]

Die Kapitalgesellschaft tritt deshalb grundsätzlich ohne weiteres in die Rechte und Pflichten der übertragenden Personenhandelsgesellschaft ein.[30] Die Verpflichtung der Personengesellschaft aus einer dem Gesellschafterangestellten erteilten Pensionszusage zur Leistung von Pensionen geht auf die übernehmende Kapitalgesellschaft über. Dies betrifft nicht nur die Ansprüche des Gesellschafters auf Leistungen zur Altersversorgung, die bereits vor der Umwandlung durch den Eintritt des Versorgungsfalles entstanden sind, sondern gleichfalls den aufschiebend bedingten Pensionsanspruch des Gesellschafters, obwohl der einzelne Pensionsanspruch zivilrechtlich erst nach dem Versorgungsfall mit Eintritt der Erlebensbedingung entsteht. Denn die Kapitalgesellschaft übernimmt nicht nur grundsätzlich die Verpflichtungen der Personengesellschaft, sondern tritt kraft Gesamtrechtsnachfolge in das dem Pensionsanspruch des Gesellschafters zugrundeliegende Schuldverhältnis aus der Pensionsvereinbarung zwischen dem Gesellschafter und der Personengesellschaft ein.[31]

---

29 Zum Ablauf siehe Ballreich, Fallkommentar zum Umwandlungsrecht, B I 2; Dinnies, GmbHR 1995, 438; Picot/Müller-Eising, Restrukturierung, Tei B III; Sagasser/Bula/-Brünger/Ködderitzsch, Umwandlungen, Teil J Rdnr. 9ff.

30 Dehmer, UmwG/UmwStG, § 20 UmwG Rdnr. 16, 27; Goutier/Knopf/Tulloch, Umwandlungsrecht, § 20 Rdnr. 8 ff.; Lutter, UmwG, § 20 Rdnr. 6ff.; K.Schmidt, Gesellschaftsrecht, § 13 III 7b.

31 Ahrend/Förster/Rößler, BAV, 1. Teil Rdnr. 99.2; Bordewin/Brandt/Merkert, EStG, § 20 UmwStG Rdnr. 101; Dehmer, UmwG UmwStG, § 20 UmwG Rdnr. 80; Gosch, in Fest-

Eine Personenhandelsgesellschaft kann im Wege des identitätswahrenden Formwechsels in eine Kapitalgesellschaft umgewandelt werden (vgl. § 191 Abs. 1 Nr. 1 UmwG). Für den Formwechsel anzuwenden sind neben den allgemeinen Vorschriften zum Formwechsel der §§ 190 bis 213 UmwG die besonderen Regelungen für den Formwechsel von Personenhandelsgesellschaften der §§ 214 bis 225 UmwG. Anders als für den Fall des Formwechsels einer Kapitalgesellschaft in eine Personengesellschaft ist der Formwechsel einer GbR in eine Kapitalgesellschaft nicht zulässig (vgl. § 191 Abs. 1 UmwG). Dagegen schloß das frühere handelsrechtliche Umwandlungsrecht den Wechsel aus einer Personengesellschaftsform in eine Kapitalgesellschaftsform, bzw. den umgekehrten Wechsel aus.[32] Rechtsdogmatischer Hintergrund dessen war das Verständnis des Formwechsels einerseits sowie das gesellschaftsrechtliche Verständnis der Personengesellschaft andererseits.

Gesetzlich definiert ist der Begriff des Formwechsels nicht. Allgemein wird unter dem Begriff des Formwechsels ein Umwandlungsvorgang verstanden, an dem nur ein einziger Rechtsträger beteiligt ist, dessen Rechtskleid und Struktur sich unter Wahrung seiner Identität durch den Formwechsel ändert, die Vermögenszuordnung aber unberührt bleibt.[33] Diesem liegt die Überlegung zugrunde, daß die durch den Formwechsel bewirkte Änderung des Rechtskleides eines Unternehmens nicht zugleich dessen wirtschaftliche und rechtliche Identität aufhebt.[34] Anders ausgedrückt heißt dies, daß es sich bei dem Rechtsträger vor und dem Rechtsträger nach dem Formwechsel um ein und dieselbe Gesellschaft handelt, diese mit dem Formwechsel lediglich ein neues Rechtskleid erlangt (vgl. §§ 190 Abs. 1; 202 Abs. 1 Nr. 1 UmwG) . Die sachenrechtliche Zuordnung

schrift Widmann, S. 357, 359; Widmann/Mayer, Umwandlungsrecht, § 20 UmwG Rdnr. 105ff., 123ff.

32 Kübler, Gesellschaftsrecht, § 27 II 5; Reinhard, Gesellschaftsrecht, § 71 IV 3; K.Schmidt, Gesellschaftsrecht, 2. Aufl., § 12 I 4a; Sagasser/Bula/Brünger, Umwandlungen, Teil R Rdnr.5ff.

33 BGH, NJW 1993, 1917; ebenso die Gesetzesbegründung zum fünften Buch des UmwG; abgedruckt in Ganske, Umwandlungsrecht, S. 209; siehe auch Goutier/Knopf/Tulloch/Bermel, Umwandlungsrecht, § 1 UmwG Rdnr. 44; Haritz/Benkert/Menner, UmwStG, § 14 Rdnr. 2; G.Hueck, Gesellschaftsrecht, § 38I 2a; K.Schmidt, Gesellschaftsrecht, § 12 IV 2a; Wiedemann, Gesellschaftsrecht, Bd. 1, § 3 I 3b.

34 Goutier/Knopf/Tulloch/Bermel, Umwandlungsrecht, § 1 UmwG Rdnr. 45; G.Hueck, Gesellschaftsrecht, § 38I 2a; K.Schmidt, Gesellschaftsrecht, § 12 IV 2a; Wiedemann, Gesellschaftsrecht, Bd. 1, § 3 I 3b.

des Vermögens bleibt erhalten, so daß eine Vermögensübertragung nicht stattfindet.[35]

Vor diesem Hintergrund war aufgrund der Rechtszuständigkeit der Kapitalgesellschaft als juristische Person nach dem altem handelsrechtlichen Umwandlungsrecht zwar der Wechsel von der einen Kapitalgesellschaftsform in eine andere denkbar, nicht hingegen der Wechsel in die Rechtsformen der Personengesellschaften. Denn mit der Umwandlung der Kapitalgesellschaft in die Personengesellschaft oder umgekehrt ist aufgrund des für die Personengesellschaften nach wie vor geltenden Gesamthandsprinzips (§ 718 BGB) immer auch eine Veränderung der sachenrechtlichen Zuordnung des Vermögens verbunden. Zwar ist die Personenhandelsgesellschaft durch die gesetzliche Vorschrift des § 124 Abs. 1 HGB im Außenverhältnis weitestgehend verselbständigt - sie kann unter ihrer Firma Rechte erwerben und Verbindlichkeiten eingehen, Eigentum und andere dingliche Rechte an Grundstücken erwerben sowie vor Gericht klagen und verklagt werden - dies aber ändert nichts daran, daß die Personengesellschaft durch diese Verselbständigung nicht zur juristischen Person wird.[36] Sie ist nach wie vor Gesamthandsgesellschaft, weshalb sich für das Innenverhältnis die Beziehung der Gesellschafter zum Gesellschaftsvermögen gravierend von der Vermögenszuordnung bei juristischen Personen unterscheidet. Bildet die Personengesellschaft Gesellschaftsvermögen, ist es den Gesellschaftern gemeinschaftlich zugeordnet (§ 718 Abs. 1 BGB). Die Gesellschafter sind im Innenverhältnis an sämtlichen Vermögensgegenständen unmittelbar dinglich berechtigt.[37] Um das Gesellschaftsvermögen zur Erreichung des gemeinsamen Zweckes zusammenzuhalten, ist es den Gesellschaftern jedoch als unteilbares Ganzes zur gesamten Hand zugeordnet (§ 719 Abs. 1 BGB). Dagegen ist die Kapitalgesellschaft als juristische Person selbst Träger aller Rechte und Pflichten.[38] Das von ihr erworbene Vermögen ist von dem ihrer Gesellschafter strikt

---

35 K.Schmidt bezeichnete den identitätswahrenden Formwechsel deshalb als das „lupenreine, dogmatisch konsequente Umwandlungsmodell“, Gesellschaftsrecht, 2. Aufl., § 12 I 4a.

36 Vgl. hierzu Flume, ZHR 136, 177ff.; ders., Personengesellschaften, § 4 II.; Reinhard, Gesellschaftsrecht, § 4 II; K.Schmidt, Gesellschaftsrecht, § 8 III; Wiedemann, Gesellschaftsrecht, § 5 I 2b.

37 Eisenhardt, Gesellschaftsrecht, § 4 VI 1; G.Hueck, Gesellschaftsrecht, § 3 II; Kübler, Gesellschaftsrecht, § 4 III; Wiedemann, Gesellschaftsrecht, § 5 I 2a.

38 Eisenhardt, Gesellschaftsrecht, § 2 IV; G.Hueck, Gesellschaftsrecht, § 3 III; Kübler, Gesellschaftsrecht, § 4 IV 1; Reinhardt, Gesellschaftsrecht; § 4 IV 1a; K.Schmidt, Gesellschaftsrecht, § 3 I 3; Wiedemann, Gesellschaftsrecht, § 4 I 2a.

zu trennen.[39] Die Gesellschafter sind am Gesellschaftsvermögen nur wertmäßig durch ihre Geschäftsanteile an der GmbH oder ihre Kapitalanteile (Aktien) an der Aktiengesellschaft beteiligt, nicht aber sind ihnen die Vermögensgegenstände der Gesellschaft dinglich zugeordnet.[40] Rechtsträger und Zuordnungssubjekt der Vermögensgegenstände ist allein die juristische Person. Deshalb steht der Wechsel einer Kapitalgesellschaftsform in eine andere Kapitalgesellschaftsform im Einklang mit dem (bisherigen) rechtsdogmatischen Verständnis des Formwechsel, da in diesen Fällen die sachenrechtliche Zuordnung der Vermögensgegenstände unangetastet bleibt. Nicht so ist es hingegen beim Wechsel von der Kapitalgesellschaft in die Personengesellschaft, weshalb dieser Vorgang durch das alte handelsrechtliche Umwandlungsrecht als Vermögensübertragung verstanden wurde, der als Fall der übertragenden Umwandlung im Wege der Gesamtrechtsnachfolge geregelt worden war (§§ 1 bis 39 UmwG a. F.).[41]

Infolgedessen ergibt sich aus der nunmehr gesetzlich vorgesehenen Zulässigkeit des Formwechsels einer Kapitalgesellschaft in die Personengesellschaft ein Konflikt im Verhältnis zwischen dem überkommenen dogmatischen Verständnis des Formwechsels und der sachenrechtlichen Vermögenszuordnung bei Personengesellschaften. Der hiernach rechtsdogmatisch schwer nachvollziehbare, identitätswahrende Formwechsel einer Kapitalgesellschaft in die Personengesellschaft oder umgekehrt[42] ist nur dann erklärlich, wenn entweder für das Umwandlungsrecht mit der Neufassung des UmwG von einem grundlegend geänderten Begriffsinhalt des Formwechsels auszugehen wäre, oder wenn der identitätswahrende Formwechsel zwischen Personengesellschaften und Kapitalgesellschaften nach § 191 UmwG als gesetzgeberischer Schritt hin zur gesetzlichen Umsetzung der Lehre von der Rechtssubjektivität der Gesamthand aufzufassen wäre. Für letzteres spricht die Gesetzesbegründung in der es heißt[43]: „Abweichend von den Vorschriften über die errichtende Umwandlung soll es für die konkrete Ausgestaltung des Formwechsels jedoch nicht darauf ankommen, ob der formwechselnde Rechtsträger durch die Umwandlung zur juristischen Person wird oder eine juristische Person durch den Formwechsel die Eigenschaft

39 G.Hueck, Gesellschaftsrecht, § 3 III; Kübler, Gesellschaftsrecht, § 4 IV 2; Wiedemann, Gesellschaftsrecht, § 4 I 2b.

40 Eisenhardt, Gesellschaftsrecht, § 28 II; G.Hueck, Gesellschaftsrecht, § 3 III; Kübler, Gesellschaftsrecht, § 4 IV 2; Reinhardt, Gesellschaftsrecht, § 36 I; Wiedemann, Gesellschaftsrecht, § 4 I 2b.

41 G.Hueck, Gesellschaftsrecht, § 38 IV, V; Reinhardt, Gesellschaftsrecht, § 71 IV; K.Schmidt, Gesellschaftsrecht, 2. Aufl., § 12 III 2.

42 So Kallmeyer, GmbHR 1993, 461, 463.

43 Abgedruckt in Ganske, Umwandlungsrecht, S. 209.

als juristische Person verliert. Der Entwurf geht vielmehr auch in diesen Fällen von der rechtlichen Identität des Rechtsträgers aus. Dies entspricht einer modernen Auffassung von der Natur der Personenhandelsgesellschaft". Diese von der Rechtssubjektivität der Gesamthand ausgehende Ansicht wird namentlich von Karsten Schmidt[44] vertreten. Gestützt auf die Deutung der Gesamthand als einem „Gebilde", welches der Verselbständigung zum Rechtssubjekt grundsätzlich fähig ist und unter Berufung auf die für die Personenhandelsgesellschaften geltende Vorschrift des § 124 Abs. 1 HGB könne die Personenhandelsgesellschaft selbst Träger von Rechten und Pflichten sein. Dies gelte für alle dem Gesellschaftsrecht zugehörigen Gesamthandsgemeinschaften - eingeschlossen der Gesellschaft bürgerlichen Rechts -, weshalb diese gegenüber ihren Mitgliedern dergestalt rechtssubjektiv verselbständigt seien, daß die Gesamthand als Inhaberin des Gesellschaftsvermögens und als Trägerin der gesamthänderischen Ansprüche und Verbindlichkeiten anzusehen sei.

Nur auf Grundlage dieses Verständnisses der Personengesellschaften ist ein identitätswahrender Wechsel aus den Kapitalgesellschaftsformen in die Personengesellschaftsformen bzw. aus den Personengesellschaftsformen in die Kapitalgesellschaftsformen denkbar. Führt diese Rechtsauffassung zur gesetzlichen Verselbständigung der Personengesellschaften, dann stellt sich aus steuerrechtlicher Sicht die Frage, ob an dem gegenwärtigen Unternehmenssteuerrecht mit seinen rechtsformbedingten Besteuerungsunterschieden, je nachdem, ob das Unternehmen in der Rechtsform der Kapitalgesellschaft oder in der einer Personengesellschaft geführt wird, weiterhin festgehalten werden kann. So hat Uelner[45] bereits im Anschluß an die Neuregelung des Formwechsels im UmwG 1995 die Ansicht geäußert, daß aus der rechtlichen Verselbständigung der Personengesellschaft mittel- und langfristig die steuerrechtlichen Konsequenzen hin zu deren Körperschaftsteuerpflicht zu ziehen sein werden. Für diese Überlegung Uelners sprach bereits zum Zeitpunkt ihrer Äußerung die Tatsache, daß aufgrund des bis zur Systemumstellung durch das StSenkG zur Anwendung kommenden körperschaftsteuerlichen Anrechnungsverfahrens im Prinzip ein Durchgriff durch die Kapitalgesellschaft stattfand[46], infolgedessen sich die Besteuerungssituation des Kapitalgesellschafters von derjenigen des Personengesellschafters bereits nach bisherigem Recht nicht grundlegend unterschied. Die Erkenntnis der Vorteilhaftigkeit einer einheitlichen Besteuerung von Personen- und Kapitalgesellschaften und die sich hieraus eröffnenden Möglichkeit

---

44 K.Schmidt, Gesellschaftsrecht, § 8 III, IV.

45 Uelner, in Freundesgabe Franz Josef Haas, S. 365, 369.

46 Crezelius, Steuerrecht II, § 13 I.

der Beseitigung der Diskriminierung der Personengesellschafter im Verhältnis zu Kapitalgesellschaftern gipfelten bislang mit der steuerrechtlichen Option zur Besteuerung nach dem Körperschaftsteuergesetz (sog. Optionsmodell) bemerkenswerterweise als zu begrüßendes Reformvorhaben im Regeierungsentwurf des StSenkG. Indes ist das hiermit angestrebte Ziel des ursprünglichen Reformvorhabens, die weitgehende Gleichstellung von Kapitalgesellschaften einerseits und Einzelunternehmern und Personengesellschaften andererseits, dem letztlich im Gesetzgebungsverfahren durchsetzbaren Vermittlungsergebnis zum „Opfer" gefallen.

Der Formwechsel wird ebenso wie die Verschmelzung durch Beschluß, Anmeldung und Eintragung in das Handelsregister vollzogen (§§ 193, 198, 202 UmwG).[47] Während bei der Umwandlung einer Personengesellschaft in eine Kapitalgesellschaft im Wege der Verschmelzung die übertragende Personengesellschaft mit der Eintragung der Verschmelzung in das Handelsregister erlischt (§ 20 Abs. 1 Nr. 2 UmwG), besteht bei der Umwandlung im Wege des Formwechsels die formwechselnde Personengesellschaft in der durch den Umwandlungsbeschluß bestimmten Kapitalgesellschaftsform weiter (§ 202 Abs. 1 Nr. 1 UmwG). Da die formwechselnde Gesellschaft mit der Gesellschaft neuer Rechtsform identisch ist, findet beim Formwechsel eine Vermögensübertragung wie bei der Verschmelzung nicht statt.[48] Folglich liegt auch keine Gesamtrechtsnachfolge vor. Weil die formwechselnde Kapitalgesellschaft nicht erlischt, sondern als Kapitalgesellschaft weitergeführt wird, bleibt sowohl das Dienstverhältnis des Gesellschafter-Angestellten zu dem identischen Rechtsträger als auch die im Rahmen dieses Dienstverhältnisses an den Gesellschafter-Angestellten erteilte Pensionszusage weiterhin bestehen.[49] Soweit derartige Rechtsverhältnisse auf dem Gesellschaftsverhältnis beruhen, wandeln sich diese in unabhängige Drittschuldverhältnisse.[50] Die der Personengesellschaft aus der Pensionszusage erwachsende Pensionsverpflichtung wird deshalb nicht auf die

---

47 Zum Ablauf siehe Ballreich, Fallkommentar zum Umwandlungsrecht, B III 1c; Dinnies, GmbHR 1995, 438; Picot/Müller-Eising, Restrukturierung, Tei B VI 2; Sagasser/Bula/Brünger/Sickinger, Umwandlungen, Teil R Rdnr. 17ff.

48 Lutter, UmwG, § 202 Rdnr. 7; Sagasser/Bula/Brünger, Umwandlungen, Teil R Rdnr. 4; K.Schmidt, Gesellschaftsrecht, § 13 II 1a; Goutier/Knopf/Tulloch/Laumann, Umwandlungsrecht, Vor § 190 UmwG.

49 Goutier/Knopf/Tulloch/Laumann, Umwandlungsrecht, § 202 UmwG Rdnr. 9; Lutter, UmwG, § 202 Rdnr. 14; Widmann/Mayer/Vossius, Umwandlungsrecht, § 202 UmwG Rdnr. 54ff.; Müller-Ehlen, Der Übergang von Arbeitsverhältnissen im Umwandlungsrecht, S. 56 ff.

50 Widmann/Mayer/Vossius, Umwandlungsrecht, § 202 UmwG Rdnr. 42f.

Kapitalgesellschaft übertragen, sondern ist eine originär eigene der Kapitalgesellschaft.[51]

2. Steuerrecht

Für die Umwandlung einer Personengesellschaft in eine Kapitalgesellschaft fehlt es dem UmwStG an einer strengen systematischen Anbindung an das UmwG.[52] Auch knüpfen die Regelungen des achten Teiles des UmwStG über die Einbringung von Betrieben, Teilbetrieben und Mitunternehmeranteilen in eine Kapitalgesellschaft gegen Gewährung von Gesellschaftsrechten nicht in der Form an das UmwG an, daß die Anwendung der §§ 20 bis 23 UmwStG von einer Umwandlung nach den Vorschriften des UmwG abhängig ist.[53] Während die Regelungen der §§ 3 bis 19 UmwStG ausschließlich dann Anwendung finden, wenn der Umstrukturierungsvorgang den handelsrechtlichen Bestimmungen des UmwG subsumierbar ist, können die Einbringungsregelungen des achten Teiles des UmwStG auch dann genutzt werden, wenn die betreffende Umwandlung nicht nach dem UmwG, sondern im Wege der Einzelrechtsnachfolge vorgenommen wird.[54]

Der Anwendungsbereich der Vorschriften der §§ 20 bis 23 UmwStG erfaßt neben der Ausgliederung auf eine Kapitalgesellschaft auch die vom UmwG zur Verfügung gestellten Umwandlungsmöglichkeiten im Wege der Gesamtrechtsnachfolge. Diese obig angesprochenen Umwandlungsformen sind steuerrechtlich einheitlich als Einbringung in eine Kapitalgesellschaft gegen Gewährung von Gesellschaftsanteilen geregelt und unterliegen den Vorschriften der §§ 20 bis 23 UmwStG. Die Anwendung der §§ 20ff. UmwStG kommt deshalb auch dann in Frage, wenn der der Umwandlung zugrundeliegende Sachverhalt nicht dem UmwG subsumierbar ist.

---

51 Für die handelsbilanzrechtliche Behandlung siehe hierzu oben Teil 1, B I.

52 Vgl. dazu Buyer, Änderung der Unternehmensform, Rdnr. 41; Dötsch/Eversberg/Jost/Witt, KStG, UmwStG Rdnr. 37ff.; Haritz/Benkert/Friederichs, UmwStG, Vor § 20 Rdnr. 1; Sagasser/Bula/ Brünger, Umwandlungen, Teil L Rdnr. 127; Widmann/Mayer, Umwandlungsrecht, UmwStG 1995/ Kurzkommentierung Rdnr. S 10.

53 Dötsch/Eversberg/Jost/Witt, KStG, UmwStG Rdnr. 38; Haritz/Benkert/Friederichs, UmwStG, Vor § 20 Rdnr. 2, 12ff.; Sagasser/Bula/Brünger, Umwandlungen, Teil H Rdnr. 4; Widmann/Mayer, Umwandlungsrecht, Vor 8. Teil UmwStG Rdnr. 17ff.

54 Dötsch/Eversberg/Jost/Witt, KStG, UmwStG Rdnr. 38; Haritz/Benkert/Friederichs, UmwStG, Vor. § 20 Rdnr. 12; Sagasser/Bula/Brünger, Umwandlungen, Teil H Rdnr. 4; Tipke/Lang, Steuerrecht, § 11 Rdnr. 103, 105; Widmann/Mayer, Umwandlungsrecht, Vor 8. Teil UmwStG Rdnr. 17ff.

Die steuerrechtliche Problematik der Umstrukturierung einer Personengesellschaft in eine Kapitalgesellschaft zeigt sich vor dem Hintergrund des Tatbestandes des § 16 EStG. Ertragsteuerrechtlich stellt sich die Einbringung eines Betriebes, Teilbetriebes oder Mitunternehmeranteiles in eine Kapitalgesellschaft gegen Gewährung von Gesellschaftsrechten als ein veräußerungs- bzw. tauschähnlicher Vorgang dar, der ohne die Sonderregelungen der §§ 20 bis 23 UmwStG zwingend zur steuerlichen Realisierung der in dem eingebrachten Vermögen vorhandenen, stillen Reserven führen würde.[55] Obwohl die Einbringung unter den Tatbestand der Betriebsveräußerung des § 16 EStG gefaßt werden kann, hatte bereits der RFH in seiner Rechtsprechung die Gewinnrealisierung abgelehnt.[56] Getragen von der Überlegung, daß das von den Personengesellschaftern bisher in der Personengesellschaft eingegangene wirtschaftliche Engagement nach der Einbringung des Betriebsvermögens in die Kapitalgesellschaft fortgeführt wird, hat der RFH den Vorgang unter den Voraussetzungen steuerneutral gestellt, daß der Einbringende nach der Einbringung beherrschend an der aufnehmenden Kapitalgesellschaft beteiligt ist, die stillen Reserven des eingebrachten Betriebsvermögens auf die erworbenen Anteile an der Kapitalgesellschaft übertragen werden und das eingebrachte Betriebsvermögen mit den bisherigen Buchwerten fortgeführt wird.

Um die erwünschten Umstrukturierungen nicht durch einen Realisierungszwang für stille Reserven zu behindern, wurde diese Rechtsprechung in ihren Grundzügen erstmals im UmwStG 1969 gesetzlich fixiert und anschließend in das UmwStG 1977 übernommen.[57] Die Neufassung des achten Teiles im UmwStG 1995 unterscheidet sich materiell-rechtlich von der bis dahin bestehenden Gesetzeslage nur in geringem Maße.[58] Vornehmlich dienen die Änderungen des bisherigen Rechts der Verbesserung der Systematik und Transparenz. Steuersystematisch gliedert sich die Einbringung im wesentlichen in die Regelungen

---

55 Crezelius, Steuerrecht II, § 6 II 3a; Knobbe-Keuk, Bilanzsteuerrecht, § 22 I 1, 22 VII; Lange/ Grützner/Kussmann/Reiß, Personengesellschaften im Steuerrecht, Rdnr. 1185; v.Wallis/ Brandmüller/Schulze zur Wiesche, Besteuerung der Personen- und Kapitalgesellschaften, VII 1c; Wollny, Unternehmensübertragungen, F It,

56 RFH v. 9.5.1933 - VI A 434/30, RStBl. 1933, 999; BFH v. 29.3.1972 - I R 43/69, BFHE 105, 271 = BStBl. II 1972, 537.

57 Vgl. dazu Bt-Drs., 7/4803, S. 31.

58 Die materiellen Änderungen beziehen sich im wesentlichen auf die Einführung einer einheitlichen Stundungsregelung (§ 20 Abs. 6 UmwStG), die Regelung zur Abschreibung der in die übernehmende Kapitalgesellschaft eingebrachten Wirtschaftsgüter (§ 22 Abs. 2 UmwStG) sowie auf die Möglichkeit der steuerlichen Rückbeziehung des Einbringungsstichtages von sechs auf acht Monate; vgl. hierzu eingehend auch Wochinger/Dötsch, DB 1994, Beilage 14, S. 32f.

über die Besteuerung der Einbringung beim Einbringenden in Abhängigkeit der Wertansätze, mit denen die Kapitalgesellschaft das eingehende Betriebsvermögen übernimmt (§ 20 UmwStG), die Regelungen über die Besteuerung des einbringenden Anteilseigners bezüglich der ihm gewährten Anteile an der übernehmende Kapitalgesellschaft (§ 21 UmwStG), die Vorschriften hinsichtlich der steuerlichen Auswirkungen bei der aufnehmenden Kapitalgesellschaft (§ 22 UmwStG) und schließlich in die Bestimmungen zu dem Sonderfall der Einbringung in der Europäischen Union (§ 23 UmwStG).

Unter den Voraussetzungen des § 20 Abs. 1 UmwStG gestatten es die Vorschriften der §§ 20ff. UmwStG, eine Personengesellschaft in eine Kapitalgesellschaft steuerneutral einzubringen. Die aufnehmende Kapitalgesellschaft hat gemäß § 20 Abs. 2 UmwStG das Wahlrecht hinsichtlich des Wertansatzes für das eingebrachte Betriebsvermögen. Sie kann die übernommenen Wirtschaftsgüter mit ihrem Buchwert oder mit einem höheren Wert, höchstens jedoch mit den Teilwerten, ansetzen. Durch den Ansatz zu Buchwerten wird ein steuerpflichtiger Veräußerungsgewinn bei der übertragenden Personenhandelsgesellschaft vermieden. Unmittelbare steuerliche Wirkungen entfaltet die Einbringung zu Buchwerten auf der Ebene der einbringenden Personengesellschafter nicht.[59] Gemäß der Vorschrift des § 20 Abs. 4 UmwStG gilt der Wert, mit dem die übernehmende Kapitalgesellschaft das eingebrachte Betriebsvermögen in der Übernahmebilanz bilanziert, als Veräußerungspreis für den Einbringenden und als Anschaffungskosten der im Gegenzug gewährten Gesellschaftsanteile. Dagegen entsteht durch Realisation der stillen Reserven ein steuerpflichtiger Veräußerungsgewinn auf der Ebene der Personengesellschaft, wenn die Kapitalgesellschaft das eingebrachte Betriebsvermögen mit einem über dem Buchwert liegenden Wert ansetzt. Da der Einbringungsgewinn als Veräußerungsgewinn gilt, unterliegt er nicht der Gewerbesteuer.[60] Maßgebend für die im Rahmen der Umwandlung einer Personengesellschaft in eine Kapitalgesellschaft eintretenden steuerlichen Wirkungen ist insofern die auf der Ebene der Kapital-

59 Zu den Vor- und Nachteilen des von der übernehmenden Kapitalgesellschaft zu wählenden Wertansatzes ausführlich Widmann/Mayer, Umwandlungsrecht § 20 UmwStG Rdnr. 659ff.; siehe auch Lutter/Schaumburg, Verschmelzung Spaltung Formwechsel, S. 329, 357ff.; Zimmermann/Reyer/ Hottmann, Die Personengesellschaft im Steuerrecht, S. 883ff.

60 BFH v. 29.10.1987, BStBl. II 1988, 374; vgl. auch Abschnitt 38 Abs. 3 S. 1 GewStR 1998; Dehmer, UmwG/UmwStG, § 20 UmwG Rdnr. 414; Haritz/Benkert/Friederichs, UmwStG, § 20 Rdnr. 258; Sagasser/Bula/Brünger, Umwandlungen, Teil L Rdnr. 144; Widmann/Mayer, Umwandlungsrecht, § 20 UmwStG Rdnr. 1139.

gesellschaft zu treffende Entscheidung, mit welchem Wert das eingebrachte Betriebsvermögen in der Übernahmebilanz der Kapitalgesellschaft angesetzt wird.

Die Umwandlung einer Personenhandelsgesellschaft in eine Kapitalgesellschaft unterliegt nur dann den Regelungen der §§ 20ff. UmwStG, wenn die übernehmende Kapitalgesellschaft gemäß § 1 Abs. 1 Nr. 1 KStG unbeschränkt steuerpflichtig ist und der Einbringende für die Einbringung neue Anteile an der Kapitalgesellschaft erhält (§ 20 Abs. 1 UmwStG).[61] Die Einschränkung auf Kapitalgesellschaften, die ihre Geschäftsleitung (§ 10 AO) oder ihren Sitz (§ 11 AO) im Inland haben, dient der Sicherstellung der späteren Besteuerung der im eingebrachten Betriebsvermögen enthaltenen stillen Reserven.[62] Des weiteren setzt die Anwendung der Vorschrift des § 20 UmwStG voraus, daß Gegenstand der Einbringung ein Betrieb, Teilbetrieb oder ein Mitunternehmeranteil ist. Für die Bestimmung der Begriffe „Betrieb“ und „Teilbetrieb“ gelten die zur Betriebsveräußerung bzw. -aufgabe im Sinne des § 16 EStG entwickelten Grundsätze.[63]

Umstritten ist vor dem Hintergrund der partiellen Steuersubjekteigenschaft der Personengesellschaften[64] die diesbezügliche Frage nach dem Einbringenden. In Übereinstimmung mit der Rechtsprechung des BFH[65] sind nach überwiegender Auffassung in der Literatur die einzelnen Mitunternehmer als Einbringende anzusehen.[66] Insofern wird steuerrechtlich nicht der Betrieb oder ein Teilbetrieb

61 Die Einbringung muß nicht notwendigerweise ausschließlich gegen Gewährung neuer Anteile erfolgen. Hinreichend ist, wenn der Einbringende auch neue Anteile aus der Gründung oder einer Kapitalerhöhung der übernehmenden Kapitalgesellschaft erhält und ansonsten neben den Anteilen „andere Wirtschaftsgüter“ gewährt werden (vgl. § 20 Abs. 2 S. 5, Abs. 4 S. 2 UmwStG). Werden indessen keine neuen Anteile ausgegeben, finden die §§ 20 ff. UmwStG keine Anwendung. Dies hat zur Folge, daß die in dem übertragenen Betriebsvermögen ruhenden, stillen Reserven in Gänze aufzudecken sind.

62 Vgl. dazu auch Haritz/Benkert/Friedrichs, UmwStG, § 20 Rdnr. 6ff.; Knobbe-Keuk, Bilanz-steuerrecht, § 22 VIII 1; Sagasser/Bula/Brünger, Umwandlungen, Teil L Rdnr. 129; Widmann/ Mayer, Umwandlungsrecht, § 20 UmwStG Rdnr. 394ff.

63 BFH v. 13.12.1989 - I R 118/87, BStBl. II 1990, 474, 476; vgl. auch R 139 EStR 1996; Dehmer, UmwG, UmwStG, § 20 UmwStG Rdnr. 6; Dötsch/Eversberg/Jost/Witt, KStG, UmwStG Rdnr. 754; Haritz/Benkert/Friederichs, UmwStG, § 20 Rdnr. 53; Widmann/ Mayer, Umwandlungsrecht, § 20 UmwStG Rdnr. 3.

64 Vgl. hierzu oben Teil 1, B II 2 b aa.

65 BFH v. 16.2.1996 - I R 183/94, BStBl. II 1996, 342, 344.

66 Dötsch/Eversberg/Jost/Witt, KStG, UmwStG Rdnr. 765; Schaumburg/Rödder, UmwG UmwStG, § 20 UmwStG Rdnr. 44; Lutter/Schaumburg, Verschmelzung Spaltung Formwechsel, S. 329, 358; Schwedhelm, Die Unternehmensumwandlung, Rdnr. 1715; a.A. Dehmer, UmwG/ UmwStG, § 20 UmwG Rdnr. 188ff.; Haritz/Benkert/Friederichs, UmwStG, § 20 Rdnr. 14; Loos, BB 1971, 304ff.; Sagasser/Bula/Brünger, Umwandlungen, Teil L Rdnr. 146; kritisch auch Patt, DStR 1995, 1081ff.

der Personengesellschaft in die Kapitalgesellschaft eingebracht, sondern der jeweilige Mitunternehmeranteil des Gesellschafters mit den durch den Mitunternehmeranteil repräsentierten, anteiligen Wirtschaftsgütern.[67] Die Einbringung eines Mitunternehmeranteiles setzt demzufolge die Mitunternehmerstellung des Gesellschafters im Sinne des § 15 Abs. 1 Nr. 2 EStG voraus. Darüber hinaus geht die Finanzverwaltung davon aus, daß die einzelnen Mitunternehmer auch dann als Einbringende anzusehen sind, wenn nicht der Betrieb der Personengesellschaft als Ganzes, sondern lediglich ein Teilbetrieb eingebracht wird und die Personengesellschaft nicht mit der Einbringung erlischt.[68] Insofern stimmt diese Auffassung nicht mit der Konzeption des UmwG überein (vgl. § 3 Abs. 1 Nr. 1 i.V.m. § 124 Abs. 1 UmwG). Die Konsequenz dieser Betrachtung ist, daß jeder Mitunternehmer die Voraussetzungen des § 20 Abs. 1 UmwStG erfüllen muß und die Vorschriften der §§ 20ff. UmwStG nur dann Anwendung finden, wenn mit der Einbringung des Mitunternehmeranteiles zugleich auch die im Sonderbetriebsvermögen befindlichen Wirtschaftsgüter des Mitunternehmers übertragen werden, die als wesentliche Betriebsgrundlage anzusehen sind.[69] Anderenfalls handelt es sich steuerrechtlich mit dem Einbringungsvorgang nur noch um den gewinnrealisierenden Tausch einzelner Wirtschaftsgüter gegen Gewährung von Gesellschaftsrechten, der die Anwendung des §§ 20ff. UmwStG ausschließt und bei dem Einbringenden zu einer nach § 16 EStG i.V.m. § 34 EStG begünstigten Veräußerung führt.[70] Die Gewinnrealisie-

---

67 BFH v. 16.2.1996 - I R 183/94, BStBl. II 1996, 342, 344.

68 BMF-Schreiben vom 25.3.1998, BStBl. I 1998, 267, Tz. 20.05; ebenso Lutter/Schaumburg, Verschmelzung Spaltung Formwechsel, S. 329, 373; Schaumburg/Rödder, UmwG UmwStG, § 20 UmwStG Rdnr. 44; a.A. Widmann/Mayer, Umwandlungsrecht, UmwStG 1995/Kurzkommentar Rdnr. S 81; zu den steuerrechtlichen Auswirkungen der jeweiligen Rechtsauffassung Haritz/Benkert/Friederichs, UmwStG, § 20 Rdnr. 14; Sagasser/Bula/Brünger, Umwandlungen, L Rdnr. 145.

69 BFH v. 16.2.1996 - I R 183/94, BStBl. II 1996, 342; dagegen wendet sich Knobbe-Keuk, Bilanzsteuerrecht, § 22 VII 3b bb, c; dazu Schwedhelm, Die Unternehmensumwandlung, Rdnr. 1716. Da die Wirtschaftsgüter des Sonderbetriebsvermögens im Eigentum der Gesellschafter stehen und infolgedessen nicht ohne weiteres im Rahmen der Umwandlung auf die Kapitalgesellschaft übergehen, werden die Wirtschaftsgüter Privatvermögen des Gesellschafters und gelten als mit dem Teilwert entnommen (vgl. BFH v. 16.2.1996 - I R 183/94, BFHE 180, 97 = BStBl. II 1996, 342 m.w.N., BMF-Schreiben vom 25.3.1998, BStBl. I 1998, 267, Tz. 20.10. Dies bedeutet die zwingende Gewinnrealisation im Sonderbetriebsvermögen, sofern die Wirtschaftsgüter nicht zeitgleich in ein anderes Betriebsvermögen übertragen werden, (beispielsweise durch die Begründung einer Betriebsaufspaltung, vgl. dazu Zimmermann/Reyer/Hottmann, Die Personengesellschaft im Steuerrecht, S. 879; Dötsch/Eversberg/Jost/Witt, KStG, UmwStG Rdnr. 756; Widmann/Mayer, Umwandlungsrecht, UmwStG 1995/Kurzkommentierung Rdnr. S 87).

70 BMF-Schreiben vom 25.3.1998, BStBl. I 1998, 267, Tz. 20. 08f.; Dötsch/Eversberg/Jost/Witt, KStG, UmwStG Rdnr. 756; Widmann/Mayer, Umwandlungsrecht § 20 UmwStG

rung kann nicht dadurch vermieden werden, daß der Kapitalgesellschaft die im Sonderbetriebsvermögen befindlichen wesentlichen Betriebsgrundlagen vermietet oder verpachtet werden.[71] Andererseits ergibt sich aus obiger Ansicht der Vorteil, daß das eingeräumte Wahlrecht hinsichtlich des anteilig auf den jeweiligen Mitunternehmer entfallenden Vermögens von der aufnehmenden Kapitalgesellschaft unterschiedlich ausgeübt werden kann.[72]

Das vorstehende, steuerrechtliche Wahlrecht der aufnehmenden Kapitalgesellschaft gilt indessen nicht uneingeschränkt. Für den Fall, daß die Passiva des eingebrachten Vermögens die Aktiva übersteigen, ist gemäß der Vorschrift des § 20 Abs. 2 S. 4 UmwStG das eingebrachte Betriebsvermögen wertmäßig mindestens so anzusetzen, daß sich Aktiva und Passiva ausgleichen. Infolge der damit verbundenen Aufdeckung stiller Reserven entsteht auf der Ebene der Personengesellschaft ein Veräußerungsgewinn (Einbringungsgewinn) gemäß § 20 Abs. 4 UmwStG. Eine Aufstockung der Buchwerte mit entsprechender steuerrechtlicher Wirkung ist ebenfalls dann vorzunehmen, wenn Mitunternehmeranteile mit negativem Kapitalkonto übertragen werden oder wenn der Gesellschafter neben neuen Anteilen andere Wirtschaftsgüter erhält, deren gemeiner Wert den Gesamtbuchwert der übertragenen Wirtschaftsgüter übersteigt (vgl. § 20 Abs. 2 S. 5 UmwStG). Das Wahlrecht ist nach der Vorschrift des § 20 Abs. 3 UmwStG ausgeschlossen, so daß die aufnehmende Kapitalgesellschaft das eingebrachte Betriebsvermögen zwingend mit dem Teilwert zu bilanzieren hat, wenn das Besteuerungsrecht der Bundesrepublik Deutschland hinsichtlich des Gewinnes aus einer Veräußerung der dem Einbringenden gewährten Anteile im Zeitpunkt der Sacheinlage ausgeschlossen ist.[73] Dies betrifft alle die Fälle, in denen im Zeitpunkt der Einbringung die gewährten Gesellschaftsanteile an der

---

Rdnr. 30; Zimmermann/Reyer/Hottmann, Die Personengesellschaft im Steuerrecht, S. 486ff.

71 Um die nachteiligen, steuerlichen Wirkungen zu vermeiden und für den Fall, daß Sonderbetriebsvermögen mit in die Kapitalgesellschaft eingebracht werden soll, wird von Schwedhelm, Die Unternehmensumwandlung, Rdnr. 1722, empfohlen, das Sonderbetriebsvermögen noch vor der Umwandlung in die Personengesellschaft zu überführen, damit es unmittelbar von der Umwandlung erfaßt wird.

72 Ausführlich Ketterl, Umwandlungssteuergesetz, S. 230; Sagasser/Bula/Brünger, Umwandlungen, Teil L Rdnr. 145; Widmann/Mayer, Umwandlungsrecht, UmwStG 1995/Kurzkommentierung Rdnr. S 122.

73 Da der einzelne Mitunternehmer als Einbringender gilt (BFH v. 16.2.1996 - I R 183/94, BStBl. II 1996, 342, 344), ist die Anwendung der Vorschriften der §§ 20 Abs. 2 S. 1, 20 Abs. 3 UmwStG für jeden Mitunternehmer gesondert zu prüfen. Gegebenenfalls kommt es nur insoweit zu einer Aufstockung, als die eingebrachten Wirtschaftsgüter dem betreffenden Mitunternehmer anteilig zuzurechnen sind.

übernehmenden Kapitalgesellschaft nicht zu einem inländischen Betriebsvermögen gehören und die Besteuerung der auf die Anteile aus den eingebrachten Wirtschaftsgüter übertragenen stillen Reserven (vgl. § 20 Abs. 4 S. 1 UmwStG) im Falle der Anteilsveräußerung aufgrund eines von der Bundesrepublik Deutschland abgeschlossenen Doppelbesteuerungsabkommens nicht mehr durchgeführt werden kann.

Die Rechtsfolgen der Einbringung auf der Ebene der übernehmenden Kapitalgesellschaft sind in § 22 UmwStG geregelt. Setzt die Kapitalgesellschaft das eingebrachte Betriebsvermögen mit den Buchwerten an, tritt die Kapitalgesellschaft bezüglich der Besitzzeiten (§§ 22 Abs. 1 i.V.m. 4 Abs. 2 S. 3 UmwStG) und der Abschreibungen (§§ 22 Abs. 1, 12 Abs. 3 S. 1 UmwStG) des eingebrachten Vermögens in die Rechtsstellung der übertragenden Personenhandelsgesellschaft ein. Setzt die Kapitalgesellschaft das eingebrachte Betriebsvermögen mit einem über dem Buchwert liegenden Wert an, sind die steuerlichen Wirkungen in § 22 Abs. 2, 3 UmwStG geregelt.

Die steuerlichen Auswirkungen der Einbringung auf der Ebene der Gesellschafter sind gezeichnet von der Problematik der „Verdoppelung" der in dem eingebrachten Betriebsvermögen ruhenden, stillen Reserven. Wird das eingebrachte Betriebsvermögen bei der aufnehmenden Kapitalgesellschaft mit den Buch- oder Zwischenwerten bilanziert, werden die stillen Reserven nicht nur von der Kapitalgesellschaft fortgeführt, sondern gemäß der Regelung des § 20 Abs. 4 S. 1 UmwStG zugleich auf die als Gegenleistung für die Einbringung gewährten und steuerverstrickten sog. einbringungsgeborenen Anteile übertragen. Ebenso wie die im Gewerbebetrieb einer Personengesellschaft erwirtschafteten Gewinne gemäß der Vorschrift des § 15 Abs. 1 S. 1 Nr. 2 EStG anteilig bei den Gesellschaftern erfaßt werden, sollen die im übertragenen Betriebsvermögen der Personengesellschaft enthaltenen, stillen Reserven nicht anläßlich des Einbringungsvorganges der Besteuerung beim Mitunternehmer entzogen werden, dem sie anteilig zuzurechnen sind.[74] Demgemäß gilt für den einbringenden Mitunternehmer nach der Vorschrift des § 20 Abs. 4 S. 1 UmwStG der Wert, mit dem die Kapitalgesellschaft das eingebrachte Betriebsvermögen ansetzt, als Anschaffungskosten der ihm gewährten Gesellschaftsanteile. Die Anteile sind gemäß der Regelung des § 21 Abs. 1 S. 1 UmwStG steuerverhaftet, wenn die Kapitalgesellschaft das übernommene Betriebsvermögen mit einem Wert unterhalb

74 Tipke/Lang, Steuerrecht, § 9 Rdnr. 424; Knobbe-Keuk, Bilanzsteuerrecht, § 22 VII 3d; zur Problematik und Kritik siehe Dehmer, UmwG UmwStG, § 20 UmwStG Rdnr. 355f.; Widmann/ Mayer, Umwandlungsrecht, Vor. 8. Teil UmwStG Rdnr. 12.

des Teilwertes ansetzt. Werden die einbringungsgeborenen Anteile veräußert, so ist der Unterschiedsbetrag zwischen den Anschaffungskosten und dem Veräußerungserlös abzüglich der Veräußerungskosten als Veräußerungsgewinn im Sinne des § 16 EStG zu versteuern.[75] Wird das eingebrachte Betriebsvermögen inklusive eines originären Geschäftswertes mit dem Teilwert angesetzt, liegen mit den gewährten Anteilen keine einbringungsgeborenen im Sinne des § 21 UmwStG vor. Insofern konnte der Gesetzgeber von einer Steuerverhaftung absehen, weil der einbringende Mitunternehmer die auf ihn entfallenden, anteiligen, stillen Reserven im Rahmen des steuerpflichtigen Veräußerungsgewinnes versteuert (vgl. § 20 Abs. 4 UmwStG). Für die steuerliche Behandlung derartiger Anteile gelten die allgemeinen Grundsätze, wonach bei einer Veräußerung der neuen Anteile eine Besteuerung des Veräußerungsgewinnes nur dann eintritt, wenn die Anteile im Betriebsvermögen gehalten werden oder die Tatbestände der §§ 17, 23 EStG erfüllt sind.

III. Behandlung der Pensionszusage des einbringenden Mitunternehmers

1. Problemstellung

Aus handelsrechtlicher Sicht ist die Behandlung einer Pensionsverpflichtung aus einer von der Personenhandelsgesellschaft gegenüber ihrem Gesellschafter-Angestellten erteilten Pensionszusage eindeutig. Vor dem Einbringungsvorgang hat die Personenhandelsgesellschaft der Pensionsverpflichtung gemäß § 249 Abs. 1 S. 1 HGB durch den Ansatz einer Pensionsrückstellung Rechnung zu tragen.[76] Wird die Umwandlung der Personenhandelsgesellschaft in eine Kapitalgesellschaft nach den Regelungen des UmwG im Wege der Gesamtrechtsnachfolge vollzogen und endet das der Pensionsverpflichtung zugrundeliegende

75 Daraus ergibt sich der nachteilige Effekt, daß die stillen Reserven im Ergebnis doppelt besteuert werden; zum einen, wenn die gewährten Gesellschaftsanteile veräußert werden und ein weiteres Mal, wenn die stillen Reserven des eingebrachten Betriebsvermögens bei der aufnehmenden Kapitalgesellschaft durch Veräußerung aufgedeckt werden. Darüber hinaus führt die Steuerverhaftung der einbringungsgeborenen Anteile zu Anschaffungskosten dazu, daß die nach der Einbringung in den Anteilen entstandenen, stillen Reserven ebenfalls der Besteuerung unterworfen werden, obwohl diese stillen Reserven unter Umständen in Anteilen entstanden sind, die im grundsätzlich steuerlich irrelevanten Privatvermögen des Kapitalgesellschafters gehalten werden und nach allgemeinen Grundsätzen, mit Ausnahme einer Erfassung nach den Vorschriften der §§ 17, 23 EStG, ertragsteuerlich eben nicht zu erfassen wären. Vgl. im besonderen die Kritik bei Keuk, BB 1972, 1643ff.; dies., Bilanzsteuerrecht, § 22 VII 3a; des weiteren Hübl, JbFAStR 1973/74, S.130ff.

76 Vgl. dazu oben Teil 1, B I, B II 3a.

Dienstverhältnis des Gesellschafter-Angestellten nicht mit der Umwandlung, tritt die Kapitalgesellschaft als Rechtsnachfolgerin kraft Gesetzes in die Rechte und Pflichten aus dem Dienstverhältnis ein (vgl. § 324 UmwG i.V.m. § 613a BGB).[77] Die Pensionsverpflichtung der Personengesellschaft geht unabhängig davon, ob es sich auf Seiten des berechtigten Gesellschafters um eine Pensionsanwartschaft oder bereits um einen Anspruch auf laufende Pensionsleistungen handelt, auf die Kapitalgesellschaft über.[78] Die Kapitalgesellschaft wird Schuldner der (bedingten) Versorgungsansprüche.

Im Falle des identitätswahrenden Formwechsels der Personenhandelsgesellschaft in die Kapitalgesellschaft findet eine Gesamt- oder Sonderrechtsnachfolge nicht statt. Insofern bleiben die dienstvertraglichen Rechtsbeziehungen zwischen Gesellschaft und Gesellschafter unberührt und werden nunmehr von der Kapitalgesellschaft fortgeführt.[79]

Nach der Umwandlung hat die Kapitalgesellschaft die Pensionsverpflichtung durch den Ansatz einer Pensionsrückstellung in ihrer Handelsbilanz auszuweisen und in den folgenden Jahren nach versicherungsmathematischen Grundsätzen fortzuführen.[80] Hingegen ist aus steuerrechtlicher Sicht die Behandlung derartiger Pensionsverpflichtungen im Rahmen der Umwandlung einer Personenhandelsgesellschaft in eine Kapitalgesellschaft umstritten. Ihre steuerliche Behandlung und die sich daraus ergebenden steuerlichen Wirkungen auf der Ebene der übernehmenden Kapitalgesellschaft, der Ebene der Personenhandelsgesellschaft sowie deren Gesellschafter, hängen entscheidend von der steuer-

77 Dehmer, UmwG/UmwStG, § 20 UmwG Rdnr. 73ff; Goutier/Knopf/Tulloch, Umwandlungsrecht, § 20 Rdnr. 8 ff.; Lutter, UmwG, § 20 Rdnr. 6ff.; Picot, Restrukturierung, Teil C II 1a aa; Sagasser/ Bula/Brünger/Schmidt, Umwandlungen, Teil F Rdnr. 3, 16ff.; K.Schmidt, Gesellschaftsrecht, § 13 III 7b; Widmann/Mayer, Umwandlungsrecht, § 20 UmwG Rdnr. 116.

78 BAG AP Nr. 3 zu § 1 BetrAVG; AP Nr. 61 zu § 613a BGB; siehe auch Dehmer, UmwG/UmwStG, § 20 UmwG Rdnr. 80; Frotscher/Maas/Herrmann, KStG UmwStG, § 20 UmwStG Rdnr. 141; Hachenburg/Stein, GmbHG, § 35 Rdnr. 306; Hüfer, BB 1978, 454, 458; Sagasser/Bula/Brünger/Schmidt, Umwandlungen, Teil F Rdnr. 42; Widmann/ Mayer, Umwandlungsrecht, UmwG § 20 Rdnr. 105ff.

79 Goutier/Knopf/Tulloch/Laumann, Umwandlungsrecht, § 202 UmwG Rdnr. 9; Lutter, UmwG, § 202 Rdnr. 14; Widmann/Mayer/Vossius, Umwandlungsrecht, § 202 UmwG Rdnr. 54ff.; Müller-Ehlen, Der Übergang von Arbeitsverhältnissen im Umwandlungsrecht, S. 56ff.

80 Adler/Düring/Schmalz, Rechnungslegung, § 249 Rdnr. 92; BeckBilKomm-Ellrott/Rhiel, § 249 Rdnr. 219; KPMG Deutsche Treuhand Gruppe, Betriebliche Altersversorgung, D I 9c aa (1); Küting/ Weber/Höfer, Handbuch der Rechnungslegung, Bd. 1a, § 249 Rdnr. 381; Sagasser/Bula/Brünger/ Schlösser, Umwandlungen, Teil K Rdnr. 40.

lichen Beurteilung der Pensionszusage an den Gesellschafter-Angestellten bei der Personenhandelsgesellschaft ab. Im Kern stehen sich die jüngste Rechtsprechung des Bundesfinanzhofs[81] zu dieser Problematik und die von der Finanzverwaltung im Umwandlungssteuererlaß 1998 vertretene Auffassung gegenüber.[82]

2. Auffassung der Finanzverwaltung

a) Bilanzsteuerrechtlicher Ansatz bei der übernehmenden Kapitalgesellschaft

Wird die aus der Pensionszusage verpflichtete Personenhandelsgesellschaft in eine Kapitalgesellschaft umgewandelt, soll nach übereinstimmender allgemeiner Auffassung für die in die Pensionszusage der Personenhandelsgesellschaft eintretende Kapitalgesellschaft zunächst folgendes gelten: Da die Rechtsbeziehungen zwischen einer Kapitalgesellschaft und ihren Gesellschaftern steuerrechtlich anzuerkennen sind und demgemäß die übernommene Pensionsverpflichtung aus Sicht der Kapitalgesellschaft steuerrechtlich Fremdkapital ist, hat die nunmehr aus der übernommenen Pensionszusage verpflichtete Kapitalgesellschaft nicht nur in ihrer Handelsbilanz, sondern auch in ihrer Steuerbilanz eine Pensionsrückstellung einzustellen (Maßgeblichkeitsprinzip).[83]

Dem Ansatz der Pensionsverpflichtung durch eine Rückstellung in der Übernahmebilanz der Kapitalgesellschaft steht das Nachholverbot des § 6a Abs. 4 S. 1 EStG nicht entgegen. Sinn und Zweck des Nachholverbotes verstehen sich vor dem Hintergrund des früheren, für Pensionsverpflichtungen geltenden, handelsrechtlichen Passivierungswahlrechts. Da der verpflichteten Personengesellschaft aufgrund der früheren Rechtsprechung des BFH[84] nicht nur dieses Wahlrecht nicht zur Verfügung stand, sondern diese steuerrechtlich keine Pensionsrückstellung bilden durfte, spricht sich die herrschende Meinung für die Vernei-

---

81 BFH v. 2.12.1997 - VIII R 15/96, DB 1998, 753.

82 BMF-Schreiben v. 25.3.1998, BStBl. I 1998, 267, Tz. 20.41ff.

83 Dehmer, UmwG UmwStG, § 20 UmwStG Rdnr. 435; Gassner/Lempenau, DStZ 1974; 134, 141; Neu, Neumann, Neumayer, Handbuch GmbH-Besteuerung, Rdnr. 502; Widmann/Mayer, Umwandlungsrecht, UmwStG § 20 Rdnr. 776; Widmann, JbFAStR, 1974/1975, S. 88f., 108; Zimmermann/ Reyer/Hottmann, Die Personengesellschaft im Steuerrecht, S. 886.

84 BFH v. 16.2.1967 - IV 364/62, BFHE 87/531 = BStBl. III 1967, 222; v. 21.12.1972 - IV R 53/72, BFHE 107, 564 = BStBl. II 1973, 298.

nung des Nachholverbotes aus.[85] Da der Ausweis der Pensionsrückstellung in der Einbringungsbilanz der Personengesellschaft infolge der bisherigen Verwaltungsauffassung nicht zulässig war[86] und der Gewinn der Kapitalgesellschaft nicht durch den Ansatz der Pensionsverpflichtung gemindert werden darf, weil aus Sicht der Kapitalgesellschaft insoweit kein betrieblich veranlaßter Aufwand vorliegt, ist die Bilanzierung der Pensionsverpflichtung erfolgsneutral gegen das Kapital zu buchen.

Nach Ansicht der Finanzverwaltung stellt die übernommene Pensionsverpflichtung eine Leibrentenverpflichtung der Kapitalgesellschaft dar, die dem aus der Zusage berechtigten Mitunternehmer neben den neuen Anteilen als zusätzliche Gegenleistung im Sinne des § 20 Abs. 2 S. 5, Abs. 4 S. 2 UmwStG gewährt wird.[87] Diese Leibrentenverpflichtung soll nach § 6 Abs. 1 Nr. 3 EStG mit ihrem Teilwert im Zeitpunkt der Einbringung (Barwert der künftigen Leistungen) zu bewerten sein.[88] Insofern geht die Finanzverwaltung davon aus, daß dann, wenn der frühere Mitunternehmer-Angestellte nach der Einbringung zivilrechtlich weiterhin auf der Grundlage des mit der Personengesellschaft vereinbarten Dienstverhältnisses nunmehr als Arbeitnehmer der Kapitalgesellschaft tätig ist und die von der Kapitalgesellschaft übernommene Pensionszusage auch für die aufgrund dieses Beschäftigungsverhältnisses geleisteten Dienste gilt, dieses Dienstverhältnis steuerrechtlich mit dem Stichtag endet.[89] Steuerrechtlich sei

85 Dehmer, UmwG UmwStG, § 20 UmwStG Rdnr. 435; Loos, JbFAStR 1971/72, S. 191, 220; Meilicke, StbJb 1968/69, S. 149, 166; Mienert, GmbHR 1974, 289, 291; Schulze, StuW 1960, Sp. 615, 625f.; v. Wallis, StuW 1970, Sp. 465, 477; Widmann/ Mayer, Umwandlungsrecht, § 20 UmwStG Rdnr. 776 H 41 Abs. 20 EStH 1998; siehe auch BFH v. 7.4.1994 - IV R 56/92, BFHE 174, 163, BStBl. II 1994, 740.

86 Siehe hierzu oben Teil 1, B II 3a.

87 BMF-Schreiben v. 25.3.1998, BStBl. I 1998, 267, Tz. 20.42 mit angefügtem Beispiel; ebenso Bordewin/Brandt/Merkert, EStG, § 20 UmwStG Rdnr. 103; Frotscher/Maas/Herrmann, KStG UmwStG, § 20 UmwStG Rdnr. 148f.; Ketterl, Umwandlungssteuergesetz, S. 251f.; Lademann/ Söffing/Lütt, EStG, § 20 UmwStG Rdnr. 114; Neu, Neumann, Neumayer, Handbuch GmbH-Besteuerung, Rdnr. 502; v. Wallis, StuW 1970, Sp. 465, 477; a.A. Dehmer, UmwG UmwStG, § 20 UmwStG Rdnr. 333; 435; ders., Umwandlungssteuererlaß 1998, Rdnr. 20.44; Widmann/ Mayer, Umwandlungsrecht, § 20 UmwStG Rdnr. 778 Lösung 2, 780.

88 BMF-Schreiben v. 25.3.1998, BStBl. I 1998, 267, Tz. 20.43; ebenso Bordewin/Brandt/ Merkert, EStG, § 20 UmwStG Rdnr. 103; Neu, Neumann, Neumayer, Handbuch GmbH-Besteuerung, Rdnr. 502; Zimmermann/Reyer/Hottmann, Die Personengesellschaft im Steuerrecht, S. 886; siehe dazu Dehmer, Umwandlungssteuererlaß 1998, Rdnr. 20.43ff.

89 Die Finanzbehörde Hamburg, Erlaß v. 12.11.1970, Inf. 1971, 508 hatte hieraus sogar den Schluß gezogen, die Pensionsverpflichtung sei mit Ausnahme einer Einbringung des Betriebsvermögens zu Teilwerten bei der übernehmenden Kapitalgesellschaft mit dem Wert Null anzusetzen.

der Beginn des Dienstverhältnisses zur Kapitalgesellschaft und die Erteilung einer „neuen" Pensionszusage durch die Kapitalgesellschaft im Zeitpunkt der Einbringung anzunehmen, wobei die nach der Einbringung erbrachte Arbeitsleistung keinerlei Einfluß auf den Teil der Zusage habe, die als Gegenleistung für die Einbringung zu betrachten sei.[90]

Demgemäß erfolgt die Berechnung des Teilwertes der von der Mitunternehmerschaft übernommenen und zu bilanzierenden Pensionsverpflichtung (Leibrentenverpflichtung) entsprechend der Pensionsrückstellung eines aus dem Unternehmen ausgeschiedenen Arbeitnehmers, der seine Pensionsanwartschaft, beispielsweise wegen Unverfallbarkeit, nicht verliert. Dies bedeutet für die Berechnung, allein den in der Zeit der Mitunternehmerschaft ratierlich erdienten Pensionsanspruch zugrunde zu legen (vgl. § 2 Abs. 1 S. 1 BetrAVG). Die Annahme einer „neuen" Pensionszusage der Kapitalgesellschaft bedeutet ferner, daß für die Berechnung dieser zu passivierenden „neuen" Pensionsverpflichtung gemäß § 6a EStG nicht von dem ursprünglichen Zusagetag ausgegangen werden kann und die Vordienstzeiten des Mitunternehmer-Angestellten bei der Personengesellschaft keine Berücksichtigung finden. Die Finanzverwaltung führt diesbezüglich aus, daß für die Bilanzierung der Leibrentenverpflichtung und der von der Personengesellschaft übernommenen Pensionsverpflichtung davon auszugehen sei, daß im Versorgungsfall die Leistungen teilweise aufgrund der im Zusammenhang mit der Einbringung übernommenen Verpflichtung der Personengesellschaft und teilweise aufgrund des Arbeitsverhältnisses zwischen Kapitalgesellschaft und Gesellschafter zu erbringen sind.[91] Die zugesagte Leistung sei in dem Verhältnis aufzuteilen, in dem die Zeit vom Beginn des Dienstverhältnisses mit der Personengesellschaft bis zur Einbringung zu der Zeit von der Einbringung bis zum voraussichtlichen Eintritt des Versorgungsfalles steht.[92] Erhöhungen der zugesagten Versorgungsleistungen nach der Einbringung seien als Teil der von der übernehmenden Kapitalgesellschaft „neu" erteilten Pensionszusage zu betrachten.[93]

---

90 BMF-Schreiben v. 25.3.1998, BStBl. I 1998, 267, Tz. 20.44.

91 BMF-Schreiben v. 25.3.1998, BStBl. I 1998, 267, Tz. 20.45, 20.47; ebenso Frotscher/Maas/Herrmann, KStG UmwStG, § 20 Rdnr. 153; vgl. dazu auch Ahrend/Förster/ Rößler, BAV, 6. Teil Rdnr. 14.

92 BMF-Schreiben v. 25.3.1998, BStBl. I 1998, 267, Tz. 20.45 mit Beispielrechnung.

93 BMF-Schreiben v. 25.3.1998, BStBl. I 1998, 267, Tz. 20.45; ebenso Ahrend/Förster/Rößler, BAV, 6. Teil Rdnr. 14.

b) Besteuerung des pensionsberechtigten Gesellschafters

Gemäß dem Verständnis der übernommenen Pensionsverpflichtung als eine Leibrentenverpflichtung sollen die mit Eintritt des Versorgungsfalles zu zahlenden Pensionsleistungen, soweit sie auf die übernommene Pensionsverpflichtung entfallen, als Einkünfte aus Leibrenten gemäß § 22 Nr. 1 S. 3 Buchstabe a EStG mit dem Ertragsanteil zu versteuern sein.[94] Soweit der ehemalige Mitunternehmer Arbeitnehmer der Kapitalgesellschaft wird und die gezahlten Pensionsleistungen auch für die aufgrund eines Dienstverhältnisses mit der Kapitalgesellschaft geleisteten Dienste erhält, seien die Pensionszahlungen nachträgliche Einkünfte aus nichtselbständiger Arbeit gemäß §§ 19, 24 Nr. 2 EStG. Die Aufteilung der Pensionszahlung soll entsprechend dem obigen, mit dem der Berechnung der Pensionsrückstellung zugrunde zu legenden Verhältnis, vorzunehmen sein.[95]

Die Ansicht der Finanzverwaltung[96] führt zu einer Minderung der Anschaffungskosten der neuen Gesellschaftsanteile um den Barwert der künftigen, während der Zugehörigkeit des Pensionsberechtigten zur Mitunternehmerschaft ratierlich erdienten Pensionsleistungen (vgl. § 20 Abs. 4 S. 2 UmwStG). Setzt die aufnehmende Kapitalgesellschaft das eingebrachte Betriebsvermögen zu einem niedrigeren als den Teilwert an, so daß mit den neuen Anteilen insoweit einbringungsgeborene Anteile im Sinne des § 21 UmwStG vorliegen, dann hat dies im Fall der Veräußerung der Anteile zur Folge, daß der gemäß § 21 Abs. 1 UmwStG i.V.m. § 16 EStG zu versteuernde Veräußerungsgewinn in Höhe des Barwertes der künftigen Pensionsleistungen erhöht ist.

c) Beurteilung

Die Problematik der von der Finanzverwaltung vertretenen Lösung zeigt sich vor dem Hintergrund der früheren Rechtsprechung des BFH zur steuerrechtlichen Behandlung der Pensionszusage gegenüber Mitunternehmern. Nach der bisherigen Rechtslage war die für die Pensionsverpflichtung gegenüber dem Gesellschafter gebildete Pensionsrückstellung in der Steuerbilanz der Personengesellschaft aufzulösen und der Auflösungsbetrag den Gesellschaftern nach

[94] BMF-Schreiben v. 25.3.1998, BStBl. I 1998, 267, Tz. 20.47; ebenso Ahrend/Förster/-Rößler, BAV, 2. Teil Rdnr. 14; Bordewin/Brandt/Merkert, EStG, § 20 UmwStG Rdnr. 103; Frotscher/Maas/ Herrmann, KStG UmwStG, § 20 UmwStG Rdnr. 153; erläuternd Dehmer, Umwandlungssteuererlaß 1998, Rdnr. 20.43ff.

[95] BMF-Schreiben v. 25.3.1998, BStBl. I 1998, 267, Tz. 20.47.

Maßgabe des handelsrechtlichen Gewinnverteilungsschlüssels zuzurechnen. Dies bewirkt im Vergleich zu einer Pensionszusage an einen Nicht-Mitunternehmer wirtschaftlich gesehen eine „Verzerrung" der Gewinnverteilung. Vor Eintritt des Versorgungsfalles werden die nicht begünstigten Gesellschafter steuerlich mit zu versteuernden Gewinnen belastet, die ihnen tatsächlich nicht zufließen werden; sieht man von dem Fall ab, daß der Pensionsberechtigte vorzeitig verstirbt. Wird die Personengesellschaft nicht in eine Kapitalgesellschaft umgewandelt, erfolgt der Ausgleich erst mit den ab dem Eintritt des Versorgungsfalles einsetzenden und bei der Personengesellschaft als Betriebsausgabe abziehbaren Pensionszahlungen, so daß im Ergebnis die erhöhten Gewinnzuweisungen der übrigen Gesellschafter nunmehr ausgeglichen werden. Erlischt die Personengesellschaft mit der Umwandlung in eine Kapitalgesellschaft, kann dieser Ausgleich nur noch im Einbringungszeitpunkt erfolgen. Daneben ist des weiteren der steuersystematische Sinn und Zweck der Regelungen des UmwStG zu berücksichtigen. Die Sonderregelungen des UmwStG sollen im Verhältnis zu den §§ 16 EStG, 11 KStG aus steuerrechtlicher Sicht die Umstrukturierung von Unternehmen erleichtern, in dem sie grundsätzlich die aufschiebende Besteuerung der stillen Reserven ermöglichen. Der Aufschub soll allerdings nur dann gewährt werden, wenn andererseits deren spätere Besteuerung sichergestellt ist.[97]

Nach Ansicht der Finanzverwaltung ist die Übernahme der Pensionsverpflichtung aus der Pensionszusage an den Personengesellschafter durch die Kapitalgesellschaft als die Gewährung eines anderen Wirtschaftsgutes im Sinne des § 20 Abs. 2 S. 5, Abs. 4 S. 2 UmwStG zu verstehen.[98] Als solches mindert die Pensionsverpflichtung im Einbringungszeitpunkt die Anschaffungskosten der dem Pensionsberechtigten gewährten Anteile an der Kapitalgesellschaft um den Teilwert der bis zum Stichtag erdienten Pension (Barwert der künftigen Pensionsleistungen). Durch die Minderung der Anschaffungskosten erhöht sich der Gewinn, den der begünstigte Gesellschafter aus der Veräußerung der Anteile erzielt. Insofern werden die zukünftig von der Kapitalgesellschaft zu leistenden Pensionen in Höhe des Barwertes zum Einbringungszeitpunkt auf die gewährten Gesellschaftsanteile des begünstigten Gesellschafters übertragen. Zu deren Be-

96 BMF-Schreiben v. 25.3.1998, BStBl. I 1998, 267, Tz. 20.42.

97 Begründung des Regierungsentwurfes eines Gesetzes zur Änderung des Umwandlungssteuerrechts, Bt-Drs. 12/6885, 15, 17; Dehmer, DStR 1994, 1712, 1714. Dötsch/Eversberg/Jost/Witt, KStG, UmwStG Rdnr. 7; Tipke/Lang, Steuerrecht, § 9 Rdnr. 406.

98 BMF-Schreiben v. 25.3.1998, BStBl. I 1998, 267, Tz. 20.42 mit angefügtem Beispiel; ebenso Ketterl, Umwandlungssteuergesetz, S. 251f.; v. Wallis, StuW 1970, Sp. 465, 477; dazu Widmann/ Mayer, Umwandlungsrecht, § 20 UmwStG Rdnr. 778 Lösung 2, 780.

steuerung kommt es jedoch dann nicht, wenn die Gesellschaftsanteile nicht der steuerlichen „Verstrickung" des § 21 Abs. 1 UmwStG unterliegen oder der begünstigte Gesellschafter nicht wesentlich beteiligt ist und die Anteile im Privatvermögen hält. Im Hinblick auf die von der Kapitalgesellschaft übernommene Pensionszusage versteuert der begünstigte Gesellschafter im Zeitpunkt der Pensionszahlungen nunmehr allein den Ertragsanteil der Pension (§ 22 Nr. 1 S. 3 Buchstabe a EStG).[99] Dem steht andererseits gegenüber, daß die Pensionsverpflichtung den steuerpflichtigen Gewinn weder der Personengesellschaft noch der Kapitalgesellschaft je gemindert hat. Dies gilt aber auch dann, wenn die Einbringung des Betriebsvermögens zu Buchwerten erfolgt, die Gesellschaftsanteile gemäß § 21 Abs. 1 UmwStG steuerverhaftet sind und der übergegangene Pensionsanspruch mit der Veräußerung der Anteile zu versteuern ist. Dies wirkt sich für den begünstigten Gesellschafter bzw. dessen Rechtsnachfolger insbesondere dann nachteilig aus, wenn der Gesellschafter kurz nach dem Einbringungszeitpunkt verstirbt, ohne daß der Versorgungsfall eingetreten ist. Auf der Ebene der Kapitalgesellschaft entsteht durch die Auflösung der Pensionsrückstellung ein steuerpflichtiger Ertrag, obwohl durch den erfolgsneutralen Ansatz der Pensionsrückstellung bei der Kapitalgesellschaft deren steuerpflichtiges Einkommen nicht gemindert worden ist.[100] Die Rechtsnachfolger des begünstigten Gesellschafters versteuern über geringere Anschaffungskosten der Gesellschaftsanteile bei deren Veräußerung den erloschenen Pensionsanspruch, obwohl die tatsächlichen Pensionszahlungen nie bezogen worden sind.

Sieht man von dem Fall ab, daß der Gewinn aus der Nichtanerkennung der Pensionsrückstellung bei der Personengesellschaft aufgrund gesellschaftsrechtlicher Abrede allein dem begünstigten Gesellschafter zugerechnet wurde, wird durch die von der Finanzverwaltung vertretene Lösung des weiteren nicht berücksichtigt, daß durch das Abzugsverbot für Pensionszusagen an Mitunternehmer in der steuerlichen Gewinnermittlung der Personengesellschaft der anteilige Gewinn aller Gesellschafter erhöht wurde, so daß im Ergebnis über den Anwartschaftszeitraum während des Bestehens der Mitunternehmerschaft die Pensionsanwartschaft nicht allein von dem Begünstigten versteuert wurde. Der Ausgleich hierfür, den die Personengesellschafter im Falle des Fortbestehens der Personengesellschaft bei Eintritt des Versorgungsfalles mit der anteiligen Minderung ihrer Gewinnanteile durch die Abzugsfähigkeit der Pensionszahlungen erhalten hätten, erfolgt nicht unbedingt auch dann, wenn die Personenge-

99 Anschaulich dazu die Beispielrechnung in Dehmer, Umwandlungssteuererlaß 1998, Rdnr. 20.45; Frotscher/Maas/Herrmann, KStG UmwStG, § 20 UmwStG Rdnr. 153.

100 Widmann/Mayer, Umwandlungsrecht, § 20 UmwStG Rdnr. 780.

sellschaft in eine Kapitalgesellschaft umgewandelt wird. Hinsichtlich des Gewinnes aus der Veräußerung der gewährten Gesellschaftsanteile wirkt sich die Belastung der Kapitalgesellschaft aus der übernommenen Pensionsverpflichtung insofern für die früheren Personengesellschafter, einschließlich des begünstigten Gesellschafters, gewinnmindernd aus, als sich der Erlös aus der Veräußerung der Anteile aufgrund ihres geringeren Wertes infolge der von der Kapitalgesellschaft übernommenen Pensionsverpflichtung ermäßigt, während die Anschaffungskosten der Anteile mit ihrer Bestimmung über den Einbringungsgewinn (Veräußerungsgewinn) gemäß § 20 Abs. 4 S. 1 UmwStG nicht durch die Pensionsverpflichtung gemindert sind.[101] Allerdings tritt der Ausgleich für die Gesellschafter erst im Zeitpunkt der Veräußerung der Anteile ein. Dies ist für die Gesellschafter insofern nachteilig, als der Ausgleich zum einen von der Veräußerung abhängig ist, die möglicherweise erst nach vielen Jahren erfolgt, und zum anderen gegebenenfalls gar nicht eintritt. Denn erfolgt die Einbringung zu Teilwerten, so daß die Anteile nicht der Regelung des § 21 Abs. 1 UmwStG unterliegen, ist der Ausgleich dann nicht gesichert, wenn der Gesellschafter nicht wesentlich beteiligt ist und die Anteile in seinem Privatvermögen hält.

Zur Vermeidung dieses Nachteiles wird vorgeschlagen, mit der Einbringung in die Kapitalgesellschaft eine Verlustrealisierung im Zeitpunkt der Einbringung anzunehmen.[102] Die Bilanzierung der Pensionsverpflichtung durch die Kapitalgesellschaft in der Übernahmebilanz soll bewirken, daß der Wert des eingebrachten Betriebsvermögens und demzufolge der Veräußerungspreis im Sinne des § 20 Abs. 4 S. 1 UmwStG um die Pensionsverpflichtung gemindert wird. Da nach dieser Ansicht die Pensionsverpflichtung in der Einbringungsbilanz der Personengesellschaft nicht passiviert werden darf und demzufolge den Buchwert des eingebrachten Betriebsvermögens nicht gemindert hat, führt die Einbringung zum Buchwert zur Realisierung eines Veräußerungsverlustes, bzw. zu einem entsprechend geringeren Einbringungsgewinn, wenn die Einbringung zu einem über dem Buchwert liegenden Wert erfolgt.

Sowohl der obigen Ansicht, die zu einer Verlustrealisierung im Einbringungszeitpunkt führt, wie auch der von der Finanzverwaltung vertretenen Auffassung ist zunächst entgegenzuhalten, daß sie mit dem Sinn und Zweck der Regelungen

---

101 Ähnlich Widmann/Mayer, Umwandlungsrecht, § 20 UmwStG Rdnr. 780.

102 Gassner/Lempenau, DStZ/A 1974, 134, 141; Loos, DB 1976, 1149, 1450; Meilicke, StbJb 1968/69, S. 149, 166; Mienert, GmbHR 1974, 289, 293; Schulze, StuW 1960, S. 615, 625f.; v. Wallis, BB 1968, 1477, 1481; ders. im Sinne der Finanzverwaltung, StuW 1970, Sp. 465, 477.

der §§ 20ff. UmwStG, die steuerneutrale Einbringung in eine Kapitalgesellschaft unter der Bedingung der Sicherstellung der späteren Besteuerung der stillen Reserven zu ermöglichen, nicht zu vereinbaren sind. Dies soll anhand des folgenden Beispiels verdeutlicht werden:

Die A-B-OHG, an der A und B zu je 50 v.H. beteiligt sind, wird zum 31.12.2000 im Wege des Formwechsels gemäß §§ 190ff. UmwG in die X-GmbH umgewandelt. Der Gesellschafter-Geschäftsführer A hat von der Gesellschaft eine Pensionszusage erhalten. Der nach versicherungsmathematischen Grundsätzen ermittelte Teilwert der Pensionsverpflichtung gemäß § 6a EStG beläuft sich auf DM 50.000; der Barwert der künftigen Leistungen zum Einbringungszeitpunkt auf DM 30.000. Der Buchwert des einzubringenden Betriebsvermögens der Gesellschaft beträgt DM 500.000, der Teilwert DM 700.000 (jedoch unter Berücksichtigung der nicht bilanzierten Pensionsverpflichtung nur DM 650.000). Die Buchwerte der A-B-OHG sollen fortgeführt werden. Das Stammkapital der GmbH soll DM 100.000 betragen. Die A-B-OHG stellt zum 31.12.2000 folgende Bilanz auf:

A — Bilanz A-B-OHG zum 31.12.2000 — P

	TDM		TDM
vers. Aktiva	*600*	*Kapital A*	*250*
		Kapital B	*250*
		Verbindlichkeiten	*100*
	600		*600*

Gemäß der Auffassung der Finanzverwaltung würde die Eröffnungsbilanz der X-GmbH folgendes Bild aufweisen:

A — Bilanz X-GmbH zum 1.1.2001 — P

	TDM		TDM
vers. Aktiva	*600*	*Stammkapital*	*100*
		Kapitalrücklage	*370*
		Pensionsrückst. A	*30*
		Verbindlichkeiten	*100*
	600		*600*

Die Einbringung selbst ist für die Personengesellschafter steuerneutral. Die Gesellschafter erzielen gemäß § 20 Abs. 4 S. 1 UmwStG einen Veräußerungserlös von DM 500.000, dem die Kapitalkonten von A und B im Betrage von zusammen DM 500.000 gegenüberstehen, so daß der Veräußerungsgewinn DM Null beträgt. Aufgrund der Buchwertfortführung sind die den Gesellschaftern gewährten Gesellschaftsanteile gemäß § 21 Abs. 1 UmwStG steuerverhaftet. Der Wert, mit dem die X-GmbH das eingebrachte Betriebsvermögen ansetzt, gilt gemäß § 20 Abs. 4 S. 1 UmwStG zugleich als Anschaffungskosten der für das eingebrachte Betriebsvermögen gewährten Anteile. Die Anschaffungskosten für die Anteile des B betragen demzufolge DM 250.000. Für die Ermittlung der Anschaffungskosten des A ist des weiteren die Regelung des § 20 Abs. 4 S. 2 zu berücksichtigen, da nach der Ansicht der Finanzverwaltung die Übernahme der Pensionsverpflichtung durch die X-GmbH als Gewährung eines sonstigen Wirtschaftsgutes im Sinne des § 20 Abs. 2 S. 5, Abs. 4 S. 2 UmwStG an den aus der Pensionszusage begünstigten Gesellschafter A anzusehen ist, die nach § 6 Abs. 1 Nr. 3 EStG mit ihrem Teilwert im Zeitpunkt der Einbringung (Barwert der künftigen Leistungen) zu bewerten sein soll. Danach betragen die Anschaffungskosten der dem A gewährten Anteile DM 220.000. Werden die Gesellschaftsanteile an der X-GmbH von A und B direkt im Anschluß an die Einbringung veräußert, so erzielen sie für ihre Anteile je einen Veräußerungserlös in Höhe von DM 325.000 (DM 700.000 ./. DM 50.000 Pensionsverbindlichkeit). Daraus ermittelt sich ein Veräußerungsgewinn gemäß § 21 Abs. 1 UmwStG i.V.m. § 16 EStG für B im Betrag von DM 75.000 und für A über DM 105.000, zusammen daher DM 180.000. Mit der Einbringung wurden indes stille Reserven im Gesamtwert von DM 200.000 (DM 700.000 ./. 500.000) übertragen, die nach der Konzeption der §§ 20ff. UmwStG nicht nur auf der Ebene der Kapitalgesellschaft, sondern auch auf der Ebene der einbringenden Gesellschafter nicht endgültig der Besteuerung entzogen sein sollen. Im Ergebnis kommt es daher mit der von der Finanzverwaltung vertretenen Lösung zu einer Nichtbesteuerung der stillen Reserven auf der Ebene der an der Einbringung beteiligten Gesellschafter in Höhe von DM 20.000. Dieser Effekt resultiert letztendlich daraus, daß infolge der Auffassung der Finanzverwaltung die Verringerung der Anschaffungskosten der Gesellschaftsanteile nach § 20 Abs. 4 S. 2 UmwStG um den Barwert der künftigen Leistungen geringer ist als die Minderung des Veräußerungserlöses um den tatsächlichen Wert der übernommenen Pensionsverpflichtung.

Folgte man den Befürwortern einer Verlustrealisierung im Einbringungszeitpunkt, so fällt die „Nichtbesteuerung" der stillen Reserven auf der Ebene der einbringenden Gesellschafter noch gravierender aus. Für diese Lösung ist davon auszugehen, daß die von der übernehmenden Kapitalgesellschaft in der Eröffnungsbilanz mit ihrem versicherungsmathematischen Teilwert in Höhe von DM 50.000,-- anzusetzende Pensionsverpflichtung den Veräußerungspreis im Sinne des § 20 Abs. 4 S. 1 UmwStG mindert. Daraus errechnete sich für die Gesellschafter A und B ein Einbringungsverlust von je DM 25.000,--. Die Anschaffungskosten ihrer Anteile beliefen sich gemäß § 20 Abs. 1 S. 1 UmwStG auf jeweils DM 225.000,--. Bei der Veräußerung der Gesellschaftsanteile unmittelbar nach der Einbringung würde ebenfalls ein Veräußerungserlös von zusammen DM 650.000,-- erzielt werden, so daß zwar der steuerpflichtige Veräußerungsgewinn der Gesellschaftsanteile gemäß § 21 Abs. 1 UmwStG i.V.m. § 16 EStG insgesamt DM 200.000,-- betrüge, jedoch unter Berücksichtigung des mit der Einbringung erzielten Einbringungsverlustes nur ein Gewinn von insgesamt DM 150.000,-- versteuert werden würde.

Neben den gegen die Prämisse der Finanzverwaltung sprechenden Argumenten ist die der Lösung der Finanzverwaltung zugrundeliegende Annahme nicht einsichtig, nach der die von der Kapitalgesellschaft übernommene Pensionszusage als ein sonstiges Wirtschaftsgut im Sinne des §§ 20 Abs. 2 S. 5, 20 Abs. 4 S. 2 UmwStG anzusehen sei, welches dem aus der Pensionszusage begünstigten Gesellschafter zusätzlich zu den Gesellschaftsanteilen als Gegenleistung für das eingebrachte Betriebsvermögen gewährt wird.[103] Die Übernahme der Pensionsverpflichtung durch die Kapitalgesellschaft könnte allenfalls dann als Gegenleistung betrachtet werden, wenn mit der Übernahme der Einbringende von einer privaten Schuld befreit würde.[104] Zwar sind die Wirtschaftsgüter einer Personengesellschaft, anders als bei Kapitalgesellschaften, nicht notwendigerweise Betriebsvermögen, sondern unter Umständen Privatvermögen der Gesellschaft und als solches steuerrechtlich den Gesellschaftern zuzurechnen.[105] Dies kann aber nicht für den Pensionsanspruch desjenigen Gesellschafters gelten, dem die Pensionszusage im Zusammenhang mit einem zur Gesellschaft bestehenden Dienstverhältnis als Gegenleistung für die von ihm der Gesellschaft gegenüber

---

103 BMF-Schreiben v. 25.3.1998, BStBl. I 1998, 267, Tz. 20.42 mit angefügtem Beispiel; ebenso Ketterl, Umwandlungssteuergesetz, S. 251f.; v. Wallis, StuW 1970, Sp. 465, 477; dazu Widmann/ Mayer, Umwandlungsrecht, § 20 UmwStG Rdnr. 778 Lösung 2, 780.

104 v.Wallis, StuW 1970, Sp. 465, 478.

105 Zum Streitgegenstand L.Schmidt, EStG, § 4 Rdnr. 174 m.w.N.

erbrachten Dienste erteilt worden ist. Die der Personengesellschaft aus einer solchen Pensionszusage entstehende Pensionsverpflichtung ist betrieblich und nicht privat veranlaßt.[106] Dies bestätigt die neuere Rechtsprechung des BFH zur bilanz- und einkommensteuerrechtlichen Behandlung der Pensionszusage einer Personengesellschaft an ihren Gesellschafter, nach der in der Steuerbilanz der Personengesellschaft die Pensionsverpflichtung anzusetzen ist.[107] Als solche belastet sie bereits vor der Einbringung das eingebrachte Betriebsvermögen der Personengesellschaft und dies auch dann, wenn die Pensionsverpflichtung aus steuerrechtlichen Gründen bei der Personengesellschaft nach der bisherigen Rechtsprechung nicht bilanziert worden ist.[108]

3. Literaturauffassungen

a) Bilanzsteuerrechtlicher Ansatz bei der übernehmenden Kapitalgesellschaft

Seitdem der BFH der Bilanzbündeltheorie nicht mehr folgt, kann für die einkommensteuerliche Gewinnermittlung der Personengesellschaft bezüglich der Pensionszusage an Mitunternehmer nicht mehr von einer Gewinnverteilungsabrede ausgegangen werden.[109] Obgleich für die Ermittlung mitunternehmerischer Einkünfte die Tatsache nicht übergangen werden kann, daß unabhängig vom Zivilrecht de lege lata der Personengesellschafter (natürliche Personen) das Einkommensteuersubjekt ist,[110] ist die Personengesellschaft als partielles Einkünfteermittlungs- und Einkünfteerzielungssubjekt anerkannt.[111] Der BFH versteht die Regelung des § 15 Abs. 1 S. 1 Nr. 2 EStG als zweistufigen Tatbestand, der an die Tätigkeit der Personengesellschaft als dem ersten Tatbestandsmerkmal anknüpft und dem Gesellschafter die gewerblichen Einkünfte als Ergebnis der Tätigkeit der Gesellschaft zurechnet.[112] Es ist deshalb infolge der Anerkennung der gesellschaftsrechtlichen Strukturen konsequent, wenn der BFH auf der Ebene der Personengesellschaft die Pensionszusage an einen Gesellschafter

---

106 A.A. v. Wallis, StuW 1970, Sp. 465, 477.

107 BFH v. 2.12.1997 - VIII R 15/96, DB 1998, 753.

108 Mienert, GmbHR 1974, 289, 290f.; Widmann/Mayer, Umwandlungsrecht, § 20 UmwStG Rdnr. 780.

109 BFH v. 2.12.1997 - VIII R 15/96, DB 1998, 753.

110 Crezelius, Steuerrecht II, § 6 II 2c; Knobbe-Keuk, Bilanzsteuerrecht, § 9 I 1; Tipke/Lang, Steuerrecht, § 9 Rdnr. 500; L.Schmidt, EStG, § 15 Rdnr. 164.

111 BFH v. 25.6.1984 - GrS 4/82, BFHE 141, 405 = BStBl. II 1984 751; v. 25.2.1991 - GrS 7/89, BFHE 163, 1 = BStBl. II 1991, 691.

112 BFH v. 3.5.1993 - GrS 3/92, BFHE 171, 246 = BStBl. II 1993, 616.

in der Steuerbilanz der Gesellschaft durch den Ansatz einer Pensionsrückstellung nunmehr auch steuerrechtlich Rechnung trägt. Allerdings ist nach der Rechtsprechung der gewinnmindernde Aufwand aus der Rückstellungszuführung der Gesellschaft nach dem Grundsatz der korrespondierenden Bilanzierung durch einen gleichhohen Aktivposten in der Sonderbilanz des begünstigten oder aller Gesellschafter zeitkonform ausgeglichen.[113]

Hiervon ausgehend wird von Widmann folgendes vorgeschlagen[114]: In der Steuerbilanz der aufnehmenden Kapitalgesellschaft ist das Betriebsvermögen der Personengesellschaft einschließlich der übernommenen Pensionsverpflichtung anzusetzen[115]. Nicht übernommen wird der in der Sonderbilanz des pensionsberechtigten Gesellschafters ausgewiesene Aktivposten. Er ist nicht Bestandteil des eingebrachten Betriebsvermögens, sondern geht durch Entnahme in das Privatvermögen des begünstigten Gesellschafters über.[116]

Ein Entnahmegewinn entsteht nicht. Aufgrund der korrespondierenden Bilanzierung entspricht der Buchwert des Aktivpostens dem nach den Grundsätzen des § 6a EStG ermittelten Teilwert der in der steuerlichen Schlußbilanz der Personengesellschaft passivierten Pensionsverpflichtung, so daß der Buchwert des Aktivpostens gleich dessen Teilwert ist.[117] Dies gilt unabhängig davon, ob das der Pensionszusage zugrundeliegende Dienstverhältnis zwischen der Personengesellschaft und ihrem pensionsberechtigten Gesellschafter mit der Umwandlung erlischt. Allerdings kommt diesem insofern Bedeutung zu, als es entscheidend für die Berechnung der nach § 6a EStG mit dem Teilwert in der Steuerbilanz der Personengesellschaft anzusetzenden Pensionsrückstellung ist.

Wird das Dienstverhältnis zu dem Gesellschafter-Angestellten von der Kapitalgesellschaft fortgeführt und tritt diese in die Pensionszusage ein, dann soll die

---

113 BFH v. 2.12.1997 - VIII R 15/96, DB 1998, 753.

114 Widmann/Mayer, Umwandlungsrecht, § 20 UmwStG Rdnr. 778 Lösung 8; ebenso Bordewin/Brandt/ Merkert, EStG, § 20 UmwStG Rdnr. 103; Gosch, in Festschrift Widmann, S.357, 361ff.; nicht eindeutig Herrmann/Heuer/Raupach/Hübl, EStG KStG, § 20 UmwStG Rdnr. 91.

115 Widmann/Mayer, Umwandlungsrecht, § 20 UmwStG Rdnr. 776; Gosch, in Festschrift Widmann, S. 357, 361ff.

116 Widmann/Mayer, Umwandlungsrecht, § 20 UmwStG Rdnr. 778 Lösung 8; Bordewin/Brandt/Merkert, EStG, § 20 UmwStG Rdnr. 103; Frotscher/Maas/Herrmann, KStG UmwStG, § 20 UmwStG Rdnr. 151; Gosch, in Festschrift Widmann, S.357, 361ff.; Haritz/Benkert/Friederichs, UmwStG, § 20 Rdnr. 115 Lösung 4a, 116.

117 Widmann/Mayer, Umwandlungsrecht, § 20 UmwStG Rdnr. 778 Lösung 8; Frotscher/Maas/Herrmann, KStG UmwStG, § 20 UmwStG Rdnr. 151.

Pensionsrückstellung in der Steuerbilanz der Personengesellschaft und nach der Übernahme in die Steuerbilanz der Kapitalgesellschaft weiterhin auf der Grundlage des für den vollen Pensionsanspruch gemäß § 6a Abs. 3 Nr. 1 EStG zu bestimmenden Teilwertes gebildet und fortgeführt werden.[118] Zu einer teilweisen gewinnerhöhenden Auflösung noch in der Schlußbilanz der Personengesellschaft kommt es hiernach nicht.

Anders hingegen ist es, wenn das Dienstverhältnis des Gesellschafter-Angestellten unter Aufrechterhaltung der Pensionsanwartschaft mit der Umwandlung endet. Dies soll nach Auffassung Widmanns auch dann der Fall sein, wenn das Dienstverhältnis auf dem Gesellschaftsvertrag beruhte und deshalb mit der Umwandlung erlösche.[119] In diesem Fall könne die Pensionsrückstellung bereits in der Schlußbilanz der Personengesellschaft nicht mehr auf der Grundlage des vollen Pensionsanspruches, sondern gemäß § 6a Abs. 3 Nr. 2 EStG nur noch in Höhe des Barwertes des bis zum steuerlichen Einbringungsstichtages erdienten Anspruches passiviert werden.[120]

Dies führt auf der Ebene der Personengesellschaft zu einer den anteiligen Gewinn aller Personengesellschafter erhöhenden, teilweisen Rückstellungsauflösung und gleichzeitig zu einer entsprechenden, gewinnmindernden Auflösung des in der Sonderbilanz des pensionsberechtigten Gesellschafters bilanzierten Aktivpostens. Denn der Barwert des bis zum steuerlichen Einbringungszeitpunkt erdienten Anspruches ist niedriger als der für den vollen Pensionsanspruch zugrunde zu legende Teilwert. Die von der Personengesellschaft entsprechend vermindert bilanzierte Pensionsrückstellung würde von der Kapitalgesellschaft übernommen und nach den Grundsätzen des § 6a EStG fortgeführt werden.

b) Besteuerung des pensionsberechtigten Gesellschafters

Nach obiger Auffassung ist die von der Kapitalgesellschaft übernommene Pensionszusage kein sonstiges Wirtschaftsgut im Sinne des §§ 20 Abs. 2 S. 5, 20 Abs. 4 S. 2 UmwStG, das dem pensionsberechtigten, einbringenden Gesell-

---

118 Widmann/Mayer, Umwandlungsrecht, § 20 UmwStG Rdnr. 778 Lösung 8; zu der diesbezüglich abweichenden Rechtsprechung des BFH v. 9.4.1997 - I R 124/95, BFHE 183, 119 = BStBl. II 1997, 799 siehe hierzu auch nachfolgend Teil 2, E III 4.

119 Widmann/Mayer, Umwandlungsrecht, § 20 UmwStG Rdnr. 778 Lösung 8.

120 Widmann/Mayer, Umwandlungsrecht, § 20 UmwStG Rdnr. 778 Lösung 8.

schafter neben den neuen Anteilen zusätzlich gewährt wird.[121] Demgemäß sind die Anschaffungskosten des berechtigen Gesellschafters nicht um den Teilwert der von der Kapitalgesellschaft übernommenen Pensionsverpflichtung gemindert. Die Anschaffungskosten der Gesellschaftsanteile entsprechen gemäß § 20 Abs. 4 S. 1 UmwStG dem Wert, mit dem das eingebrachte Betriebsvermögen von der aufnehmenden Kapitalgesellschaft bilanziert wird. Setzt die aufnehmende Kapitalgesellschaft das eingebrachte Betriebsvermögen zu niedrigeren Werten als den Teilwerten an, so daß mit den neuen Anteilen einbringungsgeborene Anteile im Sinne des § 21 UmwStG vorliegen, dann hat dies im Fall der späteren Veräußerung der Anteile bzw. bei Erfüllung eines der Tatbestände des § 21 Abs. 2 S. 1 Nr. 1 bis 4 UmwStG zur Folge, daß der Gesellschafter ausschließlich die nicht mit der Einbringung aufgedeckten und auf seine Anteile übertragenen, stillen Reserven versteuert, die in den eingebrachten Wirtschaftsgütern ruhen.

Die mit Eintritt des Versorgungsfalles von der Kapitalgesellschaft zu zahlenden Pensionsleistungen mindern als Betriebsausgaben den Gewinn der Gesellschaft. Ihnen steht die gewinnerhöhende, sukzessive Auflösung der Pensionsrückstellung gegenüber. Beim pensionsberechtigten Gesellschafter werden die Zahlungen steuerlich so lange nicht erfaßt, wie sie den aus der Sonderbilanz entnommenen Aktivposten nicht übersteigen.[122] Insoweit entfallen die Pensionsleistungen auf den während der Mitunternehmerschaft erdienten Pensionsanspruch, der bereits im Rahmen der Mitunternehmerbesteuerung durch den gewinnerhöhenden Ansatz des Aktivpostens in der Sonderbilanz des berechtigten Gesellschafters versteuert wurde. Läßt man den in den Pensionszahlungen enthaltenen Ertragsanteil außer acht, werden die den Aktivposten übersteigenden Pensionszahlungen aufgrund des Dienstverhältnisses der Kapitalgesellschaft mit dem Gesellschafter-Angestellten geleistet. Sie sind deshalb nachträgliche Einkünfte

121 Widmann/Mayer, Umwandlungsrecht, § 20 UmwStG Rdnr. 780; Bordewin/Brandt/ Merkert, EStG, § 20 UmwStG Rdnr. 103; obgleich Herrmann (Frotscher/Maas/Herrmann, KStG UmwStG, § 20 UmwStG Rdnr. 149) der Auffassung Widmanns grundsätzlich folgt will er gleichwohl eine zusätzliche Gegenleistung im Sinne der §§ 20 Abs. 2 S. 5, 20 Abs. 4 S. 2 UmwStG annehmen.

122 Widmann/Mayer, Umwandlungsrecht, § 20 UmwStG Rdnr. 778 Lösung 8; Bordewin/Brandt/ Merkert, EStG, § 20 UmwStG Rdnr. 103: alternativ wird vorgeschlagen die Pensionszahlungen analog R 139 Abs. 11 EStR als nachträgliche Betriebseinnahmen im Sinne des § 15 i.V.m. § 24 Nr. 2 EStG zu behandeln; abweichend Herrmann (Frotscher/ Maas/Herrmann, KStG UmwStG, § 20 UmwStG Rdnr. 148) der aufgrund der Annahme eines Leibrentenanspruchs die Bezüge des Pensionsberechtigten entsprechend der Auffassung der Finanzverwaltung mit der Ertragsanteil versteuert sehen will; ebenso Haritz/Benkert/Friederichs, UmwStG, § 20 Rdnr. 115 Lösung 4a, 116.

aus nichtselbständiger Arbeit gemäß §§ 19 Abs. 1 Nr. 2, 24 Nr. 2 EStG.[123] Andernfalls ist zu berücksichtigen, daß der in den Pensionszahlungen enthaltene Ertragsanteil teilweise auf die im Zusammenhang mit der Einbringung übernommene Pensionsverpflichtung entfällt und damit in Verbindung mit dem vor der Einbringung zur Personengesellschaft bestehenden Dienstverhältnis steht. Insofern lägen nachträgliche gewerbliche Einkünfte vor.

c) Beurteilung

Der Lösung der Finanzverwaltung war entgegenzuhalten, daß sie zu einer teilweisen „Nichtbesteuerung" der in dem eingebrachten Betriebsvermögen ruhenden stillen Reserven auf der Ebene des einbringenden Gesellschafters führt. Diese entscheidend gegen die Lösung der Finanzverwaltung sprechende Schwäche haftet der obigen Vorgehensweise nicht an. Grund dessen ist die Passivierung der Pensionsrückstellung bereits in der Steuerbilanz der Personengesellschaft und die dadurch bewirkte Minderung des Buchwertes des eingebrachten Betriebsvermögens, so daß im Falle der Buchwertfortführung auch die Anschaffungskosten der Anteile dem Buchwert des eingebrachten Betriebsvermögens unter Berücksichtigung der übergegangenen Pensionsverpflichtung entsprechen. Der nicht zu rechtfertigenden Annahme verminderter Anschaffungskosten bedarf es nicht.

Des weiteren wird die Benachteiligung der mit der Pensionszusage belasteten Gesellschafter aus der Nichtanerkennung der Pensionszusage vermieden. Indem die aufwandswirksamen Rückstellungszuführungen auf der Ebene der Personengesellschaft durch die Zurechnung betraglich gleich hoher Sonderbetriebseinnahmen an den begünstigten Gesellschafter ausgeglichen werden, wird erreicht, daß dieser den Barwert des bis zum Einbringungszeitpunkt erdienten Pensionsanspruches über den Ansatz eines Aktivpostens in seiner Sonderbilanz allein versteuert. Die Sicherstellung, daß im Ergebnis die Pensionszusage den Gewinn der übrigen Gesellschafter belastet, ist bereits durch die Gewinnermittlung der Mitunternehmerschaft gewährleistet.

Schließlich wird ausgeschlossen, daß im Falle der zwingenden, vorzeitigen Auflösung der Pensionsrückstellung bei der übernehmenden Kapitalgesellschaft, beispielsweise infolge des Todes des Pensionsberechtigten, bei der Kapitalgesellschaft ein steuerpflichtiger Ertrag entsteht, ohne daß das steuerpflichtige Einkommen durch die Bildung der Pensionsrückstellung gemindert worden wä-

123 Widmann/Mayer, Umwandlungsrecht, § 20 UmwStG Rdnr. 778 Lösung 8.

re.[124] Denn die Zuführungen zu der in der Steuerbilanz der Personengesellschaft bilanzierten Pensionsrückstellung sind in der steuerlichen Gewinnermittlung der Personengesellschaft als Betriebsausgabe abzugsfähig und haben den Gewinnanteil sämtlicher Gesellschafter (§ 15 Abs. 1 S. 1 Nr. 2 Hs. 1 EStG) gemindert. Dieser Aufwand wurde zwar durch den Ansatz des Aktivpostens in der Sonderbilanz des Begünstigten ausgeglichen. Verstirbt der begünstigte Gesellschafter bevor die tatsächlichen Pensionszahlungen den entnommenen Aktivposten übersteigen, wirkt sich dies dann nicht nachteilig aus, wenn für den begünstigten Gesellschafter anzunehmen ist, daß er in Höhe des nicht „verrechneten" Aktivpostens einen nachträglichen Verlust aus Gewerbebetrieb erzielt.[125]

Im Ergebnis ist dieser Lösungsansatz dem der Finanzverwaltung vorzugswürdig. Nicht zuzustimmen ist allerdings der Auffassung Widmanns[126], nach der es zu einer teilweisen Auflösung der in deren Schlußbilanz der Personengesellschaft anzusetzenden Pensionsrückstellung infolge des Erlöschens eines auf dem Gesellschaftsvertrages beruhenden Dienstverhältnisses kommen soll. Denn ein solches gesondert vereinbartes Dienstverhältnis erlischt eben gerade nicht. Zwar entfällt mit der Umwandlung unzweifelhaft der der Personengesellschaft zugrundliegende Gesellschaftsvertrag. Dies bewirkt allerdings nur, daß sich das fortbestehende Dienstverhältnis von seiner ehemaligen Rechtsgrundlage löst, insofern seine Identität ändert und es sich mithin um kein gesellschaftsrechtliches sondern nunmehr um ein unabhängiges Dienstverhältnis handelt.[127]

d) Übergangsproblematik

Die hier vertretene Ansicht geht mit der neuen Rechtsprechung des BFH[128] von der Passivierung der Pensionsverpflichtung in der Gesamthandsbilanz und der Bilanzierung eines Aktivpostens in der Sonderbilanz des begünstigten Gesellschafter-Angestellten aus. Mit diesem Ansatz sind Übergangsprobleme verbunden, wenn aufgrund der früheren Rechtsprechung des BFH der Pensionszusage zugunsten des Gesellschafter-Angestellten nicht durch eine Pensionsrückstellung in der Steuerbilanz der Personengesellschaft Rechnung getragen wurde und die sich aus der Auflösung der Pensionsrückstellung in der Steuerbilanz der Personengesellschaft ergebende Gewinnerhöhung allen Gesellschaftern entspre-

---

124 Widmann/Mayer, Umwandlungsrecht, § 20 UmwStG Rdnr. 780.

125 Widmann/Mayer, Umwandlungsrecht, § 20 UmwStG Rdnr. 778 Lösung 8.

126 Widmann/Mayer, Umwandlungsrecht, § 20 UmwStG Rdnr. 778 Lösung 8.

127 Widmann/Mayer/Vossius, Umwandlungsrecht, § 202 UmwStG Rdnr. 42f.

128 BFH v. 2.12.1997 - VIII R 15/96, DB 1998, 753.

chend dem Gewinnverteilungsschlüssel zugerechnet wurde.[129] Aufgrund der Änderung der Rechtsprechung wird der in der Steuerbilanz der Personengesellschaft fehlende Ansatz der Pensionsrückstellung unrichtig. Nach den Grundsätzen des BFH zur Bilanzberichtigung bedarf es der erfolgswirksamen Korrektur durch den Ausweis in der Schlußbilanz der Personengesellschaft des Wirtschaftsjahres, in dem die Änderung der Rechtsprechung erstmals berücksichtigt werden kann.[130] Die eintretende, anteilige Gewinnminderung aller Gesellschafter ist nach der Ansicht Widmanns[131] durch die Bilanzierung eines entsprechenden Aktivpostens allein in der Sonderbilanz des begünstigten Gesellschafters auszugleichen.

Mit dieser Form der Anpassung vor der Umwandlung würde gleichsam ein Ausgleich der Gewinnverteilung unter den Gesellschaftern herbeigeführt werden. Diese entspräche den Gegebenheiten, die vorlägen, wenn die Pensionsverpflichtung bereits ab der Zusage durch eine Rückstellung berücksichtigt und der Pensionsanspruch dem begünstigten Gesellschafter als Sonderbetriebseinnahme zugerechnet worden wäre. Nach der Umwandlung und der Entnahme des Pensionsanspruches des begünstigten Gesellschafters aus dem Betriebsvermögen kann der Ausgleich nicht mehr erfolgen, weil der Übernahme der Pensionsverpflichtung durch die Kapitalgesellschaft keine ausgleichende Wirkung über den Veräußerungsgewinn oder die Anschaffungskosten der Gesellschaftsanteile zukommt.

Dem Ansatz in der Steuerbilanz der Personengesellschaft steht das Nachholverbot des § 6a Abs. 4 S. 1 EStG nicht entgegen. Unter Berücksichtigung des auszuweisenden Aktivpostens hat der Ansatz der Pensionsrückstellung bezogen auf den aus der „Gesamtbilanz der Mitunternehmerschaft" zu ermittelnden Gesamtgewinn keine steuerlichen Wirkungen.[132] Allerdings ist zu beachten, daß durch die Anpassung an die geänderte Rechtsprechung der begünstigte Gesellschafter durch den Ansatz des gewinnerhöhenden Aktivpostens in seiner Sonderbilanz

---

129 BFH v. 8.1.1975 - I R 142/72, BFHE 115, 37 = BStBl. II 1975, 437; H 41 Abs. 8 EStH 1996.

130 BFH v. 12.11.1992 - IV R 59/91, BFHE 170, 217 = BStBl. II 1993, 392; siehe auch Frotscher/Maas/ Herrmann, KStG UmwStG, § 20 UmwStG Rdnr. 146.

131 Widmann/Mayer, Umwandlungsrecht, § 20 UmwStG Rdnr. 778 Lösung 8; ebenso Frotscher/Maas/ Herrmann, KStG UmwStG, § 20 UmwStG Rdnr. 147; Gosch, in Festschrift Widmann, S.357, 361ff.

132 Widmann/Mayer, Umwandlungsrecht, § 20 UmwStG Rdnr. 778 Lösung 8; vgl. hierzu auch BFH v. 7.4.1994 - IV R 56/92, BFHE 174, 163 = BStBl. II 1994, 740; H 41 Abs. 20 EStH 1998.

steuerlich belastet wird. Damit führt die Anpassung im Ergebnis zu einer nachträglichen Änderung der Gewinnverteilung früherer Wirtschaftsjahre, die nicht nur im Hinblick auf die Rechtsprechung des BFH zur rückwirkenden Änderung der Gewinnverteilungsabrede fraglich erscheint.[133] Eingegriffen würde zudem in das den Gesellschaftern auch nach der neuen Rechtsprechung des BFH zur steuerlichen Behandlung von Pensionszusage an Gesellschafter-Angestellte gewährte Wahlrecht, die gewinnmindernde Passivierung der Pensionsverpflichtung durch einen gleichhohen Aktivposten in der Sonderbilanz des begünstigten Gesellschafters oder aller Gesellschafter auszugleichen. Im weiteren stände der Anpassung allein über den Aktivposten des begünstigten Gesellschafters die steuersystematische Zielsetzung der Regelungen des UmwStG entgegen. Denn die steuerliche Belastung des begünstigten Gesellschafters vor der Umwandlung wäre geeignet eben diese zu verhindern, wenn dieser Gesellschafter aufgrund der Steuerbelastung seine Zustimmung zum Beschluß über die Umwandlung nicht erteilt. Sofern der Gewinn aus der früheren Nichtanerkennung der Pensionsrückstellung in der Steuerbilanz der Gesellschaft nicht allein dem berechtigten Gesellschafter zugewiesen wurde, ließe sich die Problematik auf die Weise lösen, daß gemäß der neuen Rechtsprechung des BFH die passivierte Pensionsverpflichtung durch entsprechende Aktivposten aller Gesellschafter ausgeglichen wird. Allerdings hätte dies zur Konsequenz, daß nach der Umwandlung nicht nur der des Begünstigten, sondern die Aktivposten aller früheren Personengesellschafter fortzuführen wären. Da der Buchwert des Aktivpostens des begünstigten Gesellschafters hiernach nicht mehr dem Teilwert des während des Dienstverhältnisses zur Personengesellschaft erdienten Pensionsanspruches entspricht, weil sich dieser nunmehr auf die Aktivposten aller Gesellschafter verteilt, sind die späteren Pensionszahlungen der Kapitalgesellschaft in dem Verhältnis aufzuteilen, in dem die Zeit vom Beginn des Dienstverhältnisses mit der Personengesellschaft bis zur Umwandlung zu der Zeit ab der Einbringung bis zum Eintritt des Versorgungsfalles steht. Soweit der begünstigte, frühere Gesellschafter der Personengesellschaft die Zahlungen für die aufgrund des Dienstverhältnisses mit der Kapitalgesellschaft erbrachten Dienste erhält, sind die anteiligen Zahlungen nachträgliche Einkünfte aus nichtselbständiger Arbeit (§§ 19, 24 Nr. 2 EStG). Die im Zusammenhang mit den aufgrund des Dienstverhältnisses zur Personengesellschaft geleisteten Diensten stehende, anteilige Zahlung ist mit dem Aktivposten des begünstigten Gesellschafters zu verrechnen. Sie sind daher steuerlich solange nicht zu erfassen, wie sie den Aktivposten nicht übersteigen. Mit den darüber hinaus gehenden, anteiligen Zahlungen er-

[133] BFH v. 12.6.1980 - IV R 40/77, BFHE 131, 224 = BStBl. II 1980, 723; v. 17.3.1987 - VIII R 293/82, BFHE 149, 454 = BStBl. II 1987, 558.

zielt er nachträgliche Einkünfte aus Gewerbebetrieb. Entsprechend der Verrechnung mit dem Aktivposten des begünstigten Gesellschafters sind die Aktivposten der übrigen Gesellschafter anteilig aufwandswirksam aufzulösen. Für sie führen die Pensionszahlungen an den begünstigten, ehemaligen Gesellschafter zu nachträglichen Verlusten aus Gewerbebetrieb.

4. Berechnung des Teilwertes der übernommenen Pensionsverpflichtung und Anrechnung von Vordienstzeiten

Fraglich ist, mit welchem Wert die Kapitalgesellschaft die übernommene Pensionsverpflichtung in ihrer Steuerbilanz zu passivieren hat. Insbesondere geht es um die Frage, ob für die Berechnung der Pensionsrückstellung die Zeiten des Pensionsberechtigten zu berücksichtigen sind, die dieser aufgrund des Dienstverhältnisses mit der einbringenden Personengesellschaft in deren Diensten verbracht hat.

Gemäß der Vorschrift des § 6a Abs. 3 S. 1 EStG ist die von der Kapitalgesellschaft übernommene Pensionsverpflichtung höchstens mit dem Teilwert anzusetzen. Für dessen Ermittlung ist der Beginn des Dienstverhältnisses maßgebend. Dies gilt grundsätzlich auch dann, wenn die Pensionszusage erst zu einem späteren Zeitpunkt zugesagt worden ist. Denn das der Ermittlung zugrunde zu legende Teilwertverfahren knüpft neben dem Gedanken der Selbstversicherung an das arbeitsrechtliche Verständnis an, wonach die zukünftigen Pensionsleistungen als Entgelt für die gesamten, aufgrund des Dienstverhältnisses erbrachten Dienste des Berechtigten geleistet werden.[134] Sieht man von der altersabhängigen Begrenzung durch § 6a Abs. 3 S. 2 Nr. 1 S. 6 EStG ab, geht das Steuerrecht mit dem nach § 6a Abs. 3 EStG anzuwendenden Teilwertverfahren dementsprechend fiktiv davon aus, daß der Pensionsanspruch nicht nur im Laufe der restlichen Dienstzeit ab der Zusage, sondern bereits ab dem tatsächlichen Dienstbeginn erdient wird. Für die Finanzierung der in Zukunft voraussichtlich fälligen Leistungen ist daher vorgesehen, den Barwert der im Versorgungsfall einsetzenden Pensionen grundsätzlich durch die Bildung einer aufwandswirksamen Pensionsrückstellung periodengerecht auf die gesamte Dienstzeit zu verteilen.[135] Demgemäß gilt nach § 6a Abs. 3 S. 2 Nr. 1 S. 1 EStG für ein am Bilanzstichtag noch nicht beendetes Dienstverhältnis als Teilwert der Pensions-

134 Vgl. hierzu oben Teil 1, A I.

135 Bt-Drs., VII/1281, S. 37; BFH v. 10.8.1994 - I R 47/93, BFHE 175, 535, 539 = BStBl. II 1995, 250; Ahrend/Förster/Rößler, BAV, 2. Teil Rdnr. 214; Höfer/Abt, BetrAVG-StR, § 6a EStG, Rdnr. 91.

verpflichtung der Barwert der künftigen Pensionsleistungen am Schluß des Wirtschaftsjahres abzüglich des sich auf denselben Zeitpunkt ergebenden Barwertes betragsmäßig gleichbleibender Jahresbeträge. Die Jahresbeträge sind so zu bemessen, daß am Beginn des Wirtschaftsjahres, in dem das Dienstverhältnis begonnen hat, ihr Barwert gleich dem Barwert der künftigen Pensionsleistungen ist; es sind die Jahresbeträge zugrunde zu legen, die vom Beginn des Wirtschaftsjahres, in dem das Dienstverhältnis begonnenen hat, bis zu dem in der Pensionszusage vorgesehenen Zeitpunkt des Eintrittes des Versorgungsfalles rechnungsmäßig aufzubringen sind (§ 6a Abs. 3 Nr. 1 S. 2 und 3 EStG). Einschränkend ist zur Berücksichtigung der Fluktuation das Mindestbeginnalter von 30 Jahren für die Rückstellungsbildung vorgeschrieben (§ 6a Abs. 3 S. 2 Nr. S. 6 EStG). Wird die Zusage nach dem Jahr des Diensteintrittes erteilt, können die auf die bereits zurückliegende Dienstzeit entfallenden Rückstellungszuführungen durch die Bildung einer sog. Einmalrückstellung vorgenommen werden. Andererseits bewirkt die Rückbeziehung der Berechnung auf den Beginn des Dienstverhältnisses im Vergleich zu dem für die Berechnung auf die Erteilung der Zusage abstellenden Gegenwartswertverfahren, daß die Zuführungen in den folgenden Jahren bis zum Eintritt des Versorgungsfalles niedriger ausfallen.[136] Die Vorschrift des § 6a Abs. 3 EStG findet entsprechend Anwendung, wenn der Pensionsberechtigte zu dem Pensionsverpflichteten in einem anderen Rechtsverhältnis als einem Dienstverhältnis steht (§ 6a Abs. 5 EStG).

Nach der Rechtsprechung des BFH ist für den der Berechnung des Teilwertes der Pensionsverpflichtung zugrunde zu legende Beginn des Dienstverhältnisses im Sinne des § 6a Abs. 3 Nr. 1 S. 2 und 3 EStG grundsätzlich auf den tatsächlichen Dienstantritt des Dienstverpflichteten beim Dienstberechtigten und nicht auf den vertraglich vereinbarten Beginn abzustellen.[137] Für die steuerliche Berechnung des Teilwertes unbeachtlich ist daher die zivilrechtliche Abrede, durch die ein vor dem tatsächlichen Dienstantritt liegender Zeitpunkt als Beginn des Dienstverhältnisses bestimmt wird.[138] Nicht als Dienstzeiten angerechnet

---

136 Vgl. dazu Ahrend/Förster/Rößler, BAV, 2. Teil Rdnr. 214f.; Höfer/Abt, BetrAVG-StR, § 6a EStG, Rdnr. 90ff.

137 BFH v. 25.5.1988 - I R 10/84, BFHE 153, 381 = BStBl. II 1988, 720; v. 10.8.1994 - I R 47/93, BFHE 175, 535, 538 = BStBl. II 1995, 250; ebenso H 41 Abs. 11 EStH 1998; Blümich/Ahrend/ Förster/Rößler, EStG KStG GewStG, § 6a EStG, Rdnr. 373f.; einschränkend in Ahrend/Förster/ Rößler, BAV, 2. Teil Rdnr. 220; L.Schmidt/Seeger, EStG, § 6a, Rdnr. 54; a.A. Littmann/Bitz/ Hellwig/Höfer, EStG, § 6a, Rdnr. 64; Höfer/Abt, BetrAVG-StR, § 6a EStG, Rdnr. 98, § 1 BetrAVG, Rdnr. 110.

138 Die vertragliche Vorverlegung des Dienstbeginns ist aus arbeitsrechtlicher Sicht vor dem Hintergrund der gesetzlichen Unverfallbarkeitsregelung des § 1 BetrAVG zu sehen. Durch die vertragliche Anrechnung fiktiver Vordienstzeiten können die Zeiträume, nach

werden daher solche, in denen der Dienstverpflichtete tatsächlich keine Dienste erbracht hat.[139] Von derartigen, fiktiven Dienstzeiten sind nach dem Urteil des BFH vom 10.8.1994[140] Zeiten zu unterscheiden, in denen der Pensionsberechtigte aufgrund eines Arbeitsverhältnisses in einem Betrieb tätig war, der auf den die Pensionszusage erteilenden oder übernehmenden Steuerpflichtigen übergegangen ist. Derartige Vordienstzeiten des Pensionsberechtigten seien zu berücksichtigen, wenn der Betrieb durch Rechtsgeschäft auf den Steuerpflichtigen übergegangen ist und der Steuerpflichtige in die Rechte und Pflichten aus dem zwischen dem früheren Arbeitgeber und dem Pensionsberechtigten im Zeitpunkt des Betriebsüberganges bestehenden Arbeitsverhältnisses kraft Gesetzes eingetreten ist. Nach dem Sachverhalt der Entscheidung lag eine Betriebsübernahme im Wege der Einzelrechtsnachfolge und ein Übergang der Arbeitsverhältnisse nach Maßgabe des § 613a BGB vor.[141] Dies bedeute, die Arbeitsverhältnisse würden nicht mit dem Betriebsübergang enden, sondern bestehen bleiben und mit dem Betrieb auf dessen neuen Inhaber übergehen. Der neue Betriebsinhaber müsse arbeitsrechtlich die beim früheren Betriebsinhaber zurückgelegten Zeiten gegen sich gelten lassen. Aufgrund dieser gesetzlichen Regelung sei das vor und nach dem Wechsel des Betriebsinhabers bestehende Dienstverhältnis nicht nur arbeitsrechtlich, sondern auch steuerrechtlich im Sinne des § 6a Abs. 3 Nr. 1 EStG als ein einheitliches, nicht unterbrochenes Dienstverhältnis anzusehen, welches bereits im Zeitpunkt des tatsächlichen Dienstantrittes beim früheren Betriebsinhaber begonnen habe. Es entspreche der Zielsetzung der Regelung, beim Übergang eines Betriebes auf einen anderen

denen gemäß § 1 BetrAVG die Unverfallbarkeit eintritt, verkürzt werden, so daß eine frühere, vertragliche Unverfallbarkeit erreicht werden kann. Daneben erhöht sich der unverfallbare Anspruch des Pensionsberechtigten durch die vertragliche Anrechnung fiktiver Vordienstzeiten, da sich das Verhältnis der abgeleisteten Dienstzeit, einschließlich der vertraglichen Vordienstzeit, zur gesamten Dienstzeit zugunsten der abgeleisteten Dienstzeit verschiebt, die ihrerseits die Höhe des unverfallbaren Pensionsanspruches nach § 2 Abs. 1 BetrAVG bestimmt.

139 BFH v. 25.5.1988 - I R 10/84, BFHE 153, 381 = BStBl. II 1988, 720; a.A. Ahrend/Förster/Rößler, BAV, 2. Teil Rdnr. 220.

140 BFH v. 10.8.1994 - I R 47/93, BFHE 175, 535 = BStBl. II 1995, 250; siehe hierzu H 41 Abs. 11 EStH 1998; BMF-Schreiben v. 22.12.1997, BStBl. I 1997, 1020; Bordewin/Brandt/Merkert, EStG, § 20 UmwStG Rdnr. 101.

141 Für den Übergang der Pensionsverpflichtung ist dabei zu berücksichtigen, daß mit der gesetzlichen Übernahme des Arbeitsverhältnisses nach § 613a BGB, soweit der Arbeitnehmer nicht widerspricht, nur die Pensionsverpflichtung des tätigen Arbeitnehmers übergeht, nicht jedoch die Pensionsverpflichtung nach Eintritt des Versorgungsfalles, wenn die Aktivenzeit des Pensionsberechtigten beendet ist und auch nicht die unverfallbare Pensionsanwartschaft eines zuvor ausgeschiedenen Arbeitnehmers (vgl. § 4 Betr-

Rechtsträger die von dem versorgungsberechtigten Arbeitnehmer während seiner Betriebszugehörigkeit erbrachte Arbeitsleistung unabhängig von dem Wechsel des Betriebsinhabers als Einheit anzusehen. Es sei deshalb bei der Ermittlung des Teilwertes der Pensionsrückstellung von einem Dienstverhältnis auszugehen, das durch den Wechsel des Dienstberechtigten nicht unterbrochen wurde.

Obgleich der BFH im Ausgangspunkt diese Rechtsprechung in seinem Urteil vom 9.4.1997[142] bestätigte, hat er deren Anwendung für den der Entscheidung zugrundeliegenden Fall, der Umwandlung einer KG in eine GmbH, verneint. Der Mehrheitsgesellschafter und gleichzeitige Geschäftsführer der GmbH war zunächst nur Arbeitnehmer der KG und später deren persönlich haftender Gesellschafter. Mit dem Eintritt in die Kommanditgesellschaft wurde das mit ihm als Arbeitnehmer bestehende Dienstverhältnis nicht beendet. Als Gesellschafter-Angestellter erhielt er auf der Grundlage des zwischen der KG und ihm vor seinem Eintritt als Gesellschafter geschlossenen Dienstvertrages eine Tätigkeitsvergütung. Nach der Umwandlung wurde zwischen ihm und der GmbH ein Anstellungsvertrag geschlossen und gleichzeitig eine Pensionszusage zu seinen Gunsten erteilt. Der BFH stellt in der Entscheidung zunächst fest, daß zwar die Kapitalgesellschaft als Gesamtrechtsnachfolgerin der Personengesellschaft in die mit dieser abgeschlossenen Dienstverhältnisse eingetreten sei und folglich auch bei derartigen Umwandlungen grundsätzlich für die Teilwertermittlung bei der übernehmenden Kapitalgesellschaft nach der Vorschrift des § 6a Abs. 3 S. 2 Nr. 1 S. 2 und 3 EStG auf den Beginn der Dienstverhältnisse abzustellen sei. Um berücksichtigungsfähige Vordienstzeiten soll es sich jedoch nur dann handeln, wenn der pensionsberechtigte Gesellschafter im Zeitpunkt der Umwandlung in einem Dienstverhältnis oder einem anderen Rechtsverhältnis zu der Personengesellschaft gestanden hat und die im Rahmen dieses Dienst- oder Rechtsverhältnisses gegebene Pensionszusage nach Grund und Höhe ausschließlich betrieblich veranlaßt sei. Dies sei der Fall, wenn die späteren Pensionsleistungen bei der verpflichteten Personengesellschaft gewinnmindernd als Betriebsausgaben in Abzug gebracht werden können. Daran fehle es, wenn der Pensionsberechtigte Gesellschafter-Arbeitnehmer der Personengesellschaft ist und die Pensionsleistungen deshalb in steuerrechtlicher Hinsicht zu den Son-

AVG). Hingegen gehen bei der Übernahme im Wege der Gesamtrechtsnachfolge alle Pensionsverpflichtungen kraft Gesetzes auf den Rechtsnachfolger über.

142 BFH v. 9.4.1997 - I R 124/95, BFHE 183, 119, 121 = BStBl. II 1997, 799; ebenso Ahrend/Förster/ Rößler, BAV, 6. Teil Rdnr. 13; a.A. Dehmer, Umwandlungssteuererlaß 1998, Rdnr. 20.45.

dervergütungen im Sinne des § 15 Abs. 1 S. 1 Nr. 2 Hs. 2 EStG gehören. Solche Leistungen seien Teil des Gesamtgewinnes der Personengesellschaft und damit im Ergebnis nicht als betrieblich veranlaßte Betriebsausgaben abzugsfähig.

Für den Fall der Umwandlung einer Personengesellschaft in eine Kapitalgesellschaft ergibt sich daraus folgendes:

1. Fall: Ein Gesellschafter-Angestellter der Personengesellschaft ist aufgrund eines Dienstverhältnisses mit der Gesellschaft für diese tätig; die übernehmende Kapitalgesellschaft tritt in das Rechtsverhältnis ein; die Pensionszusage wurde bereits im Zusammenhang mit dem Dienstverhältnis zur Personengesellschaft von dieser erteilt.

2. Fall: Wie der Fall 1 mit dem Unterschied, daß entsprechend dem Sachverhalt der obigen Entscheidung die Pensionszusage von der übernehmende Kapitalgesellschaft erteilt wird.

Für den Fall 2 können bei der Berechnung des Teilwertes der von der Kapitalgesellschaft in ihrer Steuerbilanz anzusetzenden Pensionsrückstellung nicht die Dienstzeiten berücksichtigt werden, die der frühere Gesellschafter-Angestellte der Personengesellschaft aufgrund des Dienstverhältnisses mit der Personengesellschaft geleistet hat. Der für die Berechnung des Teilwertes maßgebliche Zeitpunkt des Beginns des Dienstverhältnisses im Sinne des § 6a Abs. 3 Nr. 1 S. 2 und 3 EStG ist der tatsächliche Dienstantritt des Dienstverpflichteten bei der Kapitalgesellschaft.[143] Auf diesen Dienstbeginn bei der Kapitalgesellschaft und nicht auf einen früheren Dienstbeginn ist regelmäßig auch dann abzustellen, wenn der Pensionsberechtigte bereits in einem Dienstverhältnis mit der Personengesellschaft gestanden hatte, bevor er als Gesellschafter in selbige eintrat. Dies soll nach der Rechtsprechung zu obigem Urteilsfall jedenfalls dann gelten, wenn das frühere Dienstverhältnis endgültig beendet worden ist, aus ihm keine unverfallbaren Anwartschaften erwachsen sind und die Zurechnung der Vordienstzeiten nicht vertraglich vereinbart wurde. Demgegenüber entsprach es der bislang von der Finanzverwaltung vertretenen Auffassung, daß unter solchen Umständen auf den früheren Dienstbeginn abzustellen ist und die Vordienstzeit aufgrund des Dienstverhältnisses der Personengesellschaft mit dem Arbeitnehmer, als dieser noch nicht deren Gesellschafter war, bei der Bewertung der Pensionsrückstellung zu berücksichtigen ist.[144] Mit dem Erlaß vom 22.12.1997 hat

143 Ahrend/Förster/Rößler, BAV, 6. Teil Rdnr. 13.

144 Abschn. 41 Abs. 12 S. 3 EStR 1987; R 41 Abs. 11 S. 1 EStR 1998.

die Finanzverwaltung auf die Rechtsprechung des BFH reagiert und erklärt, daß sie die Grundsätze des BFH-Urteils über den entschiedenen Fall hinaus nur anwenden will, wenn der Arbeitnehmer nach dem 31.12.1997 in das Unternehmen des Arbeitgebers zurückkehrt und ein neues Dienstverhältnis beginnt.[145] Hat das bestehende Dienstverhältnis zu einem früheren Zeitpunkt begonnen, sollen die in R 41 Abs. 11 S. 1 EStR 1996 (1998) bestimmten Grundsätze auch künftig Anwendung finden.

Im Fall 1 ergibt sich aus der Rechtsprechung des BFH im Ergebnis eine steuerliche Zweiteilung der arbeitsrechtlich einheitlich zu betrachtenden Pensionszusage. Es ist hierbei gemäß der neueren Rechtsprechung des BFH davon auszugehen, daß die Pensionszusage an den Gesellschafter-Angestellten der Personengesellschaft in der Steuerbilanz der Gesellschaft durch eine Pensionsrückstellung Rechnung getragen worden ist. Die Kapitalgesellschaft tritt in die Verpflichtungen aus der Pensionszusage der Personengesellschaft kraft Gesamtrechtsnachfolge ein. Soweit die Pensionszusage als Gegenleistung der Kapitalgesellschaft für die aufgrund des Dienstverhältnisses mit der Kapitalgesellschaft geleisteten Dienste des früheren Mitunternehmer-Angestellten anzusehen ist, gilt nach der Rechtsprechung des BFH vom 9.4.1997[146] das Dienstverhältnis des Mitunternehmer-Angestellten zur Personenhandelsgesellschaft steuerrechtlich für die Berechnung des Teilwertes im Sinne des § 6a Abs. 3 EStG als unbeachtlich. Insofern ist steuerrechtlich von einer „neuen“ Pensionszusage und einem Beginn dieses Dienstverhältnisses im Sinne des § 6a Abs. 3 Nr. 1 S. 2 und 3 EStG im Zeitpunkt der Einbringung auszugehen. Die Vordienstzeiten des Mitunternehmer-Angestellten bei der Personengesellschaft finden demgemäß für die Ermittlung des Teilwertes dieser „neuen“ Pensionszusage keine Berücksichtigung. Die Entscheidung des BFH deckt sich für die Ermittlung des Teilwertes insoweit mit der von der Finanzverwaltung im Umwandlungssteuererlaß vertretenen Auffassung.[147]

Die Annahme einer „neuen“ Pensionszusage aufgrund des steuerrechtlich nicht zu berücksichtigenden Dienstverhältnisses mit der Personengesellschaft hat ferner Einfluß auf die Berechnung des Teilwertes der von der Personengesellschaft übernommenen Pensionsverpflichtung. Da das Dienstverhältnis steuerlich als

---

145 BMF-Schreiben v. 22.12.1997, BStBl. I 1997, 1020.

146 BFH v. 9.4.1997 - I R 124/95, BStBl. II 1997, 799.

147 BMF-Schreiben v. 25.3.1998, BStBl. I 1998, 267, Tz. 20.44; ebenso Neu, Neumann, Neumayer, Handbuch GmbH-Besteuerung, Rdnr. 502; ablehnend Dehmer, Umwandlunssteuererlaß 1998, Rdnr. 20.45; a.A. auch Gosch, in Festschrift Widmann, S. 357, 363.

mit dem Stichtag erloschen gilt, kann infolgedessen die zum Einbringungsstichtag übernommene Pensionsverpflichtung nicht mehr wie bislang in der Steuerbilanz der Personengesellschaft auf der Grundlage des vollen Pensionsanspruches bilanziert werden. Entsprechend der Pensionsrückstellung eines aus dem Unternehmen ausgeschiedenen Arbeitnehmers, der seine Pensionsanwartschaft, beispielsweise wegen Unverfallbarkeit, nicht verliert, ist für die Berechnung allein der in der Zeit der Mitunternehmerschaft ratierlich erdiente Pensionsanspruch zugrunde zu legen. In Höhe der Differenz ist die Pensionsrückstellung in der Steuerbilanz der Personengesellschaft gewinnerhöhend aufzulösen. Die Auflösung wird durch die gleichzeitig erfolgende, gewinnmindernde Auflösung des Aktivpostens in der Sonderbilanz des begünstigten Gesellschafter ausgeglichen.

F. Direktzusage an Kapitalgesellschafter im Rahmen der Umwandlung der Kapitalgesellschaft in ein Einzelunternehmen

I. Konfusion von Pensionsanwartschaft und Pensionsverpflichtung

1. Zivilrecht

Die Vorschrift des § 191 UmwG bestimmt für die Umwandlung im Wege des Formwechsels die zulässigen formwechselnden Rechtsträger (§ 191 Abs. 1 UmwG) sowie die zulässigen Rechtsträger der neuen Rechtsform (§ 191 Abs. 2 UmwG). Zu diesen zählen auf beiden Seiten sowohl die Kapitalgesellschaften wie auch die Personenhandelsgesellschaften und zudem als Rechtsträger neuer Rechtsform die Gesellschaften bürgerlichen Rechts. Der Formwechsel einer Kapitalgesellschaft in die natürliche Person ist nicht vorgesehen, denn es ist nicht denkbar aus einer Gesellschaft eine natürliche Person werden zu lassen. Dagegen kann eine Kapitalgesellschaft auf eine natürliche Person verschmolzen werden, wenn die natürliche Person der alleinige Gesellschafter der Kapitalgesellschaft ist (§ 120 UmwG). Insofern kann eine Verschmelzung nur dann vorgenommen werden, wenn es sich bei der übertragenden Kapitalgesellschaft um eine Einmann-GmbH bzw. Einmann-Aktiengesellschaft handelt. Dabei handelt es sich zwangsläufig um eine Verschmelzung durch Aufnahme.

Im Wege der Gesamtrechtsnachfolge durch Verschmelzung geht das gesamte Vermögen der übertragenden Kapitalgesellschaft zivilrechtlich mit der Eintragung der Verschmelzung in das Handelsregister auf die übernehmende natürliche Person über (§ 121 i.V.m. § 20 Abs. 1 Nr. 1 UmwG). Zu diesem Vermögen zählen auch alle diejenigen Forderungen und Verbindlichkeiten, die aus Rechtsbeziehungen zwischen Kapitalgesellschaft und Alleingesellschafter entstanden sind.[1] Hatte die Kapitalgesellschaft ihrem Gesellschafter-Angestellten eine Pensionszusage erteilt, gilt dies gleichfalls auch für die der Kapitalgesellschaft aus der Pensionszusage erwachsene Pensionsverpflichtung.[2] Handelsbilanzrechtlich hat die Kapitalgesellschaft diese Pensionsverpflichtung in Form einer Pensions-

---

1 Dehmer, UmwG/UmwStG, § 20 UmwG Rdnr. 16, 27; Goutier/Knopf/Tulloch, Umwandlungsrecht, § 20 Rdnr. 8 ff.; Lutter, UmwG, § 20 Rdnr. 6ff.; K.Schmidt, Gesellschaftsrecht, § 13 III 7b.

2 Ahrend/Förster/Rößler, BAV, 1. Teil Rdnr. 99.2; Bordewin/Brandt/Merkert, EStG, § 20 UmwStG Rdnr. 101; Dehmer, UmwG UmwStG, § 20 UmwG Rdnr. 80; Sagasser/Bula/Brünger/Schmidt, Umwandlungen, Teil F Rdnr. 42; Widmann/Mayer, Umwandlungsrecht, § 20 UmwG Rdnr. 105ff., 123ff.

rückstellung zu passivieren (§ 249 Abs. 1 S. 1 HGB).[3] Die mit dem Vermögensübergang auf die natürliche Person übergehende Pensionsverpflichtung darf der Einzelunternehmer nicht in seine Handelsbilanz übernehmen. In der logischen Sekunde nach dem Vermögensübergang vereinigen sich die übergehende Pensionsverpflichtung und die Pensionsanwartschaft in der Person des übernehmenden Einzelunternehmers. Jener als Konfusion bezeichnete Vorgang führt zivilrechtlich zum Erlöschen von Pensionsverpflichtung und Pensionsanwartschaft.[4]

2. Steuerrecht

a) Steuerrechtliche Rückwirkung

Diesem zunächst zivilrechtlichen Vorgang wird gleichfalls durch die steuerrechtlichen Vorschriften Rechnung getragen. Wird eine Kapitalgesellschaft in eine Personengesellschaft oder ein Einzelunternehmen umgewandelt, besteht die Kapitalgesellschaft zivilrechtlich in der Zeit zwischen dem handelsrechtlichen Übertragungsstichtag und dem Tag der Eintragung der Verschmelzung in das Handelsregister fort (§ 20 Abs. 1 Nr. 2 UmwG). Das Betriebsvermögen der übertragenden Kapitalgesellschaft geht zivilrechtlich im Zeitpunkt der Eintragung des Umwandlungsbeschlusses in das Handelsregister auf die Übernehmerin über (§ 20 Abs. 1 Nr. 1 UmwG). Hingegen gelten ab dem handelsrechtlichen Verschmelzungsstichtag die Handlungen des übertragenden Rechtsträgers als für die Rechnung des übernehmenden Rechtsträgers vorgenommen (§ 5 Abs. 1 Nr. 6 UmwG). Der handelsrechtliche Verschmelzungsstichtag ist der Tag, ab dem das Ergebnis der Rechnungslegung von dem übertragenden auf den übernehmenden Rechtsträger übergeht.[5] Auf den dem Verschmelzungsstichtag vorgehenden Tag hat der übertragende Rechtsträger seine Schlußbilanz aufzustellen (§ 17 Abs. 2 UmwG). Infolgedessen ist die übertragende Kapitalgesellschaft ab dem Verschmelzungsstichtag nur noch als Treuhänder für den übernehmen-

---

3 Vgl. hierzu oben Teil 1, B I.

4 Budde/Förschle/Hoffmann, Sonderbilanzen, K Rdnr. 41; Dehmer, UmwG/UmwStG, § 3 UmwStG Rdnr. 90; Dötsch/Eversberg/Jost/Witt, KStG, UmwStG Rdnr. 248; Haritz/Benkert, UmwStG, § 3 Rdnr. 110; Sagasser/Bula/Brünger/Schlösser, Umwandlungen, Teil K Rdnr. 80; Widmann/Mayer, Umwandlungsrecht, § 20 UmwG Rdnr. 233.

5 Hoffmann-Becking, in Festschrift Fleck, S. 105, 111; Haritz/Benkert/Slabon, UmwStG, § 2 Rdnr. 7; KölnerKomm-Kraft, § 340 Rdnr. 30; Sagasser/Bula/Brünger/Schlösser, Umwandlungen, Teil K Rdnr. 5; Widmann/Mayer, Umwandlungsrecht, § 5 UmwG Rdnr. 152f.

den Rechtsträger tätig und buchführungspflichtig.[6] Alle Rechtsgeschäfte, die ab dem handelsrechtlichen Übertragungsstichtag vorgenommen werden, gehen unmittelbar in die Rechnungslegung des übernehmenden Rechtsträgers ein. Aus Praktikabilitätsgründen sieht die Vorschrift des § 17 Abs. 2 UmwG vor, daß die Schlußbilanz des übertragenden Rechtsträgers auf einen höchstens acht Monate vor der Anmeldung liegenden Stichtag aufgestellt werden kann.[7] Die zivilrechtliche Rückwirkung selbst ergibt sich nicht aus § 17 UmwG. Sie obliegt der Parteivereinbarung[8], in der die schuldrechtlichen Wirkungen der Verschmelzung nicht nur vorgezogen, sondern grundsätzlich auch rückbezogen werden können. Dies gilt allerdings ausschließlich für das Innenverhältnis, im Außenverhältnis kommt diesem keine Bedeutung zu. Für das Außenverhältnis ist grundsätzlich die zivilrechtliche Eigentumsübertragung bzw. die erforderliche und ex nunc wirkende Handelsregistereintragung maßgeblich.[9]

An diese Regelung knüpft das Umwandlungssteuerrecht an, indem § 2 UmwStG bestimmt, daß das Einkommen und das Vermögen der übertragenden Kapitalgesellschaft und der Übernehmerin so zu ermitteln sind, als ob das Vermögen der Kapitalgesellschaft mit Ablauf des Stichtages derjenigen Bilanz, die der Vermögensübertragung zugrunde gelegt wird, auf die Übernehmerin übergegangen wäre. Das gleiche gilt nach § 2 Abs. 1 S. 2 UmwStG für die Ermittlung der Bemessungsgrundlagen bei der Gewerbesteuer. Danach beziehen sich die steuerlichen Wirkungen ausschließlich auf die Einkommen-, Körperschaft- und Gewerbesteuer; die Umsatz-, Grunderwerb- und Erbschaftsteuer sowie andere

---

6 Hoffmann-Becking, in Festschrift Fleck, S. 105, 112; Dehmer, UmwG UmwStG, § 5 Rdnr. 35ff.; Dötsch/Eversberg/Jost/Witt, KStG, UmwStG Rdnr. 58ff.; Haritz/Benkert/Slabon, UmwStG, § 2 Rdnr. 43; Widmann/Mayer, Umwandlungsrecht, § 5 UmwG Rdnr. 153 eingehend Priester BB 1992, 1594ff.

7 Dazu Regierungsbegründung abgedruckt in Ganske, Umwandlungsrecht, S. 71; siehe auch Dehmer, UmwG/UmwStG, § 17 UmwG Rdnr. 14; § 2 UmwStG Rdnr. 7; Dötsch/Eversberg/ Jost/Witt, KStG, UmwStG Rdnr. 58f.; Haritz/Benkert/Slabon, UmwStG, § 2 Rdnr. 3; Sagasser/Bula/Brünger/ Schlösser, Umwandlungen, Teil K 6; Widmann/Mayer, Umwandlungsrecht, § 24 UmwG Rdnr. 46; anderenfalls darf eine Eintragung in das Handelsregister durch das Registergericht gemäß § 17 Abs. 2 S. 4 UmwG nicht erfolgen.

8 Regierungsbegründung abgedruckt in Ganske, Umwandlungsrecht, S. 50; Haritz/Benkert/Slabon, UmwStG, § 2 Rdnr. 3, 49; Sagasser/Bula/ Brünger/Schlösser, Umwandlungen, Teil K 5; Widmann/ Mayer, Umwandlungsrecht, § 5 UmwG Rdnr. 162; a.A. Priester, NJW 1983, 1459, 1461.

9 BGH, DB 1976, 1860; Schneider, AcP 175, 279, 297ff.; KölnerKomm-Kraft, § 340 Rdnr. 30; Lutter/Hommelhoff, GmbHG, § 53 Rdnr. 25.

Verbrauchs- bzw. Verkehrssteuern werden hiervon nicht berührt.[10] Die Regelung führt dazu, daß der steuerrechtliche Übertragungsstichtag nicht identisch ist mit dem handelsrechtlichen Verschmelzungsstichtag, sondern auf den vorangehenden Schlußbilanzstichtag fällt (§ 17 Abs. 2 UmwG). Obgleich die Überträgerin handelsrechtlich bis zur Eintragung in das Handelsregister fortbesteht, werden aufgrund der steuerrechtlichen Übertragungsfiktion des § 2 UmwStG die steuerlichen Wirkungen des Vermögensüberganges auf den der Eintragung vorangegangenen Bilanzstichtag rückbezogen.[11] Durch die steuerliche Fiktion der Vermögensübertragung zum steuerlichen Übertragungsstichtag wird die übertragende Kapitalgesellschaft steuerrechtlich im Ergebnis so gestellt, als sei sie mit Ablauf des steuerrechtlichen Übertragungsstichtages erloschen. Alle nach dem steuerlichen Übertragungsstichtag eintretenden, ertragsteuerlichen Vorgänge werden dem übernehmenden Rechtsträger zugerechnet. Dies gilt selbst dann, wenn diese zivilrechtlich noch nicht existiert.[12] Dies gilt ebenso für die zum Betriebsvermögen der Kapitalgesellschaft gehörige Pensionsverpflichtung gegenüber dem Gesellschafter-Angestellten. Deshalb richtet sich deren steuerrechtliche Behandlung mit Ablauf des steuerrechtlichen Übertragungsstichtages nach den auf die Übernehmerin anzuwendenden Grundsätzen.

b) Vermögensübergang in ein Betriebsvermögen

Steuerrechtlich geregelt ist der Vermögensübergang auf den Alleingesellschafter neben den allgemeinen Regelungen des UmwStG zu dem zweiten bis siebenten Teil in den Vorschriften der §§ 3 bis 10 UmwStG. Nach § 9 UmwStG ist für die Vermögensübertragung zwischen der Verschmelzung auf ein Betriebsver-

---

10 Dehmer, UmwG/UmwStG, § 2 UmwStG Rdnr. 22ff.; Dötsch/Eversberg/Jost/Witt, KStG, UmwStG Rdnr. 66; Frotscher/Maas, KStG UmwStG, § 2 UmwStG Rdnr. 7; Haritz/Benkert/Slabon, UmwStG, § 2 Rdnr. 26ff.

11 BMF-Schreiben v. 25.3.1998, BStBl. I 1998, 268, Tz. 02.03; einschränkend Widmann/Mayer, Umwandlungsrecht, § 5 UmwStG Rdnr. 158; Die Rückwirkungsregelung des § 2 UmwStG durchbricht das grundsätzliche, steuerrechtliche Rückwirkungsverbot. Während es für die Zurechnung von Eigentum an Rechten und Sachen nach dem Steuerrecht auf den Übergang der rechtlichen Verfügungsbefugnis und nicht den des zivilrechtlichen Eigentums ankommt, weshalb es in Anlehnung an § 39 Abs. 2 Nr. 1 AO steuerrechtlich unproblematisch ist, wirtschaftliches Eigentum des übernehmenden Rechtsträgers ab dem Zeitpunkt des Verschmelzungsbeschlusses zu begründen, ist dagegen eine Rückwirkung auf den Verschmelzungsstichtag grundsätzlich nur zivilrechtlich, nicht jedoch steuerrechtlich möglich. Es sei denn, das steuerliche Rückwirkungsverbot wird explizit gesetzlich durchbrochen (§§ 2, 20 Abs. 7 und 8 UmwStG).

12 Dehmer, UmwG UmwStG, § 2 UmwStG Rdnr. 26; Dötsch/Eversberg/Jost/Witt, KStG, UmwStG Rdnr. 63; 2 UmwStG Rdnr. 4; Herrmann/Heuer/ Raupach/Hübl, EStG KStG, § 2 UmwStG Rdnr. 18; Widmann/Mayer, Umwandlungsrecht, § 2 UmwStG Rdnr. 30.

mögen (§ 9 Abs. 1 i.V.m. § 3 UmwStG) und der Verschmelzung auf das Privatvermögen des Alleingesellschafters (§ 9 Abs. 2 UmwStG) zu unterscheiden. Für den ersten Fall verweist die Vorschrift des § 9 Abs. 1 UmwStG auf die der §§ 4 bis 6 Abs. 5 UmwStG, im zweiten Fall sind gemäß § 9 Abs. 2 UmwStG die Vorschriften der §§ 4 Abs. 2 S. 1 und 2, Abs. 3, 5 Abs. 1 und 8 Abs. 2 UmwStG sinngemäß anzuwenden.

Die aus Rechtsbeziehungen zwischen der Kapitalgesellschaft und ihrem Alleingesellschafter entstandenen gegenseitigen Forderungen und Verbindlichkeiten erlöschen zivilrechtlich mit der Vermögensübertragung aufgrund Konfusion in dem Vermögen des Übernehmers.[13] Da die Konfusion mit steuerlicher Wirkung in der logischen Sekunde nach der Vermögensübertragung eintritt, sind die Forderungen und Verbindlichkeiten der Kapitalgesellschaft gegenüber dem Alleingesellschafter noch in ihrer steuerlichen Schlußbilanz auszuweisen.[14] Nach § 4 Abs. 1 i.V.m. § 9 Abs. 1 UmwStG hat der übernehmende Alleingesellschafter die auf ihn übergehenden Wirtschaftsgüter mit den in der steuerlichen Schlußbilanz der übertragenden Kapitalgesellschaft enthaltenen Werten zu übernehmen. Dies gilt auch für die zwischen der Kapitalgesellschaft und ihrem Gesellschafter bestehenden gegenseitigen Forderungen und Verbindlichkeiten.[15] Infolge der Übertragungsfiktion des § 2 UmwStG vollzieht sich die steuerrechtliche Vereinigung in der logischen Sekunde nach dem steuerrechtlichen Übertragungszeitpunkt. Dabei bleibt die Vereinigung ohne Auswirkung auf den laufenden Gewinn des Übernehmenden, wenn sich die Wertansätze der gegenseitigen Forderungen und Verbindlichkeiten entsprechen. Hingegen löst die Vereinigung einen sog. Übernahmefolgegewinn oder -verlust[16] aus, wenn die korrespondierenden Forderungen und Verbindlichkeiten in der Eröffnungsbilanz[17] mit unter-

---

13 Budde/Förschle/Hoffmann, Sonderbilanzen, K Rdnr. 41; Dehmer, UmwG/UmwStG, § 3 UmwStG Rdnr. 90; Dötsch/Eversberg/Jost/Witt, KStG, UmwStG Rdnr. 248; Frotscher/Maas, KStG UmwStG, § 6 Rdnr. 1; Haritz/Benkert/Brinkhaus, UmwStG, § 3 Rdnr. 110; § 6 Rdnr. 11; Herrmann/ Heuer/ Raupach/Hübl, EStG, § 8 UmwStG Rdnr. 1; Sagasser/Bula/Brünger/Schlösser, Umwandlungen, Teil K Rdnr. 80; Widmann/Mayer, Umwandlungsrecht, § 20 UmwG Rdnr. 233.

14 Centrale-Gutachtendienst, GmbHR 1997, 497; Dehmer, UmwG/UmwStG, § 6 UmwStG Rdnr. 9; Dötsch/Eversberg/Jost/Witt, KStG, UmwStG Rdnr. 250; Frotscher/Maas, KStG UmwStG,§6 Rdnr. 4; Herrmann/Heuer/Raupach/Hübl, EStG KStG, §8 UmwStG Rdnr. 1.

15 Dötsch/Eversberg/Jost/Witt, KStG, UmwStG Rdnr. 250; Dehmer, UmwG UmwStG, § 6 UmwStG Rdnr. 8, 12ff.; Glade/Steinfeld, Umwandlungssteuergesetz 1977, Rdnr. 599; Herrmann/Heuer/ Raupach/Hübl, EStG, § 8 UmwStG Rdnr.1.

16 In der Literatur ist daneben die Bezeichnung als Übernahmegewinn bzw. -verlust 2. Stufe gebräuchlich.

17 Eine Eröffnungsbilanz ist nur dann zu erstellen, wenn der Übernehmer mit dem übergegangenen Vermögen einen neuen Betrieb eröffnet. In diesem Fall ist die Eröffnungsbilanz

schiedlichen Werten anzusetzen sind. Im Gegensatz zum Übernahmeverlust mindert ein steuerlicher Übernahmefolgeverlust den laufenden Gewinn bzw. erhöht den laufenden Verlust, da die Regelung des § 4 Abs. 6 UmwStG auf den Übernahmefolgeverlust keine Anwendung findet.[18] Der Übernahmefolgegewinn bzw. -verlust entsteht mit Ablauf des steuerlichen Übertragungsstichtages beim Übernehmer.[19]

Ein Übernahmefolgegewinn entsteht ferner im Falle von Rückstellungen. Rückstellungen der übertragenden Kapitalgesellschaft aufgrund ungewisser Verbindlichkeiten gegenüber dem Alleingesellschafter sind ebenfalls in der steuerlichen Schlußbilanz der Kapitalgesellschaft anzusetzen und mit diesem Ansatz vom Alleingesellschafter in seine steuerliche Eröffnungsbilanz zu übernehmen.[20] Die infolge der Umwandlung erlöschende ungewisse Verbindlichkeit ist anschließend gewinnerhöhend aufzulösen (vgl. § 249 Abs. 3 S. 2 HGB). Da der Rückstellung in aller Regel keine korrespondierende und gewinnmindernd auszubuchende Forderung gegenübersteht, ergibt sich ein Übernahmefolgegewinn in Höhe der aufzulösenden Rückstellung.[21] Eben dieses gilt auch für den speziellen Fall der Pensionsrückstellung.[22] Für die Pensionsverpflichtung aus einer

---

gleichzeitig auch die steuerliche Übernahmebilanz. Wird anderenfalls das Vermögen in einen bereits bestehenden Betrieb übertragen, ist keine besondere Eröffnungs- bzw. Übernahmebilanz zu erstellen. Die Vermögensübertragung wird in der Buchführung des Betriebes als ein laufender Geschäftsvorfall behandelt, vgl. Dötsch/Eversberg/Jost/Witt, KStG, UmwStG Rdnr. 112; Dehmer, UmwG UmwStG, § 6 UmwStG Rdnr. 8.

18 BMF-Schreiben v. 25.3.1998, BStBl. I 1998, 268, Tz. 06.01.

19 BMF-Schreiben v. 25.3.1998, BStBl. I 1998, 268, Tz. 06.01; Dehmer, UmwG UmwStG, § 6 UmwStG Rdnr. 11; Dötsch/Eversberg/Jost/Witt, KStG, UmwStG Rdnr. 65; Glade/Steinfeld, Umwandlungssteuergesetz 1977, Rdnr. 599; Herrmann/Heuer/Raupach/Hübl, EStG KStG, § 8 UmwStG Anm. 1.

20 Dehmer, UmwG UmwStG, § 6 UmwStG Rdnr. 31ff.; Dötsch/Eversberg/Jost/Witt, KStG, UmwStG Rdnr. 253; Frotscher/Maas/Herrmann, KStG UmwStG, § 6 UmwStG Rdnr. 3; Haritz/Benkert/ Schmidt-Ott, UmwStG § 6 Rdnr. 12; Herrmann/Heuer/Raupach/Hübl, EStG KStG, § 8 UmwStG Rdnr. 4f.

21 Dehmer, UmwG UmwStG, § 6 UmwStG Rdnr. 31; Dötsch/Eversberg/Jost/Witt, KStG, UmwStG Rdnr. 253; Glade/Steinfeld, Umwandlungssteuergesetz 1977, Rdnr. 612; Haritz/Benkert/Schmidt-Ott, UmwStG § 6 Rdnr. 12; Herrmann/Heuer/Raupach/Hübl, EStG KStG, § 8 UmwStG Rdnr. 4; eine Ausnahme bildet beispielsweise in Fällen der Betriebsaufspaltung die Rückstellung des Pächters aus einer Pachterneuerungsverpflichtung, für die der Verpächter nach der Rechtsprechung des BFH unter den Aktiven in entsprechender Höhe einen Ersatzbeschaffungsanspruch ausweisen muß; BFH v. 21.12.1965 - IV 228/64 S, BStBl. III 1966, 147; v. 3.12.1991 - VIII R 88/87, BFHE 167, 322, 326 = BStBl. II 1993, 89. Entfallen diese mit der Vermögensübertragung, kann ein Übernahmefolgegewinn nicht entstehen.

22 Dehmer, UmwG UmwStG, § 6 UmwStG Rdnr. 34; Dötsch/Eversberg/Jost/Witt, KStG, UmwStG Rdnr. 253; Frotscher/Maas, KStG UmwStG, § 6 UmwStG Rdnr. 19; Haritz/

Direktzusage an ihren Alleingesellschafter hat die Kapitalgesellschaft in ihrer Handelsbilanz und aufgrund des Maßgeblichkeitsgrundsatzes ebenfalls in ihrer steuerlichen Schlußbilanz, eine Pensionsrückstellung zu bilden, soweit die Voraussetzungen des § 6a EStG erfüllt sind (§ 249 Abs. 1 S. 1 HGB i.V.m. §§ 5 Abs. 1 S. 1 EStG, 8 Abs. 1 KStG). Die mit der Pensionsverpflichtung auf der Seite des Alleingesellschafters korrespondierende Pensionsanwartschaft gehört steuerrechtlich zu dessen notwendigem Privatvermögen. Dabei gilt es hinsichtlich der Besteuerungswirkungen zu berücksichtigen, daß bei nicht erfolgter Umwandlung und „normalem" Verlauf der Dinge der Alleingesellschafter mit Eintritt des Versorgungsfalles die von der Kapitalgesellschaft zu zahlenden Pensionsleistungen im Zeitpunkt ihres Zuflusses (§ 11 Abs. 1 S. 1 u. 2 EStG) als Einkünfte aus nichtselbständiger Arbeit im Sinne des § 19 Abs. 1 Nr. 2 EStG zu versteuern hätte.[23] Als solche unterlägen die laufenden Pensionsleistungen nicht der Gewerbesteuer. Demgegenüber entsteht mit dem Vermögensübergang auf den Alleingesellschafter in Höhe der aufzulösenden Pensionsrückstellung ein gewerbesteuerpflichtiger Übernahmefolgegewinn im Sinne des § 6 Abs. 1 UmwStG.[24] Eine Verrechnung mit der untergehenden Pensionsanwartschaft kann nicht erfolgen, weil sich der Fortfall der Pensionsanwartschaft im steuerrechtlich irrelevanten Privatvermögen vollzieht.

Eine davon abweichende Rechtsauffassung vertreten Widmann/Mayer[25] und Hübl[26] für den Fall, daß der Alleingesellschafter zum steuerlichen Übertragungsstichtag aus einem Anstellungsverhältnis zur Kapitalgesellschaft eine Gehaltsforderung oder aus einem sonstigen Leistungsverhältnis einen Anspruch auf Vergütung hat und sich diese Forderung in dessen Privatvermögen befindet. Auch in diesem Fall erlöschen zivilrechtlich die Gehaltsforderung und die mit ihr korrespondierende Verbindlichkeit der Kapitalgesellschaft mit dem Vermögensübergang auf den Einzelunternehmer. Weil sich die Gehaltsforderung steu-

Benkert/Brinkhaus, UmwStG § 3 Rdnr. 110; Herrmann/Heuer/ Raupach, EStG KStG, § 8 UmwStG Rdnr. 28.

23 Vgl. hierzu oben Teil 1, A II.

24 BMF-Schreiben vom 25.3.1998, BStBl. I 1998, 267, Tz. 06.04, BMF v. 12.4.1978, BStBl. I 1978, 184, Tz. 23; Buyer, Änderung der Unternehmensform, Rz. 126; Haritz/ Benkert/Menner, UmwStG, § 9 Rdnr. 35; Herrmann/Heuer/Raupach/Hübl, EStG KStG, § 8 UmwStG Rdnr. 28; Paus, FR 1995, 533, 534; Widmann/Mayer, Umwandlungsrecht, § 8 UmwStG 77 Rdnr. 5486; a.A. Höfer/Abt, BetrAVG-StR, St.Gr. Rdnr. 308; Littmann/Bitz/Hellwig/Meincke, EStG, § 6 UmwStG Rdnr. 198.

25 Widmann/Mayer, Umwandlungsrecht, § 8 UmwStG 77 Rdnr. 5568; ebenso Centrale-Gutachtendienst, GmbHR 1997, 497; Frotscher/Maas/ Herrmann, KStG UmwStG, § 6 UmwStG Rdnr. 15; wohl auch Dötsch/Eversberg/Jost/Witt, KStG, UmwStG Rdnr. 249.

26 Herrmann/Heuer/Raupach/Hübl, EStG KStG, § 8 UmwStG Rdnr. 18.

errechtlich ebenso wie eine mögliche Pensionsanwartschaft im Privatvermögen des Einzelunternehmers befindet, ergibt sich auch hier im Betriebsvermögen des übernehmenden Alleingesellschafters durch das Erlöschen der zunächst nach § 4 Abs. 1 i.V.m. § 9 Abs. 1 UmwStG übergehenden korrespondierenden Verbindlichkeit ein einkommen- und gewerbesteuerpflichtiger Übernahmefolgegewinn. Der Wegfall der Gehaltsforderung im Privatvermögen ist steuerrechtlich irrelevant. Mit der Begründung, daß dieses Ergebnis „nicht richtig" sein könne,[27] soll die Gehaltsforderung nach Widmann/Mayer[28] in der logischen Sekunde nach dem Umwandlungszeitpunkt in das Betriebsvermögen des Einzelunternehmers als fiktiv eingelegt gelten bzw. nach Hübl[29] vor der Umwandlung in den übernehmenden Betrieb tatsächlich eingelegt werden.[30]

Die nunmehr im Betriebsvermögen des Übernehmenden eintretende steuerrechtliche Vereinigung von Forderung und Verbindlichkeit bliebe hiernach ohne Auswirkung auf den Gewinn, sofern sich die Verbindlichkeit und die zum Teilwert eingelegte Forderung in ihrer Höhe entsprechen. Mit der Verwendung der Gehaltsforderung als Einlage realisiere der Alleingesellschafter die Forderung, weshalb das Gehalt zum Umwandlungszeitpunkt im Sinne des § 11 EStG als zugeflossen gelte und bei ihm gemäß § 19 EStG als Einkünfte aus nichtselbständiger Arbeit zu versteuern sei.[31]

Wäre dem so, ist wenig verständlich, warum die Einlagefiktion für die Pensionsanwartschaft nicht ebenfalls gelten sollte. Der Einlagefiktion von Widmann/ Mayer ist entgegenzuhalten, daß es ihr an einer gesetzlichen Grundlage fehlt. Die Einlagefiktion, wie auch eine tatsächliche Einlage, scheitert zudem bereits daran, daß die im notwendigen Privatvermögen des übernehmenden Alleingesellschafters gehaltene Gehaltsforderung nach den allgemeinen Gewinnermittlungsgrundsätzen nicht in dessen Betriebsvermögen eingelegt werden kann. Die Gehaltsforderung des Alleingesellschafters gründet auf dem zwischen ihm und der Kapitalgesellschaft bestehenden Angestelltenverhältnis. Aufgrund dieses

---

27 Herrmann/Heuer/Raupach/Hübl, EStG KStG, § 8 UmwStG Rdnr. 18; ebenso Frotscher/Maas/Herrmann, KStG UmwStG, § 6 UmwStG Rdnr. 16.

28 Widmann/Mayer, Umwandlungsrecht, § 8 UmwStG 77 Rdnr. 5568; ebenso Centrale-Gutachtendienst, GmbHR 1997, 497; Frotscher/Maas/Herrmann, KStG UmwStG, § 6 UmwStG Rdnr. 16.

29 Herrmann/Heuer/Raupach/Hübl, EStG KStG, § 8 UmwStG Rdnr. 18.

30 Entsprechendes soll nach Widmann/Mayer, Umwandlungsrecht, § 8 UmwStG 77 Rdnr. 5571, 5596 auch für Mietzins - und Zinsforderungen gelten; ebenso Frotscher/Maas/Herrmann, KStG UmwStG, § 6 UmwStG Rdnr. 16.

unlösbaren Zusammenhanges scheidet für den Zeitpunkt der Begründung der Gehaltsforderung die für die Qualifikation als Betriebsvermögen notwendige betriebliche Veranlassung aus.[32] Die Gehaltsforderung entsteht als notwendiges Privatvermögen. Zwar ist durch die Rechtsprechung nicht abschließend entschieden, ob eine im Privatvermögen begründete Forderung durch Einlage in das Betriebsvermögen umgewidmet werden kann.[33] Eine Einlage der hier zu beurteilenden Gehaltsforderung kann jedoch deshalb nicht vorgenommen werden, weil es ihr an der hierfür erforderlichen betrieblichen Veranlassung fehlt.[34] Denn die Forderung erlischt in der logischen Sekunde nach dem steuerrechtlichen Übertragungszeitpunkt. Kann die Gehaltsforderung wegen des Fehlens einer gesetzlichen Einlagefiktion nicht als eingelegt gelten und aufgrund ihrer Eigenschaft als notwendiges Privatvermögen nicht vor der Umwandlung in den übernehmenden Betrieb tatsächlich eingelegt werden, dann gilt dies ebenso für die im Privatvermögen gehaltene Pensionsanwartschaft des Alleingesellschafters.

Dennoch muß diese Lösung hinsichtlich ihrer gewerbesteuerlichen Wirkung als unbefriedigend angesehen werden.[35] Insofern ist der Gesetzgeber aufgerufen, Abhilfe zu schaffen. Denn im Grunde müssen für die zur Konfusion von Forderungen und Verbindlichkeiten führende Vermögensübertragung zwei Fälle unterschieden werden. Nämlich zwischen dem Fall, daß mit der Übertragung einer Verbindlichkeit der Kapitalgesellschaft auf den Übernehmer durch den gewinnerhöhenden Fortfall der Verbindlichkeit infolge Konfusion ein bei der Kapitalgesellschaft entstandener Aufwand auch mit gewerbesteuerlicher Wirkung rückgängig zu machen ist, weil sich dieser im nachhinein zum Übertragungsstichtag als nicht tatsächlich entstanden erweist. Davon zu unterscheiden ist der Fall, für den in der Vermögensübertragung die Erfüllung des Anspruches des Gesellschafters zu sehen ist. Im letzteren ist der Aufwand bei der Kapitalgesellschaft vor dem Übertragungsstichtag zu recht entstanden und bedarf demzufolge keiner Korrektur. Die steuerliche Wirkung der Vermögensübertragung

31 Widmann/Mayer, Umwandlungsrecht, § 8 UmwStG 77 Rdnr. 5568, ebenso Frotscher/Maas/Herrmann, KStG UmwStG, § 6 UmwStG Rdnr. 16

32 Vgl. dazu Schmidt/Heinicke, EStG, § 4 Rdnr. 228.

33 Bejahend BFH v. 10.12.1964 - IV 167/64 U = BFHE 82, 356, 359f. = BStBl. III 1965, 377 zum LAG-Erstattungsanspruch; verneinend BFH v. 22.7.1966 - VI 12/65, BFHE 86, 482 = BStBl. III 1966, 377 zum ESt-Erstattungsanspruch.

34 A.A. Frotscher/Maas/Herrmann, KStG UmwStG, § 6 UmwStG Rdnr. 16: „Die Einlage der Forderung ist veranlaßt durch ihren notwendigen Zusammenhang mit der korrespondierenden Schuld im Betriebsvermögen".

35 Ebenso Höfer/Abt, BetrAVG-StR, St.Gr. 232, 308.

dürfte in Bezug auf die sich vereinigende Forderung und Verbindlichkeit deshalb allein in der Realisation des Anspruches des Übernehmers bestehen, sofern die Vergütung beim Übernehmer nicht bereits der Besteuerung unterlegen hat.[36] Dieser Lösungsansatz müßte gleichsam auch für die Pensionsanwartschaft des Alleingesellschafters gelten.

Der Übernahmefolgegewinn unterliegt als laufender Gewinn der Einkommen- und Gewerbesteuer.[37] Eine Vergünstigung im Sinne des § 34 EStG wird nicht gewährt. Die Vorschrift des § 18 Abs. 2 UmwStG, die den Übernahmegewinn gewerbesteuerfrei stellt, findet auf den Übernahmefolgegewinn keine Anwendung. Dies hat einkommensteuerrechtlich zur Folge, daß bis zum Inkrafttreten des Steuersenkungsgesetzes mit dem 1. Januar 2001 die Tarifbegünstigung des § 32c EStG[38] und nachfolgend die Ermäßigungsvorschrift des § 35 EStG Anwendung findet. Nach der Vorschrift des § 6 Abs. 1 S. 1 i.V.m. § 9 Abs. 1 UmwStG kann für den durch Konfusion entstehenden Übernahmefolgegewinn eine steuerfreie Rücklage gebildet werden. Die Rücklage muß nicht den gesamten Übernahmefolgegewinn umfassen, sie kann auf einen Teil dessen beschränkt werden. Setzt sich der gesamte aus der Vermögensübertragung resultierende Übernahmefolgegewinn aus mehreren einzelnen zusammen, ist jeder einzelne als ein eigenständiger anzusehen.[39] Voraussetzung der Rücklagenbildung ist aufgrund der umgekehrten Maßgeblichkeit des § 5 Abs. 1 S. 2 EStG, daß die Rücklage auch in der Handelsbilanz des Einzelunternehmers gebildet wird. Die Rücklage ist in den auf ihre Bildung folgenden drei Jahren mit mindestens je einem Drittel gewinnerhöhend aufzulösen (§ 6 Abs. 2 i.V.m. § 9 Abs. 1 UmwStG). Die Auflösung der Rücklage in der Steuerbilanz zieht eine entsprechende in der Handelsbilanz nach sich. Die Rücklagenauflösung erhöht den lau-

---

36 Zu einer Versteuerung der Vergütung des Gesellschafters vor deren Erfüllung kann es deshalb kommen, weil nach der Rechtsprechung des BFH für Alleingesellschafter und beherrschende Gesellschafter einer GmbH die Besonderheit gilt, daß der Zufluß der von der Gesellschaft geschuldeten Beträge bereits im Zeitpunkt ihrer Fälligkeit anzunehmen sein kann; BFH v. 11.2.1965 - IV 213/64 U, BFHE 82, 440 = BStBl. III 1965, 407; v. 14.2.1984 - VIII R 221/80, BFHE 140, 542 = BStBl. II 1984, 480; dazu Kirchhof/Söhn/Trzaskalik, EStG, § 11 Rdnr. B 51.

37 BMF-Schreiben v. 25.3.1998, BStBl. I 1998, 268, Tz. 06.02; Dötsch/Eversberg/Jost/Witt, KStG, UmwStG Rdnr. 250, 255; Haritz/Benkert/Schmidt-Ott, UmwStG, § 6 Rdnr. 5; Lademann/Söffing, EStG, § 6 UmwStG Rdnr. 4.

38 BMF-Schreiben vom 25.3.1998, BStBl. I 1998, 267, Tz. 06.02; Dötsch/Eversberg/Jost/Witt, KStG, UmwStG Rdnr. 255.

39 Dehmer, UmwG UmwStG, § 6 UmwStG Rdnr. 36; Frotscher/Maas/Herrmann, KStG UmwStG, § 6 UmwStG Rdnr. 37; Herrmann/Heuer/Raupach/ Hübl, EStG KStG, § 8 UmwStG Rdnr. 26.

fenden gewerblichen Gewinn der betreffenden Wirtschaftsjahre, der als solcher der Einkommens- und Gewerbesteuer unterliegt. Die Regelung des § 6 Abs. 2 UmwStG schreibt die jährliche Mindestauflösung der Rücklage vor. Es ist daher erlaubt, in einem Wirtschaftsjahr eine höhere als die in der Regelung vorgeschriebene Auflösung vorzunehmen. Nicht zulässig ist dagegen, eine höhere Auflösung des einen Wirtschaftsjahres durch eine entsprechende Verringerung des aufzulösenden Anteiles in den Folgejahren auszugleichen.[40] Daher kann der Auflösungszeitraum durch die Auflösung höherer Anteile nur verkürzt, nicht hingegen verlängert werden. Gemäß § 18 Abs. 1 S. 1 UmwStG gilt entsprechendes auch für die Gewerbesteuer. Die einkommen- und gewerbesteuerliche Vergünstigung des § 6 UmwStG entfällt rückwirkend gemäß § 26 Abs. 1 UmwStG, wenn der Übernehmer den übergangenen Betrieb innerhalb von fünf Jahren nach dem steuerlichen Übertragungsstichtag in eine Kapitalgesellschaft einbringt, ohne triftigen Grund veräußert oder aufgibt. Hiervon betroffene Steuerbescheide sind nachträglich zu ändern (§ 175 Abs. 1 Nr. 2 AO i.V.m. § 26 Abs. 1 S. 2 UmwStG).

c) Vermögensübertragung in das Privatvermögen

Eine Verschmelzung der Kapitalgesellschaft auf das Privatvermögen des Alleingesellschafters liegt dann vor, wenn das übernommene Vermögen auf der Ebene des Alleingesellschafters kein notwendiges Betriebsvermögen wird und der Alleingesellschafter es nicht zum Betriebsvermögen willkürt bzw. das Vermögen notwendiges Privatvermögen des Alleingesellschafters wird und nicht zum Betriebsvermögen gewillkürt werden kann.[41] Dies ist beispielsweise dann gegeben, wenn sich die Geschäftstätigkeit der Kapitalgesellschaft auf eine Grundstücksverwaltung beschränkt und diese nach der Übertragung in keiner Beziehung zu einer gewerblichen Betätigung des Alleingesellschafters steht.

Wird das Vermögen der übertragenden Kapitalgesellschaft Privatvermögen des Alleingesellschafters, gelten nach der Vorschrift des § 9 Abs. 2 UmwStG die der §§ 4 Abs. 2 S. 1 und 2 und Abs. 3 sowie § 5 Abs. 1 und § 8 Abs. 2 UmwStG sinngemäß. Die Verweisung des § 11 Abs. 2 UmwStG 1977 (§ 9 Abs. 2 Umw-

---

40 Dehmer, UmwG UmwStG, § 6 UmwStG Rdnr. 39; Haritz/Benkert/Schmidt-Ott, UmwStG, § 6 Rdnr. 14; Herrmann/Heuer/Raupach/Hübl, EStG/ KStG, § 8 UmwStG Rdnr. 36; Glade/Steinfeld, Umwandlungssteuergesetz 1977, Rdnr. 602; Widmann/Mayer, Umwandlungsrecht, § 8 UmwStG 77 Rdnr. 5518.

41 Dehmer, UmwG UmwStG, § 6 UmwStG Rdnr. 29; Herrmann/Heuer/Raupach, EStG KStG, § 8 UmwStG Rdnr. 22; Sagasser/Bula/Brünger, Umwandlungen, Teil L Rdnr.123; Widmann/Mayer, Umwandlungsrecht, § 3 UmwStG Rdnr. 56f.

StG n.F.) auf die Vorschrift des § 8 Abs. 1 bis 5 UmwStG 1977 (§ 6 UmwStG n.F.) bezüglich der Gewinnerhöhung durch Vereinigung von Forderungen und Verbindlichkeiten ist mit der Neufassung des UmwStG entfallen.

Die Vereinigung gegenseitiger Forderungen und Verbindlichkeiten aus Rechtsbeziehungen zwischen der Kapitalgesellschaft und ihrem Alleingesellschafter infolge der Vermögensübertragung auf den Alleingesellschafter hat auch in diesem Fall zwangsläufig deren Untergang zur Folge. Wie bei der Vermögensübertragung in ein Betriebsvermögen des Übernehmenden tritt die Konfusion in der logischen Sekunde nach der Vermögensübertragung ein. Deshalb hat die Kapitalgesellschaft ihre Forderungen und Verbindlichkeiten gegenüber dem Alleingesellschafter in ihrer steuerlichen Schlußbilanz auszuweisen. Für die Behandlung der Pensionsverpflichtung auf der Ebene der Kapitalgesellschaft bestehen im Vergleich zur Vermögensübertragung in ein Betriebsvermögen keine Unterschiede. Die Übernahme des Rückstellungsansatzes mit dem in der steuerlichen Schlußbilanz der Kapitalgesellschaft enthaltenen Wert kann nicht erfolgen, da die Vermögensübertragung in den steuerrechtlich irrelevanten privaten Bereich des Übernehmenden erfolgt. Eine Bilanzierung der übernommenen Pensionsrückstellung und eine anschließende gewinnerhöhende Auflösung der Rückstellung scheiden daher mangels steuerlicher Gewinnermittlung aus. Folglich kann ein Übernahmefolgegewinn, wie bei der Übertragung in ein Betriebsvermögen, nicht entstehen.[42]

Dagegen soll nach der Auffassung von Felix/Stahl[43] bei der Übertragung auf das Privatvermögen die Pensionsrückstellung sofort voll aufzulösen sein und der dadurch entstehende Ertrag in den Übernahmegewinn gemäß § 4 Abs. 4 S. 1 UmwStG eingehen. Nach Felix[44] kommt es infolge der bei einer Übertragung in das Privatvermögen entfallenden Pensionsrückstellung zu einem Übernahmefolgegewinn gemäß § 6 UmwStG, der die Gewerbesteuer erhöhe, für den aber keine steuerfreie Rücklage gebildet werden könne, da die Umwandlung in das Privatvermögen erfolge.

Durch die Vermögensübertragung in das Privatvermögen des Alleingesellschafters entsteht kein Übernahmegewinn im Sinne des § 4 Abs. 4 S. 1 UmwStG. Dies ergibt sich zunächst aus der Tatsache, daß die auf den Alleingesellschafter

42 Ebenso Herrmann/Heuer/Raupach/Hübl, EStG KStG, § 8 UmwStG Rdnr. 23; Widmann/Meyer, Umwandlungsrecht, § 8 UmwStG 77 Rdnr. 5508.2.

43 Felix/Stahl, DStR 1986, Beihefter zu Heft 3, C I 1b.

44 Felix, KÖSDI 1985, 6044, 6049.

übergehenden Wirtschaftsgüter der Kapitalgesellschaft eben nicht in ein Betriebsvermögen übergehen und damit nicht in einer steuerlichen Gewinnermittlung zu erfassen sind. Ein Übernahmegewinn im Sinne des § 4 Abs. 4 S. 1 UmwStG kann sich aus der Vermögensübertragung jedoch nur durch die Übernahme der übergehenden Wirtschaftsgüter in die steuerliche Gewinnermittlung des Übernehmers bei gleichzeitiger Ausbuchung der Beteiligung des Übernehmenden ergeben. Die Entstehung eines Übernahmegewinnes scheidet aber auch schon deshalb aus, weil die den Übernahmegewinn bestimmende Regelung des § 4 Abs. 1 und 4 UmwStG nach § 9 Abs. 2 UmwStG für den Fall der Übertragung in das Privatvermögen keine Anwendung findet. Da eine steuerliche Gewinnermittlung für den privaten Bereich des Alleingesellschafters nicht in Betracht kommt, ergibt sich gleichfalls auch kein Übernahmefolgegewinn, denn dieser entsteht ebenfalls nur aufgrund der gewinnerhöhenden bilanziellen Ausbuchung der auf den Übernehmer übergegangenen Verbindlichkeit der Kapitalgesellschaft.

Eine andere Frage ist es indes, ob mit der Vermögensübertragung die Besteuerung der Pensionsanwartschaft ausgelöst wird. Widmann/Mayer[45] und Hübl[46] bejahen dies für den Fall einer im Privatvermögen des Übernehmers befindlichen Gehaltsforderung gegenüber der übertragenden Kapitalgesellschaft, wenn die Vermögensübertragung in ein Betriebsvermögen des Übernehmers erfolgt. Mit der tatsächlichen oder fingierten Einlage der Gehaltsforderung in den übernehmenden Betrieb realisiere der Anspruchsberechtigte die Gehaltsforderung. Das Gehalt gelte als mit dem steuerlichen Übertragungsstichtag zugeflossen und sei daher von dem Anspruchsberechtigten gemäß § 19 EStG zu versteuern. Die Besteuerung werde durch die Vereinigung von Forderung und Verbindlichkeit auch dann ausgelöst, wenn der Vermögensübergang in das Privatvermögen erfolge.[47]

Demgegenüber ist einzuwenden, daß gerade in dem Fall der Vermögensübertragung in das Privatvermögen des Alleingesellschafters die Verwendung der Gehaltsforderung als Einlage nicht als Begründung für die Annahme des Zuflusses dienen kann. Denn ein Betriebsvermögen des Übernehmenden, in welches die Gehaltsforderung auch nur fiktiv eingelegt werden könnte, existiert nicht.

---

45 Widmann/Mayer, Umwandlungsrecht, § 8 UmwStG 77 Rdnr. 5481f., 5568.

46 Herrmann/Heuer/Raupach/Hübl, EStG KStG, § 8 UmwStG Rdnr. 18.

47 Herrmann/Heuer/Raupach/Hübl, EStG KStG, § 8 UmwStG Rdnr. 24.

Gemäß der Vorschrift des § 11 Abs. 1 S. 1 EStG sind Einnahmen innerhalb des Kalenderjahres bezogen, in dem sie dem Steuerpflichtigen zugeflossen sind. Einnahmen sind zugeflossen, sobald der Steuerpflichtige über sie wirtschaftlich verfügen kann.[48] Geldbeträge fließen in der Regel dadurch zu, daß sie bar ausgezahlt werden. Voraussetzung des Zuflusses ist deshalb, daß das Geld oder das geldwerte Gut, mit dem der Steuerpflichtige für seine Leistungen abgegolten werden soll, übertragen wird. Maßgebend für den Zufluß einer Einnahme ist daher nicht die Fälligkeit der Forderung, sondern grundsätzlich deren Erfüllung. Insofern zeichnet sich der Tatbestand des „Zuflusses" grundsätzlich als tatsächlicher Vorgang aus.[49] Zivilrechtlich tritt im hier vorliegenden Fall infolge der Vermögensübertragung auf den übernehmenden Alleingesellschafter eine Erfüllung der Forderung des Alleingesellschafters durch die Kapitalgesellschaft weder für dessen Pensionsanwartschaft noch für eine etwaige Gehaltsforderung ein. Diese erlöschen vor ihrer Erfüllung aufgrund Konfusion mit der übergehenden Verbindlichkeit der Kapitalgesellschaft in der Person des Übernehmers.

Dennoch wird der Zufluß der Einnahmen als bewirkt anzusehen sein. Denn mit der Umwandlung geht das gesamte Vermögen der Kapitalgesellschaft auf den Alleingesellschafter über. Zwar wird der Anspruch des Gesellschafters nicht erfüllt, da eine Zahlung der Gesellschaft nicht erfolgt, er erhält aber im Wege der Vermögensübertragung die Vermögenswerte - das sog. Deckungskapital – welche der Gesellschaft aus der Rückstellungsbildung zur Erfüllung ihrer Verpflichtung zur Verfügung gestanden haben. Der Vermögensübergang führt unweigerlich zu einer Mehrung des Vermögens der natürlichen Person, aus der sich in Verbindung mit dem Untergang der Pensionsanwartschaft eine Umschichtung des Vermögens ergibt. Insofern wird der anspruchsberechtigte Gesellschafter so gestellt, als habe die Gesellschaft ihre Zahlungsverpflichtung erfüllt. Die Versorgungsleistungen müssen daher in Höhe der von der Kapitalgesellschaft passivierten Pensionsverpflichtung als mit dem steuerlichen Übertragungsstichtag zugeflossen gelten und sind demgemäß vom Anspruchsberechtigten gemäß § 19 Abs. 1 Nr. 2 EStG zu versteuern.

---

48 BFH v. 1.10.1993 - III R 32/92, BStBl. II 1994, 179, 181 = BFHE 172, 445; v. 26.7.1983 - VIII R 30/82, BStBl. II 1983, 755, 757; vgl. auch Herrmann/Heuer/Raupach/Birk, EStG KStG, § 11 EStG Rdnr. 19; L.Schmidt/Heinicke, EStG, § 11 Rdnr. 12; Kirchhof/Söhn/Trzaskalik, EStG, § 11 Rdnr. B 6; Littmann/Bitz/Hellwig/Wolff-Diepenbrock, EStG, § 11 Rdnr. 24.

49 Herrmann/Heuer/Raupach/Birk, EStG KStG, § 11 EStG Rdnr. 19, 45; L.Schmidt/Heinicke, EStG, § 11 Rdnr. 12; Kirchhof/Söhn/Trzaskalik, EStG, § 11 Rdnr. B 1; Littmann/Bitz/Hellwig/ Wolff-Diepenbrock, EStG, § 11 Rdnr. 26.

II. Abfindung der Pensionsanwartschaft vor der Umwandlung

Um bei einer Vermögensübertragung in ein Betriebsvermögen des Alleingesellschafters das Entstehen eines Übernahmefolgegewinnes durch die gewinnerhöhende Auflösung der Pensionsrückstellung und die damit eintretende Belastung mit Gewerbesteuer zu vermeiden, kann es im Einzelfall günstiger sein, die Pensionsanwartschaft vor dem steuerlichen Übertragungsstichtag durch eine Kapitalabfindung vertraglich abzulösen. Damit ist andererseits der Nachteil verbunden, daß eine den steuerlichen Gewinn mindernde Rücklage im Sinne des § 6 Abs. 2 i.V.m. § 9 UmwStG nicht gebildet werden kann. Durch die Abfindung der Pensionsanwartschaft des Begünstigten entfällt der Rechtsgrund für die Bildung einer Pensionsrückstellung in der Handels- und Steuerbilanz der Kapitalgesellschaft. Die Pensionsrückstellung ist gewinnerhöhend aufzulösen (§ 249 Abs. 3 S. 2 HGB). Ein Übernahmefolgegewinn entsteht nicht, da infolge des Ablösungsvertrages Pensionsverpflichtung und Pensionsanwartschaft vor dem steuerrechtlichen Übertragungszeitpunkt erlöschen und deshalb eine Vereinigung von Pensionsverpflichtung und Pensionsanwartschaft in der Person des übernehmenden Alleingesellschafters nicht eintritt.

1. Verdeckte Gewinnausschüttung

Bezüglich der Besteuerungsfolgen bei der Kapitalgesellschaft stellt sich allerdings die Frage, ob die Abfindung für den Verzicht des Gesellschafter-Angestellten auf seine Pensionsanwartschaft seitens der leistenden Kapitalgesellschaft als verdeckte Gewinnausschüttung zu beurteilen ist. Läge eine verdeckte Gewinnausschüttung im Sinne des § 8 Abs. 3 S. 2 KStG vor, dann wäre die mit der bilanziellen Einbuchung der Abfindungsverbindlichkeit verbundene Gewinnminderung zu korrigieren. Aus Gesellschaftersicht stellt sich diesbezüglich die Frage, ob er mit dem Zufluß der Abfindung Einkünfte aus nicht selbständiger Arbeit im Sinne des § 19 Abs. 1 Nr. 2 EStG oder aber Beteiligungserträge im Sinne des § 20 Abs. 1 Nr. 1 S. 2 EStG bezieht.

a) Rechtsprechung des Bundesfinanzhofs

Der BFH hatte sich dieser Frage mit dem Urteil vom 12.10.1965[50] angenommen und die Annahme einer verdeckten Gewinnausschüttung für den Fall abgelehnt, daß aus Anlaß der bevorstehenden Umwandlung in eine Personengesellschaft die übertragende Kapitalgesellschaft den Gesellschafter-Angestellten für die

Aufgabe seiner Pensionsanwartschaft in Höhe des Zeitwertes der zur Erfüllung der Pensionsansprüche gebildeten Rückstellung abfindet. Für seine Entscheidung ging der BFH von der Prämisse aus, daß die für die Pensionszusage an den Gesellschafter-Angestellten in der Steuerbilanz der Kapitalgesellschaft zulässigerweise gebildete Rückstellung ihre Grundlage infolge der Umwandlung verloren hätte und von der übernehmenden Personenhandelsgesellschaft aufzulösen gewesen wäre.[51] Ausschlaggebende Überlegung für die Entscheidung des BFH war, daß es für die steuerrechtliche Beurteilung bei der untergehenden Kapitalgesellschaft keinen Unterschied begründen könne, ob die durch die Rückstellung bei der Kapitalgesellschaft gebundenen Vermögenswerte als Abfindung für den Verlust der Versorgungsansprüche des Gesellschafters ausgekehrt werden oder, da die Umwandlung notwendigerweise die Auflösung der Rückstellung zur Folge habe, ob die Vermögenswerte im Wege der Vermögensübertragung auf die Personengesellschaft den Übernahme(-folge)gewinn des Berechtigten bei der Personenhandelsgesellschaft erhöhen.[52]

Diese Entscheidung des BFH muß als überholt angesehen werden. Dies ergibt sich einerseits aus der neueren Rechtsprechung des BFH zur steuerlichen Behandlung von Pensionszusagen gegenüber Mitunternehmern und andererseits aus der Betrachtungsweise mit der der BFH den Vorgang daraufhin beurteilt hat, ob dem Gesellschafter außerhalb der gesellschaftsrechtlichen Gewinnverteilung ein „Vermögensvorteil zugewendet" wird. Die Beurteilung eines Sachverhaltes im Hinblick auf das Vorliegen einer verdeckten Gewinnausschüttung im Sinne des § 8 Abs. 3 S. 2 KStG ist isoliert aus der Sicht der Kapitalgesellschaft vorzunehmen. Dabei ist es nicht von Bedeutung, ob eine Vermögensminderung der Kapitalgesellschaft mit einem Vermögensvorteil auf der Seite des Gesellschafters korrespondiert.[53] Eine Beurteilung aus der Blickrichtung des Gesellschafters hinsichtlich der bei ihm eintretenden Besteuerungsfolgen, wie sie der BFH noch in obiger Entscheidung vorgenommen hat, ist daher ausgeschlossen. Ebenso wie eine Vermögenszuwendung an den Gesellschafter nie selbst Grund ist, eine verdeckte Gewinnausschüttung der Kapitalgesellschaft zu bejahen, sondern allenfalls Anlaß gibt, den Sachverhalt hinsichtlich einer gesellschaftsrechtlich veranlaßten Vermögensminderung zu überprüfen, führt die

50 BFH v. 12.10.1965 - I 140/63 U, BFHE 84, 65 = BStBl. III 1966, 23.

51 BFH v. 12.10.1965 - I 140/63 U, BFHE 84, 65 = BStBl. III 1966, 23.

52 BFH v. 12.10.1965 - I 140/63 U, BFHE 84, 65 = BStBl. III 1966, 23f.

53 Wassermeyer, DStR 1990, 158, 159; siehe auch Döllerer, Verdeckte Gewinnausschüttung, S. 41; Frotscher/Maas, KStG UmwStG, Anh. vGA zu § 8 Rdnr. 70ff., 99; Lange, Verdeckte Gewinnausschüttung, S. 76ff.

fehlende Vorteilszuwendung an den Gesellschafter nicht zu einer vorgreifenden Verneinung einer gesellschaftsrechtlich veranlaßten Vermögensminderung der Gesellschaft. Vielmehr kommt es nur darauf, ob die bei der Kapitalgesellschaft eingetretene Vermögensminderung gesellschaftsrechtlich veranlaßt ist und nicht auch darauf, daß mit dieser Vermögensminderung für den Gesellschafter tatsächlich ein Vermögensvorteil verbunden ist.[54]

b) Gesellschaftsrechtliche Veranlassung

Die Definition der verdeckten Gewinnausschüttung hat in der jüngeren Zeit durch die höchstrichterliche Rechtsprechung in der Bestimmung ihres „wichtigsten" Tatbestandsmerkmales, der gesellschaftsrechtlichen Veranlassung, eine Ergänzung erfahren, die Anlaß für die Frage gibt, ob die Abfindung des Gesellschafter-Angestellten für dessen Verzicht auf seine Pensionsanwartschaft auf Seiten der Kapitalgesellschaft als verdeckte Gewinnausschüttung im Sinne des § 8 Abs. 3 S. 2 KStG zu beurteilen ist.

Allgemein wird das Tatbestandsmerkmal der gesellschaftsrechtlichen Veranlassung als eine Handlung der Kapitalgesellschaft im Interesse des Gesellschafters verstanden, die auf eine vermögensmäßige Vorteilszuwendung zweckgerichtet ist.[55] Die Kapitalgesellschaft hat ausschließlich ihre eigenen Interessen und nicht die ihres Gesellschafters zu verfolgen. Sie darf daher die Verfolgung ihrer Interessen nicht zugunsten derer ihres Gesellschafters vernachlässigen. Handelt die Kapitalgesellschaft diesem Grundsatz zuwider, liegt der Rechtsgrund der bei der Kapitalgesellschaft eingetretenen Vermögensminderung oder verhinderten Vermögensmehrung nicht im behaupteten Schuldverhältnis, sondern in den gesellschaftsrechtlichen Beziehungen und erfolgt daher „causa societatis"[56].

---

54 BFH v. 22.2.1989 - I R 44/85, BFHE 156, 177, 179 = BStBl. II 1989, 475; Frotscher/Maas, KStG UmwStG, Anhang vGA zu § 8 Rdnr. 99; Wassermeyer, StVj 1993, S. 208, 210f.; a.A. wohl Lange, Verdeckte Gewinnausschüttung, S. 76ff., 79; vgl. dazu auch den sog. Tigerfall, Scholtz, FR 1990, 350ff.; Wassermeyer, GmbHR 1989, 298, 299.

55 Ausführlich Frotscher, DStJG 20 (1997), S. 205, 215; ders. Frotscher/Maas, KStG UmwStG, Anhang vGA zu § 8 Rdnr. 99; siehe auch Wassermeyer, FR 1997, 563; weitergehend wohl Thiel, DStR 1993, 1801, 1803: Gesellschafter muß Vorteil tatsächlich erhalten; ebenso Lange, Verdeckte Gewinnausschüttung, S. 76ff., 79;dies aber bedeutete für den Fall, der zum Zeitpunkt der Vereinbarung als gesellschaftsrechtlich veranlaßt anzusehenden Pensionszusage, daß eine verdeckte Gewinnausschüttung dann nicht vorläge, wenn der begünstigte Gesellschafter vor dem tatsächlichen Bezug der Pensionsleistungen verstirbt.

56 Zum Begriff BFH v. 7.12.1983 - I R 70/77, BFHE 140, 221, 227f. = BStBl. II 1984, 84.

Bislang hat der BFH für die Prüfung, ob eine zu beurteilende Vermögensminderung oder verhinderte Vermögensmehrung durch das Gesellschaftsverhältnis veranlaßt ist, darauf abgestellt, ob sich diese für die Kapitalgesellschaft aus ihrer Sicht und unter Zugrundelegung eines Fremdvergleiches als wirtschaftlich nachteilig erweist.[57] Der BFH prüft insoweit, ob die Kapitalgesellschaft die gleiche Leistung unter den gleichen oder unter zumindest vergleichbaren Bedingungen auch mit einem fremden Dritten vereinbart hätte. Erfüllt die Leistungsbeziehung zwischen Gesellschaft und Gesellschafter nicht die an sie anzulegenden Kriterien dieses Fremdvergleiches, wird ihre Veranlassung durch das Gesellschaftsverhältnis vermutet. Dabei waren für die Konkretisierung des Fremdvergleiches bislang zwei Kriterien ausschlaggebend. Zunächst wird von der Rechtsprechung bei Leistungen einer Kapitalgesellschaft an ihren sog. beherrschenden Gesellschafter verlangt, daß diese auf einer im voraus getroffenen, klaren und eindeutigen, zivilrechtlich wirksamen und tatsächlich durchgeführten Vereinbarung beruhen.[58] Des weiteren wird für alle Gesellschafter, einschließlich der Beherrschenden, der Fremdvergleich durch den an die Leistungsbeziehung anzulegenden Maßstab des Handelns eines ordentlichen und gewissenhaften Geschäftsleiters bestimmt.[59] Vereinbarungen, die diesen Vergleichsmaßstäben nicht standhalten, werden steuerrechtlich als gesellschafts-

---

57 BFH v. 28.11.1991 - I R 13/90, BStBl. II 1992, 359; ausführlich zum Fremdvergleich Frotscher/ Maas, KStG UmwStG, Anhang vGA zu § 8 Rdnr. 174ff.; Gosch, DStZ 1997, 1ff.; Wassermeyer, DB 1994, 1105, 1107.

58 BFH v. 8.1.1969 - I R 26/27, BFHE 95, 1 = BStBl. II 1969, 268; v. 4.12.1991 - I R 63/90, BFHE 166, 279 = BStBl. II 1992, 362; hierzu Döllerer, Verdeckte Gewinnausschüttungen, S. 102ff.; Wassermeyer, DStR 1990, 158, 161; Woerner, in Festschrift v. Wallis, S. 327, 328ff.; kritisch Frotscher, DStJG 20 (1990), S. 205, 235; Knobbe-Keuk, Bilanzsteuerrecht, § 19 I 2b.

59 BFH v. 19.3.1997 - I R 75/96, BStBl. II 1997, 577; namentlich erstmals verwendet im Urteil des BFH v. 16.3.1967 - I 261/63, BFHE 89, 208, 210 = BStBl. III 1967, 626. Der Maßstab ist dem Handelsrecht entlehnt (§§ 93 Abs. 1, 317 Abs. 2 AktG, 43 Abs. 1 GmbHG), dennoch aber kein zivilrechtlicher, sondern ein steuerrechtlicher, hierzu Frotscher/Maas, KStG, Anhang vGA zu § 8 Rdnr. 15ff., 174ff.; Döllerer, Verdeckte Gewinnausschüttungen, S. 59. Gegen die Rechtsfigur des ordentlichen und gewissen Geschäftsleiters, Pezzer, verdeckte Gewinnausschüttung, S. 41f. Fraglich ist in diesem Zusammenhang, ob und in welchem Umfang in den Maßstab des ordentlichen und gewissenhaften Geschäftsleiters die Position des fiktiven Vertragspartners einzubeziehen ist bzw. ob darüber hinaus im Sinne einer „Verdoppelung" dieses Maßstabes die betreffende Leistungsbeziehung nicht nur aus der Sicht der Gesellschaft, sondern auch aus der des Vertragspartners zu beurteilen ist; hierzu das sog. Nur-Pensionszusage-Urteil des BFH v. 17.5.1995 - I R 147/93, BFHE 178, 203 = BStBl. II 1996, 204; v. 6.12.1995 - I R 88/94, BStBl. II 1996, 383; zustimmend Brenner, DStZ 1996, 65, 66f.; Wassermeyer, DStR 1996, 733, 734; ders. GmbHR 1998, 157, 161; ablehnend Frotscher, DStJG 20, S. 205, 232; ders., GmbHR 1998, 23, 27.

rechtlich veranlaßt beurteilt, so daß es sich bei ihnen um verdeckte Gewinnausschüttungen im Sinne des § 8 Abs. 3 S. 2 KStG handeln kann.

Als gesellschaftsrechtlich veranlaßt sollen auch „unübliche" Vereinbarungen anzusehen sein. Dabei besteht in der Literatur Uneinigkeit darüber, ob es sich bei diesem in der Rechtsprechung des BFH[60] verwendeten Kriterium der „Unüblichkeit" um eine Ausprägung der bestehenden Fremdvergleichsmaßstäbe handelt[61] oder um einen eigenständigen Maßstab, der neben den für beherrschende Gesellschafter und den des ordentlichen und gewissenhaften Geschäftsleiters tritt[62]. Mit der Frage nach der systematischen Einordnung des Merkmales der „Unüblichkeit" ist eine Tendenz dahingehend festzustellen, die gesellschaftsrechtliche Veranlassung der zu beurteilenden Vereinbarung allein aus deren Unüblichkeit abzuleiten.[63] Dies belegt deutlich beispielsweise das Urteil des Finanzgerichts des Saarlandes vom 9.2.1990[64], in dem eine Tantiemevereinbarung allein deshalb als verdeckte Gewinnausschüttung beurteilt wurde, weil Tantiemevereinbarungen in der betreffenden Branche als unüblich betrachtet wurden.[65] Auf die Ausgewogenheit der Leistungsvereinbarung oder eine Beeinträchtigung der Interessen der Gesellschaft kam es in diesem Zusammenhang nicht an. Mit dem bloßen Argument der „Unüblichkeit" wurde auf die gesellschaftsrechtliche Veranlassung geschlossen. Dabei drängt sich der Verdacht auf, daß es mit dem Maßstab der Üblichkeit in der Sache allein darum geht, ein Instrument zur Verfügung zu haben, um vermuteten Mißbräuchen zu begegnen. Dies belegt eindrucksvoll beispielsweise auch die Entscheidung des BFH im Urteil vom 16.2.1977[66]. Im Sachverhalt der Entscheidung war einem geschiedenen Gesellschafter-Geschäftsführer eine Witwenrente sowohl für die geschiedene Ehefrau als auch für die gegenwärtige Ehefrau zugesagt worden. Steuerlich anerkannt hat der BFH nur die Witwenpensionszusage zugunsten der gegenwärtigen Ehefrau, nicht hingegen die zugunsten der geschiedenen Ehefrau, weil die Zusage einer Witwenrente bereits die Übernahme eines verhältnismä-

60 BFH v. 13.12.1989 - I R 99/87, BFHE 159, 338, 341 = BStBl. II 1990, 454; v. 2.12.1992, I R 54/91, BFHE 170, 119, 124f. = BStBl. II 1993, 311.

61 So Tillmann, GmbHR 1993, 466, 468.

62 So Wassermeyer, DStR 1996, 733, 734; Gosch, DStZ, 1997, 1, 2.

63 BFH v. 13.12.1989 - I R 99/87, BFHE 159, 338, 341 = BStBl. II 1990, 454; v. 2.12.1992 - I R 54/91, BFHE 170, 119, 124f. = BStBl. II 1993, 311; ablehnend Frotscher, GmbHR 1998, 23, 28; ders., DStJG 20 (1997), S. 205, 242; kritisch Tillmann, GmbHR 1993, 466, 469.

64 FG des Saarlandes v. 9.2.1990 - 1 K 159/88, EFG 1990, 382.

65 In diese Richtung weisend bereits BFH v. 5.10.1977 - I R 230/75, BFHE 124, 164 = BStBl. II 1978, 238; v. 16.2.1977 - I R 94/75, BFHE 122, 48 = BStBl. II 1977, 568.

66 BFH v. 16.2.1977 - I R 132/75, BFHE 121, 349 = BStBl II 1977, 444.

ßig großen Risikos bedeute, weshalb die Erteilung einer Pensionszusage zugunsten beider Frauen im Falle der Scheidung „mit gutem Grund nicht üblich" sei. Hoffmann[67] stellt in seiner Analyse der Rechtsprechung des BFH sogar die These auf, die „Unüblichkeit einer Leistungsvereinbarung führt also per se zur verdeckten Gewinnausschüttung".

Sollte die vertragliche Abfindung des Gesellschafter-Angestellten für dessen Verzicht auf seine Pensionsanwartschaft hinsichtlich ihrer Veranlassung anhand eines solchen eigenständigen Maßstabes der „Üblichkeit" zu beurteilen sein, käme es letztlich auf die Lebenserfahrung an, ob die Abfindungsabrede als gesellschaftsrechtlich oder betrieblich veranlaßt angesehen werden muß. Unabhängig von der Überprüfung der Angemessenheit der Abfindung wäre insofern entscheidend, ob es in vergleichbaren Fällen der Umwandlung einer Kapitalgesellschaft allgemein üblich ist, vor der Umwandlung die Pensionsanwartschaften der Arbeitnehmer durch Abfindungen vertraglich abzulösen. Dies wird für diejenigen Arbeitnehmer zu verneinen sein, die nach der Umwandlung der Kapitalgesellschaft auch weiterhin für das Unternehmen, gleich in welcher Rechtsform dieses fortgeführt wird, tätig sind. Dann aber müßte die Abfindungsabrede des Gesellschafter-Angestellten, der das Unternehmen als Einzelunternehmen oder aber in der Rechtsform einer Personengesellschaft weiterführt und für das er weiterhin tätig wird, als gesellschaftsrechtlich veranlaßt angesehen werden. Denn die Vereinbarung einer Abfindung für den Verzicht des Gesellschafter-Angestellten auf seine Pensionsanwartschaft wäre „unüblich" im Vergleich zu den übrigen Angestellten, die weiterhin für das Unternehmen tätig sind und deren Pensionsanwartschaften nicht abgelöst werden.

Entschieden entgegenzutreten ist der Annahme, eine Rechtsbeziehung zwischen Gesellschaft und Gesellschafter erfülle allein wegen ihrer Unüblichkeit den Tatbestand der verdeckten Gewinnausschüttung im Sinne des § 8 Abs. 3 S. 2 KStG.[68] Dies bedeutete die Veränderung der vom BFH verwendeten Definition der verdeckten Gewinnausschüttung. Unabhängig von der Frage nach der systematischen Einordnung des Maßstabes der Üblichkeit, geht es um die Bestimmung des Tatbestandsmerkmales der gesellschaftsrechtlichen Veranlassung als eines von mehreren Tatbestandsmerkmalen der verdeckten Gewinnausschüttung. Der Tatbestand des § 8 Abs. 3 S. 2 KStG kann deshalb nicht schon allein aufgrund der etwaigen „Unüblichkeit" des zu beurteilenden Sachverhaltes als erfüllt anzusehen sein. Für die Anwendung der Rechtsfolge des § 8 Abs. 3 S. 2

67 Hoffmann, DStR 1996, 729.

68 So die Interpretation von Hoffmann, DStR 1996, 729.

KStG bestände erst dann Anlaß, wenn im Zusammenhang mit der Unüblichkeit einer Rechtsbeziehung gleichsam durch sie der Unterschiedsbetrag im Sinne des § 4 Abs. 1 S. 1 EStG i.V.m. § 8 Abs. 1 KStG gemindert wird. Die Annahme, es könne eine verdeckte Gewinnausschüttung ohne Minderung (bzw. ohne verhinderte Mehrung) des Unterschiedsbetrages geben, steht nicht im Einklang mit dem Regelungsziel des § 8 Abs. 3 S. 2 KStG, nämlich die Ermittlung des durch gesellschaftsrechtliche Beziehungen unbeeinflußten Gewinnes der Kapitalgesellschaft.[69] Die Rechtsfolge des § 8 Abs. 3 S. 2 KStG ist die Korrektur eines Gewinnes, der durch gesellschaftsrechtlich veranlaßte Vorgänge beeinflußt wurde, aber in seiner Höhe unbeeinflußt der Besteuerung zu unterwerfen ist. Dies setzt voraus, daß der Gewinn durch den als verdeckte Gewinnausschüttung beurteilten Vorgang tatsächlich berührt wurde. Wirkt sich eine Rechtsbeziehung, die wegen ihrer Unüblichkeit als gesellschaftsrechtlich veranlaßt angesehen wird, nicht auf den Gewinn aus, liegt hierin noch keine verdeckte Gewinnausschüttung im Sinne des § 8 Abs. 3 S. 2 KStG, infolge derer der Gewinn der Kapitalgesellschaft zu korrigieren wäre. Dann aber kann die Unüblichkeit einer Leistungsvereinbarung nicht „per se" zur verdeckten Gewinnausschüttung führen.

Darüber hinaus ist der Maßstab der „Üblichkeit" als Kriterium der Beurteilung der Veranlassung einer Rechtsbeziehung zwischen Gesellschaft und Gesellschafter vor dem Hintergrund des Regelungszieles des Rechtsinstitutes der verdeckten Gewinnausschüttung als solcher abzulehnen. Im Ergebnis geht es mit der verdeckten Gewinnausschüttung im Sinne des § 8 Abs. 3 S. 2 KStG auf der Ebene der Kapitalgesellschaft um die Ermittlung des „richtigen" Gewinnes der Kapitalgesellschaft, verstanden als ein „causa societatis" unbeeinflußter Gewinn. Daraus folgt, daß der Gewinn der Kapitalgesellschaft genau dann zu korrigieren ist, wenn die Minderung des Unterschiedsbetrages im Sinne des § 4 Abs. 1 S. 1 EStG i.V.m. § 8 Abs. 1 KStG ihre Veranlassung nicht in dem behaupteten Schuldverhältnis zwischen Gesellschaft und Gesellschafter, sondern in deren gesellschaftsrechtlichen Beziehungen hat. Insofern ist die Vorschrift des § 8 Abs. 3 S. 2 KStG von ihrer Funktion her eine Regelung zur Sicherung der Besteuerung des gesellschaftsrechtlich unbeeinflußten Gewinnes der Kapitalgesellschaft. Stünde die Unüblichkeit einer Rechtsbeziehung zwischen Gesellschaft und Gesellschafter für deren gesellschaftsrechtliche Veranlassung, dann käme es, sofern die übrigen Voraussetzungen der verdeckten Gewinnaus-

69 Döllerer, Verdeckte Gewinnausschüttungen, S. 23f.; Frotscher/Maas, KStG UmwStG, Anhang vGA zu § 8 Rdnr. 7ff; Knobbe-Keuk, Bilanzsteuerrecht, § 19 I 1a; Lange, Verdeckte Gewinnausschüttungen, Rdnr. 4; Wassermeyer, DB 1994, 1105, 1106.

schüttung erfüllt sind, infolge des § 8 Abs. 3 S. 2 KStG zu einer Gewinnkorrektur. Mit der Gewinnkorrektur aufgrund einer unüblichen Rechtsbeziehung, sofern diese nicht aus anderen Gründen als gesellschaftsrechtlich veranlaßt anzusehen ist, ginge es folglich allein um die Korrektur eines „unüblichen" Gewinnes. Dies bedeutete im Umkehrschluß, daß der „richtige" Gewinn der Kapitalgesellschaft der „übliche" wäre. Ein Rechtssatz, der den üblichen Gewinn einer Kapitalgesellschaft zum Substrat der Besteuerung bestimmt, existiert aber nicht. Auch wird der Gewinn der Kapitalgesellschaft nicht deshalb unrichtig und bedarf der Korrektur, weil das ihn beeinflussende Rechtsgeschäft unüblich ist. Ein Rechtsgeschäft zwischen Gesellschaft und Gesellschafter kann durchaus unüblich und dennoch nicht gesellschaftsrechtlich veranlaßt sein. Ein zwingender Zusammenhang zwischen Unüblichkeit und gesellschaftsrechtlicher Veranlassung wird nicht festgestellt werden können. Werden unübliche Rechtsgeschäfte, für die dieser Zusammenhang nicht gilt, hinsichtlich ihrer Wirkung auf den Gewinn korrigiert, wird aus dem vor der Korrektur „richtigen" Gewinn durch diese nun ein „unrichtiger", weil selbiger nicht durch das Gesellschaftsverhältnis beeinflußt war. Auch besteht das Regelungsziel des § 8 Abs. 3 S. 2 KStG nicht in der Sicherstellung der Ermittlung eines „üblichen" Gewinnes. Nicht die Auswirkungen unüblicher Geschäfte auf den Gewinn der Kapitalgesellschaft sollen rückgängig gemacht werden, sondern die Auswirkungen derjenigen Geschäfte, die aufgrund der gesellschaftsrechtlichen Beziehungen zulasten des Gewinnes der Gesellschaft erfolgten. Letztlich würde mit der Üblichkeit als Maßstab der gesellschaftsrechtlichen Veranlassung nicht nur das Regelungsziel der verdeckten Gewinnausschüttung, sondern auch der Gewinnbegriff als solcher verändert werden.

Nicht zuzustimmen ist des weiteren der Annahme, die „Unüblichkeit des Vertragsinhalts (sei) Indiz für das Fehlen einer ernsthaften schuldrechtlichen Vereinbarung".[70] Nicht ernstlich gemeinte Vereinbarungen dürfen der Besteuerung nicht zugrunde gelegt werden. Sie sind nicht betrieblich veranlaßt.[71] Es besteht jedoch kein Grund für die Annahme, Vereinbarungen zwischen der Kapitalgesellschaft und dem Gesellschafter seien nicht ernsthaft gemeint, wenn sie unüblich sind. Entscheidend ist vielmehr, ob sie durchgeführt werden. Die tatsächli-

70 BFH v. 2.12.1992 - I R 54/91, BFHE 170, 119, 125 = BStBl. II 1993, 311; v. 29.10.1997 - I R 24/97, BFHE 184, 482; dazu Tillmann, GmbHR 1993, 466ff.; weitergehend Hoffmann, DStR 1996, 729: Unüblichkeit zwingt zu dem Schluß der mangelnden Ernsthaftigkeit.

71 BFH v. 6.12.1995 - I R 88/94, BStBl. II 1996, 383; v. 25.10.1995 - I R 9/95, BStBl. II 1995, 703; vgl. auch Wassermeyer, DStR 1996, 733, 734; Frotscher/Maas, KStG UmwStG, Anhang vGA zu § 8 Rdnr. 113; Lange, Verdeckte Gewinnausschüttung, S. 44.

che Durchführung bzw. Nichtdurchführung läßt auf die Ernsthaftigkeit bzw. fehlende Ernsthaftigkeit schließen.[72] Ein Rückschluß auf die vorhandene oder fehlende Ernsthaftigkeit ist weder aus der Unüblichkeit noch aus der Üblichkeit möglich. Eine unübliche Vereinbarung kann ebenso wie eine übliche Vereinbarung ernstlich wie auch nicht ernstlich gemeint sein. Auch gibt die Üblichkeit oder Unüblichkeit keinen Aufschluß darüber, ob die Vereinbarung tatsächlich durchgeführt wird oder nicht. Das eigentliche Kriterium liegt in der Feststellung der Durchführung bzw. Nichtdurchführung.[73] Damit verbunden ist allerdings die nicht von der Hand zu weisende Problematik, daß bei bestimmten Rechtsbeziehungen, wie beispielsweise einer Pensionsvereinbarung zwischen Kapitalgesellschaft und Gesellschafter, die Aufwandswirksamkeit für die Gesellschaft mit der Verbuchung der Pensionsrückstellung und die tatsächliche Durchführung mit der Auszahlung der Pensionsleistungen bei Eintritt des Versorgungsfalles und der damit einhergehenden Besteuerung beim Berechtigten zeitlich erheblich auseinanderfallen können. Das hierin liegende Gestaltungs- und Mißbrauchspotential begründet das Mißtrauen sowohl der Finanzverwaltung wie auch der Finanzrechtsprechung, wenn der im Regelfall zwischen den Vertragsparteien bestehende Interessengegensatz im Verhältnis Kapitalgesellschaft/beherrschender Gesellschafter oder gar ihrem Alleingesellschafter weitestgehend ausgeschaltet ist. In Wahrheit geht es deshalb bezüglich der Unüblichkeit darum, ein Instrument zur Verfügung zu haben, um durch Beweisumkehr „in Einzelfällen auf Gestaltungsunebenheiten zu reagieren" und „vermuteten Mißbräuchen zu begegnen"[74]. Mit dem Argument der Unüblichkeit einer Vereinbarung wird deren Nichtdurchführung fingiert, nicht aber auf diese geschlossen. Dieser Fiktion ist die ihr fehlende Rechtsgrundlage entgegenzuhalten. Wer deshalb die Veranlassung durch das Gesellschaftsverhältnis allein deshalb bejaht, weil die Rechtsbeziehung unüblich ist, kennzeichnet nicht rechtsmißbräuchliches Verhalten, sondern negiert privatautonome Gestaltungsfreiheit.

Damit ist als Zwischenergebnis festzustellen, daß das Kriterium der Unüblichkeit für die Beurteilung, ob die Vermögensminderung der Kapitalgesellschaft durch das Gesellschaftsverhältnis veranlaßt ist, kein geeigneter Maßstab ist. Die

---

72 BFH v. 13.11.1996 - I R 53/95, DStR 1997, 697f.

73 Dies wird deutlich an dem von der Rechtsprechung entwickelten Sonderrecht zum beherrschenden Gesellschafter, dessen schuldrechtlichen Rechtsbeziehungen zur Gesellschaft steuerrechtlich nur anerkannt werden, wenn sie tatsächlich durchgeführt werden, BFH v. 14.3.1990 - I R 6/89, BFHE 160, 459 = BStBl. II 1990, 795; v. 13.11.1996 - I R 53/95, DStR 1997, 697f.; v. 29.7.1992 - I R 28/92, BFHE 169, 322, 325f. = BStBl. II 1993, 247.

74 Gosch, DStZ 1997, 1, 5.

Abfindungszahlung für den Verzicht des Gesellschafter-Angestellten auf seine Pensionsanwartschaft kann deshalb auf Seiten der leistenden Kapitalgesellschaft nicht allein wegen ihrer vermeintlichen Unüblichkeit als verdeckte Gewinnausschüttung beurteilt werden.

c) Minderung des Unterschiedsbetrages gemäß § 4 Abs. 1 S. 1 EStG i.V.m. § 8 Abs. 1 KStG

Sollte entgegen der hier vertretenen Auffassung die Unüblichkeit als ein geeigneter Maßstab des Fremdvergleiches und die Abfindung als gesellschaftsrechtlich veranlaßt zu beurteilen sein, käme es für die Einordnung der Abfindung der Pensionsanwartschaft als verdeckte Gewinnausschüttung im Sinne des § 8 Abs. 3 S. 2 KStG darauf an, ob der Unterschiedsbetrag gemäß § 4 Abs. 1 S. 1 EStG i.V.m. § 8 Abs. 1 KStG gemindert wird. Dies wäre zu bejahen, wenn nur die Verpflichtung der Kapitalgesellschaft zur Zahlung der Abfindung isoliert betrachtet werden würde. Die bilanzielle Einbuchung der Abfindungsverpflichtung als Verbindlichkeit der Gesellschaft mindert das Vermögen und gleichsam den Gewinn der Gesellschaft. Allerdings steht dieser Verpflichtung der Kapitalgesellschaft die des Gesellschafters zum Erlaß der Pensionsverpflichtung gegenüber. Der Erlaß (§ 397 Abs. 1 BGB) bewirkt den Untergang der Pensionsverpflichtung, so daß die Vermögensminderung der Gesellschaft durch die gewinnerhöhende Ausbuchung der Pensionsrückstellung kompensiert wird. Saldiert träte eine Minderung des Unterschiedsbetrages gemäß § 4 Abs. 1 S. 1 EStG i.V.m. § 8 Abs. 1 KStG nicht ein.

Gegen die Kompensation könnte indes der einheitliche Rechtsgrund der gegenseitigen Leistungen sprechen. Ist die Abfindung der Gesellschaft gesellschaftsrechtlich veranlaßt, müßte dies konsequenterweise auch für den Erlaß der Pensionsverpflichtung gelten. Dann könnte der Erlaß der Pensionsverpflichtung auf der Ebene der Kapitalgesellschaft eine verdeckte Einlage sein. Eine solche liegt nach der ständigen Rechtsprechung des BFH vor, wenn der Gesellschafter (oder eine ihm nahestehende Person) außerhalb der gesellschaftsrechtlichen Regelungen seiner Kapitalgesellschaft einen einlagefähigen Vermögensvorteil zuwendet und diese Zuwendung ihre Veranlassung im Gesellschaftsverhältnis hat.[75] Dabei kann der Vermögensvorteil in der Vermehrung der Aktiva oder aber wie

[75] BFH v. 19.2.1970 I R 24/67, BFHE 98, 254 = BStBl. II 1970, 442; v. 9.3.1983 - I R 182/78, BFHE 139, 139 = BStBl. II 1983, 744.

hier, in der Verminderung der Verbindlichkeiten der Gesellschaft liegen.[76] Es ist zwar strittig, ob der Verzicht des Gesellschafter-Angestellten einer GmbH auf die von ihr zugesagte Pension zu einer verdeckten Einlage in das Vermögen der GmbH führen kann.[77] Der Große Senat des BFH aber hat sich im Beschluß vom 9.6.1997[78] mit dieser Problematik auseinandergesetzt und entschieden, daß der auf dem Gesellschaftsverhältnis beruhende Verzicht des Gesellschafters auf seinen aufschiebend bedingten Pensionsanspruch gegenüber der verpflichteten Kapitalgesellschaft bei selbiger zu einer Einlage in Höhe des Teilwertes der Pensionsanwartschaft führt.[79] Der Erlaß einer Schuld der Kapitalgesellschaft führt zum Wegfall der bei ihr passivierten Verbindlichkeit. Dies wirkt sich handels- wie auch steuerrechtlich gewinnerhöhend aus, ist jedoch steuerrechtlich durch den Abzug einer verdeckten Einlage zu korrigieren, daß heißt der Gewinn der Kapitalgesellschaft ist um den „causa societatis" erbrachten Vermögensvorteil zu mindern. Dies hätte zur Folge, daß bei Berücksichtigung des Erlasses der Pensionsverpflichtung in Höhe der Abfindung eine Minderung des Unterschiedsbetrages gemäß § 4 Abs. 1 S. 1 EStG i.V.m. § 8 Abs. 1 KStG einträte.

Unterstützung könnte diese Beurteilung in der Rechtsprechung des BFH zu den sog. Satzungs- und Steuerklauseln finden.[80] Bei Anwendung der Rechtsprechung zur Rückgängigmachung einer verdeckten Gewinnausschüttung auf diese Sachverhaltsgestaltung kann die gewinnmindernde Verpflichtung aus der Abfindungsabrede nicht durch die bilanziell zu ziehenden Konsequenzen aus dem Anspruch auf Erlaß der Pensionsverpflichtung kompensiert werden. Es bliebe bei der verdeckten Gewinnausschüttung. Im Urteil vom 29.4.1987[81] hat der BFH zu dem auf Grund einer Satzungsklausel begründeten Rückforderungsanspruch der Gesellschaft entschieden, dieser habe den „Charakter einer Einlageforderung" und dürfe den steuerrechtlichen Gewinn nicht erhöhen (§ 4 Abs. 1

76 BFH v. 30.4.1968 - I 161/65, BFHE 93, 44 = BStBl. II 1968, 720; v. 3.2.1971 - I R 51/66 BStBl. II 1971, 408; v. 22.11.1983 - VIII R 133/82, BFHE 140, 69.

77 Keine Einlage BFH v. 3.5.1967 - I 263/63, BFHE 88, 425 = BStBl. III 1967, 421; v. 19.5.1993 - I R 34/92, BFHE 171, 286 = BStBl. II 1993, 804; ebenso in der Vorinstanz das FG Hamburg v. 6.3.1992 - II 203/89, EFG 1992, 434, 441; im Ergebnis ebenso Knobbe-Keuk, Bilanzsteuerrecht, § 16 II 1a; a.A. FG Saarland v. 1.10.1991 - 1 K 149/91, EFG 1992, 340 (rkr.); kritisch Döllerer, Verdeckte Gewinnausschüttungen, S. 174.

78 BFH v. 9.6.1997 - GrS 1/94, BFHE 183, 187, 197 mit umfangreichen Nachweisen zum Schrifttum.

79 BFH v. 15.10.1997 - I R 58/93, BFHE 184, 432 = BStBl. II 1998, 305.

80 Umfassend hierzu Knobbe-Keuk, Bilanzsteuerrecht, § 19 I 3e; siehe auch Döllerer, Verdeckte Gewinnausschüttungen, S. 165ff.; Frotscher/Maas, KStG UmwStG, Anhang vGA zu § 8 Rdnr. 287ff.; Lange, Verdeckte Gewinnausschüttung, S. 150ff.

81 BFH v. 29.4.1987 - I R 176/83, BFHE 150, 337 = BStBl. II 1987, 733.

S. 1 EStG i.V.m. § 8 Abs. 1 KStG). Denn ebenso wie die verdeckte Gewinnausschüttung habe der Anspruch auf Rückgewähr seine Ursache im Gesellschaftsverhältnis, da er nur der „contrarius actus“ zur verdeckten Gewinnausschüttung sei. Diese Rechtsprechung des BFH, mit der er sich der Auffassung der Finanzverwaltung angeschlossen hat,[82] gilt gleichfalls auch für gesetzliche und schuldrechtliche Rückgewähr- oder Ersatzansprüche (beispielsweise §§ 62 AktG, 31 GmbHG).[83] Ist der Erlaß der Pensionsverpflichtung aufgrund der Abfindungsabrede der „contrarius actus“ zur Abfindungszahlung, und hierfür spricht - mehr noch als im Urteilsfall vom 29.4.1987[84] - die einheitliche Rechtsgrundlage der Leistungen, dann wäre der Erlaß ebenso wie die Abfindung durch das Gesellschaftsverhältnis veranlaßt und somit, wie der Rückforderungsanspruch, eine Einlage in das Vermögen der Gesellschaft.

Unabhängig von den in der Literatur vorgebrachten Argumenten gegen die Rechtsprechung des BFH zu den Rückgewähransprüchen[85] kann diese wegen der ihr zugrundeliegenden besonderen Problematik nicht auf den hier vorliegenden Fall übertragen werden. Hintergrund der Rechtsprechung des BFH ist der in der Praxis unternommene Versuch, mittels der Aktivierung von Rückgewähransprüchen aus Satzungs- und Steuerklauseln den Tatbestand einer verdeckten Gewinnausschüttung zu vermeiden. Ein derartiger Versuch wird mit dem Erlaß der Pensionsverpflichtung nicht unternommen. Hier geht es darum, die Pensionsanwartschaft des Gesellschafters abzulösen, um die mit der Umwandlung der Kapitalgesellschaft verbundenen nachteiligen, steuerrechtlichen Wirkungen und nicht die einer verdeckten Gewinnausschüttung zu vermeiden.

Entscheidend gegen die Qualifikation des Erlasses der Pensionsverpflichtung als verdeckte Einlage spricht indes, daß vor dem Hintergrund der Rechtsprechung des BFH zur verdeckten Einlage der Erlaß der Pensionsverpflichtung nicht gesellschaftsrechtlich veranlaßt sein kann. Ebenso wie bei der verdeckten Gewinnausschüttung ist dieses Tatbestandsmerkmal auch bei der verdeckten Einlage anhand des Fremdvergleiches mit Hilfe des Maßstabes des Handelns

82 BMF-Schreiben v. 6.8.1981, BStBl. I 1981, 599.

83 BFH 13.9.1989 - I R 41/86, BStBl. II 1989, 1029; zur Problematik der Aktivierung der Rückgewähransprüche ferner BFH v. 23.5.1984 - I R 266/81, BFHE 141, 261 = BStBl. II 1984, 723; v. 30.1.1985 - I R 37/82, BFHE 143, 263 = BStBl. II 1985, 345.

84 BFH v. 29.4.1987 - I R 176/83, BFHE 150, 337 = BStBl. II 1987, 733.

85 Zur Kritik an der Rechtsprechung des BFH, Döllerer, Verdeckte Gewinnausschüttungen, S. 167ff.; Knobbe-Keuk, Bilanzsteuerrecht, § 19 I 3e cc; Lempenau, BB 1991, 1095ff.; Streck, KStG, § 8 Anm. 115 m.w.N.

eines ordentlichen und gewissenhaften Geschäftsleiters zu beurteilen.[86] Es ist erfüllt, wenn ein Nichtgesellschafter bei Anwendung der Sorgfalt eines ordentlichen Kaufmannes den Vermögensvorteil der Gesellschaft nicht eingeräumt hätte. Aus der Blickrichtung des Gesellschafters ist dies für den hier vorliegenden Fall zu verneinen. Da der Gesellschafter nicht ohne Gegenleistung auf seine Pensionsanwartschaft durch Erlaß der Pensionsverpflichtung verzichtet, handelt er durchaus im eigenen Interesse und nicht „pflichtwidrig“ in dem der Kapitalgesellschaft. Er erhält als Gegenleistung der Gesellschaft die Abfindungszahlung. Sofern diese der erdienten Pensionsanwartschaft des Gesellschafters gleichwertig ist, wird ein wesentliches Merkmal der verdeckten Einlage, nämlich daß ihr keine angemessene Gegenleistung der Kapitalgesellschaft gegenüberstehen darf, nicht erfüllt.

Hiernach ist festzuhalten, daß der Erlaß der Pensionsverpflichtung nicht gesellschaftsrechtlich veranlaßt ist, eine verdeckte Einlage folglich nicht vorliegt. Der Erlaß der Pensionsverpflichtung führt auf der Seite der Kapitalgesellschaft zur gewinnerhöhenden Auflösung der Pensionsrückstellung. Die damit verbundene Erhöhung des Unterschiedsbetrages im Sinne des § 4 Abs. 1 S. 1 EStG i.V.m. § 8 Abs. 1 KStG kompensiert dessen Minderung durch die Abfindung an den Gesellschafter.

Eine Minderung des Unterschiedsbetrages im Sinne des § 4 Abs. 1 S. 1 EStG i.V.m. § 8 Abs. 1 KStG könnte sich schließlich aus der Überlegung ergeben, daß die Abfindung der Gesellschaft für den Verzicht des Gesellschafters auf seine Pensionsanwartschaft möglicherweise als Verstoß gegen die Auszahlungssperre des § 30 Abs. 1 GmbHG zu beurteilen ist. Sollte dies zu bejahen sein, käme es für die steuerrechtliche Beurteilung der entgegen dem Verbot des § 30 Abs. 1 GmbHG geleisteten Abfindungszahlung darauf an, ob die Kapitalgesellschaft mit der Zahlung ihre Verpflichtung aus der Abfindungsabrede erfüllt oder ob anderenfalls die Zahlung die Zuwendung eines sonstigen Vermögensvorteiles der Gesellschaft an den Gesellschafter ist. Erfüllt die Kapitalgesellschaft zivilrechtlich mit der Zahlung ihre schuldrechtliche Verpflichtung aus der Abfindungsabrede nicht, kann die Zahlung steuerrechtlich nicht betrieblich, sondern muß gesellschaftsrechtlich veranlaßt sein. Infolgedessen wäre die Abfindung eine verdeckte Gewinnausschüttung im Sinne des § 8 Abs. 3 S. 2 KStG, da die Zahlung als Zuwendung eines sonstigen Vermögensvorteiles nicht zum

86 RFH v. 28.7.1936 - I A 83/36, RFHE 39, 303; BFH v. 19.7.1970 - I R 24/67, BFHE 98, 254 = BStBl. II 1970, 442; v. 9.3.1983 - I R 182/78, BFHE 139, 139 = BStBl. II 1983, 744; v. 26.10.1987 - GrS 2/86, BFHE 151, 523 = BStBl. II 1988, 348.

Untergang der Abfindungsverbindlichkeit und damit zu einer den Tatbestand des § 8 Abs. 3 S. 2 KStG erfüllenden, gesellschaftsrechtlich veranlaßten Vermögensminderung führte.

Anlaß für die Vermutung, die Abfindung könnte ein Verstoß gegen die Auszahlungssperre des § 30 Abs. 1 GmbHG sein, gibt die in der Literatur diskutierte Frage, was bei einer bestehenden Unterbilanz als verbotene Auszahlung von Gesellschaftsvermögen im Sinne des § 30 Abs. 1 GmbHG zu verstehen ist. Insbesondere geht es dabei um die Frage, ob die Prüfung der Zulässigkeit einer Auszahlung - ebenso wie die Prüfung, ob eine Unterbilanz vorliegt - anhand einer handelsbilanziellen Betrachtungsweise vorzunehmen ist oder ob zusätzlich eine wertende Betrachtungsweise anzulegen ist. Während der BGH für eine Beurteilung nach handelsbilanziellen Gesichtspunkten eintritt[87], nehmen im Schrifttum diejenigen Stimmen zu, die zur „Befreiung vom handelsbilanziellen Denken" aufrufen und die sich für eine Beurteilung anhand der „wahren Werte" aussprechen.[88] Danach soll es für die Anwendung des Auszahlungsverbotes nicht darauf ankommen, ob die Vermögenswerte bilanziell erfaßt sind. Vielmehr sei im Stadium der Unterbilanz jedwede Auskehr von Vermögenswerten im Sinne des § 30 Abs. 1 GmbHG verboten und dies unabhängig davon, ob diese bilanziell erfaßt sind oder nicht. Dem Auszahlungsverbot soll daher nicht nur die unter dem Zeitwert liegende Veräußerung von bilanziell erfaßten Vermögenswerten unterliegen (bspw. Aktivtausch zu Buchwerten) sondern auch die nicht bilanzierten, immateriellen Vermögenswerte sowie die Inanspruchnahme von Vermögenswerten der Gesellschaft zu unangemessen niedrigem Entgelt.[89] Begründet wird diese wertende Betrachtungsweise mit dem Sinn und Zweck der Kapitalerhaltungsgrundsätze, mit denen eine rein bilanzielle Betrachtungsweise

---

87 So der BGH, NJW 1988, 139 für den Fall, daß dem Gesellschafter unter Verstoß gegen § 30 Abs. 1 GmbHG eine von der Gesellschaft wertberichtigte Forderung abgetreten wird. Der BGH sieht eine Erstattungspflicht des Gesellschafters nur in Höhe der abgeschriebenen Forderung als gegeben an und nicht etwa in Höhe des tatsächlich vom Gesellschafter eingezogenen Betrages; vgl. hierzu auch BGHZ 81, 311, 320; BGHZ, 122, 333, 339.

88 Baumbach/Hueck, GmbHG, § 30 Rdnr. 7; Fleck, JbFAStR 1984/85, S. 554; Hachenburg/Goerdeler/ Müller, GmbHG, § 30 Rdnr. 41f.; Lutter/Hommelhoff, GmbHG, § 30 Rdnr. 26ff.; Rowedder, GmbHG, § 30 Rdnr. 10; Schön, ZHR 159 (1995), 351, 359ff.; Scholz/Westermann, GmbHG, § 30 Rdnr. 16; Stimpel, Festschrift 100 Jahre GmbH-Gesetz, S. 335, 340; Tries, Verdeckte Gewinnausschüttungen, S. 36f.

89 Baumbach/Hueck, GmbHG, § 30 Rdnr. 7; Hachenburg/Goerdeler/ Müller, GmbHG, § 30 Rdnr. 41f.; Lutter/Hommelhoff, GmbHG, § 30 Rdnr. 26ff.; Roth/Altmeppen, GmbHG, § 30 Rdnr. 43ff.; Scholz/ Westermann, GmbHG, § 30 Rdnr. 24; Tries, Verdeckte Gewinnausschüttungen, S. 36f; K.Schmidt, Gesellschaftsrecht, § 37 III 1c; Stimpel, Festschrift 100 Jahre GmbH-Gesetz, S. 335, 344f.

unvereinbar sei und zu unangemessenen Ergebnissen führen würde. Nach Tries[90] und Stimpel[91] ist der Haftungsfond, der den Gesellschaftsgläubigern zur Befriedigung ihrer Ansprüche in Höhe der Stammkapitalziffer garantiert ist, jedenfalls vor dem Zugriff durch die Gesellschafter zu schützen. Deshalb ließe es sich mit dieser Funktion des § 30 Abs. 1 GmbHG nicht vereinbaren, wenn in einem Zustand, in dem der durch das Gesellschaftsvermögen repräsentierte Haftungsfond bilanziell nicht mehr die durch die Stammkapitalziffer versprochene Höhe besitzt, das Gesellschaftsvermögen zulässigerweise noch weiter real gemindert werden könnte. Diesem hat sich Schön mit der weitergehenden Auffassung angeschlossen, daß bei bestehender Unterbilanz als verbotene Auszahlung im Sinne des § 30 Abs. 1 GmbHG generell auch die Kreditgewährung an den Gesellschafter und die Bestellung einer Kreditsicherung für den Gesellschafter durch die Gesellschaft betrachtet werden müsse.[92] Zur Begründung verweist Schön auf das Stundungsverbot als Rechtsfolge des § 30 Abs. 1 GmbHG und die hieraus gewonnene Erkenntnis, daß die rechtsgeschäftliche Gewährung einer Stundung ihrerseits den Tatbestand einer verbotenen Ausschüttung erfüllt. Die dem Stundungsverbot zugrundeliegende Teleologie, der Gläubigerschutz, verbiete die Kapitalminderung durch hinausgeschobene schuldrechtliche Ansprüche.[93]

Für die Beurteilung der Abfindungsabrede und der sich dieser anschließenden Auszahlung der Abfindung an den Gesellschafter-Angestellten kommt es hiernach entscheidend darauf an, welcher Auffassung zu folgen ist. Ist der Vorgang ausschließlich mit Blick auf dessen handelsbilanzielle Wirkung zu untersuchen,

---

90 Tries, Verdeckte Gewinnausschüttungen, S. 36f.; ebenso Hachenburg/Goerdeler/Müller, GmbHG, § 30 Rdnr. 41; siehe auch K.Schmidt, Gesellschaftsrecht, § 37 III 1b, c.

91 Stimpel, Festschrift 100 Jahre GmbH-Gesetz, S. 335, 340f.

92 Schön, ZHR 159 (1995), S. 351, 359ff.; ebenso für die Darlehensgewährung Stimpel, Festschrift 100 Jahre GmbH-Gesetz, S. 335, 347ff.; differenzierend K.Schmidt, Gesellschaftsrecht, § 37 III 1c; Scholz/Westermann, GmbHG, § 30 Rdnr. 25. Eine gegen die Regelung des § 30 Abs. 1 GmbHG verstoßende Darlehensgewährung an den Gesellschafter ist jedenfalls diejenige zu einem unangemessen niedrigen Zins, so daß die Zinsdifferenz zum angemessenen Zins als verdeckte Gewinnausschüttung angesehen werden muß. Als Auszahlung im Sinne des § 30 Abs. 1 GmbHG muß im weiteren die Darlehenshingabe seitens der Gesellschaft als solche angesehen werden, wenn im Hinblick auf die Bonität des Gesellschafters und der gewährten Sicherheiten der Anspruch auf Rückzahlung der Darlehensvaluta nicht gesichert und daher nicht vollwertig ist; vgl. hierzu Baumbach/Hueck, GmbHG, § 30 Rdnr. 16; K.Schmidt, Gesellschaftsrecht, § 37 III 1c; Roth/Altmeppen, GmbHG, § 30 Rdnr. 55.

93 Schön, ZHR 159 (1995), S. 351, 359ff.; der BGH (BGHZ 81, 311, 320f.) sieht bei Austauschgeschäften eine vollwertige Gegenleistung nur als gegeben an, wenn die Forderung gegenüber dem Gesellschafter sogleich fällig wird, nicht hingegen bei Stundung.

ist weder die vertragliche Abfindungsabrede noch die tatsächliche Auszahlung eine verbotene Auszahlung von Gesellschaftsvermögen an die Gesellschafter im Sinne des § 30 Abs. 1 GmbHG. Denn bilanziell stellt sich die Abfindungsabrede als neutraler Passivtausch dar, durch den eine langfristige, ungewisse Verbindlichkeit durch eine kurzfristige (sofort fällige), gewisse Verbindlichkeit ersetzt wird. Auch die tatsächliche Auszahlung bliebe als Aktiv-Passiv-Minderung ohne Auswirkung auf das bilanzielle Nettovermögen der Gesellschaft.

Ist dagegen für die Bestimmung einer verbotenen Auszahlung im Sinne des § 30 Abs. 1 GmbHG eine wertende Betrachtungsweise anzuwenden und ist der Norminhalt der Vorschrift vor dem Hintergrund ihrer Funktion als zentrale Gläubigerschutzbestimmung zur Erhaltung des Stammkapitals der Gesellschaft[94] weit auszulegen, um nicht nur die eindeutige bilanzielle Vermögensminderung zugunsten des Gesellschafters, sondern darüber hinaus auch jedweden Umgehungsversuch zu erfassen, der geeignet ist, eine Minderung des Gesellschaftsvermögens zum Vorteil des Gesellschafters herbeizuführen,[95] dann spricht einiges dafür, daß es sich bei der Abfindung im Zeitpunkt ihrer Vereinbarung, spätestens jedoch im Zeitpunkt ihrer Auszahlung, um eine solche im Sinne des § 30 Abs. 1 GmbHG handelt. Die vertragliche Abfindung der Pensionsanwartschaft des Gesellschafter-Angestellten bedeutet den Tausch einer langfristigen in eine kurzfristige Verbindlichkeit der Kapitalgesellschaft. Die damit einhergehende Veränderung in der Finanzierungsstruktur wirkt sich nicht nur nachteilig auf die Vermögenslage der Gesellschaft aus, sondern belastet zudem die Liquidität der Gesellschaft. Des weiteren bedeutet die Abfindungszahlung wirtschaftlich gesehen einerseits den Verlust des mit der Pensionsrückstellung verbundenen Finanzierungseffektes und andererseits den Entzug des Nutzungswertes des an die Pensionsrückstellung gebundenen Vermögens. Gewichtiger aber noch ist die Benachteiligung der Gesellschaftsgläubiger, indem durch die Abfindungsabrede eine langfristige Schuld der Gesellschaft sofort fällig gestellt wird. Verbietet die dem Stundungsverbot zugrundeliegende Teleologie des Gläubigerschutzes die Kapitalminderung durch hinausgeschobene schuldrechtliche Ansprüche, dann muß dies auch für den umgekehrten Fall, der vorgezogenen Fälligkeit schuldrechtlicher Verpflichtungen, gelten. Denn die Abfindungszahlung an den Gesellschafter bedeutet nichts anderes, als daß die durch

---

94 Dazu Fleck, Festschrift 100 Jahre GmbH-Gesetz, S. 391ff.; K.Schmidt, Gesellschaftsrecht, § 37 III; Stimpel, Festschrift 100 Jahre GmbH-Gesetz, S. 355; Ulmer, Festschrift 100 Jahre GmbH-Gesetz, S. 363ff.

95 RGZ 136, 260, 263; BGHZ 31, 258, 276; eingehend Canaris, in Festschrift Robert Fischer, S. 31ff.

die Pensionsrückstellung gebundenen Vermögenswerte nunmehr vorzeitig der Gesellschaft und damit auch deren Gläubigern als Haftungsmasse verloren gehen.

Letztlich aber könnte diese zivilrechtliche Frage für die steuerrechtliche Beurteilung der Abfindung des Gesellschafters unbeantwortet bleiben. Zivilrechtlich ist die Rechtsfolge des § 30 Abs. 1 GmbHG ein an den Geschäftsführer gerichtetes Auszahlungsverbot mit durch die Regelung des § 31 GmbHG gesetzten Folgen. Nicht gesetzlich geregelt ist in diesem Zusammenhang die Frage, welche Wirkung das Auszahlungsverbot des § 30 Abs. 1 GmbHG auf das der Leistung der Gesellschaft zugrundeliegende schuldrechtliche Verpflichtungsgeschäft und das dingliche Erfüllungsgeschäft hat. Jedoch entspricht es der heute überwiegend vertretenen Auffassung, daß beide, sowohl das Verpflichtungsgeschäft als auch das Erfüllungsgeschäft, grundsätzlich wirksam sind.[96] Eine Ausnahme wird für das Verpflichtungsgeschäft allenfalls dann angenommen, wenn die Vertragsbeteiligten der Regelung des § 30 Abs. 1 GmbHG bewußt zuwiderhandeln.[97] Die Nichtigkeit des Verpflichtungsgeschäftes soll sich in diesem Fall aus § 134 BGB ergeben. Daraus aber folgt, daß obgleich die Ablösung der Pensionsanwartschaft des Gesellschafters durch eine Abfindung eine gegen das Verbot des § 30 Abs. 1 GmbHG verstoßende Auszahlung ist, die Kapitalgesellschaft mit der Zahlung ihre schuldrechtliche Verpflichtung erfüllt.

Die hiergegen von Wassermeyer[98], in dessen Aufsatz zur Problematik eigenkapitalersetzender Darlehen gerichteten Bedenken beziehen sich auf die unter Verstoß gegen die Auszahlungssperre des § 30 Abs. 1 GmbHG vorgenommene Erfüllung der Vergütungsverpflichtung der Gesellschaft aus einem Darlehensvertrag. Die vorgetragenen Argumente sind rein bilanzrechtlicher Art und ergeben sich aus der bilanziellen Berücksichtigung der Zahlung der Vergütung. Diese bewirkt einerseits als Erfüllung der Verbindlichkeit deren Untergang und läßt andererseits den Erstattungsanspruch der Gesellschaft gemäß § 31 Abs. 1

96 BGHZ 69, 274, 280; 95, 188, 191f.; für die ganz herrschende Meinung siehe Baumbach/Hueck, GmbHG, § 30 Rdnr. 21; Hachenburg/Goerdeler/Müller, GmbHG, § 30 Rdnr. 77f.; Lutter/ Hommelhoff, GmbHG, § 30 Rdnr. 38ff.; Rowedder, GmbHG, § 30 Rdnr. 28; K.Schmidt, Gesellschaftsrecht, § 37 III 2c; Scholz/Westermann, GmbHG, § 30 Rdnr. 11f.; a.A. Canaris, in Festschrift Robert Fischer, S. 31, 33; Müller, ZIP 1996, 941, 944 die sich für die generelle Nichtigkeit des Verpflichtungsgeschäftes aussprechen.

97 BGHZ 69, 274, 280; 95, 188, 191f.; Baumbach/Hueck, GmbHG, § 30 Rdnr. 21; Hachenburg/ Goerdeler/Müller, GmbHG, § 30 Rdnr. 77f.; Roth/Altmeppen, GmbHG, § 30 Rdnr. 45; Scholz/ Westermann, GmbHG, § 30 Rdnr. 11.

98 Wassermeyer, ZGR 1992, 639, 658ff.

GmbHG entstehen. Zu recht weist Wassermeyer[99] darauf hin, daß die Zahlung nicht zugleich als Erfüllung einer Verbindlichkeit und als Minderung des Eigenkapitals verbucht werden kann. Ausgeschlossen sei auch, zunächst die Erfüllung der Verbindlichkeit und anschließend den Erstattungsanspruch als gewinnerhöhende Vermögensmehrung zu bilanzieren, da die Rückgängigmachung der erfolgsneutralen Erfüllungswirkung handelsrechtlich nicht zu einem Gewinn führen darf.

Dies alles ist richtig und bedarf der Klärung. Unmöglich aber ist, aus dieser bilanzrechtlichen Problematik die Folgerung zu ziehen, § 30 Abs. 1 GmbHG verbiete die Erfüllung der Verbindlichkeit und begründe ein gesetzliches Erfüllungsverbot im Sinne des § 134 BGB. Denn die bilanzrechtliche Beurteilung bestimmt nicht die zivil- und gesellschaftsrechtliche Rechtslage. Das Bilanzrecht bildet den zivilrechtlichen Tatbestand allenfalls ab und verdeutlicht ihn, gestaltet ihn aber nicht. Das Bilanzrecht ist insoweit „Folge"-recht des allgemeinen Zivil- und Gesellschaftsrechts.

Es ist damit festzustellen, daß die Abfindung des Gesellschafter-Angestellten für dessen Verzicht auf seine Pensionsanwartschaft keine steuerrechtliche verdeckte Gewinnausschüttung auf der Ebene der Kapitalgesellschaft im Sinne des § 8 Abs. 3 S. 2 KStG oder des § 27 Abs. 3 S. 2 KStG ist.

2. Abfindung von Versorgungsansprüchen als Entschädigung im Sinne des § 24 Nr. 1a EStG

Mit der Änderung der Vorschrift des § 34 EStG durch das Steuerentlastungsgesetz 1999/2000/2002[100] hat der Streitgegenstand, ob die Abfindungszahlung als Entschädigung im Sinne des § 24 Nr. 1a EStG anzusehen ist[101], insofern an Bedeutung verloren, als es für die Anwendung der Begünstigungsvorschrift des § 34 Abs. 1 EStG auf die Abfindung nicht mehr darauf ankommt, daß die Ab-

---

99 Wassermeyer, ZGR 1992, 639, 658ff.

100 Vom 24.3.1999, BStBl. I 1999, 304.

101 Bejahend Früchtnicht, WPg 1978, 201, 203; Gail, BB 1969, 171, 173; Glade, GmbHR 1969, 271, 276; Höfer/Kister-Kölkes, BB 1989, 1157, 1158; Meyer-Arndt, UmwStG 1969, Rdnr. 140b; Seithel, GmbHR 1971, 256, 258; ablehnend Centrale-Gutachtendienst, GmbHR 1997, 692, Dehmer, UmwG UmwStG, § 3 UmwStG Rdnr. 90; Glade/Steinfeld, Umwandlungssteuergesetz 1977, Rdnr. 714; Märkle, DStR 1995, 1001, 1008; ebenso wohl auch Sarx, StuW 1970, Sp. 481, 493; Widmann/ Mayer, Umwandlungsrecht, § 3 UmwStG Rdnr. 216f.

findung als Entschädigung im Sinne des § 24 Nr. 1a EStG qualifiziert. Mit der Neuregelung der Vorschrift des § 34 EStG ist die bisher in § 34 Abs. 1 EStG kodifizierte tarifliche Begünstigung für die in § 34 Abs. 2 EStG a.F. bestimmten außerordentlichen Einkünfte durch eine sog. Fünftelungsregelung ersetzt worden. Für deren Anwendung kommen nunmehr gemäß § 34 Abs. 2 Nr. 4 EStG auch die Vergütungen für mehrjährige Tätigkeiten in Betracht. Da die Abfindung als Surrogat für die zukünftigen Pensionsleistungen ebenso wie diese selbst Vergütung für die mehrjährige Tätigkeit des Gesellschafter-Angestellten ist, kann für die Bemessung der auf die Abfindung entfallenden Einkommensteuer die Begünstigung des § 34 Abs. 1 EStG in Anspruch genommen werden, sofern die übrigen Voraussetzungen der Norm erfüllt sind. Insofern ist der obige Streitgegenstand nur noch für diejenigen Sachverhalte relevant, in denen die Pensionsanwartschaft vor Inkrafttreten der Neuregelung durch eine Kapitalabfindung vertraglich abgelöst wurde. Dem BFH hat die Frage in dieser Fallkonstellation bislang noch nicht zur Entscheidung vorgelegen.

a) Rechtsprechung des Bundesfinanzhofs

Nach § 34 Abs. 2 Nr. 2 EStG alte wie neue Fassung kommen als außerordentliche Einkünfte Entschädigungen im Sinne des § 24 Nr. 1 in Betracht, die entweder als Ersatz für entgangene Einnahmen (Buchstabe a), für die Aufgabe oder Nichtausübung einer Tätigkeit, für die Aufgabe einer Gewinnbeteiligung oder einer Anwartschaft auf eine solche (Buchstabe b) oder als Ausgleichszahlungen an Handelsvertreter nach § 89b HGB (Buchstabe c) gewährt worden sind. Insofern liegt die Bedeutung des § 24 EStG in seiner systematischen Funktion als „Vorschaltnorm" für die Begünstigungsnorm des § 34 EStG.[102] Der Begriff der „Entschädigung", der für die Tatbestände des § 24 Nr. 1a, b und c EStG einheitlich verwendet wird, ist im Gesetz nicht definiert. Nach der ständigen Rechtsprechung des BFH setzt das Vorliegen einer Entschädigung im Sinne des § 24 Nr. 1a EStG voraus, daß sich die Verpflichtung zur Entschädigungsleistung aus einer neuen Rechts- oder Billigkeitsgrundlage ergeben muß.[103] Dieses Erfordernis beruht auf der Vorstellung, daß Zahlungen zum Zwecke der Erfüllung

102 Blümich/Stuhrmann, EStG KStG GewStG, § 24 EStG Rdnr. 1; Bordewin/Brand/Hildesheim, EStG, § 24 Rdnr. 3; Crezelius, Steuerrecht II, § 6 VIII 2; Frotscher/Zimmermann, EStG, § 24 Rdnr. 5; Herrmann/Heuer/Raupach/Horn, EStG KStG, § 24 EStG Rdnr. 10; Littmann/Bitz/Hellwig/Jacobs-Soyka, EStG, § 24 Rdnr. 4.

103 BFH v. 27.2.1991 - XI R 8/87, BFHE 164, 243 = BStBl. II 1991, 703; v. 25.8.1993 - XI R 7/93, BFHE 172, 427, BStBl. II 1994, 185; Bordewin/Brand/Hildesheim, EStG, § 24 Rdnr. 13; Frotscher/ Zimmermann, EStG, § 24 Rdnr. 13f.; Herrmann/ Heuer/ Raupach/Horn, EStG, § 24 Rdnr. 26; Littmann/Bitz/Hellwig/Jacobs-Soyka, EStG, § 24 Rdnr. 11.

von Ansprüchen aus bereits bestehenden Rechtsverhältnissen keine Entschädigungszahlungen sein können. Denn das Ereignis, welches die Entschädigung auslöst, muß sich vor dem Hintergrund des § 34 EStG als „ungewöhnlicher Vorfall" darstellen, weil anderenfalls kein Schaden ausgeglichen wird.[104] Eine Entschädigung im Sinne des § 24 Nr. 1a EStG liegt deshalb nicht vor, wenn Zahlungen im Rahmen eines vertraglichen Leistungsaustausches zur Erfüllung einer vertraglichen Verpflichtung geleistet werden.[105] Keine Entschädigung ist daher das Entgelt, welches zur Erfüllung von Ansprüchen aus fortbestehenden Arbeits- und Dienstverhältnissen für geleistete Arbeit gezahlt wird. Solche Zahlungen unterliegen den normalen Regeln über die Besteuerung des Einkommens aus nichtselbständiger Arbeit.[106] Des weiteren lag nach der älteren Rechtsprechung des BFH eine Entschädigung im Sinne des § 24 Nr. 1a EStG nur vor, wenn durch eine Entschädigungsleistung ein Schaden ausgeglichen wird, den der Steuerpflichtige durch den Verlust von Einnahmen erlitten hat und das zur Entschädigung führende Ereignis ohne oder gegen den Willen des Steuerpflichtigen eingetreten ist.[107] Mit dieser Interpretation verstand der BFH den Begriff „Entschädigung" als Synonym für den bürgerlich-rechtlichen Begriff „Schadenersatz". Hingegen sollten von der Regelung des § 24 Nr. 1b und c EStG auch solche Entschädigungszahlungen erfaßt werden, die durch Ereignisse ausgelöst werden, bei deren Eintritt der Steuerpflichtige mitgewirkt hat.[108]

Ausgehend von der Erkenntnis, daß das Merkmal „Entschädigung" für alle von § 24 Nr. 1 EStG erfaßten Vorgänge einheitlich auszulegen ist, hat der IV. Senat des BFH im Grundsatzurteil vom 20.7.1978[109] das Kriterium der „Unfreiwilligkeit" ausdrücklich aufgegeben. Unter der Prämisse eines für alle Tatbestands-

104 BFH v. 25.3.1975 - VIII R 183/73, BFHE 115, 472 = BStBl. II 1975, 634; v. 20.7.1978 - IV R 43/74, BFHE 125, 271 = BStBl. II 1979, 9; v. 9.7.1992 - XI R 5/91, BFHE 168, 338 = BStBl. II 1993, 27; Bordewin/Brand/Hildesheim, EStG, § 24 Rdnr. 13; Frotscher/Zimmermann, EStG, § 24 Rdnr. 14; Littmann/Bitz/Hellwig/Jacobs-Soyka, EStG, § 24 Rdnr. 10, 13; L.Schmidt/Seeger, EStG, § 24 Rdnr. 6.

105 BFH v. 31.7.1970 - VI R 177/68, BFHE 100, 42 = BStBl. II 1970, 784; v. 20.7.1978 - IV R 43/74, BFHE 125, 271 = BStBl. II 1979, 9; v. 20.10.1978 - VI R 107/74, BFHE 126, 408 = BStBl. II 1979, 176; erneut bestätigt durch BFH v. 14.4.1992 - VIII B 114/91, BFH/NV 1993, 165.

106 BFH v. 20.7.1978 - IV R 43/74, BFHE 125, 271 = BStBl. II 1979, 9; v. 20.10.1978 - VI R 107/74, BFHE 126, 408 = BStBl. II 1979, 176.

107 Vgl. BFH v. 17.12.1959 - IV 223/58 S, BFHE 70, 195 = BStBl. III 1960, 72; v. 2.12.1965 - IV 55/64 S, BStBl. III 1966, 91; v. 17.7.1970 - VI R 66/67, BStBl. II 1970, 683.

108 BFH v. 19.1.1976 - VI R 67/75, bfhe118, 17 = BStBl. II 1976, 286; v.2.4.1976 - VI R 67/74, BStBl. II 1976, 490.

109 BFH v. 20.7.1978 - IV R 43/74, BFHE 125, 271 = BStBl. II 1979, 9; ferner BFH v. 20.10.1978 - VI R 107/77, BFHE 126, 408, 411 = BStBl. II 1979, 176.

gruppen des § 24 Nr. 1 EStG einheitlichen Entschädigungsbegriffes stellt der BFH in seiner neueren Rechtsprechung darauf ab, ob der Steuerpflichtige einen finanziellen Schaden durch den Verlust von Einnahmen oder durch den Verlust einer Einnahmenmöglichkeit erlitten hat oder erlitten hätte, wenn er die Ersatzleistung nicht erhalten hätte.[110] Dabei soll es für die unter den Tatbestand des § 24 Nr. 1a EStG zu subsumierenden Sachverhalte auf die näheren Umstände der Herbeiführung des schadenbegründenden Ereignisses ankommen, nämlich auf wessen „Veranlassung" dieses eingetreten ist.[111] Danach darf für die Erfüllung des Tatbestandes des Buchstaben a die Abrede über die Entschädigung nicht vom Steuerpflichtigen selbst veranlaßt sein oder aber der Steuerpflichtige muß, wenn er an der Herbeiführung des schadenbegründenden Ereignisses mitgewirkt hat, unter erheblichem rechtlichen, wirtschaftlichen oder tatsächlichen Druck gehandelt haben.[112] Dagegen soll es für die unter den Tatbestand des Buchstaben b zu subsumierenden Sachverhalte unschädlich sein, wenn die Tätigkeit des Steuerpflichtigen mit dessen Willen oder dessen Zustimmung aufgegeben wird;[113] § 24 Nr. 1b EStG habe gerade solche Fälle im Auge.[114] Zur Begründung der restriktiveren Auslegung des § 24 Nr. 1a EStG stützt sich der BFH auf den Wortlaut der Vorschrift. Begrifflich könne dann nicht von „entgangenen" oder „entgehenden" Einnahmen gesprochen werden, wenn der Steuerpflichtige an dem Zustandekommen des schadenbegründenden Ereignisses freiwillig mitwirke bzw. dieses aus eigenem Antrieb herbeiführe.[115] Dieser Rechtsprechung liege zudem die Überlegung zugrunde, daß die Steuerermäßigung nach § 34 Abs. 1, Abs. 2 Nr. 2 EStG a.F. nur in den Fällen gerechtfertigt

---

110 BFH v. 20.7.1978 - IV R 43/74, BFHE 125, 271, 275 = BStBl. II 1979, 9; v. 13.2.1987 - VI R 230/83, BFHE 149, 182, 184 = BStBl. II 1987, 386.

111 BFH v. 20.7.1978 - IV R 43/74, BFHE 125, 271 = BStBl. II 1979, 9; Blümich/Stuhrmann, EStG KStG GewStG, § 24 EStG Rdnr. 19; Bordewin/Brand/Hildesheim, EStG, § 24 Rdnr. 8; Frotscher/ Zimmermann, EStG, § 24 Rdnr. 22; Herrmann/Heuer/ Raupach/Horn, EStG KStG, § 24 EStG Rdnr. 35; Offerhaus, DStZ 1981, 445, 450.

112 BFH v. 27.7.1978 - IV R 14/78, BFHE 126, 169, 172f. = BStBl. II 1979, 71, 72; v. 26.2.1988 - III R 241/84, BFHE 153, 33 = BStBl. II 1988, 615; v. 24.10.1990 - X R 161/88, BFHE 162, 329 = BStBl. II 1991, 337; Die Rechtsprechungsänderung brachte zudem die Vereinheitlichung der Begriffe der Abfindung im Sinne des § 3 Nr. 9 EStG und der der Entschädigung im Sinne von § 24 Nr. 1a EStG, dazu Offerhaus, DStZ 1981, 445, 450f.; ders., DStR 1980, 475, 479.

113 BFH v. 30.1.1991 - XI R 21/88, BFH/NV 1992, 646, 647.

114 BFH v. 8.8.1986 - VI R 28/84, BFHE 147, 370, 374 = BStBl. II 1987, 106.

115 BFH v. 2.4.1976 - VI R 67/74, BFHE 119, 141, 144 = BStBl. II 1976, 490; v. 20.7.1978 - IV R 43/74, BFHE 125, 271 = BStBl. II 1979, 9; v. 27.7.1978 - IV R 149/77, BFHE 126, 158 = BStBl. II 1979, 66; v. 27.7.1978 - IV R 14/78, BFHE 126, 169 = BStBl. II 1979, 71; v. 20.10.1978 - VI R 107/77, BFHE 126, 408 = BStBl. II 1979, 176.

sei, in denen sich der Steuerpflichtige in einer Zwangssituation befinde und sich dem zusammengeballten Zufluß der Einnahmen nicht entziehen könne.[116]

Wenn diese auf § 34 EStG a.F. gestützte Überlegung die Tragende ist, welche die restriktivere Auslegung des § 24 Nr. 1a gegenüber Nr. 1b EStG rechtfertigen soll, dann muß dem BFH vorgeworfen werden, die sich hieraus ebenfalls für § 24 Nr. 1b ergebenden Konsequenzen nicht zu ziehen. Denn die uneinheitliche Rechtsprechung des BFH wirft die Frage auf, weshalb diese teleologische Überlegung zu der für beide Tatbestände einheitlichen Vorschrift des § 34 EStG a.F. nicht dazu zwingt, auch den Tatbestand des § 24 Nr. 1b EStG nur dann als erfüllt anzusehen, wenn der Steuerpflichtige aus einer Zwangssituation heraus gehandelt hat. Oder aber es ist umgekehrt einzuwenden, wenn es für die Subsumtion unter die Vorschrift des § 24 Nr. 1b EStG nicht auf eine Zwangssituation des Steuerpflichtigen ankommt, dann wird dieses Kriterium der Teleologie des § 34 EStG a.F. nicht zu entnehmen sein und damit auch für den Tatbestand des § 24 Nr. 1a EStG keine Gültigkeit besitzen. Denn entweder kann dieses Merkmal der Regelung des § 34 Abs. 1, Abs. 2 Nr. 2 EStG a.F. entnommen werden oder eben nicht. Da § 34 Abs. 2 Nr. 2 EStG a.F. unterschiedslos auf § 24 Nr. 1a und b EStG verweist, ist eine auf § 34 EStG a.F. gestützte Differenzierung dogmatisch nicht plausibel und daher abzulehnen.

Auf der Grundlage seiner neueren Rechtsprechung zu § 24 Nr.1a EStG hat der BFH mehrmals zur Abfindung von Ansprüchen aus einer Pensionszusage Stellung genommen. Die Abfindung von Pensionsansprüchen aus einer Pensionszusage auf regelmäßig wiederkehrende Pensionsleistungen durch die Zahlung eines einmaligen Betrages ist Entschädigung im Sinne des § 24 Nr. 1a EStG i.V.m. § 34 Abs. 1 und Abs. 2 Nr. 2 EStG a.F., wenn die Zahlung der Abfindung auf einer neuen Rechtsgrundlage beruht und die Abfindungsabrede vom Arbeitgeber veranlaßt wurde oder der aus der Pensionszusage begünstigte Steuerpflichtige an dem vertraglichen Verzicht seiner Pensionsansprüche mitgewirkt hat.[117] Für letzteren Fall müsse er zusätzlich unter einem erheblichen rechtlichen, wirtschaftlichen oder tatsächlichen Druck gehandelt haben.[118] Auf die-

[116] BFH v. 24.10.1990 - X R 161/88, BFHE 162, 329, 333 = BStBl. II 1991, 337; v. 7.3.1995 - XI R 54/94, BFH/NV 95, 961, 962.

[117] BFH v. 16.4.1980 - VI R 86/77, BFHE 130, 168, 171 = BStBl. II 1980, 393.

[118] BFH v. 16.4.1980 - VI R 86/77, BFHE 130, 168, 171 = BStBl. II 1980, 393. Ist der Arbeitgeber von vornherein vertraglich berechtigt, bei Eintritt des Versorgungsfalles statt laufender Versorgungsleistungen einen einmaligen (kapitalisierten) Betrag zu zahlen und macht der Arbeitgeber hiervon Gebrauch, so beruht diese Zahlung nicht auf einer neuen Rechts- oder Billigkeitsgrundlage. Vielmehr erfolgt die Zahlung auf der ursprünglichen,

ser Grundlage hat der VI. Senat des BFH im Urteil vom 16.4.1980[119] eine Entschädigung im Sinne des § 24 Nr. 1a EStG angenommen, wenn der aus der Pensionszusage begünstigte Arbeitnehmer mit Ablauf des befristeten Arbeitsvertrages aus dem Dienstverhältnis zu seinem Arbeitgeber ausscheidet und sich des Verlangens seines Arbeitgebers, in die Kapitalisierung seines fortbestehenden Anspruches auf laufende Versorgungsleistungen einzuwilligen, praktisch nicht entziehen kann. In dem der Entscheidung zugrundeliegenden Sachverhalt sah der BFH dieses Erfordernis als erfüllt an, weil die bevorstehende Liquidation des Unternehmens ohne die Einwilligung des Arbeitnehmers in die Abfindung seiner Pensionsansprüche nicht vor dessen Ableben hätte betrieben werden können.[120]

Dagegen soll nach dem XI. Senat des BFH im Urteil vom 9.7.1992[121] keine Entschädigung im Sinne dieser Vorschrift vorliegen, wenn die vertragliche Ablösung der Pensionsanwartschaft eines Gesellschafter-Geschäftsführers einer GmbH im Hinblick auf die bevorstehende Veräußerung der GmbH-Anteile aus eigenem Antrieb des Anteilseigners herbeigeführt werde. In Ergänzung hierzu führt der gleiche Senat des BFH im Urteil vom 3.5.1995[122] aus, an einer Zwangslage fehle es auch dann, wenn der Steuerpflichtige in seiner Sphäre freiwillig eine „Ursachenkette" in Gang gesetzt habe, die ihm später keinen Entscheidungsraum mehr belasse. Einschränkend fügt der BFH hinzu, die Entwicklung der Ursachenkette müsse sich allerdings in einem „überschaubaren Rahmen" halten. Ereignisse, mit denen der Steuerpflichtige nicht rechnen konnte und die für ihn außerhalb seiner Vorstellung lagen, unterbrechen den Ursachenzusammenhang und könnten eine für die Anwendung des § 24 Nr. 1a EStG relevante Zwangslage herbeiführen. In dem der Entscheidung vom 3.5.1995[123] zugrundeliegenden Fall war das gegenüber einer GmbH pensionsberechtigte Geschäftsführerehepaar zu gleichen Teilen an einer OHG beteiligt, die ihrerseits alle Geschäftsanteile an der verpflichteten GmbH hielt. Um den beabsichtigten Verkauf der Beteiligungen zu ermöglichen, waren die Geschäftsführer auf Ver-

vertraglichen Abrede, so daß eine steuerbegünstigte Entschädigung nicht in Betracht kommt.

119 BFH v. 16.4.1980 - VI R 86/77, BFHE 130, 168, 172 = BStBl. II 1980, 393.

120 BFH v. 16.4.1980 - VI R 86/77, BFHE 130, 168, 172 = BStBl. II 1980, 393. Der Sachverhalt lag so, daß die bevorstehende Liquidation des Unternehmens ohne die Einwilligung des Arbeitnehmers in die Abfindung seiner Pensionsansprüche nicht vor dessen Ableben hätte betrieben werden können.

121 BFH v. 9.7.1992 - XI R 5/91, BFHE 168, 338, 340f. = BStBl. II 1993, 27; v. 28.7.1993 - XI R 4/93, BFH/NV 1994, 165.

122 BFH v. 7.3.1995 - XI R 54/94, BFH/NV 1995, 961, 962.

langen des Erwerbers gezwungen gewesen, ihre Pensionsanwartschaft vertraglich abzulösen. Der BFH verneinte die Anwendung des § 24 Nr. 1a EStG mit der Begründung, die Geschäftsführer hätten zwar ihre Versorgungsansprüche aufgeben müssen, um den Verkauf ihrer Geschäftsanteile zu ermöglichen, jedoch beruhe der Entschluß zum Verkauf der Anteile auf ihrer freien Entscheidung, so daß sie insoweit keiner Zwangslage ausgesetzt gewesen waren.[124]

Es ist zunächst festzustellen, daß die Rechtsprechung des BFH zu § 24 Nr. 1a EStG einzelfallorientiert und in bezug auf das Kriterium der „Unfreiwilligkeit" uneinheitlich ist. Dies wird im besonderen Maße an Entscheidungen deutlich, in denen zwar für einen anderen Sachverhalt, aber in einer durchaus vergleichbaren Situation, die Voraussetzung einer Zwangslage des Steuerpflichtigen als erfüllt angesehen wurde. Für eine solche Entscheidung steht das Urteil des III. Senats des BFH vom 26.2.1988 zur Aufwandsentschädigung eines Steuerpflichtigen, den eine Berufskammer zu ihrem ehrenamtlichen Präsidenten gewählt hatte.[125] Die Aufwandsentschädigung wurde als Entschädigung im Sinne des § 24 Nr. 1a EStG anerkannt, obwohl sich dieser als Mitglied der Berufskammer selbst zur Wahl des Präsidenten gestellt, darum bemüht und diese letztlich angenommen hatte. Eine Zwangslage des Steuerpflichtigen sei deshalb anzunehmen, weil der Vorstand die Wahl zum Präsidenten entschieden habe und der Einnahmenverlust deshalb nicht unmittelbar auf ein Handeln des Steuerpflichtigen selbst zurückzuführen sei.[126] Auf der Grundlage dieser Entscheidung hätte der XI. Senat des BFH im Urteil vom 3.5.1995[127] auch für die Ablösung der Pensionsanwartschaft von einer „unfreiwilligen" Verursachung ausgehen müssen und hätte nicht auf die durch den Steuerpflichtigen in Gang gesetzte Ursachenkette abstellen dürfen, wenn nur durch die Abfindungsabrede die Veräußerung der Anteile an der Kapitalgesellschaft zu ermöglichen war. Denn auch derjenige, der sich als Mitglied seiner Berufskammer engagiert und zur Wahl des Präsidenten stellt, wird nicht „unfreiwillig" zum Präsidenten gewählt und setzt deshalb ebenfalls eine solche „Ursachenkette" in Bewegung.

Kommt es jedoch auf eine Ursachenkette nicht an, müßte auch für den Fall der Umwandlung einer Kapitalgesellschaft in ein Einzelunternehmen der Entschluß des Alleingesellschafters zur Umwandlung unerheblich sein. Aber selbst unter

123 BFH v. 7.3.1995 - XI R 54/94, BFH/NV 1995, 961.
124 BFH v. 7.3.1995 - XI R 54/94, BFH/NV 1995, 961, 962.
125 BFH v. 26.2.1988 - III R 241/84, BFHE 153, 33 = BStBl. II 1988, 615.
126 BFH v. 26.2.1988 - III R 241/84, BFHE 153, 33 = BStBl. II 1988, 615, 616.
127 BFH v. 7.3.1995 - XI R 54/94, BFH/NV 1995, 961.

Berücksichtigung der Ursachenzusammenhänge, die schließlich zur Abfindung der Pensionsansprüche führen, wäre konsequenterweise für den Einzelfall des weiteren zu prüfen, ob der Entschluß des Gesellschafters zur Veräußerung der Gesellschaftsanteile bzw. zur Umwandlung der Gesellschaft nicht seinerseits aus einer Zwangslage des Gesellschafters heraus getroffen wurde. Hierbei wäre außerdem zu berücksichtigen, daß der Alleingesellschafter, der seine Kapitalgesellschaft in ein Einzelunternehmen umwandelt, zumindest immer einem wirtschaftlichen Druck ausgesetzt ist, der die vorherige Abfindung der Pensionsanwartschaft notwendig erscheinen läßt. Dieser liegt in der mit der Umwandlung in ein Einzelunternehmen zwingend verbundenen Auflösung der übergehenden Pensionsrückstellung und der damit ausgelösten Steuerbelastung des Steuerpflichtigen begründet. Die Umwandlung der Kapitalgesellschaft bewirkt durch die Vereinigung von Pensionsverpflichtung und Pensionsanwartschaft in der Person des Alleingesellschafters deren Erlöschen infolge Konfusion und damit das Entstehen eines Übernahmefolgegewinnes in Höhe der aufzulösenden Pensionsrückstellung. Dieser Gewinn unterliegt beim Einzelunternehmer als laufender Gewinn zusätzlich der Gewerbesteuer. In Anbetracht dieser auf den Einzelunternehmer durch die Umwandlung zukommenden und nicht unerheblichen Gewerbesteuerbelastung steht der Alleingesellschafter durchaus unter dem erheblichen wirtschaftlichen Druck, auf seine Pensionsanwartschaft gegen Zahlung einer Abfindung vor dem steuerlichen Übertragungsstichtag zu verzichten.

b) Stellungnahme

Für die Einbeziehung der vertraglich vereinbarten Pensionsabfindung in den Anwendungsbereich der Vorschrift des § 24 Nr. 1a EStG spricht der Sinn und Zweck des § 34 Abs. 1 EStG a.F. Die Vorschrift bezweckte, zumindest bis zu ihrer Änderung durch das Steuerentlastungsgesetz 1999/2000/2002[128], eine erhöhte Steuerbelastung infolge der Zusammenballung von Einnahmen, die sich bei normalem Ablauf auf mehrere Jahre verteilt hätten, durch eine Milderung der Tarifprogression für die in § 34 Abs. 2 EStG a.F. genannten Einkünfte auszugleichen.[129] Diesem lag der Gedanke zugrunde, daß im Hinblick auf das Lei-

---

128 Vom 24.3.1999, BStBl. I 1999, 304.

129 BFH v. 17.12.1959 - IV 223/58 S, BFHE 70, 195, 198 = BStBl. II 1960, 72; v. 2.9.1992 - XI R 63/89, BFH/NV 1993, 23; ebenso die Intention des Gesetzgebers zur erstmaligen Einführung einer Tarifermäßigung mit dem EStG von 1920 (Begründung zu §§ 21 bis 24 EStG 1920, Nationalversammlung 1919, Drs. 1624, S. 49ff.); ebenso die Begründung zu § 34 EStG; RStBl. 1935, 52; vgl. auch v. Bornhaupt, BB 1980, Beilage 7, S. 14ff.; Frotscher/Zimmermann, EStG, § 34 Rdnr. 1ff.; Herrmann/Heuer/Raupach/Prinz, EStG KStG,

stungsfähigkeitsprinzip eine unterschiedslose Besteuerung laufender und einmaliger, zusammengeballter Einkünfte zu einem einheitlichen, durch den Zufluß der nicht regelmäßig erzielten Einkünfte entsprechend erhöhten Steuersatz unbillig und nicht gerechtfertigt wäre. Denn die durch die außerordentlichen Einkünfte ausgelöste Progressionswirkung und entsprechend höhere Besteuerung geht nicht mit einer nachhaltigen Erhöhung der Leistungsfähigkeit des Steuerpflichtigen einher. Deshalb sollten zusammengeballte Einkünfte aus Gründen der Billigkeit durch § 34 Abs. 1 EStG a.F. einer ermäßigten Steuerbelastung unterworfen werden.[130] Dabei ist es für die Anwendung der Begünstigungsvorschrift sogar unbeachtlich, ob es im konkreten Einzelfall zu einer tatsächlichen Verschärfung durch die Zusammenballung von Einkünften kommt.[131] Voraussetzung der Reglungsanwendung ist allein, das Vorliegen einer Zusammenballung von Einkünften, die sich bei normalem Verlauf des Geschehens auf mehrere Jahre verteilt hätten.[132]

Vor diesem Hintergrund ist die Besteuerung der Abfindungszahlung, die anläßlich der bevorstehenden Umwandlung einer Kapitalgesellschaft in ein Einzelunternehmen für den Verzicht des Gesellschafter-Angestellten auf seine Pensionsanwartschaft gezahlt wird, zum halben Steuersatz gerechtfertigt. Denn die Abfindungszahlung ist die gegenwärtige Zusammenballung der anderenfalls in Zukunft regelmäßig zufließenden Pensionsleistungen und damit ebenfalls Vergütung für die mehrjährige Tätigkeit des Gesellschafter-Angestellten. Insofern ist es dogmatisch wenig plausibel, für Abfindungszahlungen zwischen solchen, die auf Veranlassung des Steuerpflichtigen hin gezahlt werden, und solchen, zu deren Vereinbarung er aufgrund erheblichem rechtlichen, wirtschaftlichen oder tatsächlichen Druckes gezwungen wurde, zu unterscheiden. In beiden Fällen kommt es zu der für außerordentliche Einkünfte nach § 34 EStG a.F. allein ausschlaggebenden Zusammenballung von Einnahmen. Deshalb ist im Hinblick auf den Sinn und Zweck der Billigkeitsregelung des § 34 EStG a.F. ein sachlicher Grund nicht ersichtlich, die von dieser Vorschrift bezweckten Milderung der

§ 34 EStG Rdnr. G4; Plückebaum/Wendt/Niemeier/ Schlierenkämper, Einkommensteuer, S. 1061f.; Tipke/ Lang, Steuerrecht, § 9 Rdnr. 750.

130 Frotscher/Zimmermann, EStG, § 34 Rdnr. 1; Herrmann/Heuer/Raupach/Schilling, EStG KStG, § 34 EStG Rdnr. 2a; Littmann/Bitz/Hellwig/Borggreve, EStG, § 34 Rdnr. 1; Offerhaus, DStZ 1981, 445, 451; Schmidt/Seeger, EStG, § 34 Rdnr. 1; Tipke/Lang, Steuerrecht, § 9 Rdnr. 750.

131 BFH v. 17.12.1982 - III R 136/79, BStBl. II 1983, 221; Bordewin/Brandt/Gänger, EStG, § 34 Rdnr. 1; Offerhaus, DStZ 1981, 445, 451.

132 BFH v. 17.12.1982 - III R 136/79, BStBl. II 1983, 221; v. 2.9.1992 -XI R 63/89, BFH/NV 1993, 23; Offerhaus, DStZ 1981, 445, 451.

tariflichen Spitzenbelastung nicht zu gewähren, wenn auf Veranlassung des Steuerpflichtigen eine Abfindung für dessen Verzicht auf seine Pensionsanwartschaft gezahlt wird.

Als Vorschaltnorm zu § 34 EStG a.F. kommt § 24 Nr. 1a EStG die Bedeutung zu, den Anwendungsbereich der Tarifbegünstigung des § 34 EStG a.F. durch Abgrenzung der tarifbegünstigten, außerordentlichen Einkünfte von ordentlichen Einkünften näher zu bestimmen. Deshalb spricht entscheidend für die Beurteilung der Abfindung einer Pensionsanwartschaft als Entschädigung im Sinne des § 24 Nr. 1a EStG, daß das Kriterium einer Zwangslage, das vom BFH für unter § 24 Nr. 1a EStG zu subsumierende Vorgänge entwickelte wurde, nicht zu rechtfertigen ist. Den Begriffen „entgangene" oder „entgehende" Einnahmen kann entgegen der Auffassung des BFH[133] nicht entnommen werden, daß der Steuerpflichtige aus einer Zwangslage heraus gehandelt haben muß.[134] Ein unvoreingenommener Leser des Gesetzes würde den Begriffen diesen Wortgehalt nicht beilegen. Durch sie wird lediglich verdeutlicht, daß der Steuerpflichtige für die Anwendung des § 24 Nr. 1a EStG nicht die ursprünglich vereinbarten Einnahmen erzielt haben darf. Insofern dienen die Begriffe allein der Unterscheidung zwischen den ursprünglichen Einnahmen und den an ihre Stelle getretenen Surrogaten. Nur für die Ersatzeinkünfte, nicht für die ursprünglichen Einkünfte, soll der Steuerpflichtige die Vergünstigung des § 34 EStG a.F. in Anspruch nehmen können, sofern diese ihrerseits nicht selbst die Voraussetzungen einer bestimmten Einkunftsart unmittelbar erfüllen. Denn dann könnte nicht mehr von außerordentlichen Einkünften im Sinne des § 34 EStG a.F. gesprochen werden. Deshalb bringen die Begriffe nicht ein spezifisches, nur für den Tatbestand des § 24 Nr. 1a EStG geltendes Erfordernis der Zwangslage zum Ausdruck, sondern dienen zum Zweck der Klarstellung der Abgrenzung von ordentlichen und außerordentlichen Einkünften. Gleiches gilt für den Begriff „Ersatz", der in tautologischer Weise den Begriff „Entschädigung" aufgreift, ohne inhaltlich über ihn hinauszugehen.[135]

Anders als die Interpretation des BFH steht die hier vorgetragene im Einklang mit dem Sinn und Zweck der Vorschrift des § 34 Abs. 1 EStG a.F. Für die Anwendung des § 34 Abs. 1 EStG a.F. kommt es namentlich allein darauf an, ob es sich bei den zu beurteilenden Einnahmen um ordentliche oder außerordentliche

133 BFH v. 2.4.1976 - VI R 67/74, BFHE 119, 141 = BStBl. II 1976, 490; v. 9.7.1992 - XI R 5/91, BFHE 168, 338 = BStBl. II 1993, 27.

134 Ebenso FG Saarland v. 13.7.1988 - 1 K 38/88, EFG 1988, 571, rkr.

135 FG Saarland v. 13.7.1988 - 1 K 38/88, EFG 1988, 571, rkr.

im Sinne des § 34 EStG a.F. handelt. Das Bestreben des BFH, den Anwendungsbereich der Tarifbegünstigung gemäß §§ 34 Abs. 1, 2 Nr. 2 EStG a.F. durch das Kriterium der „Unfreiwilligkeit" bzw. nach der neueren Rechtsprechung durch das der „Zwangslage" einzuschränken, ist weder durch den Wortlaut noch durch die Teleologie des § 34 EStG a.F. gedeckt. Sofern die übrigen Tatbestandsvoraussetzungen der §§ 24 Nr. 1a EStG, 34 EStG a.F. erfüllt sind, ist die Abfindungszahlung als Entschädigung im Sinne des § 24 Nr. 1a EStG anzusehen, für die die Tarifbegünstigung des § 34 Abs. 1 EStG a.F. für außerordentliche Einkünfte in Anspruch genommen werden kann.

G. Direktzusagen an Kapitalgesellschafter im Rahmen der Umwandlung der Kapitalgesellschaft in eine Personengesellschaft

I. Rechtsgrundlagen der Umwandlung

1. Zivilrecht

Neben der zivilrechtlich immer offenstehenden Möglichkeit der Umwandlung einer Kapitalgesellschaft in eine Personengesellschaft im Wege der Einzelrechtsnachfolge stellt das neue handelsrechtliche Umwandlungsrecht nunmehr weitere Alternativen zur Verfügung: Die Verschmelzung, im Wege der Aufnahme oder im Wege der Neugründung (§ 2 UmwG) sowie den Formwechsel (§ 190 UmwG).

Die Verschmelzung einer Kapitalgesellschaft auf eine Personengesellschaft vollzieht sich zivilrechtlich nach den Regelungen der §§ 2ff. UmwG, wobei insbesondere die Vorschriften der §§ 39 bis 59 zu beachten sind. Als übernehmende Personengesellschaften kommen gemäß der Regelung des § 3 Abs. 1 Nr. 1 UmwG nur die OHG, KG und Partnerschaftsgesellschaften, nicht dagegen die GbR, in Betracht.

Eine Kapitalgesellschaft kann unter Auflösung ohne Abwicklung im Wege der Aufnahme durch Vermögensübertragung als Ganzes auf eine bereits bestehende Personenhandelsgesellschaft (Verschmelzung durch Aufnahme) oder im Wege der Neugründung durch Vermögensübertragung als Ganzes auf eine neu gegründete Personenhandelsgesellschaft (Verschmelzung durch Neugründung) verschmolzen werden. In beiden Fällen erfolgt die Übertragung des Vermögens gegen Gewährung von Gesellschaftsrechten des übernehmenden bzw. neuen Rechtsträgers (§ 2 UmwG). Vollzogen wird die Verschmelzung durch Beschluß, Anmeldung und Eintragung in das Handelsregister (§§ 13, 16, 20 UmwG).[1] Mit der Eintragung des Verschmelzungsbeschlusses in das Handelsregister geht das Vermögen der Kapitalgesellschaft einschließlich der Schulden auf die Personengesellschaft über (§ 20 Abs. 1 Nr. 1 UmwG). Dies gilt ebenfalls für die der Kapitalgesellschaft aus einer Direktzusage an ihren Gesellschafter-Arbeitnehmer entstehende Pensionsverpflichtung, für die sie in ihrer Handelsbilanz und, sofern die Voraussetzungen des § 6a EStG erfüllt sind, in ihrer Steuerbilanz eine Pensionsrückstellung auszuweisen hat.[2] Wird der aus der Pensi-

1 Siehe hierzu oben Teil 2, E II 1.
2 Siehe hierzu Teil 1, B I.

onszusage berechtigte Anteilseigner Gesellschafter der übernehmenden Personengesellschaft, liegt zivilrechtlich, im Gegensatz zur Vermögensübertragung auf eine natürliche Person, mit dem Übergang der Pensionsverpflichtung auf die Personengesellschaft keine Konfusion vor. Die Personengesellschaft ist selbständiger Rechtsträger im Sinne der §§ 124, 161 HGB. Im Wege der Verschmelzung geht die von der Kapitalgesellschaft eingegangene Pensionsverpflichtung kraft Gesamtrechtsnachfolge auf die Personengesellschaft als solche über.[3] Dabei tritt die übernehmende Personengesellschaft in die Verpflichtung der Kapitalgesellschaft ein. Da die Rechtsbeziehungen zwischen der Personengesellschaft und deren Gesellschaftern zivilrechtlich uneingeschränkt anerkannt werden, fallen Pensionsverpflichtung und Pensionsanwartschaft nicht in einer Person zusammen. Die von der Kapitalgesellschaft zugunsten ihres Gesellschafter-Angestellten gebildete Pensionsrückstellung ist wie jede andere von der Personengesellschaft zu übernehmende Pensionsrückstellung nach dem Vermögensübergang in deren Handelsbilanz auszuweisen.[4]

Neben der zivilrechtlichen Möglichkeit der Verschmelzung steht des weiteren die des identitätswahrenden Formwechsels. Nach § 191 UmwG kann eine Kapitalgesellschaft (Abs. 1 Nr. 2 UmwG) durch identitätswahrenden Formwechsel die Rechtsform sowohl einer Personenhandelsgesellschaft (Abs. 2 Nr. 2 UmwG) wie auch die einer Gesellschaft bürgerlichen Rechts annehmen (Abs. 2 Nr. 1 UmwG). Grundsätzlich folgt der Formwechsel einer Kapitalgesellschaft in eine Personengesellschaft denselben Regeln wie der Formwechsel einer Personengesellschaft in eine Kapitalgesellschaft. Insoweit kann auf die obigen Ausführungen verwiesen werden.[5] Da die Personengesellschaft selbständiger Rechtsträger im Sinne der §§ 124, 161 HGB ist und die Rechtsbeziehungen zwischen der Personengesellschaft und deren Gesellschaftern zivilrechtlich anerkannt werden, tritt wie bei der Verschmelzung gleichfalls auch im Falle des Formwechsels keine Konfusion von Pensionsverpflichtung und Pensionsanwartschaft ein.[6] Die von der Kapitalgesellschaft in ihrer Handelsbilanz und, sofern die Voraussetzungen des § 6a EStG erfüllt sind, in ihrer Steuerbilanz ausgewiesene Pensionsrückstellung wird nach dem Vollzug des Formwechsels nunmehr von der Personengesellschaft fortgeführt.[7]

---

3 Siehe hierzu oben Teil 2, E II 1.
4 Siehe hierzu oben Teil 1, B I.
5 Siehe hierzu oben Teil 2, E II 1.
6 Siehe hierzu oben Teil 2, E II 1.
7 Siehe hierzu oben Teil 1, B I.

2. Steuerrecht

Während das zivilrechtliche Umwandlungsrecht den Formwechsel einer Kapitalgesellschaft in die Personengesellschaft ermöglicht, wird der identitätswahrende Wechsel aus einer Kapitalgesellschaftsform vom Umwandlungssteuerrecht nur für die Konstellationen nachvollzogen, in denen sich die sachenrechtliche Zuordnung des Vermögens zu einer juristischen Person nicht ändert. An dieser, dem früheren Umwandlungs- und Umwandlungssteuerrecht entsprechenden Rechtslage, ist mit der Reform des UmwStG keine Veränderung eingetreten.[8] Der damit verbundene steuerrechtliche Ausschluß des Formwechsels einer Kapitalgesellschaft in die Personengesellschaft beruht auf dem dualistischen System der Unternehmensbesteuerung.[9] Da die Kapitalgesellschaft Subjekt des Körperschaftsteuerrechts ist (§ 1 Abs. 1 Nr. 1 KStG) und mit ihrem Einkommen (§§ 7 Abs. 1 und 2, 8 Abs. 1 KStG) unmittelbar selbst der Besteuerung unterliegt, geht der handelsrechtliche Formwechsel einer Kapitalgesellschaft in die Personengesellschaft steuerlich zwingend mit dem Wechsel des Steuersubjektes einher und kann folglich nicht als identitätswahrend angesehen werden. Das Umwandlungssteuerrecht betrachtet diesen Formwechsel deshalb als fiktive steuerrechtliche Vermögensübertragung zwischen zwei Rechtsträgern. Demgemäß gelten nach § 1 Abs. 3 UmwStG für den Formwechsel einer Kapitalgesellschaft in eine Personengesellschaft im Sinne des § 190 Abs. 1 UmwG die Regelungen der §§ 14 und 18 UmwStG entsprechend. Dies bedeutet, daß die sich aus den Vorschriften der §§ 3 bis 8 und 10 UmwStG ergebenden Rechtsfolgen der Verschmelzung einer Kapitalgesellschaft auf eine Personengesellschaft für den Formwechsel entsprechend anwendbar sind (§ 14 UmwStG). Im Ergebnis sind für den Formwechsel die steuerrechtlichen Grundsätze für die Verschmelzung einer Kapitalgesellschaft auf eine Personengesellschaft entsprechend anzuwenden, so daß im weiteren auf eine gesonderte steuerrechtliche Erörterung des Formwechsels verzichtet werden kann.

Aus steuerrechtlicher Sicht werden mit dem Besteuerungskonzept der §§ 3ff. UmwStG die Rechtsfolgen der Verschmelzung einer Kapitalgesellschaft auf eine Personengesellschaft auf drei Ebenen gezogen, nämlich auf der Ebene der untergehenden Kapitalgesellschaft, der Ebene der übernehmenden Personengesellschaft und auf der Ebene der bisherigen Anteilseigner der Kapitalgesell-

8 Vgl. hierzu oben Teil 2, E I.

9 Vgl. dazu Dötsch/Eversberg/Jost/Witt, KStG, UmwStG Rdnr. 517; Haritz/Benkert/Menner, UmwStG, § 14 Rdnr. 39; Neu, Neumann, Neumayer, Handbuch GmbH-Besteuerung, Rdnr. 895; Sagasser/Bula/Brünger/Pelka, Umwandlungen, Teil T Rdnr. 1.

schaft, die entweder Mitunternehmer der Personengesellschaft werden oder im Zuge der Umwandlung ausscheiden. Nach dem Umwandlungssteuergesetz 1977 kam es mit der übertragenden Umwandlung einer Kapitalgesellschaft auf eine Personengesellschaft durch den von § 3 UmwStG 1977 angeordneten Ansatz der Wirtschaftsgüter in der steuerlichen Übertragungsbilanz mit dem Teilwert im Zeitpunkt des steuerlichen Vermögensüberganges zwingend zur Aufdeckung der stillen Reserven der untergehenden Kapitalgesellschaft. Sofern das Vermögen der übertragenden Kapitalgesellschaft Betriebsvermögen der übernehmenden Personengesellschaft wird, besteht nach der neuen Rechtslage gemäß § 3 UmwStG nunmehr das Wahlrecht, die übergehenden Wirtschaftsgüter in der steuerlichen Schlußbilanz mit dem Buchwert oder einem höheren Wert anzusetzen. Durch die Bindung des Ansatzwahlrechts an die Übertragung des Vermögens der Kapitalgesellschaft in ein Betriebsvermögen wird die spätere Besteuerung der stillen Reserven bei den Gesellschaftern der übernehmenden Personengesellschaft sichergestellt. Die Übertragung zu Buchwerten führt zum „Aufschub" der Besteuerung der stillen Reserven und, zumindest soweit es die Ebene der Gesellschaft betrifft, zur erfolgsneutralen Umwandlung, weil ein Übertragungsgewinn nicht entsteht. Wahlweise können die Wirtschaftsgüter der übertragenden Kapitalgesellschaft in ihrer steuerlichen Schlußbilanz mit einem Zwischenwert oder ihrem Teilwert angesetzt werden (§ 3 Abs. 1 UmwStG). Die Aufdeckung stiller Reserven durch den Ansatz der Wirtschaftsgüter in der steuerlichen Schlußbilanz zu einem über dem Buchwert liegenden Wert führt bei der übertragenden Kapitalgesellschaft zu einem Übertragungsgewinn[10], der, sofern er nicht mit vorhandenen Verlusten ausgeglichen werden kann[11], ungemildert der Körperschaft- und Gewerbesteuer unterliegt.[12]

Da die Personengesellschaften nicht selbst, sondern ihre Gesellschafter der Einkommen- oder Körperschaftsteuer unterliegen, werden die wesentlichen steuerrechtlichen Konsequenzen der Vermögensübertragung auf der Ebene der Ge-

---

10 Zur Vorteilhaftigkeit der Buchwertaufstockung vgl. Dötsch/Eversberg/Jost/Witt, KStG, UmwStG Rdnr. 96; Frotscher/Maas/Herrmann, KStG UmwStG, § 3 Rdnr. 17ff; Haritz/Benkert/Brinkhaus, UmwStG, § 3 Rdnr. 38ff.; Sagasser/Bula/Brünger/Pfaar, Umwandlungen, Teil L Rdnr. 79; Widmann/Mayer, Umwandlungsrecht, UmwStG 1995/Kurzkommentierung Rdnr. S 224f.

11 Nach § 4 Abs. 2. S. 2 UmwStG geht ein verbleibender Verlustabzug im Sinne des § 10d Abs. 3 S. 2 EStG nicht auf die Gesellschafter der übernehmenden Personengesellschaft über.

12 Dötsch/Eversberg/Jost/Witt, KStG, UmwStG Rdnr. 79; Frotscher/Maas/Herrmann, KStG UmwStG, § 3 Rdnr. 22; Haritz/Benkert/Brinkhaus, UmwStG, § 3 Rdnr. 2; Sagasser/Bula/Brünger/Pfaar, Umwandlungen, Teil L Rdnr. 11; Widmann/Mayer, Umwandlungsrecht, UmwStG 1995/Kurzkommentierung Rdnr. S 224.

sellschafter der übernehmenden Personengesellschaft gezogen. Gleichwohl ist die übernehmende Personengesellschaft als eigenständiges partielles Gewinnerzielungs- und Gewinnermittlungssubjekt[13] in die Einkünfteermittlung einbezogen. Dabei kommt es hinsichtlich der Gewinnermittlung entscheidend auf die steuerrechtliche Einordnung der Anteile an der übertragenden Kapitalgesellschaft an.

Nach der Vorschrift des § 4 Abs. 1 UmwStG hat die übernehmende Personengesellschaft die auf sie im Wege der Gesamtrechtsnachfolge übergehenden Wirtschaftsgüter in ihrer Eröffnungsbilanz mit dem in der steuerlichen Schlußbilanz der übertragenden Kapitalgesellschaft enthaltenen Wert zu übernehmen. Befinden sich die Anteile an der übertragenden Kapitalgesellschaft im Vermögen der übernehmenden Personengesellschaft, so ersetzen die übernommenen Wirtschaftsgüter die untergehende Beteiligung an der Kapitalgesellschaft.[14] Daraus ergibt sich ein Übernahmegewinn bzw. -verlust in Höhe der Differenz zwischen dem Wert der übernommenen Wirtschaftsgüter und dem Buchwert der untergehenden Anteile an der übertragenden Kapitalgesellschaft (§ 4 Abs. 4 S. 1 UmwStG). Insoweit ist das Übernahmeergebnis von zwei Faktoren abhängig, dem Wert des übergehenden Vermögens der Kapitalgesellschaft und dem Buchwert der Anteile an der übertragenden Kapitalgesellschaft. Wurden beispielsweise die Anteile an der übertragenden Kapitalgesellschaft mit deren Gründung angeschafft, umfaßt der Übernahmegewinn bei Buchwertfortführung die in dem übertragenen Vermögen enthaltenen offenen Reserven. Im Gegensatz zum alten Besteuerungsmodell zielt das UmwStG 1995 daher zwingend nur auf die Versteuerung der in der Kapitalgesellschaft thesaurierten Gewinne.[15] Gewerbesteuerpflichtig ist der Übernahmegewinn nicht. Denn obgleich gemäß § 18 Abs. 1 UmwStG bei Vermögensübergang auf eine Personengesellschaft die Vorschriften der §§ 3 bis 9, 14 und 16 UmwStG auch für die Ermittlung des Gewerbeertrages gelten, ist nach § 18 Abs. 2 UmwStG ein Übernahmegewinn gewerbesteuerrechtlich nicht zu erfassen.[16]

---

13 Vgl. hierzu oben Teil 1, B II 2b.

14 Durch die Wertverknüpfung werden die im Vermögen der Kapitalgesellschaft enthaltenen und im Rahmen der Umwandlung nicht realisierten stillen Reserven in das Betriebsvermögen der übernehmenden Personengesellschaft übernommen.

15 Gesetzesbegründung, Bt-Drs. 12/6885, S. 17.

16 Umstritten ist die Anwendbarkeit der Tarifbegrenzungsregelung des § 32c EStG: bejahend Dehmer, UmwG UmwStG, § 4 UmwStG Rdnr. 125; Felix, BB 1995, 749; Haritz/Benkert, UmwStG, § 4 Rdnr. 176; Streck/Posdziech, GmbHR 1995, 271, 279; a.A. BMF-Schreiben v. 25. 3.1998, BStBl. I 1998, 268, Tz. 04.42; Frotscher/Maas/Herrmann, KStG UmwStG, § 4 Rdnr.33; Schaumburg/ Rödder, UmwG, UmwStG, § 4 UmwStG

An dieser Ausgangssituation ist auch durch das Gesetz zur Senkung der Steuersätze und zur Reform der Unternehmensbesteuerung (StSenkG)[17] keine Änderung eingetreten. Die Neuregelungen des Umwandlungssteuergesetzes durch das StSenkG sind im wesentlichen geprägt durch die Änderungen des Systemwechsels vom Anrechnungs- zum Halbeinkünfteverfahren. Dabei wird wie nach bisheriger umwandlungssteuerrechtlicher Dogmatik davon ausgegangen, dass mit der Vermögensübertragung der Körperschaft die in dem übergehenden Vermögen gebundenen offenen Reserven an die Gesellschafter der aufnehmenden Personengesellschaft bzw. an die übernehmende natürliche Person ausgeschüttet werden. Insofern steht die Umwandlung aus Sicht der Kapitalgesellschaft im Prinzip einer Totalausschüttung ihrer offenen Rücklagen gleich.

Indes konnte infolge des Systemwechsels nicht die bisherige und an das Vollanrechnungsverfahren anknüpfende Besteuerungskonzeption des bisherigen UmwStG fortbestehen. Deren diesbezügliches Ziel war es, - entsprechend einer tatsächlichen Gewinnausschüttung - auch für derartige Umwandlungsfälle die Körperschaftsteuerbelastung der in der Kapitalgesellschaft thesaurierten Gewinne durch die individuelle Einkommensteuerbelastung der Anteilseigner zu ersetzen. Eine steuerliche Doppelbelastung der von der Kapitalgesellschaft erzielten Gewinne, mit Körperschaftsteuer einerseits und Einkommensteuer der Gesellschafter andererseits, wurde im Ergebnis vermieden. Durch die Systemumstellung auf das Halbeinkünfteverfahren war diese umwandlungssteuerrechtliche Notwendigkeit geradezu in ihr Gegenteil zu verkehren.

Die steuerrechtlichen Regelungen zur Verschmelzung einer Körperschaft auf eine Personengesellschaft oder eine natürliche Person gehören nach Dötsch[18] „zum Schwierigsten, was das Steuerrecht zu bieten hat". Dieses Prädikat verdienen im besonderen die Regelungen zu den Rechtsfolgen der Verschmelzung auf der Ebene der bisherigen Anteilseigner der untergehenden Kapitalgesellschaft. Grund dessen ist, daß sich der Gesetzgeber von der im Umwandlungssteuergesetz von 1977 umgesetzten technischen Konzeption, die zusätzlich auf die Besteuerung der stillen Reserven der übertragenden Kapitalgesellschaft bei den Anteilseignern ausgerichtet war, nicht gelöst hat. Nach dieser waren die

Rdnr. 37; Thiel, DB 1995, 1196, 1199; Widmann/Mayer, Umwandlungsrecht, UmwStG 1995/Kurzkommentierung Rdnr. S 257; Wochinger/Dötsch, DB 1994, Beilage 14, S. 7.

17 Das bislang nicht verkündete StSenkG beruht in seiner endgültigen Fassung auf dem Regierungsentwurf (BT.-Drs. 14/2683 und 14/3074) sowie der Beschlußempfehlung des Finanzausschusses (BT.-Drs. 14/3366), die durch die Beschlußempfehlung des Vermittlungsausschusses (BT.-Drs. 14/3760) nochmals geändert wurde.

18 Dötsch/Eversberg/Jost/Witt, KStG, UmwStG Rdnr. 7.

stillen Reserven der untergehenden Kapitalgesellschaft zwingend in ihrer steuerlichen Schlußbilanz aufzudecken (§ 3 UmwStG 1977), von dort auf die übernehmende Personengesellschaft zu übertragen und als Übernahmegewinn den Gesellschaftern zum Zwecke der Besteuerung zuzurechnen. Ziel dieser Konzeption war es, für den Fall der Umwandlung einer Kapitalgesellschaft in eine Personengesellschaft eine der Liquidationsbesteuerung des § 11 KStG äquivalente Besteuerung der stillen Reserven zu gewährleisten.[19]

Am steuerlichen Übertragungsstichtag müssen der übernehmenden Personengesellschaft nicht unbedingt alle Anteile an der übertragenden Kapitalgesellschaft gehören. Für diesen Fall sah das UmwStG 1977 in der Vorschrift des § 6 UmwStG vor, daß alle diejenigen Anteile an der übertragenden Kapitalgesellschaft, die nicht zum Betriebsvermögen der übernehmenden Personengesellschaft gehört haben, als am steuerlichen Übertragungsstichtag in das Betriebsvermögen der Personengesellschaft eingelegt galten. Dies führte dazu, daß die offenen und stillen Reserven der übertragenden Kapitalgesellschaft, soweit diese nicht auch in dem Wert der einzulegenden Anteile enthalten waren, im Übernahmegewinn der Personengesellschaft erfaßten wurden. Von dieser Technik weicht die Regelung in § 5 UmwStG für steuerverhaftete Beteiligungen nicht ab. Für Anteile an der übertragenden Kapitalgesellschaft, die vom Anteilseigner in einem Betriebsvermögen gehalten werden, fingiert § 5 Abs. 3 UmwStG zum steuerlichen Übertragungsstichtag die Buchwertübertragung in das Betriebsvermögen der übernehmenden Personengesellschaft. Ist der Anteilseigner an der übertragenden Kapitalgesellschaft im Sinne des § 17 Abs. 1 EStG beteiligt oder handelt es sich bei den Anteilen um sog. einbringungsgeborene im Sinne der §§ 20, 21 UmwStG, fingiert § 5 Abs. 2 und 4 UmwStG die Einlage auch dieser Anteile in das Betriebsvermögen der Personengesellschaft mit den Anschaffungskosten. Damit zielt die Einlagefiktion der Anteile auf die Ermittlung des den Mitunternehmern als Einkünfte aus Gewerbebetrieb zuzurechnenden Übernahmegewinnes und damit letztlich auf die Versteuerung auch der auf diese Anteilseigner entfallenden offenen Reserven, optional der stillen Reserven der übertragenden Kapitalgesellschaft. Dabei richtet sich der dem Mitunternehmer gesondert zur Versteuerung zuzurechnende Anteil am einheitlich festgestellten

19 Dötsch/Eversberg/Jost/Witt, KStG, UmwStG Rdnr. 77; Haritz/Benkert/Brinkhaus, UmwStG, § 3 Rdnr. 1; Frotscher/Maas/Herrmann, KStG UmwStG, § 3 Rdnr. 3; Sagasser/Bula/Brünger/Pfaar, Umwandlungen, Teil L Rdnr. 73.

Übernahmegewinn der Personengesellschaft (§ 15 Abs. 1 S. 1 Nr. 2 EStG) nach seiner quotalen Beteiligung an der untergehenden Kapitalgesellschaft.[20]

Dagegen richtet sich die Besteuerung für diejenigen Anteilseigner, die ihre nicht durch § 17 EStG erfaßte Beteiligung im Privatvermögen halten, nach der Vorschrift des § 7 UmwStG. Vor dem Hintergrund, daß derartige Anteile außerhalb des Anwendungsbereiches der §§ 22 Nr. 2, 23 EStG nicht der Besteuerung unterliegen, bleiben für die Ermittlung des Übernahmeergebnisses der Personengesellschaft sowohl die Anteile mangels Einlagefiktion unberücksichtigt wie auch der auf diese Anteile entfallende Wert der übergehenden Wirtschaftsgüter der übertragenden Kapitalgesellschaft (vgl. § 4 Abs. 4 S. 3 UmwStG). Dennoch sichert die Regelung des § 7 UmwStG auch für diese Anteilseigner die Besteuerungskonzeption der Totalausschüttung der übertragenden Kapitalgesellschaft, indem solchen Anteilseignern im Rahmen des Halbeinkünfteverfahrens die offenen Reserven der Kapitalgesellschaft anteilig als Einkünfte aus Kapitalvermögen i.S.d. § 20 Abs. 1 Nr. 1 EStG zugerechnet werden.[21]

---

20 Eine Aufteilung nach dem für die Gewinnverteilung der Personengesellschaft vereinbarten Gewinnverteilungsschlüssel erfolgt nicht; siehe dazu Dötsch/Eversberg/Jost/Witt, KStG, UmwStG Rdnr. 206; Sagasser/ Bula/Brünger/Pfaar, Umwandlungen, Teil L Rdnr. 110; Widmann/Mayer, Umwandlungsrecht, § 12 UmwStG 77 Rdnr. 5709; a.A. wohl Haritz/Benkert, UmwStG, § 4 Rdnr. 159: grundsätzlich nach „gesellschaftsrechtlich vereinbarten Aufteilungskriterien".

21 Schwerwiegend sind die sich aus der Besteuerungskonzeption des § 7 UmwStG ergebenden Konsequenzen für den nicht i.S.d. § 17 EStG privat beteiligten Anteilseigner, der Gesellschafter der übernehmenden Personengesellschaft wird. Während diejenigen Gesellschafter der übernehmenden Personengesellschaft, deren Anteile als zum steuerlichen Übertragungsstichtag in das Betriebsvermögen der Personengesellschaft eingelegt gelten, an der Ermittlung des Übernahmegewinnes bzw. –verlustes der Personengesellschaft unter Berücksichtigung der Anschaffungskosten ihrer Anteile teilnehmen, erfolgt seine Besteuerung gemäß § 7 UmwStG ohne die Berücksichtigung seiner Anschaffungskosten und damit der anteilig miterworbenen offenen Reserven der Kapitalgesellschaft, die ihm infolge der für ihn geltenden „Vollausschüttungsfiktion" als Einkünfte aus Kapitalvermögen zugerechnet werden. Des weiteren gilt es zu beachten, daß die stillen Reserven der Kapitalgesellschaft quasi doppelt vorhanden sind, nämlich einerseits in den Anteilen an der Kapitalgesellschaft und andererseits in dem von der Personengesellschaft übernommenen Betriebsvermögen der Kapitalgesellschaft. Da im Privatvermögen realisierte Wertsteigerungen grundsätzlich nicht einkommensteuerbar sind, unterlägen, mit Ausnahme der Besteuerung nach §§ 17, 23 EStG, die Gewinne aus der Veräußerung der Beteiligung inklusive der stillen Reserven nicht der Einkommensteuer. Demgegenüber hat der betreffende Anteilseigner im Umwandlungsfall nunmehr die im übergehenden Betriebsvermögen der Kapitalgesellschaft befindlichen stillen Reserven anteilig als Mitunternehmer der übernehmenden Personengesellschaft zu versteuern, sobald diese im Betriebsvermögen der Personengesellschaft aufgelöst werden oder der Anteil an der Personengesellschaft veräußert wird. Dies wird letztlich u.U. den wirtschaftlich nicht gewollten Effekt haben, daß die nicht i.S.d. § 17 EStG privat beteiligten Anteilseigner ihre Anteile an der über-

II. Auflösung der Pensionsrückstellung zugunsten des Gesellschafter-Angestellten?

1. Problemstellung

Geht die Pensionsverpflichtung einer Kapitalgesellschaft, für die in den Bilanzen der Kapitalgesellschaft eine Pensionsrückstellung gebildet wurde, kraft Gesamtrechtsnachfolge im Wege der Verschmelzung der Gesellschaft auf eine Personengesellschaft über oder ist infolge des Formwechsels der Kapitalgesellschaft in eine Personengesellschaft die Pensionsverpflichtung eine originär eigene der Personengesellschaft, dann stellt sich steuerrechtlich die Frage, ob der mit der Umwandlung verbundene Systemwechsel in der Besteuerung Auswirkung auf die steuerliche Behandlung einer derartigen Pensionsverpflichtung hat und bejahendenfalls, welche. Die Frage ist vor dem Hintergrund der steuerlichen Behandlung von Direktzusagen einer Personengesellschaft an ihren Gesellschafter zu sehen. Ist dieser die neue Rechtsprechung des BFH[22] zugrunde zu legen,[23] so ergibt sich daraus zunächst, daß die zukünftigen, im Zusammenhang mit der Tätigkeit des Gesellschafters im Dienst der übernehmenden Personengesellschaft stehenden Zuführungen zur Pensionsrückstellung den Gesamtgewinn der Mitunternehmerschaft nicht mindern dürfen und durch entsprechende Aktivposten in der Sonderbilanz des begünstigten oder aller Gesellschafter auszugleichen sind.

Fraglich aber bleibt hiernach das Schicksal desjenigen Teiles der im Wege der Umwandlung auf die Personengesellschaft übergehenden Pensionsverpflichtung, der auf die Zeit der Tätigkeit des Gesellschafter-Angestellten in den Diensten der übertragenden Kapitalgesellschaft entfällt und für den bislang bei der Kapitalgesellschaft eine gewinnmindernde Pensionsrückstellung gebildet wurde. Die zukünftige, steuerliche Behandlung dieser Pensionsrückstellung hängt dabei entscheidend vom Anwendungsbereich der Vorschrift des § 15 Abs. 1 S. 1 Nr. 2 EStG ab.

Vorgeschlagen wird, die übernommene Pensionsrückstellung in der Steuerbilanz der Personengesellschaft gewinnerhöhend aufzulösen.[24] Im Vordergrund dieser Auffassung steht die Prämisse der steuerrechtlichen Gleichbehandlung von Einzelunternehmer und Mitunternehmer. Ist im Falle der Verschmelzung

---

22 BFH v. 2.12.1997 - VIII R 15/96, DB 1998, 753.

23 Siehe hierzu Teil 1, B II 3 b) bb).

24 Paus, FR 1995, 533, 536.

einer Kapitalgesellschaft mit dem Vermögen ihres Alleingesellschafters infolge der eintretenden Konfusion von Pensionsverpflichtung und Pensionsanwartschaft in der Person des Gesellschafters die zu seinen Gunsten gebildete Pensionsrückstellung gewinnerhöhend aufzulösen, dann könnte aus der Gleichstellungsthese der Schluß zu ziehen sein, daß im Falle der Verschmelzung einer Kapitalgesellschaft auf eine Personengesellschaft steuerrechtlich die Fiktion einer Konfusion anzunehmen ist.

Die hierzu entgegengesetzte herrschende Ansicht spricht sich für die erfolgsneutrale Übernahme der bislang bei der Kapitalgesellschaft gebildeten Pensionsrückstellung in die Steuerbilanz der Personengesellschaft aus.[25]

2. Rechtsprechung des Bundesfinanzhofs

Ausgangspunkt der früheren, zu Zeiten der Bilanzbündeltheorie ergangenen und damit auf der dogmatischen Prämisse der Gleichstellungsthese beruhenden Rechtsprechung des BFH zu dieser Rechtsfrage war die Überlegung, daß eine Pensionszusage an einen Gesellschafter-Angestellten als eine Gewinnverteilungsabrede zu werten ist. Hiervon ausgehend stellte der IV. Senat des BFH im Urteil vom 16.2.1967[26] für den Fall der Umwandlung einer GmbH in eine KG insofern folgerichtig fest, daß mit der Umwandlung die KG zwar in den Pensionsvertrag eingetreten sei und damit ihrerseits die bestehende Pensionsverpflichtung gegenüber dem Gesellschafter übernommen habe, diese übernommene Verpflichtung aber im Zuge der Umwandlung ihren „Charakter als Fremdschuld“ verloren habe. Die der Pensionsverpflichtung zugrundeliegende Rechtsbeziehung sei einkommensteuerrechtlich nach gesellschaftlichen Gesichtspunkten zu bestimmen, wonach jede Leistung der Gesellschaft an einen Gesellschafter zu einer Zuteilung eines Vorabgewinnes an ihn werde und nicht mehr als eine den Gewinn mindernde Betriebsausgabe zu betrachten sei.[27] Stel-

---

25 BMF-Schreiben v. 15.4.1986, BStBl. I 1986, 164, Rdnr. 26; Barth, BB 1976, 1544, 1546ff.; Buyer, Änderung der Unternehmensform, Rdnr. 124; Dehmer, UmwG/UmwStG, § 3 UmwStG Rdnr. 89; Dötsch/Eversberg/Jost/Witt, KStG, UmwStG Rdnr. 140a.; Felix/Stahl, DStR 1986, Beilage zu Heft 3, C I 1b; Felix/Streck, DStR 1976, 243, 246; Gail, BB 1969, 171; Glade/Steinfeld, Umwandlungssteuergesetz 1977, Rdnr. 614; Goutier/Knopf/Tulloch/Söffing, Umwandlungsrecht, § 6 UmwStG Rdnr. 3; Haritz/Benkert/Brinkhaus, UmwStG, § 3 Rdnr. 108; Knobbe-Keuk, StuW 1978, 68, 75f.; dies, Knobbe-Keuk, Bilanzsteuerrecht, § 25 II 1a; Märkle, DStR 1995, 1001, 1007f.; Ott, Inf 95, 460, 496; Streck/Posdziech, GmbHR 1995, 271, 272; Widmann/Mayer, Umwandlungsrecht, § 8 UmwStG 77 Rdnr. 5493.

26 BFH v. 16.2.1967 - IV 364/62, BFHE 87, 531 = BStBl. III 1967, 222, 224.

27 BFH v. 16.2.1967 - IV 364/62, BFHE 87, 531 = BStBl. III 1967, 222, 224.

le sich das Fehlen einer ungewissen Verbindlichkeit aus irgendeinem Grunde heraus - hier entgegen der zivilrechtlichen Beurteilung aufgrund der Wertung der Pensionszusage als Gewinnverteilungsabrede -, sei der Ansatz einer Rückstellung dem Grunde nach unberechtigt, weshalb sie aufgelöst und der Gewinn versteuert werden müsse. [28]

Eine erste Einschränkung dieser Rechtsprechung ergab sich aus der Entscheidung des BFH zum Fall des in die Personengesellschaft eintretenden pensionsberechtigten Arbeitnehmers.[29] Der I. Senat des BFH lehnte im Urteil vom 8.1.1975[30] die Auflösung der Pensionsrückstellung ab, die für die Pensionsverpflichtung gegenüber einem Arbeitnehmer vor dessen Eintritt in die Personengesellschaft in deren Steuerbilanz gebildet worden war.[31] In Abstimmung mit dem IV. Senat hat der I. Senat des BFH in der Entscheidung vom 22.6.1977[32] die Rechtsprechung des vorstehenden Urteils auch auf den entsprechenden Vorgang der Umwandlung einer Kapitalgesellschaft in eine Personengesellschaft übertragen. Der Sachverhalt der Entscheidung betraf erneut die Umwandlung einer GmbH in eine KG, die ihrem Gesellschafter-Geschäftsführer gegenüber eine Pensionsverpflichtung eingegangen war. Keine Würdigung finden in dem Urteil die Überlegungen, den Gesellschafter einer Personengesellschaft einkommensteuerrechtlich nach Möglichkeit einem Einzelunternehmer gleichzustellen. Hingegen stellte der I. Senat in seinen entscheidenden Ausführungen auf die auch steuerrechtlich anzuerkennenden Rechtsbeziehungen zwischen der Personengesellschaft und ihrem aus der Pensionszusage begünstigten Gesellschafter ab. Die Umwandlung einer GmbH in eine KG führe einkommensteuerrechtlich nicht zum Erlöschen der Pensionsverpflichtung.[33] Zwar seien Rückstellungen für Pensionszusagen an Gesellschafter-Geschäftsführer von Personengesellschaften steuerrechtlich unzulässig und gebildete Rückstellungen aufzulösen, dieser Grundsatz aber gelte hingegen nicht für die zugunsten des Gesellschafter-Geschäftsführers einer Kapitalgesellschaft zulässigerweise gebildete Rückstellung, wenn die Kapitalgesellschaft in eine Personengesellschaft umgewandelt werde, deren Gesellschafter der frühere Gesellschafter-Geschäftsführer der Kapitalgesellschaft war.[34] Zur Begründung stützte der I. Senat seine Ent-

28 BFH v. 16.2.1967 - IV 364/62, BFHE 87, 531 = BStBl. III 1967, 222, 224.

29 Siehe hierzu Teil 2, A.

30 BFH v. 8.1.1975 - I R 142/72, BFHE 115, 37 = BStBl. II 1975, 437.

31 Ebenso die frühere Auffassung der Finanzverwaltung im BMF-Schreiben v. 20.12.1977, BStBl. I 1978, 8, Tz. 85; H 41 Abs. 8 EStH 1996.

32 BFH v. 22.6.1977 - I R 8/75, BFHE 123, 127 = BStBl. II 1977, 798.

33 BFH v. 22.6.1977 - I R 8/75, BFHE 123, 127 = BStBl. II 1977, 798, 800.

34 BFH v. 22.6.1977 - I R 8/75, BFHE 123, 127 = BStBl. II 1977, 798, 800.

scheidung auf den fehlenden Zusammenhang der Versorgungszusage mit den Einkünften des Gesellschafters im Sinne des § 15 Abs. 1 S. 1 Nr. 2 EStG. Die Anwendung des § 15 Abs. 1 S. 1 Nr. 2 EStG komme nicht in Betracht, weil die versprochenen Versorgungsleistungen keine Vergütung für eine Tätigkeit im Dienst der KG seien.[35] Vielmehr habe die auf die Personengesellschaft übergegangene Pensionsverpflichtung ihre Ursache allein in dem früheren Beschäftigungsverhältnis zur erloschenen Kapitalgesellschaft.[36] Weil die auf die Personengesellschaft übergegangene Pensionsverpflichtung auf einen Leistungsaustausch zurückginge, der weder nach zivilrechtlicher noch nach wirtschaftlicher Betrachtung als Beitrag zur Verwirklichung des Gesellschaftszweckes gewertet werden könne, sei der Grundsatz, nach dem Forderungen und Verbindlichkeiten zwischen einer Personengesellschaft und ihren Gesellschaftern einkommensteuerrechtlich unbeachtlich seien, nicht anwendbar.[37]

Die Finanzverwaltung hat sich entgegen ihrer früher vertretenen Auffassung der Rechtsprechung des BFH angeschlossen.[38]

3. Stellungnahme

Die Umwandlung einer Kapitalgesellschaft in eine Personengesellschaft ist für den Fall einer auf die Personengesellschaft übergehenden Pensionsverpflichtung gegenüber einem Gesellschafter in besonderem Maße geeignet, die mit der Gleichstellungsthese verbundene, einkommensteuerrechtliche Problematik zu verdeutlichen. Die steuerrechtliche Beurteilung des Vorganges der Übertragung der Pensionsverpflichtung auf die Personengesellschaft hängt entscheidend davon ab, ob die Gleichstellungsthese ein allgemeingültiges Prinzip für eine „sachlich zutreffende" Besteuerung des Gesellschafters darstellt. Ist der Gesellschafter der Personengesellschaft steuerrechtlich ebenso wie ein Einzelunternehmer kaufmännisch tätig und erfordert es die wirtschaftliche bzw. speziell steuerliche Betrachtungsweise, den Personengesellschafter wie einen Einzelunternehmer zu behandeln, wäre es bei konsequenter Anwendung einer so verstandenen Gleichstellungsthese zutreffend, die übertragene Pensionsrückstellung des nunmehr begünstigten Personengesellschafters, ebenso wie im Fall der Verschmelzung einer Kapitalgesellschaft mit dem Vermögen eines Einzelunternehmers, gewinnerhöhend aufzulösen. Das gleiche Ergebnis ließe sich ohne die

---

35 BFH v. 22.6.1977 - I R 8/75, BFHE 123, 127 = BStBl. II 1977, 798, 800.

36 BFH v. 22.6.1977 - I R 8/75, BFHE 123, 127 = BStBl. II 1977, 798, 800.

37 BFH v. 22.6.1977 - I R 8/75, BFHE 123, 127 = BStBl. II 1977, 798, 801.

38 BMF-Schreiben v. 15.4.1986, BStBl. I 1986, 164, Tz. 26.

Fiktion einer Konfusion erzielen, wenn entsprechend der Rechtsprechung des VIII. Senats des BFH in der Entscheidung vom 2.12.1997[39] der Ansatz der übernommenen Pensionsrückstellung in der Steuerbilanz der Personengesellschaft beibehalten würde, aber der Gesamtgewinn der Mitunternehmerschaft durch den entsprechend hohen Ansatz eines Aktivpostens in der Sonderbilanz des begünstigten Gesellschafters oder aller Gesellschafter erhöht würde.[40] Der in Höhe der aufzulösenden Pensionsrückstellung oder durch den Ansatz des Aktivpostens entstehende Gewinn wäre ein Übernahmefolgegewinn im Sinne der Vorschrift des § 6 Abs. 1 UmwStG, für den die Personengesellschaft in ihrer Steuerbilanz eine den steuerlichen Gewinn mindernde Rücklage bilden dürfte, die ihrerseits gemäß § 6 Abs. 2 UmwStG in den auf ihre Bildung folgenden drei Wirtschaftsjahren mit mindestens je einem Drittel gewinnerhöhend aufzulösen wäre. Paus[41] will in diesem Sinne verfahren. Die übertragene Pensionsrückstellung soll seines Erachtens insoweit aufzulösen sein, wie sie den Gesellschaftsanteil des begünstigten Gesellschafters wirtschaftlich belastet. Soweit die übrigen Gesellschafter durch die Pensionszusage belastet werden, sei die Rückstellung in deren Ergänzungsbilanzen fortzuführen. Dieses Ergebnis entspräche der vom RFH im Urteil vom 13.3.1940[42] zu Zeiten der Bilanzbündeltheorie vertretenen Lösung zur steuerrechtlichen Behandlung der Pensionszusage gegenüber einem Personengesellschafter.[43]

Vordergründig betrachtet könnte für diese Auffassung die Vorschrift des § 6 Abs. 3 UmwStG sprechen, wonach die Regelungen des § 6 Abs. 1 und 2 UmwStG zur Gewinnerhöhung infolge Konfusion entsprechend gelten sollen, wenn sich der Gewinn eines Gesellschafters der übernehmenden Personengesellschaft dadurch erhöht, daß eine Forderung oder Verbindlichkeit der übertragenden Kapitalgesellschaft auf die Personengesellschaft übergeht oder daß infolge des Vermögensüberganges eine Rückstellung aufzulösen ist. Einschränkend fügt Satz 2 des § 6 Abs. 3 UmwStG hinzu, daß vorheriges nur für diejenigen Gesellschafter gilt, die im Zeitpunkt der Eintragung des Umwandlungsbeschlusses in das Handelsregister an der Personengesellschaft beteiligt sind. Mit der Regelung des § 6 Abs. 3 UmwStG wird für umwandlungssteuerrechtliche Zwecke zum Ausdruck gebracht, daß, obwohl eine Konfusion nicht vorliegt, die Rechtswirkungen einer Konfusion durchaus ohne eine zivilrechtliche Konfusion ein-

---

39 BFH v. 2.12.1997 - VIII R 15/96, DB 1998, 753.

40 Vgl. dazu BFH v. 2.12.1997 - VIII R 15/96, DB 1998, 753.

41 Paus, FR 1995, 533, 536.

42 RFH v. 13.3.1940 - VI 750/39, RStBl. 1940, 474.

43 Siehe hierzu oben Teil1, B II 2a aa.

treten können. Erklärend heißt es in der Gesetzesbegründung zur Vorgängervorschrift (§ 6 Abs. 6 UmwStG 1969)[44], das Entstehen eines Übernahmefolgegewinnes ohne Konfusion beruht auf der Vorstellung, daß „derartige Schuldverhältnisse (zwischen der Personengesellschaft und ihren Gesellschaftern) für die Besteuerung des Einkommens und des Vermögens grundsätzlich nicht anerkannt“ werden, sondern die „auf die Personengesellschaft übergegangenen Forderungen (...) vielmehr als Entnahme durch den Gesellschafter und die auf die Personengesellschaft übergegangenen Verbindlichkeiten als Einlage des Gesellschafters anzusehen“ seien.

Indessen muß die Regelung des § 6 Abs. 3 UmwStG heute als tatbestandslos angesehen werden,[45] die nicht mehr als ein gesetzgeberisches Relikt aus den Zeiten der Bilanzbündeltheorie ist. Die im Gesetz und der Gesetzesbegründung zum Ausdruck gebrachte Annahme des Gesetzgebers, es könne infolge Fiktion einer Konfusion ein Gewinn entstehen, für den die Regelung des § 6 Abs. 1 und 2 UmwStG ebenfalls Anwendung finden müsse, gründete auf den Überlegungen zur Nichtanerkennung der Rechtsbeziehungen zwischen Personengesellschaft und Gesellschafter. Insofern deutet die Regelung des § 6 Abs. 3 UmwStG auf das steuerliche Verständnis der Pensionszusage gegenüber einem Gesellschafter-Angestellten als Gewinnverteilungsabrede und die Umqualifizierung der Pensionsrückstellung in Eigenkapital hin.[46] Derartige Vorstellungen sind aufgrund des neueren steuerlichen Verständnisses der Personengesellschaft und der Anerkennung der Rechtsbeziehungen zwischen Gesellschaft und Gesellschafter überholt. Damit belegt die Vorschrift zwar, daß der Gesetzgeber aufgrund der damaligen durch die Rechtsprechung des BFH statuierten Rechtslage von der Entstehung eines steuerlichen Gewinnes ausgegangen ist, für den mit der Vorschrift des § 6 Abs. 3 UmwStG ebenfalls die Möglichkeit der Bildung einer den Gewinn mindernden Rücklage geschaffen wurde. Daraus aber kann umgekehrt nicht der Schluß gezogen werden, der Gesetzgeber habe für den Fall der Vermögensübertragung die Auflösung der Forderungen und Ver-

---

44 Amtliche Begründung zu § 6 UmwStG 1969, abgedruckt in Glade/Steinfeld, Umwandlungssteuergesetz 1977, Rdnr. 590.

45 Ebenso, allerdings nicht eindeutig Haritz/Benkert, UmwStG, § 6 Rdnr. 25ff.; siehe aber auch Dötsch/ Eversberg/Jost/Witt, KStG, UmwStG Rdnr. 247; Glade/Steinfeld, Umwandlungssteuergesetz 1977, Rdnr. 617; Herrmann/Heuer/Raupach/Hübl, EStG KStG, § 8 UmwStG Rdnr. 45; Widmann/Mayer, Umwandlungsrecht, § 8 UmwStG 77 Rdnr. 5489. Siehe im Hinblick auf die Bewertung der Rückstellung hierzu auch nachfolgend Teil 2, G III 1.

46 BFH v. 16.2.1967 - IV 364/62, BFHE 87/531 = BStBl. III 1967, 222; v. 21.12.1972 - IV R 53/72, BFHE 107, 564 = BStBl. II 1973, 298; H 41 Abs. 8 EStH 1996.

bindlichkeiten aus Rechtsbeziehungen zwischen Gesellschaft und Gesellschafter angeordnet. Im Gegenteil setzt die Vorschrift des § 6 Abs. 3 UmwStG für ihre Anwendung die Auflösung der Pensionsrückstellung voraus.

Des weiteren spricht nicht für die Auflösung der von der Personengesellschaft übernommenen Pensionsrückstellungen gegenüber einem Gesellschafter-Angestellten die Gleichstellungsthese, weil es einen allgemeinen Rechtsgrundsatz der Gleichstellung von Einzelunternehmer und Mitunternehmer nicht gibt. Dies entspricht nicht nur der in der Literatur zunehmend vertretenen Meinung,[47] sondern ist spätestens seit dem Beschluß des Großen Senats vom 25.2.1991[48] auch Auffassung des BFH. Denn nicht anders lassen sich die Ausführungen des BFH verstehen, in denen es wörtlich heißt: „Der früher vertretene Satz, Zweck der Vorschrift sei es, den Mitunternehmer dem Einzelunternehmer nach Möglichkeit gleichzustellen, ist in dieser Allgemeinheit nicht aufrechtzuerhalten." Will man, entgegen der hier vertretenen Auffassung, die Gleichstellungsthese gleichwohl in dieser eingeschränkten Form annehmen, so kann sie allein auf die Vorschrift des § 15 Abs. 1 S. 1 Nr. 2 S. 1 EStG als gesetzliche Grundlage gestützt werden. Dies bedeutet aber, daß eine Gleichbehandlung von Einzelunternehmer und Mitunternehmer überhaupt nur innerhalb des Anwendungsbereichs des § 15 Abs. 1 S. 1 Nr. 2 EStG in Betracht gezogen werden kann. Sie kann deshalb allenfalls allein für diejenigen Leistungsentgelte des Gesellschafters gelten, die im Bereich der von § 15 Abs. 1 S. 1 Nr. 2 Hs. 2 EStG erfaßten Rechtsbeziehungen als gewerbliche Einkünfte des Gesellschafters zu erfassen sind. Einer darüber hinaus gehenden Gleichbehandlung jedenfalls fehlt es an einer Rechtsgrundlage. Da die von der Kapitalgesellschaft zugesagten Pensionsleistungen an den Gesellschafter-Angestellten, soweit sie auf die Tätigkeit des Gesellschafters im Dienste der Kapitalgesellschaft entfallen, Vergütung für eben diese und nicht für eine Tätigkeit im Dienste der die Pensionsverpflichtung übernehmenden Personengesellschaft sind, unterliegt die hierfür von der Kapitalgesellschaft gebildete und von der Personengesellschaft übernommene Pensionsrückstellung nicht dem Regime des § 15 Abs. 1 S. 1 Nr. 2 Hs. 2 EStG. Zutreffend gehen der

47 Kirchhof/Söhn/Reiß, EStG, § 15 Rdnr. E 49; Knobbe-Keuk, Bilanzsteuerrecht, § 9 I 2b; Söffing, Besteuerung der Mitunternehmer, S. 101; Tipke/Lang, Steuerrecht, § 9 Rdnr. 547; Woerner, JbFAStR 1977/78, S. 150, 156, 165; ders., DStZ 1980, 203, 204ff.

48 BFH v. 25.2.1991 - GrS 7/89, BFHE 163, 1, 14 = BStBl. II 1991, 691.

BFH[49] und mit ihm die herrschende Meinung in der Literatur[50] davon aus, daß die von der Personengesellschaft übernommene Pensionsrückstellung zugunsten des Gesellschafters nicht gewinnerhöhend aufzulösen, sondern fortzuführen ist. Ein der übernommenen Pensionsrückstellung entsprechender Betrag ist in der Sonderbilanz des begünstigten Gesellschafters oder aller Gesellschafter nicht zu aktivieren.

III. Auswirkungen

1. Rückstellungsansatz

Übernimmt die Personengesellschaft von der übertragenden Kapitalgesellschaft eine derartige Pensionsverpflichtung, führt dies für die in die Steuerbilanz der Personengesellschaft auszuweisende Pensionsrückstellung zu einer Zweiteilung; in den Teil des ratierlich erdienten Anspruches des Gesellschafters, der auf die Zeit seines Beschäftigungsverhältnisses zur Kapitalgesellschaft entfällt, und in denjenigen Teil, der nach dem steuerlichen Übertragungsstichtag nunmehr von dem Berechtigen als Gegenleistung für seine Tätigkeit im Dienste der übernehmenden Personengesellschaft in seiner Stellung als Mitunternehmer-Angestellter erdient wird. Bezüglich der von der Kapitalgesellschaft übernommenen Pensionsrückstellung für die bis zum steuerlichen Übertragungsstichtag erdienten Pensionsansprüche des Gesellschafter-Angestellten wird in der Literatur auch von einer „Einfrierung" der Pensionsrückstellung bei der Personengesellschaft gesprochen.[51] Im Hinblick auf die frühere Rechtsprechung des BFH zur steuerlichen Behandlung der Pensionsverpflichtung gegenüber dem Gesellschafter war hierunter zu verstehen, daß zukünftige Rückstellungszuführungen, soweit sie im Zusammenhang mit einer unter die Regelung des § 15 Abs. 1 S. 1 Nr. 2 Hs. 2 EStG fallenden Tätigkeit des Gesellschafters stehen,

---

49 BFH v. 22.6.1977 - I R 8/75, BFHE 123, 127 = BStBl. II 1977, 798.

50 BMF-Schreiben v. 15.4.1986, BStBl. I 1986, 164, Rdnr. 26; Barth, BB 1976, 1544, 1546ff.; Buyer, Änderung der Unternehmensform, Rdnr. 124; Dehmer, UmwG/UmwStG, § 3 UmwStG Rdnr. 89; Dötsch/Eversberg/Jost/Witt, KStG, UmwStG Rdnr. 140a.; Felix/Stahl, DStR 1986, Beilage zu Heft 3, C I 1b; Felix/Streck, DStR 1976, 243, 246; Gail, BB 1969, 171; Glade/Steinfeld, Umwandlungssteuergesetz 1977, Rdnr. 614; Goutier/Knopf/Tulloch/Söffing, Umwandlungsrecht, § 6 UmwStG Rdnr. 3; Haritz/Benkert/Brinkhaus, UmwStG, § 3 Rdnr. 108; Knobbe-Keuk, StuW 1978, 68, 75f.; dies, Knobbe-Keuk, Bilanzsteuerrecht, § 25 II 1a; Märkle, DStR 1995, 1001, 1007f.; Ott, Inf 95, 460, 496; Streck/Posdziech, GmbHR 1995, 271, 272; Widmann/Mayer, Umwandlungsrecht, § 8 UmwStG 77 Rdnr. 5493.

51 Barth, DB 1976, 1544, 1549; Felix/Streck, DStR 1976, 243, 245; Märkle, DStR 1995, 1001, 1008.

steuerlich nicht mehr mit gewinnmindernder Wirkung vorgenommen werden durften. Mit der Rechtsprechung des BFH vom 2.12.1997[52] ist insofern eine Änderung der Rechtslage eingetreten, als nunmehr derartige Zuführungen durch einen gleich hohen Aktivposten in der Sonderbilanz des begünstigten Gesellschafters oder aller Gesellschafter ausgeglichen werden müssen.

Fraglich ist in diesem Zusammenhang die nahezu einhellig in der Literatur vertretene Auffassung, nach der die übernommene Pensionsrückstellung, sofern der Versorgungsfall bis zum steuerlichen Übertragungsstichtag noch nicht eingetreten ist, dem Grunde nach in der Steuerbilanz der Personengesellschaft anzusetzen, aber von diesem Stichtag an so zu behandeln ist, wie die Pensionsrückstellung eines aus dem Unternehmen ausgeschiedenen Arbeitnehmers, der seine Pensionsanwartschaft, beispielsweise wegen Unverfallbarkeit, nicht verliert.[53] Insofern wird für Zwecke der Berechnung des anzusetzenden Rückstellungsbetrages davon ausgegangen, daß das frühere Dienstverhältnis des Kapitalgesellschafters steuerrechtlich als beendet anzusehen ist und zwar insbesondere auch dann, wenn dieses zivilrechtlich durch die in die Rechtsstellung der Kapitalgesellschaft eintretende Personengesellschaft mit dem Mitunternehmer-Angestellten fortgeführt wird. Dies hieße für die Berechnung des Teilwertes der Pensionsverpflichtung, daß nicht § 6a Abs. 3 Nr. 1 EStG, sondern § 6a Abs. 3 Nr. 2 EStG anzuwenden wäre, wonach die Pensionsrückstellung mit dem Barwert der künftigen Pensionsleistungen - dem Anwartschaftsbarwert - anzusetzen ist. Für die Berechnung des Anwartschaftsbarwertes am Schluß des Wirtschaftsjahres der Umwandlung sowie jeweils am Schluß der folgenden Wirtschaftsjahre wäre, wie bei einem ausgeschiedenen Arbeitnehmer unter Beibehaltung seiner Anwartschaft, lediglich der in der Zeit der Arbeitnehmereigenschaft ratierlich erdiente Pensionsanspruch zugrunde zu legen (vgl. § 2 Abs. 1 S. 1 BetrAVG). Dies bedeutete im Ergebnis die Notwendigkeit der Neubewertung der Pensionsverpflichtung auf der Ebene der Personengesellschaft, so daß es für die übernommene Pensionsrückstellung zu einer teilweisen Auflösung bei der Personengesellschaft kommt. Denn der bislang bei der Kapitalgesellschaft für die Berechnung des Teilwertes der Pensionsverpflichtung gemäß § 6a Abs. 3 Nr. 1

---

52 BFH v. 2.12.1997 - VIII R 15/96, DB 1998, 753.

53 Ahrend/Förster/Rößler, BAV, 6. Teil Rdnr. 11; Brandenberg, JbFAStR 1996/97, S. 309, 311; BMF-Schreiben v. 15.4.1986, BStBl. I 1986, 165, Tz. 26, wo für die Berechnung der Rückstellungszuführung auf die nunmehr aufgehobenen Anweisungen für die Berechnung beim Wechsel vom Arbeitnehmer zum Mitunternehmer in Abschnitt 41 Abs. 8 EStR (H 41 Abs. 8 EStH 1996) verwiesen wurde; ebenso Buyer, Änderung der Unternehmensform, Rdnr. 124; Haritz/Benkert/Brinkhaus, UmwStG, § 3 Rdnr. 108; Widmann/Mayer, Umwandlungsrecht, § 8 UmwStG 77 Rdnr. 5495ff.

EStG zugrundegelegte volle Pensionsanspruch liegt betraglich unterhalb des Anwartschaftsbarwertes des bis zum steuerlichen Übertragungsstichtag erdienten Pensionsanspruches. Folgt man dieser Auffassung kann nicht von einer „eingefrorenen" Pensionsrückstellung gesprochen werden. Die teilweise Auflösung der Pensionsrückstellung führte bei der übernehmenden Personengesellschaft zur Entstehung eines Übernahmefolgegewinnes gemäß § 6 Abs. 3 UmwStG, für den von der Begünstigung des § 6 Abs. 1 und 2 UmwStG Gebrauch gemacht werden könnte.

Diese Auffassung ist abzulehnen. Sie gründet, ebenso wie für den entsprechenden Fall des Wechsel eines pensionsberechtigten Arbeitnehmers zum Gesellschafter-Arbeitnehmer[54], auf der Vorstellung, daß steuerrechtlich das der Pensionsvereinbarung zugrundeliegende Dienstverhältnis des Gesellschafter-Angestellten der Kapitalgesellschaft mit dem steuerlichen Übertragungsstichtag endet. Gegenteiliges ist indes der Fall. Sie wäre nur dann zu teilen, wenn die Rechtsbeziehung, in die die Personengesellschaft zivilrechtlich kraft Gesamtrechtsnachfolge eingetreten ist, zwischen Personengesellschaft und Gesellschafter steuerrechtlich nicht anzuerkennen wäre. Nur dann ließe sich deren steuerliche Beendigung erklären, soweit sie, wovon hier nicht ausgegangen werden soll, nicht zivilrechtlich zum steuerlichen Übertragungsstichtag beendet wird.

Steuerrechtlich verhält es sich jedoch seit dem Beschluß des Großen Senats des BFH vom 25.2.1991[55] so, daß allgemein-schuldrechtliche Beziehungen zwischen Personengesellschaft und Gesellschafter auf der Ebene der Gesellschaft nicht länger negiert werden dürfen. Die Annahme der Beendigung des Dienstverhältnisses ist mit dieser Beschlußlage unvereinbar. Obige Auffassung steht insofern auch nicht im Einklang mit der neueren Entscheidung des BFH vom 2.12.1997[56]. Denn der Ansatz einer Pensionsrückstellung in der Steuerbilanz der Personengesellschaft für eine der Vorschrift des § 15 Abs. 1 S. 1 Nr. 2 Hs. 2 EStG unterliegende Pensionszusage an einen Mitunternehmer bedingt steuerrechtsdogmatisch die Anerkennung der Rechtsbeziehung, aus der die Pensionsverpflichtung hervorgeht. Anderenfalls wäre die Pensionsverpflichtung in der Steuerbilanz der Personengesellschaft nicht als Pensionsrückstellung anzusetzen, weil die Nichtanerkennung der Pensionszusage über die infolgedessen nicht anzuerkennende Betriebsausgabe zur Annahme von Eigenkapital der Per-

54 Siehe hierzu Teil 2, A.

55 BFH v. 25.2.1991 - GrS 7/89, BFHE 163, 1 = BStBl. II 1991, 691.

56 BFH v. 2.12.1997 - VIII R 15/96, DB 1998, 753.

sonengesellschaft führt.[57] Insofern verstieße die teilweise Rückstellungsauflösung gegen die Regelung des § 249 Abs. 3 S. 2 HGB i.V.m. § 5 Abs. 1 S. 1 EStG.

2. Rückstellungszuführungen nach dem steuerlichen Übertragungsstichtag und vor Eintritt des Versorgungsfalles

Obige Auffassung hat darüber hinaus Wirkung auf die Berechnung der bis zum Eintritt des Versorgungsfalles vorzunehmenden Rückstellungszuführungen, soweit sie die Fortentwicklung des erdienten Anspruches des Gesellschafters betreffen, der auf die Zeit des Beschäftigungsverhältnisses zur Kapitalgesellschaft entfällt. Dieser Teil der zukünftigen Zuführungen unterliegt nicht der Regelung des § 15 Abs. 1 S. 1 Nr. 2 Hs. 2 EStG, da er als Nachwirkung der früheren Tätigkeit des Gesellschafter-Angestellten im Dienste der Kapitalgesellschaft anzusehen ist.[58] Er mindert als Betriebsausgabe der Personengesellschaft den Gesamtgewinn der Mitunternehmerschaft. Für die Berechnung wäre in Konsequenz obiger Auffassung der erdiente Teilanspruch zugrunde zu legen, so daß auch die zukünftigen Zuführungen niedriger sind als bei einer Fortentwicklung des ungekürzten Rückstellungsansatzes.

Fraglich ist des weiteren, ob eine Erhöhung der Pensionszusage nach dem steuerlichen Übertragungsstichtag lediglich den nach dem Stichtag erdienten Pensionsanspruch erhöht und damit Wirkung nur auf den Teil der Zuführungen entfaltet, die im Zusammenhang mit dem Dienstverhältnis zur Personengesellschaft stehen, oder ob der gesamte Anspruch des Pensionsberechtigten und damit auch der Teil erhöht wird, der aufgrund des Dienstverhältnisses zur übertragenden Kapitalgesellschaft erworben wurde. Anders als beim Gegenwartswertverfahren werden durch das gemäß § 6a EStG vorgeschriebene Teilwertverfahren die Erhöhungen der Pensionszusage nicht wie eine neue Zusage behandelt und somit nicht ab dem Zeitpunkt der erhöhten Zusage bis zum Eintritt des Versorgungsfalles versicherungsmathematisch gleich verteilt, sondern so behandelt, als sei

---

57 Vgl. dazu BFH v. 16.2.1967 - IV 364/62, BFHE 87/531 = BStBl. III 1967, 222; v. 21.12.1972 - IV R 53/72, BFHE 107, 564 = BStBl. II 1973, 298 zur Einordnung der Pensionszusage als Gewinnverteilungsabrede.

58 So bereits Uelner zum Fall der Pensionsrückstellung beim Wechsel vom Arbeitnehmer zum Mitunternehmer, StbJb 1975/76, S. 305, 319; Ahrend/Förster/Rößler, BAV, 6. Teil Rdnr. 10; Barth, DB 1976, 1544, 1549; Bordewin, BB 1976, 967, 972; Felix/Streck, DStR 1976, 243, 245; Früchtnicht, WPg 1978, 201, 203; Gosch, in Festschrift Widmann, S.357, 367; Knobbe-Keuk, StuW 1978, 68, 76; Raupach, FR 1976, 233, 238; Uelner, StbJb 1975/76, S. 305, 316; H 41 Abs. 8 EStH 1996.

die Erhöhung bereits bei Diensteintritt zugesagt worden. Demgemäß beträfe die Erhöhung auch den bis zum steuerlichen Übertragungsstichtag erdienten Pensionsanspruch. Dagegen ist die Finanzverwaltung für den Fall der umgekehrten Umwandlungskonstellation - der Umwandlung einer Personengesellschaft in eine Kapitalgesellschaft - der Ansicht, daß die Erhöhung nach der Einbringung allein den bei der Kapitalgesellschaft erdienten Anspruch betrifft.[59] Dies bedeutete, übertragen auf den hier vorliegenden Fall, daß die Erhöhung nach dem steuerlichen Übertragungsstichtag mit Wirkung für die Fortentwicklung des bei der Kapitalgesellschaft erworbenen Anspruches steuerlich nicht berücksichtigungsfähig wäre.[60] Der Begründung könnte die sinngemäße Anwendung der Regelung des § 2 Abs. 5 S. 1 BetrAVG dienen. Die Vorschrift bestimmt für den Pensionsanspruch des Arbeitnehmers, der vorzeitig unter Beibehalt seiner Anwartschaft ausscheidet, daß Veränderungen der Versorgungsregelung und der Bemessungsgrundlagen für die Leistung der betrieblichen Altersversorgung bei der Berechnung des fortbestehenden Anspruches außer Betracht bleiben, soweit sie nach dem Ausscheiden des Arbeitnehmers eintreten. Voraussetzung dessen wäre, entgegen der zivilrechtlichen Situation, auch hier die Annahme der steuerlichen Beendigung des Dienstverhältnisses des Gesellschafter-Angestellten zum steuerlichen Übertragungsstichtag.

Da nach hier vertretener Auffassung das Dienstverhältnis des Gesellschafter-Angestellten steuerlich nicht zum Übertragungsstichtag endet, gilt die Erhöhung für den gesamten, erdienten Pensionsanspruch und damit auch für den Teil, der bereits vor dem steuerlichen Übertragungsstichtag erdient wurde.[61] Sollten entgegen dieser Auffassung Erhöhungen nach dem steuerlichen Übertragungsstichtag lediglich als solche des nach dem Stichtag erdienten Pensionsanspruches anzusehen sein, so kann dies jedenfalls nicht für diejenigen Erhöhungen gelten, die wegen der Anpassung an eine veränderte, wirtschaftliche Lage oder aufgrund von Dynamisierungsklauseln zu berücksichtigen sind, wenn dies durch Vertrag vor dem steuerlichen Übertragungsstichtag vereinbart wurde oder durch die Regelung des § 16 BetrAVG gesetzlich vorgesehen ist.[62]

---

59 BMF v. 25.3.1998, BStBl. I 1998, 268, Tz. 20.45.

60 So Blomeyer/Otto, BetrAVG, StR F Rdnr. 226; Gosch, in Festschrift Widmann, S. 357, 368.

61 A. A. Höfer/Abt, BetrAVG-StR, St.Gr. Rdnr. 307.

62 Höfer/Abt, BetrAVG-StR, St.Gr. Rdnr. 302, 308; Knobbe-Keuk, StuW 1978, 68, 76.

3. Pensionszahlung

Für die steuerliche Behandlung der mit dem Eintritt des Versorgungsfalles zu zahlenden Pensionsleistungen gilt auf der Ebene der Personengesellschaft unabhängig davon, ob die Zahlung auf die Zeit vor oder nach dem steuerlichen Übertragungsstichtag als Entgelt für die Tätigkeit des Pensionsberechtigten entfällt, einheitlich, daß die Zahlung als Betriebsausgabe bei der Personengesellschaft abzugsfähig ist. Der eintretenden Gewinnminderung steht die Gewinnerhöhung aus der gleichzeitig als Ertrag zu verbuchenden, teilweisen Rückstellungsauflösung in Höhe der Minderung des Barwertes der laufenden Rente gegenüber.[63] Dagegen ist auf der Ebene des begünstigten Gesellschafters entsprechend der Zweiteilung des Anspruches für die Pensionszahlungen zu unterscheiden. Soweit die Pensionszahlung auf die bis zum steuerlichen Übertragungsstichtag geleisteten Dienste bei der Kapitalgesellschaft entfällt, erzielt der Pensionsberechtigte mit dem Zufluß der Pensionszahlungen Einkünfte aus nichtselbständiger Arbeit (§ 19 Abs. 1 Nr. 2 EStG).[64] Betreffen die Zahlungen die ab dem steuerlichen Übertragungsstichtag geleisteten Dienste, so bezieht der Gesellschafter Sondervergütungen im Sinne des § 15 Abs. 1 S. 1 Nr. 2 Hs. 2 EStG, denen allerdings die entsprechende, gewinnmindernde Auflösung des in der Sonderbilanz des begünstigten Gesellschafters gebildeten Aktivpostens gegenübersteht.

4. Abfindung durch die übernehmende Personengesellschaft

Verzichtet der Gesellschafter gegenüber der übernehmenden Personengesellschaft auf seinen Pensionsanspruch und findet die Personengesellschaft ihn hierfür ab, so ist der Teil der Abfindung, der auf den bei der übertragenden Kapitalgesellschaft vor dem steuerlichen Übertragungsstichtag erworbenen Anspruch entfällt, keine Vergütung im Sinne des § 15 Abs. 1 S. 1 Nr. 2 Hs. 2 EStG.[65] Der Gesellschafter bezieht Einkünfte aus nichtselbständiger Arbeit im Sinne des § 19 Abs. 1 Nr. 2 EStG. Auf der Ebene der Personengesellschaft steht der gewinnerhöhenden Rückstellungsauflösung die als Betriebsausgabe abzugsfähige Abfindungszahlung gegenüber.

---

63 Zur Methodik siehe auch oben Teil 1, B I.

64 Buyer, Änderung der Unternehmensform, Rdnr. 124; Jorde/Wetzel, BB 1996, 1246, 1248.

65 BFH v. 11.12.1980 - IV R 91/77, BFHE 132, 442 = BStBl. II 1981, 422.

IV. Sonderfall der als verdeckte Gewinnausschüttung zu beurteilenden Pensionszusage

1. Systematik der körperschaftsteuerrechtlichen Gewinnermittlung

Bestimmend für das gesellschaftsrechtliche Verhältnis zwischen der Kapitalgesellschaft und ihrem Gesellschafter ist das sog. Trennungsprinzip. Diesem auf der Rechtsfähigkeit der juristischen Person aufbauenden Prinzip[66] wurde frühzeitig auch für das Steuerrecht Rechnung getragen, indem neben der natürlichen auch die juristische Person als eigenständiges Steuersubjekt qualifiziert wurde.[67] Die durch das eigenständige Körperschaftsteuergesetz aus dem Einkommensteuerrecht herausgelöste Besteuerung der juristischen Personen begründete sich aus der Ansicht, daß die Besteuerung der juristischen Person in sachgemäßer Weise nicht ausschließlich auf der Grundlage des für physische Personen gegebenen Einkommensbegriffes erfolgen könne.[68] Dennoch haben sich bis ins gegenwärtige Steuerrecht enge Verbindungen zwischen Einkommen- und Körperschaftsteuerrecht sowohl beim Steuergegenstand wie auch dessen Ermittlung erhalten (vgl. § 8 Abs. 1 KStG).

Der Steuergegenstand Körperschaftsteuerpflichtiger ist in § 7 i.V.m. § 8 Abs. 3 KStG bestimmt: Die Körperschaftsteuer bemißt sich nach dem zu versteuernden Einkommen, das die juristische Person innerhalb des jeweiligen Kalenderjahres vor Ausschüttungen an die Gesellschafter bezogen hat. Für die nähere Definition des Einkommens und dessen Ermittlung verweist § 8 Abs. 1 KStG auf die Vorschriften des EStG und die Sondervorschriften des KStG. Die AG (§ 3 AktG i.V.m. § 6 Abs. 1 HGB), wie auch die GmbH (§ 13 Abs. 3 GmbHG i.V.m. § 6 Abs. 1 HGB), gelten kraft ihrer Rechtsform als Kaufmann im Sinne des HGB und sind als solche nach den §§ 238, 242 HGB zur Buchführung und Bilanzierung verpflichtet. Gemäß der Vorschrift des § 8 Abs. 2 KStG gelten alle ihre Einkünfte als Einkünfte aus Gewerbebetrieb, unabhängig davon, ob ein solcher tatsächlich betrieben wird. Die Vorschrift des § 2 Abs. 2 Nr. 1 EStG de-

66 Vgl. dazu Eisenhardt, Gesellschaftsrecht, § 27 II; G.Hueck, Gesellschaftsrecht, § 3 III; Kübler, Gesellschaftsrecht, § 4 IV 2; Raiser, Recht der Kapitalgesellschaften, § 3 II; Wiedemann; Gesellschaftsrecht, Bd. 1, § 4 I 2b.

67 Dies galt vor der Erzbergerschen Steuerreform von 1920 nach dem landesrechtlichen Steuerrecht nicht generell. So wurde beispielsweise durch das preußische Einkommensteuerrecht von 1891 u.a. die AG und die KGaA, nicht aber die GmbH als selbständiges Steuersubjekt erfaßt. Erst das Reichskörperschaftsteuerrecht von 1920 erstreckte die Besteuerung auch auf die GmbH.

68 Begründung EStG 1920, Drs. Deutsche Nationalversammlung 1919, 1624, S. 17.

finiert als Einkünfte aus Gewerbebetrieb den Gewinn, der für die buchführungspflichtigen Kapitalgesellschaften nach §§ 4 Abs. 1, 5 EStG durch Betriebsvermögensvergleich und wegen des für buchführungs- und bilanzierungspflichtige Gewerbetreibende geltenden Maßgeblichkeitsprinzips auf der Grundlage der Handelsbilanz zu ermitteln ist. Da das Körperschaftsteuerrecht das zivilrechtliche Trennungsprinzip und damit schuldrechtliche Austauschverträge zwischen der Kapitalgesellschaft und dem Gesellschafter grundsätzlich anerkennt, ist der Unterschiedsbetrag im Sinne des § 4 Abs. 1 S. 1 EStG durch jede als Aufwand zu buchende Leistung der Gesellschaft an den Gesellschafter aufgrund schuldrechtlicher Beziehungen gemindert.[69] Vergütungen der Gesellschafter aus Leistungsbeziehungen mit der Gesellschaft unterliegen bei der Kapitalgesellschaft weder der Körperschaftsteuer noch der Gewerbesteuer (§ 7 GewStG).

Das gewonnene Ergebnis wird durch spezielle steuerrechtliche Normen korrigiert. Hierzu zählen einkommensteuerrechtlich u.a. die Vorschriften bezüglich der Einlagen und Entnahmen. Entsprechend § 4 Abs. 1 S. 2 EStG sind Entnahmen alle Wertabgaben, die der Steuerpflichtige dem Betrieb für betriebsfremde Zwecke entnimmt. Diese der Einkommensverwendung zuzurechnenden Vorgänge dürfen den Gewinn nicht mindern.[70] Da Entnahmen das nach handelsrechtlichen Grundsätzen zu ermittelnde Betriebsvermögen der Gesellschaft und damit den Unterschiedsbetrag im Sinne des § 4 Abs. 1 S. 1 EStG gemindert haben, steuerrechtlich aber nicht mindern dürfen, ist der sich aus dem Betriebsvermögensvergleich ergebende Unterschied um eben diese Entnahmen zu erhöhen. Zwar könnte fraglich sein, ob die Einlage- und Entnahmeregelungen des EStG für Körperschaftsteuerpflichtige zur Anwendung kommen, da diese auf die Gewinnermittlung des Einzelunternehmers zugeschnitten sind. Der BFH hat indes mit Beschluß vom 26.10.1987[71] klargestellt, daß der Gewinn- und Einlagebegriff des § 4 Abs. 1 EStG auch für den Bereich der Körperschaftsteuer gilt, obgleich der Einlegende und die steuerpflichtige Kapitalgesellschaft verschiedene Rechtsträger sind. Folglich sind auch für die Kapitalgesellschaft die Vorschriften über die Einlagen und Entnahmen im Grunde zu beachten. Der hierin zum Ausdruck kommende ertragsteuerrechtliche Grundsatz, daß zwischen der Gewinnermittlung einerseits und der Gewinnverwendung andererseits zu unterscheiden ist und Formen der Gewinnverwendung ohne Einfluß auf die Ge-

69 Siehe oben Teil 1, A II.

70 Vgl. dazu Crezelius, Steuerrecht, § 8 II 5b, § 13 III ; Knobbe-Keuk, Bilanzsteuerrecht, § 8 I; Tiedtke, Einkommensteuerrecht, S. 262ff; Tipke/Lang, Steuerrecht, § 9 Rdnr. 369ff.; L.Schmidt/ Heinicke, EStG, § 4 Rdnr. 300.

winnermittlung bleiben müssen, gilt damit körperschaftsteuerrechtlich gleichermaßen wie einkommensteuerrechtlich.[72] Formen der Gewinnverwendung sind dem außerbetrieblichen Bereich zuzurechnen und deshalb nicht vom Gewinn abziehbar. Daraus folgt der im Gesetz kodifizierte Umkehrschluß, daß nur betrieblich veranlaßte Aufwendungen steuerrechtlich als Betriebsausgaben abziehbar sind (§§ 8 Abs. 1 KStG, 4 Abs. 4 EStG). Damit stellt sich die erforderliche Abgrenzung der betrieblichen von der außerbetrieblichen Sphäre als die Grundproblematik der gewerblichen Gewinnermittlung dar. Dabei gilt es bezüglich der Entnahmen zu berücksichtigen, daß die Regelung über die verdeckte Gewinnausschüttung (§ 8 Abs. 3 S. 2 KStG) als lex specialis Vorrang besitzt.[73] Steuerrechtliche Konsequenz dessen ist, daß Vermögensübertragungen zwischen Gesellschaft und Gesellschafter auf ihre Veranlassung hin zu untersuchen sind. Vermögensänderungen der Kapitalgesellschaft aufgrund schuldrechtlicher Beziehungen zwischen Gesellschaft und Gesellschafter, deren Veranlassung nicht in der werbenden Tätigkeit der Gesellschaft, sondern in dem Gesellschaftsverhältnis begründet liegt, dürfen keinen Einfluß auf die Höhe des Einkommens der Kapitalgesellschaft haben. Dabei geht es für Vermögensübertragungen in Richtung der Kapitalgesellschaft um offene und verdeckte Einlagen und bei denen in Richtung des Gesellschafters um offene und eben verdeckte Gewinnausschüttungen sowie Kapitalrückzahlungen.

Vor diesem Hintergrund wird die verdeckte Gewinnausschüttung durch den BFH seit den Urteilen vom 22.2.1989[74] in ständiger Rechtsprechung folgendermaßen definiert: „Verdeckte Gewinnausschüttung ist bei Kapitalgesellschaften eine Vermögensminderung (verhinderte Vermögensmehrung), die durch das Gesellschaftsverhältnis veranlaßt ist, sich auf die Höhe des Einkommens auswirkt und nicht im Zusammenhang mit einer offenen Ausschüttung steht".[75] Mit dieser Definition hat sich der BFH von der früher vertretenen „Einheitsdefinition" gelöst. Im Prinzip aber sind mit dieser für das Verständnis der verdeckten

---

71 BFH v. 26.10.1987 - GrS 2 /86, BFHE 151, 523 = BStBl. II 1988, 348; v. 9.7.1997 - GrS 1/94, BFHE 183, 187, 193.

72 Vgl. hierzu Crezelius, Steuerrecht II, § 13 III; Frotscher/Maas, KStG UmwStG, Anhang vGA zu § 8 Rdnr. 5ff.; Knobbe-Keuk, Bilanzsteuerrecht, § 8 I; § 16 II 2, § 19 I 1a; Tipke/Lang, Steuerrecht, § 9 Rdnr. 227ff.; § 11 Rdnr. 38.

73 BFH v. 26.10.1987 - GrS 2/86, BFHE 151, 523 = BStBl. II 1988, 348, 354ff.

74 BFH v. 22.2.1989 - I R 44/85, BFHE 156, 177, 178 = BStBl. II 1989, 475; v. 22.2.1989 - I R 9/85, BFHE 156, 428 = BStBl. II 1989, 631.

75 Eingehend zur neuen Definition Maas, StVj 1990, 42; Wassermeyer, StVj 1993, 208ff.; ders., GmbHR 1989, 298ff.; kritisch zur Aufgabe der sog. Einheitsdefinition, Streck, KStG, § 8 Anm. 65d; Herrmann/Heuer/Raupach/Wrede, EStG KStG, § 8 KStG Anm. 39.

Gewinnausschüttung nur marginale Veränderungen verbunden[76], so daß in der Literatur im Anschluß alsbald davon gesprochen wurde, daß diese für die Auslegung des § 8 Abs. 3 S. 2 KStG in der Sache „nichts Neues" bringe.[77] Dennoch ist mit dieser Definition der Verdienst des BFH verbunden, trotz einheitlichem Kern die tatbestandlichen Unterschiede der verdeckten Gewinnausschüttung nach § 8 Abs. 3 S. 2 KStG und der im Sinne des § 20 Abs. 1 Nr. 1 S. 2 EStG verdeutlicht und damit einen besseren Einblick in die Dogmatik dieses Rechtsinstitutes gegeben zu haben.[78]

Durch das Gesetz zur Senkung der Steuersätze und zur Reform der Unternehmensbesteuerung (StSenkG) ist die Problematik der verdeckten Gewinnausschüttung zwar erheblich entschärft, wenngleich aber nicht beseitigt worden. Mit der Aufgabe des körperschaftsteuerlichen Anrechnungsverfahrens durch den Systemwechsel hin zum Halbeinkünfteverfahren entfällt auf der Ebene der Körperschaft diesbezüglich allein die fortan nicht mehr zu erstellende Gliederungsrechnung des verwendbaren Eigenkapitals und mit ihr der Tatbestand der „anderen Ausschüttung" i.S.d. § 27 Abs. 3 S. 2 KStG a.F.[79] Im übrigen jedoch wird die verdeckte Gewinnausschüttung durch die Einführung des Halbeinkünfteverfahren nicht an Bedeutung verlieren. Denn obgleich die verdeckte Gewinnausschüttung infolge des Halbeinkünfteverfahrens im Vergleich der Besteuerung einer ordentlichen Gewinnausschüttung zur Besteuerung einer Leistungs-

---

76 Siehe hierzu die als sog. „Tigerfall" bekanntgewordene Problematik, Scholz, FR 1990, 350ff.; Wassermeyer, GmbHR 1989, 298, 300.

77 Döllerer, BB 1989, 1175; ders., Verdeckte Gewinnausschüttungen, S. 30; Knobbe-Keuk, Bilanzsteuerrecht, § 19 I 1; Streck, KStG, § 8 Rdnr. 65; Wassermeyer, GmbHR 1989, 298. Schon nach der bisherigen Rechtsprechung kam es auf die Vermögensminderung der Gesellschaft und nicht auf den Vermögenszufluß beim Gesellschafter an. Insofern verdeutlicht die neue Definition die mit ihr verbundene Maßgabe, § 8 Abs. 3 S. 2 KStG isoliert auf die allein zu betrachtende Kapitalgesellschaft auszulegen. Ebenfalls nicht neu war es, daß der Tatbestand des § 8 Abs. 3 S. 2 KStG erst dann erfüllt ist, wenn der Vermögensnachteil bei der Kapitalgesellschaft eingetreten ist.

78 Der unter dem Anrechnungsverfahren zusätzlich zu unterscheidende Tatbestand der „anderen Ausschüttung" im Sinne des § 27 Abs. 3 S. 2 KStG ist mit dem Systemwechsel zum Halbeinkünfteverfahren durch das StSenkG entfallen.

79 Mit der anderen Ausschüttung ist gleichsam die in Rechtsfolge herzustellende Ausschüttungsbelastung gemäß § 27 Abs. 1 KStG entfallen und damit die nachteiligen Folgen einer erheblichen Liquiditätsbelastung der Gesellschaft bei Vorliegen einer verdeckten Gewinnausschüttung und nicht ausreichend vorbelastetem verwendbarem Eigenkapital; vgl. zur erhöhten Belastung der Kapitalgesellschaft durch die Herstellung der Ausschüttungsbelastung wegen verdeckter Gewinnausschüttung und der sich daraus ergebenden Problematik Döllerer, Verdeckte Gewinnausschüttung, S. 131f.; Knobbe-Keuk, Bilanzsteuerrecht, § 19 I 3c; Pezzer, Verdeckte Gewinnausschüttung, S. 133f.; siehe auch Frotscher/Maas, KStG UmwStG, Anhang vGA zu § 8 Rdnr. 251f.

vergütung auf Gesellschafterebene zu einer geringeren Steuerlast führt, steht dieser Minderbelastung eine steuerliche Zusatzbelastung mit Körperschaftsteuer, Gewerbesteuer und Solidaritätszuschlag auf Gesellschaftsebene gegenüber, die den Vorteil auf Gesellschafterebene überkompensieren würde.[80] Verdeckte Gewinnausschüttungen werden daher nur für den Fall von keinem Interesse mehr sein, in dem der Gesellschafter mit einem hohen, persönlichen Steuersatz vor den Alternativen der Vereinbarung einer unangemessen hohen Vergütung und der Thesaurierung entsprechender Gewinne auf der Unternehmensebene steht. Die Thesaurierung wird in diesen Fällen aufgrund des moderaten Körperschaftsteuertarifs von 25% und trotz Gewerbesteuerbelastung die günstigere Alternative darstellen. Die in der Literatur geäußerten Überlegungen, die vor diese Situation gestellten beherrschenden Gesellschafter werden zukünftig geneigt sein, auf Leistungsvergütungen ihrer Gesellschaft zu verzichten und die entsprechenden Gewinne statt dessen in der Gesellschaft zu thesaurieren, erscheinen deshalb nicht unberechtigt.[81] Aber dies gilt nur eingeschränkt für die Fälle, in denen Leistungsvergütungen in Rede stehen, bei denen der Mittelabfluß auf Gesellschaftsebene und der Zufluß auf Gesellschafterebene zeitlich zusammenfällt. Insofern bilden auch hier die Pensionszusagen an Gesellschafter aufgrund der zeitlichen Inkongruenz ihrer Erfolgswirksamkeit auf Unternehmensebene und Einkommenswirksamkeit auf Gesellschafterebene die Ausnahmeerscheinung. Unangemessen hohe Pensionszusagen führen infolge der zeitlichen Inkongruenz von Aufwandswirksamkeit und Zufluß unabhängig von der persönlichen Besteuerungssituation unmittelbar zu steuerlichen Vorteilen, so daß für diesen Bereich der „Anreiz“ zur Vornahme verdeckter Gewinnausschüttungen nicht durch die Systemumstellung berührt sein wird.

Tatbestandlich sind für den Vorgang einer verdeckten Gewinnausschüttung zwei Ebenen zu unterscheiden. Die Regelung der Vorschrift des § 8 Abs. 3 S. 2 KStG betrifft die verdeckte Gewinnausschüttung im Bereich der Gewinnermittlung auf der Ebene der Kapitalgesellschaft. Dabei geht es mit der Vorschrift des § 8 Abs. 3 S. 2 KStG um die Ermittlung des gesellschaftsrechtlich unbeeinflußten Gewinnes der Gesellschaft.[82] Dessen Rechtsfolge greift, wenn

---

80 Vgl. Schiffers, GmbHR 1999, 741, 745.

81 Dötsch/Pung, DB Beilage Nr. 4/2000, S. 4; Gestaltungsüberlegungen dahingehend, wie thesaurierte Gewinne unter Vermeidung einer Nachversteuerung der Gesellschafterebene zugänglich gemacht werden können (Darlehensvereinbarungen; Veräußerungsgeschäfte; Ausgabe von sog. Gratisaktien), werden in der Literatur bereits vorgehalten, siehe Prinz, FR 1999,1265, 1272; Schön, Stbg 2000, 1, 10.

82 Eingehend zur Auslegung der Veranlassung durch das Gesellschaftsverhältnis Döllerer, Verdeckte Gewinnausschüttungen, S. 60; Dötsch/Eversberg/Jost/Witt/Achenbach, KStG,

die verdeckte Gewinnausschüttung tatbestandlich durch die Minderung des Steuerbilanzgewinnes konkretisiert ist. Auf den tatsächlichen Abfluß der Ausschüttung kommt es dabei ebenso wenig an wie auf den Zufluß des Beteiligungsertrags im Sinne des § 20 Abs. 1 Nr. 1 S. 2 EStG beim Gesellschafter.[83] Rechtsfolge der Annahme einer verdeckten Gewinnausschüttung im Sinne des § 8 Abs. 3 S. 2 KStG ist die Korrektur der Gewinnminderung durch Hinzurechnung der verdeckten Gewinnausschüttung zum Steuerbilanzgewinn der Kapitalgesellschaft. Hingegen zählt die verdeckte Gewinnausschüttung beim Gesellschafter zu dessen Einkünften aus Kapitalvermögen (§ 20 Abs. 1 Nr. 1 S. 2 EStG) grundsätzlich erst dann, wenn sie ihm tatsächlich zugeflossen ist.[84]

In Konsequenz dieser tatbestandlichen Unterschiedlichkeit fällt die Annahme einer verdeckten Gewinnausschüttung im Sinne des § 8 Abs. 3 S. 2 KStG und die eines sonstigen Bezuges des Anteilseigners im Sinne des § 20 Abs. 1 Nr. 1 S. 2 EStG nicht notwendigerweise zeitlich zusammen.[85] Zeitliche Inkongruenz tritt immer dann auf, wenn die Kapitalgesellschaft aus dem gesellschaftsrechtlich veranlaßten Rechtsgeschäft zu einer Zahlung gegenüber ihrem Gesellschafter verpflichtet ist, die Zahlung jedoch nicht im Wirtschaftsjahr der Entstehung der Verpflichtung geleistet wird und deshalb durch den Ansatz einer Verbindlichkeit in der Steuerbilanz auszuweisen ist. Die unangemessen hohe Pensionszusage an einen Gesellschafter-Angestellten verdeutlicht einen solchen Fall im besonderen Maße.[86] In Höhe des unangemessenen Teiles der Rückstellungszuführung wird der Tatbestand einer verdeckten Gewinnausschüttung im Sinne des § 8 Abs. 3 S. 2 KStG erfüllt. Die Rechtsfolge ist die Korrektur des Gewin-

§ 8 KStG Rdnr. 138ff; Frotscher/Maas, KStG UmwStG, Anhang vGA zu § 8 Rdnr. 97ff.; Lange, Verdeckte Gewinnausschüttungen, Rdnr. 22ff.

83 BFH v. 11.9.1968 - I 89/63, BFHE 93, 382 = BStBl. II 1968, 809; v. 22.2.1989 I R 44/85, BFHE 156, 177 = BStBl. II 1989, 475; vgl. auch. Döllerer, Verdeckte Gewinnausschüttungen, S. 125; ders., BB 1989, 1175, 1176; Frotscher/Maas, KStG UmwStG, Anhang vGA zu § 8 Rdnr. 24ff; Knobbe-Keuk, Bilanzsteuerrecht, § 19 I 3a; Lange, Verdeckte Gewinnausschüttungen, Rdnr. 61 Streck, KStG, § 8 Rdnr. 104; Wassermeyer, StVj 1993, S. 208, 210f.

84 Siehe dazu unten Teil 2, G IV 4c.

85 Döllerer, Verdeckte Gewinnausschüttungen, S. 133ff; Dötsch/Eversberg/Jost/Witt/Achenbach, KStG, Vor § 8 KStG Rdnr. 25ff.; Frotscher/Maas, KStG UmwStG, Anhang vGA zu § 8 Rdnr. 24ff.; Knobbe-Keuk, Bilanzsteuerrecht, § 19 I 1a; Lange, Verdeckte Gewinnausschüttungen, Rdnr. 117; Streck, KStG, § 8 Rdnr. 104f; Tipke/Lang, Steuerrecht, § 11 Rdnr. 66; Wassermeyer, DStR 1987, 484, 485.

86 Vgl. hierzu BFH v. 22.2.1989 - I R 44/85, BFHE 156, 177 = BStBl. II 1989, 475; Dötsch/Eversberg/Jost/Witt/Achenbach, KStG, Vor § 8 KStG Rdnr. 26; Frotscher/Maas, KStG UmwStG, Anhang vGA zu § 8 Rdnr. 25; Lange, Verdeckte Gewinnausschüttungen, Rdnr. 117; Streck, KStG, § 27 Rdnr. 11.

nes in Höhe des unangemessenen Teiles der Rückstellungszuführung. Solange die Pensionsleistungen von der Kapitalgesellschaft nicht tatsächlich an den Pensionsberechtigten erbracht werden, tritt ein die Besteuerung auf der Ebene des Gesellschafters auslösender Zufluß nicht ein. Da zwischen der Pensionszusage und der Auszahlung der Pension unter Umständen Jahrzehnte liegen, werden die Gewinnkorrektur auf Gesellschaftsebene und der Zufluß auf Gesellschafterebene regelmäßig zeitlich auseinanderfallen. Die zeitliche Inkongruenz kann sogar dahin führen, daß es zwar infolge einer unangemessen hohen Pensionszusage zu einer Gewinnkorrektur gemäß § 8 Abs. 3 S. 2 KStG kommt, eine Besteuerung als Einkünfte aus Kapitalvermögen auf der Ebene des Gesellschafters indes unterbleibt, da der Vermögenszufluß nicht eintritt, weil beispielsweise der Gesellschafter-Angestellte vor Eintritt des Versorgungsfalles verstirbt. Eine Abhängigkeit der Einkommenszurechnung bei der Kapitalgesellschaft infolge verdeckter Gewinnausschüttungen von Einkünften aus Kapitalvermögen auf Seiten des Anteilseigners besteht infolgedessen nicht.[87]

Wie zu zeigen sein wird, ist diese zeitliche Inkongruenz dann nicht unproblematisch, wenn die Kapitalgesellschaft innerhalb des Zeitraumes zwischen der Gewinnkorrektur nach § 8 Abs. 3 S. 2 KStG und dem Zeitpunkt des Zuflusses der Pensionsleistungen umgewandelt wird. Insofern tritt die Situation ein, daß zwar im Jahr der Gewinnminderung die Gewinnkorrektur erfolgt, es aber dann, wenn die Umwandlung vor dem tatsächlichen Abfluß der verdeckten Gewinnausschüttung vorgenommen wird, zu diesem - zumindest bei der übertragenden Kapitalgesellschaft - nicht mehr kommen kann. Konsequenz dessen ist, daß die Erfüllung der Verpflichtung nicht erfolgt und deshalb durch den Ansatz einer (ungewissen) Verbindlichkeit in der steuerlichen Übertragungsbilanz der Kapitalgesellschaft auszuweisen ist. In diesen Fällen wird in der Literatur von einer sog. nicht vollzogenen oder steckengebliebenen verdeckten Gewinnausschüttung gesprochen.[88]

2. Problematik der steuerlichen Rückwirkung des Vermögensüberganges

Hinsichtlich der steuerlichen Behandlung derartiger verdeckter Gewinnausschüttungen an Anteilseigner der übertragenden Kapitalgesellschaft ist die steuerliche Rückwirkung des Vermögensüberganges gemäß § 2 Abs. 1 UmwStG zu

---

87 BFH v. 22.2.1989 - I R 44/85, BFHE 156, 177 = BStBl. II 1989, 475; v. 9.8.1989 - I R 4/84, BStBl. II 1990, 237, 240.

88 Widmann/Mayer, Umwandlungsrecht, § 2 UmwStG Rdnr. 162.

berücksichtigen.[89] Zivilrechtlich besteht die Kapitalgesellschaft bis zur Eintragung der Umwandlung in das Handelsregister fort (§ 20 Abs. 1 Nr. 2 UmwG). Handelsrechtlich können deshalb bis zur Eintragung sowohl offene als auch verdeckte Gewinnausschüttungen an die Anteilseigner vorgenommen werden.[90] Steuerrechtlich bewirkt die in der Vorschrift des § 2 UmwStG i.V.m. § 17 Abs. 2 UmwG geregelte Rückbeziehung des steuerlichen Übertragungsstichtages, daß die Einkünfte aus dem Betrieb der übertragenden Kapitalgesellschaft bereits ab dem steuerlichen Übertragungsstichtag dem übernehmenden Rechtsträger zuzurechnen sind.[91] Steuerrechtlich ist nach § 2 Abs. 1 UmwStG das Einkommen und das Vermögen sowohl der übertragenden Kapitalgesellschaft als auch der Übernehmerin so zu ermitteln, als ob das Vermögen der Kapitalgesellschaft mit Ablauf des Übertragungsstichtages ganz oder teilweise auf die Übernehmerin übergegangen wäre. Ist die Übernehmerin eine Personengesellschaft, gilt dies für das Einkommen und das Vermögen der Gesellschafter (§ 2 Abs. 2 UmwStG). Demgemäß sind für die Ertragsbesteuerung die Einkünfte ab dem steuerlichen Übertragungsstichtag nach den für die Personengesellschaften und ihre Gesellschafter geltenden steuerlichen Bestimmungen zu ermitteln.[92] Dabei geht das UmwStG für die übertragende Kapitalgesellschaft davon aus, daß deren Vermögen mit Ablauf des steuerlichen Übertragungsstichtages auf die übernehmende Personengesellschaft übergegangen ist und damit gleichzeitig ihre Körperschaftsteuerpflicht endet.[93] Gleichzeitig mit der Beendigung der Steuerpflicht der Kapitalgesellschaft begründet die steuerrechtliche Rückwirkungsfiktion, soweit es sich bei der Umwandlung nicht um eine im Wege der Aufnahme handelt, den Beginn der Mitunternehmerschaft, obgleich die Personengesellschaft handelsrechtlich im Außenverhältnis erst ab dem Zeitpunkt der Ein-

---

89 Siehe hierzu auch Teil 2, F I 2a.

90 Dötsch/Eversberg/Jost/Witt, KStG, UmwStG Rdnr. 68; Haritz/Benkert/Slabon, UmwStG, § 2 Rdnr. 61, 67; Sagasser/Bula/Brünger/Schlösser, Umwandlungen, Teil K Rdnr. 15; Widmann/ Mayer, Umwandlungsrecht, § 2 UmwStG Rdnr. 131.

91 Blümich/Wolff, EStG KStG GewStG, § 2 UmwStG Rdnr. 12; Dehmer, UmwG UmwStG, § 2 UmwStG Rdnr. 26; Dötsch/Eversberg/Jost/Witt, KStG, UmwStG Rdnr. 63; Frotscher/Maas, KStG UmwStG, § 2 UmwStG Rdnr. 2; Herrmann/Heuer/Raupach/Hübl, EStG KStG, § 2 UmwStG Rdnr. 18; Widmann/Mayer, Umwandlungsrecht, § 2 UmwStG Rdnr. 30.

92 Blümich/Wolff, EStG KStG GewStG, § 2 UmwStG Rdnr. 12f; Herrmann/Heuer/Raupach/Hübl, EStG KStG, § 2 UmwStG Rdnr. 18; Dötsch/Eversberg/Jost/Witt, KStG, UmwStG Rdnr. 63; Haritz/ Benkert/ Slabon, UmwStG, § 2 Rdnr. 3, 67; Widmann/Mayer, Umwandlungsrecht, § 2 UmwStG Rdnr. 30.

93 Herrmann/Heuer/Raupach/Hübl, EStG KStG, § 2 UmwStG, Rdnr. 17; Dehmer, UmwG/ UmwStG, § 2 UmwStG Rdnr. 9. Gleiches gilt für die Gewerbesteuer, Widmann/Mayer, Umwandlungsrecht, § 2 UmwStG 1995/Kurzkommentierung Rdnr. S. 285.

tragung in das Handelsregister entsteht.[94] Es ist deshalb grundsätzlich davon auszugehen, daß alle ertragsteuerrechtlich relevanten Ereignisse nach dem steuerlichen Übertragungsstichtag als bei der übernehmenden Personengesellschaft bzw. als bei ihren Gesellschaftern eingetreten gelten, obwohl sich diese zivilrechtlich bei der Kapitalgesellschaft ereignen.[95] Aufgrund der Beendigung der Steuerpflicht der Kapitalgesellschaft und der Zurechnung der ertragsteuerrechtlich relevanten Vorgänge auf den übernehmenden Rechtsträger können diese allenfalls einkommensteuerrechtliche, jedoch keine körperschaftsteuerrechtlichen Folgen mehr auslösen. In die Rückwirkungsfiktion gleichfalls einbezogen sind Gewinnausschüttungen unabhängig davon, ob es sich dabei um offene oder verdeckte im Sinne des § 8 Abs. 3 S. 2 KStG handelt. Denn auch diese beeinflussen das Vermögen und damit die Einkommensermittlung. Für derartige Vorgänge gilt daher ebenfalls grundsätzlich die Rückwirkungsfiktion des § 2 UmwStG.[96]

Fällt der tatsächliche Abfluß der verdeckten Gewinnausschüttung in den steuerlichen Rückwirkungszeitraum, ist dieser, obwohl die Zahlung zivilrechtlich von der übertragenden Kapitalgesellschaft vorgenommen wird, bereits der übernehmenden Personengesellschaft zuzurechnen. Hinsichtlich der zeitlichen Inkongruenz zwischen einer verdeckten Gewinnausschüttung im Sinne des § 8 Abs. 3 S. 2 KStG und einem sonstigen Bezug im Sinne des § 20 Abs. 1 Nr. 1 S. 2 EStG sind folglich drei Konstellationen zu unterscheiden:

1. Fall: Verdeckte Gewinnausschüttung im Sinne des § 8 Abs. 3 S. 2 KStG, deren Vornahme und Abfluß bei der übertragenden Kapitalgesellschaft zeitlich vor dem steuerlichen Übertragungsstichtag stattfindet;

---

94 Dötsch/Eversberg/Jost/Witt, KStG, UmwStG Rdnr. 63; Haritz/Benkert/Slabon, UmwStG, § 2 Rdnr. 46; Herrmann/Heuer/Raupach/Hübl, EStG KStG, § 2 UmwStG Rdnr. 18; Widmann/Mayer, Umwandlungsrecht, § 2 UmwStG Rdnr. 35.

95 Blümich/Wolff, EStG KStG GewStG, § 2 UmwStG Rdnr. 12; Dötsch/Eversberg/Jost/Witt, KStG, UmwStG Rdnr. 63; Haritz/Benkert/Slabon, UmwStG, § 2 UmwStG Rdnr. 46; Herrmann/Heuer/Raupach/Hübl, EStG KStG, § 2 UmwStG Rdnr. 18; Widmann/Mayer, Umwandlungsrecht, § 2 UmwStG Rdnr. 30.

96 Dehmer, UmwG UmwStG, § 2 UmwStG Rdnr. 53; Frotscher/Maas, KStG UmwStG, § 2 UmwStG Rdnr. 18; Haritz/Benkert/Slabon, UmwStG, § 2 Rdnr. 61ff.; Herrmann/Heuer/Raupach, EStG KStG, § 2 UmwStG Rdnr. 22; Widmann/Mayer, Umwandlungsrecht, § 2 UmwStG Rdnr. 131; a.A. Diers, BB 1997, 1869; Dötsch/Eversberg/Jost/Witt, KStG, UmwStG Rdnr. 172; Wassermeyer, JbFAStR 1996/97, S. 370: für die Herstellung der Ausschüttungsbelastung.

2. Fall: Verdeckte Gewinnausschüttung im Sinne des § 8 Abs. 3 S. 2 KStG, die vor dem steuerlichen Übertragungsstichtag vorgenommen wird, aber erst danach im steuerlichen Rückwirkungszeitraum oder später abfließt. Dies wird den Großteil der als verdeckte Gewinnausschüttungen zu beurteilenden Pensionszusagen betreffen;

3. Fall: Verdeckte Gewinnausschüttung im Sinne des § 8 Abs. 3 S. 2 KStG, die nach dem steuerlichen Übertragungsstichtag und vor der Handelsregistereintragung vorgenommen wird, daß heißt, eine solche der zivilrechtlich noch bestehenden Kapitalgesellschaft, die im steuerrechtlichen Rückwirkungszeitraum erfolgt und aufgrund der Rückwirkungsfiktion des § 2 Abs. 1 UmwStG so zu behandeln ist, als sei sie von der übernehmenden Personengesellschaft vorgenommen worden.

3. Vor dem steuerlichen Übertragungsstichtag vorgenommene und abgeflossene verdeckte Gewinnausschüttung im Sinne des § 8 Abs. 3 S. 2 KStG

Für die vor dem steuerlichen Übertragungsstichtag vorgenommene und abgeflossene verdeckte Gewinnausschüttung gilt die steuerliche Rückwirkung der Umwandlung gemäß § 2 Abs. 1 UmwStG nicht. Eine solche verdeckte Gewinnausschüttung betrifft allein die übertragende Kapitalgesellschaft und ihre Anteilseigner, nicht aber die übernehmende Personengesellschaft.[97] Denn der Vorgang, der als verdeckte Gewinnausschüttung anzusehen ist, vollzieht sich gänzlich, von der Gewinnminderung bis zum Zufluß beim Anteilseigner, außerhalb der Rückwirkungsfiktion. Er hat damit keinerlei Einfluß auf die Vermögens- und Einkommensermittlung der übernehmenden Personengesellschaft. Hiervon betroffen ist die als verdeckte Gewinnausschüttung zu beurteilende Pensionszusage, bei der der Versorgungsfall eingetreten ist und die Versorgungsleistung der Kapitalgesellschaft durch einmalige oder wiederkehrende Leistung an den begünstigten Gesellschafter-Angestellten vor dem steuerlichen Übertragungsstichtag erbracht wurde.

Für sie gelten die allgemeinen Grundsätze zur steuerlichen Behandlung verdeckter Gewinnausschüttungen. Die Verpflichtung der Kapitalgesellschaft aus

97 Dehmer, UmwG UmwStG, § 2 UmwStG Rdnr. 55; Frotscher/Maas, KStG UmwStG, § 2 UmwStG Rdnr. 18; Dötsch/Eversberg/Jost/Witt, KStG, UmwStG Rdnr. 165; Haritz/Benkert/Mager, UmwStG, § 2 Rdnr. 62; Widmann/Mayer, Umwandlungsrecht, § 2 UmwStG Rdnr. 135ff.

der Pensionszusage ist, auch soweit sie überhöht und als verdeckte Gewinnausschüttung anzusehen ist, als ungewisse Verbindlichkeit in der Steuerbilanz der Gesellschaft auszuweisen.[98] Sie mindert das Einkommen der übertragenden Kapitalgesellschaft nicht (§ 8 Abs. 3 S. 2 KStG) und ist als gesellschaftsrechtlich veranlaßte Vermögensminderung Gewinnverwendung und damit steuerlich Bestandteil des Einkommens der Kapitalgesellschaft. Deshalb ist der um die verdeckte Gewinnausschüttung geminderte Gewinn der Kapitalgesellschaft unabhängig davon zu korrigieren, ob und wann die verdeckte Gewinnausschüttung dem Gesellschafter zufließt und bei diesem der Besteuerung unterliegt.[99] Die Korrektur hat in dem Zeitpunkt zu erfolgen, in dem der Unterschiedsbetrag im Sinne des § 4 Abs. 1 S. 1 EStG und infolgedessen das Einkommen der Kapitalgesellschaft durch den als verdeckte Gewinnausschüttung zu beurteilenden Vorgang gemindert worden ist. Die Erfassung der verdeckten Gewinnausschüttung hat deshalb für den Veranlagungszeitraum zu erfolgen in dem durch sie das Einkommen der Kapitalgesellschaft gemindert worden ist.[100]

Die Zahlung der Pensionsleistungen führt zum Vermögensabfluß bei der Kapitalgesellschaft.[101] Dies bewirkt, daß die in der Steuerbilanz der Kapitalgesell-

98 Zur Problematik der inner- oder außerbilanziellen Korrektur siehe unten Teil 2, G IV 4b.

99 BFH v. 11.9.1968 - I 89/63, BFHE 93, 382 = BStBl. II 1968, 809; v. 22.2.1989 I R 44/85, BFHE 156, 177 = BStBl. II 1989, 475; vgl. auch. Döllerer, Verdeckte Gewinnausschüttungen, S. 125; ders., BB 1989, 1175, 1176; Frotscher/Maas, KStG UmwStG, Anhang vGA zu § 8 Rdnr. 24ff; Knobbe-Keuk, Bilanzsteuerrecht, § 19 I 3a; Streck, KStG, § 8 Rdnr. 104; Lange, Verdeckte Gewinnausschüttungen, Rdnr. 120; Wassermeyer, StVj 1993, S. 208, 210f.

100 BFH v. 16.2.1977 - I R 132/75, BFHE 121, 343 = BStBl. II 1977, 444; v. 20.8.1986 - I R 87/83, BStBl. II 1987, 75, 76; v. 29.4.1987 - I R 176/83, BStBl. II 1987, 733; Döllerer, BB 1979, 57; Frotscher/Maas, KStG UmwStG, Anhang vGA zu § 8 Rdnr. 210f., Lange, Verdeckte Gewinnausschüttungen, Rdnr. 119; Streck, KStG, § 8 Rdnr. 103. Bis zum Inkrafttreten des neuen Körperschaftsteuergesetzes in der durch das StSenkG geänderten Fassung bewirkt die Hinzurechnung zudem einen entsprechenden Zugang zum verwendbaren Eigenkapital in der Gliederung zum Schluß des entsprechenden Wirtschaftsjahres.

101 Unter der Geltung des Anrechnungsverfahren wird selbiges durch den Vermögensabfluß bei der Kapitalgesellschaft ausgelöst. Im Zeitpunkt des Vermögensabflusses ist gemäß § 27 Abs. 3 S. 2 KStG die Ausschüttungsbelastung gemäß § 27 Abs. 1 KStG herzustellen (BFH v. 20.8.1986- I R 87/83, BFHE 147/521 = BStBl. II 1987, 75; v. 9.12.1987 - I R 260/83, BFHE 260/83 = BStBl. II 1988, 460); im vorliegenden Fall für den Veranlagungszeitraum, in den die Umwandlung fällt, daß heißt für den letzten Veranlagungszeitraum der übertragenden Kapitalgesellschaft. Diese Ausschüttung ist mit dem verwendbaren Eigenkapital der übertragenden Kapitalgesellschaft zu verrechnen, das sich zum Schluß des Wirtschaftsjahres der Umwandlung ergibt (vgl. § 28 Abs. 2 S. 2 KStG) und zwar, nach dem Schreiben der Finanzverwaltung vom 25.3.1998 zum UmwStG (BMF-Schreiben v. 25.3.1998, BStBl. I 1998, 267, Tz. 02.16; ebenso Dötsch/Eversberg/Jost/Witt, KStG, UmwStG Rdnr. 166; Widmann/Mayer, Umwandlungsrecht, § 2 UmwStG

schaft gebildete Pensionsrückstellung entsprechend aufzulösen ist.[102] Die Pensionszahlungen mindern per Saldo den Ansatz der Pensionsrückstellung in der steuerlichen Schlußbilanz[103] und führen zu einer Erhöhung des Übernahmegewinnes der Personengesellschaft,[104] der ohne die Auszahlung durch die entsprechend höhere Pensionsrückstellung gemindert worden wäre. Damit verliert der Teil der Pensionsverpflichtung, der als verdeckte Gewinnausschüttung durch die Auszahlung untergeht, seinen Einfluß auf den Übernahmegewinn, der nunmehr in entsprechender Höhe nicht durch diesen Teil der erfüllten Verbindlichkeit gemindert wird.[105] Allerdings behält die verdeckte Gewinnausschüttung in Form der Pensionsrückstellung ihre Wirkung auf den Übernahmegewinn in Höhe des nicht aufgelösten Teiles der als verdeckte Gewinnausschüttung anzusehenden Pensionsrückstellung. Keinen Einfluß auf den Übernahmegewinn hat die im Wirtschaftsjahr der Umwandlung bestehende und als verdeckte Gewinnausschüttung zu beurteilende Pensionszusage nur dann, wenn die Pensionsrückstellung noch vor dem steuerlichen Übertragungsstichtag gänzlich aufzulösen ist, beispielsweise, weil der Gesellschafter-Angestellte vorzeitig verstirbt.

Rdnr. 135), mit dem verwendbaren Eigenkapital vor Verringerung durch diese Ausschüttung, aber vor dessen Änderung durch den Vermögensübergang. Dies bedeutet für die Ermittlung der anzurechnenden Körperschaftsteuer nach § 10 Abs. 1 UmwStG sowie die Erhöhung des Übernahmegewinnes nach § 4 Abs. 4 UmwStG und die Ermittlung der Einkünfte der nicht wesentlich beteiligten Anteilseigner im Sinne des § 7 UmwStG, daß das verwendbare Eigenkapital der übertragenden Kapitalgesellschaft nach Verrechnung dieser Ausschüttungen maßgeblich ist (BMF-Schreiben v. 25.3.1998, BStBl. I 1998, 267, Tz. 02.19; ebenso Dötsch/Eversberg/Jost/Witt, KStG, UmwStG Rdnr. 166; Widmann/Mayer, Umwandlungsrecht, § 2 UmwStG Rdnr. 138). Aufgrund des § 29 Abs. 1 KStG würde die Schlußgliederung der übertragenden Kapitalgesellschaft zum steuerlichen Übertragungsstichtag anderenfalls die Teilbeträge des verwendbaren Eigenkapitals ohne Berücksichtigung der anderen Ausschüttung im Sinne des § 27 Abs. 3 S. 2 KStG ausweisen. Für die Körperschaftsteueranrechnung gemäß § 10 UmwStG und die Ermittlung der Einkünfte nicht wesentlich beteiligter Anteilseigner gemäß der Vorschrift des § 7 UmwStG ist es daher notwendig, die Schlußgliederung des verwendbaren Eigenkapitals unter Berücksichtigung dieser steuerlich noch bei der untergehenden Kapitalgesellschaft abgeflossenen, verdeckten Gewinnausschüttung aufzustellen (Dötsch/Eversberg/Jost/Witt, KStG, UmwStG Rdnr. 166; Widmann/Mayer, Umwandlungsrecht, § 2 UmwStG Rdnr. 138). Diese Behandlung ist sachgerecht, da anderenfalls die Körperschaftsteueranrechnung doppelt erfolgen würde, nämlich sowohl im Rahmen der Umwandlung als auch der tatsächlich vorgenommenen Ausschüttung.

102 Siehe hierzu oben Teil 1, B I.

103 Siehe hierzu oben Teil 1, B I.

104 Siehe hierzu oben Teil 2, G I 2.

105 Vgl. dazu BMF-Schreiben v. 25.3.1998, BStBl. I 1998, 267, Tz. 02.15; Dötsch/Eversberg/Jost/Witt, KStG, UmwStG Rdnr. 166; Haritz/Benkert/Slabon, UmwStG, § 2 Rdnr. 62; Widmann/Mayer, Umwandlungsrecht, § 2 UmwStG Rdnr. 135.

4. Vor dem steuerlichen Übertragungsstichtag vorgenommene verdeckte Gewinnausschüttung im Sinne des § 8 Abs. 3 S. 2 KStG, die im steuerlichen Rückwirkungszeitraum oder später abfließt

a) Problematik

Für die vor dem steuerlichen Übertragungsstichtag vorgenommene verdeckte Gewinnausschüttung im Sinne des § 8 Abs. 3 S. 2 KStG, die erst nach dem steuerlichen Übertragungsstichtag, daß heißt im Rückwirkungszeitraum oder später abfließt, gilt die steuerliche Rückwirkungsfiktion nicht.[106] Der für die steuerrechtliche Qualifikation des gesellschaftsrechtlich veranlaßten Vorganges maßgebliche Zeitpunkt liegt außerhalb bzw. vor dem steuerrechtlichen Rückwirkungszeitraum. Die durch die überhöhte Pensionszusage verursachte Vermögensminderung tritt noch bei der Kapitalgesellschaft ein und ist in deren Steuerbilanz als ungewisse Verbindlichkeit in Form einer Pensionsrückstellung einzubuchen.[107] Auch für diesen Fall ist die Rechtsfolge einer derartigen verdeckten Gewinnausschüttung die Gewinnkorrektur gemäß § 8 Abs. 3 S. 2 KStG bei der übertragenden Kapitalgesellschaft. In Abweichung zu obigem Fall erfolgt der Vermögensabfluß nicht vor dem steuerlichen Übertragungszeitpunkt. Die Pensionsverpflichtung geht in voller Höhe, auch soweit sie überhöht und als verdeckte Gewinnausschüttung anzusehen ist, als Verbindlichkeit in die steuerliche Übertragungsbilanz ein.

Von dem mit dem Steuersenkungsgesetz herbeigeführten Systemwechsel hin zum Halbeinkünfteverfahren ist der methodische Ansatz der §§ 3 bis 8 und 10 UmwStG trotz Aufgabe des Anrechnungsverfahrens unberührt geblieben. Die Vorschriften zielen nach wie vor darauf ab, optional die stillen Reserven (§ 3 UmwStG), jedenfalls aber alle bei der Kapitalgesellschaft vorhandenen, offenen Rücklagen steuerlich im Übertragungszeitpunkt zu erfassen. Insofern steht die Umwandlung im Prinzip einer Totalausschüttung der in dem Vermögen der übertragenden Kapitalgesellschaft gebundenen offenen Rücklagen gleich. Dementsprechend ist in Anwendung der umwandlungsrechtlichen Vorschriften sowohl ein Übertragungs- wie auch ein Übernahmegewinn zu ermitteln (vgl. §§ 3,

---

[106] Dehmer, UmwG UmwStG, § 2 UmwStG Rdnr. 55; Dötsch/Eversberg/Jost/Witt, KStG, UmwStG Rdnr. 167; Haritz/Benkert/Slabon, UmwStG, § 2 Rdnr. 63; Sagasser/Bula/Brünger/Schlösser, Umwandlungen, Teil K Rdnr. 15; Widmann/Mayer, Umwandlungsrecht, § 2 UmwStG Rdnr. 140.

[107] Dötsch/Eversberg/Jost/Witt, KStG, UmwStG Rdnr. 167, 171a; Widmann/Mayer, Umwandlungsrecht, § 2 UmwStG 141, 163; wohl auch Haritz/Benkert/Slabon, UmwStG, § 2 Rdnr. 63.

4 UmwStG).[108] Die steuersystematische Notwendigkeit dieser Gewinnermittlungen resultiert aus dem doppelten Vorhandensein der offenen und stillen Reserven der übertragenden Kapitalgesellschaft, die zum einen in dem zu übertragenden Betriebsvermögen und zum anderen in den Anteilen an der Kapitalgesellschaft gebunden sind. Während die Entstehung des Übertragungsgewinnes abhängig ist von dem Wertansatz des übergehenden Betriebsvermögens in der steuerlichen Schlußbilanz, führt die Umwandlung auf Seiten der übernehmenden Personengesellschaft unabhängig von einem Übertragungsgewinn stets zu einem Übernahmegewinn oder -verlust. Dieser Gewinn oder Verlust ergibt sich in Höhe des Unterschiedsbetrages zwischen dem Wert, mit dem die übergegangenen Wirtschaftsgüter zu übernehmen sind und dem Buchwert der untergehenden Anteile an der übertragenden Kapitalgesellschaft (§ 4 Abs. 4 UmwStG). Dabei entsteht ein Übernahmegewinn, wenn die übernehmende Personengesellschaft an der übertragenden Kapitalgesellschaft beteiligt ist bzw. die Anteile der Gesellschafter als an dem steuerlichen Übertragungsstichtag in das Betriebsvermögen der Personengesellschaft eingelegt gelten und diese wegfallenden Anteile mit einem niedrigeren Wert angesetzt sind als das übernommene Betriebsvermögen der Kapitalgesellschaft. Hingegen entsteht ein Übernahmeverlust, wenn die Beteiligung an der Kapitalgesellschaft höher als das übernommene Betriebsvermögen angesetzt ist. Ein Übernahmegewinn verkörpert in der Sache die bei der Kapitalgesellschaft vorhandenen und auf die Personengesellschaft übergegangenen offenen Reserven. Demgegenüber steht ein Übernahmeverlust für von der Kapitalgesellschaft erwirtschaftete und von der Personengesellschaft übernommene Verluste. Letztlich wird durch dieses Besteuerungskonzept das gleiche Ergebnis erzielt wie durch die vollumfängliche Ausschüttung der vorhandenen offenen Reserven im Rahmen einer ordentlichen Gewinnausschüttung. Es sichert damit die steuerliche Erfassung der offenen Reserven auch auf der Ebene der Anteilseigner.

Die steuertechnische Umsetzung dieser Konzeption wird indes dann unstimmig, wenn in der Übertragungsbilanz der Kapitalgesellschaft Verbindlichkeiten ausgewiesen sind, die in voller Höhe oder, wie bei einer unangemessenen Pensionszusage, in Höhe des überhöhten Teiles als verdeckte Gewinnausschüttung anzusehen sind. Neben dem Beteiligungsansatz ist das übergehende Betriebsvermögen eine der beiden Rechengrößen, mit deren Hilfe der dem verwendbaren Eigenkapital entsprechende Übernahmegewinn bzw. -verlust ermittelt wird. Dies bedeutet, bezogen auf den Ansatz einer überhöhten Pensionszusage in der steuerlichen Übertragungsbilanz der Kapitalgesellschaft und dessen Übergang

---

108 Vgl. hierzu oben Teil 2, G I 2.

in die Übernahmebilanz der Personengesellschaft, daß durch die verdeckte Gewinnausschüttung und den damit verbundenen, erhöhten Rückstellungsausweis ein Übernahmegewinn gemindert und ein Übernahmeverlust erhöht wird. Infolgedessen entspricht der so ermittelte Übernahmegewinn eben nicht den vorhandenen und übergehenden offenen Reserven, die im Rahmen der Umwandlung der individuellen Besteuerung der Anteilseigner unterworfen werden sollen.[109]

Die Problematik soll anhand zweier Beispiele verdeutlicht werden:

Beispiel a) Angemessene Pensionszusage

An der X-GmbH sind A und B zu je 50% (Anschaffungskosten der Beteiligung jeweils DM 50.000) beteiligt. Die Beteiligungen werden im Privatvermögen gehalten. Ihrem Gesellschafter-Geschäftsführer A hat die X-GmbH im Jahre 02 eine dem Fremdvergleich standhaltende Pensionszusage erteilt, wegen der sie in ihrer Bilanz zum 31.12.02 eine Pensionsrückstellung in Höhe von DM 20.000 bildet. Die X-GmbH soll formwechselnd - zu Buchwerten gemäß § 3 S. 1 UmwStG - in eine aus ihren Gesellschaftern A und B bestehende A-B-OHG umgewandelt werden. Zu Vereinfachungszwecken bleiben Solidaritätszuschlag und Gewerbesteuer unberücksichtigt. Ein Körperschaftsteuerguthaben i.S.d. § 37 KStG und ein Sperrbetrag i.S.d. § 50c EStG liegt nicht vor. Umwandlungsstichtag ist der 1.1.03. Der Umwandlung liegt folgende steuerliche Schlußbilanz der X-GmbH zum 31.12.02 zugrunde:

A	*Bilanz X-GmbH zum 31.12.02*		*P*
	TDM		*TDM*
div. Aktiva	*1.000*	*Stammkapital*	*100*
		Rücklagen	*125*
		Bilanzgewinn in 02	*75*
		Pensionsrückstellung	*20*
		KSt-Rückstellung	*25*
		Verbindlichkeiten	*655*
	1.000		*1.000*

109 Vgl. neben untenstehendem Beispiel auch die Darstellung von Widmann/Mayer, Umwandlungsrecht, § 2 UmwStG Rdnr. 163.

Ermittlung des Übernahmegewinnes gemäß § 4 Abs. 4 und 5 UmwStG:

	TDM
Wert, mit dem die übergegangenen WirtschaftsgüterAktiva	*1.000*
im Sinne des § 4 Abs. 1 UmwStG zu übernehmen sindPassiva	*700*
(hier zu Buchwerten)	*300*
./. Buchwert der Anteile an der übertragenden Kapitalgesellschaft	*./. 100*
= steuerpflichtiger Übernahmegewinn im Sinne des § 4 Abs. 4 S. 1 UmwStG	*200*
+ Sperrbetrag i.S.d. § 50c EStG (§ 4 Abs. 5 UmwStG)	*+ 0*
= steuerpflichtiger Übernahmegewinn im Sinne des § 4 Abs. 4 und 5 UmwStG	*200*

Der Übernahmegewinn in Höhe von DM 200.000 wird den Gesellschaftern A und B der A-B-OHG entsprechend ihrer Beteiligungsquote je zur Hälfte, d.h. in Höhe von je DM 100.000 im Rahmen der einheitlichen und gesonderten Gewinnfeststellung der A-B-OHG zugerechnet und nach dem Halbeinkünfteverfahren zur Hälfte in die einkommensteuerrechtliche Bemessungsgrundlage einbezogen (vgl. § 4 Abs. 7 S. 2 UmwStG). Im Ergebnis werden durch dieses Besteuerungskonzept die bei der übertragenden Kapitalgesellschaft bestehenden offenen Reserven wie im Falle einer Totalausschüttung behandelt.

Beispiel b) Unangemessene Pensionszusage

Es liegt der Sachverhalt wie in Beispiel a) zugrunde, allerdings mit der Änderung, daß der Gesellschafter-Geschäftsführer A von der X-GmbH eine unangemessen hohe Pensionszusage erhält, wegen derer die X-GmbH eine um die Hälfte überhöhte Pensionsrückstellung in Höhe von DM 40.000 in ihrer Steuerbilanz und korrespondierend einen dementsprechend überhöhten Aufwand in ihrer Gewinn- und Verlustrechnung ansetzt.

Die Finanzverwaltung rechnet dem steuerlichen Gewinn der X-GmbH den überhöhten Aufwand in Höhe von DM 20.000 außerbilanziell hinzu. Die in Höhe von DM 40.000 bilanziell ausgewiesene Pensionsrückstellung bleibt für Zwecke der Ermittlung des Übernahmeergebnisses unberührt. Sie mindert mithin infolge ihres Fremdkapitalcharakters das Übernahmeergebnis. Daraus ergibt sich für die Schlußbilanz der X-GmbH zum 31.12.02 folgendes Bild:

Die dem Finanzamt eingereichte Bilanz der X-GmbH zum 31.12.02

A	TDM		P TDM
div. Aktiva	*1.000*	*Stammkapital*	*100*
		Rücklagen	*125*
		Bilanzgewinn in 02	*60*
		Pensionsrückstellung	*40*
		KSt-Rückstellung	*20*
		Verbindlichkeiten	*655*
	1.000		*1.000*

Berichtigte Steuerbilanz der X-GmbH zum 31.12.02

A	TDM		P TDM
div. Aktiva	*1.000*	*Stammkapital*	*100*
		Rücklagen	*125*
		Bilanzgewinn in 02	*55*
		Pensionsrückstellung	*40*
		KSt-Rückstellung	*25*
		Verbindlichkeiten	*655*
	1.000		*1.000*

Die Pensionsrückstellung ist in voller Höhe beibehalten worden, aber infolge der Körperschaftsteuererhöhung durch die Aufdeckung der verdeckten Gewinnausschüttung ist die erhöhte Körperschaftsteuer in die Rückstellungen einzustellen.

Für die Ermittlung des Übernahmegewinnes gemäß § 4 Abs. 4 und 5 UmwStG bedeutet dies:

	TDM
Wert, mit dem die übergegangenen WirtschaftsgüterAktiva	*1.000*
im Sinne des § 4 Abs. 1 UmwStG zu übernehmen sindPassiva	*720*
(hier zu Buchwerten)	*280*
./. Buchwert der Anteile an der übertragenden Kapitalgesellschaft	*./. 100*
= steuerpflichtiger Übernahmegewinn	
+ Sperrbetrag i.S.d. § 50c EStG (§ 4 Abs. 5 UmwStG)	*+ 0*
= steuerpflichtiger Übernahmegewinn im Sinne des § 4 Abs. 4 und 5 UmwStG	*180*
Im Vergleich zum Übernahmegewinn bei angemessener Pensionszusage	*./. 200*
	./. 20

Im Ergebnis wird der Übernahmegewinn um die verdeckte Gewinnausschüttung gemindert. Auf die Gesellschafter A und B der A-B-OHG entfällt ein steuerpflichtiger Übernahmegewinn von jeweils DM 90.000, der ihnen im Rahmen der einheitlichen und gesonderten Gewinnfeststellung der A-B-OHG zugerechnet und nach dem Halbeinkünfteverfahren zur Hälfte in die einkommensteuerrechtliche Bemessungsgrundlage einbezogen (vgl. § 4 Abs. 7 S. 2 UmwStG) wird. Die mit dem Eintritt des Versorgungsfalles einsetzenden Pensionszahlungen führen bei dem Pensionsberechtigten A, soweit sie anteilig auf die Zeit seiner Tätigkeit für die X-GmbH entfallen, in Höhe des angemessenen Teiles zu Einkünften aus nichtselbständiger Arbeit gemäß § 19 Abs. 1 Nr. 2 EStG. In Höhe des unangemessenen Teiles fließen A Einkünfte aus Kapitalvermögen gemäß § 20 Abs. 1 Nr. 1 S. 2 EStG zu.

Die aufgeworfene Problematik betrifft in ihrem Kern die steuerrechtliche Dogmatik der verdeckten Gewinnausschüttung. Es entspricht der herrschenden Meinung, daß die infolge einer verdeckten Gewinnausschüttung vorzunehmende Gewinnkorrektur außerhalb der Steuerbilanz der Gesellschaft vorzunehmen ist.[110] In der Literatur wird aber auch die Auffassung vertreten, die Gewinnkorrektur aufgrund der verdeckten Gewinnausschüttung habe innerhalb der Bilanz zu erfolgen.[111] Dies hat zu der von Wassermeyer[112] aufgestellten These geführt, in der Steuerbilanz dürfe eine Rückstellung nur für den betrieblich veranlaßten Teil der Pensionszusage gebildet werden.

Hierzu ist zunächst aus handelsrechtlicher Sicht vorab festzustellen, dass immer dann, wenn eine Kapitalgesellschaft ihrem Gesellschafter-Angestellten eine unangemessene Pensionszusage erteilt, die der Gesellschaft hieraus erwachsende Pensionsverpflichtung als ungewisse Verbindlichkeit in der Handelsbilanz der Gesellschaft - auch für den unangemessenen Teil - in Form einer Pensionsrückstellung auszuweisen ist.[113] Denn solange das zivilrechtliche Verpflichtungsgeschäft auf dem die Pensionsverpflichtung beruht nicht nichtig ist, obliegt dem Pensionsverpflichteten eben diese.[114]

Die Vertreter der Auffassung zur Gewinnkorrektur innerhalb der Steuerbilanz verwandeln diese Verbindlichkeit anteilig entsprechend dem unangemessenen Teil der Pensionszusage in eine Rücklage.[115] Der Pensionszusage wird für diesen Teil die steuerliche Anerkennung versagt und aus dem handelsrechtlichen Fremdkapital wird steuerrechtliches Eigenkapital. Technisch vollzieht sich die

---

110 Bock/Maas, FR 1961, Beilage zu Heft 22, S. 5; Döllerer, BB 1979, 57, 60; ders., Verdeckte Gewinnausschüttungen, S. 126; Frotscher/Maas, KStG/UmwStG, Anhang zu § 8 Rdnr. 214; ders., DStJG 20 (1997), S. 205, 210; Herrmann/Heuer/Raupach, EStG KStG, § 29 KStG Rdnr. 39; Knobbe-Keuk, Bilanzsteuerrecht, § 19 I 3a; Maas, StVj 1990, S. 42, 51; Schäfer, DStZ 1995, 364, 367; Pezzer, Verdeckte Gewinnausschüttung, S. 122f.; Wuttke, DStR 1996, 485.

111 Lange, Verdeckte Gewinnausschüttungen, Rdnr. 496; Meyer-Sievers, DStR 1990, 543; 546 Quantschnigg, DStJG 14 (1991), S. 47, 50ff.; Streck, KStG, § 8 Rdnr. 103; Wassermeyer, DStR 1987, 484, 487; ders. DB 1987, 1113, 1117; Widmann, JbFAStR 1978/79, S. 387, 394; Winter, FR 1977, 273; ders., DStZ 1987, 269, 270; ebenso FG Münster v. 18.8.1993 - 9 K 6003/91 K, EFG 1994, 124.

112 Wassermeyer, DStR 1987, 484, 487.

113 Vgl. hierzu oben Teil 1, B I.

114 BeckBilKomm-Budde/Müller, § 248 Rdnr. 110; Döllerer, Verdeckte Gewinnausschüttungen, S. 127; Frotscher/Maas, KStG UmwStG, Anhang vGA zu § 8 Rdnr. 22; 214; Herrmann/Heuer/Raupach/ Wrede, EStG, KStG, § 29 KStG Rdnr. 39; Kirchgesser, DB 1996, 703; Schäfer, DStZ 1995, 364; siehe hierzu auch oben Teil 2, F II 1c.

115 Lange, Verdeckte Gewinnausschüttungen, Rdnr. 319; Meyer-Sievers, DStR 1990, 543; 546; Quantschnigg, DStJG 14 (1991), S. 47, 50ff.; Widmann, JbFAStR 1978/79, S. 387, 396; ders., JbFAStR 1979/80, S. 475, 477; Wassermeyer, DStR 1987, 484, 487; ders., DB 1987, 1113, 1117; ders., GmbHR 1986, 26, 27f.; Winter, FR 1977, 273, 275; ders., DStZ 1987, 269, 270; Wochinger, Verdeckte Gewinnausschüttungen, Rdnr. 479; ebenso wohl auch Streck, KStG, § 8 Rdnr. 65d.

Umqualifizierung durch die gewinnerhöhende Auflösung des unangemessenen Teiles der Pensionsrückstellung. Die gewinnerhöhende Rückstellungsauflösung führt zur Korrektur der gesellschaftsrechtlich veranlaßten Gewinnminderung. Die Rechtsgrundlage für die Umqualifizierung sieht Wassermeyer sowohl in dem für das Steuerrecht geltenden Veranlassungsprinzip als auch in der Regelung des § 8 Abs. 3 S. 2 KStG, die als körperschaftsteuerrechtliche Gewinnermittlungsvorschrift zu verstehen sei.[116]

Die Umqualifizierung des unangemessen hohen Teiles der Pensionsrückstellung in steuerrechtliches Eigenkapital bedeutete für die Umwandlungsproblematik, daß der um die verdeckte Gewinnausschüttung erhöhte Rückstellungsansatz nicht in die Berechnung des Übernahmegewinnes einginge. Dessen Minderung träte trotz der verdeckten Gewinnausschüttung nicht ein. Folglich würden die im Übernahmegewinn zum Ausdruck gebrachten offenen Reserven den tatsächlich vorhandenen der Kapitalgesellschaft entsprechen.

Die Umqualifizierung betrifft die Frage nach dem Gegenstand der verdeckten Gewinnausschüttung und damit diejenige nach ihrer systematischen Einordnung und ihren Rechtsfolgen. Diesbezüglich hat der BFH im Urteil vom 29.6.1994[117] für den Fall einer als verdeckte Gewinnausschüttung erkannten Umsatztantieme

---

116 Wassermeyer, DStR 1987, 484, 487.

117 BFH v. 29.6.1994 - I R 137/93, BFHE 175, 347. In dem der Entscheidung des BFH zugrundeliegenden Fall hatte eine GmbH ihren Gesellschafter-Angestellten Umsatztantiemen zugesagt, für die sie in ihren Bilanzen zum 31.12.1985 und 31.12.1986 Verbindlichkeiten auswies, da sie ihre Verpflichtungen bis dahin nicht erfüllt hatte. Das Finanzamt erkannte die Umsatztantieme in voller Höhe als verdeckte Gewinnausschüttung, konnte allerdings aus verfahrensrechtlichen Gründen die Steuerbescheide für den Veranlagungszeitraum 1985 nicht mehr korrigieren. Sie sah sich jedoch für den Veranlagungszeitraum 1986 als berechtigt an, die steuerlichen Folgen aus der gesellschaftsrechtlichen Veranlassung der Tantiemezusage für die zum 31.12.1985 gebildete Tantiemeverbindlichkeit zu ziehen, indem sie diese gewinnerhöhend auflöste. Dabei liegt der Vorgehensweise der Finanzverwaltung die Auffassung zugrunde, daß nach der Rechtsprechung des BFH zu den Grundsätzen der Bilanzberichtigung (§ 4 Abs. 2 S. 1 EStG und § 60 Abs. 2 EStDV) in der Steuerbilanz des ersten Jahres, dessen Veranlagung geändert werden kann, eine erfolgswirksame Korrektur des Bilanzansatzes der Verbindlichkeit vorgenommen werden kann; vgl. hierzu BFH v. 14.3.1990 - I R 6/89, BStBl. II 1990, 795, 797; v. 16.5.1990 - X R 72/87, BFHE 161, 451 = BStBl. II 1990, 1044. Zu berücksichtigen ist deshalb auch, daß eine gegen die Bilanzkorrektur eintretende Auffassung dazu führt, daß die Besteuerung derartiger verdeckter Gewinnausschüttungen erst im Zeitpunkt des Zuflusses beim Gesellschafter gemäß der §§ 20 Abs. 1 Nr. 1 S. 2, 11 Abs. 1 EStG „nachgeholt" wird. Dies bedeutete - unabhängig von der hier zu erörternden Problematik nicht vollzogener verdeckter Gewinnausschüttungen - für gesellschaftsrechtlich veranlaßte Pensionszusagen eine Steuerstundung unter Umständen über Jahrzehnte.

entschieden, daß die für die Umsatztantieme in der Steuerbilanz gebildete Rückstellung, unbeschadet ihrer Behandlung als verdeckte Gewinnausschüttung, steuerrechtlich Fremdkapital ist. Die Rechtsfolge des § 8 Abs. 3 S. 2 KStG bewirke nicht die Umqualifizierung von Verbindlichkeiten in Eigenkapital, sondern erschöpfe sich in der Gewinnkorrektur, indem eine Gewinnerhöhung außerhalb der Steuerbilanz durch eine Hinzurechnung der Vermögensminderung zum Steuerbilanzgewinn vorzunehmen sei.[118]

Des weiteren ist zu berücksichtigen, daß die Minderung des Übernahmegewinnes durch eine unangemessen hohe Pensionsrückstellung dann nicht erheblich wäre, wenn es mit der Umwandlung zu einer Besteuerung der verdeckten Gewinnausschüttung auch auf Gesellschafterebene käme. Die Vertreter dieser Auffassung sehen in Übereinstimmung mit der Finanzverwaltung vor dem steuerlichen Übertragungsstichtag beschlossene, aber erst danach abfließende, ordentliche und verdeckte Gewinnausschüttungen, unabhängig von dem Zeitpunkt ihres tatsächlichen Abflusses, als am steuerlichen Übertragungsstichtag erfolgt an.[119] Dies bedeutet die Fiktion des Abflusses der Gewinnausschüttung auf der Ebene der Kapitalgesellschaft.[120] Entsprechend sollen die Einkünfte aus Kapitalvermögen von den Anteilseignern, die auch Gesellschafter der übernehmenden Personengesellschaft werden, an diesem Stichtag in Höhe der unangemessenen Pensionsrückstellung als bezogen gelten, so daß sie im betreffenden Veranlagungszeitraum zu versteuern wären[121]. Dagegen sollen für die Anteilseigner, die innerhalb des Interimszeitraumes ausscheiden, die allgemeinen Grundsätze

118 Neuerlich bestätigt durch BFH v. 29.5.1996 - I R 118/93, BFHE 180, 405 = BStBl. II 1997, 92, 94; siehe zur Rechtsprechung des BFH die Anmerkung von Hoffmann, DStR 1995, 250ff.; neuerdings ebenso Wassermeyer, in Gedächtnisschrift Knobbe-Keuk, S. 541, 549f.

119 BMF-Schreiben v. 25.3.1998, BStBl. I 1998, 267, Tz. 02.22; Dehmer, UmwG UmwStG, § 2 UmwStG Rdnr. 55; Dötsch/Eversberg/Jost/Witt, KStG, UmwStG Rdnr. 168, 171a; Frotscher/Maas, KStG UmwStG, § 2 UmwStG Rdnr. 18; Haritz/Benkert/Slabon, UmwStG, § 2 Rdnr. 63; Lademann/ Söffing/Jakobs, EStG, § 2 UmwStG Rdnr. 42; Widmann/ Mayer, Umwandlungsrecht, § 2 UmwStG 143.

120 Uneingeschränkt für alle Anteilseigner der übertragenden Kapitalgesellschaft; vgl. BMF-Schreiben v. 25.3.1998, BStBl. I 1998, 267, Tz. 02.22; Dötsch/Eversberg/Jost/Witt, KStG, UmwStG Rdnr. 171a; Frotscher/Maas, KStG UmwStG, § 2 UmwStG Rdnr. 18; Haritz/Benkert/Slabon, UmwStG, § 2 Rdnr. 63; Lademann/Söffing/Jakobs, EStG, § 2 UmwStG Rdnr. 42; Widmann/Mayer, Umwandlungsrecht, § 2 UmwStG 143, 146.

121 BMF-Schreiben v. 25.3.1998, BStBl. I 1998, 267, Tz. 02.24; Haritz/Benkert/Slabon, UmwStG, § 2 Rdnr. 63; Lademann/Söffing/Jakobs, EStG, § 2 UmwStG Rdnr. 43; Widmann/Mayer, Umwandlungsrecht, § 2 UmwStG 149, 163; nicht eindeutig Dehmer, UmwG UmwStG, § 2 UmwStG Rdnr. 55; a.A. Dötsch/Eversberg/Jost/Witt, KStG, Umw-

hinsichtlich des Besteuerungszeitpunktes für die Beteiligungserträge im Sinne des § 20 Abs. 1 Nr. 1 S. 2 EStG gelten.[122] Im Ergebnis würde durch die Zuflußfiktion die Minderung des Übernahmegewinnes auf der Ebene des Anteilseigners ausgeglichen werden.[123] Von Dötsch[124] wird die Fiktion des Abflusses als die „einzig praktikable Lösung" angesehen, ohne daß diese jedoch näher begründet wird. Mit Eintritt des Versorgungsfalles wäre die übertragene Pensionsverpflichtung bzw. Ausschüttungsverpflichtung schließlich von der Personengesellschaft als Gesamtrechtsnachfolgerin erfolgsneutral zu erfüllen.[125]

b) Gegenstand der verdeckten Gewinnausschüttung im Sinne des § 8 Abs. 3 S. 2 KStG und inner- oder außerbilanzielle Korrektur

Die Umqualifizierung der als verdeckte Gewinnausschüttung anzusehenden Verbindlichkeit in steuerrechtliches Eigenkapital wird von Wassermeyer mit dem Verweis auf das für das Steuerrecht geltende Veranlassungsprinzip und die

StG Rdnr. 171a: Besteuerungszeitpunkt beim Anteilseigner ist nach allgemeinen Grundsätzen zu bestimmen; nicht eindeutig Dehmer, UmwG UmwStG, § 2 UmwStG Rdnr. 55

122 BMF-Schreiben v. 25.3.1998, BStBl. I 1998, 267, Tz. 02.24; Dötsch/Eversberg/Jost/Witt, KStG, UmwStG Rdnr. 171, 171a; Widmann/Mayer, Umwandlungsrecht, § 2 UmwStG Rdnr. 161; a.A. Lademann/Söffing/Jakobs, EStG, § 2 UmwStG Rdnr. 43; nicht eindeutig Haritz/Benkert/ Slabon, UmwStG, § 2 Rdnr. 63, 66; Dehmer, UmwG UmwStG, § 2 UmwStG Rdnr. 55.

123 Ergänzend sei angemerkt, daß die Fiktion des Abflusses der Ausschüttung unter dem bislang geltenden Anrechnungsverfahren die Herstellung der Ausschüttungsbelastung nach § 27 Abs. 1 KStG a.F. auslöste. Die Körperschaftsteueränderung für den verdeckt ausgeschütteten Gewinn träte gemäß § 27 Abs. 3 S. 2 KStG a.F. für den letzten Veranlagungszeitraum der Kapitalgesellschaft, d.h. den der Umwandlung ein. In Entsprechung zu § 28 Abs. 2 S. 2 KStG a.F. galt für die verdeckte Gewinnausschüttung das verwendbare Eigenkapital der übertragenden Kapitalgesellschaft zum Schluß des Wirtschaftsjahres der Umwandlung, aber vor Verringerung durch diese Ausschüttung und der sich durch die Vermögensübertragung ergebenden Veränderungen als verwendet; BMF-Schreiben v. 25.3.1998, BStBl. I 1998, 267, Tz. 02.22; Dötsch/Eversberg/Jost/Witt, KStG, UmwStG Rdnr. 169; Widmann/ Mayer, Umwandlungsrecht, § 2 UmwStG Rdnr. 143. Des weiteren hatte die übertragende Kapitalgesellschaft oder die übernehmende Personengesellschaft als Rechtsnachfolgerin die Steuerbescheinigung gemäß § 44 KStG auszustellen; BMF-Schreiben v. 25.3.1998, BStBl. I 1998, 267, Tz. 02.23; Dötsch/Eversberg/Jost/Witt, KStG, UmwStG Rdnr. 170; Widmann/Mayer, Umwandlungsrecht, § 2 UmwStG Rdnr. 145.

124 Dötsch/Eversberg/Jost/Witt, KStG, UmwStG Rdnr. 168; ebenso Buyer, Änderung der Unternehmensform, Rdnr. 132; ohne Begründung ebenfalls Widmann/Mayer, Umwandlungsrecht, § 2 UmwStG Rdnr. 141f.

125 BMF-Schreiben v. 25.3.1998, BStBl. I 1998, 267, Tz. 02.26; Haritz/Benkert/Slabon, UmwStG, § 2 Rdnr. 63; Widmann/Mayer, Umwandlungsrecht, § 2 UmwStG Rdnr. 154.

Regelung des § 8 Abs. 3 S. 2 KStG begründet.[126] Die Korrektur der Gewinnminderung innerhalb der Steuerbilanz durch Umqualifizierung des Passivpostens beruht letztendlich auf dem Verständnis der verdeckten Gewinnausschüttung als einer Nicht-Betriebsausgabe.

Das Gesetz bestimmt in § 4 Abs. 4 EStG allein die Aufwendungen für abzugsfähig, die durch den Betrieb veranlaßt sind. Zutreffenderweise entscheidet sich deshalb die Abzugsfähigkeit einer Aufwendung anhand des Veranlassungsprinzips. Nicht betrieblich veranlaßte Aufwendungen dürfen den Gewinn der Gesellschaft nicht mindern. Die Vorschrift des § 8 Abs. 3 S. 2 KStG bestimmt entsprechendes für verdeckte Gewinnausschüttungen. Danach mindern verdeckte Gewinnausschüttungen das Einkommen der Kapitalgesellschaft nicht. Verringert der nicht betrieblich veranlaßte Ansatz einer überhöhten Verbindlichkeit den Gewinn der Gesellschaft, soll infolge dieser Ansicht der steuerlich unzulässigerweise geminderte Gewinn durch eine Korrektur dieses Ansatzes zu erhöhen sein. Dem nicht betrieblich veranlaßten Aufwand ist steuerrechtlich durch die Nichtanerkennung als Betriebsausgabe und bilanziell durch die Nichtanerkennung der passivierten Betriebsausgabe zu begegnen. Folglich handelt es sich nach dieser Auffassung bei der Vorschrift des § 8 Abs. 3 S. 2 KStG um eine steuerliche Bilanzierungsvorschrift, die eine innerbilanzielle Korrektur in Höhe der verdeckten Gewinnausschüttung gebietet und damit als eine den Maßgeblichkeitsgrundsatz des § 5 Abs. 1 S. 1 EStG einschränkende Vorschrift anzusehen wäre. Insofern wird die Passivierung der Verbindlichkeit dem Grunde nach in Frage gestellt.

Der Umqualifizierung der Verbindlichkeit in Eigenkapital kann nicht gefolgt werden. Im Grundsatz ist davon auszugehen, daß bestehende Verbindlichkeiten handelsrechtlich zu passivieren sind[127] und aufgrund der steuerlichen Maßgeblichkeit der Handelsbilanz (§ 5 Abs. 1 S. 1 EStG)[128] ebenfalls in der Steuerbilanz abzubilden sind. In Betracht kommt allenfalls eine Berichtigung in der Bezeichnung der Verbindlichkeit, denn sie stellt aus steuerlicher Sicht - wie die Verbindlichkeit aus einem Gewinnausschüttungsbeschluß - eine (ungewisse) Ausschüttungsverbindlichkeit dar.[129]

---

126 Wassermeyer, DStR 1987, 484, 487; ders. DB 1987, 1113, 1117.

127 BeckBilKomm-Budde/Müller, § 248 Rdnr. 110; Döllerer, Verdeckte Gewinnausschüttungen, S. 127; Frotscher/Maas, KStG UmwStG, Anhang vGA zu § 8 Rdnr. 22; 214; Kirchgesser, DB 1996, 703; Schäfer, DStZ 1995, 364.

128 Siehe hierzu Teil 1, B II 1a.

129 Vgl. dazu BFH v. 29.6.1994 - I R 137/93, BFHE 175, 347; v. 29.5.1996 - I R 118/93, BFHE 180, 405 = BStBl. II 1997, 92, 94; Dötsch/Eversberg/Jost/Witt/Achenbach, KStG,

Indes könnte sich die steuerrechtliche Nichtanerkennung einer Verbindlichkeit der Kapitalgesellschaft aus ihrer Zuordnung zu einer denkbaren, außerbetrieblichen Sphäre der Gesellschaft begründen. In der Vergangenheit ist die Frage, ob eine Kapitalgesellschaft einen betriebsfremden, privaten Vermögensbereich hat, durch den BFH unterschiedlich beantwortet worden. In seinen früheren Entscheidungen bejahte der BFH die Möglichkeit, daß die Gesellschaft neben ihrem gewerblichen Betrieb auch einen „Liebhabereibetrieb" führen könne.[130] Unterstützt wurde der BFH durch den BGH, der sich dieser Rechtsprechung ausdrücklich anschloß.[131] Infolgedessen sollten die mit einer Liebhaberei in Zusammenhang stehenden Aufwendungen für die steuerrechtliche Gewinnermittlung unbeachtlich sein. Des weiteren hätte die Anerkennung einer Privatsphäre der Gesellschaft zur Konsequenz, daß die diesem Bereich zuzuordnenden Wirtschaftsgüter nicht steuerliches Betriebsvermögen sind und aus der steuerlichen Gewinnermittlung der Kapitalgesellschaft auszuschließen wären. Dies beträfe auch die dem außerbetrieblichen Bereich zuzurechnenden Verbindlichkeiten. Mit Wirkung für die steuerliche Gewinnermittlung durch Betriebsvermögensvergleich wären solche Verbindlichkeiten in Eigenkapital umzuqualifizieren.

Die in der Literatur[132] gegen die Annahme einer privaten Vermögenssphäre vorgebrachten Argumente stützen sich auf zwei Aspekte. Der erste betrifft den Wortlaut des § 8 Abs. 2 KStG, nach dem alle Einkünfte eines nach dem HGB zur Buchführung verpflichteten Steuerpflichtigen solche aus Gewerbebetrieb sind. Des weiteren stellt die aus dem Maßgeblichkeitsgrundsatz gewonnene Erkenntnis darauf ab, daß im Rahmen des steuerrechtlichen Betriebsvermögensvergleiches - ebenso wie in der Handelsbilanz nach § 246 Abs. 1 HGB - das gesamte Vermögen der Kapitalgesellschaft, daß heißt, auch die einer potentiellen, außerbetrieblichen Sphäre zuzurechnenden Wirtschaftsgüter, zu erfassen ist.

Nachdem der BFH im Urteil vom 4.2.1987 die Gelegenheit genutzt hatte, die gegensätzlichen Auffassungen und ihre steuerrechtlichen Wirkungen im einzel-

---

§ 8 KStG Rdnr. 189; Döllerer, JbFAStR 1978/79, S. 365, 379; ders., Verdeckte Gewinnausschüttungen, S. 127.

130 BFH v. 17.5.1952 - I D 1/52 S, BFHE 56, 591 = BStBl. III 1952, 228, 231; v. 7.11.1963 - IV 117/60 S, BFHE 78, 469 = BStBl. III 1964, 181; v. 2.11.1965 - I 221/62 S, BFHE 85, 121 = BStBl. III 1966, 255; v. 4.3.1970 - I R 123/68, BFHE 98, 259, BStBl. II 1970, 470.

131 BGH v. 28.1.1987, DStR 1987, 209.

132 Friedrich, FR 1966, 297, 298; Gonella, DB 1967, 873, 874f.; Knobbe-Keuk, Bilanzsteuerrecht, § 19 I 1, Fn. 4; Pezzer, Verdeckte Gewinnausschüttung, S. 54ff.; Vangerow, StuW 1967, Sp. 605, 608ff.; Wassermeyer, DB 1987, 1113, 1114f.

nen gegenüberzustellen,[133] allerdings ohne eine Entscheidung zugunsten der einen oder anderen Betrachtungsweise zu treffen, ließ er die Frage auch im anschließenden Urteil vom 25.11.1987[134] weiterhin ausdrücklich offen. Schließlich hat sich der BFH im Urteil vom 4.12.1997[135] erneut mit dieser Problematik auseinandergesetzt und entschieden, daß die Kapitalgesellschaft steuerlich gesehen keine außerbetriebliche Sphäre besitzt und die Tätigkeit einer Kapitalgesellschaft gemäß § 8 Abs. 2 KStG auch insoweit als Gewerbebetrieb gilt, als sie nicht unter eine der sieben Einkunftsarten des § 2 Abs. 1 EStG fällt. Hat die Kapitalgesellschaft keinen außerbetrieblichen Vermögensbereich, kann es keine Verbindlichkeit der Gesellschaft geben, die einer solchen Vermögenssphäre zuzuordnen ist und infolgedessen in steuerliches Eigenkapital umzuqualifizieren wäre.

Ist im weiteren davon auszugehen, daß die Kapitalgesellschaft nur steuerliches Betriebsvermögen hat, ergibt sich aufgrund des Maßgeblichkeitsgrundsatzes zunächst, daß jeder in der handelsrechtlichen Gewinn- und Verlustrechnung verbuchte Aufwand in den steuerlichen Betriebsvermögensvergleich als Vermögensminderung eingeht. Dies geschieht entweder über eine Verminderung der Aktiva oder durch den bilanziellen Ansatz des Aufwandes als zu passivierende Verbindlichkeit; im vorliegenden Fall durch den Ansatz einer Pensionsrückstellung. Dabei ist das Betriebsvermögen unter Beachtung sowohl der Maßgeblichkeit der handelsrechtlichen Grundsätze ordnungsmäßiger Buchführung als auch der Beachtung des steuerrechtlichen Bewertungsvorbehaltes (§ 5 Abs. 6 EStG) anzusetzen. Insofern führt die Vermögensminderung durch die Pensionsrückstellung über die Eigenkapitalermittlung zu einer Minderung des Gewinnes, mithin des Unterschiedsbetrages aus dem Betriebsvermögensvergleich. Ob es für die steuerliche Gewinnermittlung letztlich bei der durch die Vermögensminderung eingetretenen Gewinnminderung verbleibt, hängt von der Frage ab, ob die Vermögensminderung steuerlich notwendigerweise als Betriebsausgabe erfaßt werden muß. Während es für diejenigen als Betriebsausgaben anzusehenden Aufwendungen, die durch den Betrieb veranlaßt sind, grundsätzlich bei der Gewinnminderung der Gesellschaft bleibt (§ 4 Abs. 4 EStG), dürfen Entnahmen, die entsprechend der Vorschrift des § 4 Abs. 1 S. 2 EStG als Vermögensabgaben des Betriebes zu betriebsfremden Zwecken bestimmt sind,

---

[133] BFH v. 4.2.1987 - I R 58/86, BFHE 149, 109 = BB 1987, 804, 806.

[134] BFH v. 25.11.1987 - I R 126/85, BFHE 151, 544, 546 = BStBl. II 1988, 220.

[135] BFH v. 4.12.1997 - I R 54/95, DB 1997, 707.

den Gewinn nicht mindern.[136] Der Begriff der Entnahme steht deshalb im Gegensatz zu dem der Betriebsausgabe. Dennoch hat auch die Entnahme im Betriebsvermögensvergleich das Eigenkapital und damit den Gewinn zunächst gemindert, weil es sich auch bei ihr um einen Vermögensabfluß handelt. Ihre zunächst gewinnmindernde Wirkung wird aufgehoben, indem sie dem Unterschiedsbetrag gemäß § 4 Abs. 1 S. 1 EStG hinzugerechnet wird.

Für die Kapitalgesellschaften werden die Regelungen der Entnahme durch die körperschaftsteuerrechtlichen Regelungen bezüglich der Gewinnausschüttungen ersetzt.[137] Die Vorschriften des § 8 Abs. 3 S. 1 und 2 KStG bestimmen, daß Vermögensverteilungen an die Gesellschafter den steuerlichen Gewinn der Gesellschaft nicht mindern.[138] Insofern geht die Rechtsfolge des § 8 Abs. 3 S. 2 KStG, soweit sie sich auf die Gewinnkorrektur bezieht, derjenigen des § 4 Abs. 1 S. 1 EStG vor.[139] Stellt man sich auf den Standpunkt, daß Ausschüttungen immer auch Betriebsausgaben sind, weil die Kapitalgesellschaft keine außerbetriebliche Sphäre hat, mithin die gesamte Tätigkeit der Gesellschaft Gewerbebetrieb ist,[140] dann sind Gesellschaftsleistungen an die Gesellschafter und deshalb auch die Ausschüttungen immer bzw. zumindest auch betrieblich veranlaßt. Dies spräche so gesehen gegen die Annahme einer Entnahme. Deshalb wird aber der Gesetzesbefehl des § 8 Abs. 3 S. und 2 KStG nicht aufgehoben. Denn für die Ausschüttungen bliebe unberücksichtigt, daß betrieblicher und gesellschaftsrechtlicher Anlaß nicht in einem Ausschließlichkeitsverhältnis zueinander stehen. Vielmehr wird bei dieser Betrachtungsweise der betriebliche Anlaß von letzterem überlagert. Deshalb hat die Abgrenzung der von § 8 Abs. 3 S. 2 KStG erfaßten Vermögensminderung danach zu erfolgen, ob diese ihre Ursache auch im Gesellschaftsverhältnis hat. Dies entscheidet sich anhand der dem Fremdvergleich zugrunde zu legenden Maßstäbe, insbesondere danach, ob die Gesellschaft bei Anwendung der Sorgfalt eines ordentlichen und gewissen-

136 Crezelius, Steuerrecht II, § 8 II 5b; Kirchhof/Söhn/Plückebaum, EStG, § 4 Rdnr. B 220ff.; Knobbe-Keuk, Bilanzsteuerrecht, § 8 I 1; Maas, StVj 1990, S. 42, 50; L.Schmidt/Heinicke, EStG, § 4 Rdnr. 300.

137 BFH v. 26.10.1987 - GrS 2/86, BFHE 151, 523 = BStBl. II 1988, 348.

138 Die Vorschriften der § 8 Abs. 3 S. 1 und 2 KStG sprechen streng genommen nicht von Vermögensverteilungen, sondern von Einkommens- und Gewinnverteilungen. Die verwendeten Begriffe sind in diesem Zusammenhang insofern ungenau, weil es sich beim Einkommen und Gewinn um rein technische Größen handelt, die tatsächlich nicht verteilt werden können. Der Verteilung zugänglich sind allein die erwirtschafteten Vermögensgegenstände der Kapitalgesellschaft.

139 Der BFH v. 26.10.1987 - GrS 2/86, BFHE 151, 523 = BStBl. II 1988, 348 versteht § 8 Abs. 3 S. 2 KStG als lex specialis zu § 4 Abs. 1 S. 2 EStG.

140 Wassermeyer, GmbHR 1998, 157, 158.

haften Geschäftsleiters in der konkreten Situation die betreffende Leistung zu den gleichen Bedingungen ebenfalls mit einem fremden Dritten vereinbart hätte. Ist die Vermögensminderung gesellschaftsrechtlich veranlaßt, dann liegt aus der Sicht der Kapitalgesellschaft keine betriebliche Vermögensminderung im engeren Sinne vor. Es handelt sich um eine für die steuerrechtliche Gewinnermittlung irrelevante Vermögensminderung, die den Gewinn nicht beeinflussen darf, denn dieser ist das Ergebnis der steuerbaren, ausschließlich betrieblichen Erwerbstätigkeit der Gesellschaft. Ist die mit der verdeckten Gewinnausschüttung im Sinne des § 8 Abs. 3 S. 2 KStG verbundene Vermögensminderung an die Anteilseigner, ebenso wie jede andere ordentliche Ausschüttung im steuerrechtlichen Sinne, keine Betriebsausgabe und darf sie deshalb den Gewinn der Gesellschaft nicht mindern, steht die verdeckte Gewinnausschüttung in ihrer steuerlichen Funktion der Entnahme im Sinne des § 4 Abs. 1 S. 1 EStG gleich.[141] Hier wie dort geht es um die Korrektur des Ergebnisses aus dem Betriebsvermögensvergleich, weil dieses zunächst ohne Berücksichtigung des steuerlich maßgebenden Veranlassungsprinzips auch solche Betriebsvermögensänderungen umfaßt, die, wie die verdeckte oder die ordentliche Gewinnausschüttung, nicht ausschließlich betrieblich veranlaßt sind, so daß im Ergebnis der steuerliche Gewinn nur betriebliche Geschäftsvorfälle ausweist. Insofern spricht einiges dafür, daß es sich bei den Gewinnausschüttungen um Entnahmen im Sinne des § 4 Abs. 1 EStG handelt und sich deshalb auch ihre Rechtsfolgen bezüglich der vorzunehmenden Gewinnkorrektur decken.

Gegen die Einordnung der Gewinnausschüttungen als Entnahme könnte jedoch eingewandt werden, daß die Kapitalgesellschaft nicht wie eine natürliche Person über eine private Vermögenssphäre verfügt und im strengen, einkommenssteuerrechtlichen Begriffssinne deshalb keine Wirtschaftsgüter aus ihrem betrieblichen Vermögensbereich in einen nichtbetrieblichen (Privat-)Bereich entnehmen kann.[142] Ist davon auszugehen, daß Kapitalgesellschaften neben ihrem Betriebsvermögen nicht noch weiteres, außerbetriebliches Vermögen besitzen, ist es in der Tat undenkbar, daß Kapitalgesellschaften eine solche „eigentliche" Entnahme im Sinne des EStG vornehmen können. Im Schrifttum ist deshalb die Anwendbarkeit der Einnahme und Einlageregelungen auf Kapitalgesellschaften

141 Hoffmann, DStR 1995, 1620, 1621f.; Reiß, StuW 1996, 337, 340; Meyer-Sievers, DStR 1990, 543, 545; Thiel, DStR 1993, 1801, 1802; Wassermeyer, FR 1989, 218, 222; ders., StVj 1993, S. 208, 213f.; ders., DB 1994, 1105, 1106.

142 Maas, StVj 1990, S. 42, 49.

verschiedentlich bezweifelt worden.[143] Indessen ungeachtet wendet die Rechtsprechung des BFH die einkommensteuerrechtlichen Vorschriften über die Einlagen und Entnahmen im Körperschaftsteuerrecht auch im Verhältnis zwischen Gesellschaft und Gesellschafter an, wenn es zwischen diesen zu Eigentumsübertragungen kommt, die mit Rücksicht auf das Gesellschaftsverhältnis getätigt werden.[144]

Für diese Auffassung spricht zum einen die Verweisungstechnik des KStG. Die Vorschrift des § 8 Abs. 1 KStG bestimmt für die körperschaftsteuerrechtliche Einkommensermittlung die Vorschriften des EStG und damit auch die über die Einlagen und Entnahmen für anwendbar. Zum anderen ist entscheidend, daß es für den Tatbestand einer „eigentlichen" Entnahme nicht auf einen Wertabgang in den außerbetrieblichen Bereich, sondern auf die für die steuerliche Beurteilung des Vorganges maßgebliche Veranlassung ankommt.

Des weiteren kann der Behandlung der verdeckten Gewinnausschüttung als Entnahme nicht entgegengehalten werden, daß es der Kapitalgesellschaft an einem Kapitalkonto des begünstigten Gesellschafters fehle, auf dem die als verdeckte Gewinnausschüttung anzusehende Wertabgabe - wie bei einer Entnahme eines einkommensteuerpflichtig Gewerbetreibenden - neutralisiert werden könnte, um nicht die Gewinn und Verlustrechnung und damit das Steuerbilanzergebnis zu berühren.[145] Dabei wird zunächst verkannt, daß die steuerrechtliche Gewinnermittlung - und dies gilt nicht nur für den Einkommensteuerpflichtigen, der nach §§ 4 Abs. 1 EStG den Gewinn zu ermitteln hat, sondern gemäß § 8 Abs. 1 KStG auch für die körperschaftsteuerpflichtige Kapitalgesellschaft - durch einen Betriebsvermögensvergleich gemäß § 4 Abs. 1 EStG zu erfolgen hat und eben nicht durch eine etwaige steuerrechtliche Gewinn- und Verlustrechnung. Bei einem durch Betriebsvermögensvergleich ermittelten Gewinn kommt es aber auch für den Einkommensteuerpflichtigen nicht auf dessen handelsrechtliches Kapitalkonto an; es ist steuerrechtlich unbeachtlich. Gerade deswegen ist der sich aus dem Betriebsvermögensvergleich ergebende Unterschied um Entnahmen und Einlagen zu korrigieren.

143 Dobelke, WPg 1963, 65, 66f.; Rose, StbJb 1967/68, S. 211, 242f.; eingehend ebenfalls Otto, DB 1979, 30, 131, 183.

144 BFH v. 26.10.1987 - GrS 2 /86, BFHE 151, 523, 531ff = BStBl. II 1988, 348.

145 Maas, StVj 1990, 42, 49.

Die verdeckte Gewinnausschüttung ist als Entnahme zu qualifizieren.[146] Dabei ist wie für die Entnahme nach der Vorschrift des § 4 Abs. 1 S. 1 KStG davon auszugehen, daß sie das mit dem Anfangsvermögen zu vergleichende Endvermögen der Gesellschaft gemindert hat. Demgemäß sieht es auch der BFH als eine der Tatbestandsvoraussetzungen der verdeckten Gewinnausschüttung an, daß diese den Unterschiedsbetrag im Sinne des § 4 Abs. 1 S. 1 EStG gemindert haben muß.[147] Daraus folgt notwendigerweise, daß es sich bei der Vorschrift des § 8 Abs. 3 S. 2 KStG nicht um eine den Maßgeblichkeitsgrundsatz einschränkende, steuerliche Bilanzierungsvorschrift handeln kann. Denn als solche würde sie in den Ansatz des Betriebsvermögens und dessen anschließendem Vergleich eingreifen und infolgedessen wäre eine Korrektur des Unterschiedsbetrages nicht erforderlich. Durch den Nichtansatz einer als verdeckte Gewinnausschüttung erkannten Schuld der Kapitalgesellschaft träte eine Minderung des Gewinnes der Gesellschaft nicht ein. Es ist aber gerade die Rechtsfolge einer Entnahme, daß diese dem Unterschiedsbetrag hinzuzurechnen ist und deshalb auch die der verdeckten Gewinnausschüttung, wenn sie als Entnahme betrachtet werden muß.[148] Die gesetzliche Anordnung der Hinzurechnung zum Gewinn schließt eine innerbilanzielle Korrektur als Rechtsfolge des § 8 Abs. 3 S. 2 KStG aus. Die in den Betriebsvermögensvergleich eingehende Verbindlichkeit aus einer verdeckten Gewinnausschüttung kann folglich steuerrechtlich ebenso wenig wie eine ordentliche Ausschüttungsverbindlichkeit in Eigenkapital umqualifiziert werden.[149] Insofern ist die Rechtsfolge der verdeckten Gewinnausschüttung im Sinne des § 8 Abs. 3 S. 2 KStG auch mit derjenigen des § 4 Abs. 5

---

146 Ebenso Hoffmann, DStR 1995, 1620, 1621f.; Reiß, StuW 1996, 337, 340; Thiel, DStR 1993, 1801, 1802; Wassermeyer, StVj 1993, S. 208, 233; ders., DB 1994, 1105.

147 BFH v. 22.2.1989 - I R 44/85, BFHE 156, 177, 178 = BStBl. II 1989, 475; v. 22.2.1989 - I R 9/85, BFHE 156, 428 = BStBl. II 1989, 631.

148 Dabei ist zu berücksichtigen, daß die Bedeutung der verdeckten Gewinnausschüttung über die einer Entnahme hinausgeht. Dies ist letztlich auch der Grund für das Vorhandensein der Vorschrift des § 8 Abs. 3 S. 2 KStG. Allein als Entnahme verstanden käme ihr nur die Bedeutung zu, die gesellschaftsrechtlich veranlaßte Minderung des Unterschiedsbetrages auszugleichen. Darüber hinaus ist sie Gewinnausschüttung an den Anteilseigner und deshalb auch als solche zu behandeln, daß heißt, sobald sie tatsächlich erfolgt ist, ist die Ausschüttungsbelastung nach § 27 Abs. 1 KStG herzustellen. Die Ingangsetzung des Anrechnungsverfahrens ist insofern von Bedeutung, weil anderenfalls die steuerliche Erfassung der verdeckten Gewinnausschüttung an beschränkt Steuerpflichtige nicht sichergestellt wäre.

149 So bereits BFH v. 13.4.1973 - III R 69/72, BFHE 109, 470 = BStBl. II 1973, 622 in einer zur Einheitsbewertung ergangenen Entscheidung; v. 29.6.1994 - I R 137/93, BFHE 175, 347 = BB 1994, 2391; ebenso Fiedler, BB 1995, 1341, 1342; Gassner, JbFAStR 80/81, S. 279, 294; Maas, StVj 1990, S. 42, 57; Reiß, StuW 1996, 337, 344f.; neuerdings ebenfalls Wassermeyer, in Gedächtnisschrift Knobbe-Keuk, S. 541, 545.

EStG vergleichbar.[150] Für die nicht abziehbaren Betriebsausgaben geht die herrschende Meinung von einer außerbilanziellen Korrektur aus, weil auch diese Aufwendungen die Eigenschaft haben den Gewinn zu mindern. Durch die mit dem Aufwand korrespondierende bilanzielle Vermögensänderung wird das Endvermögen der Gesellschaft ebenfalls gemindert.

Diesem steht nicht entgegen, daß in denjenigen Fällen einer verdeckten Gewinnausschüttung, in denen die Kapitalgesellschaft von ihrem Gesellschafter Wirtschaftsgüter zu einem unangemessen hohen Preis erwirbt, der bilanzielle Ansatz der Wirtschaftsgüter zu den überhöhten Anschaffungskosten um den überhöhten Teil des Kaufpreises zu verringern ist.[151] Die Herabsetzung der Anschaffungskosten ist keine Rechtsfolge der verdeckten Gewinnausschüttungen, sondern die notwendige Folge einer Fehlbuchung, die durch die Aufdeckung der verdeckten Gewinnausschüttung erkannt wird. Der Ausweis des Wirtschaftsgutes mit den angemessenen Anschaffungskosten folgt bereits aus dem handelsrechtlichen Anschaffungskostenbegriff.[152] Aber auch unabhängig von der handelsrechtlichen Beurteilung sind steuerrechtlich Anschaffungskosten nur insoweit anzusetzen, wie sie durch eben diese Anschaffung veranlaßt sind.[153] Hiervon sind diejenigen Teile des Kaufpreises ausgeschlossen, die diesem mit Rücksicht auf das Gesellschaftsverhältnis zugeschlagen werden. Gegenstand der verdeckten Gewinnausschüttung ist nicht der Ansatz überhöhter Anschaffungskosten, sondern die Vermögensminderung durch Zahlung des überhöhten Kaufpreises oder, soweit dieser gestundet wird, der Ausweis der entsprechend überhöhten Verbindlichkeit. Handelsrechtlich ist der Ansatz dieser Verbindlichkeit nicht herabzusetzen.[154] Wegen des Maßgeblichkeitsgrundsatzes folgt dies auch für den steuerlichen Betriebsvermögensvergleich oder eine Steuerbi-

---

150 Wassermeyer, FR 1989, 218, 222.

151 So bereits RFH 11.8.1936 - I A 237, Kartei KStG 1934, § 6, Urteil Nr. 465.

152 Ebenso für die handelsbilanzrechtliche Behandlung Schulze-Osterloh, ZIP 1993, 1838, 1842; ders., StuW 1994, 131, 135. Die herrschende handelsrechtliche Meinung will auch den überhöhten Teil des Kaufpreises als Anschaffungskosten ansetzen, BeckBilKomm-Ellrott/Schmidt-Wendt, § 255 Rdnr. 20; Küting/Weber/Knop/Küting, Handbuch der Rechnungslegung, § 255 Rdnr. 18; Wohlgemuth, HdJ, Abt. I/9, Rdnr. 12.

153 Bock/Maas, FR 1961, Beilage zu Heft 22, S. 6; Briese, DB 1983, 846; Döllerer, Verdeckte Gewinnausschüttungen, S. 128f.; Knobbe-Keuk, Bilanzsteuerrecht, § 19 I 3a; Pezzer, Verdeckte Gewinnausschüttung, S. 121f; Wassermeyer, BB 1989, 1382f.; ders., in Gedächtnisschrift Knobbe-Keuk, S. 541, 543f.; a.A. Streck, KStG, § 8 Rdnr. 103, § 27 Rdnr. 11.

154 BeckBilKomm-Budde/Müller, § 248 Rdnr. 110; Döllerer, Verdeckte Gewinnausschüttungen, S. 127; Frotscher/Maas, KStG UmwStG, Anhang vGA zu § 8 Rdnr. 22; 214; Kirchgesser, DB 1996, 703; Schäfer, DStZ 1995, 364.

lanz. Zwar ist auch diese Verbindlichkeit in Höhe des unangemessenen Teiles des Kaufpreises nicht ausschließlich betrieblich veranlaßt, dies aber ändert nichts an ihrer Qualifikation als Fremdkapital, da die Kapitalgesellschaft nicht über eine Privatsphäre verfügt. Sie bleibt steuerrechtlich als Verbindlichkeit weiterhin bestehen.[155] Sie ändert jedoch aufgrund ihrer gesellschaftsrechtlichen Veranlassung ihre Bezeichnung in die einer Ausschüttungsverbindlichkeit.[156] Anderenfalls wäre auch die Verpflichtung der Kapitalgesellschaft aus einer ordentlichen Gewinnausschüttung steuerlich nicht als Verbindlichkeit auszuweisen. Dem aber ist nicht so.[157] Gleiches gilt für Verbindlichkeiten der Kapitalgesellschaft aus der Zusage überhöhter Vergütungen für den Gesellschafter aus sonstigen Leistungsbeziehungen, wie sie auch die Pensionsrückstellung aus einer unangemessenen Pensionszusage für die vom Gesellschafter-Angestellten erbrachten Dienste darstellt.[158]

---

155 BFH v. 13.4.1973 - III R 69/72, BFHE 109, 470 = BStBl. II 1973, 622; v. 29.6.1994 - I R 137/93, BFHE 175, 347, 349.

156 Vgl. dazu BFH v. 29.6.1994 - I R 137/93, BFHE 175, 347; v. 29.5.1996 - I R 118/93, BFHE 180, 405 = BStBl. II 1997, 92, 94; Dötsch/Eversberg/Jost/Witt/Achenbach, KStG, § 8 KStG Rdnr. 189; Döllerer, JbFAStR 1978/79, S. 365, 379; ders., Verdeckte Gewinnausschüttungen, S. 127.

157 BFH v. 29.6.1994 - I R 137/93, BFHE 175, 347, 349.

158 Für eine Umqualifizierung sprachen auch unter der Geltung des Anrechnungsverfahrens keine gliederungstechnischen Notwendigkeiten im Hinblick auf das verwendbare Eigenkapital, wie sie in der Literatur vorgetragen worden sind. Ist die Verpflichtung zur Ausschüttung von Gewinn, ob offen oder verdeckt, steuerlich als Fremdkapital auszuweisen, dann ergab sich bei der offenen wie bei der verdeckten Gewinnausschüttung die Problematik, daß das aus dem Betriebsvermögensvergleich resultierende verwendbare Eigenkapital und das in der Gliederungsrechnung zu ermittelnde verwendbare Eigenkapital voneinander abweichen können. Die Abweichung ergab sich immer dann, wenn korrespondierende Zu- und Abgänge in der Gliederungsrechnung zeitlich auseinanderfallen, beispielsweise bei einer überhöhten Pensionszusage infolge zeitlicher Inkongruenz des Vorliegens der Tatbestände einer verdeckten Gewinnausschüttung i.S.d. § 8 Abs. 3 S. 2 KStG und des § 20 Abs. 1 Nr. 1 S. 2 EStG. Denn in diesen Fällen ist in der Steuerbilanz Fremdkapital auszuweisen während es gliederungstechnisch verwendbares Eigenkapital darstellt und dieses erst dann gemindert wird, wenn die Ausschüttung vollzogen ist. Die Abweichung löst sich mit dem Vollzug der Ausschüttung und bei einer als verdeckte Gewinnausschüttung anzusehenden Pensionszusage erst mit der vollständigen Auflösung der Pensionsrückstellung auf. Bei einer Umqualifizierung der Ausschüttungsverbindlichkeit in Eigenkapital träte die Abweichung nicht auf. Insoweit geht Pezzer (Verdeckte Gewinnausschüttung, S. 122f.; ebenso wohl Gassner, JbFAStR 1980/81, S. 279, 294) fehl, wenn er annimmt, der Zugang infolge einer aufgedeckten, verdeckten Gewinnausschüttung und der Abgang zum verwendbaren Eigenkapital in der Gliederungsrechnung glichen sich im Ergebnis immer aus. Gerade der hier zu besprechende Fall der Pensionszusage zeigt, daß Zu- und Abgang im verwendbaren Eigenkapital zeitlich auseinanderfallen können. Dabei ist darauf hinzuweisen, daß dieser Fall keine Ausnahmeerscheinung ist, sondern eine zeitliche Inkongruenz immer dann auftritt, wenn ein als verdeckte Gewinnausschüttung zu

Auch die Problematik des Falles, daß der pensionsberechtigte Gesellschafter-Angestellte mit einer unangemessen hohen Pensionszusage vor dem Eintritt des Versorgungsfalles verstirbt und infolgedessen die Pensionsrückstellung aufzulösen ist, ist steuerdogmatisch kein wirklicher Problemfall, der entgegen Wassermeyer[159] zur einwandfreien Lösung nicht der Umqualifizierung bedarf. Die Pensionsrückstellung ist vollständig aufzulösen, aber nur in Höhe des angemessenen Teiles geschieht dies erfolgswirksam. Der aufzulösende, unangemessen hohe Teil ist als fortfallende (ungewisse) Ausschüttungsverbindlichkeit in das Eigenkapital zu buchen. Steuerrechtlich ist der Vorgang in Höhe des wegfallenden, unangemessenen Teiles der Pensionsrückstellung eine verdeckte Einlage, weil es sich bei der Vermögensmehrung der Gesellschaft durch den Wegfall der Pensionsverpflichtung nicht um eine betrieblich veranlaßte Vermögensmehrung handelt. Denn eine gesellschaftsrechtlich veranlaßte Verbindlichkeit kann nicht durch ihren Untergang zu einer betrieblichen werden. Aber auch wenn das Vorliegen einer verdeckten Einlage zu verneinen sein sollte, weil die Vermögensmehrung der Kapitalgesellschaft nicht auf einer willentlichen Zuwendung des

beurteilender Aufwand zu passivieren ist. Da § 29 KStG von einer Übereinstimmung ausgeht, könnte die Vorschrift die Umqualifizierung notwendig erscheinen lassen (so Streck, KStG, § 8 Rdnr. 103; Wassermeyer, DStR 1987, 484, 487; ders., DB 1987, 1113, 1117; ders., in Festschrift Döllerer, S. 705, 708). Die Diskrepanz im Ausweis des verwendbaren Eigenkapitals in der Gliederungsrechnung und in der Steuerbilanz kann entgegen vorstehender Auffassung jedoch nicht durch die Umqualifizierung eines Bilanzansatzes aufgehoben werden. Insofern würde den körperschaftsteuerrechtlichen Vorschriften zum Anrechnungsverfahren materielle bilanzsteuerrechtliche Bedeutung zugemessen, die diesen gerade nicht zukommt. Abzulehnen ist deshalb die Auffassung von Widmann (Widmann, JbFAStR 1978/79, S. 387, 396; ders., JbFAStR 1980/81, S. 279, 296f.; ebenso Meyer-Sievers, DStR 1990, 543, 547f.; a.A. Blümich/ Freericks, EStG KStG GewStG, § 29 KStG Rdnr. 34; Herrmann/Heuer/Raupach/Wrede, EStG KStG, § 29 KStG Rdnr. 78), der sich für bilanzrechtlich zu ziehende Konsequenzen aus den Gliederungsvorschriften ausgesprochen hat; hier den unangemessenen Teil der Schuld in der Steuerbilanz der Gesellschaft als Rücklage auszuweisen. Gleichfalls abzulehnen ist die von Maas (Maas, StVj 1990, 42, 59; ebenso Blümich/ Freericks, EStG KStG GewStG, § 29 KStG Rdnr. 34; a.A. Herrmann/ Heuer/ Raupach/Wrede, EStG KStG, § 29 KStG Rdnr. 78) vertretene Lösung, die zwischen Steuerbilanz und Gliederungsrechnung entstehende Abweichung sei durch eine negative Anpassungsdifferenz im EK 02 auszugleichen, die während der Anwartschaftszeit in Höhe der jährlichen Rückstellungszuführungen aufgebaut und nach Eintritt des Versorgungsfalles stufenweise aufgelöst werden soll, um im Todesfall mit der Rückstellungsauflösung ganz zu entfallen. In der Abweichung zeigt sich eine vom Gesetzgeber übersehene Fallgestaltung, die nicht im EK 02 auszugleichen ist. Die Finanzverwaltung (Abschnitt 79 Abs. 2 KStR 1995) will für Abweichungen bei ordentlichen Gewinnausschüttungen infolge des zeitlichen Auseinanderfallens von Beschluß und Auszahlung keine Anpassung der Gliederungsrechnung an die Steuerbilanz vornehmen. Für verdeckte Gewinnausschüttungen wird gleiches gelten müssen.

159 Wassermeyer, StVj 1993, 208, 222.

Gesellschafters, sondern auf dessen Tod beruht,[160] so handelt es sich doch zumindest um eine nicht steuerbare Vermögensmehrung. Sie ist nicht Gewinn, weil bereits die Zuführungsbeträge zur Pensionsrückstellung in Höhe des unangemessenen Teiles dem Gewinn als verdeckte Gewinnausschüttung hinzugerechnet und besteuert worden sind. Die Ausschüttungsverbindlichkeit steht für bereits versteuerten Gewinn der Gesellschaft und gerade daraus ergibt sich die hier vorliegende Problematik. Anderenfalls käme es zu dessen doppelter Besteuerung. Ist die Vermögensmehrung keine verdeckte Einlage, wird sie als „Quasieinlage" oder als „negative Entnahme" betrachtet werden müssen, um die der durch die Auflösung der Pensionsrückstellung erhöhte Unterschiedsbetrag zu mindern ist.

Als Zwischenergebnis ist festzuhalten, daß die verdeckte Gewinnausschüttung gesellschaftsrechtlich veranlaßte Vermögensminderung der Kapitalgesellschaft ist, die den Unterschiedsbetrag im Sinne des § 4 Abs. 1 S. 1 EStG mindert, aber aufgrund der Vorschrift des § 8 Abs. 3 S. 2 KStG nicht mindern darf. Sie ist deshalb wie eine Entnahme dem Unterschiedsbetrag hinzuzurechnen. Die hierin zum Ausdruck kommende Einschränkung des Trennungsprinzips bei gesellschaftsrechtlich veranlaßten Rechtsbeziehungen rechtfertigt nicht die Umqualifizierung einer Betriebsschuld. Rechtsfolge des § 8 Abs. 3 S. 2 KStG ist nicht die bilanzielle Korrektur des Bilanzansatzes der Verbindlichkeit aus einer verdeckten Gewinnausschüttung in den eines Eigenkapitalausweises. Die in der Handelsbilanz ausgewiesene Pensionsrückstellung zugunsten eines Gesellschafter-Angestellten ist steuerlich nicht um ihren unangemessen hohen Teil zu kürzen. Dies bedeutet für den Fall der Umwandlung der Kapitalgesellschaft in eine Personengesellschaft, daß die Pensionsrückstellung in voller Höhe in die steuerliche Übertragungsbilanz der Kapitalgesellschaft und in die Übernahmebilanz der Personengesellschaft zu übernehmen ist und damit verbunden den Übernahmegewinn mindert bzw. einen Übernahmeverlust erhöht.

c) Besteuerung der verdeckten Gewinnausschüttung beim Anteilseigner

Die zulässigerweise handelsrechtlich wie steuerrechtlich passivierte Ausschüttungsverbindlichkeit mindert das bilanzielle Eigenkapital.[161] Die vor dem steuerlichen Übertragungsstichtag vorgenommene, aber bis zum steuerlichen Übertragungsstichtag noch nicht vollzogene, verdeckte Gewinnausschüttung führt zu einer Minderung des Übernahmegewinnes bzw. zu einer Erhöhung des Über-

160 So Maas, StVj 1990, 42, 58.

161 BFH v. 29.6.1994 - I R 137/93, BFHE 175, 347.

nahmeverlustes. Es ist deshalb zu überprüfen, ob der Einfluß des Verbindlichkeitsansatzes auf das Übernahmeergebnis vernachlässigt werden kann. Insofern ist fraglich, ob dem Gesellschafter am steuerlichen Übertragungsstichtag die verdeckte Gewinnausschüttung als sonstiger Bezug im Sinne des § 20 Abs. 1 S. 1 Nr. 1 S. 2 EStG zuzurechnen ist - wenn die Anteile an der Kapitalgesellschaft zum Privatvermögen des Gesellschafters gehören, anderenfalls durch Zurechnung zu der entsprechenden Einkunftsart (§ 20 Abs. 3 EStG), wenn die Anteile in einem Betriebsvermögen liegen -, so daß das Ziel des Besteuerungskonzeptes der §§ 3 bis 10 UmwStG, die Besteuerung der thesaurierten Gewinne der Kapitalgesellschaft auf der Ebene der (ehemaligen) Anteilseigner, im Rahmen des Umwandlungsvorganges im Ergebnis ebenfalls erreicht wird. Auf die tatsächliche Auszahlung der Gewinnausschüttung käme es dabei nicht an, wenn sich die zeitliche Zurechnung zum Gesellschafter aus dessen Pflicht als Einzelunternehmer ergäbe, den Gewinnausschüttungsanspruch gemäß der Vorschriften der §§ 4 Abs. 1, 5 EStG zu aktivieren. Da nach hier vertretener Ansicht der aufschiebend bedingte Pensionsanspruch, auch soweit er steuerlich als verdeckte Gewinnausschüttung zu beurteilen ist, erst mit dem Eintritt des Versorgungsfalles zu aktivieren ist,[162] wird in diesem Fall die Besteuerung der Kapitalgesellschaft regelmäßig nicht durch die des Gesellschafters ersetzt werden.

Dem Anteilseigner, der die Anteile an der Kapitalgesellschaft im Privatvermögen hält, ist die verdeckte Gewinnausschüttung als ein sonstiger Bezug im Sinne des § 20 Abs. 1 S. 1 Nr. 1 S. 2 EStG unter der Voraussetzung zuzurechnen, daß ihm die verdeckte Gewinnausschüttung gemäß § 11 Abs. 1 EStG tatsächlich zugeflossen ist.[163] Unerheblich für die zeitliche Zurechnung ist grundsätzlich die Fälligkeit der Forderung.[164] Folgt man dieser allgemeinen Auffassung in der Bestimmung des Zuflußzeitpunktes, so führt eine überhöhte Pensionszusage der Kapitalgesellschaft gegenüber ihrem Gesellschafter-Angestellten zu Einkünften aus Kapitalvermögen erst dann, wenn mit Eintritt des Versorgungsfalles die

162 Siehe hierzu oben Teil 1, B II 3b aa.

163 BFH v. 30.4.1974 - VIII R 123/73, BStBl. II 1974, 541; v. 28.1.1992 - VIII R 207/85, BStBl. II 1992, 605; Döllerer, Verdeckte Gewinnausschüttungen, S. 125f.; ders., DStR 1980, 395, 398; Dötsch/Eversberg/Jost/Witt/Achenbach, KStG, § 8 KStG Rdnr. 187; Frotscher/Maas, KStG UmwStG, Anhang vGA zu § 8 Rdnr. 253; Streck, KStG, § 8 Rdnr. 105; Lange, Verdeckte Gewinnausschüttungen, Rdnr. 62, 121; Wassermeyer, StVj 1993, 208, 225.

164 Herrmann/Heuer/Raupach/Birk, EStG KStG, § 11 Rdnr. 34; L.Schmidt/Heinicke, EStG, § 11 Rdnr. 12, Kirchhof/Söhn/Trzaskalik, EStG, § 11 Rdnr. B 45; Littmann/Bitz/Hellwig/Wolff-Diepenbrock, EStG, § 11 Rdnr. 40; Schmidt/Heinicke, EStG, § 11 Rdnr. 12.

Pensionsleistungen an den Gesellschafter effektiv ausgezahlt werden.[165] Sofern man von dem Ausnahmefall absieht, daß die Pensionszusage eine einmalige Zahlung zum steuerlichen Übertragungsstichtag vorsieht und diese auch tatsächlich erfolgt, wird bei einer zum steuerlichen Übertragungsstichtag bestehenden, gesellschaftsrechtlich veranlaßten Pensionszusage die Zahlung der Pensionsleistungen und deren Besteuerung möglicherweise über einen Jahrzehnte andauernden Zeitraum nach dem steuerlichen Übertragungsstichtag erfolgen. Demzufolge würde zum steuerlichen Übertragungsstichtag eine Besteuerung des Gewinnes der Kapitalgesellschaft, der in dem gesellschaftsrechtlich veranlaßten Teil der Pensionsrückstellung gebunden ist, nicht einsetzen. Insofern käme es für die zum steuerlichen Übertragungsstichtag nicht abgeflossene verdeckte Gewinnausschüttung zu einer Steuerstundung bis zum Zeitpunkt der tatsächlichen Auszahlung der verdeckten Gewinnausschüttung.[166] Um dies zu verhindern, will Widmann[167] die Auszahlung der verdeckten Gewinnausschüttung am steuerlichen Übertragungsstichtag als vom Anteilseigner bezogen ansehen. Der Besteuerung des Zuflusses stehe nicht entgegen, daß der begünstigte Gesellschafter u.U. die zugesagte Pension nicht erhält, weil er vorher verstirbt.[168]

Die Fiktion des Zuflusses der verdeckten Gewinnausschüttung kann nicht auf die Rechtsprechung des BFH zur Fiktion des Zuflusses bei beherrschenden Gesellschaftern gestützt werden, mit der ohne den tatsächlichen Abfluß beim Schuldner der Zufluß bei fälligen Forderungen fingiert wird.[169] Diese Rechtsprechung baut auf der Überlegung auf, daß der Zufluß in Zweifelsfällen zu

---

165 Siehe dazu auch oben Teil 1, A II 3.

166 Dieser Effekt wurde unter der Geltung des Anrechnungsverfahrens zudem noch dadurch verstärkt, daß die auf den Teilbeträgen des für Ausschüttungen verwendbaren Eigenkapitals der übertragenden Kapitalgesellschaft lastende Körperschaftsteuer gemäß § 10 Abs. 1 UmwStG a.F. auf die Einkommensteuer der Anteilseigner der übernehmenden Personengesellschaft anzurechnen war und damit inbegriffen auch die Körperschaftsteuer, die auf die aufgedeckte, verdeckte Gewinnausschüttung entfällt.

167 Widmann/Mayer, Umwandlungsrecht, § 2 UmwStG Rdnr. 163; ebenso BMF-Schreiben v. 25.3.1998, BStBl. I 1998, 267, Tz. 02.24: allerdings mit dem Hinweis in Tz. 02.28, daß für die steuerliche Behandlung von Pensionsrückstellungen ein gesondertes BMF-Schreiben ergehen wird; Frotscher/Maas, KStG UmwStG, § 2 UmwStG Rdnr. 19; ebenso auch Dötsch, Umwandlungssteuerrecht, 4. Aufl. UmwStG Rdnr. 140, 171a; neuerdings jedoch dagegen Dötsch/ Eversberg/Jost/Witt, KStG, UmwStG Rdnr. 171a: Besteuerungszeitpunkt richtet sich nach allgemeinen Grundsätzen.

168 Widmann/Mayer, Umwandlungsrecht, § 2 UmwStG Rdnr. 163; a.A. Dötsch/Eversberg/Jost/Witt, KStG, UmwStG Rdnr. 171a.

169 BFH v. 30.4.1974 - VIII R 123/73, BFHE 112, 355, 358 = BStBl. II 1974, 541; v. 14.2.1984 - VIII R 221/80, BFHE 140, 542, 545f. = BStBl. II 1984, 480; v. 28.7.1993 - I R 1/93, BFH/NV 1994, 230.

dem Zeitpunkt gegeben ist, in dem der Steuerpflichtige die wirtschaftliche Verfügungsmacht über die Einnahmen erlangt. Für den beherrschenden Gesellschafter wird dabei davon ausgegangen, daß er aufgrund seiner beherrschenden Stellung nicht nur die Einflußmöglichkeit besitzt, den Leistungserfolg zu verzögern, sondern, soweit die Kapitalgesellschaft zur Leistung fähig ist, auch dazu in der Lage ist, den Leistungserfolg herbeizuführen, so daß für ihn der Zeitpunkt der Verfügungsmöglichkeit mit dem Eintritt der Fälligkeit maßgeblich sein muß.

Diese sich auf die Einflußmöglichkeit des beherrschenden Gesellschafters stützende, aber dem Wortlaut des § 11 Abs. 1 EStG nicht zu entnehmende Rechtsprechung kann über diesen Einzelfall nicht weiter ausgeweitet werden. Sie ist zudem nicht mit der hier vorliegenden Problematik um die gesellschaftsrechtlich veranlaßte Pensionszusage vergleichbar, so daß sie allenfalls auf die am steuerlichen Übertragungsstichtag bereits fälligen, verdeckten Ausschüttungsverbindlichkeiten gegenüber beherrschenden Gesellschaftern angewandt werden kann. Zudem ist bei einer Zusage auf laufend zu zahlende Pensionsleistungen die Fälligkeit des einzelnen Pensionsanspruches nicht pauschal für jeden mit dem Eintritt des Versorgungsfalles gegeben, sondern tritt sukzessive mit der Erfüllung der an jeden einzelnen aufschiebend bedingten Anspruch geknüpften Erlebensbedingung ein.[170]

Die Fiktion des Zuflusses auf der Ebene des Gesellschafters bedingt die Annahme des Abflusses auf der Gesellschaftsebene. Denn ein Zufluß ohne entsprechenden Abfluß ist nicht vorstellbar. Der Abflußfiktion zum steuerlichen Übertragungsstichtag steht indes zukünftig nicht mehr die herrschende Ansicht in der Literatur und die des BFH bezüglich des Zeitpunktes zur Herstellung der Ausschüttungsbelastung bei verdeckten Gewinnausschüttungen entgegen. Fraglich war diesbezüglich, wann der Tatbestand der §§ 27 Abs. 3 S. 2, 28 Abs. 2 S. 2 KStG erfüllt ist. Dabei kam es darauf an, wann die Ausschüttung nach den Vorschriften als „erfolgt“ anzusehen war. Die hierzu in der Literatur geführte Auseinandersetzung, ob die Ausschüttungsbelastung im Zeitpunkt der Gewinnminderung durch die verdeckte Gewinnausschüttung[171], im Zeitpunkt des Ver-

170 Siehe hierzu oben Teil 1, B II 3b aa (1).

171 Döllerer, JbFAStR 1978/79, S. 365, 378; ders., BB 1979, 57, 59; ders., DStR 1980, 395, 396f.; Herzig, FR 1977, 405, 408; Kläschen, DStZ/A 1979, 267, 271; Lempenau, BB 1977, 1209, 1210; Fuchs/Lempenau, BB 1982, 484, 485; Pezzer, Verdeckte Gewinnausschüttung, S. 127, 131; Reuter, DStR 1983, 317, 320; Streck, KStG, § 27 Rdnr. 10.

mögensabflusses bei der Kapitalgesellschaft[172] oder erst im Zeitpunkt des Zuflusses des Vermögensvorteiles bei dem Gesellschafter herzustellen ist[173], wurde durch die Rechtsprechung des BFH[174] dahingehend entschieden, daß die Änderung der Körperschaftsteuer gemäß der Vorschriften der §§ 27 Abs. 1 und 3 KStG a.F. den tatsächlichen Abfluß der Gewinnausschüttung aus dem Vermögen der Kapitalgesellschaft voraussetze.[175] Auf den Zufluß beim Anteilseigner im Sinne des § 11 Abs. 1 EStG bzw. § 44 EStG kam es insoweit nicht an. Dies bedeutete für die verdeckte Gewinnausschüttung in Form einer Pensionszusage, daß die Ausschüttungsbelastung erst im Zeitpunkt der Pensionszahlungen herzustellen war[176] und deshalb die Fiktion eines Abflusses für die hier vorliegende Problematik nicht mit der Rechtsprechung des BFH zu vereinbaren gewesen wäre. Mit der Abschaffung des Anrechnungsverfahrens und mit ihm der Vorschriften der §§ 27 Abs. 1 und 3 KStG a.F. durch den Systemwechsel zum Halbeinkünfteverfahren ist dieses der Annahme eines Zuflusses entgegenstehende Argument entfallen.

Steuersystematisch läßt sich die Zurechnung der verdeckten Gewinnausschüttung beim Gesellschafter mit der Fiktion des Zuflusses vor dem Hintergrund des Besteuerungskonzepts der §§ 3 bis 10 UmwStG begründen. Dessen dogmatische Erklärung basiert auf dem umwandlungssteuerrechtlichen Verständnis der Umwandlung einer Kapitalgesellschaft in eine Personengesellschaft nicht nur als bloße Vermögensübertragung – wie dies in der Überschrift des zweiten Teiles des UmwStG zum Ausdruck kommt – sondern auch und insbesondere als Totalausschüttung der vorhandenen offenen Rücklagen. Ziel dessen ist es, deren Besteuerung wie für den Fall einer tatsächlich vorgenommenen Gewinnausschüttungsfall auch für die Gesellschafterebene zu sichern. Da die übernehmende Personengesellschaft als solche weder Einkommen- noch Körperschaftsteuersubjekt ist, geht es dabei steuertechnisch im Kern mit der Vorschrift des § 4 UmwStG um die Zurechnung des Einkommens der Kapitalgesellschaft für

---

172 Dötsch, DB 1979, 761, 765; ders., DB 1986, 2041, 2042f.; Knobbe-Keuk, Bilanzsteuerrecht, § 19 I 3c cc; Lang, FR 1984, 629, 631; Raupach, FR 1978, 571, 573; Wassermeyer, GmbHR 1986, 26, 28; Widmann, JbFAStR 1978/79, S. 387, 394f.; Winter, FR 1977, 273, 275; Wrede, DB 1979, 1619.

173 Ebert, BB 1984, 1221, 1224; Flockermann/Sarrazin/Krebs, DStR 1982, 156, 161; Sarrazin, GmbHR 1982, 277, 279.

174 BFH v. 20.8.1986 - I R 87/83, BFHE 147, 521, 523 = BStBl. II 1987, 75; v. 9.12.1987 - I R 260/83, BFHE 151, 560 = BStBl. II 1988, 460, v. 14.3.1989 - I R 105/88, BFHE 157, 72 = BStBl. II 1989, 741; v. 12.4.1989 - I R 142-143/85, BFHE 156, 484 = BStBl. II 1989, 636; v. 28.6.1989 - I R 89/85, BFHE 157, 408 = BStBl. II 1989, 854.

175 Abschnitt 77 Abs. 6 KStR 1995.

176 BFH v. 22.2.1989 - I R 44/85, BFHE 156, 177 = BStBl. II 1989, 475.

die Besteuerung bei den Gesellschaftern als Folge der verschmelzungsbedingten Vermögensübertragung. Dabei zielt § 4 Abs. 4 UmwStG darauf ab, das infolge des Vermögensüberganges von der übertragenden Kapitalgesellschaft auf die übernehmende Personengesellschaft entstehende Übernahmeergebnis bei den Gesellschaftern als Einkünfte aus Gewerbebetrieb zu besteuern, welches optional die stillen Reserven (§ 3 UmwStG), jedenfalls aber alle bei der Kapitalgesellschaft vorhandenen, offenen Rücklagen enthält. Entsprechend der Besteuerung einer offenen Gewinnausschüttung, bei der nach § 20 Abs. 1 Nr. 1 S. 1 i.V.m. § 3 Nr. 40d EStG nur die Hälfte der Einnahmen in die einkommensteuerrechtliche Bemessungsgrundlage einzubeziehen sind, ist systemgerecht nach § 4 Abs. 7 S. 2 UmwStG der Übertragungsgewinn ebenfalls nur zur Hälfte anzusetzen. Insoweit entsprechen die steuerlichen Folgen des § 4 Abs. 4 und 7 UmwStG denen des § 20 Abs. 1 Nr. 1 i.V.m. § 3 Nr. 40d EStG. Hier wie dort soll die Körperschaftsteuerbelastung der offenen Rücklagen der übertragenden Kapitalgesellschaft für den Ausschüttungsfall um die individuelle Einkommensteuerbelastung der Gesellschafter „ergänzt" werden. Ist des weiteren zu bedenken, daß es sich bei dem gesellschaftsrechtlich veranlaßten Ansatz einer Verbindlichkeit infolge einer verdeckten Gewinnausschüttung letztlich um steuerpflichtigen, passivierten, verdeckten Gewinn der Kapitalgesellschaft handelt - der entweder bereits der Besteuerung unterworfen war, sofern die verdeckte Gewinnausschüttung aufgedeckt worden ist oder der der Besteuerung hätte unterworfen werden müssen, aber nur deshalb noch nicht besteuert worden ist, weil er bislang noch nicht aufgedeckt wurde - dann erscheint es nicht gerechtfertigt, aufgrund einer offensichtlichen Gesetzeslücke im Besteuerungskonzept der §§ 3 bis 10 UmwStG die Besteuerung dieser Gewinne bis zum Zufluß beim Gesellschafter aufzuschieben. Systemgerecht ist diese durch die Fiktion des Abflusses der verdeckten Gewinnausschüttung bei der Kapitalgesellschaft und der Annahme des Zuflusses beim Gesellschafter zu schließen.

Bedenken hiergegen könnten sich für die gesellschaftsrechtlich veranlaßte Pensionszusage aus den steuerlichen Auswirkungen dieser Auffassung ergeben. Die Zurechnung der verdeckten Gewinnausschüttung beim Gesellschafter am steuerlichen Übertragungsstichtag bewirkt im Veranlagungszeitraum der Umwandlung die zusammengeballte Besteuerung derjenigen Teile der zukünftigen Pensionsleistungen, die die verdeckte Gewinnausschüttung ausmachen. Da diese Teile der Pensionsleistungen dem Gesellschafter erst mit Eintritt des Versorgungsfalles tatsächlich zufließen, mithin die Pensionsrückstellung in der Bilanz der Personengesellschaft aufzunehmen ist, wird diese in ihr Gegenteil verkehrt. Bewirkt wird, daß der aus der Pensionszusage begünstigte Gesellschafter der übernehmenden Personengesellschaft quasi einen zinslosen Kredit verschafft, weil er zivilrechtlich die Zahlung der Ausschüttung - der Pensionsleistungen - nicht fordern kann und zudem die Steuern für diese aus seinem Privatvermögen vorauszahlen muß. Dabei ist zusätzlich das Risiko des Ausfalls der Pensionsleistungen zu berücksichtigen. Verstirbt der Gesellschafter vorzeitig, fällt der Zufluß der bereits versteuerten Pensionsleistungen aus. Fraglich ist insofern, ob mit dem Ausfall der versteuerten Teile der Pensionszahlungen, weil es sich bei diesen um sonstige Bezüge im Sinne des § 20 Abs. 1 Nr. 1 S. 2 EStG handelt und sich die Forderungen des Gesellschafters in dessen Privatvermögen befinden und deshalb der Ausfall einen steuerlich irrelevanten Vorgang in der Privatsphäre darstellt, eine Änderung des Steuerbescheides nach § 175 Abs. 1 S. 1 Nr. 2 AO vorzunehmen ist. Liegt ein rückwirkendes Ereignis vor, dann wird es zur Berichtigung der ursprünglichen Steuerfestsetzung kommen müssen, anderenfalls werden nachträglich zu erfassende Einkünfte aus Kapitalvermögen anzunehmen sein.[177]

Indes wird sich der begünstigte Gesellschafter gegen die Zurechnung der verdeckten Gewinnausschüttung im Veranlagungszeitraum der Umwandlung nicht auf die Unwägbarkeit des tatsächlichen Zuflusses der verdeckten Gewinnausschüttung berufen können. Denn es handelt sich bei der Pension in Höhe des gesellschaftsrechtlich veranlaßten Teiles um eine Beteiligung am Gewinn der übertragenden Kapitalgesellschaft, der ihm, wenn die Gewinnausschüttung nicht verdeckt vorgenommen worden wäre, ebenfalls zum steuerlichen Übertragungsstichtag im Rahmen der Umwandlung als Teil des Übernahmegewinnes zugerechnet worden wäre. Der Steuergesetzgeber hat mit der in den Vorschriften der §§ 3 bis 10 UmwStG bestimmten Besteuerungskonzeption hinreichend zum Ausdruck gebracht, daß die gesamten offenen Reserven und optional die stillen Reserven der übertragenden Kapitalgesellschaft deren Anteilseignern entweder als Teil des Übernahmegewinnes und damit als Einkünfte aus Gewerbebetrieb oder aber als Einkünfte aus Kapitalvermögen (§ 7 UmwStG) am steuerlichen Übertragungsstichtag für die Besteuerung zugerechnet werden.[178]

---

177 Vgl. hierzu BFH v. 19.7.1993 - GrS 1/92, BFHE 172, 80 = BStBl. 1993, 894, v. 19.7.1993, - GrS 2/92, BFHE 172, 66 = BStBl. II 1993, 897.

178 Gosch, in Festschrift Widmann, S. 357, 371f.

5. Nach dem steuerlichen Übertragungsstichtag vorgenommene verdeckte Gewinnausschüttung im Sinne des § 8 Abs. 3 S. 2 KStG

Die steuerrechtliche Behandlung sowohl von verdeckten als auch von ordentlichen Gewinnausschüttungen der übertragenden Kapitalgesellschaft, die nach dem steuerlichen Übertragungsstichtag vorgenommen bzw. beschlossen werden, ist streitig. Dabei geht es um die steuerliche Zuordnung des Vorganges entweder zur übertragenden Kapital- oder zur übernehmenden Personengesellschaft und damit, aufgrund der unterschiedlichen Besteuerungssysteme für diese Gesellschaftsformen, um die steuersystematische Einordnung von Rechtsgeschäften und Rechtshandlungen der Kapitalgesellschaft.

Die Problematik entsteht aus der Rückwirkungsfiktion des § 2 Abs. 1 UmwStG. Zivilrechtlich besteht die übertragende Kapitalgesellschaft bis zur Eintragung der Umwandlung in das Handelsregister fort (§ 20 Abs. 1 Nr. 2 UmwG).[179] Sie kann bis zur Eintragung Rechtsgeschäfte und Rechtshandlungen und damit ebenfalls verdeckte und offene Gewinnausschüttungen vornehmen.[180] Dagegen ist steuerrechtlich davon auszugehen, daß die Kapitalgesellschaft mit dem Ablauf des Übertragungsstichtages erlischt,[181] weshalb die Vorschrift des § 2 Abs. 1 UmwStG bestimmt, daß das Einkommen und das Vermögen der Kapitalgesellschaft sowie das der übernehmenden Personengesellschaft so zu ermitteln sind, als ob das Vermögen der Kapitalgesellschaft mit Ablauf des Stichtages übergegangen wäre. Rechtsgeschäfte und Rechtshandlungen der übertragenden Kapitalgesellschaft werden deshalb steuerrechtlich ab dem Stichtag rückwirkend grundsätzlich der übernehmenden Personengesellschaft zugerechnet.[182] Da Gewinnausschüttungen wegen ihres Einflusses auf die Einkommens- und Vermögensermittlung ebenfalls von der Rückwirkungsfiktion des § 2 Abs. 1 UmwStG erfaßt werden,[183] stellt sich die steuerrechtliche Frage, wie eine solche

---

179 Siehe hierzu oben Teil 2, F I 2a.

180 Dötsch/Eversberg/Jost/Witt, KStG, UmwStG Rdnr. 68; Haritz/Benkert/Slabon, UmwStG, § 2 Rdnr. 61, 67; Sagasser/Bula/Brünger/Schlösser, Umwandlungen, Teil K Rdnr. 15; Widmann/ Mayer, Umwandlungsrecht, § 2 UmwStG Rdnr. 131.

181 Herrmann/Heuer/Raupach/Hübl, EStG KStG, § 2 UmwStG, Rdnr. 17; Dehmer, UmwG/ UmwStG, § 2 UmwStG Rdnr. 9. Gleiches gilt für die Gewerbesteuer, Widmann/Mayer, Umwandlungsrecht, § 2 UmwStG 1995/Kurzkommentierung Rdnr. S. 285.

182 Blümich/Wolff, EStG KStG GewStG, § 2 UmwStG Rdnr. 12; Dötsch/Eversberg/Jost/ Witt, KStG, UmwStG Rdnr. 63; Haritz/Benkert/Slabon, UmwStG, § 2 UmwStG Rdnr. 46; Herrmann/Heuer/ Raupach/Hübl, EStG KStG, § 2 UmwStG Rdnr. 18; Widmann/ Mayer, Umwandlungsrecht, § 2 UmwStG Rdnr. 30.

183 Dehmer, UmwG UmwStG, § 2 UmwStG Rdnr. 53; Frotscher/Maas, KStG UmwStG, § 2 UmwStG Rdnr. 18; Haritz/Benkert/Slabon, UmwStG, § 2 Rdnr. 61ff.; Herrmann/Heuer/

Ausschüttung der zivilrechtlich bestehenden, steuerrechtlich aber nicht mehr existierenden, übertragenden Kapitalgesellschaft zu behandeln ist. Für die Personengesellschaft oder einen Einzelunternehmer handelt es sich bei einem derartigen Vorgang um den einer Entnahme im Sinne des § 4 Abs. 1 S. 2 EStG, für den die Vorschriften der §§ 4 Abs. 1 S. 1, 15 Abs. 1 EStG zu berücksichtigen sind. Eine Entscheidung zu der Problematik seitens des BFH liegt bislang nicht vor.

Ist davon auszugehen, daß Gewinnausschüttungen der übertragenden Kapitalgesellschaft von der Rückwirkungsfiktion des § 2 Abs. 1 UmwStG erfaßt werden, dann wäre es konsequent, jede Gewinnausschüttung nach dem steuerlichen Übertragungsstichtag, ob offen oder verdeckt, als Entnahme zu behandeln.[184] Gleiches müßte dementsprechend auch für eine gesellschaftsrechtlich veranlaßte und im Rückwirkungszeitraum erteilte Pensionszusage an einen Gesellschafter-Angestellten gelten. Diese Auffassung ist bislang von der Finanzverwaltung zur Rechtslage nach dem UmwStG von 1977 vertreten worden.[185] Die infolge der Gewinnausschüttung der Kapitalgesellschaft bei der Personengesellschaft eintretende Vermögensminderung und damit verbundene Gewinnminderung wird durch die Umqualifizierung des Vorganges in eine Entnahme und der damit verbundenen Rechtsfolge ausgeglichen. Folge der Auffassung der generellen Umqualifizierung wäre, daß die Gewinnausschüttung bei der übertragenden Kapitalgesellschaft keine steuerliche Berücksichtigung findet, da der Vorgang der übernehmenden Personengesellschaft zuzurechnen ist. In der zum Stichtag aufgestellten, steuerlichen Übertragungsbilanz dürfte eine Ausschüttungsverbindlichkeit nicht ausgewiesen werden. Der Abfluß der Mittel träte steuerlich nicht bei der Kapitalgesellschaft, sondern bei der übernehmenden Personengesellschaft ein. Kapitalertragsteuer wäre von der Kapitalgesellschaft nicht einzu-

---

Raupach, EStG KStG, § 2 UmwStG Rdnr. 22; Widmann/Mayer, Umwandlungsrecht, § 2 UmwStG Rdnr. 131; a.A. Diers, BB 1997, 1869; Dötsch/Eversberg/Jost/Witt, KStG, UmwStG Rdnr. 172; Wassermeyer, JbFAStR 1996/97, S. 370: für die Herstellung der Ausschüttungsbelastung.

184 Vgl. zur Problematik Dehmer, UmwG UmwStG, § 2 UmwStG Rdnr. 56f.; Frotscher/Maas, KStG UmwStG, § 2 UmwStG Rdnr. 19; Haritz/Benkert/Slabon, UmwStG, § 2 Rdnr. 67; Herrmann/Heuer/Raupach/Hübl, EStG KStG, § 2 UmwStG Rdnr. 22; Widmann/Mayer, Umwandlungsrecht, § 2 UmwStG Rdnr. 168; a.A. Dötsch/Eversberg/Jost/Witt, KStG, UmwStG Rdnr. 172.

185 BMF-Schreiben v. 15.4.1986, BStBl. I 1986, 164, Tz. 6; ebenso FG Düsseldorf v. 12.4.1989 - 6 K 455/83, EFG 1989, 427.

behalten.[186] Folglich wären im Falle bereits erfolgter Auszahlungen, einbehaltene Kapitalertragsteuern (§ 43 Abs. 1 S. 1 Nr. 1 EStG) zu erstatten.[187] Der Anteilseigner bezöge keine Einkünfte aus Kapitalvermögen im Sinne des § 20 Abs. 1 S. 1 Nr. 1 EStG i.V.m. § 3 Nr. 40d EStG, die in Konsequenz dessen der Besteuerung im Rahmen des Halbeinkünfteverfahrens unterlägen.[188]

Gegen eine generelle Umqualifizierung der Gewinnausschüttung spricht indes, daß die Annahme einer Entnahme vor dem Hintergrund der nicht begründeten Mitunternehmerstellung bestimmter Anteilseigner nicht gefolgert werden kann. Die Vorschrift bestimmt den Zeitpunkt, ab dem die Einkünfte und das Vermögen der übertragenden Kapitalgesellschaft nach den Grundsätzen der Gewinnermittlung des übernehmenden Rechtsträgers zu erfolgen hat, und ordnet die Rechtsgeschäfte und Rechtshandlungen der übertragenden Kapitalgesellschaft ab diesem Stichtag dem übernehmenden Rechtsträger zu. Dies gilt nach § 2 Abs. 2 UmwStG für das Einkommen und das Vermögen der Personengesellschafter. Demgemäß greift die Rückwirkung des § 2 Abs. 1 UmwStG nur dann, wenn der Anteilseigner, für den die Ausschüttung bestimmt ist, tatsächlich Gesellschafter der Personengesellschaft wird. Nur dann kann er als Mitunternehmer angesehen werden und nur dann kann die Gewinnausschüttung als eine Entnahme qualifiziert werden. Da § 2 UmwStG die Stellung des Anteilseigners der übertragenden Kapitalgesellschaft ab dem steuerlichen Übertragungsstichtag nicht zu der eines Mitunternehmers bestimmt, sind die bis zum Ablauf des Stichtages nicht ausgeschiedenen Anteilseigner im Rückwirkungszeitraum steuerrechtlich weiterhin als Anteilseigner der zivilrechtlich bis zur Handelsregistereintragung existierenden Kapitalgesellschaft anzusehen, obgleich deren Eigenschaft als Körperschaftsteuersubjekt mit dem steuerlichen Übertragungs-

186 FG Düsseldorf v. 12.4.1989 - 6 K 455/83, EFG 1989, 427; Berg, DStR 1999, 1219; Haritz/Benkert/ Slabon, UmwStG, § 2 Rdnr. 67; Herrmann/Heuer/Raupach/Hübl, EStG KStG, § 2 UmwStG Rdnr. 22.

187 Im Hinblick auf das Anrechnungsverfahren und unter dessen Geltung erfolgte die Änderung der Körperschaftsteuer gemäß § 27 Abs. 1 KStG nicht; ausgestellte Steuerbescheinigungen nach §§ 44ff. KStG wären zurückzufordern; vgl. hierzu Dehmer, UmwG UmwStG, § 2 UmwStG Rdnr. 56; Herrmann/Heuer/Raupach/Hübl, EStG KStG, § 2 UmwStG Rdnr. 22; Widmann/Mayer, Umwandlungsrecht, § 2 UmwStG Rdnr. 171; a.A. Wassermeyer, JbFAStR 1996/97, S. 370: Rückwirkungsfiktion gilt nicht für den Bereich der Herstellung der Ausschüttungsbelastung.

188 Frotscher/Maas, KStG UmwStG, § 2 UmwStG Rdnr. 19; Herrmann/Heuer/Raupach/Hübl, EStG KStG, § 2 UmwStG Rdnr. 22; Widmann/Mayer, Umwandlungsrecht, § 2 UmwStG Rdnr. 172.

stichtag endet.[189] Gewinnausschüttungen nach dem steuerlichen Übertragungsstichtag können deshalb nur insoweit als neutraler Entnahmevorgang angesehen werden, wie die Ausschüttung auf Anteile entfällt, deren Anteilseigner Gesellschafter der übernehmenden Personengesellschaft werden.[190] Für den Teil einer beschlossenen offenen oder verdeckt vorgenommenen Gewinnausschüttung der Kapitalgesellschaft, der auf die Anteile eines ausscheidenden Kapitalgesellschafters entfällt, ist die Annahme einer Entnahme daher nicht zulässig. Dies betrifft all diejenigen Anteilseigner, die zwischen dem steuerlichen Übertragungsstichtag und der Eintragung der Umwandlung in das Handelsregister, beispielsweise durch den Verkauf ihrer Anteile, aus der Kapitalgesellschaft ausscheiden.[191] Im Ergebnis kann daher eine generelle Umqualifizierung der Ge-

---

189 Zwar provoziert diese Auffassung die Frage, wie es einen Anteilseigner einer steuerrechtlich nicht existierenden Kapitalgesellschaft geben könne. Dies aber ist letztlich die Folge eines zivilrechtlich und steuerrechtlich unterschiedlichen Beendigungszeitpunktes der Kapitalgesellschaft. Jedenfalls kann gegenteilig der ausscheidende Anteilseigner, der nicht Gesellschafter der Personengesellschaft wird, nicht als Mitunternehmer betrachtet werden, mit der sich anschließenden weiteren Konsequenz, in der Veräußerung seines Anteiles die Veräußerung eines Mitunternehmeranteiles zu erblicken; ebenso wohl auch Buyer, Änderung der Unternehmensform, Rdnr. 133.

190 Dehmer, UmwG UmwStG, § 2 UmwStG Rdnr. 56; Frotscher/Maas, KStG UmwStG, § 2 UmwStG Rdnr. 21ff.; Herrmann/Heuer/Raupach/Hübl, EStG KStG, § 2 UmwStG Rdnr. 25; Widmann/Mayer, Umwandlungsrecht, § 2 UmwStG 176f.; Schaumburg/Rödder, UmwG/UmwStG, § 2 UmwStG Rdnr. 5; abweichende a.A. Dötsch/Eversberg/Jost/Witt, KStG, UmwStG Rdnr. 172: generell keine Umdeutung in Entnahmen, sondern gemäß dem BdF-Schreiben v. 20.7.1970, BStBl. I 1970, 922 als Ausschüttungen zu behandeln.

191 Dies trifft auch dann zu, wenn der Anteilseigner seine Anteile nur teilweise veräußert und zwar in dem Umfang, wie die Gewinnausschüttung auf die veräußerten Anteile entfällt. Fraglich ist indes, ob hierzu auch diejenigen Anteilseigner zählen, die zwar gegen den Umwandlungsbeschluß Widerspruch einlegen - ohne ihn jedoch verhindern zu können- und nicht zugleich ihren Austritt erklären. Während nach früherem Umwandlungsrecht nur die dem Umwandlungsbeschluß zustimmenden Anteilseigner Gesellschafter des übernehmenden Rechtsträgers wurden (vgl. § 19 Abs. 1, § 20 S. 1, § 22 Abs. 1, § 24 Abs. 1 S. 1 UmwG a.F.), wird nach dem Umwandlungsrecht 1995 ein widersprechender, aber nicht seinen Austritt erklärender Anteilseigner mit der Eintragung des Umwandlungsbeschlusses in das Handelsregister Gesellschafter der übernehmenden Personengesellschaft (§ 20 Abs. 1 Nr. 3, § 36 Abs. 1 S. 1, § 131 Abs. 1 Nr. 3, § 202 Abs. 1 Nr. 1 UmwG). Nimmt der widersprechende Anteilseigner die ihm gemäß der §§ 29, 125, 207 UmwG anzubietende Barabfindung an, scheidet er nicht rückwirkend zur Handelsregistereintragung, sondern erst danach und zwar mit der Annahme der Abfindung aus der zivilrechtlich bestehenden, übernehmenden Personengesellschaft aus. Trotz einer späteren Abfindung des Gesellschafters wäre dieser infolge der zivilrechtlich begründeten Stellung als Personengesellschafter mit allen sich daraus ergebenden Folgen steuerrechtlich als Mitunternehmer zu betrachten. Gegen diese Beurteilung der Rechtslage könnte die Vorschrift des § 5 Abs. 1 UmwStG sprechen, die für den Fall der Abfindung bestimmt, daß der Gewinn der Personengesellschaft so zu ermitteln ist, als habe sie die Anteile an der Kapitalgesellschaft zum steuerlichen Übertragungsstichtag angeschafft. Diese Rückwirkungsfik-

winnausschüttung in eine Entnahme bei der übernehmenden Personengesellschaft nicht angenommen werden.

Will man mit der hier vertretenen Auffassung die Rückwirkungsfiktion des § 2 Abs. 1 UmwStG auf die Gewinnausschüttung der übertragenden Kapitalgesellschaft anwenden[192], dann führt dies für den einheitlichen Vorgang der Gewinnausschüttung, sofern diese auch zugunsten ausscheidender Anteilseigner erfolgt, zu einer Aufteilung in einen bei der Personengesellschaft als Entnahme zu behandelnden Teil und in einen weiteren Teil, für den es bei der Beurteilung als Gewinnausschüttung der übertragenden Kapitalgesellschaft verbleibt.[193] Sofern eine verdeckte Gewinnausschüttung zugunsten nur eines Anteilseigners vorgenommen wird, hängt die Entscheidung daher von dessen Verbleib in der Gesellschaft ab. Zwar wird die hier in Rede stehende Konstellation für gesellschaftsrechtlich veranlaßte Pensionszusagen an ausscheidende Gesellschafter die seltene Ausnahme sein, dennoch ist aus systematischer Sicht zu klären, wie derartige Vorgänge im Hinblick auf sonstige, zu passivierende, verdeckte und offene Gewinnausschüttungen einzuordnen sind.

Die entgegengesetzte Position zur generellen Umqualifizierung bildet die von Dötsch[194] und Buyer[195] vertretene Auffassung, nach der im Hinblick auf die mangelnde „Praktikabilität" der hier vertretenen Ansicht, die Rückwirkung nach § 2 Abs. 1 UmwStG einheitlich nur auf die Vorschriften zur Ermittlung des Einkommens und des Vermögens anzuwenden sei, nicht aber auf die Regelungen über die Einkommensverwendung. Demzufolge sollen nach dem steuerlichen Übertragungsstichtag beschlossene offene und verdeckt vorgenommene Gewinnausschüttungen nicht in Entnahmen umzuqualifizieren sein.

Gegen diese Ansicht ist zunächst einzuwenden, daß Praktikabilitätserwägungen technischer Art im Bereich der steuerlichen Gewinnermittlung nicht ausrei-

tion könnte aus der Sicht des abgefundenen Gesellschafters steuerrechtlich so verstanden werden, als habe er die Anteile bereits zum steuerlichen Übertragungsstichtag und deshalb nicht als Mitunternehmer veräußert; so das BMF-Schreiben v. 25.3.1998, BStBl. I 1998, 267, Tz. 02.10; vgl. ausführlich Streck/ Posdziech, GmbHR 1995, 271, 283ff.

192 Siehe hierzu oben Teil 2, G IV 2.

193 BMF-Schreiben vom 25.3.1998, BStBl. I 1998, 267, Tz. 02.29ff.; Buyer, Änderung der Unternehmensform, Rdnr. 134; Dötsch/Eversberg/Jost/Witt, KStG, UmwStG Rdnr. 174; Frotscher/ Maas, KStG UmwStG, § 2 UmwStG Rdnr. 21ff.; Haritz/Benkert/Slabon, UmwStG, § 2 Rdnr. 68; Herrmann/Heuer/Raupach/Hübl, EStG KStG, § 2 UmwStG Rdnr. 25; Widmann/Mayer, Umwandlungsrecht, § UmwStG Rdnr. 176ff.

194 Dötsch/Eversberg/Jost/Witt, KStG, UmwStG Rdnr. 172

195 Buyer, Änderung der Unternehmensform, Rdnr. 135.

chend für die Feststellung der materiellen Rechtslage sein können. Zumal dem Wortlaut des § 2 Abs. 1 UmwStG gegenteiliges zu entnehmen ist. Buyer und Dötsch gehen davon aus, daß § 8 Abs. 3 KStG eine Einkommensverwendungsnorm ist und deshalb von der Rückwirkungsfiktion des § 2 Abs. 1 EStG ausgenommen ist, weil diese wortlautgemäß „nur" auf die Einkommens- und Vermögensermittlung Bezug nimmt. Gegenteiliges ist der Fall. Der Gegenstand einer Gewinnausschüttung, ob offen oder verdeckt, ist Einkommensverwendung. Die Vorschrift des § 8 Abs. 3 KStG aber ist selbstverständlich eine Einkommensermittlungsvorschrift. Nicht anders erklärt sich ihre Existenz. Denn indem sie den Gegenstand der Einkommensverwendung bestimmt, regelt sie mit steuerrechtlicher Relevanz die Einkommensermittlung. Dies zeigt sich an der Rechtsfolge des § 8 Abs. 3 KStG. Die angeordnete Hinzurechnung zum Unterschiedsbetrag im Sinne des § 4 Abs. 1 EStG i.V.m. § 8 Abs. 1 KStG ist Einkommensermittlung. Dies bestätigen auch die in der Literatur für die Vorschrift des § 8 Abs. 3 S. 2 KStG verwendeten Bezeichnungen zum Zwecke der Bestimmung ihrer steuersystematischen Einordnung, die unabhängig davon, mit welcher spezifischen Intention der jeweilige Begriff verwendet wird, die Norm letztlich immer auch als eine Einkommensermittlungsnorm ausweisen. Die Rede ist von einer Bilanzierungs-[196], Gewinnermittlungs-[197], Gewinnkorrektur-[198], Einkommenskorrektur-[199] und bezeichnenderweise eben auch von einer Einkommensermittlungsvorschrift[200].

Gegen die Annahme einer Entnahme spricht nicht die Vorschrift des § 5 Abs. 1 UmwStG.[201] Die Vorschrift bestimmt mit Wirkung für die Gewinnermittlung der übernehmenden Personengesellschaft, daß sowohl die Anteile abgefundener Anteilseigner als auch die Anteile an der übertragenden Kapitalgesellschaft, die nach dem steuerlichen Übertragungsstichtag von der Personengesellschaft angeschafft worden sind, als zu diesem Stichtag von der Personengesellschaft angeschafft gelten. Die Vorschrift entfaltet gemäß ihrem Wortlaut Wirkung nur für die Anteile derjenigen Eigner, die aus der Kapitalgesellschaft ausgeschiedenen sind, nicht aber für solche, deren Eigner Gesellschafter der übernehmenden Personengesellschaft werden. Die Vorschrift kann daher nicht als Begründung

196 Wassermeyer, DStR 1987, 484, 489.

197 Wassermeyer, DB 1987, 1113, 1117.

198 BFH v. 21.12.1994 - I R 65/94, BFHE 176, 571; Wassermeyer, GmbHR 1998, 157, 159.

199 Dötsch/Eversberg/Jost/Witt, KStG, § 8 KStG Rdnr. 131; Herrmann/Heuer/Raupach/ Wrede, EStG KStG, § 8 KStG, Rdnr. 39; Pezzer, Verdeckte Gewinnausschüttung, S. 122.

200 Frotscher/Maas, KStG UmwStG, Anhang vGA zu § 8 Rdnr. 214; Maas, StVj 1990, S. 42, 48; Wassermeyer, DB 1987, 1113, 1117.

201 A.A. Buyer, Änderung der Unternehmensform, Rdnr. 135.

für die Ansicht angeführt werden, die Gewinnausschüttungen seien grundsätzlich nicht in Entnahmen umzuqualifizieren. Sie ist Beleg für die entgegengesetzte Auffassung, mit der Ausnahme für ausscheidende Anteilseigner. Denn auf deren Anteile an der Kapitalgesellschaft stellt § 5 Abs. 1 UmwStG ab. Gelten diese Anteile von der übernehmenden Personengesellschaft als zum steuerlichen Übertragungsstichtag angeschafft, besteht kein Grund für die Annahme, die ausscheidenden Anteilseigner würden Gesellschafter der Personengesellschaft werden. Gewinnausschüttungen werden deshalb grundsätzlich von der Rückwirkungsfiktion des § 2 Abs. 1 UmwStG erfaßt und sind als eine bei der übernehmenden Personengesellschaft vorgenommene Entnahme zu behandeln, sofern dem nicht die für ausscheidende Anteilseigner zu machende Ausnahme entgegensteht. Damit ist der nunmehr von der Finanzverwaltung im Umwandlungssteuererlaß vom 25.3.1998[202] vertretenen differenzierenden Auffassung, die ebenfalls überwiegend von der Literatur[203] geteilt wird, zuzustimmen.

Folgt man dieser auch hier vertretenen Ansicht, sind vorgenommene verdeckte oder beschlossene offene Gewinnausschüttungen zugunsten ausscheidender Anteilseigner nicht der übernehmenden Personengesellschaft zuzuordnen und deshalb bei der übertragenden Kapitalgesellschaft zu berücksichtigen. Da ab dem steuerlichen Übertragungsstichtag das Vermögen der Kapitalgesellschaft der Personengesellschaft zuzurechnen ist und der Beschluß bzw. die Vornahme der Gewinnausschüttung nach dem steuerlichen Übertragungsstichtag erfolgt, kann einer grundsätzlich zu passivierenden Gewinnausschüttung in der steuerlichen Schlußbilanz der Kapitalgesellschaft nicht durch den Ansatz einer Verbindlichkeit Rechnung getragen werden. Entsprechend kann auch der Vermögensabgang durch die Auszahlung der Ausschüttung nicht mehr bilanziell bei der Kapitalgesellschaft erfaßt werden. Die Nichtberücksichtigung der infolge der Gewinnausschüttung eintretenden Vermögensminderung führt zu einem um die Gewinnausschüttung entsprechend überhöhten Übernahmeergebnis der Personengesellschaft.[204]

---

202 BMF-Schreiben vom 25.3.1998, BStBl. I 1998, 267, Tz. 02.29 bis 02.32.

203 Frotscher/ Maas, KStG UmwStG, § 2 UmwStG Rdnr. 21ff.; Haritz/Benkert/Slabon, UmwStG, § 2 Rdnr. 68; Herrmann/Heuer/Raupach/Hübl, EStG KStG, § 2 UmwStG Rdnr. 25; Widmann/ Mayer, Umwandlungsrecht, § UmwStG Rdnr. 176ff.

204 Buyer, Änderung der Unternehmensform, Rdnr. 135; Dötsch/Eversberg/Jost/Witt, KStG, UmwStG Rdnr. 138, 175; a.A. Widmann/Mayer, Umwandlungsrecht § 2 UmwStG 77 Rdnr. 4558, 5184, 5205 nach denen eine Gewinnausschüttung an den ausscheidenden Anteilseigner nach dem steuerichen Übertragungsstichtag zu den Anschaffungskosten zählt, die gemäß § 5 Abs. 1 UmwStG (§ 6 Abs. 1 UmwStG 1977) bei der Berechnung des Übernahmegewinnes dem Buchwert der Anteile hinzuzurechnen sei, da eine dem UmwStG 1966 entsprechende Regelung (§ 8 Abs. 3 S. 2 UmwStG 1968), wonach Ge-

Um eine doppelte Besteuerung der Gewinnausschüttung auszuschließen, bedarf es daher einer Korrektur in Höhe des Ausschüttungsbetrages. Nach Auffassung der Finanzverwaltung[205] hat diese durch die Bildung eines in die steuerliche Schlußbilanz der übertragenden Kapitalgesellschaft einzustellenden, passiven Korrekturpostens zu erfolgen, der wie eine Ausschüttungsverbindlichkeit zu behandeln sei. Die dadurch eintretende Verringerung des übergehenden Vermögens der Kapitalgesellschaft mindere hingegen nicht deren steuerlichen Gewinn, weil dieser außerhalb der Steuerbilanz entsprechend zu korrigieren sei.[206]

Der Auffassung der Finanzverwaltung ist in diesem Punkte nicht zuzustimmen. Eine Rechtsgrundlage für einen derartigen Ansatz ist nicht zu erkennen. Diese Behandlung hätte darüber hinaus zur Folge, daß der passive Korrekturposten auch in der Steuerbilanz der übernehmenden Personengesellschaft anzusetzen und die tatsächliche Auszahlung mit diesem zu verrechnen wäre.[207] Sie berücksichtigt dabei weder die der übertragenden Kapitalgesellschaft zivilrechtlich entstandene Verpflichtung aus einem Beschluß zur Ausschüttung von Gewinn noch die Verpflichtung der Kapitalgesellschaft aus einer gesellschaftsrechtlich veranlaßten Leistungsbeziehung der Kapitalgesellschaft zum Gesellschafter, wie sie auch die Pensionsverpflichtung aus einer unangemessen hohen Pensionszusage an den Gesellschafter-Angestellten darstellt. Derartige Verpflichtungen der übertragenden Kapitalgesellschaft gehen im Wege der Umwandlung kraft Gesamtrechtsnachfolge auf die übernehmende Personengesellschaft über und sind in deren Steuerbilanz als Verbindlichkeiten auszuweisen. Sie können nicht durch den Ansatz eines von der Kapitalgesellschaft zu übernehmenden passiven Korrekturpostens ersetzt werden.

---

winnausschüttungen nach dem steuerlichen Übertragungsstichtag das übergehende Betriebsvermögen der Überträgerin mindern, nicht bestehe. Zutreffend hieran ist allein letzteres. Derartige Gewinnausschüttungen mindern das Betriebsvermögen der Überträgerin nicht. Zu weitgehend ist dagegen die Hinzurechnung zu den Anschaffungskosten der Anteile, da die Gewinnausschüttung an den ausscheidenden Anteilseigner in keinem Zusammenhang mit der Veräußerung oder Abfindung seiner Anteile steht. Aufgrund des dem Anschaffungskostenbegriff zugrundeliegenden Veranlassungsgedanken sind daher in Höhe der Gewinnausschüttung keine Anschaffungskosten der Anteile gegeben.

205 BMF-Schreiben vom 25.3.1998, BStBl. I 1998, 267, Tz. 02.34; ebenso Haritz/Benkert/Slabon, UmwStG, § 2 Rdnr. 68; Widmann/Mayer, Umwandlungsrecht, § 2 UmwStG Rdnr. 177; siehe erläuternd auch Dötsch/Eversberg/Jost/Witt, KStG, UmwStG Rdnr. 175.

206 BMF-Schreiben vom 25.3.1998, BStBl. I 1998, 267, Tz. 02.34; Widmann/Mayer, Umwandlungsrecht, § 2 UmwStG Rdnr. 177; Dötsch/Eversberg/Jost/Witt, KStG, UmwStG Rdnr. 175.

207 BMF-Schreiben vom 25.3.1998, BStBl. I 1998, 267, Tz. 02.35; Dötsch/Eversberg/Jost/Witt, KStG, UmwStG Rdnr. 175; Haritz/Benkert/Slabon, UmwStG, § 2 Rdnr. 68; Widmann/Mayer, Umwandlungsrecht, § 2 UmwStG Rdnr. 177.

Folgt man dem, bedarf es sowohl der Korrektur des in der Steuerbilanz ermittelten Übernahmeergebnisses um den Ausschüttungsbetrag[208] als auch einer Korrektur infolge der Gewinnminderung durch den Verbindlichkeitsansatz und dies jeweils außerhalb der Steuerbilanz der Personengesellschaft. Denn die durch die Ausschüttung bei der übernehmenden Personengesellschaft eintretende Vermögensminderung darf sich bei dieser nicht gewinnmindernd auswirken.[209]

Soweit die Gewinnausschüttung noch der übertragenden Kapitalgesellschaft zuzuordnen ist, gilt sie unabhängig von dem Zeitpunkt der tatsächlichen Zahlung als am steuerlichen Übertragungsstichtag erfolgt.[210] Der Anteilseigner erzielt mit der Ausschüttung Einkünfte aus Kapitalvermögen gemäß § 20 Abs. 1 S. 1 Nr. 1 EStG die i.V.m. § 3 Nr. 40d EStG, die der Besteuerung nach dem Halbeinkünfteverfahren unterliegen und keine gewerblichen Einkünfte durch Zurechnung als Übernahmegewinn.[211] Wegen der Einkünftequalifikation und der Bestimmung des Besteuerungszeitpunktes beim (ehemaligen) Anteilseigner gelten die allgemeinen Grundsätze, das heißt die Ausschüttung ist seitens des Anteilseigners der selben Einkunftsart zuzurechnen, der sie vor dem Übertragungsstichtag angehört hat.[212]

---

208 Insoweit zutreffend Buyer, Änderung der Unternehmensform, Rdnr. 135; vgl. auch Dötsch/ Eversberg/Jost/Witt, KStG, UmwStG Rdnr. 138.

209 Ähnlich Widmann/Mayer, Umwandlungsrecht 2 UmwStG 77 Rdnr. 4566.

210 Im Hinblick auf das Anrechnungsverfahren und unter dessen Geltung hat die Kapitalgesellschaft die Ausschüttungsbelastung herzustellen (§§ 27 Abs. 1 und 3 KStG). Für die Ausschüttung, die auf einem den gesellschaftsrechtlichen Vorschriften entsprechenden Gewinnverteilungsbeschluß beruht, tritt die Körperschaftsteueränderung gemäß § 27 Abs. 1 KStG für den Veranlagungszeitraum ein, in dem das Wirtschaftsjahr endet, für das die Ausschüttung erfolgt (§ 27 Abs. 3 S. 1 KStG). Bei anderen Ausschüttungen gemäß § 27 Abs. 3 S. 2 KStG tritt die Körperschaftsteueränderung für den Veranlagungszeitraum ein, in dem die Ausschüttung erfolgt. Da die Ausschüttung unabhängig von dem Zeitpunkt der tatsächlichen Zahlung als am steuerlichen Übertragungsstichtag erfolgt gilt, tritt die Körperschaftsteueränderung für den Veranlagungszeitraum der übertragenden Kapitalgesellschaft ein, der mit dem steuerlichen Übertragungsstichtag endet. Für die Verrechnung der Gewinnausschüttung ist das verwendbare Eigenkapital zum steuerlichen Übertragungsstichtag und vor Änderung der sich durch die Vermögensübertragung ergebenden Änderungen maßgeblich (§ 28 Abs. 2 KStG); siehe hierzu BMF-Schreiben v. 25.3.1998, BStBl. I 1998, 267, Tz. 02.16, 02.35; Dötsch/Eversberg/Jost/Witt, KStG, UmwStG Rdnr. 176; Widmann/ Mayer, Umwandlungsrecht, § 2 UmwStG Rdnr. 179.

211 Dötsch/Eversberg/Jost/Witt, KStG, UmwStG Rdnr. 176; Widmann/Mayer, Umwandlungsrecht, § 2 UmwStG Rdnr. 180.

212 BMF-Schreiben vom 25.3.1998, BStBl. I 1998, 267, Tz. 02.36; Dehmer, UmwG UmwStG, § 2 UmwStG Rdnr. 85; Dötsch/Eversberg/Jost/Witt, KStG, UmwStG Rdnr. 176; Frotscher/Maas, KStG UmwStG, § 2 UmwStG Rdnr. 23; Widmann/Mayer, Umwandlungsrecht, § 2 UmwStG Rdnr. 180.

H. Zusammenfassung der Ergebnisse

I. Die Bilanzbündeltheorie mit ihrem spezifisch einkommensteuerrechtlichen Verständnis der Personengesellschaften ist dogmatisch überholt.[1] Die Nichtbeachtung der zivilrechtlichen Strukturen bei der Auslegung des § 15 Abs. 1 S. 1 Nr. 2 EStG ist nicht vom Tatbestand der Vorschrift gedeckt und verstößt gegen Art. 20 Abs. 3 GG.[2] Wie insbesondere die Vorschrift des § 124 HGB für die Personenhandelsgesellschaften zeigt, ist die Gesamthandsgesellschaft zivilrechtlich im Außenverhältnis wie ein selbständiges Rechtssubjekt zu behandeln und damit selbst Träger von Rechten und Pflichten. Als solches nimmt die Gesamthandsgesellschaft vertreten durch ihre Organe und nicht ihre Gesellschafter am Rechtsverkehr teil. Deshalb ist die Gesellschaft der Kaufmann, der das gewerbliche Unternehmen betreibt (§ 6 HGB) und infolgedessen ist die Gesellschaft als solche durch die Vorschriften der §§ 238ff. HGB zur Buchführung und Bilanzierung verpflichtet. Für die Ermittlung des dem einzelnen Gesellschafter gemäß § 15 Abs. 1 S. 1 Nr. 2 Hs. 1 EStG anteilig zuzurechnenden Gewinnanteils knüpft das Einkommensteuerrecht an die zivilrechtliche Existenz der Gesellschaft an. Daraus folgt für das Steuerrecht, daß entsprechend der zivilrechtlichen Rechtszuständigkeit die Gesellschaft als solche Einkünfteerzielungs- und Einkünfteermittlungssubjekt ist. Die Rückkehr zu einer maßgebenden Vielheitsbetrachtung unter Aufgabe der partiellen Steuersubjekteigenschaft der Personengesellschaft[3], innerhalb derer die einheitliche Gewinnermittlung der Gesellschaft lediglich als „Praktikabilitätsmodell"[4] „im Vorhof"[5] der materiellen Subsumtion - verstanden als die an der Gleichstellungsthese orientierten „sachlich zutreffenden Besteuerung" - Bestand haben soll, ist abzulehnen.[6] Aufgrund der steuerlichen Trennung der Rechtssphären von Gesellschaft und Gesellschafter ist das Gesellschaftsvermögen von dem persönlichen Vermögen des Gesellschafters zu unterscheiden. Der Gewinnanteil des Gesellschafters ist aus der nach den Vorschriften der §§ 4 Abs. 1, 5ff. EStG modifizierten Handelsbilanz der Gesellschaft abzuleiten.[7]

1 Siehe hierzu Teil 1, B II 2.
2 Siehe hierzu Teil 1, B II 2a bb.
3 So die Forderung von Kirchhof/Söhn/Reiß, EStG, § 15 Rdnr. E 38.
4 Jakob/Hörmann, FR 1990, 33, 37.
5 Weber-Grellet, DStR 1995, 1341f.
6 Schön, StuW 1996, 275, 282.
7 Siehe hierzu Teil 1, B II 2b bb (1).

Die Personengesellschaft ist nicht nur zivilrechtlich[8], sondern als partielles Steuerrechtssubjekt darüber hinaus mit steuerrechtlicher Wirkung befähigt, zu ihrem Gesellschafter/Mitunternehmer ein Arbeits- oder sonstiges Dienstverhältnis zu begründen und im Rahmen dessen ihrem Gesellschafter eine auch steuerlich anzuerkennende Direktzusage auf Altersversorgung zu erteilen.[9] Es besteht aufgrund der zivilrechtlichen Gestaltungsfreiheit die grundsätzliche, auch steuerlich respektierte Möglichkeit, die Tätigkeit des Gesellschafters für die Gesellschaft sowie die von der Gesellschaft als Gegenleistung zu erbringenden Vergütungen, einschließlich einer Verpflichtung zur zukünftigen Pensionsleistung auf gesellschaftsrechtlicher oder allgemein-schuldrechtlicher Grundlage zu vereinbaren.[10] Davon unabhängig bestehen Besonderheiten für den Gesellschafter-Geschäftsführer nur insoweit, als daß im Gegensatz zum Kommanditisten der persönlich haftende Gesellschafter zunächst aufgrund der dispositiven Regelung des § 114 HGB gesellschaftsrechtlich zur Geschäftsführung verpflichtet ist.[11] Daraus folgt hingegen nicht, daß der persönlich haftende Gesellschafter stets nur aufgrund gesellschaftsrechtlicher Beitragspflicht geschäftsführend tätig sein kann. Die gesellschaftsrechtliche Geschäftsführungspflicht kann abbedungen und ebenso wie mit dem Kommanditisten oder einem etwaigen fremden Dritten außerhalb des Gesellschaftsverhältnisses auf der Grundlage allgemein-schuldrechtlichen Vertrages vereinbart werden.[12]

Soweit die Personenhandelsgesellschaft handelsrechtlich aufgrund einer von ihr erteilten Neuzusage gemäß § 249 Abs. 1 S. 1 HGB zur Passivierung einer Pensionsrückstellung in ihrer Handelsbilanz verpflichtet ist oder sie in Ausübung des ihr durch Art. 28 Abs. 1 S. 1 EGHGB gewährten Wahlrechts für die Pensionsverpflichtung aus einer sog. Altzusage eine Pensionsrückstellung gebildet hat[13], hat sie dieser, unabhängig von der Natur des der Pensionsverpflichtung zugrundeliegenden Rechtsverhältnisses, unter den Voraussetzungen und nach Maßgabe des § 6a EStG ebenfalls in ihrer Steuerbilanz durch den Ansatz einer den Gewinn mindernden Pensionsrückstellung Rechnung zu tragen. Die nach der früheren Rechtsprechung des BFH den Rückstellungsansatz ausschließende

8 Siehe hierzu Teil 1, A III 1.
9 Siehe hierzu Teil 1, B II 2b aa.
10 Siehe hierzu Teil 1, A III 1b.
11 Siehe hierzu Teil 1, A III 1b aa.
12 Siehe hierzu Teil 1, A III 1b aa, bb.
13 Siehe hierzu Teil 1, B I.

Wertung der Pensionszusage als Gewinnverteilungsabrede ist seit der Abkehr von der Bilanzbündeltheorie rückständig.[14]

Leistungsentgelte des Gesellschafters sind im Bereich der von § 15 Abs. 1 S. 1 Nr. 2 Hs. 2 EStG erfaßten Rechtsbeziehungen als gewerbliche Einkünfte des Gesellschafters zu erfassen. Zu diesem Zweck ist für die Ermittlung der Sondervergütungen eine besondere Gewinnermittlung vorzunehmen, die in Übereinstimmung mit der Gewinnermittlung der gewerblich tätigen Personenhandelsgesellschaft durch Betriebsvermögensvergleich gemäß der §§ 4 Abs. 1, 5 EStG zu erfolgen hat. Maßgebend für den Ansatz und die Bewertung der in der Sonderbilanz des Gesellschafters anzusetzenden Vergütungsansprüche sind die Grundsätze ordnungsmäßiger Buchführung, soweit dem nicht steuerrechtliche Vorbehaltsvorschriften entgegenstehen.[15] Die Vorschrift des § 15 Abs. 1 S. 1 Nr. 2 EStG ist keine den Maßgeblichkeitsgrundsatz einschränkende, materiellrechtliche Vorbehaltsnorm. Sie kann nicht als Rechtsgrundlage einer das Vorsichtsprinzip suspendierenden, korrespondierenden Bilanzierung von Forderungen und Verbindlichkeiten in der Steuerbilanz der Gesellschaft einerseits und der Sonderbilanz des Gesellschafters andererseits verstanden werden. Der These einer wirtschaftlichen Einheit von Gesamthandsbilanz und Sonderbetriebsbereich, die den dogmatischen Grundgedanken der „Verwandlung in Eigenkapital" bildet, und der mit ihr verbundenen Rechtsfolge, einer zu erstellenden, fiktiven Gesamtbilanz der Mitunternehmerschaft, fehlen die gesetzlichen Grundlagen.[16] Die sich aus der Verwandlung in Eigenkapital ergebenden, steuerrechtlichen Konsequenzen sind nicht mit der Regelung des § 15a EStG vereinbar.[17] Die angeblich den Grundsatz der korrespondierenden Bilanzierung tragende Gleichstellungsthese vermochte dogmatisch nicht zu überzeugen. Die im Rahmen der wirtschaftlichen Betrachtungsweise entwickelte These stellt kein allgemeingültiges Prinzip für eine „sachlich zutreffende Besteuerung" des Gesellschafters dar.[18] Daraus folgt: Die den Zeitpunkt der Besteuerung bestimmende Gewinnverwirklichung richtet sich für die dem Sonderbetriebsbereich des aus der Pensionszusage begünstigten Gesellschafters zuzurechnenden, aufschiebend bedingten Pensionsansprüche[19] nach den handelsbilanzrechtlichen Grundsätzen ordnungsmäßiger Buchführung. Maßgebend für die Aktivierungspflicht der als

14 Siehe hierzu Teil 1, B II 3a.
15 Siehe hierzu Teil 1, B II 2b bb (2), B III 1.
16 Siehe hierzu Teil 1, B II 2b bb (4), B III 2b.
17 Siehe hierzu Teil 1, B III 2b cc.
18 Siehe hierzu Teil 1, B III 2c.
19 Siehe hierzu Teil 1, A III 2, 3.

Vermögensgegenstand/Wirtschaftsgut anzusehenden Pensionsanwartschaft ist der Zeitpunkt des Versorgungsfalles. Die vorzeitige Aktivierung verstößt gegen das Realisationsprinzip und ist infolgedessen unzulässig.[20] Die in der Sonderbilanz des Gesellschafters zu aktivierende Pensionsanwartschaft ist mit dem Teilwert anzusetzen. Irrelevant ist der auf der Grundlage des Teilwertverfahrens gemäß § 6a EStG ermittelte Wert der Pensionsverpflichtung der Personengesellschaft. Insofern kommt es auf die Wiederbeschaffungskosten an, die sich an dem Betrag zu orientieren haben, den der Gesellschafter am Bilanzstichtag hätte aufwenden müssen, um eine entsprechende Pensionsanwartschaft - unter Berücksichtigung einer im Einzelfall etwaig vorliegenden Unverfallbarkeit und bestehenden Insolvenzsicherung - gegen einen vergleichbaren Schuldner zu erwerben.[21]

Soweit entgegen der hier vertretenen Auffassung von der Gleichstellungsthese als dem Gesetzeszweck der Vorschrift des § 15 Abs. 1 S. 1 Nr. 2 EStG ausgegangen wird, läßt sich aufgrund dieser zwar eine zeit-, nicht aber eine betragskonforme Bilanzierung der Rückstellungszuführungen als Aufwand in der Gesamthandsbilanz und als zu aktivierende Sonderbetriebseinnahme in der Sonderbilanz des begünstigten Gesellschafters annehmen. Eine Identifikation des Gesellschafters mit der gesamten von der Gesamthand betriebenen Unternehmung ist auch bei Befürwortung einer wirtschaftlichen Betrachtungsweise nicht einsichtig. Dem begünstigten Gesellschafter können die passivierten Versorgungsaufwendungen der Gesellschaft allenfalls quotal, daß heißt entsprechend seiner Kapitalbeteiligung als zu versteuernde Sonderbetriebseinnahme zugerechnet werden.[22]

II. Die Problematiken der ertragsteuerlichen Behandlung der Pensionszusage an einen Gesellschafter-Angestellten in Umwandlungsfällen sind aufgrund der unterschiedlichen Besteuerungssystematik der Personengesellschaft einerseits und der Kapitalgesellschaft andererseits auf den mit der Umwandlung in die eine oder andere Gesellschaftsform verbundenen, steuerlichen Systemwechsel zurückzuführen. Wird eine Personengesellschaft in eine Kapitalgesellschaft nach den handelsrechtlichen Regelungen des UmwG umgewandelt, geht die der Personengesellschaft aus der Direktzusage gegenüber ihrem Gesellschafter-Angestellten entstandene Pensionsverpflichtung im Wege der Gesamtrechtsnach-

20 Siehe hierzu Teil 1, B II 3b aa.

21 BFH v. 9.6.1997 - GrS 1/94, BFHE 183, 187.

22 Siehe hierzu Teil 1, B III 2c.

folge auf den übernehmenden Rechtsträger über.[23] Dies gilt entsprechend für die Umwandlung einer Kapitalgesellschaft in eine Personengesellschaft.

1. Umstritten ist die steuerliche Behandlung der Pensionsverpflichtung gegenüber einem Personengesellschafter im Rahmen der Umwandlung der Personengesellschaft in eine Kapitalgesellschaft, die entscheidend von der steuerlichen Beurteilung der Pensionszusage auf der Ebene der Personengesellschaft abhängt. Die Finanzverwaltung hält auch nach der Entscheidung des BFH vom 2.12.1997[24] an der früheren Rechtsprechung zu dieser Problematik fest und qualifiziert durch die Nichtanerkennung der zugrundeliegenden Rechtsbeziehung die Pensionszusage in eine Gewinnverteilungsabrede um. Diese, der Lösung der Finanzverwaltung zugrundeliegende Prämisse, ist mit dem neuen einkommensteuerrechtlichem Verständnis der Personengesellschaft als partiellem Einkünfteerzielungs- und Einkünfteermittlungssubjekt nicht zu vereinbaren. Die Umqualifizierung der von der Kapitalgesellschaft übernommenen Pensionsverpflichtung in eine mit dem Barwert der künftigen Leistungen zu bewertende Leibrentenverpflichtung, die dem aus der Zusage berechtigten Gesellschafter neben den neuen Anteilen als zusätzliche Gegenleistung im Sinne des § 20 Abs. 2 S. 5, Abs. 4 S. 2 UmwStG gewährt wird, führt neben den nicht vertretbaren, steuerlichen Wirkungen bei den übrigen, ehemaligen Mitunternehmern zu einer dem systematischen Sinn und Zweck des Umwandlungssteuergesetzes widersprechenden, teilweisen Nichtbesteuerung der in den übertragenden Wirtschaftsgütern befindlichen stillen Reserven auf der Ebene der einbringenden Gesellschafter.[25]

Ausgehend von der auf der Ebene der Personengesellschaft vorgefundenen, bilanzsteuerrechtlichen Situation gemäß der Rechtsprechung des BFH vom 2.12.1997[26] ist in der Steuerbilanz der Kapitalgesellschaft die übernommene Pensionsverpflichtung mit dem bisherigen, in der Steuerbilanz der Personengesellschaft ausgewiesenen Teilwert anzusetzen und nach Maßgabe der Vorschrift des § 6a EStG in den folgenden Wirtschaftsjahren fortzuführen. Der in der Sonderbilanz des begünstigten Gesellschafters bilanzierte, korrespondierende Aktivposten geht durch Entnahme in dessen Privatvermögen über. Die mit Eintritt des Versorgungsfalles von der Kapitalgesellschaft zu zahlenden Pensionsleistungen mindern als Betriebsausgaben den Gewinn der Gesellschaft. Ihnen steht

23 Siehe hierzu Teil 2, E II 1, G I 2.

24 BFH v. 2.12.1997 - VIII R 15/96, DB 1998, 753.

25 Siehe hierzu Teil 2, E III 2.

26 BFH v. 2.12.1997 - VIII R 15/96, DB 1998, 753.

die gewinnerhöhende, sukzessive Auflösung der Pensionsrückstellung gegenüber. Beim pensionsberechtigten Gesellschafter werden die Zahlungen steuerlich so lange nicht erfaßt, wie sie den aus der Sonderbilanz entnommenen Aktivposten nicht übersteigen. Die den Aktivposten übersteigenden Pensionszahlungen, ausgenommen des in ihnen enthaltenen Ertragsanteiles, der im Zusammenhang mit der übernommenen Pensionsverpflichtung steht, sind als nachträgliche Einkünfte aus nichtselbständiger Arbeit gemäß §§ 19 Abs. 1 Nr. 2, 24 Nr. 2 EStG zu versteuern. In Höhe dieses Ertragsanteiles bezieht der begünstigte Gesellschafter nachträgliche gewerbliche Einkünfte im Sinne der §§ 15 Abs. 1 S. 2, 24 Nr. 2 EStG.[27]

2. Die Verschmelzung der Kapitalgesellschaft auf den pensionsberechtigten Alleingesellschafter führt infolge der mit dem Vermögensübergang einhergehenden Konfusion in der Person des Alleingesellschafters zum Erlöschen der übergehenden Pensionsverpflichtung und der Pensionsanwartschaft[28] und zwar steuerrechtlich gemäß der Übertragungsfiktion des § 2 UmwStG in der logischen Sekunde nach dem steuerrechtlichen Übertragungszeitpunkt.[29] Die übernommene und im Fall der Vermögensübertragung in ein Betriebsvermögen in die steuerliche Eröffnungsbilanz des Einzelunternehmers einzustellende aber anschließend aufzulösende Pensionsverpflichtung führt zu einem einkommensteuer- und gewerbesteuerpflichtigen Übernahmefolgegewinn des Übernehmers im Sinne des § 6 Abs. 1 UmwStG in Höhe des Buchwertes der in der steuerlichen Schlußbilanz der übertragenden Kapitalgesellschaft ausgewiesenen Pensionsverpflichtung. Die Tarifbegünstigung des § 32c EStG findet Anwendung. Der Einzelunternehmer darf den Übernahmefolgegewinn gemäß § 6 Abs. 1 und 2 i.V.m. § 9 Abs. 1 UmwStG durch den Ausweis einer steuerfreien Rücklage mindern, die in den folgenden drei Wirtschaftsjahren zu mindestens einem Drittel gewinnerhöhend aufzulösen ist.[30]

Erfolgt die Vermögensübertragung in das Privatvermögen des Alleingesellschafters, entsteht infolge des Erlöschens der Pensionsverpflichtung mangels einer für den privaten Bereich vorzunehmenden, steuerlichen Gewinnermittlung weder ein Übernahme- noch ein Übernahmefolgegewinn. Der Ansatz einer steuerfreien Rücklage kommt demzufolge nicht in Betracht.[31] Allerdings wird

27 Siehe hierzu Teil 2, E III 3.
28 Siehe hierzu Teil 2, F I 1.
29 Siehe hierzu Teil 2, F I 2.
30 Siehe hierzu Teil 2, F I 2b.
31 Siehe hierzu Teil 2, F I 2c.

durch die Vermögensübertragung die Besteuerung der Pensionsanwartschaft ausgelöst. Die Versorgungsleistungen gelten in Höhe der bei der Kapitalgesellschaft passivierten Pensionsverpflichtung als dem Alleingesellschafter in der logischen Sekunde nach dem steuerrechtlichen Übertragungszeitpunkt zugeflossen und sind als Einkünfte aus nichtselbständiger Arbeit gemäß § 19 Abs. 1 Nr. 2 EStG zu versteuern.[32]

Die gewerbesteuerlichen Wirkungen einer im Betriebsvermögen des Alleingesellschafters untergehenden Pensionsverpflichtung können im Einzelfall - entgegen dem ausdrücklichen, gesetzgeberisch mit dem UmwStG verfolgten Ziel, nämlich die umfangreichen handelsrechtlichen Umwandlungsarten ohne ertragsteuerliche Folgen eintreten zu lassen, um die handelsrechtlich zulässigen und betriebswirtschaftlich erwünschten Umstrukturierungen nicht zu verhindern - dazu führen, daß von der Umwandlung der Kapitalgesellschaft in Einzelunternehmen abgesehen wird. Die gewinnerhöhende Auflösung der Pensionsrückstellung im Rahmen der Umwandlung kann allerdings durch die vor dem steuerlichen Übertragungsstichtag vorgenommene, vertragliche Ablösung der Pensionsanwartschaft gegen Kapitalabfindung vermieden werden. Die Gefahr der Annahme einer verdeckten Gewinnausschüttung der Kapitalgesellschaft besteht nicht, wenn diese ihren Alleingesellschafter für die Aufgabe seiner Pensionsanwartschaft in Höhe des Barwertes der bis zum steuerlichen Übertragungsstichtag erdienten Pensionsanwartschaft abfindet.[33] Gleiches gilt für den Fall der Umwandlung einer Kapitalgesellschaft in eine Personengesellschaft. Da die Abfindung als Surrogat für die zukünftigen Pensionsleistungen, ebenso wie diese selbst, Vergütung für die mehrjährige Tätigkeit des Gesellschafter-Angestellten ist, kann für die Bemessung der auf die Abfindung entfallenden Einkommensteuer die Begünstigung des § 34 Abs. 1 EStG in Anspruch genommen werden (§ 34 Abs. 2 Nr. 4 EStG).[34] Die Frage, ob für die Abfindung der Pensionsansprüche vor Inkrafttreten der Neuregelung des § 34 EStG durch das Steuerentlastungsgesetz 1999/2000/2002 die tarifliche Begünstigungsvorschrift des § 34 Abs. 1 EStG a.F. in Anspruch genommen werden kann, ist grundsätzlich zu bejahen.[35]

3. Die Umwandlung einer Kapitalgesellschaft in eine Personengesellschaft führt im Gegensatz zur Vermögensübertragung auf den Alleingesellschafter

32 Siehe hierzu Teil 2, F I 2c.
33 Siehe hierzu Teil 2, F II 1.
34 Siehe hierzu Teil 2, F II 2.
35 Siehe hierzu Teil 2, F II 2b

steuerrechtlich nicht zur gewinnerhöhenden, bilanziellen Auflösung der gegenüber dem Gesellschafter bestehenden Pensionsverpflichtung in der Steuerbilanz der übernehmenden Personengesellschaft. Der Gesamtgewinn der Mitunternehmerschaft ist nicht durch den Ansatz eines der Pensionsrückstellung gleichhohen Aktivpostens in der Sonderbilanz des begünstigten Gesellschafters oder aller Gesellschafter zu erhöhen. Die in der Literatur hiergegen gerichtete und auf der dogmatischen Prämisse der Gleichstellungsthese beruhende Einwendung ist abzulehnen.[36] Die Pensionsverpflichtung ist in der Steuerbilanz der Personengesellschaft mit dem in der steuerlichen Schlußbilanz der Kapitalgesellschaft angesetzten und auf der Grundlage des vollen Pensionsanspruches gemäß der Vorschrift des § 6a Abs. 3 Nr. 1 EStG errechneten Teilwertes auszuweisen. Die von der Finanzverwaltung vertretene, teilweise Auflösung der übernommenen Pensionsrückstellung aufgrund einer nach § 6 Abs. 3 Nr. 2 EStG vorzunehmenden Teilwertberechnung ist wegen § 249 Abs. 3 S. 2 HGB i.V.m. § 5 Abs. 1 S. 1 EStG unzulässig.[37] Die weiteren, zukünftigen Rückstellungszuführungen der Personengesellschaft nach dem steuerlichen Übertragungsstichtag, die im Zusammenhang mit einer Tätigkeit des Gesellschafters für die Personengesellschaft stehen, unterliegen der Regelung des § 15 Abs. 1 S. 1 Nr. 2 Hs. 2 EStG. Sie sind gemäß der Rechtsprechung des BFH vom 2.12.1997 durch einen gleich hohen Aktivposten in der Sonderbilanz des begünstigten Gesellschafters oder aller Gesellschafter auszugleichen. Erhöhungen der Pensionszusage nach dem steuerlichen Übertragungsstichtag gelten als Erhöhung des gesamten Pensionsanspruches und deshalb auch für den Teil, der bis zum steuerlichen Übertragungsstichtag erdient wurde.[38] Soweit die mit Eintritt des Versorgungsfalles zu zahlenden Pensionen auf die bis zum steuerlichen Übertragungsstichtag geleisteten Dienste bei der Kapitalgesellschaft entfallen, erzielt der Pensionsberechtigte mit dem Zufluß der Pensionszahlungen Einkünfte aus nichtselbständiger Arbeit (§ 19 Abs. 1 Nr. 2 EStG). Betreffen die Zahlungen die ab dem steuerlichen Übertragungsstichtag geleisteten Dienste, so bezieht der Gesellschafter Sondervergütungen im Sinne des § 15 Abs. 1 S. 1 Nr. 2 Hs. 2 EStG, denen die entsprechende, gewinnmindernde Auflösung des in der Sonderbilanz des begünstigten Gesellschafters gebildeten Aktivpostens gegenübersteht.[39]

Eine besondere Problematik stellt im Rahmen der Umwandlung einer Kapitalgesellschaft in eine Personengesellschaft die steuerliche Behandlung der sog.

---

36 Siehe hierzu Teil 2, G II 3.

37 Siehe hierzu Teil 2, G III 1.

38 Siehe hierzu Teil 2, G III 2.

39 Siehe hierzu Teil 2, G III 3.

nicht vollzogenen bzw. steckengebliebenen verdeckten Gewinnausschüttung dar.[40] Deren Lösung ist abhängig von der vorgreifenden, steuerrechtsdogmatischen Einordnung der verdeckten Gewinnausschüttung und den sich daraus ergebenden Rechtsfolgen. Die verdeckte Gewinnausschüttung ist gesellschaftsrechtlich veranlaßte Vermögensminderung der Kapitalgesellschaft, die den Unterschiedsbetrag im Sinne des § 4 Abs. 1 S. 1 EStG mindert, aber aufgrund der Vorschrift des § 8 Abs. 3 S. 2 KStG nicht mindern darf. Sie ist wie eine Entnahme dem Unterschiedsbetrag hinzuzurechnen. Die hierin zum Ausdruck kommende Einschränkung des Trennungsprinzips bei gesellschaftsrechtlich veranlaßten Rechtsbeziehungen rechtfertigt nicht die Umqualifizierung einer Betriebsschuld. Rechtsfolge des § 8 Abs. 3 S. 2 KStG ist nicht die steuerbilanzielle Korrektur des Ansatzes der gesellschaftsrechtlich veranlaßten (Ausschüttungs-) Verbindlichkeit in den eines Eigenkapitalausweises. Die in der Handelsbilanz ausgewiesene Pensionsrückstellung zugunsten eines Gesellschafter-Angestellten ist steuerlich nicht um ihren unangemessen hohen Teil zu kürzen.[41] Dies bedeutet für den Fall der Umwandlung der Kapitalgesellschaft in eine Personengesellschaft, daß die Pensionsrückstellung auch in Höhe des gesellschaftsrechtlich veranlaßten Teiles in die steuerliche Übertragungsbilanz der Kapitalgesellschaft und in die Übernahmebilanz der Personengesellschaft zu übernehmen ist und damit verbunden das Übernahmeergebnis mindert. Zu einer Minderung der dem Gesellschafter zuzurechnenden Einkünfte kommt es hingegen nicht. Die vor dem steuerlichen Übertragungsstichtag beschlossene, aber erst im Rückwirkungszeitraum oder danach abfließende verdeckte Gewinnausschüttung gilt unabhängig von dem Zeitpunkt ihres tatsächlichen Abflusses als am steuerlichen Übertragungsstichtag im Sinne des § 27 Abs. 3 EStG erfolgt. Entsprechend gilt die verdeckte Gewinnausschüttung dem Gesellschafter als an diesem Stichtag zugeflossen. Der Gesellschafter hat die verdeckte Gewinnausschüttung gemäß § 20 Abs. 1 Nr. 1 S. 3 EStG als Einkünfte aus Kapitalvermögen im betreffenden Veranlagungszeitraum zu versteuern. Die Notwendigkeit der Ab- und Zuflußfiktion beruht auf der der Besteuerungskonzeption der §§ 3 bis 10 UmwStG zugrundeliegenden Zielsetzung, nämlich die Körperschaftsteuerbelastung der offenen Rücklagen der übertragenden Kapitalgesellschaft durch die individuelle Einkommensteuerbelastung der Gesellschafter zu „ersetzen".[42] Die übertragende Kapitalgesellschaft hat die Ausschüttungsbelastung gemäß § 27 Abs. 1 KStG herzustellen. Die Körperschaftsteueränderung für den verdeckt ausgeschütteten Gewinn tritt gemäß § 27 Abs. 3 S. 2 KStG für den Veranla-

40 Siehe hierzu Teil 2, G IV.

41 Siehe hierzu Teil 2, G IV 4b.

42 Siehe hierzu Teil 2, G IV 4c.

gungszeitraum der Umwandlung ein. Für die verdeckte Gewinnausschüttung gilt das verwendbare Eigenkapital der übertragenden Kapitalgesellschaft zum Schluß des Wirtschaftsjahres der Umwandlung, aber vor Verringerung durch diese Ausschüttung und der sich durch die Vermögensübertragung ergebenden Veränderung, als verwendet. Die übertragende Kapitalgesellschaft oder die übernehmende Personengesellschaft hat die Steuerbescheinigung gemäß § 44 KStG auszustellen. Die auf die Personengesellschaft als Gesamtrechtsnachfolgerin übergegangene Pensionsverpflichtung/Ausschüttungsverpflichtung ist mit der Fälligkeit der einzelnen Pensionsansprüche von ihr erfolgsneutral zu erfüllen.

Schrifttumsverzeichnis

A

Adler, Hans/Düring, Walther/Schmalz, Kurt, Rechnungslegung und Prüfung der Unternehmen, Kommentar, Teilband 5/6, 6. Aufl., Stuttgart 1997/1998. (zitiert: Rechnungslegung)

Ahrend, Peter/Förster, Wolfgang/Rößler, Norbert (Hrsg.), Die betriebliche Altersversorgung, bearbeitet von Ahrend, Peter/Rühmann, Jochen, Berlin 1980.

dies., Die Auswirkungen des Bilanzrichtlinien-Gesetzes auf die betriebliche Altersversorgung, DB 1986, Beilage 10.

dies., Steuerrecht der betrieblichen Altersversorgung mit arbeitsrechtlicher Grundlegung, 4. Aufl., Köln 1985/1995.(zitiert: BAV)

Ahrend, Peter/Förster, Wolfgang, Gesetz zur Verbesserung der betrieblichen Altersversorgung mit zivilrechtlichen, arbeitsrechtlichen, steuerrechtlichen Vorschriften und Erläuterungen, 6. Aufl., München 1996.

Ahrend, Peter, Die betriebliche Altersversorgung und das Bilanzrichtlinie-Gesetz, WPg 1986, 577.

Autenrieth, Karlheinz, Pensionsrückstellungen für Mitunternehmer bei Personengesellschaften, DStZ 1992, 114.

B

Baumbach, Adolf/Duden, Konrad/Hopt, Klaus J., Handelsgesetzbuch, Kommentar, 29. Aufl., München 1997. (zitiert: HGB)

ders./Hueck, Alfred, GmbH-Gesetz, 16. Aufl., München 1996. (zitiert: GmbHG)

ders., Steuerrecht und Privatrecht in der Rechtsprechung des Reichsfinanzhofs, StuW 1928, Sp. 996.

Ballreich, Hilbert, Fallkommentar zum Umwandlungsrecht, Neuwied 1999. (zitiert: Umwandlungsrecht)

Ballwieser, Wolfgang, Ist das Maßgeblichkeitsprinzip überholt?, BFuP 1990, 477.

Barth, Kuno, Weiterbestehen von Pensionsrückstellungen beim Wechsel vom Arbeitnehmer zum Mitunternehmer, DB 1976, 1544.

Becker, Enno, Zur Auslegung der Steuergesetze, StuW 1924, Sp. 145.

ders., Grundfragen aus den neuen Steuergesetzen, StuW 1925, Sp. 1579.

ders., Die Entwicklung des Steuerrechts durch die Rechtsprechung seit 1926, StuW I 1928, Sp. 855.

ders., Zur Rechtsprechung, StuW I 1931, Sp. 1285.

ders., Zur Rechtsprechung, StuW I 1932, Sp. 99.

ders., Erläuterungen zur Rechtsprechung, StuW I 1937, Sp. 1057.

ders., Die Grundlagen der Einkommensteuer, Berlin 1940.

Beck'scher Bilanzkommentar, Der Jahresabschluß nach Handels- und Steuerrecht, bearbeitet von Budde, Wolfgang Dieter/Clemm, Hermann, Ellrott, Helmut/Förschle, Gerhardt/Schnicke, Christian, 4. Aufl., München 1999. (zitiert: BeckBilKomm-Verfasser)

Beisse, Heinrich, Handelsbilanzrecht in der Rechtsprechung des Bundesfinanzhofs, BB 1980, 637.

ders., Zum Verhältnis von Bilanzrecht und Betriebswirtschaftslehre, StuW 1984, 1.

ders., Die Betriebsaufspaltung als Rechtsinstitut, in Festschrift Ludwig Schmidt, München 1993, S. 455.

ders., Zum neuen Bild des Bilanzrechtssystems, in Festschrift Adolf Moxter, Düsseldorf 1994, S. 3.

Beuthien, Volker, Arbeitsrecht und Vereinsrecht - Gedanken zum Verhältnis von Arbeitsrecht und Gesellschaftsrecht -, Festschrift zum 25-jährigen Bestehen des Bundesarbeitsgerichts, München 1979, S. 1.

Binz, Mark K., Die GmbH & Co., 8. Aufl., München 1992.

Birk, Dieter, Zur Verfassungsmäßigkeit des Passivierungswahlrechts für Pensionsrückstellung nach § 250 Abs. 3 HGBE (Bilanzrichtlinie-Gesetz), BB 1983, 2065.

ders., Altersvorsorge und Alterseinkünfte im Einkommensteuerrecht, Köln 1987.

Blomeyer, Jürgen, Die Rechtsnatur der Gesamthand, JR 1971, 397

Blomeyer, Wolfgang/Otto, Klaus, Gesetz zur Verbesserung der betriebliche Altersversorgung, Kommentar, München 1984. (zitiert: BetrAVG)

Blümich, Walter/Schachian, Herbert, Das Einkommensteuergesetz vom 10. August 1925, Berlin 1925. (zitiert: EStG)

ders., EStG/KStG/GewStG, Kommentar, herausgegeben von Ebling, Klaus, 15. Aufl., Stand: März 2000, München 1999.

Boethke, Steuerrecht und Privatrecht in der Rechtsprechung des Reichsfinanzhofs, StuW 1928, Sp. 1203.

Bonner Handbuch Rechnungslegung, herausgegeben von Hofbauer, Max/ Albrecht, Werner/Kupsch, Peter/Grewe, Wolfgang, 2. Aufl., Bonn 1999, Stand: März 2000. (zitiert: BHR)

ders., Einschlägige Prinzipienfragen der Gewinnrealisierung, DStJG 2 (1979), S. 67.

ders., Die Pension der Gesellschafter-Witwe, FR 1984, 277.

ders., Zum Entwurf eines Gesetzes zur vordringlichen Regelung von Fragen der Besteuerung von Personengesellschaften, BB 1985, 1548.

ders., Versorgungsleistungen an ausscheidende Mitunternehmer und deren Rechtsnachfolger, DB 1987, 15.

ders., Zur Maßgeblichkeit der Handelsbilanz für die steuerliche Gewinnermittlung, DStR 1988, 688.

ders., Pensionszusagen für tätige Mitunternehmer, FR 1990, 526.

Bordewin, Arno/Brandt, Jürgen, Kommentar zum Einkommensteuergesetz EStG, Heidelberg 1955/2000, Stand: Oktober 2000. (zitiert: EStG)

Bornhaupt, Kurt Joachim, Steuerfreie Abfindungen wegen Auflösung von Dienstverhältnissen und steuerbegünstigte Entschädigungen bei Arbeitnehmern, BB 1980 Beilage 7.

Brandmüller, Gerhard, Die Betriebsaufspaltung nach Handels- und Steuerrecht, 7. Aufl., Heidelberg, 1997.

Brenner, Dieter, Neue Rechtsprechung zu Vergütungen für den Gesellschafter-Geschäftsführer einer GmbH (Pensionszusagen, Tantiemen, Forderungsverzicht), DStZ 1996, 65.

Brezing, Klaus, Durchsäuerungstheorie contra Bilanzbündeltheorie, FR 1974, 499.

Brönner, Herbert, Die Besteuerung der Gesellschaften, 17. Aufl., Stuttgart 1999.

ders./Bareis, Peter, Die Bilanz nach Handels- und Steuerrecht, 9. Aufl., Stuttgart 1991.

Budde, Wolfgang Dieter/Förschle, Gerhart, Sonderbilanzen, 2. Aufl., München 1999.

Buyer, Christoph, Änderung der Unternehmensform, 6. Aufl., Berlin 1996.

C

Clemm, Hermann, Die Rechnungslegung der Personengesellschaften, insbesondere der GmbH & Co.KG, nach dem Referenten-Vorentwurf eines Bilanzrichtlinien-Gesetzes, WPg 1981, 388.

Costede, Jürgen, Die Aktivierung von Wirtschaftsgütern im Einkommensteuerrecht, StuW 1995, 115.

Crezelius, Georg, Steuerrechtliche Rechtsanwendung und allgemeine Rechtsordnung, Berlin 1983.

ders., Das sogenannte schwebende Geschäft in Handels-, Gesellschafts- und Steuerrecht, in Festschrift Georg Döllerer, Düsseldorf 1988, S. 81.

ders., Maßgeblichkeitsgrundsatz in Liquidation?, DB 1994, 689.

ders., Steuerrecht II, 2. Aufl., München 1994.

ders., kodifizierte und rechtsprechungstypisierte Umgehungen, StuW 1995, 313.

D

Dankmeyer, Udo/Klöckner, Klaus/Puhl, Erhard, Steuerbereinigungsgesetz 1986: Änderungen des Einkommensteuergesetzes und der Einkommensteuer-Durchführungsverordnung (Teil II), DB 1986, 454.

Dahns, Der Kommanditist als Arbeitnehmer der Kommanditgesellschaft, RdA 1951, 368.

Dehmer, Hans, Die Betriebsaufspaltung, 2. Aufl., München 1987.

ders., Das Umwandlungsgesetz 1994, DStR 1994, 1713, 1753.
ders., Umwandlungsgesetz Umwandlungssteuergesetz, Kommentar, 2. Aufl., München 1996. (zitiert: UmwG/UmwStG)
Dersch, Die Rechtsstellung von Organmitgliedern juristischer Personen und Gesellschaftern im Arbeitsrecht und in der Sozialversicherung, RdA 1951, 212.
Dinter, Dieter, Die Bewertung von Pensionsverpflichtungen nach dem Bilanzrichtlinien-Gesetz, BetrAV 1986, 109.
Diller, Martin, Gesellschafter und Gesellschaftsorgane als Arbeitnehmer, Köln 1994 (zitiert: Gesellschafter)
Döllerer, Georg, Maßgeblichkeit der Handelsbilanz in Gefahr, BB 1971, 1333.
ders., Die Steuerbilanz der Personenhandelsgesellschaft als konsolidierte Bilanz der wirtschaftlichen Einheit, DStZ/A 1974, 211.
ders., Das Bilanzrecht in der neueren Rechtsprechung des Bundesfinanzhofs, JbFAStR 1975/76, S. 143.
ders., Ergänzungsbilanz und Gesamtbilanz, JbFAStR 1975/76, S. 322.
ders., Neuere Entwicklungen im Steuerrecht der Personengesellschaft, DStZ 1976, 435.
ders., Rechtsbeziehungen zwischen der Personenhandelsgesellschaft und ihren Gesellschaftern in der Steuerbilanz, in Festschrift Werner Flume, Köln 1978, S. 43.
ders., Ergänzungsbilanz und Gesamtbilanz, JbFAStR 1978/79, S. 322.
ders., Verdeckte Gewinnausschüttungen und verdeckte Einlagen nach neuem Körperschaftsteuerrecht, BB 1979, 57.
ders., Zur Bilanzierung des schwebenden Vertrags, BB 1979, 1541.
ders., Droht eine neue Aktivierungswelle?, DB 1980, 1333.
ders., Die Bilanzen der Personenhandelsgesellschaft und ihrer Gesellschafter - Chaos oder System?, DStZ 1980, 259.
ders., Die verdeckte Gewinnausschüttung und ihre Rückwirkung nach neuem Körperschaftsteuerrecht, DStR 1980, 395.
ders., Neues Steuerrecht der Personengesellschaft, DStZ 1983, 179.
ders., Handelsbilanz und Steuerbilanz , BB 1987, Beilage 12.
ders., Verdeckte Gewinnausschüttungen und verdeckte Einlagen bei Kapitalgesellschaften, 2. Aufl., Heidelberg 1990. (zitiert: Verdeckte Gewinnausschüttungen)
ders., Gesellschafterdarlehen an die gewerbliche Personengesellschaft, DStZ 1992, 646.
Dötsch, Ewald, Gewinnausschüttungen von Kapitalgesellschaften, DB 1986, 2041.
ders., Umwandlungssteuerrecht, 4. Aufl., Stuttgart 1998.
ders./Ewald, Horst/Jost, Werner/Witt, Georg, Die Körperschaftsteuer, Kommentar, Stuttgart 1999, Stand: August 2000 (zitiert: KStG)

E

Ebenroth, Carsten Thomas, Willburger, Andreas, Mehrstöckige Personengesellschaften - Die Einführung von § 15 Abs. 1 S. 1 Nr. 2 S. 2 EStG und ihre Folgen im Personengesellschaftsrecht, BB 1992, 1043.

Engelhardt, Horst, Pensionsrückstellungen für tätige Mitunternehmer, BB 1990, 882.

Erler, Friedrich/Koppe, Fritz, Das Reichseinkommensteuergesetz vom 29.März 1920, 2. Aufl., Berlin 1920. (zitiert: Reichseinkommensteuergesetz)

Erman, Walter, Handkommentar zum Bürgerlichen Gesetzbuch, 9. Aufl., München 1992. (zitiert: BGB)

F

Federmann, Rudolf, Bilanzierung nach Handelsrecht und Steuerrecht, 10. Aufl., Berlin 1994.

Felix, Günther/Streck, Michael, Neues Ertragsteuerrecht der Mitunternehmerschaften, DStR 1976, 243.

Felix, Günther, Vororientierung zur Umgründung einer GmbH in eine GmbH & Co KG, KÖSDI 1985, 6044.

ders., Aspekte zur Mitunternehmerschaft, KÖSDI 1995, 10123.

ders./Stahl, Rudolf, Steuer- und zivilrechtliche Erwägungen zur Umgründung von Gesellschaften mbH in Personengesellschaften oder Einzelunternehmen, DStR 1986, Beihefter zu Heft 3.

ders., Gewerbesteuerliche Nichterfassung des Übernahmegewinns und Tarifbegrenzung nach § 32c EStG, BB 1995, 749.

Fichtelmann, Helmar, Die GmbH & Co KG im Steuerrecht, Heidelberg 1999.

Fiedler, Stefan, Verdeckte Gewinnausschüttung - Aufwand oder Ergebnisverwendung?, BB 1995, 1341.

Fischer, Peter, Auch der Mitunternehmer ist ein Unternehmer des Betriebs. Ein Beitrag zur subjektiven Zurechnung des einkommensteuerbaren Handlungs- und Erfolgstatbestands, in Festschrift Heinrich Beisse, Düsseldorf 1997, S. 189.

Fleck, Hans-Joachim, Das Dienstverhältnis der Vorstandsmitglieder und Geschäftsführer in der Rechtsprechung des BGH, WM 1981, Beilage 3.

ders., Der Grundsatz der Kapitalerhaltung - seine Auswirkung und seine Grenzen, in Festschrift 100 Jahre GmbH-Gesetz, Köln 1992, S. 391.

Flume, Werner, Gesellschaft und Gesamthand, ZHR 1972, 177.

ders., Allgemeiner Teil des Bürgerlichen Rechts, Bd. I 1. Teil, Die Personengesellschaft, 3. Aufl., Berlin 1977. (zitiert: Die Personengesellschaft)

ders., Allgemeiner Teil des Bürgerlichen Rechts, Bd. II, Das Rechtsgeschäft, 3. Aufl., Berlin 1979. (zitiert: Das Rechtsgeschäft) ders., Gesamthandsgesellschaft und juristische Person, in Festschrift Ludwig Raiser, Tübingen 1974, S. 27.

ders., Die Pension für den ausgeschiedenen Gesellschafter-Geschäftsführer einer Personengesellschaft oder seine Witwe und die nach dem Entwurf eines Geprägerechtsprechungsgesetzes beabsichtigte steuerliche Regelung, DB 1985, 2370.

ders., Die Pensionen für Gesellschafter-Geschäftsführer von Personengesellschaften oder ihre Witwen - Pensionsrückstellungen und Pensionszahlungen - nach Einkommensteuerrecht und Gewerbesteuerrecht, in Festschrift Georg Döllerer, Düsseldorf 1988, S. 133.

Förschle, Gerhart/Klein, Hans-Georg, Zur handelsrechtlichen Bilanzierung und Bewertung der betrieblichen Altersversorgungsverpflichtungen, DB 1987, 341.

Freericks, Wolfgang, Bilanzierungsfähigkeit und Bilanzierungspflicht in Handels- und Steuerbilanz, Köln 1976. (zitiert: Handels- und Steuerbilanz)

Frotscher, Gerrit, Verdeckte Gewinnausschüttung, DStJG 20 (1997), S. 205.

ders., Tendenzen im Recht der Verdeckten Gewinnausschüttung, GmbHR 1998, 23.

ders., Einkommensteuergesetz, Kommentar, Freiburg 2000, Stand: September 2000 (zitiert: EStG)

ders., /Maas, Ernst, Körperschaftsteuergesetz Umwandlungssteuergesetz, Kommentar, Freiburg i.Br. 1999, Stand: September 2000. (zitiert: KStG/UmwStG)

Früchtnicht, H., Behandlung der Pensionsrückstellungen für den Gesellschafter-Geschäftsführer bei der Umwandlung, WPg 1978, 201.

Fuchs, Helmut/Lempenau, Gerhard, Nutzungsvorteil als verdeckte Gewinnausschüttung ohne Zufluß, BB 1982, 484.

Fuisting, Bernhard/Strutz, Georg, Kommentar zum Einkommensteuergesetz, Bd. 1, 8. Aufl., Berlin 1915. (zitiert: Einkommensteuergesetz)

G

Gail, Winfried, Pensionsrückstellungen für Gesellschafter-Geschäftsführer bei Umwandlung einer Kapitalgesellschaft in eine Personengesellschaft, BB 1969, 171.

Ganske, Joachim, Umwandlungsrecht, Düsseldorf 1994.

Ganssmüller, Helmut, Die Tätigkeitsvergütung geschäftsführender Gesellschafter der OHG und KG, Köln 1961. (zitiert: Die Tätigkeitsvergütung)

ders., Die steuerliche Behandlung der an den Gesellschafter gezahlten Vergütungen, FR 1961, 128.

Gaul, Dieter, Das Arbeitsrecht im Betrieb, 8. Aufl., Heidelberg 1986 (zitiert: Arbeitsrecht)

Geiler, Karl, Die Einwirkung des Steuerrecht, insbesondere der Rechtsprechung des Reichsfinanzhofs auf das Recht der Personengesellschaften, StuW I 1928, 1009.
Gelhausen, Wolf, Das Realisationsprinzip im Handels- und Steuerrecht, Frankfurt a.M. 1985. (zitiert: Realisationsprinzip)
Gelhausen, Wolf/Fey, Gerd, Maßgeblichkeit der Staatsfinanzen für das Bilanzrecht?, BB 1994, 603.
Glade, Anton/Steinfeld, G., Umwandlungssteuergesetz 1977, Kommentar, 3. Aufl., Berlin 1980.
Glocke, Rudolf, Zur Aktivierung von Pensionsansprüchen in den Einzelbilanzen der persönlich haftenden Gesellschafter bei einer KGaA, DB 1994, 2162.
Gonella, Robert, Kennt das Körperschaftsteuerrecht eine außerbetriebliche Sphäre der Kapitalgesellschaft?, DB 1967, 873.
Gosch, Dietmar, Die Personengesellschaft und die Pensionszusage, DStZ 1994, 193.
ders., Neuere Rechtsprechung des Bundesfinanzhofs zur betrieblichen Altersversorgung, BetrAV 1994, 268.
ders., Der BFH und der Fremdvergleich, DStZ 1997, 1.
ders., Pensionszusagen in der Umwandlung, in Festschrift Siegfried Widmann, Bonn 2000, S. 357.
Goutier, Klaus/Knopf, Rüdiger/Tulloch, Anthony, Kommentar zum Umwandlungsrecht, Heidelberg 1996. (zitiert: Umwandlungsrecht)
Griebeling, Gert, Betriebliche Altersversorgung, Berlin 1996.
Groh, Manfred, § 39 AO und die Gewinnermittlung für Mitunternehmer, JbFAStR 1983/84, S. 255.
ders., Sondervergütungen in der doppelstöckigen Personengesellschaft, DB 1991, 879.
ders., Die Bilanzen der Mitunternehmerschaft, StuW 1995, 383.
Grüninger, Michael, Die Europäische Wirtschaftliche Interessenvereinigung beratender Freiberufler, BB 1990, 2161.

H

Hachenburg, Max, Gesetz betreffend die Gesellschaften mit beschränkter Haftung, Großkommentar, 8. Aufl., Berlin 1992. (zitiert: GmbHG)
Hanau, Peter, Die Mitbestimmung in der betrieblichen Altersversorgung nach der neuen Rechtsprechung des Bundesarbeitsgerichts, BB 1976, 91.
Handbuch der betrieblichen Altersversorgung, herausgegeben von der ABA-Arbeitsgemeinschaft für betriebliche Altersversorgung e.V. Heidelberg, Bd. I: Grundlagen und Praxis, 7. Aufl., Heidelberg 1988/91. (zitiert: ABA-Handbuch)
Handbuch des Jahresabschlusses in Einzeldarstellungen, herausgegeben von Wysocki, Klaus/ Schulze-Osterloh, Joachim, Köln 1984/92. (zitiert: HdJ)

Haritz, Detlef/Benkert, Manfred, Umwandlungssteuergesetz, Kommentar, 2. Aufl. München 2000. (zitiert: UmwStG)

Hartmann, Böttcher, Nissen, Bordewin, Kommentar zum Einkommensteuergesetz EStG, Heidelberg 1955/00, Stand: September 2000. (zitiert: EStG)

Haug, Wolfgang/Autenrieth, Karlheinz, Mitunternehmerschaft des Komplementärs und Pensionsrückstellungen für den Gesellschafter und dessen Witwe, DStZ 1987, 70.

Heissmann, Ernst, Keine Aktivierung von Ruhegeldansprüchen selbständiger Personen, BB 1956, 783.

ders., Pensionsrückstellungen für Gesellschafter-Geschäftsführer von Personengesellschaften, DB 1967, 616.

Hermann, Carl/Heuer, Gerhardt/Raupach, Arndt, Einkommensteuergesetz und Körperschaftsteuergesetz, Kommentar, 21. Aufl., Köln 1950/99, Stand: Mai 2000. (zitiert: EStG)

Hermann, Elke, Der Ausschluß eines tätigen Gesellschafters aus einer Personengesellschaft, RdA 1989, 313.

Herzig, Norbert, Systemfehler im Anrechnungsverfahren bei fehlender wertmäßiger und zeitlicher Kongruenz von Ausschüttungen auf Gesellschafts- und Gesellschafterebene?, FR 1977, 405.

ders./Lochmann, Uwe, Das Grundmodell der Besteuerung von Personenunternehmen nach der Unternehmenssteuerreform, DB 2000, 540.

Heubeck, Georg/Höhne, Gerhard/Paulsdorff, Jürgen/Weinert, Wolfgang, Kommentar zum Betriebsrentengesetz, Bd. I: Arbeitsrechtliche Vorschriften, 2. Aufl., Heidelberg 1982. (zitiert: BetrAVG-AR)

dies., Kommentar zum Betriebsrentengesetz, Bd. II: Steuerrechtliche Vorschriften, 2. Aufl., Heidelberg 1982. (zitiert: BetrAVG-StR)

Heubeck, Georg, Private Lebensversicherung, gesetzliche Rentenversicherung und betriebliche Altersversorgung als Komponenten der Vorsorge, ZVersWiss 1970, 317.

Heubeck, Klaus, Pensionsrückstellungen als Rückstellungen für ungewisse Verbindlichkeiten, BFuP 1987, 332.

ders., Betriebliche Versorgungsverpflichtungen nach dem neuen Bilanzrecht, WPg 1986, 317, 356.

Heuer, Gerhard, Steuerliche Behandlung von Pensionsberechtigungen bei Steuerpflichtigen mit Gewinneinkünften (Handelsvertreter, selbständig Tätige u.a.), DB 1956, 96.

ders., Bilanzierungsfragen bei Handelsvertretern, FR 1956, 483.

Heuermann, Bernd/Wagner, Klaus/Schmidt, Eberhard, Lohnsteuer, München 1998, Stand: August 1988.

Heymann, Ernst, Handelsgesetzbuch, Kommentar, herausgegeben von Horn, Norbert, Bd. 2, 2. Aufl., Berlin 1996. (zitiert: HGB)

Höfer, Reinhold/Abt, Oskar, Müssen Selbständige ihre Rechte aus betrieblichen Altersversorgungszusagen aktivieren?, BB 1980, 252.

dies., Gesetz zur betriebliche Altersversorgung, Kommentar, Bd. I: Arbeitsrechtlicher Teil, 2. Aufl., München 1982. (zitiert: BetrAVG-AR)

dies., Gesetz zur betriebliche Altersversorgung, Kommentar, Bd. II: Steuerrechtlicher Teil, 2. Aufl., München 1984. (zitiert: BetrAVG-StR)

Höfer, Reinhold/Ahrend, Peter, Zur Aufrechterhaltung betrieblicher Versorgungsanwartschaften, DB 1972, 1824.

Höfer, Reinhold/Gäbelein, Wolfgang/Lätsch, Roland/Grünewald, Otto, Neuregelung in der betrieblichen Altersvorsorge, DB 1984, Beilage 27.

Hoffmann, Wolf-Dieter, Anmerkung zum BFH-Urteil v. 23.10.1990 - VIII R 142/85, BFHE 162, 99, BB 1991, 513.

ders., Die Tantiemeverbindlichkeit als verdeckte Gewinnausschüttung, DStR 1995, 250.

ders., (Verdeckte) Entnahmen, verdeckte Gewinnausschüttungen, Schadenersatzforderungen und Wettbewerbsverbot als bemerkenswerte Konjunktionen am aktuellen Steuerhimmel, DStR 1995, 1620.

ders., Der wirtschaftliche Vorteil für die Kapitalgesellschaft als verdeckte Gewinnausschüttung, DStR 1996, 729.

Höfer, Reinhold, Einzelfragen zum neuen Bilanzrecht der betrieblichen Altersversorgung, BB 1986, 1049.

Holling, Werner, Die einkommensteuerliche Behandlung von Pensionszusagen an Handelsvertreter durch vertretene Unternehmen, BB 1956, 73.

Hopt, Klaus J./Hehl, Günther, Gesellschaftsrecht, 2. Aufl., München 1982.

Hottmann, Jürgen, Pensionszusagen an Gesellschafter von Personengesellschaften, StBp 1992, 254.

Huber, Ulrich, Vermögensanteil, Kapitalanteil und Gesellschaftsanteil an Personengesellschaften des Handelsrechts, 1970. (zitiert: Vermögensanteil)

Hueck, Alfred, Das Recht der offenen Handelsgesellschaft, 4. Aufl., Berlin 1971. (zitiert: OHG)

Hueck, Alfred/Nipperdey, Hans Carl, Lehrbuch des Arbeitsrechts, Bd. I, 7. Aufl., Berlin 1963

Hueck, Götz, Gesellschaftsrecht, 19. Aufl., München 1991.

ders., Zur Tätigkeit des Kommanditisten im Dienste der KG, DB 1962, 1363.

I

Institut der Wirtschaftsprüfer (IdW), HFA-Stellungnahme 2/1993, Zur Bilanzierung bei Personengesellschaften, WPg 1994, 22.

dass., HFA-Stellungnahme 13/1933, Neufassung 1939, WPr 1939, 97.

dass., HFA-Fachgutachten 1/1951, Die Bilanzierung von Pensionsverbindlichkeiten, WPr 1951, 318.

dass., HFA-Fachgutachten 1/1951, Neufassung 1953, WPg 1953, 356.

dass., HFA-Stellungnahme 3/1977, Zur Frage der Auflösung von Pensionsrückstellungen, WPg 1977, 464.

dass., HFA-Stellungnahme 2/1988, Pensionsverpflichtungen im Jahresabschluß, WPg 1988, 403.
dass., HFA-Stellungnahme 2/1993, Zur Bilanzierung bei Personenhandelsgesellschaften, WPg 1994, 22.
dass., Steuerfachausschuß: Zweifelsfragen zum neuen Umwandlungssteuerrecht, WPg 1995, 57.

J

Jansen, Rudolf/Wrede, Friedrich, Renten, Raten, Dauernde Lasten, 11. Aufl., Berlin 1995.
Jorde, Thomas R./Wetzel, Frank, Rückwirkung und Interimszeit bei Umwandlungen, BB 1996, 1246.

K

Kallmeyer, Harald, Umwandlungsgesetz, Kommentar, Köln 1997.
Ketterl, Hans, Steuerpolitische Gestaltungsspielräume im Umwandlungssteuergesetz, Frankfurt a.M. 1979. (zitiert: Umwandlungssteuergesetz)
Kirchhof, Paul,/Söhn, Hartmut, Einkommensteuergesetz, Kommentar, Heidelberg 1999, Stand: September 2000. (zitiert: EStG)
Kirchhof, Paul, Der verfassungsrechtliche Auftrag zur Besteuerung nach der finanziellen Leistungsfähigkeit, StuW 1985, 319.
Kläschen, Kay, Das Körperschaftsteuergesetz und die Körperschaftsteuer-Richtlinien 1977, DStZ/A 1979, 267.
Klingberg, Dietgard, Mitarbeitende Kommanditisten im Gesellschaftsrecht, Köln 1990. (zitiert: Kommanditisten)
Knobbe-Keuk, Brigitte, Tätigkeitsvergütungen nach § 15 Ziff. 2 EStG und Gewerbesteuer, DB 1971, 790.
dies., Die Einbringung eines Personenunternehmens in eine Kapitalgesellschaft, DB 1972, 1643.
dies., Die Besteuerung des Gewinns der Personengesellschaft und der Sondervergütungen der Gesellschaft, StuW 1974, 1.
dies., Personengesellschaft und Gewerbesteuer, StbJb 1975/76, S. 175.
dies., Zur Besteuerung der Personengesellschaften, StuW 1978, 68.
dies., Die Besteuerung der Personengesellschaft nach der neuen Rechtsprechung und Verwaltungsauffassung, DStR 1979, 183.
dies., Besteuerung der Mitunternehmer - Bilanzierungsfragen -, StbKongrRep. 1980, S. 165.
dies., Aktuelle Rechts- und Steuerprobleme der mittelständischen Unternehmen, StbJb 1984/85, S. 81.
dies., Zum Entwurf eines Gesetzes zur vordringlichen Regelung von Fragen der Besteuerung von Personengesellschaften, BB 1985, 941.

dies., Gleichstellung des Mitunternehmers mit dem Einzelunternehmer? § 15 Abs. 1 S. 1 Nr. 2 EStG und mittelbar Beteiligte, DB 1990, 905.

dies., Bilanz- und Unternehmenssteuerrecht, 9. Aufl., Köln 1993.

Knop, Wolfgang/Küting, Karlheinz, Anschaffungskosten im Umwandlungsrecht, BB 1995, 1023.

Knopf, Rüdiger/Söffing, Andreas, Einzelaspekte zur Umwandlung einer Kapitalgesellschaft in eine Personengesellschaft nach neuem UmwStG, BB 1995, 850.

Koch, Abgabenordnung AO 1977, Kommentar, 3. Aufl., Köln 1986. (zitiert: AO)

Köhle, Friedhelm, Hinterbliebenenbezüge als Betriebsausgaben in der Personengesellschaft/ Änderung der Rechtsprechung, auch in der Frage der Rückstellungsbildung?, DB 1984, 644.

Kottke, Klaus, Rückstellungen für Pensionszusagen an Gesellschafter-Geschäftsführer von Personengesellschaften, BB 1990, 592.

ders., Rückstellungen für Pensionszusagen an Gesellschafter-Geschäftsführer von Personengesellschaften, BB 1991, 507.

KPMG Deutsche Treuhandgruppe (Hrsg.), Betriebliche Altersversorgung und Jahresabschluß, 2. Aufl., Düsseldorf 1991. (zitiert: Betriebliche Altersversorgung)

Kraft, Alfons/Konzen, Horst, Die Arbeiterselbstverwaltung im Spannungsverhältnis von Gesellschafts- und Arbeitsrecht, Köln 1978. (zitiert: Arbeiterselbstverwaltung)

Kraft, Alfons/Kreutz, Peter, Gesellschaftsrecht, 9. Aufl., Berlin 1992.

Kraft, Cornelia, Entwicklungstendenzen in der Besteuerungskonzeption für Personengesellschaften, DStR 1995, 921.

Krieger, Albrecht, Der Grundsatz der Maßgeblichkeit der Handelsbilanz für die steuerliche Gewinnermittlung, in Festschrift Georg Döllerer, Düsseldorf 1988, S. 325.

Kruse, Heinrich Wilhelm, Gewinnanteil und Sondervergütungen der Gesellschafter von Personengesellschaften de lege lata und de lege ferenda, DStJG 2 (1979), S. 37.

Kübler, Friedrich, Gesellschaftsrecht, 4. Aufl., Heidelberg 1994.

Küting, Karlheinz/Weber, Claus-Peter, Handbuch der Rechnungslegung, Kommentar, Bd. Ia, 4. Aufl., Stuttgart 1995.

Kühn, Rolf, Hofmann, Ruth, Abgabenordnung, 17. Aufl., Stuttgart 1995.

Kurth, Hans, Die Besteuerung der Mitunternehmer, Wiesbaden 1978.

ders., Irrwege zur Bilanzbündeltheorie - Wege zur Beitragstheorie?, StuW 1978, 1.

L

Lademann, Fritz, Kommentar zum Einkommensteuergesetz, 4. Aufl., Stuttgart 1999, Stand: April 2000. (zitiert: EStG)

Lang, Joachim, Gewinnrealisierung bei Personengesellschaften, StuW 1978, 215.

ders., Gewinnrealisierung - Rechtsgrundlagen, Grundtatbestände und Prinzipien im Rahmen des Betriebsvermögensvergleichs nach § 4 Abs. 1 EStG, DStJG 4 (1981), S. 45.

ders., Die Einkünfte des Arbeitnehmers - Steuersystematische Grundlegung, DStJG 9 (1986), S. 15.

ders., Zur Subjektfähigkeit von Personengesellschaften im Einkommensteuerrecht, in Festschrift Ludwig Schmidt, München 1993, S. 291.

Lange, Joachim, Verdeckte Gewinnausschüttungen, 6. Aufl., Berlin 1993.

ders./Grützner, Dieter/Kussmann, Manfred/Reiß, Wolfram, Personengesellschaften im Steuerrecht, 5. Aufl., Berlin 1998.

Larenz, Karl, Lehrbuch des Schuldrechts, Bd. 1 AT, 14. Aufl., München 1987.

Leffson, Ulrich, Die Grundsätze ordnungsmäßiger Buchführung, 7. Aufl., Düsseldorf 1987. (zitiert: GoB)

Lenski, Edgar/Steinberg, Wilhelm, Kommentar zum Gewerbesteuergesetz, 9. Aufl., Köln 1995, Stand: Februar 2000. (zitiert: GewStG)

Ley, Ursula, Der Begriff 'Wirtschaftsgut' und seine Bedeutung für die Aktivierung, 2. Aufl., Köln 1987. (zitiert: Wirtschaftsgut)

Littmann, Eberhard/Bitz, Horst/Hellwig, Peter, Das Einkommensteuerrecht, Kommentar, 15. Aufl., Stand: November 2000, Stuttgart 2000. (zitiert: EStG)

Loos, Gerold, Einbringung eines Betriebs oder Teilbetriebs durch eine Personengesellschaft in eine Kapitalgesellschaft gemäß §§ 17ff. UmwStG, BB 1971, 304.

ders., Müssen Selbständige ihre Rechte aus betrieblichen Altersversorgungszusagen aktivieren?, DB 1987, 2427.

Loritz, Karl-Georg, Die Mitarbeit Unternehmensbeteiligter, Konstanz 1984.

Lüders, Jürgen, Der Zeitpunkt der Gewinnrealisierung im Handels- und Steuerrecht, Köln 1987. (zitiert: Gewinnrealisierung)

Luik, Hans, Aktuelle Fragen zur Behandlung von Pensionsverpflichtungen im Jahres- und Konzernabschluß, WPg 1987, 733.

Lutter, Marcus, Verschmelzung - Spaltung - Formwechsel, Köln 1995.

ders., Umwandlungsgesetz, Kommentar, Köln 1996. (zitiert: UmwG)

ders./Hommelhoff, Peter, GmbH-Gesetz, Kommentar, 15. Aufl., Köln 2000. (zitiert: GmbHG)

M

Maas, Ernst, Die neue Rechtsprechung des BFH zur verdeckten Gewinnausschüttung, StVj 1990, 42.

Martens, Klaus-Peter, Arbeitsrechtlicher Rechtsformzwang und gesellschaftsrechtliche Beschäftigungsverhältnisse, RdA 1979, 347.

Mathiak, Walter, Maßgeblichkeit der tatsächlichen Handelsbilanzansätze für die Steuerbilanz und umgekehrte Maßgeblichkeit, StbJb 1986/87, S. 79.

ders., Rechtsprechung zum Bilanzsteuerrecht, DStR 1992, 1601.

Maul, Karl-Heinz, Zur Passivierungspflicht für Pensionsverpflichtungen, DB 1973, 2460.

Meier, Herbert, Die Netto-Versorgungslücke bzw. Brutto-Versorgungsbedarf aus betrieblicher Altersrente bei Eintritt des Arbeitnehmers in den Alters-Ruhestand, in Festschrift Georg Heubeck, Stuttgart 1986.

Meinecke, Jens Peter, Erbschaftsteuer- und Schenkungsteuergesetz, Kommentar, 11. Aufl., 1997 München. (zitiert: ErbStG)

Meilicke, Wienand/Heidel, Thomas, Zur Einlagefähigkeit von Pensionsanwartschaften, FR 1994, 693.

Mellwig, Winfried, Der Mitunternehmergewinn als Gewinn einer wirtschaftlichen Einheit, in Festschrift Döllerer, Düsseldorf 1988, S. 411.

Merkert, Herbert, Die Maßgeblichkeit der Handels- für die Steuerbilanz, DStZ 1988, 142.

Meßmer, Kurt, Die Bilanzbündeltheorie, StbJb 1972/73, S. 127.

Mienert, Karl, Die steuerliche Behandlung von Pensionsansprüchen von Gesellschaftern einer Personengesellschaft im Falle der Umwandlung in eine Kapitalgesellschaft, GmbHR 1974, 289.

Mirre, Ludwig, Einkommensteuer-Gesetz vom 29.März 1920, Leipzig 1920. (zitiert: Einkommensteuer-Gesetz)

Molitor, Erich, Arbeitsverhältnisse und Mitgliedschafts-(Gesellschaft-) verhältnisse, DB 1957, 164.

Moxter, Adolf, Bilanzlehre, Bd. I, 3. Aufl., Wiesbaden 1984.

ders., Bilanzrechtsprechung, 4. Aufl., Tübingen 1996.

Mrozek, Handkommentar zum Preußischen Einkommensteuergesetz, Köln 1914.

Müller, Gerd, Fortbestand oder Untergang des Erstattungsanspruchs aus § 31 GmbHG bei Wegfall der Auszahlungssperre?, ZIP 1996, 941.

Münchner Kommentar zum Bürgerlichen Gesetzbuch, herausgegeben von Rebmann, Kurt/ Säcker, Franz Jürgen, 3. Aufl., München 1997. (zitiert: MünchKomm-Verfasser, BGB)

N

Neu, Norbert/Neumann, Ralf/Neumayer, Jochen, Handbuch GmbH-Besteuerung, Köln 1999.

Nikisch, Arthur, Zur rechtlichen Stellung der Rote-Kreuz-Schwestern, in Festschrift Alfred Hueck, München 1959, S. 1.

ders., Arbeitsrecht, Bd. 1, 3. Aufl., Tübingen 1961.

O

Offerhaus, Klaus, Wie hilft das Einkommensteuerrecht bei Verlust des Arbeitsplatzes?, DStR 1980, 475.

ders., Abfindungen des Arbeitgebers - steuerfrei, steuerbegünstigt oder voll steuerpflichtig, DStZ 1981, 445.

Ott, Hans, Umwandlung einer Kapitalgesellschaft in eine Personengesellschaft nach neuem Umwandlungs- und Umwandlungssteuerrecht, INF 1995, 460.

Ott, Siegfried, Die offene Handelsgesellschaft, StuW I 1924, Sp. 813.

Otto, Bertram, Der Einlage- und Entnahme-Begriff in der bei Kapitalgesellschaften anzuwendenden Gewinnermittlungsvorschrift, DB 1979, 30, 131, 183.

P

Palandt, Otto, Bürgerliches Gesetzbuch, Kommentar, 57. Aufl., München 1998. (zitiert: BGB)

Patt, Joachim/Rasche, Ralf, Besteuerung der Pensionszusage an den persönlich haftenden Gesellschafter einer KGaA nach den Grundsätzen der Mitunternehmerschaft?, DB 1993, 2400.

Patt, Joachim, Die Selbständigkeit der Mitunternehmerschaft bei der Einbringung in eine Kapitalgesellschaft gemäß § 20 UmwStG, DStR 1995, 1081.

Paus, Bernhard, Pensionszusagen im Rahmen einer Personengesellschaft, BB 1993, 692.

ders., Behandlung von Pensionszusagen an Gesellschafter-Geschäftsführer bei Umwandlung einer GmbH in eine Personengesellschaft oder ein Einzelunternehmen, FR 1995, 533.

ders., Gewerblicher Grundstückshandel durch Beteiligung an Personengesellschaften, Einschränkungen der Einheitstheorie, DStZ 1996, 172.

Peter, Karl/Crezelius, Georg, Gesellschaftsverträge und Unternehmensformen, 6. Aufl., Berlin 1995. (zitiert: Gesellschaftsverträge)

Petzold, Günter, Gewerbesteuer, 4. Aufl., München 1991.

Pezzer, Heinz-Jürgen, Die verdeckte Gewinnausschüttung im Körperschaftsteuerrecht, Köln 1986. (zitiert: verdeckte Gewinnausschüttung) ders., Bilanzierungsprinzipien als sachgerechte Maßstäbe der Besteuerung, DStJG 14 (1991), S. 3.

Picot, Gerhard, Kauf und Restrukturierung von Unternehmen, München 1995. (zitiert: Restrukturierung)

Priester, Hans Joachim, Haftungsfragen bei Zahlung von Geschäftsführerbezügen an Kommanditisten?, DB 1975, 1878.

R

Raupach, Arndt, Probleme der Gewinnverwirklichung bei Mitunternehmern, JbFAStR 1975/76, S. 222.

ders., Die Personengesellschaft im Einkommensteuerrecht, Einheit der Gesellschaft oder Vielheit von Gesellschafter, FR 1976, 233.

ders., Korreferat zum Referat Dr. Woerner in JbFAStR 1977/78, S. 150, JbFAStR 1977/78, S. 177.

ders., Konsolidierte oder strukturierte Gesamtbilanz der Mitunternehmerschaft oder additive Ermittlung der Einkünfte aus Gewerbebetrieb der Mitunternehmer mit oder ohne korrespondierende Bilanzierung?, DStZ 1992, 692.

Regniet, Michael, Ergänzungsbilanzen bei der Personengesellschaft, Köln 1990.

Reichs-Justizamt (Hrsg.), Entwurf eines Handelsgesetzbuchs mit Ausschluß des Seehandelsrechts nebst Denkschrift, Berlin 1896.

Reinhardt, Rudolf, Gesellschaftsrecht, Tübingen 1973

Reiß, Wolfram, Gesellschaftsrechtlich unzulässige Gewinnausschüttungen und ihre Rückabwicklung, StuW 1996, 337.

ders., Diskussionsbeitrag: Kritische Anmerkungen zu den Brühler Empfehlungen zur Reform der Unternehmensbesteuerung, DStR 1999, 2011.

Reuter, Hans-Peter, Zwei wichtige Urteile des BFH zur verdeckten Gewinnausschüttung - ihre Bedeutung für Kapitalertragsteuer und Körperschaftsteuer, DStR 1983, 317.

Riegger, Bodo, Die Geschäftsführervergütung und persönliche Haftung des Kommanditisten, DB 1983, 1909.

Rödder, Thomas, Vermögensübergang von Kapitalgesellschaften auf Personengesellschaften und natürliche Personen im Referentenentwurf des neuen UmwStG, DStR 1993, 1349.

Roland, Helmut, Der Begriff des Vermögensgegenstandes im Sinne der handels- und aktienrechtlichen Rechnungslegungsvorschriften, Göttingen 1980. (zitiert: Vermögensgegenstand)

Rowedder, Heinz, Gesetz betreffend die Gesellschaften mit beschränkter Haftung (GmbHG), Kommentar, 3. Aufl., München 1997. (zitiert: GmbHG)

S

Sagasser, Bernd/Bula Thomas/Brünger, Thomas R., Umwandlungen, 2. Aufl., München 2000.

Sarrazin, Viktor, Die Rückgewähr von Gewinnausschüttungen, GmbHR 1982, 277.

ders., Versorgungsleistungen an ausgeschiedene Mitunternehmer oder deren Rechtsnachfolger, DB 1987, 2540.

ders., Aktuelle steuerliche Fragen zur betrieblichen Altersversorgung, BetrAV 1990, 246.

Sarx, Manfred, Die Umwandlung von Kapitalgesellschaften in Personenunternehmen und die Verschmelzung von Kapitalgesellschaften, StuW 1970, Sp. 481.

Schaub, Günter/Schusinski, Ewald/Ströer, Heinz, Altersvorsorge, München 1976

Schaub, Günter, Arbeitsrechts-Handbuch, 8. Aufl., München 1996.

Schaumburg, Harald, Die Verschmelzung von Kapitalgesellschaften und Personenhandelsgesellschaften nach neuem Umwandlungssteuerrecht, FR 1995, 211.

ders./Rödder, Thomas, UmwG, UmwStG, Köln 1995.

Scheiterle, Walter, Versorgungsleistungen an ausgeschiedene Mitunternehmer, BB 1992, 2112.

Schiffers, Joachim, Entlastung der Personengesellschaften, Rechtsformvergleich und Option zur Körperschaftsteuer nach dem Gesetzentwurf eines „StSenkG", GmbHR 2000, 253.

Schlegelberger, Franz, Handelsgesetzbuch, Kommentar, 5. Aufl., München 1986. (zitiert: HGB)

Schmalenbach, Eugen, Dynamische Bilanz, 13. Aufl., Nachdruck Köln 1988.

Schmidt, Karsten, Gesellschaftsrecht, 2./3. Aufl., Köln 1991/1997.

L.Schmidt, Einkommensteuergesetz, Kommentar, 19. Aufl., München 2000. (zitiert: EStG)

Schneeloch, Dieter, Bilanzrichtlinien-Gesetz und Besteuerung, WPg 1985, 565.

Schneider, Uwe H., Die Rückdatierung von Rechtsgeschäften, AcP 175, S. 279.

Schnorr von Carolsfeld, Ludwig , Zur Arbeitsleistung im Rahmen von Gesellschaftsverhältnissen, in Festschrift Alfred Hueck, München 1959, S. 261.

Schön, Wolfgang, Zum Stande der Lehre vom Sonderbetriebsvermögen, DStR 1993, 185.

ders., Der Große Senat des Bundesfinanzhofs und die Personengesellschaft, StuW 1996, 275.

Scholz, Franz, Kommentar zum GmbH-Gesetz, 9. Aufl., Köln 2000. (zitiert: GmbHG)

Scholtz, Rolf-Detlev, Pensionsrückstellungen bei Mitunternehmerschaften, DStZ 1985, 211.

Schulze, Walter, Zur Frage der Gewinnrealisierung bei der Umgründung von Eigenbetrieben in Eigengesellschaften, StuW 1960, S. 615.

ders., Verdeckte Gewinnausschüttung im Grenzgebiet zwischen Handels- und Steuerrecht, StuW 1994, 131.

Schulze zur Wiesche, Dieter, Die freiberufliche Tätigkeit im Dienste einer Personengesellschaft, DB 1971, 2180.

Schwedhelm, Ralf, Die Unternehmensumwandlung, 3. Aufl., Köln 1999.

Sender, Lothar, Pensionszusagen an Gesellschafter-Geschäftsführer von Personengesellschaften - steuerliche Behandlung in Leitsätzen -, StW 1990, 90.

ders., Pensionsrückstellungen für tätige Mitunternehmer?, BB 1991, 242.

Sieker, Klaus, Rückstellungen für Verpflichtungen aus unmittelbaren Pensionszusagen in der Steuerbilanz nach der Reform des Bilanzrechts, BB 1987, 1851.

Sieker, Susanne, Eigenkapital und Fremdkapital der Personengesellschaft, Köln 1991. (zitiert: Eigenkapital und Fremdkapital)

Sieveking, Michael, Pensionsrückstellungen für tätige Mitunternehmer, DB 1987, 1267.

Soergel, Hans Theodor, Bürgerliches Gesetzbuch, Kommentar, 11./12. Aufl., Stuttgart 1985/1988. (zitiert: BGB)

Söffing, Günter, Zur Abkehr der Rechtsprechung von der Bilanzbündeltheorie, StbJb 1976/77, S. 241.

ders., Anmerkung zum Urteil des BFH vom 24.11.1983 - IV R 14/83, FR 1984, 151.

ders., Offene Fragen beim umgekehrten Maßgeblichkeitsgrundsatz (Teil I), DB 1988, 241.

ders., Besteuerung der Mitunternehmer, 4. Aufl., Berlin 1994.

Spangemacher, Klaus/Spangemacher, Gerd, Gewerbesteuer, 12. Aufl., Achim 1995.

Statistisches Bundesamt, Löhne und Gehälter, Fachserie 16, Reihe 6.2, Wiesbaden 1995.

Staub, Hermann, HGB, Großkommentar, 4. Aufl., Berlin 1988ff.

Staudinger, Julius von, Kommentar zum Bürgerlichen Gesetzbuch mit Einführungsgesetz und Nebengesetzen, 12./13. Aufl., Berlin 1991/1997. (zitiert: BGB)

Stimpel, Walter, Zum Auszahlungsverbot des § 30 Abs. 1 GmbHG, in Festschrift 100 Jahre GmbH-Gesetz, Köln 1992, S. 355.

Streck, Michael, Körperschaftsteuergesetz, Kommentar, 5. Aufl., München 1997. (zitiert: KStG)

ders./Posdziech, Ortwin, Verschmelzung und Formwechsel nach dem neuen Umwandlungssteuergesetz, GmbHR 1995, 271, 357.

Strutz, Georg, Handausgabe des Einkommensteuergesetzes vom 29.März 1920, 3. Aufl., Berlin 1920.

ders., Handbuch des Reichsteuerrechts, Berlin 1924.

ders., Kommentar zum Einkommensteuergesetz vom 10. August 1925, Bd. 2, Berlin 1929.

Stuhrmann, Gerd, Steuerrechtliche Auswirkungen des Bilanzrichtlinien-Gesetzes auf die Bewertung von betrieblichen Versorgungsverpflichtungen, BetrAVG 1986, 221.

T

Tanzer, Michael, Die Maßgeblichkeit der Handelsbilanz für die Bewertung in der Steuerbilanz, DStJG 7 (1984), S. 55.

Theis, J., Pensionszusagen an Handelsvertreter und Angehörige der freien Berufe, FR 1957, 106.

Thiel, Jochen, Zur formellen Maßgeblichkeit der Handelsbilanz - Ein Vorschlag de lege ferenda, DB 1989, 537.

ders., Bilanzrecht, 4. Aufl., Heidelberg 1990.

ders., Die verdeckte Gewinnausschüttung im Spannungsfeld zwischen Zivil- und Steuerrecht, DStR 1993, 1801.

ders., Wege aus der Kapitalgesellschaft - Gestaltungsmöglichkeiten und Zweifelsfragen, DB 1995, 1196.

Thiel, Rudolf, Funktion und Gehalt der Sonderbilanzen der Gesellschafter bei der Besteuerung der Gewinne aus einer Personengesellschaft, FR 1974, 333.

ders., Die Gesamtbilanz der Mitunternehmerschaft, StuW 1984, 104.

Tiedtke, Klaus, Einkommensteuer- und Bilanzsteuerrecht, 2. Aufl., Berlin 1995. (zitiert: Einkommensteuerrecht)

ders., Unüblichkeit der Vereinbarung - ein neues Kriterium der verdeckten Gewinnausschüttung?, GmbHR 1993, 466.

Tipke, Klaus, Die Grundprobleme der Personengesellschaft im Steuerrecht, StuW 1978, 193.

ders., Die Steuerrechtsordnung, Bd. I, Köln 1993.

ders./Kruse, Heinrich Wilhelm, Abgabenordnung Finanzgerichtsordnung, Kommentar, 16. Aufl., Köln 1996, Stand: September 2000. (zitiert: AO)

ders./Lang, Joachim, Steuerrecht, 16. Aufl., Köln 1998.

Tischer, Frank, Pensionszusagen an geschäftsführende Mitunternehmer im System der stufenweisen Gewinnermittlung, FR 1991, 157.

Tries, Hermann-Josef, Verdeckte Gewinnausschüttungen im GmbH-Recht, Köln 1991. (zitiert: Verdeckte Gewinnausschüttungen)

U

Uelner, Adalbert, Aktuelle Fragen des Ertragsteuerrechts, StbJb 1975/76, S. 305.

ders., Der Mitunternehmergewinn als Betriebsvermögensmehrung des Mitunternehmers, JbFAStR 1978/79, S. 300.

ders., Das Eigen- und Fremdkapital der Personengesellschaft in ertragsteuerrechtlicher Sicht, JbFAStR 1979/80, S. 338.
ders., Ergänzungs- und Sonderbilanzen, DStJG 14 (1991), S. 139.
ders., Ertragsteuerliche Grundprobleme beim Formwechsel einer KGaA, in Freundesgabe Franz Josef Haas, Berlin 1996, S. 365.
Ulmer, Peter, Rückbesinnung als Fortschritt?, ZGR 1984, S. 313.
ders., Gesellschafterhaftung gegenüber der GmbH bei Vorteilsgewährung unter Verstoß gegen § 30 Abs. 1 GmbHG, in Festschrift 100 Jahre GmbH-Gesetz, Köln 1992, S. 363.
ders., Hundert Jahre Personengesellschaftsrecht: Rechtsfortbildung bei OHG und KG, ZHR 161 (1997), 102.

V

Vangerow, Friedrich, Zur Einkommen- und Körperschaftsteuer, StuW 1967, Sp. 605.
Veiel, O., Einkommensteuer und Beteiligung, DStZ 1938, 637.
ders., Zum Steuerrecht der Mitunternehmerschaften, StuW I 1941, Sp. 825.

W

Wallis, Hugo von, Brandmüller, Gerhard, Schulze zur Wiesche, Dieter, Besteuerung der Personen- und Kapitalgesellschaften, 4. Aufl., Heidelberg 1991.
Wallis, Hugo von, Die Umwandlung von Personengesellschaften in Kapitalgesellschaften, StuW 1970, Sp. 465.
ders., Steuerfragen bei der Einbringung eines Personenunternehmens in eine Kapitalgesellschaft, BB 1968, 1477.
ders., Zur Gewinnrealisierung bei Personengesellschaften, StbKongrRep. 1971, 238.
ders., Grundzüge und Tendenzen der Rechtsprechung zur Ertragbesteuerung von Gesellschaften, StbJb 1973/74, S. 79.
Wagner, Franz, Die umgekehrte Maßgeblichkeit der Handelsbilanz für die Steuerbilanz - Eine Analyse über ökonomische Wirkungen, StuW 1990, 3.
Wassermeyer, Franz, Neues zum Zeitpunkt der Gewinnrealisierung - Konkretisiert sich die BFH-Rechtsprechung?, StbKongrRep. 1986, S. 74.
ders., Rechtsprechungstendenzen zur Besteuerung der GmbH, GmbHR 1986, 26.
ders., Die Auswirkungen der verdeckten Gewinnausschüttung auf die Steuerbilanz, DStR 1987, 484.
ders., Einige grundsätzliche Überlegungen zur verdeckten Gewinnausschüttung, DB 1987, 1113.
ders., Zur Rechtsprechung des Bundesgerichtshofs bei Steuerhinterziehung wegen verdeckter Gewinnausschüttung, BB 1989, 1382.

ders., 20 Jahre BFH-Rechtsprechung zu Grundsatzfragen der verdeckten Gewinnausschüttung, FR 1989, 218.
ders., Zur neuen Definition der verdeckten Gewinnausschüttung, GmbHR 1989, 298.
ders., Verdeckte Gewinnausschüttungen und verdeckte Einlagen, DStR 1990, 158.
ders., Die verdeckte Gewinnausschüttung rechtssystematisch gesehen, StVj 1993, 208.
ders., Die Maßgeblichkeit der Handelsbilanz für die Steuerbilanz und die Umkehr dieses Grundsatzes, DStJG 14 (1991), S. 29.
ders., Eigenkapitalersetzende Leistungen aus der Sicht des Steuerrechts, ZGR 1992, 639.
ders., Der Fremdvergleich als Tatbestandsmerkmal der verdeckten Gewinnausschüttung, DB 1994, 1105.
ders., Replik zu Hoffmann, DStR 1996, 733.
ders., Risikogeschäfte durch den Gesellschafter-Geschäftsführer für Rechnung der Kapitalgesellschaft, FR 1997, 563.
ders., Streitfragen bei der Bilanzierung verdeckter Gewinnausschüttungen, in Gedächtnisschrift für Brigitte Knobbe-Keuk, Köln 1997, S. 541.
ders., Einige Grundsatzüberlegungen zur verdeckten Gewinnausschüttung, GmbHR 1998, 157.
Weber-Grellet, Heinrich, Die Gesamthand im Einkommensteuerrecht (II. Teil), DStR 1983, 17.
ders., Pensionsrückstellungen für tätige Mitunternehmer, DB 1988, 625.
ders., Adolf Moxter und die Bilanzrechtsprechung, BB 1994, 30.
ders., Maßgeblichkeitsschutz und eigenständige Zielsetzung der Steuerbilanz, DB 1994, 288.
ders., Anmerkung zum BFH-Beschluß vom 3.7.1995 - GrS 1/93, DStR 1995, 1341.
Westerfelhaus, Herwarth, Pensionszusagen an tätige Gesellschafter von Personengesellschaften - Steuerlast und gesellschaftsvertragliche Lösung, DB 1989, 93.
Widmann, Siegfried, Korreferat zum Referat Döllerer in JbFAStR 1978/79, S. 365, JbFAStR 1978/79, S. 387.
ders., Problemfälle des verwendbaren Eigenkapitals, JbFAStR 1979/80, S. 475.
ders./Mayer, Dieter, Umwandlungsrecht, Kommentar, Berlin 1998, Stand: August 2000.
Wiedemann, Herbert, Juristische Person und Gesamthand als Sondervermögen, WM 1975, Sonderbeilage 4/1975.
ders., Gesellschaftsrecht, Bd. 1, München 1980.
Winter, Willi, Der Zeitpunkt der Ausschüttung i. S. des § 27 Abs. 3 Satz 2 KStG 1977, FR 1977, 273.

ders., Korrektur einer verdeckten Gewinnausschüttung innerhalb oder außerhalb der Steuerbilanz, DStZ 1987, 269.

Wochinger, Peter/Dötsch, Ewald, Das neue Umwandlungssteuergesetz und seine Folgeänderungen bzw. Auswirkungen bei der Einkommen-, Körperschaft- und Gewerbesteuer, DB 1994, Beilage 4.

Wochinger, Peter, Verdeckte Gewinnausschüttungen und verdeckte Einlagen, 3. Aufl., Bonn 1995. (zitiert: Verdeckte Gewinnausschüttung)

Woerner, Lothar, Mitunternehmerbegriff und Bilanzbündeltheorie bei der Gewerbesteuer, BB 1974, 592.

ders., Die neuere Rechtsprechung des Bundesfinanzhofs zur Einkommensbesteuerung von Gesellschaftern einer Personengesellschaft, BB 1975, 645.

ders., Über Theorien, die keine sind, FR 1975, 567.

ders., Das gewerbliche Betriebsvermögen, insbesondere bei Personengesellschaften und ihren Gesellschaftern, BB 1976, 220.

ders., Die Tragweite des Beitragsgedankens bei der Auslegung des § 15 Abs. 1 S. 1 Nr. 2 EStG Abs. 1 Nr. 2 EStG, JbFAStR 1977/78, S. 150 = DStZ/A 1977, 299.

ders., Die Besteuerung der Mitunternehmer, DStZ 1980, 203.

ders., Ertragsteuerliche Auswirkungen von Leistungsbeziehungen zwischen Personengesellschaften und ihren Gesellschaftern unter besonderer Berücksichtigung der mittelbaren Leistungen, StbKongrRep. 1982, 193.

ders., in Festschrift Hugo v. Wallis, Bonn 1985, Verdeckte Gewinnausschüttung an beherrschende Gesellschafter einer Kapitalgesellschaft – Auflockerungstendenzen der Rechtsprechung des I. Senats?, S. 327.

ders., Die „korrespondierende Bilanzierung" von Wirtschaftsgütern bei der Betriebsaufspaltung - Zur Problematik einer wertenden Betrachtungsweise bei der Auslegung von Gesetzen -, in Festschrift Georg Döllerer, Düsseldorf 1988, S. 741.

ders., Bilanzierung und Bilanzpolitik, 9. Aufl., München 1997.

Wollny, Paul, Unternehmens- und Praxisübertragungen, 4. Aufl., Berlin 1996. (zitiert: Unternehmensübertragungen)

Woltmann, Das Gesetz zur Verbesserung der betrieblichen Altersversorgung und die Passivierung von Pensionszusagen, DB 1975, 797.

Wuttke, Ralf, Die Pensionsrückstellung für den Gesellschafter und § 15 Abs. 1 Nr. 2 EStG, FR 1991, 309.

Z

Zezschwitz, Friedrich, Die Bilanzbündeltheorie - ein brüchiger Torso, FR 1970, 133, 158.

ders., Liquidationsprobleme bei Personengesellschaften, FR 1972, 270.

Zimmermann, Reimar/Reyer, Ulrich/Hottmann, Jürgen, Die Personengesellschaft im Steuerrecht, 4. Aufl., Achim 1994.

FSC
www.fsc.org
MIX
Papier | Fördert gute Waldnutzung
FSC® C083411

Kolibri 360 GmbH
Ferdinand-Jühlke-Straße 7
99095 Erfurt, Deutschland
produktsicherheit@kolibri360.de

Druck:
CPI Druckdienstleistungen GmbH
im Auftrag der
Kolibri 360 GmbH
Ferdinand-Jühlke-Str. 7
99095 Erfurt